中国高句丽史

（第二版）

耿铁华 著

科学出版社

北京

内 容 简 介

高句丽是起源于中国东北的古代民族，周秦以来一直生活在浑江、鸭绿江流域的长白山南麓。西汉元帝建昭二年（公元前 37 年）在玄菟郡高句丽县建立地方政权。唐高宗总章元年（公元 668 年）中央政府出兵东征，高句丽亡。

本书以高句丽民族与地方政权作为研究对象，涉及先秦至汉唐时期中央王朝对北方民族政权管理、册封、朝贡的历史，也涉及东北亚古代国家新罗、百济、倭与高句丽的交往与战争。书中运用历史学、民族学、民俗学、人类学、考古学大量的新资料，叙述了高句丽民族起源、建国、发展、扩张、兴盛、衰亡的历史过程。首次将高句丽政权的发展变化置于中原王朝的统一、分裂、战争、和平的大环境下进行思考与研究，依照高句丽社会发展变化的规律，分成两汉、魏晋、南北朝、隋唐四个历史时期。对于不同时期高句丽与中原政权的关系，朝贡册封、战争交涉、使驿往来，以及政权建设、经济发展、疆域变化、思想文化等方面深入研究，在吸收前人研究成果的基础上，就高句丽民族起源、建国、社会性质、历史分期、政权建设、经济类型等问题，提出一些新的看法和意见。

本书适合对高句丽史和东北史地感兴趣的读者阅读。

图书在版编目（CIP）数据

中国高句丽史 / 耿铁华著 . —2 版 . —北京：科学出版社，2025.3
ISBN 978-7-03-081631-3

Ⅰ . K289

中国国家版本馆 CIP 数据核字第 2025YY3365 号

责任编辑：李春伶 耿 雪 李秉乾 / 责任校对：王晓茜
责任印制：肖 兴 / 封面设计：有道文化

科 学 出 版 社 出版
北京东黄城根北街 16 号
邮政编码：100717
http://www.sciencep.com

北京中科印刷有限公司印刷
科学出版社发行 各地新华书店经销
*

（2002 年 12 月吉林人民出版社第一版）
2025 年 3 月第 二 版 开本：889×1194 1/16
2025 年 3 月第一次印刷 印张：38 1/4 插页：30
字数：869 000
定价：198.00 元
（如有印装质量问题，我社负责调换）

　　耿铁华　吉林扶余人。1981年东北师范大学历史系先秦史专业研究生毕业,历史学硕士。曾任集安市博物馆副馆长,通化师范学院高句丽研究院院长,历史系教授。现任通化师范学院高句丽研究院特聘院长,东北师范大学博士生导师。出版《好太王碑新考》《中国高句丽史》《高句丽史论稿》《高句丽考古研究》《高句丽壁画研究》《集安高句丽碑研究》《高句丽瓦当》等著作30多部,发表学术论文220多篇。

再 版 前 言

《中国高句丽史》是我 15 年前的一部史学著作。在于永玉和陈余齐二位的精心策划与帮助下，得以在吉林人民出版社出版，并被朴仓培翻译成韩文在韩国出版。此书曾获得吉林省政府图书出版奖一等奖、长白山学术著作一等奖、中国国家图书奖提名、吉林省哲学社会科学著作二等奖。

受父辈的影响，我从小学就喜欢中国古典文学，一直到高中。1966 年 6 月 18 日，国务院通知停止高考招生，参加"文化大革命"。1968 年 9 月我下乡到农村接受贫下中农再教育。1972 年 5 月离开农村，到吉林师范大学（后恢复为"东北师范大学"）历史系成为一名工农兵学员。1978 年考入东北师范大学历史系，成为先秦史专业的研究生，跟随徐喜辰、万九河、陈连庆三位先生学习先秦史。徐喜辰先生讲授先秦史料史学、政治经济史、思想文化史。万九河先生讲授先秦诸子、《春秋左传》。陈连庆先生讲授经学、小学。孙常叙先生讲授金文释例，张忠培先生讲授先秦考古。我的毕业论文《西周监国制度研究》使用了较多文献史料和一批新出土的金文资料，因而对金石学产生了极大的兴趣，整天临摹金文甲骨文，翻阅《考古》《文物》《考古学报》，积累了一些碑刻铭文和研究资料。1982 年到集安博物馆之后，我便开始了对好太王碑的研究，由此进入高句丽历史与考古方面的研究领域。参加第二次全国性的文物普查，使我对集安乃至通化地区的文物遗迹有了初步的认识。编写《集安县文物志》《柳河县文物志》加深了我对东部山区历史文化发生、发展、内涵、传播及其影响的认识。研究和书写高句丽历史的想法不断深化，资料的积累，疑难问题的探索，章节内容的构建在一天一天地完善。1994 年，我完成并出版了第一部专著《好太王碑新考》，积累了些许经验，坚定了继续研究高句丽历史与考古的决心。

1997 年末，我离开了集安市博物馆，到通化师范学院历史系教书。重新为本科生讲授"中国古代史""中国史学史""史学概论""考古学概论"等课程。同时开了两门选修课"中国高句丽史""诗词写作与鉴赏"，前者面向历史系学生，后者面向全校学生。当时的"中国高句丽史"只有 32 课时，内容为：

绪言

第一章　高句丽民族起源

第二章　高句丽建国

第三章　高句丽政权巩固与社会发展

第四章　高句丽军事扩张与疆域

第五章　高句丽的都城

经过几轮讲授，学生反应很强烈，提出讨论的问题也很多，促使我继续读书、思考、研究。2000年以后，"中国高句丽史"成为通化师范学院和吉林省的特色课程、优秀课程、精品课程，它从选修课变为必选课、必修课。讲授时间也从32课时增加到56课时，最多时达到72课时。基于这种情况，教材也在不断地修改与充实，从十章增加到了十二章，将第三章"高句丽政权巩固与社会发展"扩展为四章，删除了第七章"高句丽同中原的关系"。这一变化，初步形成了我的高句丽史体系，解决了高句丽史发展演变的分期问题。

我们在学习历史的年代，已经有了苏联学者的"世界史体系"，日本学者的"东洋史体系"，中国学者的"中原史体系""中华史体系"。各个国家也都有自己的历史学体系。学者们对于跨境民族或国家的历史，大都采取"一史各书""一史两用"或"一史多用"的方法进行处理。至于高句丽民族与国家的历史，应该从历史唯物主义的立场观点出发，实事求是地将其放置在中国周秦至汉唐时期北部边疆民族历史的角度去书写。

毋庸讳言，中国老一辈学者的著作《中国通史简编》《中国史稿》《中国史纲要》《世界通史》大都将高句丽史置于朝鲜半岛古代史之中，进而把隋唐征高句丽说成是"侵略战争"。只有金毓黻先生的《东北通史》将高句丽史纳入中国东北历史的范畴之内。80年来，愈加显示出他的真实、诚信与睿智。我的《中国高句丽史》完全是步金先生之后尘，条分缕析，以专史的形式立尊。国内外学者，有的认为高句丽出自秽貊，有的认为出自夫余，有的认为出自商人，有的认为是炎帝后裔，这些都是中国东北或环渤海地区的古代民族，周秦之际生活繁衍在提封（疆域）之内的浑江、鸭绿江地区。元封三年（公元前108年）汉武帝设乐浪、临屯、真番、玄菟四郡管辖东北和朝鲜半岛北部，高句丽人居住区为玄菟郡高句丽县，更加明确地成为汉版图之内的民族。汉元帝建昭二年（公元前37年）高句丽建国，求属于玄菟，汉朝通过玄菟郡赏赐高句丽朝服衣帻、鼓吹技人，允许其立国称王。高句丽前两座都城纥升骨城、国内城的遗址在中国辽宁省桓仁满族自治县（简称桓仁县）、吉林省集安市境内，2004年已经列入《世界遗产名录》。高句丽灭国之前都城平壤，在今朝鲜民主主义人民共和国的首都平壤市区内。我们早已注意到高句丽迁都平壤以后与朝鲜半岛历史的联系。同时更注意到高句丽政权在汉唐统治时期的发展变化及其规律，即汉唐时期，中原王朝政权统一之时，高句丽遵从中央，臣属朝贡，中原处于政权分治之时，高句丽则往往向玄菟、辽东用兵，劫掠土地和人口。在两汉时期、魏晋时期、南北朝时期、隋唐时期，高句丽的这一特点表现得非常明显。因此，将高句丽历史分成四个时期是完全符合历史发展规律的。

既然把高句丽作为中国东北的古代民族，把高句丽国家作为汉唐以来的地方政权或边郡封国，其不同时期的发展和统治区域的变化，都是在玄菟郡、乐浪郡和辽东郡的范围之内，它同中央政权的关系就是中央和地方的关系，已经在各时期发展中写到了，没有必要另设一章。高句丽同新罗、百济和倭的关系则有所不同。虽然新罗、百济和倭也曾接受汉唐以来中央政权的册封，也曾向中央政权朝贡，但它们充其量是汉唐以来疆域之外的附属国，而高句丽则自始至终都是汉唐提封之内的地方政权或边郡封国。因此，在讨论高句丽的社会性质、政权建设、经济生活、思想文化等方面问题时，离不开汉唐以来中华历史区域这一大的环境，既要考虑地方民族和封国的特点，又要从中华民族历史发展总的趋势和重要影响去考察研究。

1990 年 2 月至 1992 年 11 月，朝鲜平壤乐浪区贞柏洞 364 号古墓出土了多枚竹简和木简。出土竹简为抄写的儒家经典《论语》，木简为 3 枚以"乐浪县初元四年户口集簿"为标题的文书。表明西汉元帝初元四年（公元前 45 年）对于乐浪县居民户口的管理已经十分具体、明确。也可以证明，西汉对于乐浪郡、玄菟郡及其属县行政管理是相当有效的。西汉至隋唐期间，中央政权对于乐浪郡、玄菟郡、辽东郡各县的管理不断加强，这一区域正是高句丽政权势力发展变化的终极范围。我们完全有理由相信，高句丽封国的发展趋势与中央王朝基本是同步的，只是由于地理位置、自然环境、民族意识等因素，影响到社会经济的发展速度，出现某些差异和不平衡。

此次再版，结构体系没有变化，在改正原书错字、错句的基础上，增加了某些章节的内容。其中第九章"高句丽经济"，第十章"高句丽都城与山城"，第十一章"高句丽与新罗、百济、倭的关系"，第十二章"高句丽文化"增加的内容稍多些。一方面是由于最近 15 年来，国内外高句丽遗迹清理发掘不断取得新的成果，这些新的考古资料可以提供一些更为坚实的证据。比如，2004 年 7 月，第 28 届世界遗产大会将"中国高句丽王城、王陵及贵族墓葬""朝鲜高句丽壁画墓群"分别列入《世界遗产名录》。中国文物出版社出版了 4 部大型报告集：《五女山城——1996—1999、2003 年桓仁五女山城调查发掘报告》《国内城——2000—2003 年集安国内城与民主遗址试掘报告》《丸都山城——2001—2003 年集安丸都山城调查试掘报告》《集安高句丽王陵——1990—2003 年集安高句丽王陵调查报告》，这 4 部报告集提供了大量的高句丽都城的考古信息和文物资料。2012 年 7 月 29 日出土了集安高句丽碑，这是好太王碑发现 135 年、中原高句丽碑发现 33 年之后，第三次发现的高句丽文字碑，其价值和意义不可估量。集安高句丽碑整体呈圭形，粉黄色花岗岩石质，右上角稍残，是两汉至隋唐时期流行的汉碑形制。碑石正面镌刻 218 个汉字隶书碑文，为高句丽王陵守墓制度和相关法令研究提供了新的有力证据。截至 2017 年末，集安高句丽碑出土 5 年后，我国已经出版了 3 部著作：《集安高句丽碑》（2013 年吉林大学出版社出版）、《集安麻线高句丽碑》（2014 年文物出版社出版）、《集安高句丽碑研究》（2017 年吉林大学出版社出版）；中国学者发表了 60 多篇论文，外国学者发表了 50 多篇论文，成为高句丽碑刻研究的重要成果。新出土的高句丽金器、银器、鎏金器、铜器、铁器、玉石器、陶器文物，使我们对于高句丽社会生产、经济状况、民族习俗、思想文化有了更为深刻的认识。这些都是必须要补充到高句丽史书中去的，使其内容更为丰满。另一方面则是国外学者的研究成果日益增多，也值得认真学习参考。随着东北亚国家经济文化交流日益频繁，我和同事们多次到朝鲜、韩国、日本、俄罗斯访问、考察、参加学术会议，看到了新的考古发掘材料，交流了新的研究成果，开阔了视野，增进了理解。这些新的材料和认识也应该在高句丽史书的修改中有所体现。

本次书稿修改过程中，我的研究生和助手们出力尤多，有时甚至加班加点，有的帮助打字、校对，有的帮助核对引文注释，有的帮助整理编排、修改图版。他们是孙炜冉、朱尖、宋娟、董健、王晓华和耿黎。他们的辛勤工作分担了我的压力和负担，令我非常感动。通化师范学院高句丽研究院、历史与地理学院的领导和同事李乐营教授、王利群教授、滕红岩教授、李春祥教授、李淑英教授、李岩教授、梁启政博士和刘伟博士的大力支持、鼓励和帮助，一直是我学习、研究的坚强后盾，也是我完成《中国高句丽史》修改和再版的极大动力。

非常感谢科学出版社的领导和责任编辑耿雪，他们为本书的编辑出版做了很大的努力。

还有国内外高句丽历史与考古研究领域的专家学者，他们的研究成果和考古发掘成果，给我以极大的帮助。凡是引用他们的著述和图片，均已一一注明。再次由衷地感谢各位。

书中尚有不足之处，请各位批评指正。

耿铁华

2018 年 5 月 20 日

迎接时代春光的绽放　再现历史辉煌的篇章
——耿铁华《中国高句丽史》序

徐德源①

耿铁华先生的《中国高句丽史》是东北断代史研究的一部有代表性和阶段性的大成果，从高句丽历史和高句丽学研究上来说，他的书是值得特别称道的。

高句丽族及其建立的高句丽王国，在中国历史上占有极其重要的地位。在我们多民族统一国家的发展史上，有许多少数民族建立的地方王朝、王国或与汉族政权并立的少数民族割据政权，其存续年代没有哪一个能与长达705年的高句丽王国相媲美。从考古文化上考察，高句丽族及其王国曾经创造出辉煌一时的文化，在辽海大地上留下了星罗棋布的历史文化遗迹和文物，其分布之广袤，数量之丰多，堪称中国少数民族历史文化遗迹之最。在中国官修正史中，记载边疆民族高句丽传的史书堪称最多。然而，这个少数民族地方王国，由于公元668年唐朝中央政府进行的统一战争而被灭亡后，它那辉煌一时的历史文化随之竟完全被湮没无闻。在1200多年漫长的岁月里，国内几乎再也没出现过有关高句丽族及其王国的历史著述。而在高句丽王国灭亡近600年后，在继承业已将高句丽王国后期的行政中心纳入自己版图的朝鲜半岛国家新罗兴起的高丽王朝时候，仿学中国官修史书的体制，金富轼将高句丽历史作为本纪纳入他著述的官修正史《三国史记》书中，于是本来属于中国历史的高句丽族及其王国，从此就堂而皇之地"正式成为"朝鲜半岛国家历史上的一个正统王朝，它那辉煌的历史也随之被移位于外。从此，这部史书就成为他们为高句丽历史定位的重要依据。相比之下，中国正史中有关高句丽族及其王国历史的记载，却在不知不觉中被后世的外方研究者淡化了。可是，通读《三国史记·高句丽本纪》不难发现，这篇历史著述中的许多政治、军事等重大记事是从中国正史中转抄过去的，甚至连高句丽王国与中国中原不同历史朝代的隶属关系的记载，都几乎原封不动地存而未改。这就是说，有关高句丽族及其王国政治、军事的许多第一手资料出自中国官修正史，对此，国内外研究者都会公允地承认，都是不会忘记的。

---

① 徐德源，男，满族舒穆禄氏，1927年9月生，吉林市人，中国民主同盟盟员。1953年东北师范大学历史系毕业。曾任哈尔滨师范专科学校历史科教师，沈阳东北教育学院历史系教师，辽宁大学历史系讲师、副教授、教授，硕士生导师。专攻日本史、朝鲜史和东北地方史。沈阳市优秀教师，辽宁省十大名师。1996年由国务院授予有突出贡献专家称号和享受国务院政府特殊津贴。1997年由辽宁省人民政府聘任为文史研究馆馆员。主要著作有《世界通史》(古代卷东北亚史部分)《世界通史》(中世纪卷南亚、东南亚、东北亚部分)及《中天文集续集》《东北军鄂伦春族将领——普列·忠和他的后代》《吉林旧事见闻》《不已斋文存》《求实集》等，发表论文60多篇。

　　高句丽族及其王国辉煌的历史在人们认识中的再现，是在 19 世纪末期以既属偶然也是必然的高句丽恢宏的碑碣好太王碑的发现为开端的。历史的不幸是，这个时候，由于明治维新而强大起来的日本，业已开始了对邻邦朝鲜和中国——主要目标是中国东北，日本人通常称之为满洲——的新的侵略。为了实行侵略，日本政府、军部和财阀通力合作，为实现其侵略目标，以学术研究制造历史根据并为之开路，只要是朝鲜的或中国东北即所谓满洲的考古文化、历史和历史地理，就都会成为他们野心的研究计划——所谓"满鲜史"研究的重要组成部分。好太王碑正好成为日本首当其冲的研究目标，甚至由日本军部的高级参谋人物亲自参与其事。从此，由好太王碑的考古研究而扩展到对整个高句丽历史和历史地理的研究，进而上溯到研究高句丽兴起背景的"汉四郡"，乃至作为"汉四郡"出现背景的卫氏朝鲜及其前朝箕氏朝鲜的历史与历史地理研究。由在侵略中国东北起家的日本财阀"南满洲铁道株式会社"（通常简称"满铁"）出重金聘请在当时堪称一流的许多日本学者陆续对上述领域展开研究。就在日本占领朝鲜之后，相继出版了《朝鲜历史地理》和《满洲历史地理》两部书，随后更将研究扩大到整个亚洲，即日本人习称的"东洋"，接连又出版了多卷本的《东洋史大系》和《东洋文化史大系》。在这一系列学术著作当中，都以《三国史记》为依据，将高句丽的历史定位在朝鲜半岛国家史中，更扩而大之，将"汉四郡"、卫氏朝鲜和箕氏朝鲜都统统纳入朝鲜半岛国家史。

　　这一所谓研究的野心是不难察觉的。当年日本政府、军部、财阀和学术界通行的立场是所谓"满鲜一体"，而高句丽王国的疆域却正好跨有朝鲜半岛北部和中国东北南部、东部的大部分地域，恰好成为以所谓"满鲜一体"为历史依据而实现继续侵略中国东北的一个以学术研究开路的切入点。当年的日本学术界更将其研究计划下延到唐代东北的地方民族王国——渤海国，出版了鸟山喜一的《渤海史研究诸问题》，将渤海国作为臣属于奈良、平安时代日本的一个不属于历史时期中国的独立国家。从这里已经可以看出，当时日本要以建立所谓独立的满洲政权的步骤，大举侵略中国东北了。

　　就在依附于政府、军部、财阀的日本学术界人士自以为高深、权成和得计的时候，中国学术界的有识之士挺身而出，配合中国军民抵抗日本帝国主义的侵略，以学术研究为战场，以书籍纸墨做刀枪，用自己辛勤而艰难的研究，默默地做出了可贵的成果，对日本政府、军部、财阀和学术界的侵略立场进行了有力的回击。一直站在前列的一代史学巨擘金毓黻先生，在其气血方刚的而立之年，撰写、出版了《东北通史》上编和《渤海国志长编》，提出了箕氏朝鲜、卫氏朝鲜、高句丽、渤海国都是中国古代的诸侯国、藩国的明确立场，只要明了当年金氏从事研究的基础、功力与环境，仅此一点就应当赞颂其当年的业绩，而不应以今日的条件苛求于前人。

　　从 20 世纪 30 年代到 70 年代，两个邻国的高句丽学研究，不仅始终不曾间断，而且晚近以来其发表、出版书刊数量之多、卷帙之大，为同一时期的中国之所不能及，其论说之广泛，为中国学术界之所不暇接。然而，在那个年代里，中国学术界却根本不具备从事高句丽学研究和发表、出版书刊的大气候，以致研究成果极其微少。但是，胸怀此志者不乏其人，默默练功者大有人在，芸芸笔耕者何用数数，苟非此，何有后来高句丽学研究雨后春笋般的大勃兴！

　　世界历史总是不断发展的，中国社会总是要前进的，高句丽的研究总是应当展开的。随着改革开放新时期的开始和国家政策的陆续调整，在中国终于出现了人文科学研究的明媚春光，笼中鸟展翅翱翔于天空，弹指一挥间，在中国各种学术刊物上发表的东北史，特别是高句丽学研究的论文，一时难以计数。这中间曾经出现过一个内外学术界大论争的高峰。中国学术界针对一位外国渤海史研究大师的宏论，展开探索、探讨与论争。王承礼先生著《渤海简史》，朱国臣、魏国忠两先生撰《渤海史稿》，李殿福、孙玉良两先生作《渤海国》，一大批不同年龄和职称的学者发表文章，在为渤海国历史准确定位的总目标下，探索、探讨、论说了渤海学的各个层面，业已有人汇集为《渤海史论著汇编》。当时人们就断言，继之而来的必然也将会出现一个高句丽学研究的高峰。

　　中国学术界自己用事实回答了自己的期待，在世纪之交的20多年里，果然勃兴了高句丽学研究的热潮。如同此前的渤海史争论一样，各个学术门类的不同年龄、不同梯次的学者研究高句丽学各层面大小、广专问题的文章有如长江大浪滚滚而来。感谢铁华，是他和他现今工作部门的领导——通化师范学院历史系主任杨春吉教授，以及其他学术好友做了最积极的努力，主办了两次全国性的高句丽学术研讨会，并将高句丽研究的论文，或整理出文献目录，或编辑成文献叙录，或汇集为专题文集，他更费尽心思地参与编辑整理出了《高句丽史籍汇要》，在有关学术、出版机构等的大力支持下出版，广泛赐赠给各方学者，极大地推进了高句丽研究的进展。

　　在高句丽学论文迭出的时候，人们自然要呼唤专著同世。历史好像是有一个定律，中国高句丽研究专著的出现恰恰也是从研究好太王碑的专著开始的。早些年里，先有我的师兄王健群先生的《好太王碑研究》出版。继之，李殿福和孙玉良两先生勒成《高句丽简史》，可惜竟未能在国内公开出版，而是在韩国用韩文问世，书中影印了两位先生的手稿。1996年，可谓"左部""古雏大加"的延边刘子敏先生所著《高句丽历史研究》一书，算是中国学者研究高句丽学的第一部专著。从当时国内外的研究状况看，人们当然不能要求这第一部高句丽研究专著就得那么完整齐备，但那毕竟是可贵的第一部。在高句丽考古方面，可谓"后部""古雏大加"的长春魏存成先生出版了《高句丽考古》和《高句丽遗迹》两书。包括子敏等诸先生在内的朋友们当然都期待着有人能写一部比较完整的高句丽通史。

　　众所周知，在高句丽学研究方面能成大气候、做出大贡献的学者，需要有高学历和高职称，需要有文献研究与考古实地发掘、考察的实践与研究的深厚功力，需要有总揽全局广博的基础研究，需要有专攻、独到的深化研究，需要有综合引导学科建设与发展的宏图大志。铁华君早年求学于我的母校东北师范大学历史系，获得硕士学位，如今已经是颇有名望的教授。

　　从他发表、出版的诸多著述，特别是整理、编纂《高句丽史籍汇要》，可见其于文献研究上有深厚功力，应当说是一位"大加"。他在高句丽故都集安做了多年高句丽王家陵墓的"国烟""看烟"，亲自参与过发掘、研究和保护高句丽遗址和文物，对高句丽考古文化具有外地人所不及的得天独厚的优越条件。从连篇发表论文到撰写《好太王碑新考》和《高句丽瓦当研究》等专著，又应当说他的学术位置是属于"黄部"的"古雏大加"。在中国的高句丽学研究中，出类拔萃的老中青学者里多产者人才济济，而据我个人的统计，铁华君与地居"左部"的"古雏大加"子敏先生并驾名列前茅。从他参与编辑《集安博物馆高句丽研究文集》《全国首届高句丽学术研讨会论文集》《中国学者高句丽研究文献叙录》《中国学者高句丽研究文献目录》《高句丽归属问题研究》等专集而言，可以毫不夸张地说他比较全面地浏览国内外高句丽研究的历史与现实成果，是国内有能力、有魄力对高句丽学进行综合的首屈一指的学者。是则，撰写一部全方位的高句丽通史，舍铁华而谁何！

自从 19 世纪末期兴起高句丽学以来，首要的、根本的学术热点始终是关于高句丽民族、高句丽国家及其疆域、高句丽文化与历史的归属定位问题，一切历史问题的研究都时刻离不开这个大前提，中外学术界长期以来最大的争议就在这里。与国际高句丽学同时兴起的日本东洋史研究，从一开始就是适应着其国内的特定需要，以特定的地理概念发端的。在既往的日本学术界，历来将中国称为"支那"，即所谓的"中国本部"，而将本属中国的东北地区与所谓的"中国本部"的"支那"分开，别称之为"满洲"或"满蒙"，视之为不属于"中国本部"的一个历史上的独立地区，于是当然也就将作为这一地区一个断代的高句丽视为从来就不属于中国的独立国家。这一别有用心的立场，开宗明义地表现于由当年日本帝国主义侵略当局策划的伪满洲国的所谓"建国宣言"中：所谓的"想我满蒙各地，属在边陲，开国绵远，征诸往籍，分并可稽"的开头语。所以说，高句丽民族及其历史与文化的归属定位问题，从一开始就不是以学术问题，而是以非常敏感的政治问题出现在世人面前的。时至今日，我们可以万分肯定地说，高句丽民族及其国家的历史与文化的归属定位问题是一个必须严肃加以解决的政治问题和具有极大政治敏感性的学术问题。只有对高句丽民族、高句丽国家、高句丽文化与历史做出符合客观历史实际的即还原历史原貌的准确定位，才有可能对举凡高句丽民族、国家、疆域、社会、政治、军事、经济、文化、历史地理，以及高句丽与中原王朝的关系、高句丽与外国的关系等项发展做出真正科学的阐述，从而澄清存续了百余年的这个历史大是大非问题。在这个基本立场和大前提上，铁华君是坚定而旗帜鲜明的，所以他的书理所当然地具备当前高句丽研究的最高水准，以他治史的功力也理所当然地能够写出一部全方位的高句丽通史。该书可谓迎接时代春光绽放的鲜花，并以此再现高句丽民族历史与文化的辉煌。

该书是铁华君积 20 余年心血研究高句丽学的综合，同时也应当说是中国学术界研究高句丽学的一项综合。中国研究高句丽的学者既不拘泥于前人、外人，也不拘泥于国人、时人，真正是"百花齐放，百家争鸣"，仁者见仁，智者见智。要在综合自己的和全国这样丰富的学科成果的基础上，成就一部自成体系的长篇大著，在博采诸家之长的同时，当然不能兼收并蓄，而是理所当然地要有所取舍，但是这里面的确并不寓有褒贬之意，这是我读铁华君书稿时由衷的感受。他的确是不拘泥于前人、时人的，惟其不拘泥，才得有独到的成就。

说不上是什么缘故，我对高句丽学从感兴趣到喜爱，以至达到了酷爱的地步。可是，由于我的学识、功力和精力不济，成果微微，不及铁华君远甚，但我始终愿意将自己有生之年献给中国的高句丽学。综观中国的高句丽学，时至今日尚未见到有关高句丽语言方面的研究成果问世，这也是铁华君书中一个小小的缺憾。近年，我在探索自己热衷的高句丽历史问题中，发现了一篇关于高句丽语言的珍贵历史记录——"《三国史记》卷第三十七杂志第六地理四高句丽篇"，简称其为"高句丽地理篇"。我用比较、对照的方法，从中解读了 20 个高句丽语词汇，进而检索中外官修正史中高句丽传记、本纪以及好太王碑铭文里有关高句丽的各种词汇，初步做出的判断是：汉唐时期的高句丽王国，不仅使用汉字、汉文记事，而且还使用汉字发音标记高句丽民族语言的语音。根据对从上述历史文献中查到的高句丽语汇的初步统计，计得高句丽词汇 651 个，其中，汉语词汇 285 个，约占总数的 43.8%；用汉字标记高句丽语语音的词汇 223 个，约占总数的 34.3%；用汉字标记高句丽语音与汉字原义组成的复合词汇 143 个，约占总数的 22%。这一统计证明，当年构成高句丽王国居民语言的词汇具有汉语词汇与高句丽民族语言词汇并用的鲜明的双重性，而且其中的汉语词汇与含有汉字字词原义的词汇之和为 428 个，约占总数的 66%，即达到了 2/3，在业已查得的高句丽语词汇总数中占有明显的优势。由此可见，汉语词汇在高句丽王国的语言中居于十分明显的主导地位。由此推测，当年高句丽王国的高句丽族居民既讲本族的语言，也会讲、能讲汉语，就像如今的广西壮族自治区、新疆维吾尔自治区、内蒙古自治区和吉林省延边朝鲜族自治州等民族聚居地区的居民一样，既能讲本民族的语言，同时又能讲汉语；而且，从使用汉语作为口语，发展到使用汉字、汉文记事，进而使用汉字发音标记高句丽语音。可见，当年高句丽王国通行的语言具有汉语与高句丽语的双重性，其使用的文字肯定是汉字，否则，像好太王碑那样洋洋近两千言铭文的写作与镌刻能出自高句丽王国文人和工匠之手，就难以解释了。铁华君，余之是说，其予认同也乎？

目　录

第一章　绪　　论

第二章　高句丽早期历史

第三章　高句丽建国

第四章　两汉时期的高句丽
——巩固、兼并与扩张

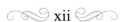

图 版 目 录

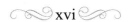

第一章　绪　论

东北是中国古代文明的发祥地之一。红山文化祭坛、女神庙、积石冢群的发现[1]，证明早在五千多年前，中华文明的曙光已出现在幽燕之地——大凌河与老哈河上游农牧皆宜的交错地带。这里也正是傅斯年、徐中舒、金景芳等史学先辈认定商人发迹的地方。[2]近年来的考古发掘，使得商先起于东北的诸多文献记载得到更加合理的证明与诠释。[3]

商族人生活在东北，对于东北文化的发展和各民族的起源、融合产生了极为重要的影响。

公元前 1600 年，商汤率族众灭夏桀入主中原，一部分居民南迁，一部分居民留了下来，成为东北各民族的祖先。秦汉之际，东北的高句丽、夫余诸族，都应该是殷商遗民之后裔。

东北历史，是民族融合、经济发展、社会进步的历史。秦汉以后，东北地区的两大少数民族政权——高句丽、夫余，在东北历史的发展中占据重要的地位，值得认真讨论与研究。特别是高句丽民族与国家的历史，从商周之际，一直到隋唐，既包括高句丽建国前民族融合与发展，对东北浑江、鸭绿江流域，长白山区自然资源的开发和利用，也包括西汉元帝建昭二年（公元前 37 年）建立国家，至唐高宗总章元年（公元 668 年）灭亡的国家兴衰史。

本书就是对高句丽民族与国家历史深入研究的一次尝试。

第一节　高句丽史研究对象与分期

一、研究对象

高句丽史同历史学科的诸多分支一样，有自己特定的研究对象和范围。一般说来，高句丽史是一个东北古代民族的历史，是中华民族发展史的一部分，属于东北地方史，其研究对象和方向是高句丽民族形成发展的历史和高句丽国家建立和衰亡的历史。

---

[1] 郭大顺、张克举：《辽宁省喀左县东山嘴红山文化建筑群址发掘简报》，《文物》1984 年第 11 期。

[2] 傅斯年："商之起源，当在今河北东北，暨于济水入海处""商之先祖已据东北为大国矣。"《东北史纲》，上海：上海古籍出版社，2012 年，第 33 页；徐中舒："由上所述，可知商族力量远达北方，可能越渤海而到东北境内。"《先秦史论稿》，成都：巴蜀书社，1992 年，第 56 页；金景芳："近些年来，在辽宁、吉林两省迤北一带发现很多商代文物，有的已经发表，有的尚未发表。这些新发现，对于解决商文化起源问题，很可能是有益的。"《商文化起源于我国北方说》《中华文史论丛》第 7 辑，1978 年复刊号。

[3] 干志耿、李殿福、陈连开：《商先起源于幽燕说》，《历史研究》1985 年第 5 期；干志耿、李殿福、陈连开：《商先起源于幽燕说的再考察》，《民族研究》1987 年第 1 期；艾春明、傅亚庶：《再说商先起源于幽燕》，《社会科学辑刊》2005 年第 3 期。

高句丽民族的形成和发展，从时间上要上溯到商周时期，即高句丽民族起源之时，然后是民族迁徙与融合，形成一个具有自身特点的北方民族。周秦之际，中原政权对北方地区实行管理，高句丽人开始了与其他民族的交往与联系。汉武帝元封三年（公元前108年）灭卫氏朝鲜，以其地置玄菟、乐浪、临屯、真番四郡。玄菟郡内置高句丽县。西汉中央政权正式对高句丽人聚居之地设治管理，高句丽人在汉玄菟郡高句丽县官吏的管理之下，成为西汉王朝东北地区的编户齐民。这应该是高句丽建国前的历史。

西汉元帝时期，国家发展缓慢，统治出现衰败之势，对北方管理日渐衰弱。建昭二年（公元前37年），夫余王子邹牟率族众入主高句丽地区，建立高句丽国，成为西汉东北地区玄菟郡内一个民族地方政权。

高句丽政权建立后便开始向外扩张、稳定统治、发展经济、壮大实力。随后，不断侵扰辽东和朝鲜半岛北部，同幽州、辽东以及新罗、百济、倭发生军事冲突和战争。高句丽一方面向中原各王朝中央称臣、纳贡，另一方面乘隙蚕食辽东，并以辽东为依托向朝鲜半岛发展。直至唐初，高句丽在唐朝军队的进攻下灭国。高句丽政权存在了705年，跨越两汉、三国、两晋、南北朝和隋唐时期。

从商周时期到唐初，高句丽民族起源、融合、建国、发展、灭亡的全过程作为高句丽史研究对象，包括高句丽民族的起源、融合，高句丽政权政治、经济、军事、思想、文化发展诸多方面。它不同于一般的断代史，与一般的民族史、地域史也有所不同。它的发展跨越了中国古代史从奴隶社会到封建社会两大历史时期，经历了先秦、两汉至隋唐多个朝代的经略与藩属。其活动区域从浑江、鸭绿江流域的汉玄菟郡高句丽县，不断扩大到东北和朝鲜半岛大部地区，跨越今日中国东北、朝鲜和韩国北部。这就使得高句丽历史研究既有民族史的特点，又有地方史的特点，同时还带有会通的非断代史特点。因此，我们在研究高句丽史时，既要遵循东北古代历史发展的一般规律，又要充分注意到其民族性和地域性的特点，客观地、实事求是地再现这一段历史。

二、历史分期

一般治高句丽史，大都分为建国前后两大阶段。建国前是指商周时期至西汉元帝建昭二年（公元前37年），也就是高句丽人早期活动的历史。由于缺乏文献记载，汉武帝设四郡以前的史事不详，考古调查资料较为零散，难以进行细分。

高句丽建国后的历史，从西汉元帝建昭二年（公元前37年）到唐高宗总章元年（公元668年），学者的分期有所不同。

魏存成先生依据高句丽都城三置两迁，分为初、中、后三个时期：

初期，都纥升骨城时期，公元前37—3年。

中期，都国内城时期，公元 3—427 年。

后期，都平壤城时期，公元 427—668 年。①

学界大都习惯此种分期法。

也有三期分法与之有所不同，李殿福与孙玉良先生认为：

前期，为统一战争时期，邹牟王至太祖大王时期，公元前 37—105 乍。

中期，为对外扩张时期，太祖大王至长寿王时期，公元 105—427 年。

后期，长寿王迁都平壤，长寿王至宝藏王时期，公元 427—668 年。②

还有一种分法：

早期，长寿王迁都以前，基本是汉魏两晋时期。

中期，高句丽鼎盛阶段，大概是南北朝时期。

晚期，高句丽衰亡阶段，时间当在隋唐时期。

刘子敏先生则将这三期合并为两期：

前期，奴隶社会，建国至长寿王迁都，公元前 37—427 年。

后期，封建社会，长寿王迁都至灭亡，公元 427—668 年。③

过去，我们在研究高句丽考古和文物古迹保护时，涉及高句丽发展变化的历史，也曾按照高句丽都纥升骨城、国内城、平壤城三个不同地域作为考古学的时期划分来叙述与编纂。随着研究高句丽政权发展变化的不断深入，笔者逐渐发现高句丽国家的发展与变化、稳定与扩张，同中原政权的统一与分治密切相关，而且具有一定的规律性。因此，本书将高句丽政权的出现、发展、稳定、衰亡的历史划分为以下四个时期：

（1）两汉时期，高句丽政权建立，逐渐巩固，向外扩张。从邹牟王至山上王十位王期间，年代大体上从公元前 37—227 年。

（2）魏晋时期，高句丽社会变革、发展，疆域扩大。从东川王至好太王九位王期间，年代约从公元 227—412 年。

（3）南北朝时期，高句丽空前发展、社会稳定。从长寿王至平原王六位王期间，年代约当公

① 魏存成：《高句丽考古》，长春：吉林大学出版社，1994 年，第 12 页。

② 李殿福、孙玉良：《高句丽简史》，汉城：韩国三省出版社，1990 年，第 344—352 页。

③ 刘子敏：《高句丽历史研究》，延吉：延边大学出版社，1996 年，第 75 页。

元 412—590 年。

（4）隋唐时期，高句丽国势削弱，矛盾加剧，走向衰亡。从婴阳王至宝藏王仅历三王，年代约当公元 590—668 年。

三、活动区域

若从商人入主中原时一支东迁谈起，高句丽的先人大体上沿着大凌河、辽河、太子河向浑江、鸭绿江流域迁徙。大约在周成王时已经在浑江、鸭绿江流域定居。

汉武帝设四郡，玄菟郡高句丽县治所在今辽宁省新宾满族自治县（简称新宾县）永陵镇境内，这里应是高句丽人聚居活动的地区。[①] 其范围大约在辽宁省新宾县、桓仁县、宽甸满族自治县（简称宽甸县），吉林省集安市、通化县及鸭绿江沿岸一带。

高句丽建国初期，都城在桓仁县城附近，其活动区域逐渐向东、向北扩大，达到今吉林省柳河县、白山市、临江市、长白朝鲜族自治县（简称长白县）一带。东南已越过鸭绿江达到朝鲜半岛北部慈江道、两江道等地区。

高句丽好太王、长寿王时期（公元 5 世纪），其疆域和活动区域空前扩大，西至辽河流域，东濒大海，北及牡丹江上游，南抵朝鲜半岛的汉江流域。在这一广大地区内，高句丽人创造了灿烂的文化，遗留下大量的文物古迹。

高句丽故都桓仁县境内保留着都城遗址，有高句丽时期的平原城、山城、古墓、壁画，还出土过许多高句丽文物。高句丽故都集安市保留着国内城、丸都城和大大小小的古城、关隘，上万座高句丽古墓，36 座壁画古墓，好太王碑、集安高句丽碑和一些建筑遗址，还出土了 10 000 多件高句丽文物。此外，辽宁省的丹东、本溪、抚顺、沈阳、辽阳、鞍山、营口等地区，吉林省的通化、白山、辽源、吉林、延边等地区也保存着许多高句丽山城遗址，如城墙关隘、墓葬遗迹等，还出土过一批高句丽文物。

朝鲜平壤附近，有平壤城、安鹤宫、清岩里土城、大城山城、定陵寺等古城遗址，还有许多高句丽积石墓、封土墓和壁画墓，也出土了许多高句丽文物。韩国中原郡发现高句丽碑、塔坪里寺庙遗址，首尔附近也有高句丽山城、堡垒和古墓等遗迹发现，也出土了一批高句丽文物。

2004 年 7 月，在第 28 届世界遗产大会上，"中国高句丽王城、王陵及贵族墓葬"和"朝鲜高句丽壁画墓群"被列入《世界遗产名录》。这些珍贵的高句丽遗迹和遗物，为我们研究高句丽历史发展、经济文化进步、都城迁徙，提供了大量可靠的实物证据。其中，好太王碑、集安高句丽碑、中原高句丽碑、冉牟墓志等一批珍贵的文字资料则成为高句丽历史研究的重要文献。

---

① 徐家国：《汉玄菟郡二迁址考略》，《社会科学辑刊》1984 年第 3 期。

第二节　高句丽史研究现状

光绪三年（1877 年），柳条边弛禁，清政府增设了宽甸、怀仁（今辽宁省桓仁县）、通化三县。怀仁县书启关月山到任不久，在通沟的荒烟蔓草中发现了高句丽好太王碑。随后，火焚除苔，捶制拓本，传入京师。从隶定考释好太王碑文字，开始了我国研究高句丽历史的历程。

1887 年，杨颐撰《好太王碑考订》；1889 年，盛昱撰《好太王碑释文》；1895 年，王志修刊行《高句丽永乐太王碑歌考》。随后，中国学者郑文焯、吴重熹、陆心源、荣禧、罗振玉、杨守敬、叶昌炽、顾燮光、刘承干、欧阳辅、刘节、金毓黻、谈国桓等先后撰文考释研究。1889 年，日本学者横井忠直根据陆军参谋本部间谍酒匂景信带回的好太王碑双勾加墨本进行拼接、考释，撰写出《高句丽古碑考》和《高句丽古碑释文》发表在《会余录》第五辑上，引起学者的注意。之后，菅政有、那珂通世、三宅米吉、关野贞、前间恭作、太田亮、八木奘三郎、末松保和等也发表了有关好太王碑的研究文章。以好太王碑考证为中心的高句丽历史研究在中日学者之间展开。

1935 年 10 月，中国学者金毓黻先生与徐景武等从安东（今辽宁省丹东市）经新义州、满浦到达辑安（今吉林省集安市），考察了国内城、丸都山城、好太王碑、太王陵、将军坟、千秋墓、角觚墓、舞踊墓、三室墓、五盔坟、四神墓和毌丘俭纪功碑出土地，对高句丽古墓遗址进行著录、绘图。[1]

1935—1936 年，日本学者浜田耕作、池内宏、藤田亮策、梅原末治、水野清一、三上次男等先后到通沟现场调查，出版了《通沟》上下卷。[2]

1941 年，金毓黻先生出版了《东北通史》上编。[3]书中明确地将高句丽史纳入中国东北史范畴，并用了较大篇幅论述和考证高句丽相关史事，奠定了中国高句丽史研究的基础，在国内外学术界产生了重要影响。

1949 年中华人民共和国成立，学术研究逐渐繁兴，中国历史学研究从理论到史料、史学诸方面都取得深入的进展，成果丰硕。唯有边疆和民族历史方面的研究曾一度遭到冷落。高句丽历史研究在这一背景下进展缓慢，只有辽宁、吉林两省在高句丽文物遗迹的保护调查与考古发掘方面做了一些基础性的工作，取得了一些成果。

---

① 金毓黻：《静晤室日记》第五册，沈阳：辽沈书社，1993 年，第 3691—3716 页。

② ［日］池内宏：《通沟》卷上，东京："日满文化协会"，1938 年；［日］池内宏、梅原末治：《通沟》卷下，东京："日满文化协会"，1940 年。

③ 金毓黻：《东北通史》上编，三台：国立东北大学，1941 年初版；重庆：五十年代出版社，1943 年再版；台北：洪氏出版社，1976 年影印；长春：社会科学战线杂志社，1980 年重印。

一、国内研究现状

高句丽历史研究全面展开，不断深入，取得重大成果是从 1980 年以来的 40 余年间。无论是研究内容的开阔，研究课题的深入，考古新资料的发现、整理，还是学术成果、论文、著作的出版，都大大地超越了从前。主要表现在以下几方面。

第一，高句丽历史研究全面展开。

关于高句丽民族起源与建国问题，是学者研究较多、分歧较大的问题。大多数学者遵循着多年以来的传统看法，主张高句丽人起源于秽、貊或秽貊，也有从高句丽政权建立的王族出发，将夫余作为高句丽的族源的。

较新的观点是"高句丽起源于炎帝族"或"起源于商人"。或从典籍文字音韵学出发，或从民族习俗和考古文化出发，都指出高句丽是迁徙民族。一说出自炎帝族，一说出自黄帝后裔的商人，均属炎黄文化系统。这一点从高句丽民族文化遗存，辽宁、吉林两省及平壤附近的高句丽古墓、壁画、碑碣石刻、古城遗址，以及上万件出土文物的特征上都可以找到证据。

张博泉先生认为，"高句丽原是出自貊的""高句丽出自秽貊，亦即貊"。[①] 同时又指出，"高句丽与殷、周奴隶（制）有不少相似处不是偶然。高句丽与殷人有相同的卵生说；有相同的祖先传说，殷人帝（禘）喾（高辛氏）而郊冥，高句丽自称是高辛氏之后乃姓高氏（《朝鲜史略》卷一），高句丽始祖朱蒙自称是河伯（玄冥）外孙；高句丽与殷人亦有共同的宗教信仰。看来高句丽即使不出自殷人，但也曾是与殷人有亲属关系的部落"[②]。

关于高句丽国家的建立，文献资料多以传说的形式出现，好太王碑文的记载也大体类似，这里需要讨论和分析。关于建国的时间文献记载十分清楚——汉元帝建昭二年（公元前 37 年），关于这一点大多数学者都认同，但也有少数学者依据传说和文献的某些字句提出疑问，并提出高句丽建国前曾存在一个古高句丽国。

关于高句丽国家的社会性质，也是学者讨论、争论较多的问题。有人认为它是奴隶社会，有人认为它是封建社会，也有人认为它前期是奴隶社会，后期是封建社会。

学者都依据马克思主义经典作家揭示的人类社会发展的一般规律及理论对高句丽社会进行研究。对五种社会经济形态的认识、理解不同，加之对高句丽文献中有限的资料分析、研究方面的差异，导致对高句丽社会性质认识上的分歧和争议。徐德源先生《高句丽社会性质问题的综合述评》[③]一文，对于这一问题的研究状况进行了初步的概括：

> 到目前为止，关于高句丽社会性质问题，我国史学工作者已经提出了四种不同的

---

① 张博泉：《东北地方史稿》，长春：吉林大学出版社，1985 年，第 10、79 页。
② 张博泉：《东北地方史稿》，长春：吉林大学出版社，1985 年，第 10 页。
③ 徐德源：《高句丽社会性质问题的综合述评》，《辽宁大学学报（哲学社会科学版）》1982 年第 6 期。

见解。

　　第一种见解认为，高句丽是奴隶社会。从 20 世纪 50 年代一些高等院校自编的世界古代史和中世纪史讲义，到 1962 年出版的周一良、吴于廑主编的高等院校通用的教材《世界通史》[①]以及 20 世纪 70 年代出版的几部高等院校世界古代史和世界中世纪史教材均持此说。[②]在集安年会上，中国人民大学历史系讲师赵秉新同志宣读了他的《略论高句丽的社会性质》一文[③]，比较详细地论述了高句丽是奴隶社会，集中代表了这一种见解。

　　第二种见解认为，高句丽是在古朝鲜奴隶制社会瓦解的基础上建立的封建社会。吉林省社会科学院朝鲜研究所安清奎同志在长春年会上宣读的论文《论高句丽、百济、新罗三国的社会性质》[④]及延边大学朝鲜问题研究所讲师姜孟山在集安年会上宣读的论文《论高句丽国家的社会性质》[⑤]均持此说。姜孟山的论文可以看作是这种见解的代表。

　　第三种见解认为，高句丽人是从原始社会瓦解直接过渡到了封建社会。这是 1980 年笔者在松江年会上报告的论文《试论高句丽国家的社会性质》[⑥]中提出的。

　　第四种见解认为，高句丽的前期是奴隶社会，公元四世纪以后逐渐过渡到了封建社会。这是在长春年会上讨论时提出来的，但并没有展开，至今还没有发表持这种见解的专题论文。

　　而沈克秋先生的《试论高句丽的社会性质》[⑦]、孙玉良先生的《高句丽社会性质浅析》[⑧]等文章也提出一些值得参考的意见。孙先生认为，高句丽国家"奴隶制和封建制的生产关系长期共存，并行发展，迟迟未能最终摆脱奴隶制统治，封建制始终未能最后确立，或者说，处于半奴隶半封建社会状态"。

　　关于高句丽与中原王朝的关系，学者一致认为，高句丽人在建国前已是汉玄菟郡内的居民，接受汉朝各级政权和官吏的管辖。公元前 37 年高句丽建国以后，这种从属关系没有变，直至高句丽灭亡前，一直属于中原王朝管辖下的地方政权。

　　公元 9 年，王莽始建新政，尽更百官之名，诸侯王皆改称公。下令"四夷僭号称王者皆更为侯""更名高句丽为下句丽"。[⑨]更高句丽王为高句丽侯一事，证明高句丽原本称王，且得到汉元帝以下诸位皇帝的认可与册封。王莽更王为侯不仅针对高句丽一国，对其他少数民族国王也一律称侯。东汉光武帝时，高句丽大朱留王遣使入汉朝贡，请求光武帝同意之后才恢复了王号。

① 周一良、吴于廑主编：《世界通史》（上古部分），北京：人民出版社，1962 年。
② 北京大学历史系简明世界史编写组编：《简明世界史》（古代部分），北京：人民出版社，1974 年；杭州大学历史系《世界古代中世纪史》编写组编：《世界古代中世纪史》，上海：上海人民出版社，1979 年。
③ 赵秉新：《略论高句丽的社会性质》，《朝鲜史通讯》1981 年第 3 期。
④ 沈克秋：《试论高句丽的社会性质》，《中国朝鲜族历史研究论丛》1987 年第 1 期。
⑤ 沈克秋：《试论高句丽的社会性质》，《中国朝鲜族历史研究论丛》1987 年第 1 期。
⑥ 沈克秋：《试论高句丽的社会性质》，《中国朝鲜族历史研究论丛》1987 年第 1 期。
⑦ 沈克秋：《试论高句丽的社会性质》，《中国朝鲜族历史研究论丛》1987 年第 1 期。
⑧ 孙玉良：《高句丽社会性质浅析》，《博物馆研究》1984 年第 1 期。
⑨ 《汉书》卷九十九中《王莽传》，北京：中华书局，1962 年，第 4105、4130 页。

两汉以来，高句丽不断向中央派遣使臣，朝贡称臣，并求属玄菟郡。好太王以后诸王均受中央王朝册封。中央王朝也时常送鼓乐仪仗、衣物礼品给高句丽。

学者也注意到，高句丽国力增强，谋求发展，向外扩张时，经常侵扰辽东、玄菟各郡县，导致辽东及北方政权与高句丽之间兵戎相见，特别是中原出现战乱、分裂、政权分立的时候，高句丽往往乘机掠夺辽东郡县，并在好太王时期占领了辽东之地。

许多文章谈及高句丽与汉、辽东、慕容氏争夺辽东的斗争时都指出，高句丽的争夺和侵扰没有改变其对中央王朝及诸政权的臣属朝贡关系，更没有改变其东北地方民族政权的性质。

此外，学者还研究了高句丽政权建设、经济发展、思想文化、民族风俗，以及其在向朝鲜半岛扩张中同新罗、百济、倭的关系。在高句丽历史人物评价方面也有一些新的观点和论述。

第二，高句丽考古调查与发掘不断取得新成果。

30多年来，辽宁、吉林两省的文物工作者对一些重点的高句丽文物遗迹进行了调查和发掘，其中代表性的调查和发掘有：

1980年，吉林省文物工作队对柳河县高句丽罗通山城进行了调查。辽宁省抚顺市博物馆和新宾县文化局对高句丽黑沟山城、太子城进行了调查。[①]

1981年，集安县文管所在老虎哨清理发掘了12座高句丽古墓。[②]

1982年，集安县文管所在上、下活龙村两处清理发掘高句丽古墓48座。[③]

1983年，集安县博物馆在全县范围内开展了考古调查，复查了国家和省级重点文物保护单位洞沟古墓群，丸都山城，国内城，霸王朝山城，长川1、2号壁画墓等。新发现几处高句丽建国前的文化遗址和大川哨卡等遗迹。[④]

1984—1985年，吉林省文物考古研究所、集安县文管所配合集锡公路建设，在禹山墓区发掘了高句丽古墓113座，出土文物931件。[⑤]辽宁省博物馆、抚顺市博物馆对抚顺高尔山山城进行考古调查和发掘。[⑥]

1985年，集安县文管所清理了长川4号墓，发现墓中白灰壁上原来绘有壁画。[⑦]

1987年，集安县文管所对太王陵进行调查，并对墓室进行测绘、拍照。[⑧]本溪市博物馆、桓仁

---

① 徐瀚煊、张志立、王洪峰：《高句丽罗通山城调查简报》，《文物》1985年第2期；佟达、张正岩：《辽宁省新宾县黑沟高句丽早期山城》，《文物》1985年第2期。

② 赵书勤：《集安县老虎哨古墓》，《文物》1984年第1期。

③ 孙仁杰：《集安县上、下活龙村高句丽古墓清理简报》，《文物》1984年第1期。

④ 《集安县文物志》，长春：吉林省文物志编委会，1984年。

⑤ 吉林省文物考古研究所、集安市文物保管所：《集安洞沟古墓群禹山墓区集锡公路墓葬发掘》，耿铁华、孙仁杰编：《集安博物馆高句丽研究文集》，延吉：延边大学出版社，1993年，第21—79页。

⑥ 孙力：《抚顺高尔山山城遗址》《中国考古学年鉴》1984—1985年。

⑦ 张雪岩：《集安两座高句丽封土墓》，《博物馆研究》1988年第1期。

⑧ 集安市博物馆档案资料。

县文管所对下古城子遗址进行调查测绘。①

1990 年，吉林省文物考古研究所、集安市文管所清理发掘了太王陵墓室，在墓室中发现了大型石椁并进行了复原，同时清理了国内城北墙马面基址。②沈阳市考古工作队在石台子高句丽山城进行试掘。③

1991 年，辽宁省考古研究所、桓仁县文管所清理发掘了桓仁县米仓沟一号墓（将军墓），在墓中发现了彩绘壁画，出土了釉陶壶和釉陶灶等文物多件。④

1993 年，吉林省文物考古研究所、集安市文物保管所完成国家文物局"八五规划"项目——洞沟古墓群维修 51 座高句丽古墓。⑤

1994 年，集安市文管所对太王陵、将军坟局部进行基础探查。⑥

1996 年，吉林省文物考古研究所、集安市文管所对洞沟古墓群进行遗址保护调查并清理禹山墓区 3319 号墓，发现砖室及耳室，并出土一批珍贵的青瓷器。⑦

1996—1998 年，辽宁省文物考古研究所、本溪市博物馆、桓仁县文管所对五女山城进行了全面的调查、勘探、测绘与发掘，发现了一批建筑遗址，并出土文物千余件。⑧

1997 年，辽宁省文物考古研究所、沈阳市文物考古工作队对沈阳石台子山城进行正式考古发掘，对山城墙体局部解剖及外墙面全部剥离。⑨

1997—1999 年，吉林省文物考古研究所、通化市文物管理委员会办公室对通化市万发拨子遗址进行考古发掘，发现了高句丽早期到中晚期的土著遗存和高句丽积石墓、阶坛积石墓。⑩

2000 年，吉林省文物考古研究所、集安市博物馆配合市区建设，对国内城中遗址进行考古发掘。⑪

2002—2003 年，配合"中国高句丽王城王陵及贵族墓葬"申报世界文化遗产，辽宁省文物考

---

① 梁志龙：《桓仁地区高句丽城址概述》，《博物馆研究》1992 年第 1 期。

② 吉林省文物考古研究所、集安市博物馆编著：《集安高句丽王陵——1990—2003 年集安高句丽王陵调查报告》，北京：文物出版社，2004 年，第 219 页；何明：《集安市高句丽国内城马面基址》，《中国考古学年鉴》，北京：文物出版社，1992 年。

③ 李晓钟、刘长江、佟俊岩：《沈阳石台子高句丽山城试掘报告》，《辽海文物学刊》1993 年第 1 期。

④ 武家昌、魏运亨：《桓仁发现高句丽壁画大墓》，《中国文物报》1992 年 3 月 8 日，第 1 版。

⑤ 集安市博物馆档案资料。

⑥ 集安市博物馆档案资料。

⑦ 吉林省文物考古研究所、集安市博物馆：《洞沟古墓群禹山墓区 JYM3319 号墓发掘报告》，《东北史地》2005 年第 6 期。

⑧ 辽宁省文物考古研究所编著：《五女山城——1996—1999、2003 年桓仁五女山城调查发掘报告》，北京：文物出版社，2004 年，第 304—315 页。

⑨ 辽宁省文物考古研究所、沈阳市文物考古研究所编著：《石台子山城》，北京：文物出版社，2012 年。

⑩ 金旭东、安文荣、杨立新：《探寻高句丽早期遗存及起源——吉林通化万发拨子遗址发掘获重要收获》，《中国文物报》2000 年 3 月 19 日，第 1 版。

⑪ 吉林省文物考古研究所、集安市博物馆编著：《国内城——2000—2003 年集安国内城与民主遗址试掘报告》，北京：文物出版社，2004 年，第 53—85 页。

古研究所、桓仁县文管所对五女山城进行考古调查发掘。^①吉林省文物考古研究所、集安市博物馆对丸都山城、国内城及部分高句丽王陵进行考古调查与发掘。^②

2004 年，在中国苏州召开的第 28 届世界遗产大会上，中国申报的"中国高句丽王城王陵及贵族墓葬"和朝鲜民主主义人民共和国申报的"高句丽壁画墓群"被批准列入《世界遗产名录》。

2004—2006 年，辽宁省文物考古研究所、本溪市博物馆、桓仁县文管所在望江楼墓地发掘了 6 座高句丽古墓，出土一批珍贵文物。^③

2006—2007 年，辽宁省文物考古研究所、本溪市博物馆、桓仁县文管所在冯家堡子清理发掘了高句丽早期墓葬 16 座，在上古城子发掘了 4 座墓，在王义沟发掘了 3 座墓，同时对王义沟高句丽遗址进行了清理发掘。^④

2006 年，吉林省文物考古研究所和集安市博物馆对云峰水库淹没区良民墓群、猫鹰沟墓群进行了清理发掘，共发掘积石墓、封土墓 32 座。^⑤

2007—2008 年，吉林省文物考古研究所和集安市博物馆对国内城南墙进行考古清理，对西北部进行局部清理，进一步探明城墙结构。^⑥

2008—2010 年，全国第三次文物普查期间，吉林省通化市、集安市、通化县、柳河县，辽宁省本溪市、桓仁县，抚顺市、新宾县等地都有高句丽遗址与文物发现。

2012 年，集安市麻线乡村民马绍彬在麻线河边发现高句丽时期的文字碑，经专家鉴定，定名为"集安高句丽碑"。^⑦

2012—2015 年，集安市博物馆对丸都山城城墙与门址进行清理并对南城墙进行维修。

2015—2016 年，吉林省文物考古研究所、集安市博物馆对山城下高句丽古墓进行清理发掘。

2015—2017 年，中国社会科学院考古研究所、辽宁省文物考古研究所、盖州市文化局对盖州市青石岭高句丽山城进行考古发掘。吉林省文物考古研究所、集安市博物馆对集安市霸王朝山城进

---

① 辽宁省文物考古研究所编著：《五女山城——1996—1999、2003 年桓仁五女山城调查发掘报告》，北京：文物出版社，2004 年。

② 吉林省文物考古研究所、集安市博物馆编著：《丸都山城——2001—2003 年集安丸都山城调查试掘报告》，北京：文物出版社，2004 年；吉林省文物考古研究所、集安市博物馆编著：《国内城——2000—2003 年集安国内城与民主遗址试掘报告》，北京：文物出版社，2004 年；吉林省文物考古研究所、集安博物馆编著：《集安高句丽王陵——1990—2003 年集安高句丽王陵调查报告》，北京：文物出版社，2004 年。

③ 梁志龙、李新全：《本溪地区高句丽考古三十年》，《高句丽与东北民族研究》编辑委员会：《高句丽与东北民族研究》，长春：吉林大学出版社，2009 年，第 111—117 页。

④ 梁志龙、李新全：《本溪地区高句丽考古三十年》，《高句丽与东北民族研究》编辑委员会：《高句丽与东北民族研究》，长春：吉林大学出版社，2009 年，第 111—117 页。

⑤ 孙仁杰：《亲历集安高句丽文物考古三十年》，《高句丽与东北民族研究》编辑委员会：《高句丽与东北民族研究》，长春：吉林大学出版社，2009 年，第 99—110 页。

⑥ 孙仁杰：《亲历集安高句丽文物考古三十年》，《高句丽与东北民族研究》编辑委员会：《高句丽与东北民族研究》，长春：吉林大学出版社，2009 年，第 99—110 页。

⑦ 集安市博物馆编著：《集安高句丽碑》，长春：吉林大学出版社，2013 年。

行考古发掘，同时对附近的高句丽遗址进行调查。

2017 年，吉林省文物考古研究所、集安市博物馆对集安市太王陵南遗址进行考古发掘。辽宁省文物考古研究所、本溪市博物馆、桓仁县文物局对桓仁县小北望高句丽古墓进行考古发掘。

以上调查发掘取得了一系列重要成果，有的已有简报或报告发表，有的则只见通讯报道。

考古调查和发掘的成果为高句丽考古研究的深入开展打下了基础，高句丽考古研究各个方面不断取得新的成果，也为高句丽各时期的历史文化研究提供了丰富的实物证据。

在高句丽城遗址研究方面，学者重点对高句丽的都城进行了研究，注意到高句丽三座都城均是由一座平原城和一座山城构成，形成了高句丽都城的特定格局。同时，从都城向外修筑了大大小小的山城和关隘、哨卡，加强了都城的军事防御能力。

据统计，鸭绿江右岸中国辽宁、吉林两省境内有高句丽古城 170 多座。[①] 鸭绿江左岸朝鲜半岛上有高句丽古城 60 多座[②]，多为山城，平原城较少，构筑方式有石筑、土筑和土石混筑。一般山城内都有水源和戍兵居住址，军事性质明显。平原城内则居住遗址和遗迹多些。

高句丽都城、山城及其附近还发现一些宫殿遗址和祭祀、寺庙遗址，如国内城东北的大型建筑遗址、祭祀社稷遗址，丸都山城宫殿遗址，安鹤宫遗址和定陵寺遗址等。

在高句丽古墓研究中，主要对高句丽古墓的类型及年代进行了深入研究。

李殿福先生将高句丽古墓分为石墓和土墓两大类：

> 石墓——积石墓
> 　　　方坛积石墓
> 　　　方坛阶梯积石墓
> 　　　方坛阶梯石室墓
> 　　　封石洞室墓
> 土墓——方坛封土石室墓
> 　　　方坛阶梯封土石室墓
> 　　　土石混封石室墓
> 　　　封土石室墓[③]

陈大为先生将高句丽积石墓分为：

> 圜丘式积石墓
> 阶台式积石墓

---

① 王禹浪、王宏北编著：《高句丽·渤海古城址研究汇编》，哈尔滨：哈尔滨出版社，1994 年。
② ［日］东潮、田中俊明：《高句丽的历史与遗迹》，东京：中央公论社，1995 年。
③ 李殿福：《集安高句丽墓研究》，《考古学报》1980 年第 2 期。

阶台式石室墓①

方起东先生将高句丽石墓分为：

积石墓

方丘式积石墓

有基坛积石墓

方坛积石墓

阶坛积石墓②

魏存成先生将高句丽石墓分为：

无坛石圹墓

方坛石圹墓

方坛阶梯石圹墓

方坛石室墓

方坛阶梯石室墓③

其他学者也有一些不同的看法，主要是对高句丽古墓外形及内部构造的认识、定名和分类有些出入。至于其年代，大体上按照自己排出的类型演变序列为先后，相对来说石墓早于土墓，各类墓葬改型期间有相互交叉的共存期。一些重要墓葬的年代还要依据出土陶器和其他器物的排序，加之墓葬结构发展变化等因素进行综合判断。另外，一些学者也注意到石墓和土墓之间也应存在族属方面的因素。

高句丽古墓中有一批墓室及藻井绘有精美的壁画，这些壁画古墓大都分布在都城及其附近。目前已发现的高句丽壁画墓有：

中国桓仁 1 座，抚顺 1 座，集安及其附近 36 座，总计 38 座。

朝鲜平壤及其附近 89 座。④

学者都发现高句丽早期壁画是在墓室石壁上涂抹白灰后在白灰壁上作画，壁画内容以社会生活为主，如夫妻宴饮、歌舞百戏、角觝、出行、车马、山林狩猎、攻城、交战、斩俘等。晚期壁画直接绘在修凿平整的石壁上，内容则以四神——朱雀、玄武、青（苍）龙、白虎为主，辅以神怪、传说、

① 陈大为：《试论桓仁高句丽积石墓的类型、年代及其演变》，《辽宁省考古博物馆学会成立大会会刊》1981 年；《桓仁高句丽积石墓的外形和内部结构》，《辽宁文物》1981 年第 1 期。

② 方起东：《高句丽石墓的演进》，《博物馆研究》1985 年第 2 期。

③ 魏存成：《高句丽积石墓的类型和演变》，《考古学报》1987 年第 3 期。

④ 耿铁华：《高句丽壁画研究》，长春：吉林大学出版社，2017 年，第 10—13 页。

伎乐仙人、日月星辰等。中间还有一种类似织锦壁衣的图案画，有云纹王字、龟甲纹饰、变形蛙纹、各种莲花、五彩环纹等。

对于高句丽壁画出现的年代与分期，学者的分歧较大。有人认为高句丽壁画出现于公元 3 世纪中期，有人认为出现于公元 4 世纪中期，也有认为出现于公元 4 世纪中晚期。有人将高句丽壁画分为早、中、晚三期，有人则将其分为四期。

近年来，一些学者注意到高句丽壁画中反映出来的高句丽社会生活、经济生活、战争状况、宗教信仰、文化艺术及民俗民情等内容，深入发掘这些壁画展示的高句丽贵族生前活动，进一步揭示其历史背景与内涵。

高句丽人留下来的碑碣石刻及文字资料是相当珍贵的，其中集安的好太王碑、冉牟墓志、集安高句丽碑及韩国中原高句丽碑是文字较长、保存较好的高句丽文献。

好太王碑建于东晋安帝义熙十年（公元 414 年），由一整块角砾凝灰岩稍加修琢而成，方柱状，高 6.39 米，宽 1.34—2.00 米不等。四面环刻汉字隶书碑文，原有文字 1775 个，现存文字近 1600 个。[1]记录了高句丽建国传说、前三王传承以及广开土境平安好太王的政绩功业，特别是好太王在位时讨碑丽、征东夫余、救新罗、战百济、驱除倭寇的赫赫战功。同时铭刻了好太王死后为其守墓的烟户数量、来源与相关制度。

冉牟墓志是用毛笔书写在墓室梁枋上的文字，汉字隶书，类似汉简。原文为 803—804 字，最多可识读出 436 字。墓志记录了冉牟先祖追随邹牟王从北夫余入主高句丽建立国家的历史。至好太王之世，冉牟官居大兄，为好太王征战建功立业，死后其家臣牟头娄撰文祭祷，回顾生前业绩等。年代在长寿王继位后不久，公元 5 世纪初。[2]

集安高句丽碑是 2012 年 7 月 29 日在麻线河西岸发现的。碑身呈扁方形，上部略窄，顶部为圭形，右上角稍残。残高 1.73 米，宽 0.61—0.67 米，厚 0.13—0.21 米。重量为 464.5 千克。[3]正面刻有汉字隶书碑文，原有 218 字，现可识读 150—170 字。内容为高句丽先王的功业、四时祭祀、守墓烟户制度及惩罚规定等。初步推测应该是好太王为其父故国壤王立的墓碑，年代在好太王之世。

中原高句丽碑建于长寿王晚期，公元 5 世纪末。形状与好太王碑相似，但规模则要小得多。通高 1.44 米，宽 0.55—0.59 米，厚 0.37—0.38 米。[4]四面环刻碑文，汉字隶书。原有文字 730 字左右，最多释出 368 字，内容记录长寿王派太子向新罗及南方诸国诏告、安抚，令其和平相处，稳定边境局势。百济王乘机谋划召募新罗 300 人，引起边境不安，于是高句丽陈兵伐城，稳定局势云云。

此外，在高句丽城墙石上镌刻的文字，在高句丽壁画墓中的墨书题记，在金铜文物和砖瓦、瓦当上也保留着一些文字，都是汉字隶书，这些文字资料的考证与研究，一直是学者关心的热点，特别是对好太王碑的研究，自光绪三年（1877 年）发现，140 年来从未停止，不断掀起研究高潮。国

---

① 耿铁华：《好太王碑新考》，长春：吉林人民出版社，1994 年，第 3、27 页。
② 耿铁华：《高句丽考古研究》，长春：吉林文史出版社，2004 年，第 310—322 页。
③ 集安市博物馆编著：《集安高句丽碑》，长春：吉林大学出版社，2013 年，第 9 页。
④ 檀国大学史学会编著：《史学志——中原高句丽碑特辑号》，汉城：檀国大学史学会，1979 年，第 21 页。

内外的研究论文、著作，使之成为高句丽历史与考古研究中的重要课题。近年来，我国学者出版了几部专著，对碑文隶定、考释及相关史实的研究提出了新的看法和意见，尤其是在北京、台湾等地发现了几部年代较早的好太王碑拓本，为好太王碑的文字考证和历史研究提供了新参考。

高句丽的遗址和墓葬中还出土了大批高句丽文物，有玉石器、金银器、鎏金器、铜器、铁器、陶器等。其中金耳饰、金顶针、金针、鎏金马具、鎏金铜钉鞋、鎏金铜箭头、鎏金冠饰、鎏金铜佛、玉璧、玉耳杯、铜镜、铜矛、铜钺、铜鐎斗、铜壶杆、铁犁铧、铁矛、铁叉、铁链锤、环首铁刀、铁箭头、铁镜、铁剪刀、铁镬、铁镰、铁刀、铁砧、铁锤、铁斧、铁锅、陶仓、陶瓮、陶砚、四耳陶壶、釉陶灶、釉陶壶、釉耳杯及各种各样的砖瓦、瓦当、文字砖等，都是十分珍贵的。

学者对鎏金马具、兵器、陶器、釉陶器、瓦当等进行了专门研究，发表了一批论文，这些论文对于研究高句丽手工业经济、社会进步、资源开发与利用等都是极好的成果。

第三，出版了一批高句丽研究著作。

中国出版的高句丽历史与考古方面的著作逐年增多，与高句丽研究相关的东北史研究著作数量更多。据初步统计，以高句丽命名的历史与考古著作已经达到 140 多部，基本都是 1980—2017 年出版的。这些著作既是中国高句丽历史与考古研究的重要成果，也对国内外的高句丽研究具有重要影响。

这些研究成果大体可以分为如下几个方面。

第一方面为历史研究，包括高句丽社会的政治史、民族史、军事史、疆域史、移民史、思想文化史、艺术史、高句丽与诸国关系史等。此类著作较多，除了专著之外，还有一些会议论文集、专题论文集、摘要叙录之类的编著。历史研究专著中代表性的著作有：

李殿福、孙玉良：《高句丽简史》，韩国三省出版社 1990 年 9 月第 1 版。

刘子敏：《高句丽历史研究》，延边大学出版社 1996 年 12 月第 1 版。

马大正、杨保隆、李大龙，等：《古代中国高句丽历史丛论》，黑龙江教育出版社 2001 年 2 月第 1 版。

姜维东：《唐丽战争史》，吉林文史出版社 2001 年 5 月第 1 版。

耿铁华：《中国高句丽史》，吉林人民出版社 2002 年 12 月第 1 版。

马大正、李大龙、耿铁华，等：《古代中国高句丽历史续论》，中国社会科学出版社 2003 年 10 月第 1 版。

朴灿奎：《高句丽史研究》，黑龙江朝鲜民族出版社 2003 年 4 月第 1 版。

王绵厚：《高句丽与濊（涉）貊研究》，哈尔滨出版社 2004 年 12 月第 1 版。

李殿福：《高句丽民族文化研究》，吉林文史出版社 2005 年 3 月第 1 版。

姜维恭：《高句丽历史研究初编》，吉林人民出版社 2005 年 3 月第 1 版。

刘矩、姜维东：《唐征高句丽史》，吉林人民出版社 2006 年 3 月第 1 版。

耿铁华：《高句丽史简编》，吉林文史出版社 2006 年 4 月第 1 版。

李春祥：《高句丽与东北民族疆域研究》，吉林文史出版社 2006 年 4 月第 1 版。

杨军：《高句丽民族与国家的形成和演变》，中国社会科学出版社 2006 年 8 月第 1 版。

孙玉良、孙文范：《简明高句丽史》，吉林人民出版社 2008 年 9 月第 1 版。

杨秀祖：《高句丽的军队与战争研究》，吉林大学出版社 2010 年 3 月第 1 版。

张葛、张晓晶：《高句丽艺术设计文化研究》，吉林大学出版社 2011 年 8 月第 1 版。

苗威：《高句丽移民研究》，吉林大学出版社 2011 年 8 月第 1 版。

杨军：《高句丽与拓跋鲜卑国家起源比较研究》，吉林文史出版社 2011 年 10 月第 1 版。

高福顺、苗威、刘子敏：《中国学者高句丽研究史》，吉林文史出版社 2011 年 10 月第 1 版。

耿铁华、李乐营：《高句丽研究史》，吉林大学出版社 2012 年 1 月第 1 版。

高福顺：《高句丽中央官制研究》，吉林大学出版社 2015 年 4 月第 1 版。

张士东：《高句丽语研究》，吉林大学出版社 2015 年 5 月第 1 版。

刘炬、华阳、李爽，等：《高句丽战争史》，吉林人民出版社 2015 年 11 月第 1 版。

第二方面为文献研究，包括中国正史中《高句丽传》翰苑中《高丽记》及相关文献的著录、校勘与研究，也包括朝鲜史书《三国史记》《三国遗事》的著录与校勘，还包括对中国学者研究论著的综合评述。其中主要著作有：

杨春吉、耿铁华、倪军民：《高句丽史籍汇要》，吉林人民出版社 1998 年 1 月第 1 版。

朴灿奎：《〈三国志·高句丽传〉研究》，吉林人民出版社 2001 年 11 月第 1 版。

高福顺、姜维公、戚畅：《〈高丽记〉研究》，吉林文史出版社 2003 年 9 月第 1 版。

金富轼著，孙文范等校勘：《三国史记》，吉林文史出版社 2003 年 10 月第 1 版。

一然著，孙文范等校勘：《三国遗事》，吉林文史出版社 2003 年 10 月第 1 版。

姜维东、郑春颖、高娜：《正史〈高句丽传〉校注》，吉林人民出版社 2006 年 3 月第 1 版。

李乐营、李淑英：《中国高句丽学者与研究综述》，吉林文史出版社 2006 年 4 月第 1 版。

刘子敏、苗威：《中国正史〈高句丽传〉详注及研究》，亚洲出版社 2006 年 9 月第 1 版。

李大龙：《〈三国史记·高句丽本纪〉研究》，黑龙江教育出版社 2013 年 5 月第 1 版。

张芳：《魏书·高句丽传研究》，黑龙江大学出版社 2014 年 12 月第 1 版。

张士东：《高句丽语研究》，吉林大学出版社 2015 年 5 月版。

李乐营、耿铁华：《高句丽文献资料汇编》，东北师范大学出版社 2018 年 5 月第 1 版。

第三方面为考古研究，既包括高句丽考古的综合研究，也包括好太王碑研究、集安高句丽碑研究，还包括高句丽古城、墓葬、壁画、瓦当、陶器等方面的专题研究。其中，主要著作有：

王健群：《好太王碑研究》，吉林人民出版社 1984 年 8 月第 1 版。

魏存成：《高句丽考古》，吉林大学出版社 1994 年 6 月第 1 版。

耿铁华：《好太王碑新考》，吉林人民出版社 1994 年 6 月第 1 版。

朴真奭：《好太王碑与古代朝日关系研究》，延边大学出版社 1996 年 12 月第 1 版。

朴真奭著，李东源译：《高句丽好太王碑研究》，延边大学出版社 1999 年 2 月第 1 版。

朴真奭：《好太王碑拓本研究》，黑龙江朝鲜民族出版社 2001 年 6 月第 1 版。

耿铁华、尹国有：《高句丽瓦当研究》，吉林人民出版社 2001 年 12 月第 1 版。

魏存成：《高句丽遗迹》，文物出版社 2002 年 6 月第 1 版。

王绵厚：《高句丽古城研究》，文物出版社 2002 年 12 月第 1 版。

郑永振：《高句丽渤海靺鞨墓葬比较研究》，延边大学出版社 2003 年 7 月第 1 版。

耿铁华：《好太王碑一千五百八十年祭》，中国社会科学出版社 2003 年 8 月第 1 版。

尹国有：《高句丽壁画研究》，吉林大学出版社 2003 年 10 月第 1 版。

徐建新：《好太王碑拓本研究》，日本东京堂 2006 年第 1 版。

张福有、孙仁杰、迟勇：《高句丽王陵通考》，亚洲出版社 2007 年 12 月第 1 版。

孙仁杰、迟勇：《集安高句丽墓葬》，亚洲出版社 2007 年 12 月第 1 版。

耿铁华、崔明：《中国高句丽王城王陵及贵族墓葬》，吉林文史出版社 2008 年 5 月第 1 版。

耿铁华：《高句丽古墓壁画研究》，吉林大学出版社 2008 年 6 月第 1 版。

王云刚：《高句丽王城王陵及贵族墓葬》，上海世界图书出版公司 2008 年 7 月第 1 版。

王禹浪、王文轶：《辽东半岛地区的高句丽山城》，哈尔滨出版社 2008 年 12 月第 1 版。

张福有、孙仁杰、迟勇：《高句丽千里长城》，吉林人民出版社 2010 年 10 月第 1 版。

集安市博物馆：《集安高句丽碑》，吉林大学出版社 2013 年 1 月第 1 版。

耿铁华、李乐营：《通化师范学院藏好太王碑拓本》，吉林大学出版社 2014 年 5 月第 1 版。

张福有：《集安麻线高句丽碑》，文物出版社 2014 年 5 月第 1 版。

耿铁华：《高句丽瓦当》，吉林大学出版社 2014 年 10 月第 1 版。

郑春颖：《高句丽服饰研究》，中国社会科学出版社 2015 年 6 月第 1 版。

孙颢：《高句丽陶器研究》，吉林文史出版社 2015 年 7 月第 1 版。

郑春颖：《幽冥里的华丽——高句丽壁画服饰的识读、剖析与演绎》，商务印书馆 2016 年 5 月第 1 版。

张福有、孙仁杰、迟勇：《高句丽古城考鉴》，吉林文史出版社 2016 年 12 月第 1 版。

耿铁华：《集安高句丽碑研究》，吉林大学出版社 2017 年 12 月第 1 版。

耿铁华：《高句丽壁画研究》，吉林大学出版社 2017 年 12 月第 1 版。

耿铁华、李乐营：《好太王碑拓本研究》，吉林大学出版社 2017 年 12 月第 1 版。

第四方面为大型考古调查与发掘报告，其中主要是辽宁、吉林两省文物考古研究所与地方博物馆、文管所进行调查发掘的成果。另外，延边大学朴灿奎、郑京日参与朝鲜高句丽壁画古墓的发掘报告等，也都具有一定的权威性和代表性。其中，主要著作有：

吉林省文物考古研究所、集安市博物馆：《洞沟古墓群 1997 年调查测绘报告》，科学出版社 2002 年 8 月第 1 版。

佟达：《高尔山》，辽宁民族出版社 2003 年 12 月第 1 版。

辽宁省文物考古研究所：《五女山城——1996—1999、2003 年桓仁五女山城调查发掘报告》，

文物出版社 2004 年 6 月第 1 版。

吉林省文物考古研究所、集安市博物馆：《丸都山城——2001—2003 年集安丸都山城调查试掘报告》，文物出版社 2004 年 6 月第 1 版。

吉林省文物考古研究所、集安市博物馆：《国内城——2000—2003 年集安国内城与民主遗址试掘报告》，文物出版社 2004 年 6 月第 1 版。

吉林省文物考古研究所、集安市博物馆：《集安高句丽王陵——1990—2003 年集安高句丽王陵调查报告》，文物出版社 2004 年 6 月第 1 版。

吉林省文物考古研究所：《吉林集安高句丽墓葬报告集》，科学出版社 2009 年 8 月第 1 版。

吉林省文物考古研究所、集安市博物馆、吉林省博物馆：《集安出土高句丽文物集粹》，科学出版社 2010 年 6 月第 1 版。

朴灿奎、郑京日：《玉桃里——朝鲜南浦市龙冈郡玉桃里一带历史遗迹》，亚洲出版社 2011 年 2 月第 1 版。

辽宁省文物考古研究所、沈阳市文物考古研究所：《石台子山城》，文物出版社 2012 年 11 月第 1 版。

郑京日：《湖南里——2013 年平壤市三石区湖南里高句丽古墓群 II 区发掘报告》，亚洲出版社 2015 年 12 月版。

第五方面为高句丽研究学者个人文集，多年来一直从事高句丽历史与考古研究的学者会有许多研究论文发表，有些具有重要的价值与影响。这些个人文集经过整理后出版，既是对个人研究成果的阶段性总结，也是高句丽研究的历史记录，主要有：

李殿福：《高句丽渤海考古与历史》，日本学生社 1991 年第 1 版。

曹德全：《高句丽史探微》，香港中华国际出版社 2001 年 12 月第 1 版。

耿铁华：《高句丽考古研究》，吉林文史出版社 2004 年 12 月第 1 版。

耿铁华：《高句丽史论稿》，吉林人民出版社 2005 年 3 月第 1 版。

张碧波：《中华史学视野中的高句丽》，天马出版有限公司 2011 年 4 月第 1 版。

张博泉：《夫余与高句丽论集》，吉林文史出版社 2011 年 10 月第 1 版。

徐德源：《求实集》，黑龙江人民出版社 2012 年 10 月第 1 版。

魏存成：《高句丽渤海考古论集》，科学出版社 2015 年 9 月第 1 版。

梁志龙：《沸流集——高句丽及辽东史地论稿》，辽宁人民出版社 2015 年 11 月第 1 版。

孙炜冉：《高句丽史杂言》，吉林大学出版社 2017 年 10 月第 1 版。

以上所列举的研究著作与考古报告是近 30 多年来我国学者高句丽研究的重要成果，标志着我国高句丽历史与考古研究的进程和水平，也为今后对其深入研究提供了资料和依据。

二、国外研究情况

国外关心、注重高句丽历史研究的国家主要有日本、朝鲜、韩国。其中日本是较早对高句丽历史进行研究的国家，朝鲜、韩国境内保存着许多高句丽遗迹、遗物，其研究成果也是很丰富的。

日本从 19 世纪末开始对好太王碑文字进行解读，同时不断有学者到通沟进行实地调查并发表了一批调查报告和论文，出版了《通沟》（上下卷）等有影响的著作。第二次世界大战（简称二战）以后的一段时间内，日本学者的研究主要仍集中在好太王碑上。最有影响的成果有：

水谷悌二郎著《好太王碑考》最初发表在 1959 年《书品》100 号上，后来印成单行本发行，在日本和亚洲各国产生重要影响。

李进熙著《广开土王陵碑研究》，1972 年 10 月由吉川弘文馆出版发行。书中第五章提出，日本参谋本部 1900 年前后派人到通沟，用石灰涂抹好太王碑，篡改文字，即所谓"石灰涂抹作战"。此论一出，引起日本学术界的争论。古田武彦、梅原末治、井上光贞、佐伯有清等学者纷纷著文批判，形成了一次好太王碑文字状况的大讨论。李进熙于 1973 年 11 月出版了《好太王碑之谜》（讲谈社），第四、第五两章仍在论述"石灰涂抹作战"和碑文被篡改的问题。

佐伯有清著《广开土王碑研究史》，1974 年 8 月由吉川弘文馆出版。书中对日本学者好太王碑 90 多年的研究历程进行了较为客观的总结。

近 30 多年来，日本学者对高句丽的研究主要集中在好太王碑和高句丽遗迹、遗物调查研究两个方面。

1981 年、1990 年，日本出版社再版了佐伯有清的《广开土王碑研究史》和李进熙的《好太王碑与任那日本府》（学生社），它们成为好太王碑研究中具有代表性的著作。

随着集安对外开放，日本著名学者三上次男、西嶋定生、李进熙、井上秀雄、上田正昭、武田幸男、铃木靖民、西谷正、田村晃一、永岛晖臣慎、东潮、田中俊明等先后到集安考察访问，出版了一批学术著作：

寺田隆信、井上秀雄：《好太王碑探访记》，日本放送出版协会 1985 年 3 月第 1 版。

三上次男：《好太王碑——四、五世纪的东亚与日本》，东方书店 1985 年 12 月第 1 版。

藤田友志：《好太王碑争论之解明》，新泉社 1986 年 9 月第 1 版。

武田幸男：《广开土王碑原石拓本集成》，东京大学出版会 1988 年 3 月第 1 版。

读卖电视台：《好太王碑与集安的壁画古墓》，木耳社 1988 年 9 月第 1 版。

武田幸男：《高句丽史与东亚：广开土王碑研究序说》，岩波书店 1989 年第 1 版。

白琦昭一郎：《广开土大王碑文研究》，吉川弘文馆 2004 年第 1 版。

学者对好太王碑的现状与文字考释极为关注，进而讨论碑文中所涉及的公元 4—5 世纪东亚诸国与日本的关系。此间，日本学者十分注意各国收藏的较早的好太王碑拓本的情况，对其进行收集整理并加以说明。还有一些学者重点研究高句丽文物遗迹。田村晃一、永岛晖臣慎、东潮、田中俊明、千田刚造、定森秀夫、宫本一夫、绪方泉、今津启子等对高句丽都城、古墓、壁画、寺庙建筑，以及陶器、铜器、瓦当等文物进行了系统的研究。相关著作则有：

杉山信三、小笠原好彦：《高句丽的都城遗迹和古墓》，同朋舍 1992 年 8 月第 1 版。

三上次男、田村晃一：《北关山城——高尔山山城：高句丽"新城"的调查》，中央公论美术出版社 1993 年 10 月第 1 版。

东潮、田中俊明：《高句丽的历史与遗迹》，中央公论社 1995 年 4 月第 1 版。

李进熙：《高句丽·渤海纪行》，青丘文化社 1997 年 10 月第 1 版。

关于高句丽历史研究的专著不多，而且多是比较研究与关系史方面的著作。如武田幸男的《高句丽史与东亚》（岩波书店，1989 年），三上次男的《高句丽与渤海》（吉川弘文馆，1990 年），元四郎的《二重王权：高句丽碑文及中国史书所载的倭人渊源及其对日本列岛的进攻决定》（鸟影社，1999 年），高岛鸣凤的《新罗、高句丽、百济三国——深究古代日本史的真实》（丛文社，2000 年）。从东亚和日本历史的角度审视高句丽历史以及它与东亚诸国关系，某些研究方法和学术观点还值得商榷。

朝鲜平壤是高句丽第三座都城，其部分墙垣、城门经过维修，大城山城、安鹤宫、清岩里古城、定陵寺等遗址经过考古发掘，一批壁画古墓被清理著录。朝鲜学者在高句丽考古调查、发掘与研究方面取得了突出的成果。

二战以后，朝鲜学者十分重视高句丽历史与考古研究工作，出版了一批具有代表性的学术著作：

金荣俊：《高句丽古坟壁画研究》，科学出版社 1958 年版。

朱荣宪：《高句丽壁画古坟编年研究》，科学出版社 1961 年版。

李成纯：《高句丽人民反对隋朝侵略的斗争》，朝鲜劳动党出版社 1962 年版。

朴时亨：《广开土王陵碑》，社会科学出版社 1966 年版。

社会科学院考古民俗研究所：《美川王墓》，社会科学出版社 1966 年版。

朝中联合考古队：《中国东北地方的遗迹发掘》，社会科学出版社 1966 年版。

金日成综合大学：《大城山的高句丽遗址》，金日成综合大学出版社 1973 年版。

社会科学院考古研究所：《高句丽文化》，金日成综合大学出版社 1975 年版。

李趾麟、姜仁淑：《高句丽史研究》，金日成综合大学出版社 1976 年版。

崔喜林：《高句丽平壤城》，科学百科词典出版社 1978 年版。[①]

朝鲜考古工作者不断加大了高句丽考古调查和发掘的力度，取得一些重要的成果：

1985—1988 年，社会科学院考古研究所在黄海南道新院郡对长寿山一带的高句丽遗址进行了

---

① 二战以后朝鲜学者高句丽历史与考古研究及其著作，参考了孙启林《二战后朝鲜史学界的高句丽研究概况》一文，参见杨春吉、耿铁华主编：《高句丽归属问题研究》，长春：吉林文史出版社，2000 年，第 353、358 页；谭红梅主编：《国内外高句丽论著目录》，长春：吉林文史出版社，2014 年；尹铉哲主编：《高句丽史研究文献目录》（朝鲜、韩国、日本部分），延吉：延边大学出版社，2016 年。

发掘,重点发掘了长寿山城、平原城和一批墓葬。

1988年,朝鲜遗迹遗物图鉴编纂委员会学术集团发掘了慈江道楚山郡莲舞里2号高句丽墓。文物考古部门还发掘了平安南道顺川市龙岳洞的一座高句丽古墓。两座墓的结构及出土文物引起学术界的重视。此期间,考古学界还清理了东岩里壁画墓、月精里壁画墓、坪井里壁画墓。

1989年,黄海南道三泉郡楸陵里发现了一座砖室墓,出土了"太康四年"文字砖和4件完整陶器。

1990年前后,朝鲜学者调查发掘了云坪里高句丽墓群第4区积石墓、乐浪区一带的高句丽封土墓、德花里3号墓、鸭绿江流域的积石墓。

1994年,社会科学院考古研究所发掘了江原道高山郡和淮阳郡交界的铁岭遗址。在高句丽文化层中发现了一处建筑址,出土了青铜马、铁马、铁虎、铁龙、铁龟、铁鸟等文物81件。

进入21世纪后,朝鲜考古工作者对平壤一带的高句丽壁画古墓进行了有计划的考古调查与发掘,不断取得了新的成果。同时,朝鲜学者加强了对高句丽古城、遗址、古墓、壁画等多方面的研究。其中蔡熙国的《高句丽城郭研究》长达10万言,分五部分对高句丽城郭的分布和种类、城郭的结构、城防体系、筑城工程与城郭管理、城郭的作用进行详尽的研究,是一篇具有代表性的著述。①

此外,还出版了多部高句丽历史与考古方面的著作,主要有:

朴晋煜等:《德兴里高句丽壁画墓》,科学百科词典出版社1981年版。

朝鲜画报社编辑:《高句丽古坟壁画》,朝鲜画报社1985年版。

孙永钟:《高句丽史(Ⅰ)》,科学百科词典出版社1990年版。

《朝鲜遗物图鉴4——高句丽》,朝鲜遗迹遗物图鉴编纂委员会1990年版。

孙永钟:《高句丽始祖东明王》,社会科学出版社1992年版。

孙永钟:《高句丽史(Ⅱ)》,科学百科词典出版社1997年版。

孙永钟:《高句丽史(Ⅲ)》,科学百科词典出版社1999年版。

蔡熙国:《高句丽历史研究——迁都平壤和高句丽的强盛》,白山资料院1999年版。

孙永钟:《高句丽史诸问题》,新书苑2000年版。

崔弘植:《图说朝鲜历史8——关于句丽的果下马》,朝鲜图书进出口公司2001年版。

崔弘植:《图说朝鲜历史10——高句丽缔造者高朱蒙的传说》,朝鲜图书进出口公司2001年版。

崔弘植:《图说朝鲜历史27——高句丽还活着》,朝鲜图书进出口公司2003年版。

高石熙:《世界的宝物——踏寻高句丽壁画墓》,平壤出版社2006年版。

李正南:《安鹤宫》,金星青年出版社2006年版。

孙永钟:《朝鲜断代史(高句丽史1)》,科学百科词典出版社2006年版。

---

① 近年朝鲜学者的高句丽考古发掘与研究成果,参照李淑英、柳岚:《朝鲜学者近年来高句丽考古研究概况》,杨春吉、耿铁华主编:《高句丽归属问题研究》,长春:吉林文史出版社,2000年,第353、358页;谭红梅主编:《国内外高句丽论著目录》,长春:吉林文史出版社,2014年;尹铉哲主编:《高句丽史研究文献目录》(朝鲜、韩国、日本部分),延吉:延边大学出版社,2016年。

李基雄：《高句丽的文明——以壁画墓为中心》，朝鲜文化保存社 2007 年版。

曹喜胜：《高句丽故事》，社会科学出版社 2007 年版。

朴时亨：《广开土王陵碑》，绿树出版社 2007 年版。

孙永钟：《朝鲜断代史（高句丽史 2）》，科学百科词典出版社 2007 年版。

孙永钟：《朝鲜断代史（高句丽史 3）》，科学百科词典出版社 2008 年版。

其中孙永钟著《高句丽史》（3 卷本）以及不久前出版的《朝鲜断代史（高句丽史 1—3）》被认为是朝鲜史学界的最新成就之作。书中重新探讨了高句丽建国的年代，认为高句丽是公元前 3 世纪出现在早于它的古代国家——驹骊国领域之内，进而重订了高句丽初期的部分史实，并按年代顺序整理高句丽"反对外来侵略势力的世纪性斗争"，揭示了高句丽为统一国土进行的努力。书中对许多历史问题、历史事件做了新的解释与说明，是朝鲜"主体思想"及"主体史观"指导下的一部历史著作，代表和反映了朝鲜史学工作者对高句丽历史研究的成果和趋势。

韩国境内的高句丽文物遗迹相对较少，人们往往只注重对新罗、百济的历史与考古研究，而冷落了对高句丽的历史与考古研究，直到 1980 年前后对其的研究才开始全面展开。

1979 年 4 月 8 日，檀国大学博物馆学术调查团在忠清北道中原郡可金面龙田里立石村发现了一块高句丽碑，形似好太王碑但比其小，四面环刻汉字隶书碑文，韩国学者识读出 279 个字左右。[1]韩国史学界多次召开会议研究这块石碑的性质、内容及年代并一致将其定名为"中原高句丽碑"。中原高句丽碑的发现，极大地鼓舞了韩国学者对高句丽研究的热情，一些学者投入到高句丽的历史与考古研究之中，并组织出版了一批学术著作：

崔茂藏：《高句丽渤海文化》，集文堂 1982 年版。

李亨求、朴鲁姬：《广开土大王陵碑新研究》，同和出版公社 1986 年版。

崔茂藏、林然哲：《高句丽壁画古坟》，新书苑 1990 年版。

朴性凤：《高句丽南进经营史之研究》，白山文化社 1995 年版。

崔茂藏：《高句丽考古学》1—2，民音社 1995 年版。

李亨求等：《高句丽的考古文物》，精神文化研究院 1996 年版。

申莹植：《集安高句丽遗迹的调查研究》，国史编纂委员会 1996 年版。

徐炳国：《高句丽帝国史》，慧眼图书出版社 1997 年版。

孔锡龟：《高句丽领域扩张史研究》，西京文化社 1998 年版。

金容万：《新解高句丽文明史》，大海出版社 1999 年版。

卢泰敦：《高句丽史研究》，四季出版社 1999 年版。

这一时期，韩国学者对高句丽历史与考古研究的热情很高，但他们在研究成果上还缺少独到之处。文物考古方面主要是翻译和介绍中国集安、桓仁以及朝鲜方面的成果。历史研究方面的代表作《高句丽帝国史》也只是对高句丽政治、外交、国防等部分予以一般性论述，在"前言"中却将其

---

[1] ［韩］李丙焘：《关于中原高句丽碑》，《史学志——中原高句丽碑特辑号》，汉城：檀国大学史学会，1979 年。

与中国的汉、隋、唐乃至西方罗马帝国相提并论，缺乏实质性的、可靠的证据。

1995年以来颇为活跃的高句丽研究会，每年都有一次国际性研讨会，将各国学者的研究成果编辑成集。例如，《广开土好太王碑研究100年》文集中收录论文20篇，其中有中国学者论文7篇，日本学者论文4篇，韩国学者论文9篇。韩国以外学者的研究论文占55.0%，论文的研究深度及水平，也表现出一些差距与不平衡。

进入21世纪后，韩国学界从之前对新罗、百济的历史与考古研究转向了对高句丽的历史与考古研究。大批高句丽历史与考古研究的成果出版。2000年后，韩国出版发行的高句丽历史与考古研究著作和论文集达到170多部，影响不断扩大。代表性的著作有：

李德日：《高句丽700年之谜》，大山出版社2000年版。

李仁哲：《高句丽的对外扩张研究》，白山资料院2000年版。

徐炳国：《高句丽人的生活与精神》，慧眼出版社2000年版。

姜炅求：《高句丽的建国和始祖崇拜》，学研文化社2001年版。

金容万：《渊盖苏文新传》，大海出版社2001年版。

金勇俊：《高句丽壁画墓研究》，烈华堂2001年版。

金基兴：《高句丽建国史》，创作与批评社2002年版。

卢泰敦：《从"礼宾图"看高句丽》，汉城大学出版部2003年版。

申滢植：《高句丽史》，梨花女子大学出版部2003年版。

尹明哲：《高句丽海洋史研究》，四季出版社2003年版。

姜永寿：《大高句丽史》，大房出版社2004年版。

金理那：《高句丽古墓壁画》，艺脉出版社2004年版。

林起焕：《高句丽政治史研究》，韩娜莱2004年版。

琴京淑：《高句丽前期政治史研究》，高丽大学民族文化研究院2004年版。

全虎兑：《高句丽古墓壁画世界》，汉城大学出版部2004年版。

宋东健：《广开土大王勋绩碑和高句丽》，新亚社2004年版。

徐炳国：《大帝国高句丽史》，韩国学术情报2004年版。

尹明哲：《高句丽的精神和政策》，学研文化社2004年版。

崔南锡：《高句丽语研究》，博英社2005年版。

姜贤淑：《高句丽壁画墓与中国汉魏晋壁画墓比较》，知识产业社2005年版。

金贤淑：《高句丽的领域支配方式研究》，侍奉之人2005年版。

李成制：《高句丽的西方政策研究》，国学资料馆2005年版。

李明学：《古文献中的高句丽人》，成均馆大学出版部2005年版。

李钟旭：《高句丽史》，金英社2005年版。

徐永大：《高句丽的思想和文化》，高句丽研究财团2005年版。

白种伍：《高句丽瓦的出现与王权》，朱流星 2006 年版。

白种伍：《南韩的高句丽文化遗产》，西京出版社 2006 年版。

李道学：《高句丽广开土王陵碑文研究》，西京出版社 2006 年版。

李仁哲：《中国的高句丽研究：研究动向、研究者、研究论著目录》，白山资料院 2006 年版。

赵法钟：《古朝鲜、高句丽史研究》，新书苑 2006 年版。

朴大载、郑仁成：《古代亚细亚、世界论和高句丽的本来面目》，东北亚历史财团 2007 年版。

郑仙女：《高句丽佛教史研究》，西京文化社 2007 年版。

李贞子：《古代中国正史的高句丽认识》，西京文化社 2008 年版。

全虎兑：《高句丽古墓壁画读记》，首尔大学出版部 2008 年版。

国立文化财研究所：《峨嵯山堡垒发掘调查报告书》，国立文化财研究所 2009 年版。

林起焕：《高句丽王陵研究》，东北亚历史财团 2009 年版。

李载仁、朴成洙：《高句丽瓦当文化》，太学社 2009 年版。

金希宣：《东亚细亚都城制和高句丽长安城》，知识产业社 2010 年版。

李成制：《太王的梦：高句丽中兴之君主美川王评传》，慧眼 2010 年。

李仁哲：《东北工程和高句丽史》，白山资料院 2010 年版。

赵仁成：《中国东北工程高句丽史研究论著分析》，东北亚历史财团 2010 年版。

金荣晃：《高句丽的语言遗产》，亦乐 2011 年版。

金容万：《广开土大王的伟大之路》，历史的早晨 2011 年版。

尹炳谟：《高句丽的辽西扩张政策》，景仁文化社 2011 年版。

郑虎燮：《高句丽墓葬的营造和祭仪》，西京文化社 2011 年版。

全虎兑：《高句丽古墓壁画研究旅行》，蓝色历史 2012 年版。

崔钟泽：《峨嵯山堡垒与高句丽南进经营》，西京文化社 2013 年版。

金昌龙：《高句丽的诗和歌》，月人 2013 年版。

徐荣洙、延敏洙：《广开土王碑的再照明》，东北亚历史财团 2013 年版。

余昊奎：《高句丽初期政治史研究》，新书苑 2014 年版。

张彰恩：《高句丽的南方扩张史》，景仁文化社 2014 年版。

东北亚历史财团：《广开土太王碑原石拓本——惠静所藏》，东北亚历史财团 2015 年版。

朴性凤：《高句丽的南进发展及其历史意义》，景仁文化社 2015 年版。

以上这些著作可分为三部分：一部分是关于高句丽历史研究的著作，包括政治史、疆域史、扩张史、语言文化史、宗教史、古文献研究。另一部分是高句丽考古研究，包括都城、山城研究，古墓壁画研究，碑碣石刻研究，出土文物研究，考古调查与发掘报告。还有一部分就是对中国、朝鲜高句丽研究著作和考古发掘报告等资料的翻译与整理，也包括对于中国"东北工程"及相关著作的介绍与批评。

三、问题与分歧

高句丽历史研究中存在许多问题与分歧，有些是需要认真研究加以解决的，有些则是短时间内难以解决或达到统一的。主要问题与分歧有如下几点。

1. 关于高句丽民族起源问题

这是一个长期以来没能统一的问题，也是研究高句丽历史首先要遇到的问题。截至目前，中国学者提出了五种不同意见，按提出的时间顺序排列如下：

张博泉——高句丽出自貊、秽貊。

王健群——高句丽来自夫余。

耿铁华——高句丽出自商人。

李德山——高句丽源于炎帝族系。

刘子敏——高句丽最早的源头是高夷。

其中前两种意见可以说是比较传统了，特别是"高句丽出自貊、秽貊"，中国学者已经沿用了多年，许多外国学者也都遵从这一说法。而"高句丽来自夫余"是从王族角度来讨论问题，由于许多文献都如此记载，也有人赞同以王族之源代替民族之源。后三种意见则是近些年来提出的。从地域上看，只有"高句丽源于炎帝族系"说认为高句丽是从山东半岛迁徙而来，另外几种说法则都认为高句丽是在东北的辽宁、吉林两省境内生活的古代民族。这几种不同意见短时间内尚难以达到统一。

2. 关于高句丽建国时间问题

中国学者大都依据文献记载，认定高句丽建国于西汉元帝建昭二年，即公元前 37 年。丁谦先生在《高句骊有二国考》中认为，朱蒙建国前有一个古高句骊国，"其在辽东之东，南与朝鲜接"。刘子敏先生认为，丁谦先生这个"古高句骊国"应该是所谓"古高句丽"，即指朱蒙建国前的高句丽族。[1]

姜孟山先生认为，"早在朱蒙建国之前，高句丽族已进入阶级社会，建立了奴隶制小国"。"高句丽五部各自建立奴隶制小国的时期，可能是公元前 3 至公元前 2 世纪。从公元前 3 至公元前 2 世纪我国辽东地区和朝鲜西北地区的生产力发展状况和其他诸条件看，高句丽各部建立奴隶制小国的条件完全成熟。因此，不妨说，高句丽各部大约于公元前 3 至公元前 2 世纪先后建立了奴隶制小国。"[2]

朝鲜学者孙永钟先生认为，"高句丽是在朝鲜古代国家之一的句丽国（卒本夫余）内部萌生并发展的封建诸关系的基础上建立起来的我国第一个封建国家。句丽国位于古朝鲜和夫余之间，拥有现今鸭绿江中游的南北沿岸地区和浑江流域的大部分，主要处于山间地带……公元前 4—3 世纪相当快地推进了封建化过程，从而克服了陈旧的奴隶制所有者制度，建立起封建国家"。句丽王把自己的次女嫁给了朱蒙，不久便去世。"作为女婿的朱蒙继其后成为整个五部合法的统治者。……于

---

① 刘子敏：《高句丽历史研究》，延吉：延边大学出版社，1996 年，第 29—31 页。
② 姜孟山：《试论高句丽族的源流及其早期国家》，《朝鲜史研究》1983 年第 5 期。

公元前 277 年掌握了政权，改国名高句丽。"[1]

3. 关于高句丽王系与年代问题

高句丽于公元前 37 年建国，公元 668 年灭亡。705 年间据《三国史记·高句丽本纪》《年表》可知，高句丽传 28 王，21 代。

张博泉、顾铭学二位先生考证为 28 王，23 代。其中《三国史记》载高句丽慕本王与太祖大王、次大王、新大王为庶兄弟关系。慕本王为大朱留王（大武神王）之子，太祖大王、次大王、新大王则是大朱留王的兄弟再思之子。张博泉、顾铭学二位先生依据《三国志·高句丽传》考证慕本王与太祖大王为庶兄弟关系，次大王为太祖大王之子，新大王为次太王之子，这样恰好多出两代。[2]

实际上史书记载的王系与年代的准确程度是值得思考与研究的。例如，《三国史记》载太祖大王即位时在东汉光武帝建武二十八年（公元 53 年）冬十一月，当时太祖大王只有 7 岁，在位 94 年，让位于遂成（次大王）时，整整 100 岁。太祖大王死于次大王 20 年，当时应该有 120 岁了。遂成即位时年 76 岁，在位 20 年，冬十月因其残暴被大臣所杀，当时 96 岁。若非被杀，也许要超过百岁。96 岁、100 岁时还能当王主持国家军政事务，无论他们是兄弟关系，还是父子关系，都是难以令人信服的。

近年来，有的学者对于《三国史记·高句丽本纪》记载的 28 王及其世次提出疑问，认为高句丽传 29 王，于公元前 126 年建国。[3] 还有的学者认为"《三国史记·高句丽本纪》的记述不仅本身存在问题，和我国史书的记载也存在不少矛盾"。经过对比之后，可以确定的高句丽王只有 26 位。[4] 无论是增加王或减少王的看法，都与《三国史记·高句丽本纪》的记载相违背，从而造成高句丽建国时间上的前移或后移，与《三国史记·高句丽本纪》的 28 王、705 年的历史记载完全不同。基于 29 王或 26 王与《三国史记·高句丽本纪》重大分歧所造成的高句丽王系与诸王史事编年的矛盾，导致他们很难再使用《三国史记·高句丽本纪》的相关记载来研究高句丽历史了，这一结果是较为严重的。

我们认为，金富轼编写《三国史记》主要依据的是新罗、高句丽、百济的史书和相关记载，以及中国史书中的相关记载，同时还有各种档案、笔记、碑刻文物等。其中《新罗本纪》《高句丽本纪》《百济本纪》所提供的王系相互参证，再证之以中国史书，基本是可信的。其中的传说都是古代国家世代相传的口述历史，保留了大量的历史资料。至于有的史事、年代存在某些舛误和不足，毕竟是少量的，经过考证与研究是可以相信的。《三国史记》作为高丽王朝的官修正史，是研究新罗、高句丽、百济与东亚历史的重要文献资料。

---

① ［朝］孙永钟：《高句丽史（Ⅰ）》"高句丽的建国"，平壤：科学百科词典出版社，1990 年。
② 张博泉：《高句丽史中的若干问题》（讲义稿）；顾铭学：《〈魏志·高句丽传〉考释》，《学术研究丛刊》1981 年第 1—2 期。
③ 杨军：《高句丽王世系积年考——兼论朱蒙建国时间》，《通化师范学院学报》2009 年第 9 期。
④ 李大龙：《〈三国史记·高句丽本纪〉研究》，哈尔滨：黑龙江教育出版社，2013 年，第 306—307 页。

4. 关于高句丽国家社会性质问题

中国学者在高句丽社会性质的讨论中出现较大分歧，主要有以下四种意见。

第一种，奴隶社会。

张博泉先生认为，"高句丽统治者，把被征服的地区置于自己的统治之下，并靠着剥削村落共同体进行剥削和压迫，与之相适应地建立了强有力的奴隶主专制的政体，这种政体又是与村落共同体的存在相互联系的"。同时他还指出，"高句丽虽然已经进入阶级社会，但还保存着不少氏族制的残迹"。①

第二种，封建社会。

沈克秋先生认为，"高句丽在其建国初期，还停留在奴隶制社会的门槛，还没有踏进奴隶制社会的大门"，"只是一个尧舜式的国家雏形，没有完成奴隶制社会的历史任务而直接进入到封建社会的"，"总之，高句丽在其建国到灭亡，没有经历过真正的奴隶制社会，这一点是完全可以肯定的"。②

第三种，前奴隶制后封建制社会。

王健群先生在研究好太王碑时指出，"纵观好太王一生事迹，讨碑丽，伐百济，援新罗，败倭寇，征东夫余。在这些战争中，每得城、得村、得军资、牛羊，必须详细记述。……由此观之，当时战争的主要目的是占城，略地，掠人，夺物，是一种掠夺式的战争。这些都与当时的社会性质有关。综合各种资料分析，高句丽当时还处于发达的奴隶制阶段，充其量是由奴隶制向封建制的转化时期"③。此说大体上以好太王时期为分界，前期为"发达的奴隶制"，而从长寿王时起，则转化为"封建制"。

第四种，半奴隶半封建社会。

孙玉良先生认为，"高句丽奴隶制国家建立不久，便出现了封建生产关系的萌芽。但是，在以后的数百年间，高句丽的统治者把主要精力都耗费在对外穷兵黩武上，多次四面兴师，征战不休，极大地束缚和破坏了生产力的进一步发展，使奴隶制与封建制的生产关系长期共存，并行发展，迟迟未能最终摆脱奴隶制统治，封建制始终未能最后确立，或者说，处于半奴隶半封建社会状态。同时，在社会组织中，还广泛保存原始社会部落的体系，各地之间的发展很不平衡"④。

5. 高句丽考古方面问题

高句丽考古方面较大的问题是年代问题，诸如高句丽古城、遗址、墓葬、壁画、碑刻、遗物等，都存在年代的判定问题。

此外，还存在高句丽古城是高句丽人建造的，还是前人建造高句丽人沿用的问题及高句丽古墓的类型、壁画的分期、文物的分类等问题。解决这些问题，不仅需要今后的考古发掘工作，还需要

① 张博泉：《东北地方史稿》，长春：吉林大学出版社，1985 年，第 80—82 页。
② 沈克秋：《试论高句丽的社会性质》，《中国朝鲜族历史研究论丛》1987 年第 1 期。
③ 王健群：《好太王碑研究》，长春：吉林人民出版社，1984 年，第 191 页。
④ 孙玉良：《高句丽社会性质浅析》，《博物馆研究》1984 年第 1 期。

深入系统地研究，这不是短时间内能够解决的。

高句丽历史与考古研究中取得的成果，让我们能够对高句丽历史发展的过程有一个清楚的认识，进而得出一些符合历史发展规律的意见和结论。至于那些分歧较大的问题，我们通过认真研究，选取一种较为合理的说法，同时适当地介绍不同意见，以供比较和研究时参考。

第三节　高句丽史研究资料

一、中国古代文献

《三国志》：西晋陈寿（233—297年）撰。书中《魏志·高句丽传》1353字[①]，是最早为高句丽立传的史书，约成于3世纪末。后来史家大都仿照此篇体例记载高句丽史事，随着对高句丽了解的增加有所损益，《魏书·毌丘俭传》等篇章也有关于高句丽史事的记录（图1.1）。

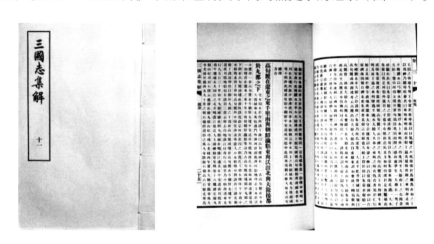

图1.1　《三国志·高句丽传》书影

《后汉书》：南朝宋范晔（398—445年）撰。书中《高句骊传》[②]1025字，基本因袭《三国志·高句丽传》，记载高句丽地望、风俗，王莽与高句丽关系，高句丽王宫（太祖大王）与遂成（次大王）、伯固（新大王）间事略。

《宋书》：南朝宋梁之际沈约（441—513年）撰。书中《高句骊传》645字，记载高句丽王琏（长寿王）相关史事。

《南齐书》：南朝齐梁之际萧子显（489—537年）撰。书中《高丽传》后半部残缺，存294字，

---

① 正史《高句丽传》或《高丽传》的文字数量依据百衲本统计，无标点。
② 《后汉书》传文："高句骊在辽东之东千里""句骊一名貊耳"。骊与丽通，亦作《后汉书·高句丽传》。

记载高丽王琏受册封遣使入齐之事。

《魏书》：北魏北齐之际魏收（506—572年）撰。初成于公元554年，该书在魏收生前及死后有过两次修订。书中《高句丽传》1754字，最早记载高句丽开国之王朱蒙身世及传说，简记高句丽王宫（太祖大王）前诸王之名和高句丽王位宫（东川王）、钊（故国原王）、琏（长寿王）、云（文咨明王）、兴安（安藏王）、宝延（安原王）等与魏交往之史事。

《梁书》：唐初姚思廉（557—637年）撰，公元636年成书。书中《高句骊传》1878字，记录内容与《魏书·高句丽传》相似，高句丽地域、民风、民俗及王莽征高句丽伐胡诸事则因袭了《三国志·高句丽传》。

《周书》：唐初令狐德棻（583—666年）撰，公元636年成书。书中《高丽传》597字，记录高句丽长寿王后，平成（阳原王）、汤（平原王）之前的地理位置、风俗习惯等。

《隋书》：唐初魏徵（580—643年）、长孙无忌（594—659年）等撰。成书于公元636—656年。书中《高丽传》1923字，记录高句丽建国传说、风俗习惯。重点记载高句丽王汤（平原王）、元（婴阳王）之时与隋王朝间之关系。《高祖纪》和《炀帝纪》中关于隋征高丽史事记载得尤为详尽。

《北史》：唐初李延寿撰，成书于公元659年。书中《高丽传》3504字，传名曰"高丽"，传文开头则为"高句丽其先出夫余……"，文中"高句丽""句丽""高丽"混用。记载朱蒙建国事较详，对东汉、魏晋、北朝与高句丽交往记录亦相当详尽。

《南史》：唐初李延寿撰，成书于公元659年。书中《高句丽传》863字，记载高句丽风俗与东晋、南朝交往史事。

《旧唐书》：五代后晋刘昫（888—946年）撰，实出张昭远、贾纬等人之手。成书于公元945年。书中《高丽传》4331字，是诸史高句丽传中文字较长者。除记载地理风俗外，重点记载高句丽王建武、宝藏两代与唐朝的关系和唐征高句丽，灭其国等史事。

《新唐书》：北宋欧阳修（1007—1072年）、宋祁（998—1061年）等撰于公元1044—1060年。书中《高丽传》6117字，是正史中文字最长之《高句丽传》。记事略同《旧唐书》但比其稍详，尤以太宗、高宗征高句丽史料更多些。另外《太宗本纪》《高宗本纪》对于唐与高句丽的关系，以及唐对高句丽几次征伐，灭其国，迁其民，以其地置安东都护府等史事记载亦相当翔实。

除正史中《高句丽传》及相关记事史料外，《资治通鉴》《魏略辑本》《翰苑》《唐会要》《通典》《通志》《文献通考》《太平御览》《册府元龟》《太平寰宇记》《全唐文》《文馆词林》中也有关于高句丽的传纪和诏诰文字资料。

二、朝鲜古代文献

《三国史记》：高丽朝金富轼（1075—1151年）撰，成书于公元1145年。此时距高句丽国灭亡477年。仿中国古代文献《三国志》体例，分别为新罗、高句丽、百济作本纪、表、志、列传凡 50 卷。其中，新罗本纪 12 卷，高句丽本纪 10 卷，百济本纪 6 卷，表 3 卷，志 9 卷，列传 10 卷。

高句丽本纪 10 卷记载高句丽 28 代王的生平业绩，大事编年，同时记录了其与中原王朝及新罗、百济、倭之交往、聘问、战争等史事。表、志中记载高句丽王系、职官、礼乐、祭祀、车服、地理等。高句丽列传中有高句丽历朝大臣乙支文德、乙巴素、密友、纽由、明临答夫、温达、仓助利、盖苏文及其子孙之合传。

《三国史记·高句丽本纪》诸卷史料大都来自中国正史及其他高句丽史书《古纪》《留记》《新集》等，皆用汉字撰写刊刻（图 1.2）。

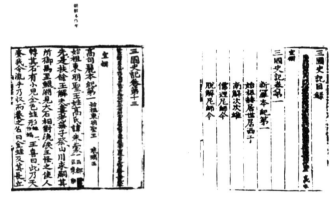

图 1.2 《三国史记》书影

《三国遗事》：高丽僧一然撰，成书晚于《三国史记》，约当于元代。书中记载了新罗、高句丽、百济三国的遗事、轶事。诸如王历、高句丽、长寿王纳质新罗王子、长寿王兵杀新罗王、高句丽与新罗通好、唐军征高句丽和百济等内容，具有一定史料价值。余多为神灵、怪异之事。

《东国史略》一名《朝鲜史略》，浙江鲍士恭家藏《东国史略》为六卷本，不著撰人名氏，乃明朝时朝鲜人所记其国治乱兴废之事。起始于檀君朝鲜，终于高丽恭让王，记载新罗、高句丽、百济三国重要史事，编年系事，文字过于简略。

《东国通鉴》通鉴体史书，是朝鲜王朝时期官方编写的汉文编年体历史书，由徐居正、郑孝恒等学者奉朝鲜成宗之命编撰。1446 年开始编写，1485 年完成。记载了上自檀君朝鲜、下讫高丽王朝末期的历史。以汉唐王朝纪年与新罗、高句丽、百济诸王比照编年纪事。关于高句丽部分记载较为详尽，史料价值较高。

三、考古研究资料

由于高句丽历史文献较为零散，缺乏系统性，考古调查与发掘资料就显得十分重要。近些年来整理出版的一批考古调查与发掘的成果是高句丽历史研究的重要资料，比较有代表性的著述如下。

《集安县文物志》1984 年由林至德、耿铁华、傅佳欣、张雪岩、孙仁杰编写，吉林省文物志编委会出版。全书共八章二十二节，另有前言、凡例、附录，插图 54 幅，彩色图版 1 版，黑白图版 31 版。书中概述了集安的自然环境、历史沿革、文物分布。从原始社会至近现代的文化遗址、城址关隘、碑碣石刻、古墓壁画、出土文物。作为高句丽第二座都城所在地，内容绝大部分为集安境内的高句丽遗址、城址、古墓、壁画、碑碣石刻、出土文物的保护现状、调查发掘与研究情况。内容丰富，资料翔实，图文并茂，是了解、研究高句丽故都国内城、丸都山城历史变迁，文物考古成果的重要资料。

《桓仁满族自治县文物志》1990 年由张萍、刘兴林、梁志龙编写。全书共九章二十七节，另有前言、凡例、附录，插图 65 幅，图版 17 版。书中概述了桓仁的自然环境、历史沿革、文物分布。从青铜时代至近现代的文化遗址、遗迹、遗物。作为高句丽的发祥地、纥升骨城所在地，大部分内容为高句丽时期的遗址、关隘、城址、墓葬及出土文物，是研究高句丽第一座都城历史与文化的重要参考资料。

《高句丽考古》魏存成著，1994 年吉林大学出版社出版。全书共三章十六节，插图 180 幅，图版 4 版。这是我国第一部高句丽考古方面的著作，以高句丽三座都城纥升骨城、国内城、平壤城为中心，全面介绍了中国辽宁省、吉林省和朝鲜平壤及其附近的高句丽平原城、山城、长城、建筑址、积石墓、封土墓、壁画墓、碑刻、石柱和各类出土遗物，内容翔实，图文并茂，科学准确，实用价值很高。

《高句丽渤海古城址研究汇编》由王禹浪、王宏北编著，1994 年哈尔滨出版社出版。书中收录中国方面高句丽古城 170 座，朝鲜方面高句丽古城 20 座。同时附有部分城址的调查、发掘报告及研究论文，是研究高句丽古城的重要参考文献。

《好太王碑拓本研究》由朴真奭编著，2001 年黑龙江朝鲜民族出版社出版。该书分为拓本篇、资料篇、论文篇三部分，另有前言和附录。拓本篇收录北京图书馆所藏好太王碑拓本四面 44 幅，王少箴旧藏拓本四面 44 幅，《书通》创刊号收录《广开土境好太王陵碑》四面 44 幅，吴椒甫藏本 61 幅及其封面 1 幅。资料篇分为三部分，第一部分为好太王碑的部分古文记载，第二部分为历代好太王碑照片，第三部分为历代各家释文 29 种。论文篇收录作者的 5 篇论文：《关于好太王碑拓本的初期编年的性质》《石灰拓本的问世年代及其以后的演变》《对本书收录的部分好太王碑拓本的简介》《北京图书馆所藏好太王碑拓本（各地 02553）的采拓年代再考》《北京大学图书馆藏好太王碑拓本（3021326—3）的采拓年代考证》。

《高句丽遗迹》由魏存成著，是 20 世纪中国文物考古发现与研究丛书中的一册。该书分为都城、山城、墓葬三个部分，另有前言和结束语，附有插图 48 幅，彩色图版 7 幅。都城部分介绍了高句丽的初期都城五女山城与下古城子古城，中期都城介绍了集安的平原城、国内城和丸都山城。中国境内的高句丽山城共有 99 座，其中辽宁省境内 68 座，吉林省境内 31 座。朝鲜半岛的山城有 26 座。根据山城的形制、规模，将其分为簸箕型、山顶型、"筑断为城"型和左右城、内外城型四种。高句丽墓葬中对积石墓的类型、等级和年代进行了分析。对于重要的随葬品、陶瓷器、金属器也作了专门的研究。

《洞沟古墓群1997年调查测绘报告》由吉林省文物考古研究所、集安市博物馆编著，科学出版社2002年出版。全书由前言、洞沟古墓群概说、洞沟古墓群墓葬简介、洞沟古墓群墓葬分布图和附录、参考文献等组成。附录墓葬、器物、壁画线描图64幅，彩色图版32幅。第一部分为洞沟古墓群概说，详细介绍了高句丽的历史和集安高句丽遗迹的状况，其中最主要的是洞沟古墓群的概貌和特点。第二部分为洞沟古墓群墓葬简介，测绘当时将洞沟古墓群分为6个墓区：禹山墓区、山城下墓区、万宝汀墓区、七星山墓区、麻线墓区、下解放墓区，并对现存各墓葬的编号、名称、类型、规模、现状、位置、清理与发掘、重要墓葬概况分别予以介绍。第三部分是洞沟古墓群墓葬分布图，洞沟古墓群墓葬分布图共100幅。该书是研究高句丽古墓及相关历史的重要资料。

《高句丽古城研究》由王绵厚著，作为国家文物局"九五"边疆考古规划项目成果，2002年12月由文物出版社出版。全书共分十二章，三十四节，另有后记、附录，插图35幅，彩色图版14版。书中回顾和总结了20世纪高句丽古城发现与研究的过程，对高句丽古城的出现、发展及其与高句丽民族、政权发展的关系进行了总结。著录了中国境内高句丽山城104座，朝鲜境内高句丽山城32座。对高句丽古城中所包含的汉与鲜卑诸文化因素进行了分析，并在对高句丽都城、山城研究的基础上，提升到对高句丽社会机构及社会制度的研究。

《五女山城——1996—1999、2003年桓仁五女山城调查发掘报告》由辽宁省文物考古研究所编著，2004年文物出版社出版。是1996—1999年、2003年期间桓仁五女山城调查发掘报告。全书分为综述、山城调查与试掘、城内发掘、问题的讨论四部分。另有绪言、后记、附表、附录、插图287幅、图版70版。详细记录了五女山城的墙垣与城内建筑遗址的调查发掘状况和出土遗物，根据地层和出土文物将山上的文化遗址分为五期，对每期的分布范围，遗迹遗物特点及其年代进行综合讨论得出初步结论。同时以下古城子高句丽城址1998年调查与试掘报告作为附录。对于研究高句丽建国及第一座都城的地理位置、形制、建筑功能等具有重要价值。

《国内城——2000—2003年集安国内城与民主遗址试掘报告》由吉林省文物考古研究所、集安市博物馆编著，2004年文物出版社出版。是2000—2003年集安国内城与民主遗址试掘报告。全书共二编，上编四章十一节，下编三章四节，另有前言、后记、插图98幅、图版44版。上编记录了国内城的自然环境与变迁，城墙的状况、西北角的清理、西墙马面残迹、西墙门址、西南角角楼、马面遗迹、排水涵洞清理及出土遗物，国内城中十几处遗址的清理发掘。下编为国内城东民主建筑遗址与两座石柱的清理发掘及出土遗物。此次取得并公布的国内城考古学资料，为学术界进一步开展高句丽早期都城遗址研究补充了一批重要的基础性数据，有助于拓展国内城研究的学术视野。

《丸都山城——2001—2003年集安丸都山城调查试掘报告》由吉林省文物考古研究所、集安市博物馆编著，2004年文物出版社出版，是2001—2003年集安丸都山城调查试掘报告。全书共分六章十五小题，另有前言、后记、附表、附录，插图115幅，图版130版。详细记录了丸都山城的

地理形态与遗存分布，七个城门遗址调查与发掘，四面城墙的调查，城内建筑宫殿遗址、瞭望台遗址、蓄水池遗址的清理发掘，城内墓葬的调查以及大量的出土遗物。调查发掘结果表明，丸都山城内的建筑主要分布在宫殿遗址周边及主要门址附近，其他区域并未发现大型建筑群。这一方面反映出，尽管丸都山城曾两次作为王都使用，但其主要功能仍以军事防御为主；另一方面则说明宫殿遗址应具有王宫与衙署的双重功能。

《集安高句丽王陵——1990—2003年集安高句丽王陵调查报告》由吉林省文物考古研究所、集安市博物馆编著，2004年文物出版社出版，是1990—2003年集安高句丽王陵调查报告。全书共分五章二十三节，另有后记、附录，插图270幅，图版128版。详细记录了集安洞沟古墓群中的13座高句丽王陵调查结果与初步结论。主要有麻线墓区2378号墓、山城下墓区砖厂36号墓、麻线墓区626号墓、七星山墓区871号墓、临江墓、禹山墓区2110号墓、七星山墓区211号墓、西大墓、禹山墓区992号墓、麻线墓区2100号墓、千秋墓、太王陵、将军坟的墓葬形制和出土遗物。明确了高句丽王陵的考古学特征：同时期规模最大，埋葬设施完备，墓上有瓦，有陪葬墓和祭台，葬地高敞，独立为陵且有墓域，陵寝遗迹完备，与王陵地位相符的出土遗物。据此，初步认定以上13座墓为高句丽王陵。

《高句丽古墓壁画研究》由耿铁华著，2008年吉林大学出版社出版。全书共八章三十节，另有序言、附录、后记，插图295幅，彩色图版64版。该书总结了高句丽古墓壁画调查研究和发掘的成果，记录了国内外高句丽古墓的分布与现状。目前，中国境内已发现高句丽壁画古墓38座，其中抚顺市1座、桓仁县1座、集安市36座。朝鲜境内77座，其中平壤市27座、南浦市22座、平安南道14座、黄海南道11座、黄海北道3座。[①]对高句丽壁画古墓的年代与分期提出了看法。通过高句丽壁画表现的内容，对高句丽社会生活进行深入研究。

《吉林集安高句丽墓葬报告集》由吉林省文物考古研究所编著，2009年科学出版社出版。书中收录了集安历年来高句丽古墓调查发掘简报和报告35篇，JYM0540号墓出土动物骨骼研究1篇。插图多幅，彩色图版12版，黑白图版26版。其中包括1961年吉林省文物管理委员会、吉林省博物馆组织的调查与发掘。20世纪80年代以来，吉林省博物馆、集安市博物馆、吉林省文物工作队、集安市文物保管所、吉林省文物考古研究所配合农田基本建设和公路建设进行的考古发掘。2003年，洞沟古墓群大规模环境整理期间，复查清理了大型积石墓20余座。其中包括一批封土墓、积石墓、壁画墓和王陵。墓葬形制特点明显，出土遗物丰富。

《石台子山城》由辽宁省文物考古研究所、沈阳市文物考古研究所编著，文物出版社2012年出版。全书共四章十四节，另有序、附表、附录、后记，插图412幅，彩色图版200幅。详细记录了沈阳石台子高句丽山城的地理形势、自然环境、历史沿革，以及1990年试掘，1997—2006年三次考古发掘的情况与重要收获。通过发掘，对山城的城墙、城门、马面、涵洞等部分的遗迹、遗物

---

① 近年来，朝鲜考古工作者又发掘了一批壁画古墓，使朝鲜高句丽壁画古墓的数量增加到89座，加上中国境内的高句丽壁画古墓38座，到2017年末，已经发现高句丽壁画古墓127座（2017年发掘了一座，报告待发表）。

和城内大型建筑，城外的高句丽墓葬有了深刻的认识。发掘结果证明，在青铜时代已经有人在此居住生活。高句丽时期修筑山城，形成了以高句丽时期文化为主的文化遗存。大量的高句丽遗迹、遗物，是研究高句丽山城建筑形制、防卫体系、生活状况、经济状态的重要资料。

《集安出土高句丽文物集粹》由吉林省文物考古研究所、集安市博物馆、吉林省博物院编著，2010 年科学出版社出版。全书收录集安市博物馆藏高句丽文物 700 多件的图片，分为陶器、釉陶器、瓦当、砖瓦、玉器、玛瑙、石器、金器、银器、鎏金器、铜器、铁器等。记录了出土地点和相关尺寸。该书对于研究高句丽经济、文化，是一批不可多得的实物资料。

《集安高句丽碑》由集安市博物馆编著，2013 年吉林大学出版社出版。全书由前言、集安高句丽碑出土记、集安高句丽碑调查、集安高句丽碑释文、集安高句丽碑文书体比较、集安高句丽碑研究、集安高句丽碑的价值、集安高句丽碑技术保护报告、集安高句丽碑日志等九个部分组成。另有序、专家组论证意见、附录、后记，插图 28 幅，图版 43 幅。集安高句丽碑 2012 年 7 月 29 日出土于集安市麻线乡麻线河西岸。碑石为圭形，右上角稍残，残高 1.73 米，宽 0.61—0.67 米，厚 0.13—0.21 米，下部有榫头。正面镌刻汉字隶书碑文 10 行 218 字。现可识读 156 字左右[①]，是继好太王碑、中原高句丽碑之后，第三通高句丽文字碑。内容简略，与好太王碑相互印证，史料价值、文化价值、书法艺术价值极高。

《集安高句丽碑研究》由耿铁华著，2017 年吉林大学出版社出版。全书有前言、集安高句丽碑考释、集安高句丽碑的捶拓与研究、集安高句丽碑的真实性、新发现的集安高句丽碑初步研究、集安高句丽碑发现一周年、集安高句丽碑的年代及发现意义、再论集安高句丽碑的年代与性质、《集安高句丽碑》写作与出版、集安高句丽碑及其研究状况、集安高句丽碑定名之再检讨、集安高句丽碑的王陵祭祀信息、从集安高句丽碑看高句丽是否存在谥法、集安高句丽碑墓主人推断、集安高句丽碑与王莽朝纪事、好太王碑与集安高句丽碑、高句丽碑刻中的法律条文、集安高句丽碑的重要价值、集安高句丽碑集释等十九部分，另有附录、后记。彩色插图 182 幅，彩色图版 38 版。全书对集安高句丽碑的发现、调查、文字考释、相关历史进行了全面系统的研究，涉及高句丽起源、建国、王系、祭祀、谥法、守墓烟户法律制度等诸多方面。同时对集安高句丽碑发现 5 年来国内外学者的考释与研究进行了总结。

《高句丽碑刻资料汇编》由李乐营、耿铁华主编，2018 年东北师范大学出版社出版。全书共分八章：高句丽碑刻概述、好太王碑发现初期著录及研究资料、好太王碑释文会要、好太王碑拓本选、中原高句丽碑研究资料、集安高句丽碑研究资料、其他碑刻资料、冉牟墓志及其他。其中重点是好太王碑发现初期的研究和国内外重点研究学者的释文、拓本，对于研究高句丽国家的建立、发展，好太王时期的战争、疆域、守墓烟户制度极为重要。集安高句丽碑、中原高句丽碑的形制、内容各不相同，年代分别为好太王与长寿王时期。同时期的冉牟墓志是写在白灰墓壁上的，文字较长，

---

① 国内外学者已有释文十多种公布，识读数字不同。今以集安市博物馆《集安高句丽碑》释文为参考，长春：吉林大学出版社，2013 年，第 11 页。

内容丰富，具有极高的史料价值。

国外出版的高句丽考古方面的著作主要有如下几种：

《朝鲜考古学概要》由朝鲜民主主义人民共和国社会科学院考古研究所编，李云铎译，顾铭学、方起东校。黑龙江省文物出版编辑室1983年出版。前言之后分为三编八章，插图163幅，图版54版。书中第一编为原始社会，介绍了旧石器时代、新石器时代、青铜器时代的考古文化。第二编为奴隶社会，介绍了公元前一千纪古朝鲜的社会与文化。第三编封建社会，重点介绍了高句丽山城、宫城、都城、住宅、宫殿、佛寺、墓葬、武器装备、马具及生产技术工艺的发展，为高句丽历史研究、考古研究提供重要的参考。

《高句丽古坟壁画》由朝鲜画报社1985年编辑出版，朱荣宪论说。日本印刷株式会社印刷。全书收录240幅高句丽壁画彩图。有朝鲜安岳3号墓、德兴里壁画墓、传东明王陵、龙岗大墓、大安里1号墓、水山里壁画墓、双楹墓、安岳2号墓、德花里1号墓、德花里2号墓、真坡里1号墓、真坡里4号墓、湖南里四神墓、江西大墓、江西中墓。中国集安通沟12号墓、角觝墓、舞踊墓、长川1号墓、三室墓、四神墓、五盔坟4号墓、五盔坟5号墓等珍贵壁画，该书是研究高句丽社会政治、经济、思想、文化、贵族生活的形象资料。

《广开土王碑原石拓本集成》由日本武田幸男编著，东京大学出版会1988年出版。全书分为原尺寸大碑字、原石拓本集成篇、补篇、解说篇四部分。另有序言、附录。精印好太王碑拓本五种：傅斯年旧藏乙本、水谷悌二郎旧藏本、傅斯年旧藏甲本、金子鸥亭藏本、酒匈景信将来本。该书对好太王碑现阶段的研究状况进行了必要的说明。

《"北韩"文化遗迹发掘概报》是韩国文化财管理局、文化财研究所1991年翻译并编辑的朝鲜文物考古资料。书中有大量的高句丽古城遗址、古墓、壁画的发掘资料，诸如大城山城、安鹤宫、定陵寺、德兴里壁画墓、江西大墓、江西中墓、水山里壁画墓等，另外，还附有壁画及大量出土遗物图，是很重要的参考资料。

《高句丽的历史与遗迹》由日本东潮、田中俊明编著，中央公论社1995年出版。全书分为九部分，监修介绍、后记、表、索引，插图320多幅，彩色图版8版。书中以高句丽前期、中期、后期王都为中心，介绍高句丽都城遗迹、防御体系，同时对附近的山城、古墓、壁画、寺庙遗址等调查、发掘结果进行了研究。书中十分详尽地介绍了中国、朝鲜境内的主要高句丽遗迹的调查与发掘情况，并附有大量的图片和照片。在高句丽古墓分类、壁画谱系、文物与壁画的综合研究方面是相当有特色的。

《广开土王碑原石初期拓本集成》由韩国林基中编著，东国大学出版部1995年出版。全书分为初期拓本集成篇、第一补篇、第二补篇、第三补篇、解说篇、初期拓本集成试释与现代汉语翻译篇等六部分。集成篇拓本四种：题笺"晋高丽好太王碑、李龙精拓整纸本"、题笺"高句丽平安好太王墓志碑全部"、无题笺"高句丽平安好太王墓志碑全部"、题笺"高句丽好太王碑"。第一补篇拓本三种：题笺"高丽好大碑"，题笺"拓片摹刻本"、题笺"高丽好太王碑"。第二补篇赵葵畦辑"高句丽好太王碑集释"。第三补篇释文集成、释文对比。1996 年该书获韩国出版文化奖。

《高句丽古墓壁画》由日本早乙女雅博监修，2005 年共同通讯社出版。该书为高句丽壁画图录与说明，分为三部分：第一部分为平壤的高句丽壁画古墓，安岳 3 号墓、德兴里古墓、双楹墓、湖南里四神墓、江西大墓、江西中墓、安岳 1 号墓、药水里古墓、水山里古墓、德花里 1 号墓、德花里 2 号墓、真坡里古墓。第二部分为集安高句丽壁画古墓，角觚墓、舞踊墓、长川 1 号墓、五盔坟。第三部分为高句丽古墓壁画摹写。前面有平山郁夫、西谷正、有光教一、斋藤忠、永岛晖臣慎、百桥明穗、早乙女雅博等人的论文，后面有高句丽古墓壁画调查与小场恒吉的摹写制作、图版解说、高句丽相邻国家年表。

此外，中国出版的文物考古方面的期刊上，也发表了许多高句丽遗址、墓葬的调查与发掘报告。这类期刊有《文物》《考古》《考古学报》《文物天地》《考古与文物》《文物春秋》《北方文物》《辽海文物学刊》《博物馆研究》《东北亚历史与考古信息》等。历年来发表的高句丽考古调查和发掘报告，内容广泛、丰富，照片、线图清楚准确，科学性强，它们是我们研究高句丽历史不可缺少的资料。

高句丽存世的文字资料有好太王碑、中原高句丽碑、集安高句丽碑、冉牟墓志、壁画题记、城墙刻石、金铜佛造像铭文、砖瓦铭文等，这些都是高句丽王公贵族留下的重要文字，涉及国家政治、经济、军事、思想、文化等多方面的内容，这些碑刻、墓志、文字考释研究的著作、论文，对我们的研究有至关重要的参考价值。

第二章

高句丽早期历史

高句丽早期历史是指高句丽人建国前的历史，其年代的下限为西汉元帝建昭二年（公元前 37 年）。其年代的上限，缺乏文献记载，或以为在商人入主中原之际，或以为在商周之际。至少在西周成王时期，高句丽人已经派代表出席了成周之会，被史家记为"高夷"。[①] 随着东北民族的融合，高句丽成为一个有影响、有实力的民族。

第一节 高句丽民族起源

一、高句丽族名

高句丽之名最早见于班固的《汉书·地理志》"玄菟郡"条："玄菟郡，户四万五千六，口二十二万一千八百四十五。县三：高句骊、上殷台、西盖马。"班固自注，"高句骊，莽曰下句骊，属幽州。"

班固（32—92 年），字孟坚，东汉扶风安陵（今陕西咸阳）人。其父班彪为儒学大师，晚年修史。班固 27 岁写《汉书》，后经其弟班超、妹班昭等帮助完成。《地理志》成于公元 85 年前后，相当于高句丽太祖大王之时，高句丽已被光武帝恢复王号，不时入汉朝贡。

《汉书·地理志》所记玄菟郡之事发生于汉武帝时期。经过文景之治，西汉社会趋于稳定，经济迅速恢复发展，平定了吴楚七国之乱，从根本上削弱了前代所封同姓诸侯王的势力。汉王朝已从政治、经济、军事方面做好了抗击匈奴的准备，于是逐渐放弃了汉初以来对匈奴屈辱和亲的政策，开始了大规模的反击战争。经过公元前 127 年、公元前 121 年、公元前 119 年三次大的战役，把匈奴主力赶到漠北并极大地削弱了匈奴贵族的实力。为了进一步孤立匈奴，汉武帝"东伐朝鲜，起玄菟、乐浪，以断匈奴之左臂；西伐大宛，并三十六国，结乌孙，起敦煌、酒泉、张掖，以隔婼羌，裂匈奴之右肩"[②]。

关于北方设四郡的时间，《汉书·武帝纪》记作，元封三年"夏，朝鲜斩其王右渠降，以其地为乐浪、临屯、玄菟、真番郡"。元封三年为公元前 108 年。《汉书·地理志》记作"玄菟郡，武帝元封四年开。高句骊，莽曰下句骊。属幽州。户四万五千六，口二十二万一千八百四十五。县

---

① 《逸周书·王会解》"北方台正东，高夷嗛羊。嗛羊者，羊而四角"，孔注"高夷，东北夷高句骊"。参见黄怀远、田旭东、张懋镕撰：《逸周书汇校集注》，上海：上海古籍出版社，2007 年，第 875 页。
② 《汉书》卷七十三《韦贤传》，北京：中华书局，1962 年，第 3126 页。

三：高句骊，辽山，辽水所出，西南至辽队入大辽水。又有南苏水，西北经塞外。上殷台，莽曰下殷。西盖马。马訾水西北入盐难水，西南至西安平入海，过郡二，行二千一百里。莽曰玄菟亭"。时间晚了一年。《后汉书·高句骊传》亦载，"武帝灭朝鲜，以高句骊为县，使属玄菟"。从上引《汉书·地理志》《汉书·武帝纪》《后汉书·高句骊传》的几段文字看，高句骊是玄菟郡内的属县之名。

《汉书·地理志》又载，"玄菟、乐浪，武帝时置，皆朝鲜、秽貉、句骊蛮夷"。《汉书·王莽传》记载，"先是，莽发高句骊兵，当伐胡，不欲行，郡强迫之，皆亡出塞，因犯法为寇。辽西大尹田谭追击之，为所杀。州郡归咎于高句骊侯驺。严尤奏言：'貉人犯法，不从驺起，正有它心，宜令州郡且尉安之。今猥被以大罪，恐其遂畔，夫余之属必有和者。匈奴未克，夫余、秽貉复起，此大忧也。'莽不尉安，秽貉遂反。诏尤击之。尤诱高句骊侯驺至而斩焉，传首长安"。这两段文字则证明，句骊、高句骊又是民族之称。

从《逸周书》对高句丽记载为高夷看，高句丽最早应该是民族之名。汉武帝设置四郡，因高句丽人聚居而以其地为高句丽县。因族名而为地名，是符合这一时期历史真实的。

高句骊，亦作高句丽，句骊，高丽。古人常将"骊"与"丽"通用。

正史中记作高句骊、句骊的有：

《汉书·武帝纪》《汉书·地理志》

《后汉书·高句骊传》

《宋书·高句骊传》

《梁书·高句骊传》

正史中记作高句丽、高丽的有：

《三国志·高句丽传》

《南齐书·高句丽传》

《魏书·高句丽传》

《周书·高丽传》

《南史·高句丽传》

《北史·高丽传》

《隋书·高丽传》

《旧唐书·高丽传》

《新唐书·高丽传》

以上这 13 部史书之纪、传，是依据清乾隆四年（公元 1739 年）武英殿本《二十四史》的原文记录的。其中，记作高句骊或句骊的史书 4 部，记作高句丽或高丽的史书 9 部。

从时间上看，使用高句骊的《汉书》年代最早，成书于公元 1 世纪中晚期。记作高句丽最早的《三国志》成书于公元 3 世纪中晚期，虽晚了 200 年，却又比《后汉书》早 100 多年。

骊，《说文解字》云："马深黑色，从马，丽声。"段玉裁注："《鲁颂》传曰，纯黑色曰骊。"《尔雅·释畜》有"小领盗骊"。《玉篇》"盗骊，千里马也"。周穆王八骏有盗骊。盗骊，窃骊也。窃，浅青色，骊，纯黑色。马色黑而青曰骊。

丽（繁体原字作"麗"）《说文解字》云："旅行也。鹿之性见食急，则必旅行。从鹿，丽声。"段玉裁注："此麗之本义，其字本作丽，旅行之象也，后乃加鹿耳。"

骊、丽相通。见于《左传·庄公二十八年》，"女以骊姬"。《谷梁·僖公十年》作"丽姬"。当用两马并驾时，可称"骊驾"，亦可称"丽驾"。《西京赋》有"骊驾四鹿，芝盖九荷"。《河东赋》则作"丽钩芒与骖蓐收兮，服玄冥及祝融"。

因此，我们将高句骊、句骊均写作高句丽，句丽，特定解注"骊"时才保留这一写法。

高句丽、高丽、句丽都是中原史家记录下来，后人遵从了这一称谓。其民族名称的本义并非如《说文解字》或段注解释的那样，而是从其发音而来。最早为高句丽作传的陈寿认为，"沟溇者，句丽名城也"[①]。高句丽人把城称作"沟溇"。汉朝廷向高句丽人赐鼓吹技人，时常是在与高句丽交界之处的"帻沟溇"小城进行的。汉朝使臣、史家把"沟溇"与"句丽"这一对叠韵双声字混同起来，"句丽"与"高丽""高句丽"的读音相近，亦可相通。由于他们居于偏远的东北方，中原称其为夷人，加上"高丽""高句丽"之省字，便成了"高夷"。既然"句丽"非汉字本义，相连的"高"字也应从读音方面去解释，而不应从本义去找寻。

这样，从"沟溇"音转而来的"句丽""高丽""高句丽"之称则与城有了联系。高句丽人建国前后利用原有之城或建筑石城，特别是大量建筑山城的习俗，既反映了高句丽民族多居住在大山深谷的长白山地区，又证明了中原史家认为他们与修建石城、山城有联系的看法、说法是符合历史事实的。

有的学者从汉字本义上解释，认为高句丽人喜欢"高大黑马""骊马"或以马为图腾。[②]认为"高丽亦取山高水丽之义，盖山水之胜，甲于天下"或者"双足驰行于高山曲谷间"。[③]也有学者从音韵、音译上考证其为"介莱""朱离""黄铜""中京""首邑"等。[④]对于"高句丽"的这些解释与说明均可作为一家之言，供讨论研究参考。

二、高句丽民族起源研究

民族形成是一个很复杂的历史问题。迄今为止，学者关于民族的定义、民族的起源、民族的融合、民族的发展，从理论上到实际研究中都存在一些分歧。

---

① 《三国志》卷三十《魏书·高句丽传》，北京：中华书局，1959年，第843页。
② 傅朗云、杨旸：《东北民族史略》，长春：吉林人民出版社，1983年，第42页。
③ ［朝］李肯翊：《燃藜室记述》卷一；王绵厚：《古代高句丽族称探源》，《辽海文物学刊》1987年第2期。
④ 李德山：《高句丽族称及其族属考辨》，《社会科学战线》1992年第1期；梁志龙：《高句丽名称考释》，《辽海文物学刊》1996年第1期；［朝］李趾麟：《古朝鲜研究》，平壤：朝鲜科学出版社，1963年；［朝］申采浩：《朝鲜上古史》上，汉城：东西文化社，1977年，第126页。［韩］李丙焘：《韩国古代史研究》，汉城：博英社，1976年，第217页；参见刘子敏：《高句丽历史研究》，延吉：延边大学出版社，1996年，第3—8页。

高句丽民族起源应该是指她从哪个民族分离出来，开始独立生活之始。她所分离出来的母族就是她的族源。高句丽离开母族，经过迁徙，逐步在一个区域稳定下来，使用自己的语言，形成自己的思维和心理，开始自己的经济、文化生活。在这一过程中，与其他民族交往、通婚，互相进入，则应该是民族融合了。这一过程是漫长的，属于民族之流，而非民族之源了。当然，区分民族的源与流的时间断限是很难的，谁都很难找到一个绝对的点，只能相对地划出一个时间段，从而得出自己的结论。恰恰是由于民族起源及融合、发展的复杂性，加之年代久远，因此难免出现分歧意见。高句丽的民族起源问题的研究也是如此，经过多年研究，大体上形成了如下几种意见。

第一种意见，高句丽起源于秽貊。

辽宁大学徐德源教授主张："高句丽人源出我国古代北方的貉族。当初，高句丽人分布在今我国东北辽东地方和中朝界河鸭绿江两岸。由于高句丽诸部落原始公社制度的迅速瓦解，到公元前1世纪形成了高句丽国家，开始过渡到阶级社会。"①

吉林大学张博泉教授认为："夫余是殷人形成前的涉人一支，高句丽是殷人形成前的貊人，后来这两族形成一个语言相同的集团。1978年曾同部分学生到集安实习，写《七律》一首：'老岭鸭江古道通，集安城外正桃红。崇碑文刻汉家体，大石陵封高氏风。诸种亲连原是貊，一方崛起竟称雄。悬车勒马终何是，尽在天王一统中。'就是追溯高句丽原是出自貊的。这里涉及一个问题，即《后汉书·高句丽传》云：'东夷相传以为夫余别种。'别种目前有不同解释，别种的别应是'另'的意思，从起源看高句丽（貊）与夫余（涉）不同，因称其为夫余别种。""高句丽出自涉貊，亦即貊。唐礼言《梵语杂名》（868年），高句丽为'Mukuri'，音译为'宙俱理'。《阙特勤碑文》作'Bokli'（莫离）。《后汉书·东夷传》：'句骊一名貊耳，有别种。依小水为居，因名曰小水貊。出好弓，所谓貊弓是也。'高句丽为貊，但也被称为涉。"②

吉林省文物考古研究所李殿福研究员指出："高句丽族是中国东北地区古代涉貊族的一支。中国境内的涉貊族，是有十分悠久的历史，古文献中多有记述。远自西周时，涉貊人就与中原地区建立起联系，曾向周朝奉献兽皮……北部涉貊族第一个建立起东北古代民族政权——夫余国。由于历代语音的变异和注译不同，古籍中又分别夫余为橐离、橐离、索离、高夷或句丽等。而且也往往作为对高句丽的异称，说明夫余与高句丽为同一个族源。"③

辽宁省博物馆王绵厚研究员认为："活跃于中国东北和东北亚历史上700余年的高句丽民族，是土著于中国东北南部环黄、渤海北岸以鸭绿江两岸山地为中心的涉貊语系的古代民族。从中国先秦以来的典籍看，高句丽及其文献中的先世'高夷'，均属东北夷的一支。从人文地理上看，'高夷'所处的自然地理环境，是古代中国东北'貊'族的活动中心。至高句丽建国的西汉后期，这里方成为在汉文化影响下，由南下的'涉'族，与土著之'貊'族文化相汇融而形成的新的民族共同体，

① 徐德源：《试论高句丽国家的社会性质》，《朝鲜史通讯》1980年第2期。
② 张博泉：《东北地方史稿》，长春：吉林大学出版社，1985年，第10、79页。
③ 李殿福、孙玉良：《高句丽简史》，汉城：韩国三省出版社，1990年，第326—327页。

并在经济、文化、地理和典章礼俗等诸方面，成为公元前 1 至 2 世纪，形成中国东北'汉文化圈'的重要组成部分。"他同时指出"高夷和高句丽，是从先秦至汉、魏、晋以来相继出现在东北古代的少数民族之一。从中国东北地区自先秦以来形成的三大族系来看，高句丽及其先世'高夷'，应属东北夷秽貊系统的一支"。[1]

吉林省社会科学院孙玉良研究员认为："高句丽是涉貊族的一支，主要分布于浑江和鸭绿江流域。汉武帝于公元前一〇八年征服卫氏朝鲜，开辟四郡，分置诸县。当时，浑江流域涉貊人居住地区辟为高句丽县，隶属玄菟郡管辖。自此，后世将该地区的涉貊人称为高句丽人。""高句丽族与扶余族，是涉貊族系中分化出来的两个不同部族，故史书中尝称高句丽为'扶余别种'，并谓其'言语法则多同'。涉族的主体部分原居于松花江和嫩江流域，是我国东北地区最先接受和传播中原鼎鬲文化的原始民族。历史上所谓北夷高丽、橐离、索离、高夷、句丽等，这些相同的音称，即指扶余或高句丽的先世所建立的部落体。自涉人南下，与貊人融合之后，涉貊遂成两部之共称，而由扶余一枝所建之高句丽也得称为貊人。"[2]

中国社会科学院民族研究所杨保隆研究员认为："高句骊族出现、形成和发展的历史表明，她和我国历史上出现和存在的大多数民族一样，族源不是单一的，且有主源与非主源之别。""高句骊的主源，是涉貊族解体后东迁的各支后裔：高夷、夫余、沃沮、小水貊（梁貊）、涉等。高句骊族出自涉貊族系，不仅有汉安帝在建光元年（121 年）诏书中称高句骊为'涉貊'可证，而且直到 5 世纪后期，还有南齐官员称之为'东夷小貊'。"他认为融入高句骊族的非涉貊族系成员是很多的。"高句骊族在汉武帝时还只是一县之内的一个部族集团，西汉末朱蒙建高句骊国后迅速发展壮大……就是不断有大量非涉貊族系的古代朝鲜遗民后裔、汉人、鲜卑人、肃慎人等加入高句丽族。"[3]

朝鲜学者都赞同高句丽起源于貊或秽貊。李趾麟、姜仁淑认为："通过高句丽的建国传说，虽从夫余找到高句丽的起源，但笔者认为如从作为貊族古代国家的橐离国去寻找高句丽的起源，则更为妥当。"[4]

第二种意见，高句丽起源于夫余（扶余）。

东北师范大学教授傅朗云、吉林省社会科学院研究员杨旸认为："高句丽很可能是出自扶余的马图腾氏族，即马加人。是东北夷的一支，所以又称高夷。高句丽族也有一则近似扶余族的族源神话故事……高句丽族源史与解夫娄的御马有关，故高丽源出高骊，又增一旁证。高句丽族是从北扶余又分出的东扶余分出来的，可能来自黑龙江上游地区。但在定居鸭绿江右岸后的相当一段时期内，仍属扶余国。最初在辽宁省桓仁县境，后至吉林省集安县，并跨有鸭绿江两岸及长白山一带，远至今吉林市。"[5]

① 王绵厚：《秦汉东北史·导言》，沈阳：辽宁人民出版社，1994 年，第 241 页。
② 佟冬主编：《中国东北史》第一卷，长春：吉林文史出版社，1998 年，第 587—589 页。
③ 杨保隆：《高句骊族族源与高句骊人流向》，《民族研究》1998 年第 4 期。
④ 李趾麟、姜仁淑：《高句丽的起源》，李云铎译，《东北亚历史与考古信息》1984 年第 4 期。
⑤ 傅朗云、杨旸：《东北民族史略》，长春：吉林人民出版社，1983 年，第 42—43 页。

吉林省文物考古研究所研究员王健群先生认为："高句丽人来自夫余，夫余是肃慎系统的通古斯族，即后来的女真族。高句丽人也应该是肃慎人的后代，与女真人同一族属。"[①]

辽宁省考古学会金岳先生也主张"高丽源出夫余"[②]。他引证好太王碑文"始祖邹牟（东明）王，出自北夫余天帝之子"和冉牟墓墨书墓志"邹牟圣王，元出北夫余；'其'所生地，来自北夫余"。[③]同时以《论衡》《后汉书》《三国志》《魏书》《梁书》等16种史书证明"高丽源出夫余"。

第三种意见，高句丽源于高夷。

延边大学刘子敏教授认为：高句丽的最早源头是高夷。"高夷是高句丽族的先人，几乎已成为中外学界的通说或定说。""高夷之名仅见于《逸周书·王会篇》：'高夷嗛羊。嗛羊者，羊而四角。'晋人孔晁注曰：'高夷，东北夷高句丽。'孔晁是最早认为高句丽来源于高夷的学者。""《王会篇》所载之古族，同高夷相关联的主要是发人、秽人、良夷、稷慎。""当我们将发（貊）人、秽人、稷（肃）慎及良（乐浪）夷的地理位置搞清之后，再回过头来看高夷的位置就好说了。高夷，也就是生活在高山地带的夷人，其具体位置应在发人和秽人之间，亦即今鸭绿江以北我国的浑江流域。其北为秽，秽北为稷（肃慎）；其南为发（貊），发（貊）东为良夷。到目前为止，许多人总将高夷同貊或秽貊混为一谈，但从《王会篇》的记载来看，高夷同貊人、发人都是各自独立的古代民族。认清这一点，对我们正确考察高句丽的族源，是非常重要的。"[④]

第四种意见，高句丽源于炎帝族系。

东北师范大学李德山先生认为："高句丽之'高'，同于前所论'高夷'之'高'，其本义是指在台地上建屋舍。东夷族系中的一个支族因善此术，便被称作'高夷'，以同音相假之故，又称为'介''葛'，前已言之，无论称'高'，还是称'介'，以及称'葛'等等，总是一族之谓也。""'句'与'高'是双声字，'句'即是'高'，'高'也是'句'，故'高句'是一个重音连绵词。两字即可连署，又可单称，并不影响词义，高句丽通作'高丽'或'句丽'就是确证。""'丽'为'莱'转，'莱'音先秦正读如今音之'丽'。'丽'古属来母，隶歌部，亦有'支'音，汉人读'丽'入支部，所以'丽''莱'音互通互转。""则'高句丽'一称，实际上是'高莱'或'介莱'的转写。'高'为东夷族系中之高夷；'莱'即东夷族系中之族称。高句丽民族，由高（介）、莱两族的各一部分组成。"[⑤]"介即我国上古之介族，姜姓，炎帝裔。""莱亦即我国上古强族莱夷……其为姜姓，炎帝裔。""高句丽民族的主体即由同姓、同一族系的介莱两族所组成，高句丽王族以高为氏，也就是以介为氏，其族属当然为炎帝族系，或可称之为姜炎族系，民族的起源地本在我国东部的山东地区。"不仅如此，"高句丽民族，高句丽王

---

① 王健群：《高句丽族属探源》，《学习与探索》1987年第6期。
② 金岳：《东北貊族源流研究》，《辽海文物学刊》1994年第2期。
③ 金先生引征文献均不准确，如好太王碑原文为："惟昔始祖，邹牟王之创基也。出自北夫余，天帝之子，母河伯女郎。"冉牟墓志原文为："河伯之孙，日月之子，邹牟圣王，元出北夫余……"，"河伯之孙，日月之子，所生之地，来自北夫余……"称其为"牟头娄墓"也是不准确的。
④ 刘子敏：《高句丽历史研究》，延吉：延边大学出版社，1996年，第9—13页。
⑤ 李德山：《东北古民族与东夷渊源关系考论》，长春：东北师范大学出版社，1996年，第198—199页。

国周边各个民族或部落都是炎帝族系，皆由山东等地迁来。被高句丽兼并的周边各族或部落，其实绝大部分是她的同族"。[1]

以上四种意见，是近十多年来学者的研究成果，都具有一定的代表性。

应当明确的是，讨论高句丽民族之源，一定要把高句丽民族融合、发展与之区别开来，至少要寻求一个相对的年限。有的学者将高句丽建国后进入高句丽管辖区域内的其他民族也算成是高句丽民族之"非秽貊族系成员"，这既混淆了民族起源与民族融合的概念、内涵，又混淆了国家内主体民族与其他民族共存的史实。

汉元帝建昭二年（公元前37年）高句丽建国，此后的历史即是以高句丽民族为主体，包括汉族、鲜卑、靺鞨、百济、新罗等多民族国家的历史，也是各民族相互融合的历史。

汉武帝元封三年（公元前108年），汉武帝设四郡，在玄菟郡内高句丽族人聚居之地置高句丽县。直至高句丽建国前，是汉高句丽县内各民族相互融合、发展的历史。也就是说，至少在汉武帝时期，高句丽已形成一个独立的民族。即是说，探索、寻求高句丽民族起源，至少要在汉武帝之前。

如果说《逸周书》为信史、晋孔晁注书治史尚属大家，那么参加周初成周之会的高夷应指高句丽人的代表。这样，高句丽民族已作为北方民族代表与发人、良夷、秽人、稷慎并存应属事实。寻找高句丽族之源大约要在商周之际或更早些时候了。因此，那种以高句丽王族出于夫余，公元前37年来到高句丽人中，成为高句丽族之源的说法就很难成立了。而高夷之说，炎帝之说，在时间上、情理上都是可以讨论和研究的一家之言。

这里要讨论的是"高句丽出自秽貊（涉貊）或貊"。持这一观点的人很多，有的属于经过一番研究后得出的结论，有的则是因袭他人，人云亦云。持此说者对秽貊、秽（涉）、貊的认识也是其说不一，歧义迭出。这种混乱责任不在今人，许多古代史家与学者对他们的认识也是比较混乱的。

秽，亦作涉，貊又作貉，秽貊在古代文献中或合用，或单用。

先秦典籍中，《诗经》《尚书》《周礼》《逸周书》《管子》《荀子》均有秽、貊的记载，貊使用较多，秽则较少，秽貊连用者极少。其地望有作燕北、滦河之北、黄河之北，甚至有作山西、陕西之地者。秦汉以后秽貊连用增多，作秽、貊者亦不少。

目前所能见到并被诸家引征的关于秽貊的文献记载大都十分零散。多以只言片语出现，少有完整记录。而且年代早晚不一。为说明问题，按照成书时间早晚，现将这些零散的记录稍作编年如下：

春秋末年（公元前505年前后）

《诗经·大雅·韩奕》：溥彼韩城，燕师所完，以先祖受命，因时百蛮。王锡韩侯，其追（秽）其貊，奄受北国，因以其伯。

《诗经·鲁颂·閟宫》：保有凫绎，遂荒徐宅。至于海邦，淮夷蛮貊。及彼南夷，莫不率从。莫敢不诺，鲁侯是若。

---

[1]　李德山：《高句丽族称及其族属考辨》，《社会科学战线》1992年第1期。

《尚书·武成》：华夏蛮貊，罔不率俾。恭天成命，肆予东征，绥厥士女。惟其士女，篚厥玄黄，昭我周王。

战国时期（公元前 475—前 221 年）

《周礼·夏官》：职方氏掌天下之图，以掌天下之地，辨其邦国、都鄙、四夷、八蛮、七闽、九貉（貊）、五戎、六狄之人民。

《周礼·秋官》：貉（貊）隶百有二十人。……貉隶掌役服不氏，而养兽，而教扰之。掌与兽言。

《逸周书·王会解》：稷慎大麈，秽人前儿。……良夷在子。

《逸周书·职方解》：职方氏掌天下之图，辨其邦国、都鄙、四夷、八蛮、七闽、九貉（貊）、五戎、六狄之人民。

《管子·小匡》：至于石沈，悬车束马，逾大行。与卑耳之貉，拘秦夏，西服流沙西虞。……桓公曰："余乘国一之会三，兵车之会六，九合诸侯，一匡天下。北至于孤竹、山戎、秽貉，拘秦夏。西至流沙，西虞。"

战国末年（公元前 290—前 238 年）

《荀子·强国》：今秦南乃有沙羡与俱，是乃江南也。北与胡、貉（貊）为邻，西有巴、戎，东在楚者乃界于齐。

秦汉之际（公元前 221—前 100 年）

《山海经·海内西经》：貊国在汉水东北，地近于燕，灭之。孟鸟在貊国东北，其鸟文赤黄青，东乡。

西汉武帝时期（公元前 104—前 91 年）

《史记·匈奴列传》：诸左方王将居东方，直上谷以往者，东接秽貉（貊）、朝鲜。

《史记·货殖列传》：夫燕亦渤、碣之间一都会也。……北邻乌桓、夫余、东绾秽貉（貊）、朝鲜、真番之利。

东汉初期（公元 62—100 年）

《汉书·高帝纪》：北貉（貊）、燕人来致枭骑助汉。

《汉书·武帝纪》：元朔元年，东夷秽君南闾等，口二十八万人降，为苍海郡。

《汉书·王莽传》：始建国二年，遣诛貉（貊）将军阳俊，讨秽将军严尤出渔阳。先是，莽发高句骊兵，当伐胡，不欲行，郡强迫之，皆亡出塞，因犯法为寇。辽西大尹田谭追击之，为所杀。州郡归咎于高句骊侯骓。严尤奏言："貉人犯法，不从骓起，正有它心，宜令州郡且尉安之。今猥被以大罪，恐其遂畔，夫余之属必有和者。匈奴未克，夫余、秽貉复起，此大忧也。"莽不尉安，秽貉遂反。诏尤击之。尤诱高句骊侯驺至而斩焉，传首长安。莽大说，下书曰："……今年刑在东方，诛貉之部先纵焉。扑斩虏驺，平定东域……其更名高句骊为下句骊，布告天下，令咸知焉。"于是貉人愈犯边，东北与西南夷皆乱云。

《汉书·地理志》：玄菟、乐浪，武帝时置，皆朝鲜、涉貉、句骊蛮夷。

《汉书·食货志》：彭吴穿秽貊、朝鲜，置沧海郡。

西晋前期（公元 265—297 年）

《三国志·魏书·东夷传》：夫余在长城之北，去玄菟千里，南与高句丽，东与挹娄，西与鲜卑接，北有弱水，方可二千里。……其印文言"涉王之印"，国有故城名涉城，盖本涉貊之地。

高句丽在辽东之东千里，南与朝鲜、涉貊，东与沃沮，北与夫余接。都于丸都之下，方可二千里，户三万。……国人有气力，习战斗，沃沮，东涉皆属焉。又有小水貊。句丽作国，依大水而居，西安平县北有小水，南流入海，句丽别种依小水作国，因名小水貊，出好弓，所谓貊弓是也。

涉，南与辰韩，北与高句丽、沃沮接，东穷大海，今朝鲜之东皆其地也。

桓灵之末，韩涉强盛，郡县不能制，民多流入韩国。

《三国志·魏书·三少帝纪》：齐王正始七年春二月，幽州刺史毌丘俭讨高句丽，夏五月，讨涉貊，皆破之。

东晋末年至南朝初年（公元 410—445 年）

《后汉书·光武帝纪》：二十五年春正月，辽东徼外貊人寇右北平、渔阳、上谷、太原，辽东太守祭肜招降之。

《后汉书·安帝纪》：元初五年夏六月，高句骊与秽貊寇玄菟。

建光元年春正月，幽州刺史冯焕率二郡太守讨高句骊、秽貊，不克。……夏四月，秽貊复与鲜卑寇辽东，辽东太守蔡讽追击，战殁。……冬十二月，高句骊、马韩、秽貊围玄菟城，夫余王遣子与州郡并力讨破之。

延光元年春二月，夫余王遣子将兵救玄菟，击高句骊、马韩、秽貊，破之。遂遣使贡献。

《后汉书·东夷传》：王莽篡位，貊人寇边。建武之初，复来朝贡。时辽东太守祭肜威詟北方，声行海表，于是涉、貊、倭、韩，万里朝献。

夫余国，在玄菟北千里。南与高句骊，东与挹娄，西与鲜卑接，北有弱水。地方二千里，本涉地也……

高句骊，在辽东之东千里，南与朝鲜、涉貊，东与沃沮，北与夫余接。……其人性凶急，有气力，习战斗，好寇钞，沃沮，东涉皆属焉。

句骊一名貊。有别种，依小水为居，因名曰小水貊。出好弓，所谓貊弓是也。

王莽初，发句骊兵以伐匈奴……更名高句骊王为下句骊侯，于是貊人寇边愈甚。

元初五年，复与涉貊寇玄菟，攻华丽城。建光元年春，幽州刺史冯焕，玄菟太守姚光，辽东太守蔡讽等将兵出塞击之，扑斩涉貊渠帅，获兵马财物。……秋，（高句丽王）宫遂率马韩、涉貊数千骑围玄菟。夫余王遣子尉仇台将二万余人，与州郡并力讨破之，斩首五百余级。

遂成死，子伯固立。其后涉貊率服，东垂少事。……东沃沮在高句骊盖马大山之东，东滨大海，北与挹娄、夫余，南与涉貊接。……涉北与高句骊、沃沮，南与辰韩接，东穷大海，西至乐浪。涉及沃沮、句骊，本皆朝鲜之地也。……至昭帝始元五年，罢临屯、真番，以并乐浪、玄菟。玄菟复徙居句骊。自单单大岭已东，沃沮、涉貊悉属乐浪。

以上所引史籍文献中，先秦经书与诸子文献，将秽、涉、貊、貉分录，亦有蛮貊之称，尚未见合署作秽貊或涉貊者。其地望也很模糊，或在太行卑耳之山，或在燕北之地，为居住在北方之民族。《周官》中的"貉隶"是来自貉人的奴隶、下人，《逸周书》中的"秽人"则是出席成周之会的秽人贵族。

秦汉以后的秽（涉）、貊有分录，也出现了涉貊、秽貊合署的情况。如《史记·匈奴列传》《史记·货殖列传》等。在《史记》《汉书》《后汉书》《三国志》前四史中，只有司马迁书中将秽貊置于上谷、渔阳以东，朝鲜以西。或渤、碣之东，朝鲜、真番之西。而班固、陈寿、范晔在同一书中，同一时限内的不同篇章中所记抵牾、矛盾较多。

秽、貊、秽貊，只有秽在汉晋史家著作中立了传，作为一个独立的民族出现了。[①]貊虽无传，却有貊国、小水貊、梁貊等记载，亦应是古老的民族。而秽貊本为秽与貊的合称，同时也往往成了中原史家对北方民族笼统的称谓。

认为高句丽起源于秽貊的论者，主要依据这样两条文献：

《汉书·王莽传》："莽发高句骊兵，当伐胡，不欲行，郡强迫之，皆亡出塞，因犯法为寇。辽西大尹田谭追击之，为所杀。州郡归咎于高句骊侯驺。严尤奏言：'貉人犯法，不从驺起，正有它心，宜令州郡且尉安之。今猥被以大罪，恐其遂畔，夫余之属必有和者。匈奴未克，夫余、秽貉复起，此大忧也。'莽不慰安，秽貉遂反，诏尤击之。尤诱高句骊侯驺至而斩焉，传首长安。莽大说，下书曰：'……其更名高句骊为下句骊，布告天下，令咸知焉。'于是貉人愈犯边，东北与西南夷皆乱云。"

新莽始建国二年冬十二月，遣十二将率兵伐匈奴，其中有"诛貉将军阳俊，讨秽将军严尤出渔阳……"

《后汉书·东夷传》："句骊一名貊耳。有别种，依小水为居，因名曰小水貊……"

前一条将高句丽、夫余、涉貊、貉人并称，而称貉人、涉貉的，主要是新莽将领。以这些武夫

---

① 《三国志·东夷传·涉》载："涉，南与辰韩，北与高句丽、沃沮接，东穷大海，今朝鲜之东皆其地也。户二万。昔箕子既适朝鲜，作八条之教以教之，无门户之闭而民不为盗。其后四十余世，朝鲜侯（准）僭号称王。陈胜等起，天下叛秦，燕、齐、赵民避地朝鲜数万口。燕人卫满，魋结夷服，复来王之。汉武帝伐灭朝鲜，分其地为四郡。自是之后，胡、汉稍别。无大君长，自汉以来，其官有侯邑君、三老，统主下户。其耆老旧自谓与句丽同种。"《后汉书·东夷传·涉》载："涉，北与高句骊、沃沮，南与辰韩接，东穷大海，西至乐浪。涉及沃沮、句骊，本皆朝鲜之地也。昔武王封箕子于朝鲜，箕子教以礼仪田蚕，又制八条之教。"

的不恭称谓作为高句丽族源的依据，未免过于随意。后一条也只是"句丽一名貊耳"，若因中原人把高句丽称作貊，其族源就是貊了，似乎又失之简单。

若从《逸周书》记载看，高夷——高句丽与秽人、貊（发）人、良夷、稷慎等民族同时并存，互不统属，各自独立。他们之间的交往、融合则是民族发展的必然趋势。因为后来中原人笼统称东北人为秽貊，秽貊这一抽象的称谓便成了一些具体民族如高句丽、夫余的族源了。似乎不合逻辑，亦更难以符合史实。

三、高句丽起源于商人

张博泉先生在研究东北夫余、高句丽社会状态时，就已注意到殷、周社会的影响。以高句丽为例：

1. 高句丽的中部、东部、西部、南部、北部，可能受殷制五方土——中土、东土、西土、南土、北土的影响。

2. 高句丽的邑落共同体，与殷代的"邑"相似，邑落分征服者邑落与被征服者邑落，此即国人与庶人（野人）划分的根源。高句丽国中有大家（贵族），国中邑落的民"无大仓库，家家自有小仓，名之为桴京"（《三国志·魏志·高句丽传》），即是国中的自由民。下户在国中之外的邑落，当即被征服的奴隶。

3. 高句丽土地国有，与殷、周土地王有相同。高句丽的食邑制亦颇与古代的采邑制相似。

4. 高句丽是依尊卑而建立等级，其名虽与殷、周不同，但"尊卑各有等级"，在精神上亦是相同的。

5. 殷代奴隶制的一个重要特点即确立家族的财产制度，"开国承家"的家即这种家族财产确立的原则。殷代各贵族家族称家，高句丽称大家或诸加。

高句丽与殷、周奴隶制有不少相似处不是偶然。高句丽与殷人有相同的卵生说；有相同的祖先传说，殷人帝喾（高辛氏）而郊冥，高句丽自称是高辛氏之后乃姓高氏（《朝鲜史略》卷一），高句丽始祖朱蒙自称是河伯（玄冥）外孙；高句丽与殷人亦有共同的宗教信仰。看来高句丽即使不出自殷人，但也曾是与殷人有亲属关系的部落。[①]

古代传说中，帝颛顼高阳氏、帝喾高辛氏代表北方部落集团的首领，与东北原始居民有着密切的关系。

《史记·五帝本纪》载："帝颛顼高阳者，黄帝之孙而昌意之子也。静渊以有谋，疏通而知事；养材以任地，载时以象天，依鬼神以制义，治气以教化，絜诚以祭祀。北至于幽陵，南至于交阯，西至于流沙，东至于蟠木。动静之物，大小之神，日月所照，莫不砥属。帝颛顼生子曰穷蝉。颛顼崩，而玄嚣之孙高辛立，是为帝喾。帝喾高辛者，黄帝之曾孙也。高辛父曰蟜极，蟜极父曰玄嚣，

---

① 张博泉：《东北地方史稿》，长春：吉林大学出版社，1985 年，第 10 页。

玄嚣父曰黄帝。自玄嚣与蟜极皆不得在位，至高辛即帝位。高辛于颛顼为族子。"《集解》张晏曰："少昊以前，天下之号象其德。颛顼以来，天下之号因其名。高阳、高辛皆所兴之地名。颛顼与喾皆以字为号：上古质故也。"《吕氏春秋·孟冬》曰："孟冬之月，日在尾，昏危中，旦七星中。其日壬癸，其帝颛顼，其神玄冥……"《庄子·大宗师》云："夫道，有情有信，无为无形；可传而不可受，可得而不可见……黄帝得之，以登云天；颛顼得之，以处玄宫。"释文："玄宫，北方宫。玄，为黑色，代表北方的染（颜）色。"[1] 颛顼为北方之神，玄冥则为北方河神。

《帝王世纪》有"颛顼都亳""喾居亳"。《史记集解》孔安国云："契父帝喾都亳。"《世本》有"契居蕃"。《太平御览》卷155引作"契居番"。"亳""蕃""番"相通。作为商人的祖先颛顼、帝喾、契先后居亳，此亳，与《左传·昭公九年》"及武王克商……肃慎、燕亳，吾北土也"之亳为一地。

《荀子·王霸》记，"汤以亳"，《议兵》则作"汤以薄"。《春秋·哀公四年》"六月辛丑，亳社灾"。《公羊传》则作"六月辛丑，蒲社灾"。作为地名，"亳""薄""蒲"又可通。《淮南子·地形训》有"东北薄州曰隐土"。《河图括地象》亦有"东北薄州"。此薄州应即是颛顼、帝喾与商祖契所居之亳。《诗经·商颂·玄鸟》歌曰："天命玄鸟，降而生商，宅殷土芒芒。"殷土即隐土，亦即薄州——亳之所在。《列子·汤问》有"投诸渤海之尾，隐土之北"。可知隐土、薄州、亳都应在渤海附近，今东北之地。

另外，《荀子·成相》载，"契，玄王，生昭明，居于砥石，迁于商"。契之子昭明所居之砥石，即《淮南子·地形训》"辽出砥石"的砥石。高诱注，"砥石，山名，在塞外，辽水所出，南入海"。《水经注》"辽水亦言出砥石山，自塞外东流，直辽东之望平县西……屈而西南流……又南经辽队故城西……西南至安市入于海"。辽水应指今西拉木伦河、西辽河和辽河，砥石山即西拉木伦河发源之白岔山。

如果说颛顼、帝喾作为北方民族集团首领还是传说的话，那么商王契、昭明、相土等商先公先王大都为甲骨文证实。[2] 商人发祥于东北南部幽燕之地被愈来愈多的学者所认可。近年来考古工作者在辽宁西南、内蒙古东部发现的红山文化遗址及大型祭坛、神庙、积石墓群，进一步证实了商人活动的情况。

红山文化遗址分布在东北辽河流域西拉木伦河、老哈河、大凌河为中心的广大地区，包括河北北部、内蒙古东部、辽宁西部。1935年在赤峰红山后遗址进行了发掘，1954年定名为红山文化。[3] 20世纪70年代起，在赤峰和朝阳地区展开了大规模的考古调查与发掘，特别是喀左东山嘴、建平牛河梁遗址的发掘，取得了极为重要的成果。经碳-14测定距今6000—5000年，处在氏族社会向文明社会过渡的重要时期。经济形态是以农业为主，兼营渔猎的综合形态。石器有石耜、双孔石刀、有肩石锄、石磨盘、石磨棒和石镞。陶器以压印和篦点的"之"字形纹与彩陶为特色，器形有罐、盆、钵、瓮、筒形器等。彩陶多为泥质，红陶黑彩，饰涡纹、三角纹、鳞形纹和平行线纹。玉器加工水

---

① 刘建国、顾宝田注译：《庄子译注》，长春：吉林文史出版社，1993年，第125—126页。
② 王国维：《殷卜辞中所见先公先王考》《殷卜辞中所见先公先王续考》，收于《观堂集林》卷九，北京：中华书局，1961年，第409—450页。
③ 《中国大百科全书·考古学》，北京：中国大百科全书出版社，1986年，第198页。

平较高，有玉龙、玉猪龙、玉龟、玉鸟、兽形玉、勾云形玉佩、箍形器、棒形玉等，还发现相当多的冶铜用坩埚残片，说明冶铜业已经产生。

1979—1983 年，辽宁省文物考古部门在喀左县东山嘴，喀左、建平两县交界处的牛河梁，调查发掘了红山文化建筑群址，发现了大型祭坛、女神庙、积石冢和"金字塔"式建筑，出土了陶塑女神像、镂孔塔形祭器、玉器、石器、陶器等大量精美文物。这种祭坛、神庙、积石冢的组合，代表着东北地区史前文化的最高水平。广被于幽燕之地的红山文化引起国内外学术界的广泛关注。[1]

苏秉琦先生指出："远在距今五千年到三千年间，生活在大凌河上游广大地域的人们，是否曾利用它们举行重大的仪式，即类似古人传说的'郊''燎''禘'等祭祀活动？这是值得深入研究的。"[2] 干志耿、李殿福、陈连开认为："东山嘴、牛河梁的建筑群是建筑在山上的祭坛（高台）或神殿（庙堂），当可释为亳。又，据其建筑遗址展现，按南北中轴线安置主要建筑，均衡对称，中心和两翼有主次之分，南北方圆对应，布局严整，说明这是商先之部落联盟的礼仪中心。亳是殷人祭祀的地方。《礼记·郊特牲》郑注：'薄（亳）社，殷之社，殷都始亳。'以亳为都，说明商之都原为礼仪中心。那么，城市不是从市场、堡垒，而是从礼仪中心的基础上最先兴起的。"[3]

从距今 5000 多年到公元前 1600 年成汤入主中原前后，商人在东北形成、发展，同时对东北各民族的形成、发展产生了重大影响。从后来一些民族的思想意识、风俗习惯、政治、经济、文化生活的诸方面仍保留着许多商人遗风，便可证明他们与商人之间深厚的渊源关系。较早的夫余、高句丽、秽、貊、朝鲜，乃至后来的女真人，都与商人有着血肉的联系。

高句丽作为商人的后裔，一直保持着商人的风俗习惯和政治、经济生活特色。

（1）商人有五方土：中土、东土、西土、南土、北土。高句丽人在其影响下，很早就形成了五部——中部、东部、西部、南部、北部[4]，以五部为统治基础延续了相当长时间。

（2）高句丽的邑落共同体，来源于殷代的"邑"。高句丽政权中晚期，基层仍有邑落设置。中原赐予的印绶中，除有"晋高句丽率善仟长""晋高句丽率善佰长"之外，还有"晋高句丽率善邑长"。

（3）殷代土地实行国有、王有的土地制度，高句丽亦实行国有、王有的土地制度。高句丽食邑制度及赐土、赐田的做法与殷、周形式略同，内容、实质则有所差异。

（4）高句丽诸王以下尊卑自有等级，其名称与殷人不同，而精神、法则相同。甚至在贵族之间，家庭之内也是"尊卑有序，不得逾越"的。

（5）殷商以居住地和身份将国民分成国人与野人，高句丽则有城民、谷民之别。一方面居住

[1]　郭大顺、张克举：《辽宁省喀左县东山嘴红山文化建筑群址发掘简报》，《文物》1984 年第 11 期；辽宁省文物考古研究所编著：《牛河梁——红山文化遗址发掘报告（1983—2003 年度）》，北京：文物出版社，2012 年。

[2]　俞伟超、严文明等：《座谈东山嘴遗址》，《文物》1984 年第 11 期。

[3]　干志耿、李殿福、陈连开：《商先起源于幽燕说》，《历史研究》1985 年第 5 期。

[4]　《后汉书·高句骊传》高句丽"凡有五族"，李贤注："一曰内部，一名黄部，即桂娄部也；二曰北部，一名后部，即绝奴部也；三曰东部，一名左部，即顺奴部也；四曰南部，一名前部，即灌奴部也；五曰西部，一名右部，即消奴部也。"

环境不同，区别为城市和农村，同时也是职业上的差别，手工业、商业人口与农业人口不同。至于其身份，自由民与庶人内含较复杂一些，那些下户亦和商殷的征服者有所不同。

（6）殷代作为奴隶制，确立了家族财产制度，"开国承家"，家即是这种家族财产确立的原则。殷代贵族称家，高句丽称大家或诸加，其形式是从殷商继承下来的。

（7）高句丽与殷商有着相同的卵生传说，以鸟为图腾。殷商有"天命玄鸟，降而生商"的颂诗，高句丽有"剖卵降世，生而有圣德"的碑文。

（8）高句丽与殷商有着共同的祖先传说。殷契，帝喾之子。"殷人禘喾而郊冥，祖契而宗汤。"高句丽自称高辛氏之后乃姓高氏（《朝鲜史略》卷一）。始祖邹牟王自称河伯（玄冥）外孙。臣民则称其为"河伯之孙，日月之子，邹牟圣王"①。另有记载："慕容云字子雨，宝之养子也。祖父和，高句骊之支庶，自云高阳氏之苗裔，故以高为氏焉。"②

（9）高句丽与殷人还有共同的宗教信仰和思想意识。殷人尊神、尚鬼，率民以事鬼神，祭祀繁多，把祭祀鬼神看成是国家大事。高句丽人则更多淫祀、好祀鬼神、灵星、社稷、山川洞穴。"高句丽常以三月三日会猎于乐浪郡，获猪、鹿，祭天及山川。"③"以十月祭天，国中大会，名曰东盟。""其国东有大穴，名隧穴，十月国中大会，迎隧神还于国东上祭之，置木隧于神坐。"④国王与群臣百姓一起参与。

（10）殷人尚白，夫余"在国衣尚白，白布大袂、袍、袴，履革踏"⑤。高句丽人洁清自喜，壁画中多见衣白袍、袴者。

（11）殷王继统法主要是"兄终弟继"，后几代王才"传子"。高句丽最初也是"兄终弟继"，后逐渐"传子"。山上王时期，王公贵族仍然认为"兄死弟及，礼也"⑥。

（12）殷人厚葬，考古发掘中，安阳殷墟五官村大墓殉人 79，殉马 28，青铜器、玉器多件。妇好墓殉人 16，玉石器、青铜器、陶器 1928 件。⑦高句丽人亦"厚葬，金银财币，尽于送死，积石为封，列种松柏"⑧。

诸多历史与文化因素都证明了高句丽人与殷商民族之间血肉渊源的关系。

1980 年以来，辽宁西部、内蒙古东部、河北北部幽燕之地的考古发掘作为先商文化的红山文化遗迹、遗物，对东北地区的考古学文化、民族文化产生了重要的影响。高句丽考古文化中保存着

---

① 吉林省集安市洞沟古墓群冉牟墓志。
② 《晋书》卷一百二十四《慕容云载记》，北京，中华书局，1974 年，第 3108 页。
③ 《三国史记》卷三十二《杂志·祭祀》，汉城：韩国民族文化推进会，1982 年，第 292—293 页。
④ 《三国志》卷三十《魏书·高句丽传》，北京：中华书局，1959 年，第 844 页。
⑤ 《三国志》卷三十《魏书·夫余传》，北京：中华书局，1959 年，第 841 页。
⑥ 《三国史记》卷十六《高句丽·山上王本纪》："至翌日质明，矫先王命，令群臣立延优为王。发歧闻之大怒，以兵围王宫，呼曰：'兄死弟及，礼也。汝越次篡夺，大罪也，宜速出，不然则诛及妻孥。'"汉城：韩国民族文化推进会，1982 年，第 129 页。
⑦ 中国社会科学院考古研究所编：《新中国的考古发现和研究》，北京：文物出版社，1984 年，第 226—229 页。
⑧ 《三国志》卷三十《魏书·高句丽传》，北京：中华书局，1959 年，第 844 页。

许多先商文化的因素，一些陶器、玉石器、青铜器制作技法和形制有许多相似之处，如打制石镞、蛛网纹铜镜、铜钺等，特别是高句丽人的积石墓，应该是在红山文化积石墓、楼上岗上积石墓、辽东石棚墓、大石盖墓的影响下形成、发展、演变的。

另外，高句丽壁画中表现的伏羲、女娲、神农炎帝、羲仲造车、黄帝出巡等传统故事，以及大量的朱雀、玄武、青龙、白虎四神图像，伎乐仙人等，均受到炎黄文化的影响。进一步证明高句丽源自殷商氏族，属五帝系统的推断是有充分理由和依据的。

第二节　高句丽民族形成与发展

一、高句丽民族形成

古代文献记载殷商始祖契及其所出之氏族——高阳氏（颛顼）、高辛氏（帝喾）皆居于亳，或作番、蕃、薄。传说的"颛顼之墟"在东北大棘城（今辽宁锦州），与薄州、隐土所在之渤海相近。殷人发祥于我国东北，和我国东北各民族的起源、形成、发展关系极大。同时，殷商先世文化对东北文明的起源和发展也是功不可没的。

《国语·周语》记载："玄王勤商，十有四世而兴。"从契经昭明、相土、昌若、曹圉、季（冥）、亥（振）、上甲（上甲微）、报乙、报丙、报丁、示壬、示癸至太乙成汤恰好是 14 世。据夏商周断代工程研究结果，公元前 1600 年成汤灭夏桀。此时，殷商部族大批迁徙，随成汤入主中原，开始了商王朝的统治。当着殷商氏族大规模南迁之时，亦有一部分留了下来，虽然仍保留着殷商氏族的风俗、习惯、生活方式，但是氏族组织甚至商王朝的行政联系则逐渐脱离、淡化，其后裔开始形成新的部族、民族，如高句丽、夫余、秽、貊、朝鲜等。

由于缺乏文献记载，我们只能大体上描绘出一个高句丽形成的轮廓。

一种可能，高句丽是殷商氏族的某一个部落或部族，在渤海之滨、幽燕之地生活、繁衍，逐渐开始向东迁徙，经辽东，进入今天的浑江、鸭绿江流域定居下来，掘地为庐，捕鱼狩猎。还有一种可能，武丁时期（公元前 1250—前 1192 年），殷商大规模地向北方和西北用兵，征伐土方、羌方、舌方、鬼方、尸方、箕方等地。战争波及殷商故地辽山辽水之间，一些部族向东、向北迁徙。向东迁徙至浑江、鸭绿江流域的部落形成了高句丽民族。殷商氏族的血统与文化传播到东北各地，传入并形成了各个民族。

公元前 1046 年，武王伐纣胜利，周王朝取代了商。商朝贵族及遗民向北迁徙，有的回到自己民族的发祥地——东北，另谋发展，东北诸多原有殷商血统的民族又一次受到殷商王朝政治、经济、文化的影响。这也许就是东北古代民族保留殷商文化传统较多、年代久远的一个重要原因。

公元前 1042 年—前 1021 年是周成王统治时期。开始时，成王年幼，周公辅政，佐成王以临天下，东征淮夷、徐奄，平定管蔡之乱，七年后致政于成王。为加强对东方的统治，周成王营建洛邑，邑成之后，召开成周之会，天下诸侯，四方戎狄夷貉之民亦派代表参加，时间约当公元前 1035 年。

成王召开成周之会主要是庆祝自己亲政和洛邑营建竣工，同时也是召集天下诸侯及四方少数民族代表朝见周天子，是向周天子称臣纳贡的一次盛会。东北民族除高句丽（高夷）之外，还有秽人、发人（貊人）、良夷（乐浪夷）、符娄（夫余）、稷（肃）慎的代表参加此会。说明这些民族在周初之时已成为各自独立的民族。

记载高夷参加成周之会的《逸周书》，作者不详，原名为《周书》，与《尚书》相类，是记载周代诰、誓、命的记言史书。

《汉书·艺文志》载有《周书》71 篇，自注为"周史记"。刘向认为，《汉书·艺文志》里的《周书》是孔子删完《尚书》后剩余的文字。《逸周书》之名从晋代开始。今存 60 篇，《左传》《管子》《墨子》《商君书》《吕氏春秋》多有引用。据金文、甲骨文证实，许多篇章为信史，其价值较高。孔晁，晋人，著名经学家，其注解史书较多，且生活之时约当高句丽西川王至美川王时期。晋朝皇帝与诸王大臣对高句丽十分友好，高句丽常派使臣入朝贡献。此时，孔晁对高句丽的了解和认识要比后人多些、准确些。其注"高夷、东北夷高句丽"，认为"高夷"之称，是保留了"高句丽"之"高"，加上了中原人对东方、北方少数民族的惯称"夷"，与诸多史书所记"徐夷""淮夷""良夷"是一致的。因此，孔晁的解释是合乎逻辑和史实的。

东北史家金毓黻先生曾引征《逸周书·王会解》之孔注，认为"高句丽，一作句丽，亦即古之高夷"[1]。

其实，中原史家对四方边远地区民族、方国、政权名称记载时，由于语言、方言、发音等原因，往往用声音相同或相近的文字来表示，时常加上一些不甚尊重的戎、狄、蛮、貊、夷之类的字。这样形成的称谓，也只有中原史家的解释才更准确，更有权威性。

二、高句丽民族发展

成周之会，使得高句丽人进一步开阔了眼界，看到中原先进的文化、技术、经济发展和社会进步，使其进一步效仿、学习中原，促进了各民族之间的融合与发展。

在高句丽民族的发展过程中，北方及相邻地域政权变化对其也产生了重要的影响。

西周成王时期，高句丽西南为箕子侯国，与箕子侯国相邻的南部为燕国。

箕子，纣王之亲戚。《史记·索引》谓，"箕，国，子，爵也。司马彪曰'箕子名胥余'。马融、王肃以箕子为纣之诸父。服虔、杜预以为纣之庶兄"。《尚书·洪范》云，"武王胜殷，杀受，立武庚，以箕子归。作《洪范》"。孔颖达疏，"《书传》云：武王释箕子之囚，箕子不忍周之释，走之朝鲜。

---

[1] 金毓黻：《东北通史》，台北：洪氏出版社，1976 年，第 128 页。

武王闻之,因以朝鲜封之。箕子既受周之封,不得无臣礼,故于十三祀来朝。武王因其朝而问《洪范》"。《史记·宋微子世家》载,"武王既克殷,访问箕子。……于是武王乃封箕子于朝鲜而不臣也"。箕侯之国的存在确为信史,但其时间、地域尚需讨论和说明。

其实,箕子侯国并非周人所封,乃殷商所封。1973年辽宁省喀左县北洞村出土一批商代铜器。一件方鼎上铸有铭文和"𣄴侯亚吴"的徽号,说明其为箕国铜器。[1]此𣄴侯应是箕侯胥余,"吴"从"矢"得声,与夷相叠,夷亦作尸,故《尸子》有"箕子胥余,漆身为厉,披发佯狂"。尸与斯、师、私音同,亦作胥。箕侯胥余之铜器群出土之地当为箕子封国,箕子为殷宗室,所封当在殷末,与箕侯铜器年代相若。武王灭商,尽收殷人中土及封国之地,箕子之国亦不例外。武王认可殷之封,仍以其为侯国,于是才有十三祀来朝问《洪范》之事。

箕子之国封时称箕,金文作"𣄴"。朝鲜最初为所封之地名,非国名。《易·明夷》有,"六五,箕子之明夷、利贞"。明夷,即目夷音转,亦即墨夷、墨台,即孤竹国所封之地,在今辽西与河北交界处。[2]学者解"明夷",或作鸟类,或作日入地下,或作朝鲜之古写。[3]明夷作朝鲜,则谓日出日浴之地,作鸟则是骏乌、俊乌、金乌,与日相同。可知朝鲜之地域原在孤竹国之境。《汉书·地理志详解》谓喀左"东北二十五里有元利州城,盖志所云孤竹城"。而利州乃古崵夷之地,亦即《尚书·尧典》"宅崵夷,曰旸谷"而命羲和、羲仲之地。崵夷、阳谷应为一地,是日出、日浴的地方,与明夷、朝鲜本义相同。因此,可以肯定,殷封箕子之国在朝鲜地方,约当今日渤海之滨,滦河至大凌河流域,处在河北省、内蒙古自治区与辽宁省交界的地方。[4]这里也正是红山文化遗迹分布的重要地区,也应该是殷商民族的发祥地。箕子率领其部众与东北各民族、部落、方国相互交往、相互融合,并代替商周王朝管理东北地方事宜,对于东北地区各民族经济、文化发展产生重要影响。

高句丽原本出于殷商氏族,商人入主中原留下来的一支,对于后来箕子侯国及其部众有着密切的亲缘关系。由于经历了商周之变,他们之间的交往与联系自然会更密切些。

周初大分封,将文王庶子召公奭封于燕,都于蓟,管理今河北北部幽燕之地。周宣王时,还将韩侯封到北方,《诗经·大雅·韩奕》载:"溥彼韩城,燕师所完。以先祖受命,因时百蛮。王锡韩侯,其追其貊,奄受北国,因以其伯。"徐中舒先生认为,宣王所封韩侯的北韩应在东北松花江流域。[5]陈子展先生则认为,诗韩为近燕之韩,即武穆之韩,其国在《禹贡》冀州之北,故得总领追貊北国。[6]追、貊,原作追、貉,其追其貊,即其秽其貊,与高句丽、夫余并存之族,这里应总指东北松花江流域、浑江流域、鸭绿江流域的诸多少数民族。周平王东迁以后,韩侯失国,其所统辖之地为箕子

① 王世民:《喀左铜器窖藏》,《中国大百科全书·考古学》,北京:中国大百科全书出版社,1986年,第248页。
② 耿铁华、杨春吉:《高句丽归属问题研究》,长春:吉林文史出版社,2000年,第51页。
③ 李镜池:《周易通义》,参见张博泉、魏存成:《东北古代民族考古与疆域》,长春:吉林大学出版社,1998年,第48页。
④ 耿铁华、杨春吉:《高句丽归属问题研究》,长春:吉林文史出版社,2000年,第51页。
⑤ 徐中舒:《西周史论述》,《四川大学学报(哲学社会科学版)》1979年第3—4期。
⑥ 陈子展:《诗经直解》下,上海:复旦大学出版社,1983年,第1031页。

侯国所并。地域扩大，影响扩大，箕侯及其继承者将商代、周代的先进文化及生产技术带到了浑江、鸭绿江流域的高句丽人生活区，使这一地区的青铜文化得到了发展。

箕侯管辖区域扩大时，易称朝鲜侯，不久又称王。春秋战国之际成书的《管子·轻重篇》、《管子·揆度篇》及《战国策》等典籍中出现朝鲜侯的记载。晚出之《魏略》记载，"昔箕子之后朝鲜侯，见周衰，燕自尊王，欲东略地。朝鲜侯亦自称王，欲兴兵逆击燕，以尊周室"。至少在燕易王十年（公元前 323 年），朝鲜侯称王，并在"尊周室"的旗帜下与燕抗争。

燕昭王十二年（公元前 300 年）前后，大将秦开从西部攻占朝鲜侯国，"取地二千里，至满潘汗为界"。满潘汗即今之鸭绿江。这恰恰说明在此之前，朝鲜侯国及以前的箕子侯国均在鸭绿江以西。燕将秦开与朝鲜侯国交战之时，从辽河流域到鸭绿江流域，主要是高句丽人聚居的地区接受了战争的洗礼。战争给人们带来灾难的同时带来了民族的大融合，也促使先进生产技术、先进文化的大传播。更为重要的是，高句丽人从此被纳入燕辽东郡的统治管辖之下。将朝鲜侯国赶过鸭绿江之后，"燕亦筑长城，自造阳至襄平，置上谷、渔阳、右北平、辽西、辽东郡以拒胡"[①]。燕长城的走向是：西起今河北省的独石口北、滦河南的大滩一带，东经围场、赤峰、敖汉，由奈曼、库伦南部进入阜新，又经彰武、法库至开原一带，跨越辽河，然后折而东南走，经新宾、宽甸，过鸭绿江，进入朝鲜半岛。[②]在朝鲜半岛北部的一段，应是近年来被发现并命名的"大宁江长城"，其走向是："南起平安北道博川郡中南里，向北经过博川郡元南里，宁边郡古城里，泰川郡龙兴里、鹤塘里、德花里、丰林里、阳地里，东仓郡鹤峰里、鹤松里、凤龙里、鹤城里等，直至东仓郡新安里（四郡十三里）大约 300 朝里的区间内。"[③]司马迁在《史记·朝鲜列传》中所云"障塞""辽东故塞"即指这条长城。此时的辽东郡，学界的看法大体上是今日中国辽河下游至朝鲜清川江一带。高句丽人生活、聚居的地区正在辽东郡之内。箕子朝鲜与燕国的百姓、士兵来到了高句丽，又一次促进了民族之间的融合，这从高句丽人生活、聚居地区出土的战国时期文物中可以得到证实。

1958 年秋，辽宁省桓仁县四道河子乡出土一件战国晚期的铜戈。[④]

1974 年 4 月，辽宁省桓仁县大甸子村湾沟子屯后山坡发现一座石棺墓，出土战国晚期的青铜短剑、铜镞、铜箍、弹簧状铜饰和大量燕刀币。[⑤]

1977 年秋，吉林省集安县高台子村出土战国时期赵国青铜短剑。剑身两面刻有铭文"七年相邦阳安君邦右库工师吏荼朝冶吏疤执剂""大攻尹□□"。[⑥]

---

① 《史记》卷一百十《匈奴列传》，北京：中华书局，1959 年，第 2886 页。

② 李文信：《中国北部长城沿革考》，《社会科学辑刊》（上）1979 年 1 期；李殿福：《东北境内燕秦长城考》，《黑龙江文物丛刊》1982 年 1 期。

③ 顾铭学、南昌龙：《战国时期燕朝关系的再探讨》，《社会科学战线》1990 年 1 期。

④ 《桓仁满族自治县文物志》，桓仁：桓仁满族自治县文物志编纂委员会，1990 年，第 87 页。

⑤ 《桓仁满族自治县文物志》，桓仁：桓仁满族自治县文物志编纂委员会，1990 年，第 48—49、88—89 页。

⑥ 张雪岩：《吉林集安县发现赵国青铜短剑》，《考古》1982 年第 6 期。

1984 年，柳河县罗通山城征集到一枚双翼铜镞，伴出有铜贝等文物，年代不会晚于东周。①

1985 年 5 月，柳河县向阳乡王八脖子遗址出土铭文铜镞 2 枚，三翼铜镞 8 枚，三棱形铁铤铜镞 12 枚。2 枚铜镞铭文为"左昆二"，"右昆二"，据此可知为战国时期赵国兵器。②

1996 年 2 月，长白朝鲜族自治县文物管理所征集到青铜戈 1 件。经过调查此物是 1981 年 6 月，长白朝鲜族自治县八道沟镇葫芦套村农民在村北山坡起石建学校时，在石堆中发现的。据当地村民介绍，这里原有一行东西长约 45 米高低不等的石堆，以前建房、垒梯田取石时，在石堆中曾发现过一些腐朽的尸骨、石镞和陶片。这件铜戈，援部上扬，中部起脊，前锋呈弧尖状，内有刃。铜戈一面有两行铭文，刻画十分清晰。吉林大学林沄、吴振武先生对此戈铭文进行研究，识读为："廿年丞（蔺）相女（如），邦左口鹿智，冶阳。"两行铭文中间的穿孔下有一"肖"（赵）字。从戈铭上看，"廿年"为赵惠文王二十年，即公元前 279 年。③

此外，还发现了一批燕国货币。

1956 年，集安县太王陵西北出土一罐货币，计有 4.5 千克左右，多为战国时期的匽刀币，还有甸阳布和平阴布。④

1958 年秋，集安县麻线乡西大墓东一座古墓中出土 200 千克铜钱，多为两汉货币，其中也有匽化和一化圜钱，应为燕国晚期货币。⑤

1974 年 4 月，桓仁县大甸子青铜短剑墓中出土匽刀币 200 多枚。⑥

1976 年、1978 年，桓仁县四道河子乡三道河子村和小荒沟还出土了一化钱和铁刀钱，均为战国货币。⑦

此外，相邻的新宾、宽甸、本溪、抚顺等地也有战国时期的文物与货币出土，特别是出土了数量较多的燕国刀币和布币，可以看出燕国在高句丽人聚居的辽东郡内货币经济的发展状况。在燕和中原先进经济文化的影响下，高句丽人在公元前 300 年至公元前 100 年，曾经经历了短暂的"铜器时代"。

三、短暂的"铜器时代"

高句丽人的铜器时代是从自己制造和生产青铜器物开始的。高句丽生活区域内出土了一批青铜

---

① 《柳河县文物志》，长春：吉林省文物志编委会，1987 年，第 110—112 页。
② 《柳河县文物志》，长春：吉林省文物志编委会，1987 年，第 110—112 页。
③ 丁贵民、韩彩霞：《吉林长白朝鲜族自治县发现蔺相如铜戈》，《文物》1998 年第 5 期。
④ 《集安县文物志》，长春：吉林省文物志编委会，1984 年，第 247—249 页；《考古》1964 年第 2 期古兵文《吉林辑安历年出土的古代钱币》中为明刀钱、安阳布、明化等。
⑤ 《集安县文物志》，长春：吉林省文物志编委会，1984 年，第 247—249 页；《考古》1964 年第 2 期古兵文《吉林辑安历年出土的古代钱币》中为明刀钱、安阳布、明化等。
⑥ 《桓仁满族自治县文物志》，桓仁：桓仁满族自治县文物志编纂委员会，1990 年，第 48、49 页。
⑦ 《桓仁满族自治县文物志》，桓仁：桓仁满族自治县文物志编纂委员会，1990 年，第 116、117 页。

器物，充分证明了这一点。

1978年4月24日，集安市西约30千米的太平乡五道岭沟门南坡，因修公路取石，发现了一批青铜器，计11件：青铜短剑1件，青铜矛3件，青铜钺（亦称"钺形铜斧"）4件，青铜斧1件，青铜镜1件，青铜剑镖1件。①记录中有"在搬石头前这里是乱石堆，看不出墓的迹象，也没有发现其他任何器物和迹象"②。这批青铜器的年代约当战国中晚期。

除了这样成组出土青铜器外，集安、桓仁、浑江等地也曾零星出土过类似器物。

1974年4月，桓仁县大甸子古墓出土一件青铜短剑，锋尖残，与集安五道岭青铜短剑属同一类型。③

1974年，桓仁县文化馆征集到一件青铜钺。当时记录为铜斧，身近长方形，长5.3厘米，宽4厘米，銎口下有斜方格纹。④从形制和纹饰上看，与集安、浑江等地出土的铜钺或钺形铜斧基本相同。

1983年春，浑江市（今吉林省白山市）苇沙河乡出土一件青铜钺，与集安出土的斜方格纹铜钺相似。⑤

1985年5月，通化县快大乡出土一件青铜矛，与集安五道岭沟门出土的铜矛形制纹饰相同。⑥

1985年10月，中国历史博物馆春秋战国展室展出两件早年出土于集安的青铜器。一件为琵琶形铜矛，另一件为青铜钺，与太平五道岭沟门出土的同类器物相似，只是銎口下部有一周斜方格纹。

1992年春，集安市阳岔乡出土一件青铜矛，形制与太平五道岭沟门出土的铜矛相同。

类似的铜器在辽东和吉林地区也有发现，一般都认为，这些器物是东北地区少数民族制造的。林沄先生在研究东北系铜剑的族属时曾断言，"应是秽貊（包括高句丽、夫余等）、真番、朝鲜等族的祖先共有的一种遗物"⑦。因此，浑江、鸭绿江中游一带遗址中与东北系青铜短剑伴出的青铜器物，也应该是当地高句丽人所制造。这一点，与高句丽早期五个较大的原始部落的活动区域相吻合。

1984年通化县文化局收到了农民交来的一批石范，它们是1983年英戈布乡小都岭村青年农民张宝杰、张宝珠兄弟二人发现的，共计10件：青铜矛范1件（合范两扇）；青铜钺范8件，其中单面范5件，双面范3件（1件钺镜范，2件双钺范）。铜钺銎口下均有一周斜方格纹；青铜镜范1件，半圆形双钮稍偏向一侧，饰两周三角形斜线纹（图2.1）。⑧

① 张雪岩：《集安发现青铜短剑墓》，《考古》1981年第5期。

② 范犁：《高句丽古墓的几个问题》，杨春吉、耿铁华主编：《高句丽历史与文化研究》，长春：吉林文史出版社，1997年，第224页。

③ 《桓仁满族自治县文物志》，桓仁：桓仁满族自治县文物志编纂委员会，1990年，第88页。

④ 《桓仁满族自治县文物志》，桓仁：桓仁满族自治县文物志编纂委员会，1990年，第87—88页。

⑤ 《浑江市文物志》，长春：吉林省文物志编委会，1987年，第66—67页。

⑥ 《通化县文物志》，长春：吉林省文物志编委会，1987年，第96—97页。

⑦ 林沄：《中国东北系铜剑初论》，《考古学报》1980年第2期。

⑧ 满承志：《通化县小都岭出土大批石范》，《博物馆研究》1987第3期。

图 2.1　青铜钺范与青铜镜范

资料来源：通化县政协文史委梁克弋摄

这批石范上的器形与浑江、鸭绿江中游出土的同类器物十分相近。石范的器物组合也与集安五道岭沟门出土的青铜器组合有许多相同之处。

通化县石范的出土地位于通化县西部，邻近辽宁省新宾县，这里正是高句丽人聚居活动的地区。这些石范出土时矛范两扇对合，范身有上下两道铜丝捆绑，遗址周围泥土中还发现少量焦锍，说明这里是一处冶铜遗址。[①]今日通化县二密铜矿与小都岭冶铜遗址相距仅 15 千米。古代高句丽人完全可以利用丰富的铜矿资源，冶炼和制造青铜器。因此，我们认为，浑江、鸭绿江中游地区出土的东北系青铜短剑一类铜器，均为高句丽人制造生产。

高句丽生产的青铜器物主要有青铜短剑、青铜钺、青铜镜、青铜矛、青铜斧等，其中较多的是钺和矛，作为武器，它们当然与狩猎和战争相关，这同高句丽人"性凶急，喜寇钞"[②]的民族性格相一致。

高句丽人生产的青铜器物，从目前我们见到的几种器物看，大部分制作精良，似乎没有发现初创时期的劣质遗物。而且，同类器物在高句丽人聚居区以远的辽东、吉林、朝鲜半岛亦有发现。这说明，高句丽的青铜制造是在中原和北方各民族的影响下出现的。中原先进的冶铸技术从商末周初就已经传入东北，1973 年辽宁省喀左县北洞村出土一批商代青铜器窖藏就是最好的证明。[③]西周末年韩侯治理北方时，一批中原官吏和工匠来到东北松花江流域，促使夫余、高句丽先民有机会掌握青铜器及其制造技术。春秋战国之际，三晋和燕国移民的涌入，进一步促进了北方青铜制造及其他产业的发展。在这一背景下，高句丽人同邻近的其他民族一样，发展自己的青铜制造业，生产出了一批具有北方特点的青铜制品，其中有些器物还保留着中原文化的特点。最为明显的是，集安出土的叶脉纹铜镜和通化县出土的三角形斜线纹铜镜范，它们同 1976 年安阳殷墟妇好墓出土的叶脉纹铜镜和几何纹铜镜很相似。[④]这进一步证明了高句丽与殷商文化的渊源关系。

① 满承志：《通化县小都岭出土大批石范》，《博物馆研究》1987 第 3 期。
② 《三国志》卷三十《魏书·高句丽传》，北京：中华书局，1959 年，第 843 页。
③ 王世民：《喀左铜器窖藏》，《中国大百科全书·考古学》，北京：中国大百科全书出版社，1986 年，第 248 页。
④ 王玉哲：《中华远古史》，上海：上海人民出版社，2000 年，图 17 页上；中国社会科学院考古研究所编著：《殷墟妇好墓》，北京：文物出版社，1981 年。

从出土遗物看，高句丽先人使用和制造的青铜器，以青铜钺、青铜矛为多，青铜镜、青铜剑、青铜斧次之。这些青铜器主要是武器，生产和生活用具相对较少。高句丽先人的经济类型是以农业为主兼营渔猎。至今不见高句丽人生产和使用青铜农业工具，他们大量使用的农业工具还是石镐、石刀、石镰之类。也许由于青铜器是一种贵重的金属，首先应用于军事和狩猎上，而不用于农业生产。这一点，倒是和殷商人的意识相同。

由于铜矿开采比较艰辛，加之冶炼过程繁杂，铸造工艺要求严格，高句丽人青铜制造的规模不会很大，他们在生产和生活中大量使用的还是石器。高句丽人生活的地域多大山深谷，石材、石料俯拾皆是，制造石器相对方便些，特别是下户民众，他们长期加工制造和使用石器，得心应手。直至高句丽建国后的一段时间，高句丽人仍然较多使用石质工具。集安的高句丽国东大穴遗址和早期墓葬中，曾出土过石镐、石斧等器物。高句丽人虽然可以制造和生产青铜器物，但他们大量使用的还是石器，这就是高句丽人铜器时代的重要特点。

随着社会的进步，高句丽人的青铜制造业在不断地发展，但这种发展速度并不快。尽管如此，制造技术和工艺也有缓慢提高，产品种类也在不断地增加。然而，汉代的冶铁技术和铁器的传入，使得高句丽青铜制造很快便被铁器制造取代了。

四、汉武帝设四郡

汉武帝元封三年（公元前108年）夏，"朝鲜斩其王右渠降，以其地为乐浪、临屯、玄菟、真番郡"[①]。《汉书·韦贤传》记载，汉武帝"东伐朝鲜，起玄菟、乐浪，以断匈奴之左臂；西伐大宛，并三十六国，结乌孙，起敦煌、酒泉、张掖，以鬲婼羌，裂匈奴之右肩"。从文献记载看，汉武帝东伐卫氏朝鲜，主要是加强东部地区的管理，以解决匈奴问题。匈奴作为北方民族，很早以前就散居在河套以北广袤的草原地区，逐水草为居，畜牧业生产迅速发展。秦汉之际，匈奴人趁着中原战乱，势力很快发展壮大成为左、中、右三部分。左部诸王居东方，面对汉的上谷、渔阳（今河北北部）；右部诸王居西方，面对汉的上郡（今陕西西北部）；冒顿单于统帅中部，面对汉的代郡、云中（今河北西北、内蒙古中南部）。匈奴诸部经常率领骑兵侵扰汉的边境地区，掳掠人畜，已成为汉王朝北方的大患。

公元前201年，韩王信以马邑降匈奴，引匈奴骑兵南下至晋阳。次年，将刘邦30万大军围困于平城白登山（今山西大同东南），汉被迫对匈奴采取了妥协的和亲政策，将公主嫁给匈奴单于，并赠予锦绣、黄金、米酒等礼物。这种和亲政策助长了匈奴的气焰，边境之地不断有汉将降匈奴。公元前195年，刘邦死后不久，燕王卢绾率部降匈奴，使燕北广大地区陷入匈奴控制的危难之中。此时，燕人王满（亦称卫满）聚党千余人，魋结蛮夷服而东走出塞，渡浿水，居秦故空

---

① 《汉书》卷六《武帝本纪》，北京：中华书局，1962年，第194页。《汉书·地理志》载"玄菟郡，武帝元封四年开"，与之相差一年。

地上下障，发展实力，庇护汉燕遗民，不受匈奴侵扰。随着燕、齐中原遗民陆续投奔，实力大增，同时联络真番、朝鲜、蛮夷各族称王，都于王俭，臣属于汉，"葆塞为外臣"①并取代了箕氏朝鲜，史称卫氏朝鲜。

汉惠帝、吕后时期，天下初定，"辽东太守即约满为外臣，保塞外蛮夷，无使盗边；诸蛮夷君长欲入见天子，勿得禁止。以闻，上许之。以故满得兵威财物侵降其旁小邑，真番、临屯皆来服属，方数千里"②。

汉朝廷通过卫满加强了对东北边疆及各民族的管理，卫氏朝鲜、高句丽、秽、东沃沮、真番、临屯皆臣属于汉，并定时向汉朝贡。

经过文景之治，西汉社会经济迅速发展。武帝时期，经济繁荣。史书记载："汉兴七十余年之间，国家无事，非遇水旱之灾，民则人给家足，都鄙廪庾皆满，而府库余货财。京师之钱累巨万，贯朽而不可校。太仓之粟陈陈相因，充溢露积于外，至腐败不可食。"③并在景帝平定七国之乱的基础上，颁布"推恩令"，彻底削弱了诸侯王势力，政权稳定，军事实力强盛，开始了对匈奴的反击。公元前127年、公元前121年、公元前119年，汉武帝先后派遣卫青、霍去病率大军三次大规模反击匈奴，极大地削弱了匈奴的力量。收复边地，迁徙移民，居屯垦殖，并在河西设立了武威、酒泉、张掖、敦煌四郡，史称"河西四郡"。

为了加强东北地区的边防，切断匈奴左臂，打通与卫氏朝鲜、高句丽、真番、临屯诸部的经济、文化交流之路，利用当时的"涉何事件"④，于元封二年（公元前109年）秋，派遣楼船将军杨仆、左将军荀彘率水陆大军攻打卫氏朝鲜。元封三年（公元前108年）夏，卫氏朝鲜尼谿相参乃使人杀朝鲜王右渠降汉。随后，诛大臣成巳，下王俭城，以其地为乐浪、临屯、真番、玄菟四郡，史称"东北四郡"。

据《汉书·武帝纪》注引《茂陵书》，临屯、真番两郡各领15县，乐浪、玄菟2郡领县则不详。而《汉书·地理志》载："玄菟郡，户四万五千六，口二十二万一千八百四十五。县三：高句丽、上殷台、西盖马。乐浪郡，户六万二千八百一十二，口四十万六千七百四十八。县二十五……"由此可见，史书记载的东北四郡临屯下领15县，真番下领15县，玄菟下领3县，乐浪下领25县。但问题是，玄菟郡只领3县，恐有断简，若依户口而论，乐浪郡62 812户为25县，玄菟郡45 600户，至少要有18个县左右，如此广大地区，只有3县，是难以置信的。

昭帝始元五年（公元前82年），"罢临屯、真番，以并乐浪、玄菟。玄菟复徙居句骊。自单单

---

① 《史记》卷一百三十《太史公自序》，北京：中华书局，1959年，第3317页。
② 《史记》卷一百一十五《朝鲜列传》，北京：中华书局，1959年，第2986页。
③ 《史记》卷三十《平准书》，北京：中华书局，1959年，第1420页。
④ "涉何事件"见《史记·朝鲜列传》："元封二年，汉使涉何谯谕右渠，终不肯奉诏。何去至界上，临浿水，使御刺杀送何者朝鲜裨王长。即渡，驰入塞。遂归报天子曰'杀朝鲜将'。上为其名美，即不诘，拜何为辽东东部都尉。朝鲜怨何，发兵袭攻杀何。"《史记》卷一百一十五《朝鲜列传》，北京：中华书局，1959年，第2986页。

大领以东，沃沮、濊貊悉属乐浪"[①]。玄菟郡初治沃沮城（今朝鲜咸镜南道咸兴），管辖范围相当大，包括今朝鲜半岛北部和中国吉林、辽宁两省东部。领有高句丽、上殷台、西盖马诸县，后徙郡治于高句丽县。《汉书·地理志》记玄菟郡领3县，以下诸县恐有脱简。[②]

经考古调查确认，高句丽县治在今辽宁省新宾县境内。其管辖范围应包括今辽宁省新宾县、桓仁县，吉林省通化市、通化县、集安市一带。这里正是高句丽人长期居住和活动的中心地区。汉武帝以高句丽名县，主要因为当地居民多为高句丽民族，为了使他们在汉地方政权管辖之下按照自己民族的风俗习惯生活，以加强边疆地区的稳定。这也符合汉武帝对边疆民族政策的一贯主张。

从公元前108年到高句丽建国的70多年间，在玄菟郡及高句丽县的管理下，高句丽民族的政治生活、经济生活及思想文化有了很大的进步。高句丽各部被纳入汉的郡县制度之下，成为汉王朝治下的编户齐民，接受汉王朝中央到地方官吏的统治和管理，享受汉王朝给予国民的各种权利，受汉三朝法制管理，承担国家的租税赋役。[③]高句丽人逐渐从原始的、家族部落式的管理进入封建式的郡县制度管理之下，他们的思想意识也从野蛮时代进入文明时代。汉武帝"独尊儒术"的思想很快进入高句丽县，高句丽人开始接受儒家思想，他们的民族意识出现了深刻的变化。

汉武帝设郡县管理，对高句丽影响最大的应该是经济生活。高句丽人的铜器时代就是在汉的铁工具和冶铁技术的冲击之下结束的。以往高句丽人使用石器经营农业和渔猎生产，后来慢慢开始制造和使用青铜器。汉武帝派遣军队、官吏的到来，给高句丽带来了先进的冶铁技术和一批铁工具，促进了高句丽社会经济的发展进程，高句丽农业、渔猎和手工业的发展前进了一大步，提前进入了铁器时代。

集安、通化、柳河、桓仁、新宾、宽甸等地出土了一大批汉代的铁铧、铁斧、铁镬、铁刀、环首刀、铁矛、铁镞、弩机等。这些先进的工具和武器用于农业和渔猎生产，发挥了极大的作用，提高了高句丽人的生活水平，促进了高句丽社会的进步。

五、五部形成

高句丽存在五部，最初记载五部的是《三国志·高句丽传》：高句丽"本有五族，有涓奴部、绝奴部、顺奴部、灌奴部、桂娄部。本涓奴部为王，稍微弱，今桂娄部代之"。晚出的《后汉书·高句骊传》因袭之，"凡有五族，有消奴部、绝奴部、顺奴部、灌奴部、桂娄部。本消奴部为王，稍微弱，

① 《后汉书》卷八十五《东夷列传》，北京：中华书局，1965年，第2817页。
② 关于东北四郡下属各县的记载：《茂陵书》记临屯郡领15县、真番郡领15县。《地理志》记玄菟领3县，乐浪郡领25县。其中玄菟郡地域最大，人口仅次于乐浪，不可能只有3县，初治沃沮城，应该为首县，濊貊之地也应置县，这仅是鸭绿江左岸。右岸今辽宁、吉林两省交界的广大地区，恐怕不会只有3县。考古调查在这一地区发现多座汉代至高句丽时期的古城，从规模和出土遗物看，或许是当初玄菟郡下辖的县址。
③ 《三国志·魏书·高句丽传》载："汉时赐鼓吹技人，常从玄菟郡受朝服衣帻，高句丽令主其名籍。"见《三国志》卷三十《魏书·高句丽传》，北京：中华书局，1959年，第843页。

后桂娄部代之"。两本文献不同处在"本有"与"凡有","涓奴"与"消奴","今"与"后"三处。除"消奴"乃"涓奴"近似误写之外，另两处的字义也以《三国志》为优。《三国志》与《后汉书》分别记为"本有五族""凡有五族"，以下则称"某某部"，可见其"族""部"相通，这也正说明，高句丽民族经历了从血缘家族壮大为部族，再发展为地缘部落的过程。

李贤注《后汉书》认为，高句丽五部："一曰内部，一名黄部，即桂娄部也；二曰北部，一名后部，即绝奴部也；三曰东部，一名左部，即顺奴部也；四曰南部，一名前部，即灌奴部也；五曰西部，一名右部，即消奴部也。"

高句丽五部明显受到了商周以来阴阳五行学说的影响。古代思想家用木、火、土、金、水五种物质间相互变化的关系来说明世界万物起源和多样性的统一。《尚书大传》记载：武王伐纣，军至商的郊邑时，士兵们高兴地欢呼："孜孜无怠，水火者，百姓之所饮食也；金木者，百姓之所兴生也；土者，万物之所资生也，是为人用。"《左传》《国语》和《尚书·洪范》中也有相关的记载。

战国时期，阴阳五行学说颇为流行，甚至出现"相生相克"的说法。《吕氏春秋》中，还将诸多内容与五行相配合，主要有：

日	甲乙	丙丁	戊己	庚辛	壬癸
帝	太昊	炎帝	黄帝	少昊	颛顼
神	勾芒	祝融	后土	蓐收	玄冥
德	木	火	土	金	水
色	青	赤	黄	白	黑
向	东	南	中	西	北

依据《三国志》与《后汉书》所记，高句丽五部及其方位如下：

关于高句丽五部的存在，史家和学者均有论述，并无疑义。只是在高句丽五部形成时间与五部的大体位置上还存在一些分歧。

对于高句丽五部形成时间问题，目前学界存在两种不同意见。一种意见认为，高句丽在建国前已形成了五部，"高句丽人在汉以前就劳动、生息在鸭绿江中游及浑江中下游一带。朱蒙仓皇逃奔至此，所带随从毕竟是极少数人，他所依赖的必然是'言语法则多同'的血缘相近的沸流、荇人、梁貊、曷思、盖马等部落。这些部落到公元前1世纪左右，已形成了五个较大的部落联盟。这就是消奴部、绝奴部、顺奴部、灌奴部、桂娄部。部落联盟的军事酋长，最初是从各部落中推选，到后来桂娄部独占了军事酋长的职位"[①]。对其建国前五部出现的时间认识也不相同，"高句丽是具有悠久历史的古代民族，早在公元前3—前2世纪之前已经分成为五部，并在公元前3—前2世纪时各部先后建立奴隶制小国，从而进入到阶级社会。公元前37年朱蒙在桂娄部建立高句丽国后，高句丽的历代国王通过战争征服了高句丽五部，建立了统一的高句丽封建国家"[②]。

另一种意见则认为，高句丽建国后才形成五部，从《三国史记》记载看，"高句丽诸部名，在大武神王时，高句丽已有椽那部、沸流部、南部。至太祖王时又有贯那部、桓那部，以后多次出现的都是这几部。其中故国川王二年出现了提那部，是王后之部。对照十二年后族左可虑等执国权柄，王欲杀之，与椽那谋叛的记载，上述提那当为椽那之误。这样除去王族桂娄部外，正好是四部：沸流部、椽那部、桓那部、贯那部"。比照《三国志·高句丽传》的记载，"沸流部"应是"涓奴部"，"椽那部"应是"绝奴部"，"贯那部"应是"灌奴部"，"桓那部"应是"顺奴部"。"四部名最早出现于大武神王时，而各部降服的时间也正在此前，两者是一致的。因此，高句丽五部的形成大约开始于大武神王时，结束于太祖王时。"[③]在认为高句丽是在建国后才形成五部的看法中，也存在时间方面的不同，有的认为五部不是出现在大武神王时期，而是出现在朱蒙建国后不久。"五部实为高句丽族的五个地缘部落，它是在朱蒙建国后经过几代王的努力，在征服并兼并了许多分散的部落的基础上逐渐形成的，其分布范围应是高句丽族的早期居住区，即第二玄菟郡全境，包括古高夷及古貊国之故地。"[④]

根据《三国志·高句丽传》的记载，以及高夷——高句丽人的活动，玄菟郡和高句丽县设置的相关史料，高句丽五部的形成时间应在高句丽建国之前，约当公元前2世纪末，汉武帝设玄菟郡高句丽县之时。

一般说来，人们的社会生活、社会制度是受社会经济环境制约的。尽管有内部和外部因素的影响，但人们的社会组织总是与生产力发展水平相适应的。高句丽作为北方民族，地理环境和自然条件的影响使其社会发展相对缓慢。当中原已进入战国的封建时代时，高句丽还处在原始氏族社会阶段，战国中晚期才开始进入青铜器时代，逐渐迈进文明的门槛。此时的高句丽已由血缘关系的家族、

---

① 李殿福：《两汉时代的高句丽及其物质文化》，《辽海文物学刊》1986年创刊号。
② 朴灿奎编著：《高句丽史研究》，哈尔滨：黑龙江朝鲜民族出版社，2003年，第27页。
③ 孙进己、艾生武：《关于高句丽社会性质的几个问题》，《朝鲜史通讯》1982年第4期。
④ 刘子敏：《高句丽历史研究》，延吉：延边大学出版社，1996年，第59页。

部落向地缘部落和部落联盟过渡，并承袭殷商人五土的管理方式，将家族、部落结合，按地域方位划分为五部分。这正是《三国志》记录的高句丽"本有五族"逐渐形成东南西北中"五部"的历史。

公元前108年汉武帝设四郡之时，高句丽人已经生活在部落联盟的军事民三制度之下，其社会组织已由五个大的地缘部落首领协商组建。汉代郡县制度的管理使高句丽五部成为高句丽县的基层组织，同时促进了五部政治、经济的发展。

高句丽五部形成后到高句丽建国前，其分布地域都应在高句丽县为中心的范围之内。陈寿记"本涓奴部为王，稍微弱，今桂娄部代之"。《三国志》成书于公元3世纪末，当时高句丽都国内城（今吉林省集安市），正是"今桂娄部"之地。"本涓奴部为王"，无论是指高句丽县时的部落联盟首领，还是指高句丽建国后称王，其地域都应在今桓仁县、新宾县一带。

大体说高句丽五部最初的区域应该是，中心桂娄部在今集安市区及岭前一带；北部绝奴部在今通化市、通化县一带；西部涓奴部在今桓仁县、新宾县一带；南部灌奴部在今宽甸县东北和朝鲜楚山郡一带；东部顺奴部在今朝鲜满浦至江界一带。[①]

高句丽建国后的一段时间内，随着高句丽对外扩张，高句丽五部的范围不断扩大，北部达到松花江流域，西部达到太子河流域，南部达到清川江，东部临近大海。

随着高句丽国力强大，都城南迁，郡县制的实行，高句丽五部逐渐名存实亡，失去了原有的行政管理权力。

第三节　高句丽早期文化

一、文化遗迹调查与分布

20世纪50年代，文物考古工作者在吉林省东南部浑江中游发现了一批新石器时代晚期到青铜时代的文化遗址。其中较为典型的是通化市江南金厂乡王八脖子遗址，通化县高丽墓子乡江沿村南山遗址、下龙头村南龙头山遗址、西江村龙头山遗址、江口乡江口村遗址，辑安县腰营乡梨树村遗址、南台子村遗址。后来，文物考古工作者对江口村遗址及附近的高句丽古墓进行了初步发掘。[②]

---

① 关于高句丽五部的最初区域尚有不同的意见。李殿福先生认为：中心桂娄部在今桓仁县城（纥升骨城）一带，涓奴部在今新宾县一带，绝奴部在今通化县一带，顺奴部在今集安市境内，灌奴部在今桓仁县南部和宽甸县北部一带。刘子敏先生则认为：中心桂娄部在今集安国内城一带，涓奴部即沸流部，在今桓仁县、新宾县一带，绝奴部在今临江市、白山市、抚松县、靖宇县等县（市）一带，顺奴部地处鸭绿江左岸今慈江道一带，灌奴部应在今桓仁县南部和宽甸县北部一带。

② 康家兴：《浑江中游的考古调查》，《考古通讯》1956年第6期；刘法群：《吉林通化市江口村和东江村考古发掘简报》，《考古》1960年第7期。

这几处遗址都分布在浑江中游及其支流的山坡或台地上，因建筑和耕种受到扰动和破坏，采集和发掘的遗物主要为石器和陶器两大类，有的遗址出土少量铜器和石范。石器有打制石镐，磨制石刀、石斧、石矛、石镞、石网坠等。打制石镐数量较多，报告中有称为石锄者，可分为梯形、束腰形两种。石斧有板形、柱形两种。陶器多为残片，可辨出器形有平底罐、杯、高足豆、纺轮等，还有部分器物的环状耳和桥状耳。当时尚未发现鼎、鬲之类的三足器。陶器均为手制，为夹砂红陶、夹砂黑陶、夹砂褐陶。

20 世纪 70—80 年代，文物普查与调查发掘工作深入展开，文物考古工作者在浑江流域和鸭绿江流域发现了一批青铜时代的文化遗址，有的年代上限可到新石器时代晚期。这些古代文化遗址的分布地域如下。

其一，浑江中下游地区。

通化市：王八脖子遗址、九仙峰遗址、桦树河口遗址、西热河村遗址、东热河南山遗址、东热河东山遗址、向阳村遗址、鸭园隧洞山顶遗址。

通化县：江口遗址、于家沟遗址、龙岗遗址、土珠子遗址、江沿前岗遗址、东台子遗址、西江遗址、小龙头山遗址、金珠遗址、沿江遗址、英额布后山遗址、英额布窑上遗址、金斗后山遗址、小都岭遗址、西岗遗址、小南沟遗址、黎明遗址、光华遗址。

集安市：荒崴子遗址、长岗遗址、团结南山遗址、东村遗址、梨树遗址、南台子遗址、二道崴子西沟遗址。

桓仁县：狍圈沟遗址、台西沟遗址、姚山遗址、凤鸣遗址、曹家堡子遗址、南边石哈达遗址、半截沟遗址、石哈达遗址、拉古甲遗址、小荒沟遗址。

宽甸县：刘家馆地遗址、罗锅地遗址、老古砬子遗址、东大岗遗址。

其二，鸭绿江中游地区。

集安市：大朱仙沟遗址、长川遗址、胜利遗址。

宽甸县：老地沟遗址、大台子遗址。[①]

1955 年以来，朝鲜民主主义人民共和国的文物考古工作者在鸭绿江左岸的慈江道江界市公贵里、中江郡土城里、时中郡深贵里等地也发现一批青铜时代的文化遗址。[②]这些遗址与中国集安、桓仁、宽甸隔江相望，距离不过百公里，出土的石器、陶器，从质料上、形制上、制作工艺上都很相近，特别是公贵里上层文化出土的石斧、石凿、石刀、环状石器和陶罐、陶钵等，与集安长川遗址、胜利遗址等处出土的同类器物更为相近，都应该属于高句丽早期文化遗存。

---

① 以上所列文化遗址见于《通化市文物志》《通化县文物志》《集安县文物志》《桓仁县文物志》的记载。

② 朝鲜社会科学院考古研究所编，李云铎译：《朝鲜考古学概要》，顾铭学、方起东校，哈尔滨：黑龙江文物出版编辑室，1983 年，第 84—88 页。

二、万发拨子遗址发掘

万发拨子遗址原名王八脖子遗址，吉林省文化局考古调查组于 1956 年 3—5 月首次发现。根据采集到的一批石器、夹砂陶器、陶片等遗物及遗址的面貌、范围，将其确定为新石器时代遗址。[①]

该遗址地处长白山区鸭绿江中游的主要支流——浑江南岸，北距通化市中心 3 千米，隶属通化市郊区金厂镇跃进村。通化—集安公路从遗址西侧山坡下通过，这里距高句丽早、中期都城辽宁桓仁纥升骨城和吉林集安国内城均为 100 千米左右（三处地理位置恰为三角形的三个顶点）。

1958 年 7 月，参加吉林省文物工作现场会议的文物工作者在该遗址调查实习，发现两件陶器的器足，一件为方柱形，一件为圆柱形，长 10 厘米左右，这是浑江中游古代文化遗存中存在三足器的最好证明。[②]

1960 年 4 月、1985 年 5 月和 8 月、1988 年 5 月、1995 年 10 月，吉林省及通化市文物工作队对该遗址进行了多次调查与复查，发现并采集到一批石镐、石斧、石刀、石镰、石镞、石矛、石杵、石网坠和陶罐、陶钵、陶豆、陶杯、陶纺轮、陶网坠等文物。[③]

1997 年 5 月至 1999 年 10 月，吉林省文物考古研究所和通化市文物管理委员会办公室在这里进行了为期三年的考古发掘。发掘面积达 6015 平方米，共发现房址 22 座、灰坑 160 个、墓葬 56 座、灰沟 9 条，环山围沟 1 条，出土陶器、石器、骨器、青铜器、鎏金器、银器、铁器、瓷器等文物 6942 件（图 2.2）。[④]

万发拨子遗址大体上可分为六个时期，一期为新石器时代晚期遗存，年代在距今 6000—5000 年，文化遗迹表现出早晚两个阶段的特点。二期相当于商周时期，年代约为公元前 1600—前 771 年。三期相当于春秋战国时期，年代约当公元前 770—前 221 年。四期相当于西汉时期，年代约当公元前 206 年—公元 25 年。五、六期分别相当于魏晋时期和明代。其中二、三、四期是大致可相互衔接的三种遗存，二期遗存分布范围极小，三期遗存遍布整个遗址，是遗址的主体，出土的遗迹、遗物最为丰富，文化堆积也较厚，遗址的 8 至 4 层均属此期。四期遗存面积虽然较大，但文化堆积较薄（图 2.3）。[⑤]

[①]　康家兴：《浑江中游的考古调查》，《考古通讯》1956 年第 6 期。

[②]　《通化市文物志》，长春：吉林省文物志编委会，1986 年，第 10 页。

[③]　《通化市文物志》，长春：吉林省文物志编委会，1986 年，第 10—15 页；吴华、志新：《通化市王八脖子遗址复查报告》，《博物馆研究》1988 年第 3 期；吉林省文物考古研究所、通化市文物管理办公室：《通化市王八脖子遗址及附近几处地点的调查与发掘》，《博物馆研究》1995 年第 2 期。

[④]　金旭东、安文荣、杨立新：《探寻高句丽早期遗存及起源——吉林通化万发拨子遗址发掘获重要收获》，《中国文物报》2000 年 3 月 19 日，第 1 版。

[⑤]　金旭东、安文荣、杨立新：《探寻高句丽早期遗存及起源——吉林通化万发拨子遗址发掘获重要收获》，《中国文物报》2000 年 3 月 19 日，第 1 版。

图 2.2　万发拨子遗址发掘现场

资料来源：金旭东主编：《田野考古集粹》，第 29 页

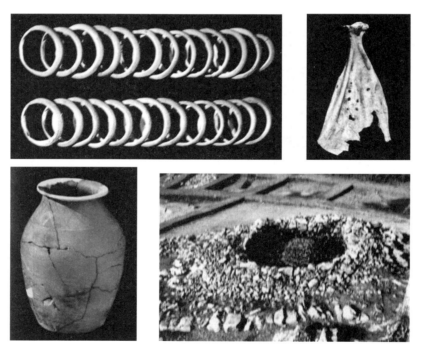

图 2.3　万发拨子遗址发掘墓葬出土遗物（蚌环、卜骨、陶罐、积石墓）

资料来源：金旭东主编：《田野考古集粹》，第 30 页

万发拨子遗址二、三、四期文化相互衔接，以三期为主，这一情况与以往的调查与试掘结果是一致的，也正是高句丽建国前文化的典型代表。三期文化中的房址为半地穴式，平面为圆形和长方形两类，除个别房址地面经过火烤处理外，大部分未加整理，修筑较为简单，火膛位于房址中间。三期墓葬与生活居址并不截然分开，到四期以后，生活居址与墓地各有自己的区域。墓葬种类较多，形制亦较为复杂，有土坑墓、土坑石椁墓、土坑石椁石棺墓、大盖石墓、大盖石积石墓等。在埋葬习俗上，三期土坑墓盛行仰身屈肢葬，有单人葬和多人葬两种。如21号墓，多达35人，年龄从6个月到50岁，男女比例大体相近。随葬品近500件，以骨镞、石镞数量为多。每具成人个体一般随葬2—3件陶器。出土随葬品最多的是位于墓葬中部的两位30岁左右的女性，除了习见的陶器、石器、骨器之外，还随葬有青铜泡和玉环，其中一位女性的双臂各戴13个大蚌环，十分精致，表明其身份地位较高。土坑石椁墓、大盖石墓年代稍晚，多为仰身直肢葬且多火葬，这也是与三期墓葬区别较大之处。[①]

万发拨子遗址二期遗存的陶器以袋足鬲、镂孔圈足豆、罐为基本组合，以陶罐类数量较多。三期遗存的陶器仍以罐类为主，不仅数量最多，形制也较为繁杂，以陶壶、陶钵、陶碗构成基本组合，还见有少量的圜底器。青铜器遗物有青铜短剑、青铜矛、青铜斧、青铜环、青铜泡、青铜镜等。同时出土一批青铜剑范、斧范、镞范等。这一期遗存中还发现了一定数量的卜骨，同时出土了大量的动物骨骼。每个遗迹单位中动物骨骼的数量与陶器数量大体相近。四期遗存中的陶器以罐、壶、豆为基本组合，同时出土一定数量的汉代铁镬等遗物。遗址的周围还发现了环山围沟。[②]

万发拨子遗址三、四期文化遗迹和遗物表明，春秋战国时期，高句丽的先民在中原文化的影响下，逐渐由铜石并用时代进入短暂的铜器时代。随着汉代铁工具及铁器生产工艺的传入，高句丽人开始进入铁器时代，社会组织更加严密，社会生活更加进步。

三、社会生活与经济生活

商周时期，高句丽的先民已经出现了氏族公社制度，开始实行族外婚，并与中原及北方民族加强了联系。他们出席了成周之会，学到了西周先进的经济文化，高句丽氏族制度逐渐发展起来。

春秋战国时期，浑江、鸭绿江流域的原始农业和渔猎经济不断发展，高句丽人进入了母系氏族的繁荣时期，一直到西汉初年。两个以上的氏族互为通婚集团，随着氏族人口的增多，氏族不断扩大并分解为若干女儿氏族，组成以母系为中心的大家族，并逐渐发展成部落和部落联盟。

聚族而居也是高句丽人氏族生活的一个特点。万发拨子遗址三期21号墓中35人合葬，男女数量相当，位于墓葬中部的两位30岁左右的女性随葬品数量多，除陶器、石器、骨器外，还有玉器和铜器，其中一位女性的双臂上各戴13个大蚌环，表明其为这一大家族的女首领。四期遗存发现

---

① 依据金旭东、安文荣、杨立新关于万发拨子遗址报道资料整理。
② 张彬彬：《撩开高句丽早期遗存的面纱》，《吉林日报》2000年6月17日，第3版。

的环山围沟，证实了西汉时期万发拨子遗址已经是一个组织严密的大型村落，这种村落遗址在集安长川遗址、二道崴子西沟遗址、朝鲜江界市公贵里上层文化遗址中均有发现。

汉武帝设玄菟、乐浪、临屯、真番四郡管理北方前后，高句丽人已经进入了父系氏族社会时期，形成了涓奴部、桂娄部、绝奴部、顺奴部、灌奴部等五个较大的部族，部族之间组成地域广阔、人口众多、经济实力较强的部落联盟。各部族首领及部落联盟的首领均由男子担任，由部族首领推选联盟的首领，最初是由涓奴部的部族首领来担任的。

由于西汉王朝设郡县对高句丽进行管理，汉代派官吏及军队进入北方，同时不断有中原移民进入，给高句丽带来了先进的管理方式、生产技术和思想文化，促进了高句丽人聚居地区的社会进步和经济发展。高句丽人主要居住在玄菟郡高句丽县境内，西汉王朝在此设县不久，汉人县令及一批官员便到达此处，并采用汉朝封建方式对其进行管理，明确户口、土地，摊派赋税和徭役。因此，西汉王朝中后期至高句丽建国前，高句丽人已经结束了原始氏族社会，进入了汉朝版图之内全体国民统一实行的封建社会。

高句丽人居住区的社会经济发展较中原地区缓慢些，商周时期逐渐形成农业与渔猎相结合的综合经济类型，伹渔猎经济的比例要大些。春秋战国时期，青铜制造技术的传入、中原移民的增加，促进了高句丽农业经济和手工业的发展。战国后期至汉代初期，高句丽已形成了以农业为主兼营渔猎的北方经济类型，手工业和商业也有初步的发展。

农业经济发展成为高句丽的主要经济部门，首先表现在农业工具的改进上。浑江、鸭绿江流域的许多战国末至汉初的遗址中出土多种磨制石斧、石锛，还有少量的铜斧、铜钺用于伐木开荒，扩大耕地面积。各种各样的打制石镐呈梯形、束腰形、钺形，出土数量相当多，用于刨坑点种，实用性极强。汉初，许多遗址都出土了铁镢、铁锸，还有战国V字形铁铧用于耕田犁地，翻土松土，极大地提高了耕作效率。磨制的半月形石刀、石镰、蚌镰，少量的铁刀、铁镰，便于收割农作物，确保粮食增产。尽管这一时期主要的农业工具还是石器、蚌器、骨器，但也有少量金属工具的使用，已使农业生产进入了一个新的阶段。

农作物品种以粟为主，亦有稷、稻、麦等。长白山区的山野菜十分丰富，韭菜、芹菜、山地瓜、蕨菜、薇菜、蘑菇、木耳，还有多种野果，可供采集食用和移植家养。高句丽人聚居之地，多大山深谷，河流纵横，野生动物资源亦相当丰富，如虎、熊、鹿、獐、狍、狼、猪、兔、雉、狸、獾等。江河里有多种鱼类、蚌类、蛙类可以捕获食用。许多遗址都出土了不同数量的兽骨、蚌壳、贝壳、螺壳，有的遗址还出土了鱼的鳞片。[①]出土的大量渔猎工具中有石矛、石剑、石镞、铜矛、铜剑、铜钺、铜镞、石网坠、陶网坠、骨叉、鱼镖、骨匕等。

农业经济和渔猎经济的发展为家畜饲养的出现提供了条件。高句丽建国前的汉代中晚期，基本上达到了马、牛、羊、鸡、犬、豕六畜俱全。长白山区出名马，善走山路的果下马远近闻名。当时的遗址和墓葬中已经出现了猪、羊肩胛骨和其他动物的骨骼。

---

① 张彬彬：《撩开高句丽早期遗存的面纱》，《吉林日报》2000年6月17日，第3版。

其次，手工业技术也有很大提高。多处遗址出土了青铜器，如铜矛、铜斧、铜钺、青铜短剑、铜镞、铜镜、铜泡等。万发拨子遗址和小都岭遗址还出土了多件石范，其中有镜范、斧范、矛范、钺范、剑范、镞范等。通化、白山一带铜矿资源丰富，燃料也很充足，有利于冶铜业的发展。

陶器制造已由手制阶段进入了轮修加工阶段。陶器以夹砂红陶、夹砂灰陶、夹砂褐陶为主，有一些细砂陶和泥质陶，有的掺杂滑石粉。器形有鼓腹罐、筒形罐、双耳罐、高足豆、圈足豆、圈足碗、假圈足碗、钵、杯、纺轮、陶珠、网坠，还有少量的壶和瓮等。

石器加工分打制和磨制两大类。打制石器主要是各类石镐和压剥的石镞。磨制石器有石斧、石刀、石矛、石剑、石锛、石凿、石镞、环状石器等。其中石矛和石剑仿青铜器样式，做工精致；环状石器边刃薄，中间钻孔圆滑，有的刃部有成组的齿状竖纹，造型精美。说明当时石器加工和制作水平是很高的。

玉器、骨器、蚌器的制造也很精美。玉器有玉环、玉斧、玉珠等，多为小件的装饰品。骨器有骨矛、骨匕、骨镞、骨锥、骨针等。万发拨子遗址出土的两枚骨针，磨制精细，针眼大小适中，十分精美。蚌器有刀、镰和装饰物，万发拨子遗址出土两组26个蚌环，它们均是不多见的蚌饰物。还有一些用贝壳、海螺壳、料珠、铜泡做成的各种装饰品，装点着高句丽人的日常生活。

汉武帝设玄菟郡管理高句丽人聚居区之后，汉代的政治制度、经济制度、军事制度逐渐得以推行，极大地影响和促进了高句丽人政治、经济、文化的发展和社会的进步，也为高句丽建立地方民族政权打下了坚实的基础。

第三章

高句丽建国

西汉元帝建昭二年（公元前 37 年），高句丽在汉玄菟郡内建国，属于一个民族性的地方政权，其开国君王名邹牟，文献中亦记为"朱蒙""东明"，三者音近相通，诸多史事记载相同，应指同一人。

邹牟是北夫余王子，率部众进入高句丽人聚居的浑江、鸭绿江流域建立国家，文献和碑刻对他的记载充满了传奇的色彩，人们对于高句丽建国也存在各种不同的看法。

第一节　高句丽建国传说

一、古代文献记载

中国古代文献中，记载高句丽建国传说的篇什不少，年代最早的要数《论衡·吉验篇》：

> 北夷橐离国王侍婢有娠，王欲杀之，婢对曰："有气大如鸡子，从天而下，我故有娠。"后产子，捐于猪溷中，猪以口气嘘之，不死；复徙置马栏中，欲使马藉杀之，马复以口气嘘之，不死。王疑以为天子，令其母收取奴畜之。名东明，令牧牛马。东明善射，王恐夺其国也，欲杀之。东明走，南至掩㴲水，以弓击水，鱼鳖浮为桥。东明得渡，鱼鳖解散，追兵不得渡。因都王夫余，故北夷有夫余国焉。东明之母初妊时，见气从天下。及生，弃之，猪马以气呼之而生之。长大，王欲杀之，以弓击水，鱼鳖为桥。天命不当死，故有猪马之救；命当都王夫余，故有鱼鳖为桥之助也。

作者王充（公元 27—约 97 年）[1]，东汉时期朴素的唯物主义思想家。字仲任，祖籍魏郡元城（今河北省大名县），其祖先几世尝从军有功，封会稽阳亭，后迁徙会稽上虞（今浙江绍兴市上虞区）。《后汉书·王充传》记载："充少孤，乡里称孝。后到京师，授业太学，师事扶风班彪。"王充博览群书，不守章句。家贫无书，常去洛阳书肆阅读，过目成诵。曾出仕郡功曹，屡因谏诤与上司不合，归乡教书，研习儒学，著有《论衡》八十五篇（其中有一篇只存目）。主张天地万物都是无意识的自然实体，是由元气构成，运行有一定规律。[2]《吉验篇》以北夷橐离国王生子，后来都王夫余为例，证明王充天地万物皆为物质的思想。该篇所讲橐离国、夫余国的传说正是西汉以来北方两个世代通

---

① 一说卒于公元 100 年左右（东汉和帝永元年间）。

② 《论衡·祀义篇》《谈天篇》"夫天者，体也，与地同""天地，含气之自然也"。

婚的民族——高句丽、夫余建国的传说。王充生活在东汉光武帝至和帝时期，夫余建国二百多年，高句丽建国不过百余年。

西汉末，高句丽建国于汉玄菟郡内，受其管辖，文献未记其封号。王莽时，曾贬周边民族诸王为侯，收故汉印绶，授新室印绶。^①《三国志》载："王莽初，发高句丽兵以伐胡，不欲行。……更名高句丽为下句丽，当此时为侯国。"^②直至"汉光武帝八年，高句丽王遣使朝贡，始见称王"^③。《后汉书》则记为"建武八年，高句丽王遣使朝贡，光武复其王号"^④。建武八年（公元32年），王充只有6岁，高句丽被东汉恢复王号册封，往来朝贡，交流渐多之时，正是王充读书游学洛阳之日。因此，他对高句丽及北方民族的了解是要超过一般人的。或许就是他记载的这种传说，影响了中原诸多史家。

《魏略》的记载与《吉验篇》大体相同：

> 昔北方有高离之国者，其王者侍婢有身，王欲杀之，婢云："有气如鸡子来下，我故有身。"后生子，王捐之于溷中，猪以喙嘘之，徙至马闲，马以气嘘之，不死。王疑以为天子也，乃令其母收畜之，名曰东明，常令牧马。东明善射，王恐夺其国也，欲杀之。东明走，南至施掩水，以弓击水，鱼鳖浮为桥，东明得度，鱼鳖乃解散，追兵不得渡。东明因都王夫余之地。^⑤

《魏略》的记载见裴松之（公元372—451年）《三国志》注。裴松之生活时代与好太王时代相近。《魏略》转述东明建国，都王夫余的成书年代早些，而且它将《论衡》"北夷橐离国"记为"昔北方有高离之国"。由"橐离"到"高离"，离高句丽更近了，也进一步明确了与夫余的关系。

《魏书》撰于公元551—554年，记载这一传说更为详细，更有特色：

> 高句丽者，出于夫余。自言先祖朱蒙，朱蒙母河伯女，为夫余王闭于室中，为日所照，引身避之，日影又逐。既而有孕，生一卵，大如五升。夫余王弃之与犬，犬不食；弃之与豕，豕又不食；弃之于路，牛马避之；后弃之野，众鸟以毛茹之。夫余王割剖之，不能破，遂还其母。其母以物裹之，置于暖处，有一男破壳而出。及其长也，字之曰朱蒙。其俗言"朱蒙"者，善射也。夫余人以朱蒙非人所生，将有异志，请除之，王不听，命之养马。朱蒙每私试，知有善恶，骏者减食令瘦，驽者善养令肥。夫余王以肥者自乘，以瘦者给朱蒙。后狩于田，以朱蒙善射，限之一矢。朱蒙虽矢少，殪兽甚多。夫余之臣又谋杀之，朱蒙母阴知，告朱蒙曰："国将害汝，以汝才略，宜远适四方。"朱蒙乃与乌引、乌违等二人，弃夫余，东南走。

① 《汉书》卷九十九中《王莽传》，北京：中华书局，1962年，第4115页。
② 《三国志》卷三十《魏书·高句丽传》，北京：中华书局，1959年，第844页。
③ 《三国志》卷三十《魏书·高句丽传》，北京：中华书局，1959年，第844页。
④ 《后汉书》卷八十五《高句骊传》，北京：中华书局，1965年，第2814页。
⑤ 《三国志》卷三十《魏书·夫余传》注引，北京：中华书局，1959年，第842—843页。

中道遇一大水，欲济无梁，夫余人追之甚急。朱蒙告水曰："我是日子，河伯外孙，今日逃走，追兵垂及，如何得济？"于是鱼鳖并浮，为之成桥。朱蒙得渡，鱼鳖乃解，追骑不得渡。朱蒙遂至普述水，遇见三人，其一人著麻衣，一人著纳衣，一人著水藻衣，与朱蒙至纥升骨城，遂居焉。号曰高句丽，因以为氏焉。[①]

首先肯定"高句丽者，出于夫余。自言先祖朱蒙，朱蒙母河伯女"，完成了《论衡》"橐离"、《魏略》"高离"向"高句丽"的转化，记录了高句丽始祖王朱蒙从夫余出生，成长，鱼鳖为桥，渡水至纥升骨城，建立高句丽国的全过程。

《梁书》记载与《魏书》大体相同但稍简略：

高句骊者，其先出自东明。东明本北夷橐离王之子。离王出行，其侍儿于后任娠，离王还，欲杀之。侍儿曰："前见天上有气如大鸡子，来降我，因以有娠。"王囚之，后遂生男。王置之豕牢，豕以口气嘘之，不死，王以为神，乃听收养。长而善射，王忌其猛，复欲杀之，东明乃奔走，南至淹滞水，以弓击水，鱼鳖皆浮为桥，东明乘之得渡，至夫余而王焉。其后支别为句骊种也。其国，汉之玄菟郡也。[②]

《梁书》成书于公元 636 年，当时高句丽已处于末世，好太王碑建立已有 200 多年。此记载是因循《魏略》和《魏书》的，一开始便是"高句丽者，其先出自东明"，东明即朱蒙。立国的位置在汉玄菟郡内，辽东之东千里。比《论衡》《魏略》都明确。

《周书》亦成书于公元 636 年，记载文字更简洁些：

高丽者，其先出于夫余。自言始祖曰朱蒙，河伯女感日影所孕也。朱蒙长而有材略，夫余人恶而逐之。土于纥斗骨城。自号曰高句丽，仍以高为氏。[③]

《周书》的记载中，"高丽"与"高句丽"两种称谓同时出现，说明"高句丽"可以简称为"高丽"。"高丽"，来自"高离"，与"橐离""橐离"相近，可通。而"纥斗骨"乃"纥升骨"之误记。

《北史》完成于公元 659 年，记载与《魏书》相同：

高句丽，其先出夫余。王尝得河伯女，因闭于室内，为日所照，引身避之，日影又逐，既而有孕，生一卵，大如五升。夫余王弃之与犬，犬不食；与豕，豕不食；弃于路，牛马避之；弃于野，众鸟以毛茹之。王剖之不能破，遂还其母。母以物裹置暖处，有一男破壳而出。及长，

---

①　《魏书》卷一百《高句丽传》，北京：中华书局，1974 年，第 2213—2214 页。
②　《梁书》卷五十四《高句骊传》，北京：中华书局，1973 年，第 801 页。
③　《周书》卷四十九《高丽传》，北京：中华书局，1971 年，第 884 页。

字之曰朱蒙。其俗言"朱蒙"者，善射也。夫余人以朱蒙非人所生，请除之。王不听，命之养马。朱蒙私试，知有善恶，骏者减食令瘦，驽者善养令肥。夫余王以肥者自乘，以瘦者给朱蒙。后狩于田，以朱蒙善射，给之一矢。朱蒙虽一矢，殪兽甚多。夫余之臣又谋杀之，其母以告朱蒙，朱蒙乃与焉违等二人东南走。中道遇一大水，欲济无梁。夫余人追之甚急，朱蒙告水曰："我是日子，河伯外孙，今追兵垂及，如何得济？"于是鱼鳖为之成桥，朱蒙得度。鱼鳖乃解，追骑不度。朱蒙遂至普述水，遇见三人，一著麻衣，一著衲衣，一著水藻衣，与朱蒙至纥升骨城，遂居焉。号曰高句丽，因以高为氏。①

《隋书》是正史中排序最后记载高句丽建国传说的，完成稍早于《北史》。据载：

> 高丽之先，出自夫余。夫余王尝得河伯女，因闭于室内，为日光随而照之，感而遂孕，生一大卵，有一男子破壳而出，名曰朱蒙。夫余之臣以朱蒙非人所生，咸请杀之，王不听。及壮，因从猎，所获居多，又请杀之。其母以告朱蒙，朱蒙弃夫余东南走。遇一大水，深不可越。朱蒙曰："我是河伯外孙，日之子也。今有难，而追兵且及，如何得渡？"于是鱼鳖积而成桥，朱蒙遂渡，追骑不得济而还。
>
> 朱蒙建国，自号高句丽，以高为氏。②

此外，《翰苑》《通典》《通志》《文献通考》等也都记载了高句丽建国的传说，或长或短，或详或略。

需要说明的是，一方面，《论衡》所记"橐离"，《后汉书·夫余传》作"索离"，《魏略》作"高离""稿离"，《梁书》作"囊离"。橐，他各切，音 tuó，盛物的袋子。《诗经·大雅·公刘》有"乃裹糇粮，于橐于囊"。古文作石。索，苏各切，音 suǒ，粗绳。橐、索之间既是叠韵，又属形似，亦通亦误，其实皆非本字。本字应是囊，古劳切，音 gāo，收藏甲衣或弓箭之袋子。其文义和字形与橐极相近，因而混淆。《梁书》之"北夷囊离"方为正字。《魏略》依其音作"高离""稿离"，即"高丽""高句丽"也。

另一方面，《论衡》记载的是北夷橐离王之子东明南至掩滹水，鱼鳖为桥，因都王夫余。《魏略》与之内容相同。《梁书》则明确高句丽其先出东明，东明本北夷囊离王之子，南至淹滞水，至夫余而王，其后支别为句骊种也，其国汉之玄菟郡也。从《魏书》开始，此传说直接变为高句丽出于夫余，先祖朱蒙为夫余王子，东南走，鱼鳖浮桥渡水，至纥升骨城遂居焉，号曰高句丽。后出的诸多史书，均照《魏书》记载，认定高句丽出自夫余，自言先祖朱蒙，南下渡水，建立高句丽国。这种传说的

---

① 《北史》卷九十四《高丽传》，北京：中华书局，1974 年，第 3110—3111 页。《北史》卷九十四为"列传第八十二"，下列传名为：高丽、百济、新罗、勿吉等，高丽为首传，正文中则高句丽、句丽、高丽混用。唐李延寿完成《北史》时，正值高宗显庆四年（公元 659 年），此时距高句丽灭国还有近十年。

② 《隋书》卷八十一《高丽传》，北京：中华书局，1973 年，第 1813 页。

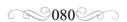

演变，使我们进一步认识到高句丽与夫余建国的传说是一致的，都是受中原殷周文化影响的结果，而尤以殷商文化影响为大。高句丽的王子入主夫余，夫余的王子入主高句丽，恰可证明高句丽与夫余是两个世代通婚的氏族，实行着族外婚制。另外，学者有认为东明王即朱蒙之音转，亦有认为东明和朱蒙不相通。但均因善射得名，这一点与东北民族善骑射的生活习俗是完全相符的。至于南行渡水，鱼鳖浮为桥则完全相同了。

高句丽与夫余都应该是商人的后裔，商先世发祥于辽河流域的幽燕之地。当商人入主中原之后，有一支向东北方迁徙，逐渐定居在浑江、鸭绿江与松花江流域。《逸周书·王会篇》载，周成王营洛邑，邀请各方少数民族代表参加成周之会，高句丽人亦到会，被记为"高夷"，居北方台正东。[①] 即是说，至少在西周初年，高句丽人就生活在浑江、鸭绿江流域的广大地区。通化、集安、桓仁、宽甸等地发现了一批年代大体相同或相近、文化内涵相同的古代遗存。1997 年 5 月至 1999 年 10 月，吉林省文物考古研究所对通化市万发拨子遗址进行了发掘，发掘面积达 6015 平方米，发现房址 22 座，灰坑 160 个，墓葬 56 座，灰沟 9 条，环山围沟 1 条。出土陶器、石器、骨器、青铜器、鎏金器、银器、瓷器、铁器共计 6942 件。遗址第二至五期分别相当于商周、春秋战国、西汉、魏晋时期。早期阶段应处于高句丽建国前，晚期阶段则应是高句丽国家建国以后的文化。[②]

高句丽的传说与考古发掘印证了这样的事实：商周至秦汉，高句丽先人一直生活在浑江、鸭绿江流域的广大地区。汉武帝时期，高句丽属玄菟郡管辖。汉元帝建昭二年（公元前 37 年），高句丽建国，成为汉玄菟郡辖下的一个地方民族政权，不断派遣使臣向中央王朝朝贡，接受中央王朝的册封赏赐，其地位相当于汉代的边郡封国。

二、高句丽人对传说的认识

高句丽人非常珍视自己的历史和自己国家建立的传说。他们以口碑或文字的形式将传说世代相传，用来教育和昭示自己的后代。

由于年代久远，高句丽人留下的文字资料不多，因而如好太王碑、中原高句丽碑、集安高句丽碑等碑刻文字则弥足珍贵。

好太王碑是高句丽第十九代王——广开土境平安好太王的墓碑，立于东晋安帝义熙十年（公元 414 年）。碑石现在吉林省集安市城区东北 4 千米的大碑村。好太王碑由一整块角砾凝灰岩稍加修凿而成，略近方柱体，高 6.39 米，幅宽 1.34—2.00 米。四面环刻碑文，汉字隶书，原文 1775 字，现存可识读文字 1600 字左右，内容基本完整。碑文一开始记述了高句丽国家建立的情况，开国之王——邹牟王创立基业，儒留王"以道兴治"，大朱留王"绍承基业"，前三王的传承关系明确。传至第十七世孙国罡上广开土境平安好太王，国运昌隆，实力大增。"恩泽洽于皇天，威武振被四海，扫除不佞，

---

① 黄怀远、田旭东、张懋镕撰：《逸周书汇校集注》，上海：上海古籍出版社，2007 年，第 875—881 页。
② 金旭东、安文荣、杨立新：《探寻高句丽早期遗存及起源——吉林通化万发拨子遗址发掘获重要收获》，《中国文物报》2000 年 3 月 19 日，第 1 版。

庶宁其业，国富民殷、五谷丰熟。"碑文开始叙述邹牟王创基时，记录了一段美好的神话传说：

> 惟昔始祖，邹牟王之创基也。出自北夫余，天帝之子。母河伯女郎。剖卵降世，生而有圣德。
> □□□□□。命驾巡幸南下。路由夫余奄利大水，王临津言曰："我是皇天之子，母河伯女郎，
> 邹牟王。为我连葭浮龟。"应声即为连葭浮龟。然后造渡，于沸流谷忽本西，城山上而建都焉。①

应该说，这是高句丽人以极为崇敬的心情述说着自己国家开基的历史。他们真诚地记录邹牟王的家世、生平、建国经历，用神话传说与历史相结合的手法进行表述。这是高句丽人自己对开国之王种种传说的取舍和认可。

好太王碑的建立是由好太王之子长寿王琏一手操办的，这是长寿王即位后的第一件大事，也是全国瞩目的一件大事。据好太王碑文记载："自上祖先王以来，墓上不安石碑，致使守墓人烟户差错。唯国罡上广开土境好太王，尽为祖先王墓上立碑，铭其烟户，不令差错。"说明自好太王时才开始为先王立碑，同时也为自己立碑，以防止守墓烟户差错。碑文中还记载："国罡上广开土境好太王存时教言：祖王、先王，但教取远近旧民守墓洒扫。吾虑旧民转当羸劣，若吾万年之后，安守墓者，但取吾躬巡所略来韩秽，令备洒扫。"看来，好太王活着的时候便为自己死后的守墓者做了安排，当然，对于立碑刻文也会有相应的安排。可以这样认为，好太王碑的建立，碑文的内容，好太王都会有明确的教言。至少，长寿王对碑文要过目，要认可才行。所以说，好太王碑上的文字是高句丽好太王、长寿王及群臣、贵族们认可的，也是高句丽人遵从和礼拜的。

高句丽人认可的邹牟王建国传说，是在《论衡》《魏略》记载的基础上加以整理、取舍而成的。将东明、朱蒙记为邹牟，侍婢记为河伯女郎，有气大如鸡子记为剖卵降生。中间舍弃了捐于猪舍、马栏等情节，重点记下了巡幸南下，路由奄利大水，鱼鳖浮为桥，然后造渡立国的情节。其中，东明、朱蒙、邹牟均为音转；掩淲水、施掩水、奄利水亦相通。卵生、鸟图腾则是我国东夷诸族的一个重要特点，如商人传说"天命玄鸟，降而生商"②，便是最典型的代表。

与好太王碑年代接近的长寿王时期有一座冉牟墓，位于集安市东下解放村南田地中，前室梁枋上有墨书墓志，其中也有关于高句丽传说的某些文字："河伯之孙，日月之子，邹牟圣王，元出北夫余，天下四方，知此国郡（君）最圣德。""河伯之孙，日月之子，所生之地，来自北夫余。"后面还多次提到"河伯日月""河伯之孙，日月之子，圣王"，等等。③可见高句丽人对邹牟王是日月之子、河伯外孙这一点深信不疑，而且是从北夫余来高句丽建国称王的。

好太王碑的记载中，明确了上祖先王墓上不立碑，造成了守墓烟户差错的情况。到了好太王时

---

① 耿铁华：《好太王碑新考》，长春：吉林人民出版社，1994年，第161页。

② 《诗经·商颂·玄鸟》，（清）阮元审定、卢宣旬校：《重刊宋本十三经注疏附校勘记》，南昌：南昌府学，1815年，第793—794页。

③ 耿铁华：《高句丽冉牟墓研究》，杨春吉、耿铁华主编：《高句丽历史与文化研究》，长春：吉林文史出版社，1997年，第249—251页。

期，"尽为祖先王墓上立碑，铭其烟户，不令差错"。如此看来，高句丽王陵附近应该都有铭其烟户的墓碑，集安国内城一带，还应该有多块高句丽时期的墓碑，学者也曾多方寻找。

2012年7月29日，国内城西的麻线河边出土了一通高句丽时期的文字碑，定名为集安高句丽碑。它是由一整块花岗岩石板磨制而成，碑身扁方形，上部略窄略薄，顶部为圭形，右上角略缺损，底部有榫头，原应有碑座，现已无存。残高173厘米，宽60.6—66.5厘米，厚12.5—21厘米，重量为464.5千克。正反两面及左右两侧加工平整规则，正面阴刻碑文，汉字隶书，共10行，自右向左竖书，无界格，横竖排列整齐。前9行每行为22字，最后一行为20字，原文共218字。集安高句丽碑第一行和第二行文字记载："□□□□世，必授天道，自承元王，始祖邹牟王之创基也，□□□子，河伯之孙，神灵祐护蔽荫，开国辟土，继胤相承。"[①]此段文字记叙简洁，真实地记录和证实了高句丽起源建国的情况。关于高句丽民族的起源学界还存在不同的意见。但是，高句丽王族出自北夫余，好太王碑、冉牟墓志和诸多文献均已记载。集安高句丽碑的出土，则更加证实了这一点。

高句丽建国的传说，对于高句丽人来说是一种世代流传的意识形态，可以解释高句丽族人之间的关系，部落国家的关系，人们的生活和历史。它不仅具有超现实的力量，而且具有礼仪规范和价值规范的效力，特别是当这一传说经过高句丽王和大臣们取舍之后镌刻在碑石上，就成了高句丽人顶礼膜拜的国家历史、王族家史，对整个高句丽国家和民族产生了重大的影响。当公元668年，高句丽被唐朝灭掉之后，好太王碑及其记载的传说依然存在并对后世史家产生影响。

南宋绍兴十五年（公元1145年），高丽仁宗时期的重臣金富轼组织史家编撰国史。他仿照中国古代正史的体例撰写成《三国史记》，并将其分为本纪、表、志、列传，共50卷。其中《高句丽本纪·东明王》记载的高句丽建国传说最为详尽：

始祖东明圣王，姓高氏，讳朱蒙（一云邹牟，一云众解）。先是，扶余王解夫娄老无子。祭山川求嗣。其所御马至鲲渊，见大石相对流泪，王怪之。使人转其石，有小儿，金色蛙形。王喜曰："此乃天赉我令胤乎。"乃收而养之，名曰金蛙。及其长立为太子。后其相阿兰弗曰："日者天降我曰：'将使吾子孙立国于此。汝其避之。'东海之滨有地，号曰迦叶原，土壤膏腴，宜五谷，可都也。"阿兰弗遂劝王移都于彼，国号东夫余。其旧都有人，不知所从来。自称天帝子解慕漱，来都焉。及解夫娄薨，金蛙嗣位。于是时，得女子于太白山南优渤水。问之，曰："我是河伯之女，名柳花。与诸弟出游，时有一男子，自言天帝子解慕漱，诱我于熊心山下，鸭渌边室中私之，即往不返。父母责我无媒而从人，遂谪居优渤水。"金蛙异之，幽闭于室中。为日所照，引身避之，日影又逐而照之，因而有孕。生一卵大如五升许。王弃之与犬豕，皆不食。又弃之路中，牛马避之。后弃之野，鸟覆翼之。王欲剖之，不能破，遂还其母。其母以物裹之，置于暖处。有一男儿破壳而出，骨表英奇。年甫七岁，嶷然异常。自作弓矢射之，百发百中。扶余俗语，善射为朱蒙，故以名云。金蛙有七子，常与朱蒙游戏，其技能皆不及

---

① 集安市博物馆编著：《集安高句丽碑》，长春：吉林大学出版社，2013年，第11页。

朱蒙。其长子带素言于王曰："朱蒙非人所生，其为人也勇，若不早图，恐有后患，请除之。"王不听，使之养马。朱蒙知其骏者，而减食令瘦，驽者善养令肥。王以肥者自乘，瘦者给朱蒙。后猎于野，以朱蒙善射，与其矢小，而朱蒙殪兽甚多。王子及诸臣又谋杀之，朱蒙母阴知之，告曰："国人将害汝，以汝才略，何往而不可？与其迟留而受辱，不若远适以有为。"朱蒙乃与乌伊、摩离、陕父等三人为友。行至掩㴲水，欲渡无梁，恐为追兵所迫。告水曰："我是天帝子，河伯外孙。今日逃走，追者垂及，如何？"于是鱼鳖浮出成桥。朱蒙得渡，鱼鳖乃解，追骑不得渡。朱蒙行至毛屯谷，遇三人。其一人著麻衣，一人著衲衣，一人著水藻衣。朱蒙问曰："子等何许人也，何姓何名乎？"麻衣者曰："名再思"，衲衣者曰："名武骨"，水藻衣者曰："名默居"，而不言姓。朱蒙赐再思姓克氏，武骨仲室氏，默居少室氏。乃告于众曰："我方承景命，欲启元基，而适遇此三贤，岂非天赐乎？"遂揆其能，各任以事，与之俱至卒本川，观其土壤肥美，山河险固，遂欲都焉。而未遑作宫室，但结庐于沸流水上居之。国号高句丽，因以高为氏。时朱蒙年二十二岁，是汉孝元帝建昭二年，新罗始祖赫居世二十一年甲申岁也。

十分明显，金富轼是参照中国史籍文献撰写出高句丽开国之君"剖卵降世"传说的。同时，又在此基础上敷衍出新罗和百济的传说。

《新罗本纪》载：

始祖姓朴氏，讳赫居世。前汉孝宣帝五凤元年甲子，四月丙辰（一说正月十五日）即位。号居西干。时年十三。国号徐那伐。先是，朝鲜遗民分居山谷之间，为六村。一曰阏川杨山村，二曰突山高墟村，三曰觜山珍支村（或云干珍村），四曰茂山大树村，五曰金山加利村，六曰明活山高耶村。是为辰韩六部。高墟村长苏伐公，望杨山麓萝井傍林间有马跪而嘶，则往观之。忽不见马，只有大卵，剖之，有婴儿出焉。则收而养之。及年十余岁，岐嶷然夙成。六部人以其生神异，推尊之，至是立为君焉。辰人谓瓠为朴，以初大卵如瓠。故以朴为姓，居西干，辰言王。

新罗王赫居世"剖卵降世"的传说，与高句丽邹牟"剖卵降世"的情节是颇相似的。

《百济本纪》载：

百济始祖温祚王，其父邹牟，或云朱蒙。自北扶余逃难，至卒本扶余。扶余王无子，只有三女子，见朱蒙，知非常人，以第二女妻之。未几，扶余王薨，朱蒙嗣位。生二子，长曰沸流、次曰温祚。及朱蒙在北扶余所生子来为太子，沸流、温祚恐为太子所不容，遂与乌干、马黎等十臣南行。百姓从之者多。遂至汉山，登负儿岳，望可居之地。沸流欲居于海滨。十臣谏曰："惟此河南之地，北带汉水，东据高岳，南望沃泽，西阻大海，其天险地利，难得之势。作都于斯，不亦宜乎。"沸流不听，分其民，归弥邹忽以居之。温祚都河南慰礼城，以十臣为辅翼。国号十济。是前汉成帝鸿嘉三年也。沸流以弥邹土湿水鹹，不得安居，归见慰礼，都邑鼎定，人民安泰，遂惭悔而死。其臣民皆归于慰礼，后以来时百姓乐从，改号百济。其世系与高句丽同出扶余，故以扶余为氏。

还有一种记载：

（百济）始祖沸流王，其父优台，北扶余王解夫娄庶孙。母召西奴，卒本人延陀勃之女。始归于优台，生子二人，长曰沸流，次曰温祚。优台死，寡居于卒本。后朱蒙不容于扶余，以前汉建昭二年春二月，南奔至卒本，立都号高句丽。娶召西奴为妃。其于开基创业，颇有内助，故朱蒙宠接之特厚。待沸流等如己子。及朱蒙在扶余所生礼氏子孺留来，立为太子，以至嗣位焉。于是沸流渭弟温祚曰："始大王避扶余之难，逃归至此。我母氏倾家财助成邦业，其勤劳多矣。及大王厌世，国家属于孺留。吾等徒在此，郁郁如疣赘。不如奉母氏南游卜地。别立国都。"遂与弟率党类，渡次、带二水，至弥邹忽以居之。《北史》及《隋书》皆云，东明之后有优台，笃于仁信。初立国于带方故地。汉辽东太守公孙度以女妻之，遂为东夷强国。

以上两种说法，关于始祖王温祚、沸流的传说虽不同，但二人本为兄弟，司出于高句丽，为邹牟（或朱蒙）之生子（或养子），是高句丽始祖邹牟王之支庶。传说有相近之处，则可以理解了。

公元 13 世纪初，高丽文学家李奎报（1169—1241 年）撰有古诗《东明王篇》[①] 将高句丽建国传说以诗的形式记录下来。开篇便交代了高句丽传说的渊源，中国古代的三皇五帝，伏羲、神农、黄帝、大禹等均提及，至西汉才引出夫余王、金蛙、解慕漱、河伯女柳花诸人。诗中还写道：

王知慕漱妃，仍以别宫置。怀日生朱蒙，是岁岁在癸。
骨表谅最奇，啼声亦甚伟。初生卵如升，观者皆惊悸。
王以为不祥，此岂人之类。置之马牧中，群马皆不履；
弃之深山中，百兽皆拥卫。母姑举而养，经月言语始。
自言蝇嘬目，卧不能安睡。母为作弓矢，其弓不虚掎。
年至渐长大，才能日渐备。扶余王太子，其心生妒忌。
乃言朱蒙者，此必非常士。若不早自图，其患诚未已。
王令往牧马，欲以试厥志。自思天之孙，厮牧良可耻。
扪心常窃导，吾生不如死。意将往南土，立国立城市。
为缘慈母在，离别诚未易。其母闻此言，潸然抆清泪。
……
暗结三贤友，其人共多智。南行至淹滞，欲渡无舟舣。
秉策指彼苍，慨然发长喟。天孙河伯甥，避难至于此。

① 《东国李相国集》卷三《东明王篇》。

哀哀孤子心，天地其忍弃。操弓打河水，鱼鳖骈首尾。

屹然成桥梯，始乃及渡矣。俄尔追兵至，上桥桥旋圮。

双鸠含麦飞，来作神母使。形胜开王都，山川了崔嵬。

自坐茀蕝上，略定君臣位。

诗文所记的朱蒙降生，擅长弓矢，王命养马，南行淹滞水，鱼鳖为桥，开国立都等情节，与《三国史记·高句丽本纪·东明王》记载相同。十分可贵的是，作者将此说纳入中华文明的传说之中，在陈述三皇五帝、大禹治水之后引出，"因思草创君，非圣即何以"，并以刘邦降世，帝王兴盛相比拟，足以证明这一传说的本源是出自汉文化的传说。

三、建国传说的汉文化本体

任何一个民族在发展壮大的过程中都会创造出美好的传说，或成为史诗，或作为口碑世代流传。在不断改造和增删中形成的具有民族特色的传说，同时保留着由她所产生出来的母族传说的本质，使我们在研究传说过程中，可以发现其传说的文化本体。

高句丽同我国北方其他民族一样，其建国传说是以开基之王为中心展开的——朱蒙或邹牟降世立国为主要内容。无论是文献记载，还是好太王碑、冉牟墓志、集安高句丽碑，都认为其开国之君是"剖卵降世"，渡水称王，是典型的东夷民族传说，其本源来自炎黄氏族的汉文化系统。

这里要稍加说明的是，一些学者将邹牟降生立国看成是高句丽民族起源于夫余[1]，并引征诸多文献与好太王碑。其实这是一种误解。邹牟降世于夫余，渡淹利水而建国称高句丽，只不过高句丽王族来自夫余，而广大的高句丽民众早已在浑江、鸭绿江流域生活了千百年。高句丽民族起源可以上溯到商代入主中原前后，高句丽人从殷商氏族分离出来的时间大体上应在汤至盘庚前后，即公元前1600—前1300年，距今已有3600—3300年了。高句丽民族在漫长的迁徙发展中与北方各民族通婚、交往、融合，至少在汉代已成为在浑江、鸭绿江流域有影响的民族。因此，汉武帝元封三年（公元前108年）设玄菟、临屯、真番、乐浪四郡时，玄菟郡中才有高句丽民族之县。夫余族朱蒙或邹牟入主高句丽，高句丽的王子入主夫余，两种传说，恰恰证明了高句丽与夫余是两个世代通婚的氏族。史书记载高句丽时，认为"东夷旧语以为夫余别种，言语诸事，多与夫余同"[2]。而夫余"以殷正月祭天，国中大会，连日饮食歌舞……在国衣尚白……"[3]又可证明高句丽、夫余皆出于殷商之族。北方红山文化作为商先文化，中国古代文明源头之一，其对北方文化的形成发展，对北方民族形成与发展的重大影响是不言而喻的。

---

① 王健群：《高句丽族属探源》，《学习与探索》1987年第6期；金岳：《东北貊族源流研究》，《辽海文物学刊》1994年第2期。

② 《三国志》卷三十《魏书·高句丽传》，北京：中华书局，1959年，第843页。

③ 《三国志》卷三十《魏书·夫余传》，北京：中华书局，1959年，第842页。

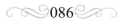

到了西汉末年，朱蒙建立高句丽国的传说广泛传开，该传说被史家整理记录，被高句丽的王公贵族、广大民众认同并镌刻在好太王碑上"以示后世"。其表现出来的中华文化——汉文化的主体则是十分明显的。

第一，关于河伯的传说。

早在殷商时代，人们就称水神、河神为玄冥、冥，甲骨卜辞中多见。[①]冥本为先商宗室，"为司空，勤其官事，死于水中，殷人郊之"[②]。由于"冥勤其官而水死"，所以殷人纪念他，称之为水神，亦谓之河伯。另有一说，"河伯，华阴潼乡人，姓冯氏，名夷。浴于河中而溺死，遂为河伯也"[③]。《竹书纪年》有："帝芬十六年，雒伯与河伯冯夷斗。""（帝泄）十六年，殷侯微以河伯之师伐有易，杀其君绵臣。"可知，河伯原为殷之臣或部落首领，后被尊为河神。战国时期魏国就有"河伯娶妇"之传说。[④]高句丽传说中的河伯应为玄冥，北方的河神。是为高句丽文化与殷商文化相关联之又一证也。

第二，三女出游遇天之子的传说。

河伯有三位美丽的女儿，长曰柳花，次曰萱花，季曰苇花，三人游于熊心山下水边，遇见天帝之子解慕漱，遂有婚姻。此传说本自殷周始祖初降之记载：

> 殷契，母曰简狄，有娀氏之女，为帝喾次妃。三人行浴，见玄鸟坠其卵，简狄取吞之，因孕生契。[⑤]

> 周后稷，名弃。其母有邰氏女，曰姜原。姜原为帝喾元妃。姜原出野，见巨人迹，心忻然说，欲践之，践之而身动如孕者。[⑥]

殷人之祖与周人之祖的降生，皆与女儿出游有关。十分有趣的是，有娀氏三个女儿在水中沐浴，河伯亦有三女儿出游水边，有邰氏之女姜原游于野外，得见大人之迹，河伯之女在熊心渊相遇解慕漱。这些都出自同一渊源——中华民族原始时代婚恋的传说。三美女出游遇男儿或感神明而繁衍后代，实在是母系生活的美好记忆，人们世代相传，影响十分久远。就连后来满族始祖的降生也有这样的传说。美丽的佛库伦三姐妹在天池沐浴，有神雀衔朱果，佛库伦食朱果而有孕生布库里雍顺。[⑦]

① 刘鹗：《铁云藏龟》186—1；罗振玉：《殷墟书契前编》6—14—7，《殷墟书契续编》3—14—7；郭若愚、曾毅公、李学勤：《殷墟文字缀合》205、267、113、123；董作宾：《小屯殷墟文字甲编》38、292、3344，《乙编》531、668、1360、4538、7751。

② 《史记》卷三《殷本纪》集解，引宋忠言，北京：中华书局，1959年，第92页。

③ 《史记》卷一百二十六《西门豹传》正义引，北京：中华书局，1959年，第3211页。

④ 《史记》卷一百二十六《西门豹传》，北京：中华书局，1959年，第3211页。

⑤ 《史记》卷三《殷本纪》，北京：中华书局，1959年，第91页。

⑥ 《史记》卷四《周本纪》，北京：中华书局，1959年，第111页。

⑦ 《清史稿》卷一《太祖本纪》，北京：中华书局，1977年，第1页。

第三，卵生的传说。

中华先民中，东北夷为卵生鸟图腾，是谓"鸟夷皮服"。[①]朱蒙初生为卵，大如五升。好太王碑记载："惟昔始祖，邹牟王至创基也，出自北夫余，天地之子，母河伯女郎，剖卵降世，生而有圣德。"这一点与殷人始祖降生，简狄吞玄鸟卵因孕生契，有异曲同工之妙。《诗经》乃有"天命玄鸟，降而生商，宅殷土芒芒。古帝命武汤，正域彼四方"的颂歌。[②]

至于朱蒙降世后的遭遇，则与周始祖的传说相同。后稷初生，"以为不祥，弃之隘巷，马牛过者皆避不践；徙置之林中，适会山林多人，迁之；而弃渠中冰上，飞鸟以其翼覆荐之。姜原以为神，遂收养长之"[③]。春秋战国之际，《诗经·大雅·生民》中记载人们仍歌曰："厥初生民，时维姜嫄。生民如何？克禋克祀，以弗无子。履帝武敏歆，攸介攸止，载震载夙，载生载育，时维后稷……诞置之隘巷，牛羊腓字之；诞置之平林，会伐平林；诞置之寒冰，鸟覆翼之。鸟乃去矣，后稷呱矣。"

殷周始祖降生与鸟密切相关，或食玄鸟卵，或鸟覆翼之。后来亦曾演变为卵生故事。在民间久已流传的哪吒闹海神话中，哪吒降生时即为一个肉卵，剖之得一男儿。传说哪吒为佛家护法神，毗沙门天王之子。《宋高僧传·道宣传》有记。《封神演义》《西游记》等文学著作中均有哪吒卵生的传说。

第四，朱蒙善射，夫余人善射为朱蒙，这也源于华夏文明的殷商之族。

《尚书·顾命篇》有"兑之戈，和之弓，垂之竹矢，在东房"。和、垂应为制作弓矢之人，即传说中的弓箭的发明人。《荀子·解蔽篇》记为"垂作弓，浮游作矢，而羿精于射"。垂，或谓巧垂，舜之子商均，或谓契。契是商人之祖，而浮游不知何许人也。羿则为东夷人，与契年代相近。东夷人善射，从夷字本身也可以看出。夷，从人从弓，东方善射之人也。另外，据说羿的儿子也是弓矢发明人，史书记为"牟夷"[④]，亦为"夷牟"，与邹牟为音转。《孟子·离娄下》有"逢蒙学射于羿，尽羿之道……"逢蒙即朱蒙之本源。进一步证明，朱蒙、邹牟善射的传说，来自殷商与东夷文化。

至于河伯之女婚恋之事，鱼鳖成桥，亦早见于"洛神""河伯"等诗文与传说中。

纵观朱蒙或邹牟的传说，完全是精心改造的中华传说。从王充的《论衡》，到《魏略》，乃至诸多史书中的《高句丽传》，虽然经过各位史家之手，但是，万变不离其宗，汉文化的本体没有改变。从好太王碑碑文的取舍看，高句丽人在整理自己祖先开创基业的传说文献时，保留了殷商始祖传说的主要部分，而对周人始祖的传说则有所省略，更加证明高句丽人与殷商氏族的血缘关系。

---

① 《史记》卷二《夏本纪》，北京：中华书局，1959年，第52页。

② 《诗经·商颂·玄鸟》，（清）阮元审定、卢宣旬校：《重刊宋本十三经注疏附校勘记》，南昌：南昌府学，1815年，第793—794页。

③ 《史记》卷四《周本纪》，北京：中华书局，1959年，第111页。

④ （唐）徐坚：《初学记》卷22《武部·箭第五·叙事》，北京：中华书局，1962年，第533页。

第二节　高句丽政权

一、政权建立方式

高句丽政权建立是以传说的方式记录与流传的，直至被镌刻在好太王碑上。这种传说作为一种意识形态，可以解释高句丽人的来源和史事，可以解释民族关系，也可以解释部落和国家的历史。它不仅具有超现实的理论力量，而且具有礼仪规范和行为规范的效力。高句丽人是用一种近乎神圣的信仰和崇敬去看待自己先祖降世与开国历史的。从历史科学的角度去分析研究，则可以寻求被神圣化了的王族家世与政权建立的历史，这也正是高句丽建国传说的历史价值和科学意义。

关于邹牟王"剖卵降世"的传说，表明了远古东方民族的特点：卵生，鸟图腾。从人类进化过程看，人类作为高级哺乳动物，当然不会是卵生的。可远古人的理解，人类与鸟类有着极为密切的关系，人类当中一些杰出者的降生，与鸟或鸟卵有关。这一点应该是唯物的，有积极意义的。"天命玄鸟，降而生商。"连"商"字的古写也颇像一只燕子。对鸟类的崇拜，是商人，乃至后来受商文化影响较深的东方民族的信仰心理。

至于邹牟王是天帝之子，母为河伯女郎的传说，则反映出高句丽人经历母系时代社会的某些特点。邹牟王作为高句丽国家的创始人，称天帝之子可以是一种泛称，如碑文中的"皇天之子"一样，若将天帝作为高句丽族、夫余族先祖的代表，则可理解为一抽象的父亲，泛称为父亲。母亲是河伯之女，河伯为北方河神。甲骨文中作"玄冥"，或代表北方某部族之首领。这种情况告诉我们，高句丽族也好，夫余族也好，在自己民族发展的进程中，都经过了一个知母（具体的母亲）不知父（抽象的父亲）的重要历史阶段。这就是原始的母系氏族社会。

好太王碑、集安高句丽碑、冉牟墓志都记载了邹牟王开创基业，原出自北夫余。它们清楚地表明，高句丽国家的王族是夫余血统。而高句丽王后、臣民则大都为高句丽族血统。邹牟王之后世子孙以及支庶子孙、王子，都是夫余与高句丽及其他民族的混血后代。高句丽国家作为北方地区的民族政权，建于汉元帝建昭二年（公元前 37 年），传 28 王，国祚 705 年，在中国东北开发的历史上起了相当重要的作用。这个国家是个多民族的政权，王族本身即是民族融合的典范。境内以高句丽族、夫余族、汉族人为主，还有其他少数民族。这些对于研究中国北方古代民族及高句丽的历史，都是非常重要的。

好太王碑记载的这段神话传说，对于邹牟渡淹利水，在沸流谷忽本（亦有作卒本）建立高句丽国的情况，基本上符合历史事实。经考古调查证明，今辽宁省桓仁县城附近的平川为卒本川，富尔江即古之沸流水，浑江即古之盐难水或淹利大水。地理环境、方位与碑文所记相符，这里应是高句丽都城纥升骨城所在地。

夫余族与高句丽族本是世代通婚的氏族，邹牟来到高句丽人聚居的中心地区，并非如文献中记载的那样，"王恐夺其国也，欲杀之"使得邹牟南逃，实在是婚姻关系的缘故。旧时的封建史家，不知人类婚姻进化的规律，却囿于宫廷内嫡庶争夺现象，编纂出邹牟谋国、危国被追杀的故事。这也是我们读这段神话传说应当注意的一个问题。

好太王碑记载的这段神话传说，还涉及高句丽国家产生的问题。关于国家产生的理论，恩格斯概括为三种形式：

> 雅典是最纯粹、最典型的形式：在这里，国家是直接地和主要地从氏族社会本身内部发展起来的阶级对立中产生的。在罗马，氏族社会变成闭关自守的贵族，贵族四周则是人数众多的、站在这一社会之外的、没有权利只有义务的平民；平民的胜利炸毁了旧的氏族制度，并在它的废墟上面建立了国家，而氏族贵族和平民不久便完全溶化在国家中了。最后，在战胜了罗马帝国的德意志人中间，国家是作为征服外国广大领土的直接结果而产生的，氏族制度是不能提供任何手段来统治这样广阔的领土的。但是，由于同这种征服相联系的，既不是跟旧有居民的严重斗争，也不是更加进步的分工；由于被征服者和征服者差不多处于同一经济发展阶段，社会的经济基础仍然和从前一样，所以，氏族制度还能够以改变了的、地区的形式，即以马尔克制度的形式，继续存在几个世纪，甚至在以后的贵族氏族和城市望族的氏族中，甚至在农民的氏族中，例如在迪特马尔申，还以削弱了的形式复兴了一个时期。①

这是马克思主义经典作家在研究国家起源时做出的总结。尽管各地区、各民族都有各自的特点，但是，国家的产生，大抵不外乎上述三种形式。

高句丽是东方民族，商品经济不发达，"多大山深谷，无原泽"的自然环境，为农业生产的继续发展带来很多限制。社会经济结构以农业兼营渔猎、采集、饲养的综合经济类型为特点，生产发展较缓慢。同时，很早就处在中原汉政权的版图之内，无闭关自守可言，高句丽国家的产生，不是很具特色，也不是很具代表性的，大体上应属于恩格斯所说的第三种形式。高句丽族与夫余族处于同一经济发展阶段，而且受中原文化影响较深。当邹牟带领夫余人进入高句丽聚居地区之后，很快就征服了当地的高句丽人。也许因为婚姻的关系，他们既没有同高句丽人进行严重的斗争，也没有更加进步的分工，只是把高句丽的各部族加以统一，便建立起一个新的国家。高句丽人的氏族制度，在这个国家中以地域的形式延续了很长时间。

夫余族与高句丽族同属于殷商后裔的北方民族，他们与中原的文化有极深厚的渊源关系。这两个民族长期生活在地理位置、自然环境、生存形态相同的条件下，语言、习俗、心理状态有很多相似之处。加之以婚姻关系，相互融合，相互促进，使两个民族先后进入了文明时代。当然，中原地

---

① ［德］恩格斯：《家庭、私有制和国家的起源》，中共中央马克思恩格斯列宁斯大林著作编译局译：《马克思恩格斯选集》第四卷，北京：人民出版社，1972年，第165—166页。

区先进的经济、文化对它们的影响也是相当重要的。从商周起，中原与北方的关系日益密切，交流不断加强。汉武帝时期，更设郡县加强对北方民族政治、经济、文化的管理。在这种情况下，高句丽国家应运而生，成为北方一个有影响的少数民族政权。因其王都于卒本，开国之王又来自夫余，所以史书有将高句丽国家称为卒本夫余的。

同时还应该注意到，高句丽之所以能够在汉玄菟郡内建国，与西汉王朝的政治制度，以及对于边疆少数民族的政策密切相关。

西周时期，为了维护奴隶制统治，实行分封制度，封藩建卫，以藩屏周。经过周初几代王的分封，主要有71国，姬姓国占53个，有鲁、卫、晋、燕等。春秋战国时期，诸侯国势力增强，周王室逐渐衰落，分封制的弊端日益显露，各国纷纷变法要求废除分封制，实行郡县制。秦国商鞅率先施行变法，使秦国力大增，终于在公元前221年灭掉六国，实现统一。秦始皇为了巩固统治采取了一系列措施，其中包括全面实行郡县制、彻底废除分封制，使得六国旧贵族失去了权利和封地，这激发了大规模的反抗和斗争。趁着陈胜吴广起义，六国旧贵族纷纷起兵，最终灭掉了秦国。过于急切而全面地废除分封制应该是秦王朝二世而亡的重要原因之一。

经过楚汉战争，刘邦取得了胜利，建立了汉朝。他总结、吸取秦王朝二世而亡的经验教训，采取"郡国并行"的制度。最初，分封了韩信、彭越、英布、张敖、吴芮、臧荼、韩王信等一批在楚汉战争中立功的异姓诸侯王。不久，异姓诸侯王势力扩大，招降纳叛，甚至勾结匈奴，迫使刘邦采用计谋，逐步剪除异姓诸侯王。"惩亡秦孤立之败"，分封同姓子弟为王，召集诸王和大臣"刑白马而盟"，立誓"非刘氏而王者，天下共击之"。[①] 文景时期，不断控制和削弱同姓诸侯王的势力，成功平定了吴楚七国之乱。汉武帝以后，同姓诸侯王的实力大大削弱。中央与近畿地区实行郡县制，边远地区既实行郡县制，又保留同姓诸侯王的封地，分封少数民族首领为王。

高句丽正是在这样的大环境下才能立国称王，属玄菟郡管辖。"汉时赐鼓吹技人，常从玄菟郡受朝服衣帻，高句丽令主其名籍。后稍骄恣，不复诣郡，于东界筑小城，置朝服衣帻其中，岁时来取之，今胡犹名此城为帻沟溇。"汉王朝通过玄菟郡赏赐仪仗乐队、朝服衣冠，高句丽县令管理高句丽的户籍，据此服劳役、兵役，缴纳税收。后来，高句丽实力增强，不再到玄菟郡领取赏赐的汉官仪马，改为在边界小城交接。尽管如此，册封赏赐、户籍管理仍由玄菟郡和高句丽县实行的事实是存在的。

二、政权建立年代

关于高句丽建国的年代，迄今为止存在三种意见。

第一种意见是邹牟王（或朱蒙）建国说。

这是一种传统的说法，《魏书·高句丽传》《周书·高丽传》《北史·高丽传》《隋书·高丽传》

---

① 《史记》卷九《吕太后本纪》，北京：中华书局，1959年，第400页。

《三国史记·高句丽本纪》等文献记载，高句丽建国之王为邹牟或朱蒙，建国时间为西汉元帝建昭二年（公元前 37 年）。公元 414 年高句丽建立的好太王碑，一开头便言明："惟昔始祖，邹牟王之创基也。出自北夫余，天帝之子。母河伯女郎。剖卵降世，生而有圣德……于沸流谷忽本西，城山上而建都焉。"稍晚些的冉牟墓志中也表明："河伯之孙，日月之子，邹牟圣王，元出北夫余，天下四方，知此国郡（君）最圣德。""河伯之孙，日月之子，所生之地，来自北夫余。"2012 年 7 月 29 日新出土的集安高句丽碑也明确记载："始祖邹牟王之创基也，□□□子，河伯之孙，神灵祐护蔽荫，开国辟土，继胤相承。"高句丽的王公贵族、臣民百姓一致认为自己的开国之君是邹牟王，并将其刻在石碑上以传万世，而且这一认识与古代文献相合，应该是可信的。

王健群先生表明："公元前三十七年，在现在辽宁省桓仁县和吉林省集安县一带，建立了一个高句丽王朝。这个王朝，历时达七百年之久，留下了大量的遗迹和遗物。好太王碑便是留下来的高句丽珍贵文物之一。"[①]

张博泉先生指出："高句丽是指朱蒙一支所建立的高句丽政权。《魏书·高句丽传》《好太王碑》《三国史记》《三国遗事》以及《朝鲜实录本纪》诸书均记载高句丽始祖朱蒙南下或东南下建国的过程……渡过普述水后到纥升骨城（今辽宁桓仁县五女山城）立都，是为高句丽。时间在西汉元帝建昭二年（公元前 37 年）。"[②]

李殿福、孙玉良先生认为："高句丽始祖邹牟，文献中作朱蒙或东明，三者音近事同，盖为一人，只是注译各异。按《好太王碑》和《冉牟墓志》等石刻资料，均作邹牟，故当以邹牟为正。但朱蒙已成为通用称呼，为叙述方便，仍作'朱蒙建国传说'。"他们在对《论衡》《魏书·高句丽传》《好太王碑》《三国史记·高句丽本纪》记载的朱蒙建国传说进行详细解说后总结道："经过一番踏察，看到这里土地肥沃，山河险固，是立国的好地方。于是在沸流水岸边盖起茅屋，定居下来。宣布建立卒本夫余政权，朱蒙自称为王。周围一些貊人部落，闻讯后纷纷来投，立刻声势大震。这一年恰好是西汉元帝建昭二年，公元前 37 年。"[③]

魏存成先生认为："高句丽政权始建于公元前 37 年，据其创始传说，它并非是由原居住在桓仁、集安一代的高句丽民族所建，而是由夫余族的王子朱蒙建立的。从大的方面看，高句丽和夫余同属涉貊族系，并无种族上的区别……高句丽政权的创始者尽管是来自夫余，但其居民主体仍是本地区的高句丽族人。而且由于在高句丽政权建立之前，已有高句丽县之建置，所以高句丽政权的名称应是直接从高句丽县而来。对此，十三世纪高丽作家李承休所著《帝王韵记》也明确记朱蒙'以高句丽县名立国'。至此，我们可以看出，高句丽名称的沿袭关系，应是族名——县名——政权名。""高句丽政权自公元前 37 年创始之日起，至公元 668 年被唐灭亡，共经 700 余年，传 28 王。"[④]

---

① 王健群：《好太王碑研究》，长春：吉林人民出版社，1984 年，第 1 页。
② 张博泉：《东北地方史稿》，长春：吉林大学出版社，1985 年，第 79—80 页。
③ 李殿福、孙玉良：《高句丽简史》，汉城：韩国三省出版社，1990 年，第 328—330 页。
④ 魏存成：《高句丽考古》，长春：吉林大学出版社，1993 年，第 2—3 页。

佟冬先生主编的《中国东北史》写道："西汉元帝建昭二年（公元前 37 年），扶余国王子邹牟（又名朱蒙或东明），为躲避扶余王的加害，率领一支扶余人自松嫩流域向南逃至卒本川（今辽宁桓仁五女山），筑纥升骨城为都，同当地貊人联合起来，建立了卒本扶余，即高句丽国。"[1]

马大正、杨保隆等先生则认为："公元前 37 年，高句丽的始祖朱蒙自夫余南迁建立高句丽国之后，在历代王朝的保护下势力发展很快，不仅拥有了桂娄、消奴、绝奴、顺奴、灌奴五部，活动地域也不断扩展，管理制度也从无到有，不断完善。"[2]

王绵厚先生认为："公元前 37 年（西汉元帝建昭二年），高句丽始祖朱蒙从'北夫余'（松花江中游），南下'卒本川'（今浑江），并在公元前 34 年，建造'纥升骨城'（即今桓仁五女山山城）。已被迄今大量文献记载和最新考古发现进一步证明，并已被大多数国内外学者所公认。包括《朝鲜全史》第一章第二节也承认，'高句丽的最初首都——卒本，在今中国辽宁省的桓仁附近'。""朱蒙，又称'朱明'、'邹牟'，是高句丽的建国始祖，早在《魏书》《好太王碑》《三国史记》中确载无疑。"[3]

孙玉良、孙文范二位先生也认为："朱蒙实际是夫余王室庶出的王子，其母可能只是个侍婢；朱蒙离开北夫余时，可能带走了一个小部族，这构成了日后高句丽的王族，也即桂娄部；高句丽政权建立之初，合并了周边一些小民族和政权。《三国史记》明确指出高句丽建立于汉孝元帝建昭二年，这一年是公元前 37 年，我们通常把这一年视为高句丽政权之始，至于高句丽早期民族的形成，则应该比这更早。"[4]

徐德源先生认为："高句丽人源出我国古代北方的貊族。当初，高句丽人分布在今我国东北辽东地方和中朝界河鸭绿江两岸。由于高句丽诸部落原始公社制度的迅速瓦解，到公元前 1 世纪形成了高句丽国家，开始过渡到阶级社会。高句丽国家的形成和发展，既同我国历史有着密切的联系，又是朝鲜史上的重要发展阶段。"[5]

一些多年来从事东北历史考古与高句丽历史考古研究，并卓有建树的学者李文信、孙守道、陈大为、王承礼、李健才、方起东等先生均持此种说法。[6]

我们认为，高句丽人建立的集安高句丽碑、好太王碑和冉牟墓志是相当珍贵的史料，且与《魏书》《周书》《北史》《隋书》《三国史记》《三国遗事》诸多史书记载相同。高句丽国家是西汉元帝

[1]　佟冬主编：《中国东北史》（修订版）第一卷，长春：吉林文史出版社，2006 年，第 579 页。
[2]　马大正、杨保隆、李大龙，等：《古代中国高句丽历史丛论》，哈尔滨：黑龙江教育出版社，2001 年，第 158 页。
[3]　王绵厚：《高句丽与涉貊研究》，哈尔滨：哈尔滨出版社，2004 年，第 75—76 页。
[4]　孙玉良、孙文范：《简明高句丽史》，长春：吉林人民出版社，2008 年，第 38 页。
[5]　徐德源：《求实集》，哈尔滨：黑龙江人民出版社，2012 年，第 157 页。
[6]　李文信、孙守道：《古代辽宁境内的匈奴、鲜卑和高句丽族的文化遗存》，《辽宁日报》1962 年 9 月 11 日；王承礼、李健才编者：《吉林省历史概要》，长春：吉林省博物馆，1964 年，第 19—20 页；王承礼：《吉林辽宁的高句丽遗迹》，《考古与文物》1984 年第 6 期；李健才：《高句丽的都城和疆域》，《中国边疆史地研究报告》1991 年第 1—2 期；陈大为：《桓仁县考古调查发掘简报》，《考古》1960 年第 1 期；陈大为：《试论桓仁高句丽积石墓的类型、年代及其演变》，《辽宁省考古博物馆学会成立大会会刊》，1981 年，孙进己、孙海主编：《高句丽渤海研究集成·高句丽卷》（二），哈尔滨：哈尔滨出版社，1997 年，第 350—354 页；方起东：《集安高句丽考古的新收获》，《文物》1984 年第 1 期。

建昭二年（公元前 37 年）由夫余族邹牟率族众进入玄菟郡高句丽县境内建立的。都城在当时玄菟郡内的纥升骨城（今辽宁省桓仁县城附近）。这种认识已被中外诸多学者所认可，大体上达成了共识。

第二种意见是太祖大王建国说。

极少数学者认为朱蒙到达沸流水，还不可能马上建成高句丽国家。高句丽国家是朱蒙及其后代逐渐兼并诸部后形成的。孙进己、艾生武先生提出：沸流部、椽郡部、桓那部、贯那部四部名"最早出现于大武神王时，而各部降附的时间也正在此前，两者是一致的。因此，高句丽五部的形成大约开始于大武神王时，结束于太祖王时。这五部基本上还保持着原来的部落组织，仍是血缘部落，但从它们已冠以东南西北之称，则有几部合为一部的现象。《三国史记》又提到高句丽王接收了很多个别来归者，都赐姓，收入高句丽族。这样，五部就已不是纯粹的血缘部落，而向地域部落过渡，正在逐渐形成真正的国家。我们没有全面考查高句丽国家形成的各种变化，仅就高句丽民族的形成来考查，结论和顾明学同志的观点相同：'从朱蒙时起才开始向阶级过渡，经过大约一百年的艰苦奋斗到第六代太祖王时，才基本上走完过渡时期，进入严格的阶级国家。'而不同意把朱蒙到达卒本川的公元前 37 年，看作高句丽的建国和阶级社会的确立"[1]。

《三国志·高句丽传》与《三国史记》中高句丽诸王的资料表明，太祖大王是高句丽第六代王，其在位时间为公元 1 世纪中叶至公元 2 世纪中叶。孙进己、艾生武的太祖大王建国说，已将高句丽建国的时间由西汉末年推到了东汉，推迟了 90—180 年左右。

孙进己、艾生武还引了顾铭学先生的一段话，作为相同意见的佐证。顾铭学先生的原文是这样的："有关高句丽建国之前和初期状况，《魏志·高句丽传》的第一段也有所记述。原本有五个部落（所谓'五族'）即涓（消字之误）奴部、绝奴部、顺奴部、灌奴部、桂娄部，以此五部为主组成部落联盟，分布在小水（佟佳江）中下游的岸边，过着原始的部落生活。所谓'本消奴部为王'，即原由消奴部的首领担当联盟的盟主。后来，消奴部逐渐衰弱下去，桂娄部的首领取代了消奴部当了联盟的盟主，此即所谓'今桂娄部代之'。据说高句丽国家就是在这一取代过程中建立的……这里存在一个问题，即消奴部同桂娄部的权力交替究竟发生在何时，采取了何种形式？这是一个比较复杂的问题，而且说法也不一致。但多数学者认为：朱蒙所在的部落是五部之一的桂娄部，而朱蒙于公元前 37 年同沸流水上游松让（即消奴）王的辩论和比武，以及松让王无力抵抗于公元前 36 年以国来降，就意味着桂娄与消奴两部权力交替。后来，这五部变成行政区域。高句丽建国前的国和王，自然不是严格意义上的国和王，不过是原始社会末期的部落及其首领。如果朱蒙建国和高句丽国家出现，意味着消奴与桂娄的政权交替以及桂娄的执掌政权，那么也只从桂娄掌权，即朱蒙当政时起，高句丽社会才开始向阶级国家过渡，经过大约 100 年的艰苦奋斗，到第六代国王太祖王时，才基本完成这一过渡，进入真正的阶级国家。也许正因为如此，高句丽

---

[1] 孙进己、艾生武：《关于高句丽社会性质的几个问题》，《朝鲜史通讯》1982 年第 4 期；孙进己、孙海主编：《高句丽渤海研究集成·高句丽卷》（一），哈尔滨：哈尔滨出版社，1997 年，第 277 页。

才把第六代王称为太祖王或国祖王。"①

此段文字前还有这样一段："……公元前37年,朱蒙从东夫余王廷逃到卒本(桓仁)地方,以北夫余继承者为号召,联合当地的貊族人,建立了国家,并以高句丽为国号,于是高句丽一词才由地名变为国名。"②

我们发现顾铭学先生的两段文字有三层意思:一层是高句丽建国前,文献中记录的国和王只是原始社会末期的部落及其首领。这是针对《三国志·高句丽传》"本有五族……本涓奴部为王"做出的解释。二层是朱蒙建国和高句丽国家出现是在公元前37年。这一点是从史籍与史实出发,与国内外学者看法是一致的。三层是朱蒙建国开始了向阶级国家过渡,直至太祖大王时完成,进入了"真正的阶级国家"。这三层意思与孙进己、艾生武先生的意见并不完全相同,顾先生是将高句丽五族或五部作为朱蒙建国前的部落,认为朱蒙建国是公元前37年。孙进己、艾生武先生是将五族、五部放在了朱蒙之后,建国时间也不是"朱蒙到达卒本川的公元前37年"。

从孙进己、艾生武先生引证顾铭学先生意见并认作同道看,他们似乎把高句丽建国与人类社会从原始社会向阶级社会过渡混淆起来。人类社会从原始社会向阶级社会演进再到国家的出现,确实存在一个漫长的过程。马克思、恩格斯等经典作家论及国家与旧的氏族组织不同之处时,强调了两点,"第一点就是它按地区来划分它的国民。……第二个不同点,是公共权力的设立,这种公共权力已不再同自己组织为武装力量的居民直接符合了"③。我们在讨论文明起源的考古学证据时,往往以金属工具的制造和使用、文字的出现、城墙与城的出现、祭祀遗址与遗物四点作为证据。然而这是在讨论阶级国家产生的一般规律。在埃及,大约从公元前3500年开始,进入涅伽达文化Ⅱ时期,也是进入阶级社会和文明的时代。④在我国,大约从公元前3000年的红山文化时期,开始出现文明的曙光。而我们要深入研究的是,汉武帝设四郡以后,出现在玄菟郡内的高句丽国家。无论从时间上、地域上、政治环境上,高句丽国家的建国与人类社会阶级和国家的产生都不可同日而语。在玄菟郡,在高句丽县,汉王朝的政治、经济、文化统治已有70多年,中央派出的官吏与当地各族居民和睦相处,早已使汉代的封建式的生产方式与社会制度在高句丽人居住的地区推广开来。

自汉武帝元封三年(公元前108年)设四郡以来,高句丽族民众逐渐结束了原始部落的生活,成为玄菟郡高句丽县内的汉代居民,原来的高句丽各部也从血缘部落转变为郡县制下的行政区域。经过70年汉朝封建经济、思想、文化的影响,高句丽民族早已适应了边郡地方的生活。朱蒙来到

① 顾铭学:《〈魏志·高句丽传〉考释》(上),《学术研究丛刊》1981年第1期;孙进己、孙海主编:《高句丽渤海研究集成·高句丽卷》(一),哈尔滨:哈尔滨出版社,1997年,第437—438页。
② 顾铭学:《〈魏志·高句丽传〉考释》(上),《学术研究丛刊》1981年第1期;孙进己、孙海主编:《高句丽渤海研究集成·高句丽卷》(一),哈尔滨:哈尔滨出版社,1997年,第436页。
③ 恩格斯:《家庭、私有制和国家的起源》,中共中央马克思恩格斯列宁斯大林著作编译局译:《马克思恩格斯选集》第四卷,北京:人民出版社,1972年,第166—167页。
④ 《世界上古史纲》编写组编:《世界上古史纲》上册,北京:人民出版社,1979年,第249页。

高句丽的中心地区，经过玄菟郡和高句丽县官吏的允许，建立一个附属于汉郡县的地方政权，只要与部落头领沟通即可，根本没必要经过什么过渡了。

第三种意见是邹牟王（或朱蒙）到达卒本之前就已建立了高句丽国家。

姜孟山先生提出："历史上的任何民族都经历了原始社会阶段，逐步过渡到阶级社会。这是历史的普遍规律。高句丽族也不例外。那么，高句丽族是什么时候并且怎样进入阶级社会？有些学者认为，朱蒙建国前，高句丽仍处于原始社会末期阶段，公元前 37 年，朱蒙建国，就意味着高句丽族过渡到阶级社会。笔者则有不同的见解，认为朱蒙建国之前高句丽族已进入了阶级社会。"[①] 随后从两个方面进行了论述，一方面是我国辽东地区的抚顺、鞍山、宽甸、敖汉一带出土成批的战国汉初的铁工具，年代在公元前 3—前 2 世纪。朝鲜慈江道渭原郡也发现了公元前 3—前 2 世纪的遗址，出土了各种铁器遗物。这一地区，尤其是宽甸和渭原一带，是高句丽族生活的中心地区之一，他们广泛地使用铁工具从事农业生产。从生产力发展、社会出现分工、剩余产品增加，从而产生了阶级，进入了阶级社会，建立了国家。另一方面则是从高句丽五部的历史进行考察，认为"朱蒙建国前为止，高句丽的五部仍是原始社会末期的部落，尚未过渡到阶级社会"的说法根据不充分。朱蒙到卒本地区时，那里已有国家，就是卒本夫余国。卒本地区是高句丽五部中的桂娄部，所以桂娄部已进入阶级社会，早已建立了奴隶制小国，其他几部也在公元前 37 年之前进入了阶级社会，并各自建了奴隶制小王国。公元前 37 年，朱蒙在桂娄部继承卒本夫余国，建立高句丽国后，逐步统一了高句丽各部。这就是"本涓奴部为王，稍微弱，今桂娄部代之"。

姜孟山先生讨论问题的方法与孙进己、艾生武先生相近，只是将公元前 37 年作为统一的高句丽国家建立时间，而将高句丽族的五部作为奴隶制小国，这样就将高句丽建国向前推进了一二百年。重要的是，姜孟山先生忽略了高句丽民族当时生活的政治、经济、文化环境。从西周后期，到春秋战国时期的燕，秦汉时期的辽东郡、玄菟郡，中原王朝对东北地区的管理不断加强。在辽东地区发现的铁工具及其遗址则可以完全证明这一点。此时期的高句丽民族和东北其他民族一样，是周、秦、汉王朝的子民。他们处在阶级社会的大环境之中，很难自己走从原始社会到奴隶社会再到封建社会的规律性的发展道路。而公元前 37 年朱蒙建高句丽国则是在环境允许的情况下，一个有代表性的人物建立的具有自己特点的地方政权。这一政权经玄菟郡、高句丽县长官同意，朱蒙一宣布即可以了，根本用不着所谓的过渡。至于统一周边小部落或方国，则应属于高句丽国家发展的历史了。

多年以前，丁谦先生曾提出"高句骊本有二国"的说法。"高句骊之在朝鲜，人皆知之，其地当居辽东东南。余读《后汉书》乃云在辽东之东，且云，南与朝鲜接，何也。况高句骊即高丽，何夫余国北又有所谓橐离国，种种鹘突，殊不可解。及读朝鲜史《东藩纪要》《东国通鉴》及高丽好大王碑，并证以《魏志》《南北史》《新唐书》等，始恍然于高句骊本有二国，其在辽东之东，南与朝鲜接者，为古高句骊，即《地理志》玄菟郡所治高句骊县地。前汉元帝初，古高句骊王，有养子

---

① 姜孟山：《试论高句丽族的源流及其早期国家》，《朝鲜史研究》1983 年第 5 期。

朱蒙，避难南奔，渡鸭绿江，至朝鲜平安道成川郡地，别建为国，而仍其故号，此重立之高句骊也。"①
金毓黻先生对此已有过辨正与说明。丁谦先生误将夫余王之子朱蒙作为"古高句骊王"养子，并将
朱蒙所建之国置于"平安道成川郡地"显然是错误的。而以朱蒙为建国之王，以玄菟郡高句丽县为
高句丽族故地则是正确的。将高句丽县内之高句丽族以古国称之则嫌未妥。

　　高句丽建国虽然久远，但史书记载尚属明确。《魏书·高句丽传》记载较早，当时正是高句丽晚期，
正值第二十四代王阳原王之时。作者魏收对北方民族及高句丽国家了解较多，自北魏至北齐，中原
政权与高句丽交往颇多，且同属北方少数民族政权，文书、口碑资料亦较丰富些。稍晚些的《周书》《北
史》《隋书》撰成之时，高句丽处于末世荣留王、宝藏王时。由于隋末唐初多次东征高句丽，战事
往来日益频繁，中原史家对高句丽的了解与认识更深入、更准确。依据正史《高句丽传》和高句丽
史家档案资料整理而成的《三国史记》明确记载，高句丽建国于汉孝元帝建昭二年（公元前37年），
建国之君为朱蒙，一云邹牟，一云众解，号东明圣王。

　　高句丽好太王碑建于东晋安帝义熙十年（公元414年），是高句丽第二十代王长寿王为其父所立。
碑文中有"国罡上广开土境好太王存时教言"等内容，说明碑文主要内容是经好太王授意，长寿王
同意的。碑文应该代表高句丽王族及臣民的意愿。关于邹牟王开国创基的记载是高句丽国家诸王认
可的，是可靠的信史，且与诸多史书的记载较一致。根据《汉书·地理志》《汉书·武帝纪》记载，
玄菟郡及高句丽县之设置当在武帝元封三年（一谓四年），亦即公元前108年（或公元前107年），
此前并无高句丽国之存在的记录。汉王朝设四郡并派官吏加强对其的管理，在汉朝政治、经济、思
想、文化影响之下，高句丽民族不断进步，才有可能建立民族地方政权。因此，认为公元前1世纪
或公元前37年高句丽建国是可信的。而公元前2、3世纪或公元1世纪高句丽建国之说，只是推测，
史籍无征，故不宜取也。

三、政权特色

　　高句丽民族自周秦以来，一直生活在浑江、鸭绿江流域，并同中原王朝保持着密切的联系。春
秋战国之际，中原战争频繁，燕、齐、赵等北方地区的移民不断进入高句丽人的活动地区，对高句
丽人的政治、经济、文化生活产生重要的影响。西汉武帝时期，加强对边疆及少数民族地区的管理
和控制，先后设置了河西四郡和东北四郡，断匈奴之左右臂，以明确大汉王朝疆域范围。高句丽民
族自元封三年（公元前108年）正式归入汉武帝的玄菟郡高句丽县境内。长期以来的民族融合、经
济文化交流及行政管理，使得高句丽人的社会生活有了新的进步，并产生了新的特点。公元前37年，
邹牟王建立高句丽国，得到了玄菟郡及中央王朝的认可，使汉初以来实行郡国并行的政治制度在边
疆民族地区得到进一步的发展。在这种政治、经济、文化的背景之下，高句丽政权一建立便具有了
自己的特色。

---

①　丁谦：《高句骊有二国考》，转引自金毓黻：《东北通史》上卷，台北：洪氏出版社，1976年，第128—129页。

其一是地域性的特色。从高句丽所处的地理位置、自然环境、自然资源等方面看，北方边郡的特点是明显的。

高句丽建国之初，都于沸流水畔的纥升骨城。沸流水即今浑江支流富尔江，纥升骨城在今辽宁省桓仁县城附近。不久迁都于国内城，今吉林省集安市区内。地处长白山西南麓老岭山脉，浑江、鸭绿江中游，山峦起伏，河流纵横。《三国志·高句丽传》记载，"多大山深谷，无原泽"。实际上应该是"多大山深谷，少原泽"。在浑江、鸭绿江流域还有一些冲积平原，卒本川、通沟国内城一带就是较大的平原。史书记载：卒本川"土壤肥美，山河险固"。国内城尉那岩地方"山水深险，地宜五谷，又多麋鹿鱼鳖之产"。①证明高句丽人所居之地，不仅有原泽，而且是土壤肥美，地宜五谷。

高句丽建国之时，地理位置大体上包括今辽宁省桓仁县、新宾县、宽甸县的部分地区，吉林省通化市、集安市、通化县一带，朝鲜渭原郡、满浦市、江界市一带。跨今日中朝两国边境。当时属西汉幽州刺史部玄菟郡行政范围之内，系东北边疆地区。

高句丽地域之内自然资源十分丰富。矿物资源有金、银、铜、铁、锡、铅、锌、硼、石棉、云母、石英、煤、石灰岩等。森林资源有松树、柏树、椴树、槐树、柞树、杨树、榆树、桦树、柳树、楸树、桑树、棠槭树、色树、花曲柳、黄菠萝、刺楸、暴马子等。野生动物资源有虎、豹、鹿、熊、狍、麝、猞猁、青羊、狐狸、貉、獾、貂、兔、麂子、山狗、鼬鼠、香鼠、刺猬、水獭、山鸡、鹌鹑、树鸡、斑鸠、鸽子、鹰、雁、布谷、山雀以及各种蛇类、蛙类、鱼类。

野生植物资源则有山菜、野果、菌类、野草、草药等几类。

山菜类有：四叶菜、枪头菜、山菠菜、蕨菜、猴腿、酸浆、刺菜、山芹菜、山地瓜（山胡萝卜）、刺老芽、山白菜、山韭菜、山糜子、山生菜、猫爪子、猫耳朵、老牛错、牛毛广、燕尾菜、苦碟子、龙须菜、柳蒿芽、荠荠菜、婆婆丁、苣荬菜、黄瓜香（广东菜）、山尖子菜、山胡萝卜樱子等。

野果类有：山梨、山丁子、山里红、山葡萄、山核桃、猕猴桃、灯笼果、野樱桃、圆枣子、山楂、李子、杏子、桑枣、托盘、松子、榛子、栗子、橡子等。

菌类植物有：猴头、松蘑、元蘑、榛蘑、松茸、木耳等。

野草类有：羊草、香草、错草、章草、茅草、水稗、芦苇、羊蹄、马蔺、乌拉草等。

草药类有：人参、细辛、党参、冬青、苍术、百合、弓藤、车前子、桔梗、防风、半夏、天南星、元胡、柴胡、马兜铃、地丁、薤白、苏叶、苏梗、蒲公英、苍耳子、益母草、荷叶、龙胆草、木通、五味子、贝母、天麻、白芍、艾叶、灵仙、覆盆子、地榆根、淫羊藿、刺五加、穿山龙、黄芪等数百种。

高句丽人充分利用长白山区的自然条件和资源，借助汉代中原的先进生产技术，在建国前后，开始了金属冶铸加工、生产工具与兵器制造和仿造。在大山深谷中开垦农田，经营农业，捕鱼狩猎，驯养家畜，采摘山果、野菜，逐渐形成了北方山区农业兼营渔猎的特色经济。

其二是地方性特色。地方性特色主要指政权建设与行政管辖方面的特点。

《汉书·地理志》载，"本秦京师为内史，分天下作三十六郡。汉兴，以其郡太大，稍复开置，

---

① 《三国史记》卷十三《高句丽·琉璃明王本纪》，汉城：韩国民族文化推进会，1982 年，第 114 页。

又立诸侯王国。武帝开广三边。故自高祖增二十六，文、景各六，武帝二十八，昭帝一。讫于孝平，凡郡国一百三，县邑千三百一十四，道三十二，侯国二百四十一"。

据顾颉刚、史念海先生研究，汉武帝之时，司隶校尉和 13 州刺史所辖郡国有 101 个。[①] 高句丽人所居之高句丽县属幽州史部玄菟郡。昭帝始元五年（公元前 82 年）"罢临屯、真番，以并乐浪、玄菟。玄菟复徙居句骊。自单单大岭已东，沃沮、涉貊悉属乐浪"[②]。玄菟郡治所迁于高句丽县，真番郡合并于玄菟郡的西盖马县。至汉平帝时所辖郡国已不止 103 个，即是说有增而无减。高句丽建国之时，所都之地纥升骨城在高句丽县治东南几十千米处。[③] 建国后的一段时间内，高句丽政权管辖之地仍在玄菟郡的东南地区。

高句丽建国不久，经玄菟郡守上奏汉王朝中央，得到中央王朝认可，以高句丽为诸侯国，国君同郡国之王，并属玄菟郡管辖。有诸多史料为证。

《三国志·高句丽传》载，"王莽初，发高句丽兵以伐胡，不欲行。强迫遣之，皆亡出塞为寇盗。辽西大尹田谭追击之，为所杀。州郡县归咎于句丽侯骝。严尤奏言：'貊人犯法，罪不起于骝，且宜安慰。今猥被之大罪，恐其遂反。'莽不听，诏尤击之。尤诱期句丽侯骝至而斩之，传送其首诣长安，莽大悦，布告天下，更名高句丽为下句丽。当此时为侯国。汉光武帝八年，高句丽王遣使朝贡，始见称王"。

《汉书·王莽传》始建国四年（公元 12 年）记此事，文中记高句丽侯之名为骝。骝、骝均不是高句丽王，至多是莽发高句丽兵伐胡时的率军将领。另外，更高句丽为下句丽，降为侯国，不止是对高句丽，对其他少数民族政权亦如此。《汉书·王莽传》始建国元年记载："五威将奉符命，赍印绶，王侯以下及吏官名更者，外及匈奴、西域，徼外蛮夷，皆即授新室印绶，因收故汉印绶。赐吏爵人二级，民爵人一级，女子百户羊酒，蛮夷币帛各有差。大赦天下。"王莽改汉家之制为新朝之始，将少数民族属国先后降王为侯。王莽政令由使臣下传，"其东出者，至玄菟、乐浪、高句丽、夫余；南出者，逾徼外，历益州，贬句町王为侯；西出者，至西域，尽改其王为侯；北出者，至匈奴庭，授单于印，改汉印文，去'玺'曰'章'"。王莽有计划地将东南西北边地属国之王更名为侯，先是将句町王、西域诸王贬为侯，随后则是将高句丽王贬为下句丽侯。此段文献证明王莽代汉之前，东南西北的少数民族均为汉的属国。师古曰："凡言属国者，存其国号而属汉朝，故曰属国。"[④] 因此，《汉书》言"其东出者，至玄菟、乐浪、高句丽、夫余"皆为汉末东北边郡与属国。高句丽作为汉之属国，其国君为汉代边郡国王是十分明显的。即是说，高句丽建国之初，便是汉代东北边境的地方政权。

即使是新莽政权，虽更高句丽名为下句丽，贬高句丽王为侯，但高句丽亦是其承认的侯国，高句丽地方政权的地位没有改变。正因为有新莽贬王为侯，所以才有建武八年（公元 32 年），高句

① 张维华：《汉史论集》，济南：齐鲁书社，1980 年，第 86 页。
② 《后汉书》卷八十五《东夷列传》，北京：中华书局，1965 年，第 2817 页。
③ 玄菟郡二迁址在今辽宁省新宾县永宁镇老城遗址。
④ 《汉书》卷六《武帝本纪》注文载："元狩二年……置五属国"，北京：中华书局，1962 年，第 176 页。

丽遣使朝贡，"光武帝复其王号"①。

东汉安帝永初三年（公元109年），高句丽太祖大王"遣使如汉，贺安帝加元服"。不久向安帝纳贡，"求属玄菟郡"。②《三国志·高句丽传》记载，"汉时赐鼓吹技人，常从玄菟郡受朝服衣帻，高句丽令主其名籍。后稍骄恣，不复诣郡，于东界筑小城，置朝服衣帻其中，岁时来取之，今胡犹名此城为帻沟溇。沟溇者，句丽名城也"。高句丽王属玄菟郡管辖，不仅从郡守那里接受汉王朝赐予的朝服衣帻等物，高句丽县令还主其名籍。后来稍骄恣，不再去郡守官衙，只在东部小城领朝服衣物。到太祖大王时"求属玄菟郡"，不再骄恣了，这也是可以理解的。直至隋唐，高句丽诸王均受中原王朝册封、赏赐，其作为属国和地方政权的性质从来没有改变。

其三是民族性特色。周秦以来，高句丽人在浑江、鸭绿江流域聚族而居，逐渐形成了具有民族特色的社会生活、经济生活和民风民俗。汉武帝设郡县管理之后，高句丽加强了同中原王朝及汉民族的经济、文化联系，同时仍保留着自己的民族特点和风格。

公元前37年高句丽政权建立，史称高句丽国。其国王邹牟却是从北夫余来到高句丽县的。这一点好太王碑文记载得十分清楚，"惟昔始祖，邹牟王之创基也。出自北夫余，天帝之子。母河伯女郎。剖卵降世，生而有圣德"。集安高句丽碑开头也记载，"始祖邹牟王之创基也，□□□子，河伯之孙，神灵祐护蔽荫，开国辟土，继胤相承"。冉牟墓志中也记录了"河伯之孙，日月之子，邹牟圣王，元出北夫余"的相关史事。晚出的史书《魏书》《周书》《北史》《隋书》《翰苑》《通典》《通志》《文献通考》《三国史记》《三国遗事》《东国史略》《东国通鉴》等也都记载了邹牟王出自夫余的情况。

有的学者也曾依据《三国史记》和《三国遗事》所引史料，提出"邹牟王应出自东夫余"的看法。③或以为"北夫余于前汉宣帝神爵三年壬戌四月八日立都称王，国号北夫余，自称名解慕漱，生子名夫娄，以解为氏焉；后因上帝之命，移都于东夫余，东明帝继北夫余而兴，立都于卒本川，为卒本夫余，为高句丽之始祖。考东国诸史言邹牟王为东夫余王金蛙养子，而金蛙为解夫娄养子，则东夫余为高句丽近祖，而北夫余为其远祖所自出"④。

李健才先生考证认为："北扶余即汉初以来的扶余"，扶余有时称北夫余，二者并无区别。"东扶余亦即汉初以来的扶余，而在扶余之外又有东扶余。"⑤因此，碑文与史书所载之北夫余、东夫余，皆属夫余。邹牟王是为夫余王之养子，其父为天帝而称天帝之子，或称日月之子。其母为河伯之女，自可称河伯之孙。通过这些传说和记载，我们可以知道，夫余与高句丽两族通婚已很久远。作为夫余国的王子进入高句丽部族，因婚姻关系而成为高句丽国王，使得高句丽国家的王族中具有了夫余人的

① 《后汉书·高句骊传》《三国史记·高句丽·大武神王本纪》十五年十二月，"遣使入汉朝贡，光武帝复其王号。是建武八年也"。《三国志·高句丽传》记为："汉光武帝八年，高句丽王遣使朝贡，始见称王。"若光武帝建武八年始见称王，那么，王莽就没必要贬王为侯了。可见《三国志》记载不准确。
② 《三国史记》卷十五《高句丽·太祖大王本纪》，汉城：韩国民族文化推进会，1982年，第122页。
③ 王健群：《好太王碑研究》，长春：吉林人民出版社，1984年，第203—204页。
④ 刘节：《古史考存》，北京：人民出版社，1958年，第21页。
⑤ 李健才：《东北史地考略》，长春：吉林文史出版社，1986年，第27—32页。

血统。随着高句丽诸王与其他民族通婚，也相继融入了其他民族的血统。高句丽王族应该是北方民族融合的典范。

高句丽王国建立之时，在玄菟郡高句丽县内居住的应该是高句丽人居多，此外有汉人、夫余人，亦有少量的貊人、匈奴人、鲜卑人、沃沮人等。

先秦时期，中国东北的少数民族如匈奴、乌桓、鲜卑等皆为游牧民族，而高句丽则属于农耕兼渔猎的民族。这种经济生活的特点，一方面由于高句丽源于殷商氏族，殷商人的经济文化生活的渊源使然，另一方面则是浑江、鸭绿江流域半山区与山区地理位置和自然环境使然。这就形成了高句丽国家具有民族特点的经济生活和社会生活。

其四，高句丽政权还具有非典型性、不完善性、原始性等特色。所谓非典型性是指高句丽国家的建立缺乏那种独立民族从原始社会进入阶级社会时，社会生产力的发展和社会组织结构的典型状态。高句丽社会的发展速度原本是较缓慢的，汉武帝设玄菟郡、高句丽县进行管理，对于高句丽人的社会生活与经济生活的发展起了加速的作用，特别是汉王朝封建式的郡国并行制度，为高句丽国家的建立提供了重要的条件和环境。这种汉王朝郡县之内建立的民族政权，与独立政权和国家相比，无论从政权建立的条件、环境、因素、过程，还是从政权组织机构、管理机制、政权性质方面，都缺乏典型的意义。

所谓不完善性，主要是从政权建设、机构设置方面看。汉武帝时期是汉代封建主义中央集权的发展时期，中央皇权不断加强，在"三公九卿"的官吏承袭中，逐渐削弱相权，加强内朝权力，同时设 13 州刺史实施监察郡国的制度。诸侯国、属国也设相、太傅佐助，并设置与中央机构相对应的属官，甚至拥有军队，置军事将领管理。这一点在高句丽政权建立之初是不见记载的。史书上也只见高句丽王与主要贵族、部族长者之名，辅政官职不健全，政权建设在官吏设置、行政管理、军队建设、司法建设等方面还很不完善。

所谓原始性，主要表现在高句丽各部的血缘纽带和村社的血亲关系方面。《三国志·高句丽传》载，高句丽"本有五族，有涓奴部、绝奴部、顺奴部、灌奴部、桂娄部。本涓奴部为王，稍微弱，今桂娄部代之"。一般认为，高句丽建国前已形成五个较大的部落或部落集团，已经开始由血缘部落向地缘社会发展。至高句丽建国初期，这种血缘部落仍然存在。桓仁、集安、通化以及朝鲜江界、时中等地都发现高句丽建国初期的亲缘关系为纽带的村落遗迹。《三国史记》□也有许多家族式的部落和村落的记载。

高句丽国家政权特色的形成与其所处的地理位置、自然环境密切相关，同时也是其民族渊源、民族融合与发展的必然结果。还有一个重要的因素，自汉武帝元封三年（公元前 108 年）高句丽人正式成为汉王朝的编户齐民，至汉元帝建昭二年（公元前 37 年）建国，在汉玄菟郡高句丽县的管理统治下整整 70 年的时间。这正是西汉王朝社会稳定、疆域扩大、生产发展、经济繁荣的重要历史时期。中原经济文化对边疆属国的影响是不容低估的。这也是我们研究高句丽国家建立、经济发展、社会进步不容忽视的中华大一统的社会环境和经济环境。

第三节　高句丽王系

一、史书记载的差异

中国正史《后汉书》《三国志》乃至《隋书》《新旧唐书》12 部史书的《高句丽传》中，都有关于高句丽王传承及相关史事的记载，但大都比较简略。一方面由于断代史的阶段性限制，另一方面则是成书时间早晚的限制，有的史书只记载两三位或三五位高句丽王的史事，最多的也不过涉及十几位王，史事过于简略，缺少整个王系的介绍和记录。晚出的《三国史记·高句丽本纪》则是按照高句丽诸王传承的顺序，以年系事进行记载的。对于诸王的生平事迹记录较为详尽，同时有《年表》以资参考。《三国遗事》中也将高句丽、新罗、百济诸王事迹列成简表。依据《三国史记·高句丽本纪》，并参照两种《年表》，可知高句丽王系传承如下：

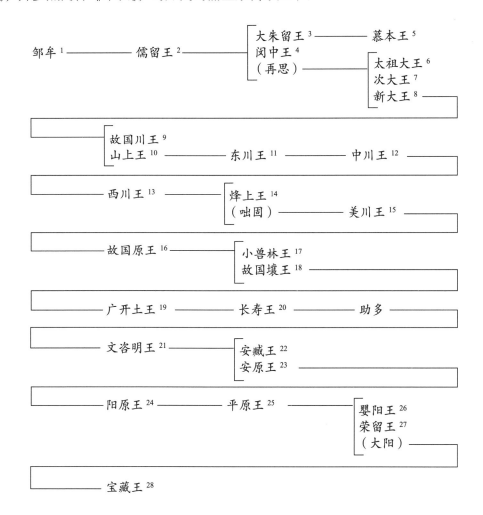

以上 28 代王，按辈分计则为 21 世。

《后汉书·高句骊传》载，"后句骊王宫生而开目能视，国人怀之，及长勇壮，数犯边境。建光元年春，幽州刺史冯焕、玄菟太守姚光、辽东太守蔡讽等将兵出塞击之，捕斩涉貊渠帅，获兵马财物。宫乃遣嗣子遂成将二千余人逆光等，遣使诈降……宫死，子遂成立。……遂成死，子伯固立。其后涉貊率服，东垂少事"。那么，太祖大王宫、次大王遂成、新大王伯固之间就是父子相继。28 代王之间的辈分就是 23 世了。而《三国志·高句丽传》则只记"至殇、安之间，句丽王宫数寇辽东，更属玄菟……宫死，子伯固立。顺、桓之间，复犯辽东……伯固死，有二子，长子拔奇，小子伊夷模。拔奇不肖，国人便共立伊夷模为王"。不言遂成，或遂成与宫确为兄弟，则 28 代王之间的辈分就成了 22 世。

此外，还有学者对高句丽是否传了 28 代王提出了疑问。

杨通方先生依据《三国志·高句丽传》《毌丘俭传》和好太王碑文"顾命世子儒留王，以道兴治，大朱留王，绍承基业，遝至十七世孙国罡上广开土境平安好太王"一段，提出《三国史记》在好太王前"多误载了两世国王"。认为"位宫应是东川王忧位居的另一个名字，而不应是山上王延优的另一个名字""山上王延优与故国川王伊夷模二人，实即故国川王伊夷模一人"。从而提出"高句丽不存在山上王延优其人"。[①]

朝鲜学者孙永钟（一译作孙英钟）先生认为，"在广开土王陵碑文上，广开土王是始祖邹牟（朱蒙、东明）王的十七世（辈分）孙，如按《三国史记·高句丽本纪》的王室系谱，则为十二世孙，缺少五代"。这五代王是"东明王（邹牟王、朱蒙）的儿子、孙子和曾孙"，亦即《魏书》和《北史》的《高句丽传》记载的始闾谐（闾达、儒留）、如栗、莫来三人[②]和解爱娄（爱娄王）及其儿子[③]，并因此得出结论："高句丽为公元前 277 年建国。"[④]

对以上看法，中国学者朴真奭、刘子敏先生曾经提出批评。[⑤]张博泉、顾铭学先生也对《三国志·高句丽传》《三国史记·高句丽本纪》所载的高句丽王系进行过研究。[⑥]证明高句丽确实存在山上王，其名延优或伊夷模。《三国史记》误将故国川王男武之名记为伊夷模，而将东川王之名位宫误记在山上王延优头上。《三国志·高句丽传》在新大王伯固之后的王位传承上也有误记之处，同时考证了太祖大王与次大王、次大王与新大王之间均为父子相传，而《三国史记》则误认为是兄弟相及。除此之外，《三国史记·高句丽本纪》所载高句丽 28 代王及其传承次序大体上是可以相信的。

① 杨通方：《高句丽不存在山上王延优其人——论朝鲜〈三国史记〉有关高句丽君主世系问题》，《世界历史》1981 年第 3 期。
② ［朝］孙英钟：《关于高句丽初期部分史实的年代问题》，刘宇摘译，《东北亚历史与考古信息》1987 年第 1 期。
③ ［朝］孙永钟：《高句丽建国年代的再探讨》，文一介译，《东北亚历史与考古信息》1991 年第 1 期。
④ ［朝］孙永钟：《高句丽建国年代的再探讨》，文一介译，《东北亚历史与考古信息》1991 年第 1 期。
⑤ 朴真奭：《关于高句丽存在山上王与否的问题——与杨通方先生商榷》，《世界历史》1989 年第 2 期；刘子敏：《高句丽历史研究》，延吉：延边大学出版社，1996 年，第 130—133 页。
⑥ 张博泉：《高句丽史中的若干问题》（讲义稿），《学术研究丛刊》第 1 期；顾铭学：《〈魏志·高句丽传〉考释》，《学术研究丛刊》1981 年第 1—2 期。

至于好太王碑所记"逮至十七世孙国罡上广开土境平安好太王"与邹牟王之间是按照王系排世的，第十九代王正好是17世孙，而不是按照实际上诸王的行辈来计的。至于好太王之前再增加五辈王，使高句丽建国提前240年的说法，既缺乏文献佐证，又违背历史事实，成为史籍无征的臆想。

二、高句丽诸王及年代

（1）邹牟王，又名朱蒙、众解，王号亦记为东明圣王。其建国称王是在汉元帝建昭二年（公元前37年），当时22岁。在位19年，期间曾征服松让国、荇人国，营作城郭宫室。死于西汉成帝鸿嘉二年（公元前19年）秋九月，只有40岁。

朱蒙或称刍牟建立高句丽的记载应该是符合历史事实的。有碑刻墓志可以证明。好太王碑文记载："惟昔始祖，邹牟王之创基也，出自北夫余，天地之子，母河伯女郎，剖卵降世，生而有圣德。"[①]集安高句丽碑记载："始祖邹牟王之创基也，□□□子，河伯之孙。"[②]冉牟墓志也有："河伯之孙，日月之子，邹牟圣王，元出北夫余，天下四方，知此国郡最圣德。"[③]

（2）儒留王，文献作琉璃明王，名类利、孺（儒）留。公元前19年秋九月，于邹牟王死后继位。在位期间曾作离宫于鹘川，与鲜卑交战。迁都国内城，筑尉那岩城。作离宫于豆谷。击退夫余人来侵，西伐梁貊灭其国，进兵袭取汉高句丽县。新莽天凤五年（公元18年）冬十月琉璃明王死，在位37年。

《三国史记》载，邹牟王"十九年夏四月，王子类利自夫余与其母逃归，王喜之，立为太子""朱蒙元子，母礼氏"。

《魏书·高句丽传》则记，"初，朱蒙在夫余时，妻怀孕，朱蒙逃后生一子，及长，知朱蒙为国主，即与母亡而归之，名之曰闾达，委之国事。朱蒙死，闾达代立。闾达死，子如栗代立。如栗死，子莫来代立，乃征夫余，夫余大败，遂统属焉"。

《北史·高丽传》与《魏书》略有不同，"其在夫余妻怀孕，朱蒙逃后，生子始闾谐。及长，知朱蒙为国王，即与母亡归之。名曰闾达，委之国事。朱蒙死，子如栗立。如栗死，子莫来立，乃并夫余"。

丁谦先生曾考证，"朱蒙后为类利，称琉璃王，即本传闾达。后为无恤，称太武神王，即如栗。后为解邑朱，称闵中王，即莫来"[④]。刘子敏先生则认为，"闾达和如栗可能是两个人，也可能是一个人，但从各种迹象看，后者的可能性比较大。我们从有关闾达和类利出身经历和记载中可以看出，二者实为一人"[⑤]。而如栗与类利、孺留应该是同音异写，莫来即是无恤、味留、大武神王（大朱留王），由诸史书记载的不同便可以得到较好的解释。

（3）大朱留王，或作大武神王、大解朱留王，名无恤、味留。儒留王之第三子，公元18年

---

① 王健群：《好太王碑研究》，长春：吉林人民出版社，1984年，第202页。

② 集安市博物馆编著：《集安高句丽碑》，长春：吉林大学出版社，2013年，第11页。

③ 耿铁华：《高句丽冉牟墓研究》，《高句丽考古研究》，长春：吉林文史出版社，2004年，第319页。

④ 丁谦：《魏书外国传地理考证》，中央民族学院主编：《历代各族传记汇编·第二编》下册，北京：中华书局，1958年，第1796页。

⑤ 刘子敏：《高句丽历史研究》，延吉：延边大学出版社，1996年，第134—136页。

冬十月继位，即位以后，立东明王庙，进行祭祀。在位期间曾出师伐夫余，亲征盖马国杀其王，以其地为郡县。句荼国举国来降。高句丽疆域逐渐扩大，左辅乙豆智采用鲤鱼劳寡的办法智退汉兵。大朱留王十五年（建武八年，公元32年）遣使入汉朝贡，光武帝复其王号。死于东汉光武帝建武二十年（公元44年）冬十月，在位27年。《魏书》《北史》所记莫来"乃征夫余""乃并夫余"，与大朱留王史事相合。

《汉书·王莽传》记载，始建国四年（公元12年）王莽曾贬高句丽王为侯，光武帝时复其王号。说明西汉时期高句丽建国称王，得到汉王朝认可，因此才有王莽贬王为侯，光武帝复其王号也是合理的。至于《三国志·高句丽传》记载"始见称王"，与王莽贬高句丽王为侯不合。

以上高句丽前三王，好太王碑记载为"邹牟王之创基也，出自北夫余，天地之子，母河伯女郎。""顾命世子儒留王，以道兴治，大朱留王，绍承基业"。说明高句丽前三王朱蒙即邹牟，琉璃明王即儒留王，大武神王即大朱留王，三王之间的传承次序准确。

（4）闵中王，大朱留王之弟，名解色朱（或解邑朱）。公元44年冬十月继位，在位期间只有赈灾和狩猎的记录，不见其他作为。死于东汉光武帝建武二十四年（公元48年），在位5年。

（5）慕本王，名解忧（一云解爱娄），大朱留王之元子。公元48年继位，曾派遣将领袭击汉北平、渔阳、上谷、太原，与辽东和亲。慕本王为人暴虐不仁，东汉光武帝建武二十九年（公元53年）冬十一月，国人不堪其暴虐，使杜鲁刺杀之，在位6年。

（6）太祖大王，或称国祖王，名宫、於漱。儒留王之子古雏加再思之子，慕本王之叔弟。公元53年冬十一月继位，当时年仅7岁，由太后垂帘听政。在位期间伐东沃沮，拓境东至沧海，南至萨水（今清川江）。东巡栅城，掠夺辽东六县。遣使如汉，贡献方物，求属玄菟。

据《三国史记》记载太祖大王在位94年，东汉质帝本初元年（公元146年）传位给遂成为次大王，次大王二十年（东汉桓帝延熹八年，公元165年）三月，太祖大王死，当时120岁。按照古代社会经济生活与社会生活水平，人们的寿命不会太长，70已是古稀之年。太祖大王百岁尚当政，竟活至120岁，很难令人相信。

据《后汉书·高句骊传》载，东汉安帝建光元年（公元121年）"是岁宫死，子遂成立"。这样，太祖大王在位69年，死年75岁，已过古稀，在高句丽诸王中亦算长寿者，应该是可信的。若其在位94年，活了120岁，后来的巨琏在位79年，寿98岁就不应称长寿王了。

（7）次大王，名遂成。据《三国史记》载，"太祖大王同母弟也，受太祖大王推让即位，时年七十六。……二十年冬十月，椽那皂衣明临答夫因民不忍弑王"。由此可知，次大王在位时间是公元146—165年。上面已证明太祖大王死于安帝建光元年（公元121年），其子遂成继位当在此年，当时51岁，是为次大王。

参照《三国志》和《后汉书》的记载，顾铭学先生认为："祖父（宫）在位68年（公元53—121年），父亲（遂成）在位44年（公元121—165年），儿子（伯固）在位14年（公元165—179年）。"[①]

---

① 顾铭学：《〈魏志·高句丽传〉考释》（下），《学术研究丛刊》1981年第2期。

刘子敏先生认为，"遂成在位时间应自公元 121 年至 126 年左右，仅 5 年左右的时间，难怪陈寿在撰写《三国志·高句丽传》时漏掉了遂成。""伯固的继位时间应在公元 126 年左右，他至少活到了汉献帝即位初年，即公元 190 年左右"。[①]

将诸史记事与几位王的继位年和去世年相考校，我们认为，次大王遂成在位时间应在公元 121—126 年。由于其为政不善，被明临答夫杀死，在位时间也不会太长。

（8）新大王，名伯固、伯句。《三国史记》记载是"太祖大王之季弟"。《后汉书·高句骊传》则记为"遂成死，子伯固立"。伯固应是次大王遂成之子，太祖大王宫之孙。遂成死于公元 126 年，伯固在这一年成了高句丽王。新大王在位期间曾到卒本祭祀始祖庙。汉玄菟郡太守进攻高句丽，新大王降服，祈求臣属玄菟郡。派将领帮助玄菟太守公孙度讨富山贼。新大王在位 15 年，死于东汉灵帝光和二年（公元 179 年）。

按《三国史记》所记，次大王遂成继位时 76 岁，在位 20 年，死时 95 岁。若伯固继位时年 77 岁，两人的年龄差在 18 岁，作为父子是合适的。只是其在位时间与《三国史记》不同，或可推断在公元 126—179 年，首尾 54 年，终年 91 岁。

（9）故国川王，或云国襄（壤）王，名男武。史书对故国川王的记载颇多舛误。

《三国志·高句丽传》载："伯固死，有二子，长子拔奇，小子伊夷模。拔奇不肖，国人便共立伊夷模为王。"《三国史记》则按《三国志》原文进行摘录："故国川王（或云国襄）讳男武（或云伊夷模），新大王伯固之第二子。伯固薨，国人以长子拔奇不肖，共立伊夷模为王。汉献帝建安初，拔奇怨为兄而不得立，与消奴加将下户三万余口，诣公孙康降。还住沸流水上。"以上两段记载，与《三国史记》山上王一段内容雷同，致使有的学者怀疑高句丽是否存在山上王其人的问题。[②]

伊夷模、拔奇争夺王位的时间是在建安初年，《三国志》与《三国史记》将高句丽故国川王与山上王史事相混同。故国川王名男武，应为新大王伯固之长子。公元 179 年，伯固死，男武立，至建安二年夏五月薨，正值公元 197 年。葬于故国川原，号为故国川王。

（10）山上王，名延优，又名伊夷模。山上王史事应是《三国志》所记伊夷模事，只是辈分略有不同。依史料校正，《三国志》伊夷模事应为：男武死，无子。有二弟，长弟拔奇，小弟伊夷模。拔奇不肖，国人便共立伊夷模为王。拔奇怨为兄而不得立，遂往辽东，与涓奴加各将下户三万余口诣公孙康降，还住沸流水上……这就与《三国史记》关于山上王即位的情况相吻合了。只是又把东川王忧位居之一名位宫误植于山上王身上，余皆得体。

这样，山上王于故国川王死年——建安二年（公元 197 年）即王位，在位期间修筑丸都城，田猎于质阳，娶酒桶村女生一子。十三年（东汉献帝建安十四年，公元 209 年）冬十月移都于丸都，汉平州百姓一千余家投高句丽，安置在栅城。魏明帝太和元年（公元 227 年）夏五月山上王死，在

---

① 刘子敏：《高句丽历史研究》，延吉：延边大学出版社，1996 年，第 142—144 页。

② 杨通方：《高句丽不存在山上王延优其人——论朝鲜〈三国史记〉有关高句丽君主世系问题》，《世界历史》1981 年第 3 期。

位 31 年。

（11）东川王（或云东壤王）讳忧位居，小名郊彘，亦名位宫。《三国史记》记载，他是"山上王之子，母酒桶村人，为山上王小后，史失其族姓。前王十七年立为太子，至是嗣位"。可知，是在山上王十七年（公元 213 年）被立为太子的，当时只有 5 岁。山上王三十一年（公元 227 年）夏五月继承王位。这些史料是可信的。只是将"位宫"之名错记在乃父头上。据《三国志·高句丽传》载，"伊夷模无子，淫灌奴部，生子名位宫。伊夷模死，立以为王，今句丽王宫是也。其曾祖父名宫，生能开目视，其国人恶之，及长大，果凶虐，数寇钞，国见残破。今王生堕地，亦能开目视人，句丽呼相似为位，似其祖，故名之为位宫"。既然我们已考证了伊夷模是山上王，那么其子东川王亦应名位宫了。东川王即位后到卒本祭祀始祖庙，魏遣使和亲，吴王孙权遣使通和，魏幽州刺史毌丘俭征高句丽，"束马县车，以登丸都"。筑平壤城，移民及庙社。魏齐王正始九年（公元 248 年）东川王死，在位 22 年。

（12）中川王（或云中壤王）讳然弗，东川王之子。公元 248 年即位。在位期间如卒本祭祀始祖庙，与魏交战于梁貊之谷，田猎等。死于西晋武帝泰始六年（公元 270 年），葬于中川之原，号曰中川王，前后经历了 23 年。

中川王以后诸王史事，《三国史记》记载与正史《高句丽传》记载大体相同，只是正史记载事迹简略，有的只记其名，不记其事。而《三国史记》则按年记载高句丽王治理国家，向中原王朝朝贡，接受册封和对外征战等史事。

（13）西川王（或云西壤王）讳药卢（一云若友）。中川王第二子，性聪悟而仁，国人爱敬之。中川王八年（公元 255 年）立为太子。二十三年（公元 270 年）冬十月，中川王薨，太子即位。如新城，田猎，肃慎来侵，诛杀王弟逸友、素勃。死于西晋惠帝元康二年（公元 292 年），在位 23 年。

（14）烽上王（一云雉葛王）讳相夫（或云歃夫娄），西川王之子，骄逸而多疑忌，公元 292 年即位，杀安国君达贾，慕容廆侵高句丽，征发民夫，增营宫室，遭到国相仓助利率群臣反对，烽上王自尽，死于晋惠帝永康元年（公元 300 年），在位 9 年。

（15）美川王（一云好壤王）讳乙弗（或云忧弗），烽上王之弟古邹加咄固之子。烽上王即位第二年，怀疑其弟咄固有异心，赐死。咄固子乙弗畏害而逃。公元 300 年，群臣谋废烽上王迎乙弗为王。即位后率兵侵玄菟郡，袭取辽东郡西安平县，侵袭乐浪，晋平州刺史崔毖来奔。王数侵辽东，慕容廆派将征伐。东晋成帝咸和六年（公元 331 年）美川王死，葬于美川之原，号曰美川王，在位 32 年。

（16）故国原王（一云国罡上王）讳斯由（或云钊），美川王之子。公元 331 年即位，如卒本祭祀始祖庙，遣使如晋贡献方物，移居丸都。燕王慕容皝征高句丽，烧其宫室，毁丸都城，南伐百济。东晋简文帝咸安元年（公元 371 年），百济王率兵三万攻平壤城，王率兵迎战，被流矢射死，葬于故国之原，在位 41 年。

（17）小兽林王（一云小解朱留王）讳丘夫，故国原王之子。公元 371 年即位，实行改革，立太学教育子弟，颁布法令，信奉佛教，创建肖门寺、伊弗兰寺，南伐百济，迎战契丹来侵。东晋孝武帝太元九年（公元 384 年）小兽林王死，在位 14 年。

（18）故国壤王讳伊连（或云於只支），小兽林王之弟。小兽林王无嗣，死后由其弟即位，是在公元 384 年。在位期间出兵袭取辽东，燕慕容农将兵来侵，复辽东玄菟，发兵南伐百济，遣使与新罗修好。命有司立国社，修宗庙。东晋孝武帝太元十六年（公元 391 年）故国壤王死，在位 8 年。

《三国史记》记载故国壤王在位 9 年，死年与广开土王即位年是公元 392 年。若按照好太王碑文与德兴里壁画墓题记，广开土王永乐元年为公元 391 年。可知故国壤王死于 391 年，首尾在位只有 8 年。据《三国遗事》云，"故国壤王甲申立，治八年"。与我们的推断是完全一致的。

（19）广开土王讳谈德，一名安。全称为"国罡上广开土境平安好太王"，简称好太王或永乐太王。故国壤王之子。好太王碑记载，"国罡上广开土境平安好太王二九登祚，号为永乐太王。恩泽洽于皇王，威武振被四海。扫除不佞，庶宁其业，国富民殷，五谷丰熟。昊天不吊，卅有九，晏驾弃国。以甲寅年九月廿九日迁就山陵"。碑文中还有"永乐五年，岁在乙未""六年丙申""八年戊戌""九年己亥""十年庚子""十四年甲辰""廿年庚戌"等干支纪年。可知永乐五年乙未是公元 395 年，六年丙申为 396 年，八年戊戌为 398 年，九年己亥为 399 年，十年庚子为 400 年，十四年甲辰为 404 年，廿年庚戌为 410 年。进一步推得，广开土王即位于永乐元年辛卯——公元 391 年。在位 22 年，死于壬子——公元 412 年，葬于甲寅——公元 414 年。好太王碑文中的干支纪年，校正了《三国史记》关于故国壤王在位时间和好太王即位时间推迟一年的错误，成为研究高句丽诸王年代的重要文字资料。

《三国史记·广开土王本纪》记载其生平事略，北伐契丹，攻陷百济关弥城，创九寺于平壤，攻占辽东城（今辽宁省辽阳市），筑国东秃山等六城，移平壤民户，多次南征百济，南巡等。与好太王碑记载的战事，时间多有不合。

（20）长寿王讳巨连（一作琏），广开土王之元子。公元 412 年冬广开土王辞世，巨连即位，以公元 413 年为元年。《三国史记》载，"元年，遣长史高翼入晋奉表献赭白马，安帝封王高句丽王、乐安郡公"。《宋书·高句骊传》则记为，"高句丽王琏，晋安帝义熙九年，遣长史高翼奉表献赭白马。以琏为使持节、都督营州诸军事、征东将军、高句丽王、乐浪公"。此乃同一事也。证明长寿王元年为东晋安帝义熙九年（公元 413 年）。

长寿王是高句丽王当中在位年限较长的王之一，《三国史记·长寿王本纪》主要记载多次遣使入魏朝贡、入宋朝贡、入齐朝贡，获得中原各王朝册封。向南发展，讨伐新罗。长寿王十五年（北魏太武帝始光四年，公元 427 年）高句丽从国内城迁都到平壤城。从此高句丽主要的扩张方向在平壤以南的新罗和百济。北魏孝文帝太和十五年（公元 491 年）冬十二月长寿王薨，终年 98 岁，在位 79 年。

《北史·高句丽传》记载："孝文举哀于东郊，遣谒者仆射李安上策赠车骑大将军、太傅、辽东郡公、高句丽王，谥曰康。"

（21）文咨明王（一云明治好王、文咨明王）讳罗云、云，长寿王之孙。其父为长寿王之子古邹大加助多，助多早死。长寿王死于九十七年冬十二月，阳历已是公元 492 年 1 月。因此文咨明王即位和元年都应在公元 492 年。孝文帝派遣使臣册封文咨明王为：使持节、都督辽海诸军事、征东将军、领护东夷中郎将、辽东郡开国公、高句丽王，赐衣冠服物车骑之饰，遣使入魏朝贡。夫余王以国来降，多次派兵攻打百济、新罗。遣使入齐朝贡，入梁朝贡。魏孝明帝神龟二年（公元 519 年）文咨明王死，在位 28 年。

（22）安臧王讳兴安，文咨明王之长子。公元 519 年即位，遣使入梁朝贡，梁高祖封其为宁东将军、都督营平二州诸军事、高句丽王，赐衣冠剑佩。魏封其为安东将军、领护东夷校尉、辽东郡开国公、高句丽王。王如卒本祭祀始祖庙，遣兵侵百济，死于魏节闵帝普泰元年（公元 531 年）夏五月，在位 13 年。

（23）安原王讳宝延，安臧王之弟。安臧王无子嗣，死后由宝延即位于公元 531 年夏。魏帝册封使持节、散骑常侍、领护东夷校尉、辽东郡开国公、高句丽王，赐衣冠车骑之饰。遣使入魏朝贡、入梁朝贡、入东魏朝贡。东魏孝景帝武定三年（公元 545 年）春三月，安原王死，在位 15 年。《三国史记》在其死年有注文于括号内：是梁大同十一年、东魏武定三年也。核查年代朔闰表正是公元 545 年。亦为后几王的年代推算提供了准确的参照。

（24）阳原王（或云阳冈上好王）讳平成，安原王长子。公元 545 年即位，遣使入东魏朝贡、入北齐朝贡，北齐封其为使持节、侍中、骠骑大将军、领护东夷校尉、辽东郡开国公、高句丽王。在位期间突厥来围新城，不克，筑长安城，平定丸都干朱理叛乱。北齐文宣帝天保十年（公元 559 年）春三月，阳原王死，在位 15 年。

（25）平原王（或云平冈上好太王）讳阳成（隋唐书作汤），阳原王长子。公元 559 年即位，幸卒本祭祀始祖庙，北齐废帝封为使持节、领东夷校尉、辽东郡公、高句丽王，陈文帝封其为宁东将军，遣使入北齐朝贡、入陈朝贡、入周朝贡。周高祖封为开府仪同三司、大将军、辽东郡开国公、高句丽王。遣使入隋朝贡，隋文帝封其为大将军、辽东郡公。在位期间移都长安城，隋文帝赐玺书。死于隋文帝开皇十年（公元 590 年）冬十月，在位 32 年。

（26）婴阳王（一云平阳王）讳元（一云大元），平原王长子。公元 590 年即位，隋文帝封其为上开府仪同三司、袭爵辽东郡公，赐衣一袭，遣使如隋朝贡。曾率靺鞨之众侵辽西，隋文帝派兵击之。命大学博士李文真约《古史》为《新集》五卷。隋炀帝大业八年、九年、十年（公元 612—614 年）三征高句丽，高句丽国力衰败。唐高祖武德元年（公元 618 年）秋九月，婴阳王死，在位 29 年。

（27）荣留王讳建武（一云成），婴阳王之异母弟。公元 618 年即位，遣使入唐朝贡，请班历，唐册封为上柱国、辽东郡公、高句丽国王。在位期间曾遣使入唐求学佛老教法，新罗将军金庾信来侵东边，破娘臂城。命西部大人盖苏文监修长城，东北至夫余城，东南至海，千有余里。唐太宗贞观十六年（公元 642 年）冬十月，被盖苏文杀死，在位 25 年。

（28）宝藏，亦云藏，因失国而无王号。荣留王弟大阳之子，公元 642 年继承王位，在位期间多次入唐朝贡，阻断新罗入唐，新罗遣使入唐求援。唐太宗于贞观十九年、二十一年、二十二年（公元 645、647、648 年）亲率大军征讨高句丽，攻下 10 多座城市，迁徙上万人到京西。唐高宗继续派兵征讨高句丽，唐高宗显庆五年（公元 660 年）百济灭亡。唐高宗总章元年（公元 668 年）唐军攻克平壤，宝藏出降，高句丽灭亡。唐在平壤设安东都护府。唐高宗永淳元年（公元 682 年）宝藏死于邛州，葬于长安，在位 27 年。

根据以上研究，可制成高句丽 28 王传承表（表 3.1）如下：

表 3.1　高句丽 28 王传承表

位序	王号	王名	与前王关系	在位时间	说明
1	东明圣王 邹牟王	朱蒙　邹牟　众解		前 37—前 19	
2	琉璃明王 儒留王	类利 儒留	父子	前 19—公元 18	
3	大武神王 大朱留王 大解朱留王	无恤 味留	父子	18—44	
4	闵中王	解色朱 解邑朱	兄弟	44—48	
5	慕本王	解忧 解爱娄	叔侄	48—53	
6	太祖大王 国祖王	宫 於漱	叔兄弟	53—121	《三国史记》为 53—146
7	次大王	遂成	父子	121—126	《三国史记》为兄弟 146—165
8	新大王	伯固 伯句	父子	126—179	《三国史记》为兄弟 165—179
9	故国川王 国壤王	男武	父子	179—197	《三国史记》或名伊夷模
10	山上王	延优 伊夷模	兄弟	197—227	《三国史记》为一名位宫
11	东川王 东壤王	忧位居 郊彘　位宫	父子	227—248	
12	中川王 中壤王	然弗	父子	248—270	
13	西川王 西壤王	药卢 若友	父子	270—292	
14	烽上王 雉葛王	相夫 歃夫娄	父子	292—300	
15	美川王 好壤王	乙弗 忧弗	叔侄	300—331	
16	故国原王 国罡上王	斯由 钊	父子	331—371	

续表

位序	王号	王名	与前王关系	在位时间	说明
17	小兽林王 小解朱留王	丘夫	父子	371—384	
18	故国壤王	伊连 於只支	兄弟	384—391	《三国史记》为 384—392
19	广开土王 好太王 永乐太王	谈德 安	父子	391—412	《三国史记》为 392—412
20	长寿王	巨连 （琏）	父子	413—491	
21	文咨明王 明治好王 文咨王	罗云 云	祖孙	492—519	
22	安藏王	兴安	父子	519—531	
23	安原王	宝延	兄弟	531—545	
24	阳原王 阳冈上好王	平成	父子	545—559	
25	平原王 平冈上好王	阳成 汤	父子	559—590	
26	婴阳王 平阳王	元 大元	父子	590—618	
27	荣留王	建武 成	兄弟	618—642	
28		宝藏 藏	叔侄	642—668	死于 682 年 无封号

三、文献记载的高句丽系比较

前面的高句丽王系表是以《三国史记·高句丽本纪》确定的王系为基础，同时也参考了正史《高句丽传》或《高丽传》所提供的高句丽诸王的信息，吸收了诸多学者的研究成果整理而成。

《三国史记·高句丽本纪》确立的高句丽 28 王体系，对于后来的研究曾经产生过重要影响。朝鲜半岛的史书《三国遗事》《东国通鉴》《东国史略》基本都遵从这一王系。

《三国遗事》是高丽王朝僧人一然（1206—1289 年）编写的史学著作，成书相对早些。其中的《王历表》编年记录了新罗、高句丽、百济诸王的世系传承和重要活动。该书记载的高句丽王共有 28 位，与《三国史记·高句丽本纪》记载的 28 代王基本相同。

　　《东国通鉴》是李氏朝鲜时期的官修史书，由徐居正、郑孝恒等人奉成宗之命编写。汉文编年体史书。1446 年开始编写，至 1485 年编纂完成。记载了檀君朝鲜至高丽王朝末期的历史。《东国史略》成书最晚，已经到了明代。以编年体纪事方式记录了新罗、高句丽、百济诸王的简要历史。两部书的高句丽 28 代王系，基本是从《三国史记·高句丽本纪》中辑录而成的。其中《东国通鉴·高句丽》诸王的编年纪事，是以汉唐王朝纪年的方式记载了高句丽 28 位王的即位之年，颇有特点：

　　第一代王，汉建昭二年，高句丽始祖高朱蒙元年。

　　第二代王，汉鸿嘉二年，高句丽琉璃明王元年。

　　第三代王，天凤五年，高句丽大武神王元年。

　　第四代王，汉建武二十年，高句丽闵中王元年。

　　第五代王，汉建武二十四年，高句丽慕本王元年。

　　第六代王，汉永平十一年，高句丽太祖王元年。

　　第七代王，汉本初元年，高句丽次大王元年。

　　第八代王，汉延熹八年，高句丽新大王元年。

　　第九代王，汉光和二年，高句丽故国川王元年。

　　第十代王，汉建安二年，高句丽山上王元年。

　　第十一代王，魏明帝太和元年，高句丽东川王元年。

　　第十二代王，魏正始九年，高句丽中川王元年。

　　第十三代王，晋泰始六年，高句丽西川王元年。

　　第十四代王，晋元康二年，高句丽烽上王元年。

　　第十五代王，晋永康元年，高句丽美川王元年。

　　第十六代王，晋咸和六年，高句丽故国原王元年。

　　第十七代王，晋文帝咸安元年，高句丽小兽林王元年。

　　第十八代王，晋太元九年，高句丽故国壤王元年。

　　第十九代王，晋太元十七年，高句丽广开土王元年。

　　第二十代王，晋义熙九年，高句丽长寿王元年。

　　第二十一代王，齐永明九年，高句丽文咨明王元年。

　　第二十二代王，梁天监十八年，高句丽安臧王元年。

　　第二十三代王，梁中大通三年，高句丽安原王元年。

　　第二十四代王，梁大同十一年，高句丽阳原王元年。

　　第二十五代王，陈永定三年，高句丽平原王元年。

　　第二十六代王，隋文帝开皇十年，高句丽婴阳王元年。

　　第二十七代王，唐高祖武德元年，高句丽荣留王元年。

第二十八代王，唐贞观十六年，高句丽宝藏王元年。

中国古代正史《高句丽传》或《高丽传》比《三国史记》《三国遗事》《东国通鉴》《东国史略》成书都要早，可信程度更高些。但是，由于与高句丽政权及其历史存在时间与空间方面的距离，加之史料来源多为传闻，也会出现一些失误和不足。记载高句丽王系的空缺和不完整，就是一个重要方面。初步统计，正史《高句丽传》和《高丽传》所记高句丽王的情况如下：

《后汉书·高句骊传》记载了高句丽王宫、遂成、伯固3位王。

《三国志·高句丽传》记载了高句丽王宫、伯固、伊夷模、位宫4位王。

《宋书·高句骊传》只记载了高句丽王琏1位王。

《南齐书·高丽传》记载了高句丽王琏、云2位王。

《梁书·高句骊传》记载了高句丽王东明、宫、伯固、伊夷模、位宫、乙弗利、钊、安、琏、云、安、延12位王。

《魏书·高句丽传》记载了高句丽王朱蒙、闾达、如栗、莫来、宫、位宫、乙弗利、钊、琏、云、安、延、成13位王。

《周书·高丽传》记载了高句丽王朱蒙、琏、成、汤4位王。

《南史·高句丽传》记载了高句丽王琏、云、安、延、成5位王。

《北史·高句丽传》记载了高句丽王朱蒙、闾达、如栗、莫来、宫、伯固、伊夷模、位宫、乙弗利、钊、琏、云、安、延、成、汤、元17位王。

《隋书·高丽传》记载了高句丽王朱蒙、闾达、位宫、钊、琏、汤、元7位王。

《旧唐书·高丽传》记载了高句丽王元、建武、藏3位王。

《新唐书·高丽传》记载了高句丽王元、建武、藏3位王。

除掉重复记载，正史记载的高句丽王系共21位王：朱蒙、闾达、如栗、莫来、宫、遂成、伯固、伊夷模、位宫、乙弗利、钊、安、琏、云、安、延、成、汤、元、建武、藏。

宋神宗元丰八年（公元1085年），文史学家曾巩后人整理成的《元丰类稿》中收录其《请访问高丽世次》一文，记录了高句丽朱蒙建国之后传至宝藏等21位王：

> 高句丽，其先出夫余。王得河伯女，因闭于室，感日而孕，生朱蒙。及长，夫余之臣谋杀之，朱蒙走得免，至纥升骨城居焉，号高句丽，因以高为氏。
>
> 朱蒙死，子如栗立。如栗死，子莫来立。骊立。光武建武八年，高句丽遣使朝贡，复其王号。莫来裔孙宫立。宫死，子遂成立。遂成死，子伯固立。伯固死，子伊夷模立。伊夷模死，子位宫立。位宫死，元孙乙弗利立。弗利死，子钊立。安立。钊曾孙琏立。琏死，孙云立。云死，子安立。安死，子延立。延死，子成立。成死，子汤立。汤死，子元立。元死，弟建武立。建武死，弟之子藏立。藏子德武为安东都督。同光、天成间，高丽国王高氏累遣使朝贡。

曾巩的高句丽王系应该是从正史《高句丽传》和《高丽传》整理而来，因此差不太多，只是减

少了闾达，增加了骀，都是 21 位王。

为了便于同《三国史记》高句丽王系进行比较，列表如下（表3.2）：

表 3.2　文献记载高句丽王系比较表

《三国史记·高句丽本纪》	正史《高句丽传》	曾巩《高丽世次》
1. 东明王　　朱蒙	1. 朱蒙	1. 朱蒙
2. 子　　琉璃王　　类利	2. 子　　闾达	2. 子　　如栗
3. 子　　大武神王　　无恤	3. 子　　如栗	3. 子　　莫来
	4. 子　　莫来	4. 骀
4. 弟　　闵中王　　解色朱		
5. 无恤子　慕本三　　解忧		
6. 琉璃王孙　　太祖王　　宫	5. 宫	5. 莫来孙　　宫
7. 弟　　次大王　　遂成	6. 子　　遂成	6. 子　　遂成
8. 弟　　新大王　　伯固	7. 子　　伯固	7. 子　　伯固
9. 子　　故国川王　　男武	8. 子　　伊夷模	8. 子　　伊夷模
10. 弟　　山上王　　延优（伊夷模）	9. 子　　位宫	9. 子　　位宫
11. 子　　东川王　　忧位居（位宫）		
12. 子　　中川王　　然弗		
13. 子　　西川王　　药卢		
14. 子　　烽上王　　相夫		
15. 西川王孙　　美川王　　乙弗	10. 孙　　乙弗利	10. 孙　　乙弗利
16. 子　　故国原王　　斯由（钊）	11. 子　　钊	11. 子　　钊
17. 子　　小兽林王　　丘夫		
18. 弟　　故国壤王　　伊连		
19. 子　　广开土王　　谈德	12. 安	12. 安
20. 子　　长寿王　　琏	13. 钊曾孙　　琏	13. 钊曾孙　　琏
21. 孙　　文咨明王　　罗云	14. 孙　　云	14. 孙　　云
22. 子　　安藏王　　兴安	15. 子　　安	15. 子　　安
23. 弟　　安原王　　宝延	16. 子　　延	16. 子　　延
24. 子　　阳原王　　平成	17. 子　　成	17. 子　　成
25. 子　　平原王　　阳成	18. 子　　汤	18. 子　　汤
26. 子　　婴阳王　　元	19. 子　　元	19. 子　　元
27. 弟荣留王　　建武	20. 弟　　建武	20. 弟　　建武
28. 侄宝藏王　　藏	21. 弟之子　藏	21. 弟之子　藏

通过比较之后可以看出，《三国史记·高句丽本纪》是中外所有历史文献中，记载高句丽王系最全面的。从朱蒙王到宝藏王共传 28 代王，高句丽国家存在 705 年，这也是中外学者研究和撰写高句丽历史主要遵从的高句丽王系，同时对于其中辈分、年代的某些不足之处进行讨论和修正，使之更加完善。

中国正史中的 12 部《高句丽传》或《高丽传》共记载高句丽 21 位王，如果以此作为高句丽国家的王系传承，高句丽的历史会缩短将近六分之一。

正史《高句丽传》中缺少的高句丽王是：

第四代闵中王，公元 44—48 年在位；

第五代慕本王，公元 48—53 年在位；

第十一代东川王，公元 227—248 年在位；

第十二代中川王，公元 248—270 年在位；

第十三代西川王，公元 270—292 年在位；

第十四代烽上王，公元 292—300 年在位；

第十七代小兽林王，公元 371—384 年在位；

第十八代故国壤王，公元 384—391 年在位。

这 8 位王当政的时间应该有 110 年左右。正史《高句丽传》或《高丽传》记载的王系，使高句丽国家的存世时间缺少 110 年左右，那么高句丽历史就只有 595 年左右了。如果说高句丽灭国时间是在唐高宗总章元年（公元 668 年）的话，以此向上推算，高句丽建国当在东汉明帝永平十六年（公元 73 年）前后，那么《汉书·王莽传》所记载的"莽发高句丽兵当伐胡"的史事将不复存在，所谓"高句丽侯驺"亦不复存在。这种自相矛盾的文献记载，肯定会有一方面存在问题。

正史《高句丽传》或《高丽传》记录缺失的几位高句丽王，比较集中在第十一代到第十四代王，正好处在魏明帝太和元年（公元 227 年）到西晋惠帝永康元年（公元 300 年）。此期间，中原魏、蜀、吴三国分立，战事不断，无暇顾及北方民族小国。晋武帝太康元年（公元 280 年）才出现统一局面。不久，为争夺中央政权，司马氏家族同姓王之间爆发了"八王之乱"，引发了大规模战乱，战乱前后历时 16 年，对当时社会造成了极大的破坏，最终导致西晋灭亡，并开始了近 300 年的分裂和动乱。这种情况下，西晋王朝危机四伏，不会关注高句丽国王位的变化。再加上这几位高句丽王在位时间都不长，与中原联系时断时续，使得中原史家难以得到高句丽王的准确情况与王系传承，从而导致正史记载的缺失。

同样，曾巩得到的高句丽王系，也是只有 21 代王，高句丽历史也会因此减少 110 年左右。很明显，曾巩所依据的基本是正史《高句丽传》，一方面相信高句丽只传了 21 位王，另一方面又相信《汉书·王莽传》所记载的"高句丽侯驺"是高句丽王，那么将驺加入高句丽王系就使高句丽王成为 22 位，为了保持和正史 21 位王一致，只有删掉一个王，于是就将闾达删除。也就是说曾巩将驺替换掉闾达，这一替换至少是在宋神宗元丰六年（公元 1083 年）之前，距离金富轼完成《三国史记·高句丽本纪》

还有 62 年多。

金富轼在撰写《三国史记》时，不仅参考了中国正史的相关记载，而且还要依靠高丽王朝的史馆及档案资料，更要依靠高句丽史官留下来的史书《古记》《留记》《新集》等。在《三国史记·高句丽本纪》中已有说明。这样总结整理出来的高句丽王系会更为完整，更为可信些。与相关记载高句丽内容的史书比较，《三国史记》的史料来源明显优越些，其中保留的至今已经散佚的《古记》《留记》《新集》等记载，更是弥足珍贵。

四、高句丽继统法

高句丽 28 代王之间的王位继承是有一定规律的，这体现了高句丽政权自己的继统法。

从我们研究制成的高句丽王系表看，高句丽王位继承大体有以下四种方式。

第一种方式：父死子继。计有儒留王、大朱留王、次大王、新大王、故国川王、东川王、中川王、西川王、烽上王、故国原王、小兽林王、广开土王、长寿王、安臧王、阳原王、平原王、婴阳王等 17 位王是继承父业为王的，占 28 王中的 60.71%。

第二种方式：兄终弟及。计有闵中王、太祖大王、山上王、故国壤王、安原王、荣留王等 6 位王是兄弟之间继承王位的。其中太祖大王是从叔兄慕本王接替王位的，其余均为亲兄弟，这样兄弟相及为王的，占 28 王中的 21.43%。

第三种方式：叔以侄继。计有慕本王、美川王和宝藏 3 位王是以这种方式继承王位的，占 28 王中的 10.71%。

第四种方式：祖孙相继。只有长寿王之子助多早死，由其孙罗云继承王位为文咨明王，占 28 王中的 3.57%。

开国之王邹牟是由于婚姻关系进入高句丽地区，在西汉玄菟郡内建国称王的。若说继承关系，也只能是继承了妻父的事业，因此不在统计之列。

需要说明的是，《三国史记》中次大王、新大王是作为太祖大王兄弟来继承王位的。这样只是父子相继少了两王，兄弟相及多了两王。由于《三国史记》成书晚于《三国志·高句丽传》等正史，我们予以校正，其结果并不影响我们对高句丽继统法的讨论。

上面四种王位继承的方式，归纳起来主要是父死子继和兄终弟及两种，而叔以侄继和祖孙相继均为非同辈继承，与父子相继应属同类，为后辈继承前辈，而兄弟之间则属于同辈继承，这种传承方式、继统法则完全是在中原王朝继统法的影响之下形成的。

自从启继承禹的王位为夏王之后，中原王朝的王位便开始了父子相传的世袭制。夏代 17 位帝王，主要是父死子继，只有太康与仲康、帝不降与帝扃、帝孔甲与帝胤甲之间出现了 3 位兄终弟及的情况。[①] 商代作为北方民族，在王位继承上更随意些，兄终弟及的情况较前代有所增加。

---

① 《史记》卷十三《三代世表》，北京：中华书局，1959 年，第 491—493 页。

商汤至帝辛 31 王中竟然有 14 位王是继承乃兄之王位，比例几乎占了一半。武丁以前的 22 个王中，兄终弟及则有 12 位，大大超过了半数。[①]可见，商王朝前期主要是兄弟相继，后来才逐渐形成父子相继。到了西周时期，才确立了嫡长子继承的制度。在西周礼制与宗法制度的约束下，继承宗嗣的，必须是嫡夫人所生之长子。《公羊传·隐公元年》有："立适（嫡）以长不以贤，立子以贵不以长。"说明王侯继承人的选择上首先是嫡夫人之长子，无论其贤良与否。若嫡夫人无子，则从诸子中选取贵者。贵者为何，母贵也，子以母贵，母以子贵。武王继承文王之位，伐纣入朝歌，取殷王朝而代之。其子成王继位后，分封诸侯，营洛邑，周公东征，制礼作乐，礼乐宗法之制完备，嫡长子继承制度确立实行。西周 12 王中，只有孝王辟方是共王之弟，还是在共王之子懿王死后立的。[②]其他诸王都严格按照嫡长子的继统法则进行承嗣，这种方式对各诸侯国以及秦汉以降的封建王朝产生了重要的影响。

这种嫡长子继承制有时也会因嫡夫人无子或其他原因而有所改变，其中弟接兄位的情况较多，往往成为嫡长子继承制的一种补充。"父死子继，兄死弟及。"[③]"一继一及，鲁之常也。"这是叔牙总结鲁庄公之前王位继承时讲的。秦国初年也有此情况。两汉时期也存在兄终弟及的实例。高句丽诸王继统法中主要是父死子继和兄终弟及。在他们的思想观念中均是合乎礼制和传统的。

《三国史记》载遂成与近臣田猎宴饮，议及王位继承问题，贯那于台弥儒、桓那于台菸支留、沸流那皂衣阳神等认为，"初慕本之薨也，太子不肖。群僚欲立王子再思，再思以老让子者，欲使兄老弟及。今王既已老矣，而无让意，惟吾子计之"。遂成说："承袭必嫡，天下之常道也。王今虽老，有嫡子在，岂敢觊觎乎！"弥儒说："以弟之贤，承兄之后，古亦有之，子其勿疑。"

需要指明的是，《三国史记》是将遂成作为太祖大王之弟记叙的，与《三国志》《后汉书》中所记之父子关系不同，而且年代也有出入。然而，遂成与诸大臣议论王位继承时"承袭必嫡""以弟之贤，承兄之后"的说法，则反映了高句丽君臣对继统法的认识，特别是"以弟之贤，承兄之后，古亦有之"。这个"古亦有之"最典型的还是商王朝大量兄终弟及的史实，这也进一步证实了高句丽与殷商氏族、国家之间的渊源关系。

高句丽国家 28 代王，无论是父死子继，还是兄终弟及，都符合夏商周三代以来的礼制和王位继统法的原则。因此，大多数王死了以后，都能比较顺利地由子弟继承王位，掌握军国大事，安定国家，发展经济，促进社会进步，特别是公元 300 年以后，美川王至婴阳王期间，诸王相继较为平和，没有发生争斗。而在美川王之前，曾出现过几起王位更迭事件，其表现方式不尽相同，大体上有如下三种情况。

第一种，国王不贤，被杀被废，国人与大臣迎立新君。

高句丽第五代王慕本王，"为人暴戾不仁，不恤国事，百姓怨之"。后来"日增暴虐，居常坐

---

① 《史记》卷十三《三代世表》，北京：中华书局，1959 年，第 494—500 页。
② 《史记》卷十三《三代世表》，北京：中华书局，1959 年，第 500—504 页。
③ 《史记》卷三十三《鲁世家》并《集解》引何休语，北京：中华书局，1959 年，第 1532 页。

人，卧则枕人，人或动摇，杀无赦。臣有谏者，弯弓射之"。[1]终于被近臣杜鲁所杀。因太子不肖，国人迎琉璃明王子再思之后宫继位，是为太祖大王。高句丽第七代王次大王继其父太祖大王之位，杀戮忠臣与先王子，不修德政，被椽那皂衣明临答夫所杀。群臣公议，另立次大王之子伯固为王，是为新大王。[2]

高句丽第十四代王烽上王，"骄逸多忌"，诛杀功臣和兄弟，百姓哀痛愤恨。国相仓助利多次进谏不听，便与群臣谋废，迎先王之孙乙弗为王，即美川王。烽上王自经而死。[3]

第二种，国王年老，王子专权，逼其让位。

高句丽第六代王太祖大王，公元 53 年继位，当初年幼，太后垂帘听政。及年长治理国家，安定政局，对外修好，发展军事实力，扩张统治势力，在位 69 年。年老之时，委政于王子遂成。遂成逐渐专权，网罗党羽，私下谋议王位。太祖大王为其所迫，不得不让位于遂成。遂成继位不久，诛右辅高福章与太祖大王之子莫勤、莫德。依《三国史记》记载，则太祖大王在位 94 年，逼其让位的遂成乃是其弟，时年 76 岁。[4]

第三种，国王死后，王后与王弟秘议夺兄之位。

高句丽第九代王故国川王死后，王后于氏秘不发丧，与王之幼弟伊夷模矫先王之命，令群臣立伊夷模。伊夷模之兄发歧认为"兄死弟及，礼也，汝越次篡夺，大罪也"。以兵围王宫，三日不下。发歧乃奔辽东，借兵 3 万攻打高句丽。王位争夺使兄弟反目，兵戎相见，最后发歧兵败自刎而死，这在高句丽历史上并不多见。伊夷模战胜其兄，夺得王位，是为山上王，因其嫂于氏助其为王，仍立为王后。[5]

以上三种情况，只有山上王继位时，兄弟相争，使用了军队，发生了内战，甚至借用了辽东军队。其他情况，无论是杀王、废王，还是逼其让位，都没有动用军队，亦未造成内乱。说明高句丽继统之法在王位继承方面起到了重要作用。在高句丽王公大臣的思想之中，父死子继或兄终弟及都是顺理成章，合乎法度的。

---

[1] 《三国史记》卷十四《高句丽·慕本王本纪》，汉城：韩国民族文化推进会，1982 年，第 121 页。

[2] 《三国史记》卷十五《高句丽·次大王本纪》，卷十六《高句丽·新大王本纪》中以伯固为太祖大王之季弟，汉城：韩国民族文化推进会，1982 年，第 126 页。

[3] 《三国史记》卷十七《高句丽·烽上王本纪》，汉城：韩国民族文化推进会，1982 年，第 136 页。

[4] 《三国史记》卷十五《高句丽·太祖大王本纪》《高句丽·次大王本纪》，汉城：韩国民族文化推进会，1982 年，第 125 页。

[5] 《三国史记》卷十六《高句丽·山上王本纪》，汉城：韩国民族文化推进会，1982 年，第 129—130 页。

第四章

两汉时期的高句丽

——巩固、兼并与扩张

从西汉末到东汉，是高句丽政权建立、巩固，不断兼并周边小国，向外扩张的一个重要历史时期。大体上是公元前 37 年至公元 227 年的 260 多年间，从邹牟王到山上王共经历了 10 代王的统治。高句丽在汉中央王朝与玄菟郡的管理之下，逐渐成为一个实力较强的边疆郡国。西汉、新莽与东汉政权对高句丽的政策有所不同，高句丽与它们交往、亲和的情况也有一些变化。高句丽政权不断巩固，管辖地区不断扩大则是这一时期的特点。

第一节　西汉时期的高句丽

一、邹牟王创业

西汉元帝建昭二年（公元前 37 年），邹牟率族众从夫余来到了高句丽人聚居之地。邹牟作为夫余国的王子娶了高句丽部落联盟首长的女儿，掌握了高句丽部落联盟的权力，并在汉玄菟郡高句丽县境内发展自己的势力，以高句丽人为核心，团结夫余人、汉人和其他民族、部落，经过玄菟郡和中央王朝的允诺建立了高句丽国。这种边疆民族政权在西汉郡国并行和优抚边疆民族等一系列政策之下出现是颇为正常的。邹牟王及其治下百姓，多年来生活在汉玄菟郡内，接受汉朝官吏的管辖，汉朝的政治、经济制度与思想文化、风俗习惯对高句丽人的影响是相当深的。因此，邹牟建国之初完全按照玄菟郡及高句丽县的管理方式来维护和巩固政权，也经历了一段"创业"的过程。

邹牟建国的第一件事则是在卒本（好太王碑文称忽本，卒、忽相通）建立都城。

好太王碑文记载：

> 惟昔始祖，邹牟王之创基也。出自北夫余，天帝之子。母河伯女郎。剖卵降世，生而有圣德。□□□□□。命驾巡幸南下。路由夫余奄利大水，王临津言曰："我是皇天之子，母河伯女郎，邹牟王。为我连葭浮龟。"应声即为连葭浮龟。然后造渡，于沸流谷忽本西，城山上而建都焉。

《魏书·高句丽传》是正史中记载高句丽建国最为详尽的：

> 高句丽者，出于夫余。自言先祖朱蒙。朱蒙母河伯女，为夫余王闭于室中，为日所照。引身避之，日影又逐，既而有孕。生一卵，大如五升。夫余王弃之与犬，犬不食。弃之与豕，

豕又不食。弃之于路，牛马避之。后弃之野，众鸟以毛茹之。夫余王割剖之，不能破。遂还其母，其母以物裹之，置于暖处。有一男破壳而出。及其长也，字之曰朱蒙。其俗言，朱蒙者，善射也。夫余人以朱蒙非人所生，将有异志，请除之。王不听，命之养马。朱蒙每私试，知有善恶。骏者减食令瘦，驽者善养令肥。夫余王以肥者自乘，以瘦者给朱蒙。后狩于田，以朱蒙善射，限之一矢。朱蒙虽矢少，殪兽甚多。夫余之臣又谋杀之，朱蒙母阴知，告朱蒙曰："国将害汝，以汝才略，宜远适四方。"朱蒙乃与乌引、乌违等二人弃夫余东南走。中道遇一大水，欲济无梁。夫余人追之甚急，朱蒙告水曰："我是日子，河伯外孙，今日逃走，追兵垂及，如何得济？"于是鱼鳖并浮，为之成桥。朱蒙得渡，鱼鳖乃解，追骑不得渡。朱蒙遂至普述水，遇见三人，其一人著麻衣，一人著纳衣，一人著水藻衣。与朱蒙至纥升骨城，遂居焉。号曰高句丽，因以为氏焉。"

《三国史记·高句丽本纪》载：

始祖东明圣王，姓高氏，讳朱蒙（一云邹牟，一云众解）。……王子及诸臣又谋杀之，朱蒙母阴知之，告曰……朱蒙乃与乌伊、摩离、陕父等三人为友，行至淹滤水，欲渡无梁……于是鱼鳖浮出成桥，朱蒙得渡，鱼鳖乃解，追骑不得渡。朱蒙行至毛屯谷，遇三人……与之俱至卒本川，观其土壤肥美，山河险固，遂欲都焉。而未遑作宫室，但结于沸流水上居之，国号高句丽，因以高为氏。

《三国遗事·高句丽》记载：

国史《高丽本纪》云，始祖东明圣帝，姓高氏，讳朱蒙。……至卒本川遂都焉。未遑作宫室，但结庐于沸流水上居之，国号高句丽，因以高为氏。时年十二岁，汉孝元帝建昭二年甲申岁即位称王。

《东国史略·高句丽》记载：

高句丽始祖朱蒙立。先是，东扶余王金蛙，得河伯女柳花于太白山南优渤水，幽于室中，为日影所照而娠，生一卵。蛙欲剖之，不能，母裹置暖处，有男子破壳而出，骨表英奇伟。……至毛屯谷，遇三贤，俱至卒本扶余。其王无子，妻以女，生沸流及温祚。王薨，朱蒙嗣，自称高辛之后，国号高句丽，因姓高。

《东国通鉴·高句丽》记载与《三国史记》大体相同：

　　高句丽始祖高朱蒙立。先是，扶余王解夫娄老无子，祭山川求嗣。所御马至鲲渊，见大石相对而泪，怪之。使人转其石，有小儿金色蛙形。王喜曰："此天赉我令胤。"养之，名曰金蛙。及长，立为太子。后其相阿兰弗曰："梦天帝谓我曰：'将使吾子孙立国于此。汝其避之。'东海之滨有地，曰迦叶原，土壤膏腴宜五谷，可都也。"遂劝王移都，国号东扶余。其旧都有人，自称天帝子解慕漱，来都焉。及解夫娄薨，金蛙嗣。得女子于太白山南优渤水。问之，曰："我是河伯之女柳花。与诸弟出游，解慕漱诱入熊心山下，鸭绿室中私之，即往不返。父母责我无媒而从人，遂谪于此。"蛙异之，幽于室中。为日所照，引身避之，日影又逐而照之，因有娠，生一卵。蛙弃之与犬豕，不食。弃之路，牛马避之。弃之野，鸟覆翼之。蛙欲剖之不能。母裹置暖处，有男子破壳而出，骨表英奇。年甫七岁，自作弓矢射之，发无不中。扶余俗谓善射为朱蒙，故名之。

　　蛙有七子，其技能皆不及朱蒙。长子带素言于父曰："朱蒙生也非常，且有勇，不早图，恐有后患。"蛙不听，掌喂马。朱蒙增损其刍豆，令骏者瘦，而驽者肥。蛙自乘肥，而与朱蒙瘦。猎于野，与朱蒙矢少，而殪必多。蛙诸子忌，欲杀之，母语朱蒙曰："国人将害汝，以汝才略，何往不可？孰与迟留而后悔者乎。"朱蒙乃与乌伊、摩离、陕父等三人行至掩滞水，无梁，祝曰："我是天帝子，河伯外甥。今日逃难，追者垂及，奈何？"于是，鱼鳖成桥。朱蒙得渡，桥乃解，追骑不及。朱蒙行至毛屯谷，遇麻衣、衲衣、水藻衣三人，麻衣曰再思，衲衣曰武骨，水藻衣曰默居。朱蒙赐再思姓克氏，武骨仲室氏，默居少室氏。语众曰："我方承景命，遇此三贤，岂非天乎。"俱至卒本扶余，沸流水上都焉，国号高句丽，因姓高。四方闻之，来附者众。

　　以上文献均记载高句丽建都的情况，由于年代不同，观察角度不同，还存在一些差异，但大体上是清楚的。结合辽宁省桓仁县考古调查与发掘的成果，我们把桓仁县城东北富尔江与浑江交界一段比定为沸流水，以下冲积平原至县城一带作为卒本川（忽本）是可行的。桓仁县城附近发现了两座古城，一座平原城名为下古城子古城，一座山城名为五女山城。桓仁县城附近以及桓仁水库淹没区原有多处高句丽古墓群。1991 年 9—11 月，辽宁省文物考古研究所与本溪市博物馆共同发掘了米仓沟高句丽将军墓，发现了彩绘壁画[①]，进一步确立了桓仁县城附近作为高句丽都城的地位。

　　卒本（忽本）在桓仁，高句丽第一座都城在桓仁，除了与文献记载相符，也有充分的文物遗迹证实。但其建都初期的史事尚需进一步分析研究。

　　《魏书·高句丽传》记载"朱蒙至纥升骨城，遂居焉"。说明朱蒙来之前这里就有一座城，名曰纥升骨。《三国史记》《三国遗事》记朱蒙至卒本川"未遑作宫室，但结庐于沸流水上居之"。而好太王碑文中则是"于沸流谷忽本西，城山上而建都焉"。

　　纥升骨城应该是一座汉代或更早的土城，高句丽人善于对旧城加以改造成为自己的都城。邹牟率众人到卒本川之时，或许纥升骨城已被前人废弃，还来不及修建宫室，只好在沸流水畔结庐而居。

---

① 　辛占山：《桓仁米仓沟高句丽"将军墓"》,《东北亚文明源流的考古学研究》1993 年；武家昌：《桓仁米仓沟将军墓壁画初探》,《辽海文物学刊》1994 年第 2 期。

邹牟即王位四年"秋七月,营作城郭宫室"①。修建宫室是在纥升骨城内进行的,营作城郭则是指对纥升骨城城墙的维修,也应包括在山上修建防御性山城——好太王碑文中"城山上而建都焉"。根据高句丽中后期都城的建筑格局,一般是由平原城和一座修建在山上的军事卫城组成,而往往是以平原城来命名的,如集安的国内城、朝鲜的平壤城等,附近都有一座山城作为军事卫城,可以推定纥升骨城应是一座平原城,其位置在今桓仁县城附近的平原上。邹牟王建都的同时,不仅要安置好从夫余带来的族众,路途中收容的百姓,还要管理好高句丽故地的部众和百姓,使他们各安其业,稳定生活,同时开始兼并都城周边的部落方国。

公元前37年,邹牟王在卒本建都之后,左近部落前来依附,高句丽人、夫余人、汉人、沃沮人、貊人纷纷拥戴。一天,邹牟王在沸流水边发现水中有菜叶顺流而下,知道上游有人居住,于是率领族众借狩猎之机向沸流水上游寻找,找到了沸流小国。其国王松让出见曰:"寡人僻在海隅,未尝得见君子。今日邂逅相遇,不亦幸乎?然不识吾子自何而来。"邹牟王回答:"我是天帝子,来都于某所。"松让说:"我累世为王,地小不足容两主,君立都日浅,为我附庸可乎?"邹牟王闻言十分恼怒,与之激烈争辩。最后以较量射艺来决定输赢,几番较量之后,松让服输。第二年夏六月,松让举国降服。邹牟将其地作为多勿都,由松让为主。"多勿"高句丽语谓复旧土之意。②

公元前32年,邹牟王命乌伊、扶芬奴二人率领军队征伐荇人国,荇人国在太白山东南,大约在今临江市至长白县一带沿鸭绿江地区,很快便取得了胜利,建立起高句丽管辖下的城邑。③

公元前28年,邹牟王"命扶尉猒率兵伐北沃沮,灭之,以其地为城邑"④。北沃沮在荇人国北,大约是今长白山东北,延吉、珲春到朝鲜咸镜北道一带。

邹牟王在位期间,建立了都城,开创了基业,稳定了统治,以卒本为中心,征服了松让、荇人、北沃沮等部落方国。其势力发展是以今辽宁省桓仁县为中心,先向北征服今通化市、白山市一带,再向东南征服临江市、长白县和朝鲜咸镜北道一带,高句丽政权在汉玄菟郡东部、乐浪郡东北部交界地区站稳了脚跟。

二、儒留王迁都

儒留王是邹牟王长子,夫余礼氏夫人所生,名类利。《三国史记》记为琉璃明王。好太王碑铭记"顾命世子儒留王,以道兴治"。说明他是遵照邹牟王开国方略来治理国家的。

儒留王继承王位的第二年,"纳多勿侯松让之女为妃"⑤。松让侯是邹牟王征服的原沸流国主,居地离高句丽王都最近,实力也较强。通过联姻,儒留王得到松让的支持,第三年为之建造离宫于

---

① 《三国史记》卷十三《高句丽·东明王本纪》,汉城:韩国民族文化推进会,1982年,第112页。
② 《三国史记》卷十三《高句丽·东明王本纪》,汉城:韩国民族文化推进会,1982年,第112页。
③ 《三国史记》卷十三《高句丽·东明王本纪》,汉城:韩国民族文化推进会,1982年,第112页。
④ 《三国史记》卷十三《高句丽·东明王本纪》,汉城:韩国民族文化推进会,1982年,第112页。
⑤ 《三国史记》卷十三《高句丽·琉璃明王本纪》,汉城:韩国民族文化推进会,1982年,第113页。

鹘川。此鹘川应是鹘岭山下的平川之地。《三国史记》东明王"三年春三月，黄龙见于鹘岭。秋七月，庆云见鹘岭南，其色青赤"。可见，鹘岭是高句丽王公大臣认为的祥瑞之地。有学者认为，鹘岭即今辽宁省桓仁县城东北的五女山。[①] 儒留王建造离宫安置王妃于鹘岭下的平川上，亦属卒本区域内，是合乎道理的。

儒留王三年（公元前 17 年）冬十月，王妃松氏死，王娶二女以充后宫，"一曰禾姬，鹘川人之女也，一曰雉姬，汉人之女"。二女之间争宠相互不和，儒留王为之造东西二宫于凉谷分别安置。[②] 此凉谷或为凉水之谷地，亦应在卒本区域内的平原上。儒留王本想以分别安置的方式稳定后宫，先后建造鹘川离宫和凉谷东西二宫，最后还是以雉姬逃归汉家为结局。待到后宫稳定，儒留王便以先王为榜样开始向西北发展势力。

公元前 9 年，高句丽从多勿部出兵向西北，遇到鲜卑一部。王谓群臣曰："鲜卑恃险，不我和亲，利则出抄，不利则入守，为国之患。若有人能折此者，我将重赏之。"扶芬奴进曰："鲜卑险固之国，人勇而愚，难以力斗，易以谋屈。"同时进献反间之计，派人伪称高句丽国小兵弱，怯而难动，麻痹鲜卑人，使之无备。王率羸弱之兵在其城南引诱，鲜卑人出城远追。高句丽以扶芬奴率精兵，乘虚攻入鲜卑城，使其降为属国。[③]

"鲜卑者，亦东胡之支也，别依鲜卑山，故因号焉，其语言习俗与乌桓同。"[④] 鲜卑有两部，一为北部鲜卑，史称拓跋鲜卑；一为南部鲜卑，亦即史称东部鲜卑者。东部鲜卑南与乌桓接，东与夫余接，西汉末大批南迁。高句丽与之战斗者，当是鲜卑南迁时，居于南苏水上游，今清原至铁岭之间的一支。

儒留王对鲜卑作战的胜利，使夫余感到高句丽势力的发展与威胁，公元前 6 年，"夫余王带素遣使来聘，请交质子"。[⑤] 儒留王认为夫余国力比自己强大，短时间内难以与之抗衡，想让太子都切去夫余作人质，都切恐惧不去。夫余王带素非常不满，冬十一月，率 5 万军队南下征讨高句丽。因遇大雪，士兵冻死很多，才不得不撤兵。从此，高句丽与夫余结怨。

儒留王二十二年（公元 3 年）"冬十月，王迁都于国内，筑尉那岩城"。[⑥]

关于高句丽从纥升骨城迁都国内城的原因，应有如下几点。

第一，国内城的地理位置和自然环境比卒本纥升骨城更为优越。

公元 2 年，儒留王二十一年春三月，王率群臣郊祀，祭祀用猪逃跑，王命掌牲的薛支追赶，至国内尉那岩得之。归来之后对王介绍了国内尉那岩的情况："山水深险，地宜五谷，又多麋鹿鱼鳖之产。"王如果移都，"则不唯民利之无穷，又可免兵革之患也"。九月，王率大臣到国内观地势，

---

① 李殿福、孙玉良：《高句丽的都城》，《博物馆研究》1990 年第 1 期。

② 《三国史记》卷十三《高句丽·琉璃明王本纪》，汉城：韩国民族文化推进会，1982 年，第 113 页。

③ 《三国史记》卷十三《高句丽·琉璃明王本纪》，汉城：韩国民族文化推进会，1982 年，第 113 页。

④ 《后汉书》卷九十《乌桓鲜卑列传》，北京：中华书局，1965 年，第 2985 页。

⑤ 《三国史记》卷十三《高句丽·琉璃明王本纪》，汉城：韩国民族文化推进会，1982 年，第 114 页。

⑥ 《三国史记》卷十三《高句丽·琉璃明王本纪》，汉城：韩国民族文化推进会，1982 年，第 114 页。

进行实地考察，发现这里山川险峻，适合农业生产的地理位置和自然环境的确优于卒本，而且自然资源也相当丰厚，对于发展生产，增强国力，富足民生是极为有利的。

第二，出于军事上的原因，"可免兵革之患"。儒留王最初确立向西、向西北发展的战略，面对的强有力的对手是夫余和辽东、玄菟。夫余王带素曾率5万军队前来征战，双方实力还有较大差距，高句丽向东部纵深处退守。儒留王选择山川险峻，易守难攻之处作为都城，实在是明智之举。

第三，战略上以退为进，以守为攻，稳定后方，富国强兵。儒留王从国家发展的全局出发，选定国内城为据点是颇具眼光的。邹牟王时期，已将鸭绿江中游，长白山东南部地区的部落方国兼并改造为自己的城邑。这里是汉玄菟郡、乐浪郡交界的边远地区，也是汉政权管理薄弱的地区。这里地广人稀，动植物资源、矿产资源都十分丰富，可以发展农业、渔猎、畜牧和手工业，可以训养军队。同时，国都东移会给夫余、辽东、玄菟造成一种退缩、软弱的错觉，麻痹对方，乘机发展。后来的事实也证明了高句丽迁都国内城是完全正确的。

国内城在今吉林省集安市区内西侧。这一点，国内外的学者意见比较一致，并为后来的考古调查与发掘成果所证实。①

国内城原是一座汉代土城，位于鸭绿江右岸的通沟平原上。《三国史记》载"王迁都于国内，筑尉那岩城"。一方面说明平原上有城名国内，可居住，另一方面说明在尉那岩山上筑城。国内、尉那岩相去不远。考古调查与发掘证明，尉那岩城在今集安国内城北2.5千米的丸都山上，是一座典型的高句丽山城。②

儒留王迁都国内之后，曾一度因山川险峻，百姓安居乐业而耽于田猎。经大臣多次劝谏，方有所收敛，勤于国事，努力实现先王的遗愿。

公元13年冬，夫余王派兵侵扰高句丽。儒留王派王子无恤率军队抵御。虽然经过十年的稳定发展，高句丽的军事力量仍不如夫余强大。于是无恤设奇计，亲率伏兵隐于鹤盘岭，以逸待劳。夫余军队至鹤盘岭下，高句丽伏兵冲出，击其不意，夫余军队大败，弃马登山，四处逃窜，高句丽兵追杀，夫余军队几乎全军覆灭，王子无恤取得了对夫余作战的重大胜利。③

公元14年，儒留王命乌伊、摩离领兵2万，西伐梁貊灭其国。④梁貊是活动在梁水（今太子河）上游的貊人小国，在今桓仁县城西北与新宾县交界处。梁貊西北则是汉玄菟郡高句丽县所在地，梁貊被高句丽灭掉，高句丽县失去了屏障。高句丽开始派兵袭击汉高句丽县。

① 劳榦：《跋高句丽大兄冉牟墓志兼论高句丽都城之位置》，《"中央研究院"历史语言研究所集刊》1944年第11期；《集安县文物志》，长春：吉林省文物志编委会，1984年，第61—65页；魏存成：《高句丽考古》，长春：吉林大学出版社，1994年，第14—16页；[日]东潮、田中俊明：《高句丽的历史与遗迹》，东京：中央公论社，1995年，第90—99页；耿铁华、倪军民主编：《高句丽历史与文化》，长春：吉林文史出版社，2000年，第251—254页。
② 李殿福：《高句丽丸都山城》，《文物》1982年第6期；魏存成：《高句丽初、中期的都城》，《北方文物》1985年第2期。
③ 《三国史记》卷十三《高句丽·琉璃明王本纪》，汉城：韩国民族文化推进会，1982年，第116页。
④ 《三国史记》卷十三《高句丽·琉璃明王本纪》，汉城：韩国民族文化推进会，1982年，第116页。

三、王莽更高句丽王为侯

汉初始元年（公元 8 年），立孺子婴以来，辅政、居摄三年的王莽自立为帝，改国号曰"新"，结束了西汉王朝的统治。

王莽即位，改元"始建国"。为了解决西汉社会遗留下来的诸多问题和矛盾，王莽效法《周礼》，颁布政令，进行全面的托古改制活动，但其结果却陷入了更为严重的社会危机中，引发了中原和边疆地区各民族的反抗和斗争。

西汉末年，匈奴人在北边不断侵扰掳掠，王莽派数十万大军长驻北郡，由于供给不足，时有逃散，兵力不足。于是征发边地郡国之兵协助伐匈奴，这就引起了边地郡国的反对。高句丽就是在这种背景下与王莽军队发生了冲突。

《汉书·王莽传》记载：

> 始建国四年（公元 12 年）先是，莽发高句骊兵，当伐胡，不欲行，郡强迫之，皆亡出塞，因犯法为寇。辽西大尹田谭追击之，为所杀。州郡归咎于高句骊侯驺。严尤奏言："貉人犯法，不从驺起，正有它心，宜令州郡且慰安之。今猥被以大罪，恐其遂畔。夫余之属必有和者。匈奴未克，夫余、秽貉复起，此大忧也。"莽不慰安，秽貉遂反，诏尤击之。尤诱高句骊侯驺至而斩焉，传首长安。莽大说，下书曰："乃者，命遣猛将，共行天罚。诛灭虏知，分为十二部，或断其右臂，或斩其左腋，或溃其胸腹，或绌其两胁。今年刑在东方，诛貉之部先纵焉。扑斩虏驺，平定东域，虏知殄灭，在于漏刻。此乃天地群神社稷宗庙佑助之福，公卿大夫士民同心将率虓虎之力也。予甚嘉之。其更名高句骊为下句骊，布告天下，令咸知焉。"于是貉人愈犯边，东北与西南夷皆乱云。

王莽征高句丽兵伐胡之事，后出史书亦有记载，详略各异。《三国志·高句丽传》记载：

> 王莽初发高句丽兵以伐胡，不欲行。强迫遣之，皆亡出塞为寇盗。辽西大尹田谭追击之，为所杀。州郡县归咎于句丽侯驺。严尤奏言："貃人犯法，罪不起于驺，且宜安慰，今猥被之大罪，恐其遂反。"莽不听，诏尤击之。尤诱期句丽侯驺至而斩之，传送其首诣长安。莽大悦，布告天下，更名高句丽为下句丽。当此时为侯国。

《后汉书·高句骊传》记载：

> 王莽初，发句骊兵以伐匈奴，其人不欲行，强迫遣之，皆亡出塞为寇盗。辽西大尹田谭追击，战死。莽令其将严尤击之，诱句骊侯驺入塞，斩之，传首长安。莽大说，更名高句骊王为下

句骊侯，于是貊人寇边愈甚。

《三国史记·琉璃王本纪》记载：

> 三十一年（公元12年），汉王莽发我兵伐胡，吾人不欲行，强迫遣之，皆亡出塞，因犯法为寇。辽西大尹田谭追击之，为所杀。州郡归咎于我。严尤奏言："貊人犯法，宜令州郡且慰安之。今猥被以大罪，恐其遂叛，扶余之属必有和者。匈奴未克，扶余、秽貊复起，此大忧也。"王莽不听，诏尤击之。尤诱我将延丕斩之，传首京师。莽悦之，更名吾王为下句丽侯。布告天下，令咸知焉，于是寇汉边地愈甚。

上引文献所记史实尚需进一步说明。

其一，王莽发高句丽兵伐胡。

王莽所伐之胡，如《汉书》所记匈奴。此事系王莽始建国二年（公元10年）春，匈奴单于向新莽朝廷求还故玺，王莽不与，匈奴愤恨，寇掠边郡，杀略吏民。冬十二月，"更名匈奴单于曰降奴服于。莽曰：'降奴服于知威侮五行，背畔四条，侵犯西域，延及边垂，为元元害，罪当夷灭。命遣立国将军孙建等凡十二将，十道并出，共行皇天之威，罚于知之身。惟知先祖故呼韩邪单于稽侯狦累世忠孝，保塞守徼，不忍以一知之罪，灭稽侯狦之世。今分匈奴国土人民以为十五，立稽侯狦子孙十五人为单于。遣中郎将蔺苞、戴级驰之塞下，召拜当为单于者。诸匈奴人当坐虏知之法者，皆赦除之。'遣五威将军苗䜣、虎贲将军王况出五原，厌难将军陈钦、震狄将军王巡出云中，振武将军王嘉、平狄将军王萌出代郡，相威将军李棽、镇远将军李翁出河西，诛貉将军阳俊、讨秽将军严尤出渔阳，奋武将军王骏、定胡将军王晏出张掖，及偏裨以下百八十人。募天下囚徒、丁男、甲卒三十万人，转众郡委输五大夫衣裘、兵器、粮食，长吏送自负海江淮至北边，使者驰传督趣，以军兴法从事，天下骚动。先至者屯边郡，须毕具乃同时出"。[1] 这是一场动员全国力量征讨匈奴的战争，东起渔阳，经代郡、云中、五原、河西，直至张掖，战线长逾万里，统一征战，耗费人力、物力何止千万。东北出渔阳的阳俊、严尤征发高句丽兵伐胡亦应在此时。

王莽代汉，对汉中央至地方都享有管辖调配之权，下令征发高句丽兵伐胡，则进一步证明高句丽对汉和新莽政权具有戍守边郡之义务，边地郡国地位是十分明显的。

其二，公元10年冬下令伐匈奴，征调高句丽兵。高句丽人不愿参与伐匈奴之战，一方面是高句丽立国未久，军事实力不强。另一方面长途征伐，消耗军力物资，对高句丽自己又没有什么利益可得，于是才迟迟不肯出兵。严尤等强迫高句丽出兵应是公元11年春季了。结果，高句丽兵在途中逃亡很多，犯法为寇，辽西大尹田谭率兵追击，被高句丽兵所杀。辽西、辽东、玄菟等州郡归罪于高句丽，意欲征讨高句丽。严尤进言宜慰安之，王莽不听，命严尤击之。征兵伐匈奴导致王莽新政权与高句丽之间的争战。高句丽先杀了辽西大尹田谭，严尤又斩杀了高句丽驺（或云骗、延丕），

---

[1] 《汉书》卷九十九中《王莽传》，北京：中华书局，1962年，第4121页。

双方俱损兵折将。

高句丽兵杀了辽西大尹田谭，这一点诸多文献记载相同。而严尤所斩杀的高句丽将领侯驺，不仅名称记载有异，其身份地位也有很大分歧。有必要进行讨论和研究。

《汉书·王莽传》记："尤诱高句丽侯驺至而斩焉，传首长安。莽大说，下书曰'乃者，命遣猛将，共行天罚。诛灭虏知，分为十二部，或断其右臂，或斩其左腋，或溃其胸腹，或绅其两胁。今年刑在东方，诛貉之部先纵焉。扑斩虏驺，平定东域，虏知殄灭，在于漏刻。此乃天地群神社稷宗庙佑助之福，公卿大夫士民同心将率虓虎之力也。予甚嘉之。其更名高句丽为下句丽，布告天下，令咸知焉。'"《三国志·高句丽传》则记为"尤诱期句丽侯驹至而斩之，传送其首诣长安。莽大悦，布告天下，更名高句丽王为下句丽侯。当此时为侯国"《后汉书·高句骊传》与《汉书》所记大略相同，"诱句丽侯驺入塞，斩之，传首长安。莽大说，更名高句丽王为下句丽侯，于是貊人寇边愈甚"。驺与驹字形相近，易混，且以《汉书》《后汉书》所记为准。驺称为高句丽侯或句丽侯，这个侯是什么地位，若按王莽更其王为侯，则是"传首长安"以后之事，与侯驺称谓在时间上有所不同。此高句丽侯驺，只能是高句丽的将领，而不可能是高句丽王。

王莽代汉之时的高句丽王是儒留王，亦称琉璃王，公元前17年至公元18年在位。他曾派将领率兵征伐过鲜卑、夫余、梁貊，均取得胜利。同其父王邹牟一样，每有战事亲自谋划而不亲自领兵出战。对于王莽命其发兵伐匈奴一事并不赞同，被迫之下派其将领出征也决不会亲自率军前往的。

严尤所诱斩的驺，很可能是高句丽的古驺加，莽军以古驺加之官职误作人名。另外，严尤把高句丽将领称作高句丽侯，也有向王莽邀功之意。

因此，《三国史记》记载"尤诱我将延丕斩之，传首京师"是较为合适的。[①]

其三，王莽更名高句丽为下句丽。《后汉书·高句骊传》记"更名高句丽王为下句丽侯"，《三国史记》记"更吾王为下句丽侯"。《汉书》无"王""侯"字样，《三国志》与《汉书》相同，只是在"更名高句丽为下句丽"后加说明"当此时为侯国"。"当此时"应该是王莽始建国四年——公元12年。

《三国志》《后汉书》《三国史记》的记载，证明了高句丽在公元12年前是西汉边地的王国这

---

① 关于《汉书·王莽传》所记"莽发高句丽兵当伐胡"史料涉及的史事，学者进行研究与讨论，出现了两种截然不同的意见。李殿福、孙玉良在《高句丽简史》（汉城：韩国三省出版社，1990年，第360—361页）中认为，严尤诱杀的是"高句丽将延丕"。刘永智在《中朝关系史研究》（郑州：中州古籍出版社，1994年，第49页）明确指出，"严尤所杀确实不是邹牟王"。朴灿奎在《〈三国志·高句丽传〉研究》（长春：吉林人民出版社，2000年，第27页）中认为，"王莽时严尤所诱斩的高句丽侯驹，就是当时沸流国国王松让或其后人"。王绵厚在《〈汉书·王莽传〉中"高句丽侯驺"其人及其"沸流部"》（《东北史地》2009年第5期）中肯定，"高句丽侯驺"绝非"朱蒙"。李乐营、孙炜冉发表的《也谈高句丽"侯驺"的相关问题》（《社会科学战线》2014年第2期）一文认为，"高句丽侯驺不是高句丽王，更不是邹牟王"。"'驺'当是他的官职，'延丕'才是他的名字"。刘子敏、李大龙、刘炬、季天水等发表文章，主张"高句丽侯驺"是高句丽王，高句丽邹牟王。顾铭学曾在《〈魏志·高句丽传〉考释》（《学术研究丛刊》1981年第1期）中认为句丽侯驺就是邹牟，而《高句丽本纪》"尤诱我将延丕斩之，传首京师"，也是不无道理的。2005年笔者在《北方文物》第2期上发表了《王莽征高句丽兵伐胡史料与高句丽王系问题——兼评〈朱蒙之死新探〉》，文中提出六点理由证明严尤所杀根本不是高句丽王邹牟，而是高句丽将领延丕。

一事实。公元 12 年以后，被王莽更名为下句丽侯国。

王莽更高句丽名为下句丽，表面上看似乎是高句丽拒绝出兵伐匈奴，还杀死辽西大尹田谭所致，实质上是王莽政权对边疆各民族政策改变的具体体现。

始建国元年（公元 9 年）开始，王莽即位新室皇帝，更改汉初以来的一切符命制度。他认为"天无二日，土无二王，百王不易之道也。汉氏诸侯或称王，至于四夷亦如之，违于古典，缪于一统。其定诸侯王之号皆称公，及四夷僭号称王者皆更为侯"①。这是王莽将西汉以来郡国并行之诸侯王改为公侯的思想基础，随后便开始施行。同年秋，"五威将奉符命，赍印绶，王侯以下及吏官名更者，外及匈奴、西域，徼外蛮夷，皆即授新室印绶，因收故汉印绶"②。并派出使臣，宣布王莽策命。"其东出者，至玄菟、乐浪、高句丽、夫余；南出者，逾徼外，历益州，贬句町王为侯；西出者，至西域，尽改其王为侯；北出者，至匈奴庭，授单于印，改汉印文，去'玺'曰'章'。"③句町王、西域王、匈奴单于等先期更改。至新莽始建国四年（公元 12 年），高句丽王才被更名为下句丽侯。虽说这是王莽对边疆地区民族王国的政策，也是更名较晚的一个。

第二节　东汉时期的高句丽

东汉时期，高句丽继续兼并周边小国，对外扩张，扩大自己统治管辖的区域。从大朱留王到山上王 8 个王期间，形成了高句丽初期疆域的统治规模。随着东汉光武帝恢复高句丽王号，高句丽一面接受东汉王朝的统治，一面向辽东进军，扩大自己的统治范围，高句丽与辽东之间时有征战发生。

一、兼并与扩张

大朱留王（即大武神王）四年（公元 21 年）冬十二月，派军队伐夫余。次年（公元 22 年）春二月，王率军抵达夫余国南，其地多泥泞，选择平地札营，令士卒休整，提高士气。夫余王率全国军队出战，企图乘高句丽军队立足未稳，攻其不备。夫余王身先士卒，策马向前，却陷入泥潭进退不得。大朱留王指挥部将怪由出战。怪由拔剑怒吼，十分勇猛，夫余军队难以抵挡，怪由直逼夫余王陷马之地，将夫余王带素头斩下。夫余军队见王已死，重新集结，誓为王复仇，将高句丽军队围困数重。粮草殆尽，士兵饥馁，高句丽王与兵将被围数日。后来，天降大雾，高句丽王命士兵束草人立于营内外为疑兵，夜间从小路退兵。④此一战，虽然斩杀了夫余王，却损失了不少士兵和军资。双方的军事实力逐渐接近，暂时进入了相持的状态。

① 《汉书》卷九十九中《王莽传》，北京：中华书局，1962 年，第 4105 页。
② 《汉书》卷九十九中《王莽传》，北京：中华书局，1962 年，第 4114 页。
③ 《汉书》卷九十九中《王莽传》，北京：中华书局，1962 年，第 4115 页。
④ 《三国史记》卷十四《高句丽·大武神王本纪》，汉城：韩国民族文化推进会，1982 年，第 117—118 页。

来自夫余方面的军事威胁减弱了，高句丽又开始兼并周边小国。

大朱留王"九年（公元 26 年）冬十月，王亲征盖马国，杀其王。慰安百姓，毋虏掠，但以其地为郡县"[1]。盖马，音近灌那，很可能是接近高句丽灌那部的方国。国名盖马，又邻近高句丽，其地应在盖马大山之西，约当今天朝鲜楚山郡、渭原郡一带。征服了盖马国之后，相邻的句荼国王闻之，恐怕高句丽率兵前来进攻，于同年十二月，举国来降。[2]

句荼国，有的文献记作句荼国。《说文解字》云：荼，苦菜也，从艹余声。《汉书·王子侯表》有"荼陵节侯䜣"，师古曰："荼音涂"。《地理志》有"长沙国荼陵县"。汉代以荼为地名之字。清人谓茶本作荼，自中唐陆羽著《茶经》始减一画为茶，而荼字别行。[3]武英殿本"荼陵县"亦作"茶陵县"，或荼、茶二字因形近早已相通。由于北方长白山地区多苦菜而不产茶，还应以句荼国为是。其地近盖马国，亦应在盖马大山以西，鸭绿江左岸一带。

随后，高句丽向句荼、盖马以南发展。

大朱留王十五年（公元 32 年）夏四月，王子好童游于沃沮，遇见乐浪王崔理，被崔理带回乐浪，以女妻之，好童归国劝其父袭乐浪，乐浪女为内应割破报警鼓角，高句丽军队攻至城下，崔理迫不得已，杀了女儿出城投降。[4]

大朱留王二十年（公元 37 年），高句丽王进一步攻伐乐浪。

大朱留王二十七年（公元 44 年）秋九月，汉光武帝派兵渡海伐乐浪，取其地为郡县。[5]与高句丽王相约以萨水为界，萨水以南为东汉王朝设治管辖，萨水以北由高句丽管理。此萨水即今朝鲜清川江。

太祖大王四年（公元 56 年）秋七月，伐东沃沮，取其土地为城邑，拓境东至沧海，南至萨水。[6]东沃沮之地在长白山东南至大海，今朝鲜两江道至咸镜北道一带。

太祖大王十六年（公元 68 年）秋八月，曷思王孙都头以国来降，以都头为于台。[7]关于曷思国，《三国史记》大武神王五年曾有记载："夏四月，夫余王带素弟至曷思水滨，立国称王，是夫余王金蛙季子，史失其名，初带素之见杀也，知国之将亡，与从者百余人至鸭绿谷，见海头王出猎，遂杀之，取其百生，至此始都，是为曷思王。"[8]由此可知，曷思国是夫余王带素之弟所建，其地在曷思水畔，距鸭绿江很近。

太祖大王二十年（公元 72 年）春二月，派遣贯那部沛者达贾伐藻那，掳其王。[9]贯那部与南部

① 《三国史记》卷十四《高句丽·大武神王本纪》，汉城：韩国民族文化推进会，1982 年，第 119 页。
② 《三国史记》卷十四《高句丽·大武神王本纪》，汉城：韩国民族文化推进会，1982 年，第 119 页。
③ 顾炎武：《日知录》。
④ 《三国史记》卷十四《高句丽·大武神王本纪》，汉城：韩国民族文化推进会，1982 年，第 120 页。
⑤ 《三国史记》卷十四《高句丽·大武神王本纪》，汉城：韩国民族文化推进会，1982 年，第 120 页。
⑥ 《三国史记》卷十五《高句丽·太祖大王本纪》，汉城：韩国民族文化推进会，1982 年，第 122 页。
⑦ 《三国史记》卷十五《高句丽·太祖大王本纪》，汉城：韩国民族文化推进会，1982 年，第 122 页。
⑧ 《三国史记》卷十四《高句丽·大武神王本纪》，汉城：韩国民族文化推进会，1982 年，第 118 页。
⑨ 《三国史记》卷十五《高句丽·太祖大王本纪》，汉城：韩国民族文化推进会，1982 年，第 122 页。

灌奴部音近、地近，所征伐之藻那部也应在国内城南，今集安、宽甸交界处附近，很可能还包括鸭绿江对岸朝鲜慈江道一带。

太祖大王二十二年（公元74年）冬十月，高句丽王派遣桓那部沛者薛儒伐朱那，掳其王子乙音为古邹加。[①] 桓那与贯那、灌奴音近。另外从朱那的朱字，亦应属于南方，距离藻那不会太远。

从大朱留王到太祖大王百余年间，高句丽诸王较好地处理了与辽东、玄菟的关系，解决了北方夫余的军事威胁，将高句丽纥升骨城至国内城周围的部落小国全部征服，使这些部落小国之王成为高句丽的古邹加、沛者、于台等官员，以其地为高句丽的郡县或部落，使高句丽政权日益巩固，社会逐步稳定，进入了初步发展的阶段。

二、光武帝恢复高句丽王号

王莽始建国四年（公元12年），将高句丽王更名为下句丽侯，一方面是王莽革除汉制，把封国之王贬为侯，以新莽印绶取代西汉的印绶。另一方面则是对高句丽违背王莽命令，拒不出兵伐匈奴的报复。一直到东汉光武帝建武八年（公元32年）才恢复了高句丽的王号。文献对此有明确的记载。

> 《三国志·高句丽传》："汉光武帝八年，高句丽王遣使朝贡，始见称王。"
> 《后汉书·高句骊传》："建武八年，高句丽遣使朝贡，光武复其王号。"
> 《后汉书·光武帝纪下》：建武八年"十二月，高句丽王遣使奉贡"。
> 《资治通鉴·汉纪·世祖中》：建武八年"十二月，高句丽王遣使朝贡，帝复其王号"。
> 《三国史记》大武神王十五年十二月，"遣使入汉朝贡，光武帝复其王号。是建武八年也"。

以上记载时间颇为一致，东汉光武帝建武八年，甚至记为十二月，高句丽遣使入汉朝贡，光武帝恢复其王号。《光武帝纪下》虽未记"复其王号"，却直书"高句丽遣使奉贡"。唯《三国志》作"始见称王"。

光武帝建武八年，高句丽称王，这是毫无疑义的。至于是"始见称王"，还是"复其王号"就有较大歧义了。"始见称王"是从光武帝建武八年开始称王，言外之意，似前从未称王，而"复其王号"则是最初称王，曾经有一段被褫夺了王号，光武帝建武八年又恢复了王号。

《汉书·王莽传》《后汉书·高句骊传》《三国志·高句丽传》《三国史记·琉璃王本纪》均有王莽更名高句丽王为下句丽侯的记载。公元12年，王莽将高句丽王更名为下句丽侯，公元32年，光武帝恢复高句丽王号则是顺理成章的。

一个更名，一个恢复王号，充分反映了新莽政权与东汉政权对高句丽国家政权和高句丽王的政策、态度是完全不同的。光武帝恢复高句丽王号，也反映了东汉政权与西汉政权在对待高句丽政权的认识上是一致的——高句丽是中央政权认可的边郡封国，是汉王朝封域之内的少数民族政权。由

---

① 《三国史记》卷十五《高句丽·太祖大王本纪》，汉城：韩国民族文化推进会，1982年，第122页。

玄菟郡代为管理和协调。

高句丽政权建立不久，便与玄菟郡、高句丽县密切联系，并得到汉王朝中央的赏赐。《三国志·高句丽传》载，"汉时赐鼓吹技人，常从玄菟郡受朝服衣帻，高句丽令主其名籍。后稍骄恣，不复诣郡，于东界筑小城，置朝服衣帻其中，岁时来取之，今胡犹名此城为帻沟溇。沟溇者，句丽名城也"。由此可知，高句丽建国后，高句丽王从玄菟郡那儿接受汉王朝中央赐予的朝服衣帽及鼓吹技人，这些都是朝会、交往中不可缺少的礼乐朝服。也就是说，汉王朝中央把高句丽看成了自己的封国，令其使用汉官服、印绶和仪仗礼乐，同时让高句丽县令主其名籍——高句丽王公贵族正式记入汉玄菟郡高句丽县的册籍，成为属下臣民。后来，高句丽兼并周边小国，实力强大起来，于是稍有骄恣表现，不再去玄菟郡领受王朝中央赐予的朝服衣帻，而是在玄菟郡东部与高句丽接界处建一座小城，称之为帻沟溇。高句丽人称城为沟溇，接取衣帽之城，当然称为帻沟溇了。

王莽篡汉，更高句丽王为下句丽侯，曾使高句丽王公大臣不满。直至光武帝建武八年（公元32年），才恢复其王号。高句丽不断派使臣入汉中央朝贡，汉王朝也不断对其赏赐。《三国史记》中记录了高句丽朝贡的情况。较为重要的是太祖大王五十七年（公元109年）春正月，高句丽王遣使如汉，贺安帝加元服。太祖大王五十九年，高句丽遣使如汉，贡献方物，求属玄菟。[①]

加元服是古代举行的冠礼。《仪礼·士冠礼》有"令月吉日，始加元服"。《汉书·昭帝纪》：元凤四年（公元前77年）"春正月丁亥，帝加元服"。颜师古注："元，首也。冠者，首之所著，故曰元服。"永初三年（公元109年），汉安帝16岁加元服，宫廷内外隆重庆祝，高句丽能够派遣使臣参加，说明高句丽与东汉朝廷的关系已经很密切了。

对于"求属玄菟"一条，《后汉书·高句骊传》有记，"安帝永初五年，宫遣使贡献，求属玄菟"。东汉安帝永初五年正是高句丽太祖大王五十九年，公元111年，时间一致。太祖大王名宫，人物也对。《三国志·高句丽传》成书稍早，记为"至殇、安之间，句丽王宫数寇辽东，更属玄菟"。时间上不甚明确，属玄菟同时数寇辽东。晚出的《资治通鉴》记载，"永初五年三月，夫余王寇乐浪，高句丽王宫与秽貊寇玄菟"。时间虽然也是东汉安帝永初五年，所记内容则不见"属玄菟"，只有"夫余王寇乐浪""高句丽王宫与秽貊寇玄菟"。与《后汉书》《三国志》记载不同。

再核查《后汉书·夫余传》，确有"安帝永初五年，夫余王始将步骑七八千人寇钞乐浪，杀伤吏民，后复归附"。《三国志·夫余传》则只有"夫余本属玄菟"的记载，而无"寇钞乐浪"的记载。

综合《后汉书》《三国志》《资治通鉴》《三国史记》的记载，可以知道，东汉安帝永初五年，高句丽王宫向汉王朝派遣使臣贡献方物，同时求属玄菟。此前后，也确实存在寇辽东、玄菟的事实。

从《三国志·夫余传》"夫余本属玄菟"的记载可以推知，高句丽亦本属玄菟。这一事实从公元前108年汉武帝设玄菟郡时就已十分明确了。只是当时高句丽尚未建国，聚居于玄菟郡高句丽县境内。西汉末，高句丽建国仍属玄菟，由"高句丽令主其名籍"。

自东汉光武帝恢复高句丽王号之后，高句丽对东汉王朝中央的感激愈深，不断贡献。从太祖大

① 《三国史记》卷十五《高句丽·太祖大王本纪》，汉城：韩国民族文化推进会，1982年，第122页。

王派使臣入朝贺安帝加元服看，"求属玄菟"应该是高句丽王向东汉王朝重申自己的意愿。东汉王朝中央毕竟与高句丽国家相隔太远，玄菟郡则近在咫尺，由玄菟郡管理是十分方便的。另外，从高句丽向辽东发展的策略和趋势看，"求属玄菟"也是高句丽向汉王朝中央表示的一种姿态。

汉王朝中央对高句丽诸王一直是赏赐有加，赐朝服衣帻、汉印绶、鼓吹技人等。从集安国内城出土的汉代文物中也可以得到证实。

集安早年曾出土一方"军司马印"，白文汉隶。《奉天通志·金石志》有著录。《后汉书·百官志》载，"大将军营五部，部军司马一人，比千石"。应为汉军官吏印信，但此印信是封赐还是汉军携入高句丽的尚不清楚。

1975 年以来，集安麻线、榆林等地先后出土了汉代铜壶、铜釜、铜鼎、鐎斗等器物。此外，还有较多环首刀、铁矛、铁甲片出土。[①]

1958 年 8 月，集安城北梨树园子南遗址出土一批高句丽鎏金器物，同时还有一件白玉耳杯，杯口长 13 厘米、宽 9.5 厘米、杯高 3.2 厘米，是用产自新疆的和田玉心部磨制而成，洁白晶莹，做工精良，应为汉代宫廷用物[②]，极有可能是汉王朝中央赏赐给高句丽王的。汉代礼聘常用的玉璧也曾在集安发现。[③] 这些汉代珍贵文物在高句丽都城出土，进一步证实了汉王朝中央对高句丽政权的关注、认同和赏赐，也印证了文献中高句丽求属玄菟，由玄菟郡管理高句丽相关事务是可信的。

三、向辽东扩张

高句丽作为两汉边境地区的封国，一个少数民族当政的政权，其生活地域、自然环境影响下的民族心理与民族性格，决定了高句丽王公贵族"性凶急，喜寇钞"[④]。一方面，他们需要中央政权的认可，地方政权的保护，另一方面则要发展实力，实行兼并和扩张的政策，特别是在军事力量强大时，对汉王朝的玄菟郡守表现出骄恣不驯，并对玄菟、辽东一些地方进行掠夺和骚扰。

西汉时期，高句丽邹牟王建国，只是对周边的小国进行征伐，如沸流国、荇人国和北沃沮，统一了都城纥升骨北部及东北一些地方。新莽时期，征高句丽兵伐匈奴，导致双方将领在冲突中被杀。儒留王和大朱留王初期，高句丽一方面解决与夫余的矛盾，一方面向西、向东南方向发展，武力征伐鲜卑、梁貊、盖马、句荼等部落方国。对于玄菟郡、辽东郡等西部邻近的汉郡县并没有侵扰和掳掠发生。

高句丽与辽东的第一次军事冲突发生在公元 28 年。《后汉书》《三国志》等无记载，只有《三国史记·大武神王本纪》记载得十分详尽。

---

① 《集安县文物志》，长春：吉林省文物志编委会，1984 年，第 202—205、第 214—215 页。
② 《集安县文物志》，长春：吉林省文物志编委会，1984 年，第 176—177 页。
③ 《集安县文物志》，长春：吉林省文物志编委会，1984 年，第 176—177 页。
④ 《三国志》卷三十《魏书·高句丽传》，北京：中华书局，1959 年，第 843 页。

　　（大武神王）十一年秋七月，汉辽东太守将兵来伐。王会群臣问战守之计。右辅松屋句曰：
"臣闻恃德者昌，恃力者亡。今中国荒俭，盗贼蜂起，而兵出无名。此非君臣定策，必是边
将规利，擅侵吾邦，逆天违人，师必无功，凭险出奇，破之必矣。"左辅乙豆智曰："小敌之强，
大敌之禽也。臣度大王之兵，孰与汉兵之多，可以谋伐，不可力胜。"王曰："谋伐若何？"
对曰："今汉兵远斗，其锋不可当也。大王闭城自固，待其师老，出而击之可也。"王然之。
入尉那岩城，固守数旬，汉兵围不解。王以力尽兵疲，谓豆智曰："势不能守，为之奈何。"
豆智曰："汉人谓我岩石之地，无水泉，是以长围，以待吾人之困。宜取池中鲤鱼，包以水草，
兼旨酒若干，致犒汉军。"王从之。贻书曰："寡人愚昧，获罪于上国，致令将军帅百万之军
暴露弊境，无以将厚意，辄用薄物，致供于左右。"于是汉将谓城内有水，不可猝拔，乃报曰：
"我皇帝不以臣驽下，令出师问大王之罪。及境逾旬，未得要领，今闻来旨，言顺且恭，敢
不藉口以报皇帝。"遂引退。

　　这是第一次东汉辽东太守率兵征伐高句丽，高句丽左辅乙豆智智退汉兵的全过程。东汉光武帝
建武四年（公元 28 年），东汉立国未久，光武帝及群臣将领忙于镇压农民起义军余部，消除分裂
割据的军阀势力，实现统一大业。对于东北边境无暇顾及。诚如高句丽右辅松屋句所言："今中国
（即指中原）荒俭，盗贼蜂起，而兵出无名。此非君臣定策，必是边将规利，擅侵吾邦……"
　　据《后汉书·光武帝纪》记载，光武帝建武四年五月，"遣征虏将军祭遵率四将讨张丰于涿郡，
斩丰"。这是纪年最接近辽东的一次用兵。公元 27 年，渔阳太守彭宠陷蓟城，自立为燕王，随后涿
郡太守张丰反。不见有辽东、玄菟战事记录。至建武十七年（公元 41 年），才拜祭肜为辽东太守。[①]
此前征伐高句丽围尉那岩城者，必非光武帝派辽东太守所为，也许是旧辽东军一部，或彭宠自立之余
部。经乙豆智用计退兵，高句丽人对辽东军队有了一定认识，这就为后来高句丽进犯辽东积累了经
验。
　　高句丽向辽东进犯，实施扩张政策是从太祖大王开始的。太祖大王名宫，是儒留王子古驺加再
思之子，年 7 岁被国人迎立为王，在位时间较长。即位以后，伐东沃沮，拓境东至沧海，南至萨水，
同时征服曷思部、藻那部、朱那部等。西筑十城，东巡栅城。做好准备之后，便向辽东用兵。
　　东汉时期，高句丽向辽东扩张可分两个阶段，第一阶段自太祖大王五十三年（公元 105 年）至
六十九年，前后经历了 17 年时间。《后汉书》《三国志》《资治通鉴》《三国史记》等文献记载战事
如下：

　　太祖大王"五十三年（公元 105 年）春正月……王遣将入汉辽东，夺掠六县。太守耿夔
出兵拒之，王军大败。秋九月，耿夔击破貊人"[②]。

---

①　《后汉书》卷二十《祭肜传》，北京：中华书局，1965 年，第 744 页。
②　《三国史记》卷十五《高句丽·太祖大王本纪》，汉城：韩国民族文化推进会，1982 年，第 122 页。

"永初五年（公元111年）三月，夫余王寇乐浪，高句丽王宫与秽貊寇玄菟。"①

太祖大王"六十六年（公元118年）春二月，地震。夏六月，王与秽貊袭汉玄菟，攻华丽城"②。《后汉书·安帝纪》《资治通鉴·汉纪·孝安中》记"元初五年（公元118年）夏六月，高句丽与秽貊寇玄菟"。《后汉书·高句骊传》则记"元初五年，复与秽貊寇玄菟，攻华丽城"。

太祖大王"六十九年（公元121年）春，汉幽州刺史冯焕，玄菟太守姚光，辽东太守蔡讽等将兵来侵，击杀秽貊渠帅，尽获兵马财物。王乃遣弟遂成领兵二千余人，逆焕、光等。遂成遣使诈降，焕等信之，遂成因据险以遮大军，潜遣三千人攻玄菟、辽东二郡，焚其城郭，杀获二千余人。夏四月，王与鲜卑八千人，往攻辽队县。辽东太守蔡讽将兵出于新昌，战没。功曹掾龙端、兵马掾公孙酺以身捍讽，俱没于阵，死者百余人。……十二月，王率马韩、秽貊一万余骑，进围玄菟城。扶余王遣子尉仇台领兵二万，与汉兵并力拒战，我军大败"③。

太祖大王"七十年（公元122年），王与马韩、秽貊侵辽东。扶余王遣兵救破之"④。

《后汉书》《资治通鉴》对此役均有记载，尤以《后汉书·高句骊传》为详：

建光元年（公元121年）春，幽州刺史冯焕、玄菟太守姚光、辽东太守蔡讽等，将兵出塞击之，捕斩涉貊渠帅，获兵马财物。宫乃遣嗣子遂成将二千余人逆光等。遣使诈降，光等信之，遂成因据险阸以遮大军，而潜遣三千人攻玄菟、辽东，焚城郭，杀伤二千余人。于是发广阳、渔阳、右北平、涿郡属国三千余骑同救之，而貊人已去。夏，复与辽东鲜卑八千余人攻辽队，杀略吏人。蔡讽等追击于新昌，战殁，功曹耿耗、兵曹掾龙端，兵马掾公孙酺以身捍讽，俱没于阵，死者百余人。秋，宫遂率马韩、涉貊数千骑围玄菟。夫余王遣子尉仇台将二万余人，与州郡并力讨破之，斩首五百余级。

是岁宫死，子遂成立，姚光上言欲因其丧发兵击之，议者皆以为可许。尚书陈忠曰：'宫前桀黠，光不能讨，死而击之，非义也。宜遣吊问，因责让前罪，赦不加诛，取其后善。'安帝从之。

明年，遂成还汉生口，诣玄菟降。

《后汉书》早于《三国史记》，后者因袭前者十分明显。宫与遂成为父子而非兄弟。

建光元年（公元121年）宫死，子遂成立。次年（公元122年），"遂成还汉生口，诣玄菟降"。

① 《资治通鉴》卷四十九《汉纪四十一·孝安上》，北京：中华书局，1956年，第1588页。
② 《三国史记》卷十五《高句丽·太祖大王本纪》，汉城：韩国民族文化推进会，1982年，第123页。
③ 《三国史记》卷十五《高句丽·太祖大王本纪》，汉城：韩国民族文化推进会，1982年，第123页。
④ 《三国史记》卷十五《高句丽·太祖大王本纪》，汉城：韩国民族文化推进会，1982年，第123页。

《后汉书·安帝纪》载："延光元年（公元 122 年）春二月，夫余王遣子将兵救玄菟。击高句丽、马韩、秽貊破之。遂遣使贡献。秋七月，高句丽降。"

　　第一阶段的战争以高句丽王宫死，遂成继位，降属玄菟而告结束。高句丽遣兵将入辽东侵扰、夺掠三次，寇玄菟四次，其中，战争规模最大的一次是公元 121 年春夏之际。双方损失较大，东汉辽东太守蔡讽及几员部将战死。高句丽王遂成已感到事态严重，遣使贡献，罢兵求降。遂成以后，高句丽诸王对东汉王朝中央和玄菟郡的治理颇为恭顺。

　　第二阶段的战争发生在新大王时期，主要交战有两次，双方互有胜负。

　　新大王"四年（公元 168 年），汉玄菟太守耿临来侵，杀我军数百人，王自降乞属玄菟"[1]。

　　应当说明的是，《三国史记》记载，新大王伯固为次大王遂成之弟，继位年在公元 165 年。经过考证，我们则以公元 126 年继位为宜。玄菟太守耿临讨高句丽之事，诸史《高句丽传》与《三国史记》记载相差一年。

　　《三国志·高句骊传》载："宫死，子伯固立。[2]顺、桓之间，复犯辽东，寇新安、居乡，又攻西安平，于道上杀带方令，略得乐浪太守妻子。灵帝建宁二年（公元 169 年），玄菟太守耿临讨之，斩首虏数百级，伯固降，属辽东。嘉（熹）平中，伯固乞属玄菟。"

　　《后汉书·高句骊传》《资治通鉴·汉纪·孝灵上》所记年代、史事略同。唯不记耿临讨高句丽伯固之原因。《后汉书·乔玄传》记载，"桓帝末，鲜卑、南匈奴及高句丽嗣子伯固并畔为寇钞。四府举玄为度辽将军，假黄钺。玄至镇，休兵养士，然后督诸将守讨，击胡虏及伯固等，皆破散退走"。此记与《三国志·高句丽传》耿临讨高句丽伯固原因略同，可为实证。

　　新大王"八年（公元 172 年）冬十一月，汉以大兵向我，王问群臣战守孰便，众议曰：'汉兵恃众轻我，若不出战，彼以我为怯，数来。且我国山险而路隘，此所谓一夫当关，万夫莫当者也，汉兵虽众，无如我何。'请出兵御之。答夫曰：'不然，汉国大民众，今日强兵远斗，其锋不可当也。而又兵众者宜战，兵少者宜守，兵家之常也。今汉人千里转粮，不能持久。若我深沟高垒，清野以待之，彼必不过旬月，饥困而归。我以劲卒搏之，可以得志。'王然之，婴城固守。汉人攻之不克，士卒饥饿引还。答夫帅数千骑追之，战于坐原，汉军大败，匹马不反"[3]。

　　此战《三国志》《后汉书》《资治通鉴》诸书皆无记载，或谓熹平"乞属玄菟"演绎而来。

　　东汉末，高句丽故国川王、山上王与辽东、玄菟相安无事。高句丽诸王对东汉辽东、玄菟两郡的扩张并没有取得实质性的进展。

---

① 《三国史记》卷十六《高句丽·新大王本纪》，汉城：韩国民族文化推进会，1982 年，第 127 页。

② 此处陈寿漏记了宫之子次大王遂成。

③ 《三国史记》卷十六《高句丽·新大王本纪》，汉城：韩国民族文化推进会，1982 年，第 127 页。

四、山上王营建丸都

山上王，名延优，亦名伊夷模。新大王伯固之子，故国川王男武之弟。《三国史记》误记其名，《三国志·高句丽传》则不记故国川王男武之事，作"伯固死，有二子，长子拔奇，小子伊夷模。拔奇不肖，国人便共立伊夷模为王。……拔奇怨为兄而不得立，与涓奴加各将下户三万余口诣康降，还住沸流水。降胡亦叛伊夷模，伊夷模更作新国，今日所在是也"。

《三国史记·山上王本纪》将延优——伊夷模继承王位，与兄发歧（亦即《三国志》中之拔奇）间的争斗记载得十分详尽：

故国川王无子，故延优嗣立。

初，故国川王之薨也，王后于氏秘不发丧。夜住王弟发歧宅曰："王无后，子宜嗣之。"发歧不知王薨，对曰："天之历数有所归，不可轻议，况妇人而夜行，岂礼云乎！"后惭，便往延优之宅。优起衣冠，迎门入座宴饮。王后曰："大王薨，无子。发歧作长当嗣，而谓妾有异心，暴慢无礼，是以见叔。"于是延优加礼，亲自操刀割肉，误伤其指，后解裙带，裹其伤指，将归，谓延优曰："夜深恐有不虞，子其送我至宫。"延优从之，王后执手入宫。至翌日质明，矫先王命，令群臣立延优为王。

发歧闻之大怒，以兵围王宫，呼曰："兄死弟及礼也！汝越次篡夺，大罪也。宜速出，不然则诛及妻孥。"延优闭门三日，国人又无从发歧者。发歧知难，以妻子奔辽东。见太守公孙度，告曰："某，高句丽王男武之母弟也，男武死无子，某之弟延优与嫂于氏谋即位，以废天伦之义。是用愤恚，来投上国。伏愿假兵三万令击之，得以平乱。"公孙度从之。

延优遣弟罽须将兵御之，汉兵大败。罽须自为先锋追北。发歧告罽须曰："汝今忍害老兄乎！"罽须不能无情于兄弟，不敢害之，曰："延优不以国让，虽非义也，尔以一时之愤，欲灭宗国，是何意耶？身没之后，何面目以见先人乎！"发歧闻之不胜惭悔，奔至裴川，自刎死。罽须哀哭，收其尸，草葬讫而还。

王悲喜，引罽须内中宴，见以家人之礼，且曰："发歧请兵异国，以侵国家，罪莫大焉。今子克之，纵而不杀足矣。及其自死，哭甚哀，反谓寡人无道乎？"罽须愀然衔泪而对曰："臣今请一言而死。"王曰："何也？"罽须曰："王后虽以先王遗命立大王，大王不以礼让之，曾无兄弟友恭之义。臣欲成大王之美，故收尸殡之。岂图缘此逢大王之怒乎！大王若以仁忘恶，以兄丧礼葬之，孰谓大王不义乎。臣既以言之，虽死犹生，请出受诛有司。"王闻其言，前席而坐，温颜慰谕曰："寡人不肖，不能无惑。今闻子之言，诚知过矣，愿子无责。"王子拜之，王亦拜之，尽欢而罢。

秋九月，命有司奉迎发歧之丧，王以礼葬于裴岭。

王本因于氏得位，不复更娶，立于氏为后。

此系东汉献帝建安二年（公元 197 年）之事，故国川王男武死于夏五月，发歧与弟延优争王位，至秋九月葬发歧于裴岭。次年（公元 198 年）"春二月，筑丸都城"。山上王"十三年（公元 209 年）冬十月，王移都于丸都"。[①]

山上王刚刚即位为什么要"筑丸都城"，丸都城的位置如何，这里需要稍加讨论。

关于丸都城的位置，《新唐书·地理志》记载："自鸭绿江口舟行百余里，乃小舠溯流东北三十里，至泊汋口，得渤海之境。又溯流五百里，至丸都县城，故高句丽王都。"按此里程推测，丸都城应在今鸭绿江畔集安市附近。多年来的考古调查与发掘的结果证明，集安市区内的平原城，名国内城。国内城北 2.5 千米的山上有一座山城，应该是丸都城。这也与"高句丽在辽东之东千里，南与朝鲜、涉貊，东与沃沮，北与夫余接，都于丸都之下"的文献记载相吻合。[②]

中外学者对于集安市区北山上的山城是丸都城的看法是颇为一致的，同时著文介绍丸都城即公元 3 年儒留王迁都国内时所筑的尉那岩城。[③] "尉那岩"速读则音转为"丸"，山上王以此为都城，则称之"丸都城"了，以后文献便不见有"尉那岩"之称了。

至于山上王筑丸都城的原因，则与其即位前后的军事形势密切相关。

汉献帝初年，董卓专权，关东诸侯起兵讨伐，中原战乱。辽东襄平人公孙度以玄菟小吏而起，经同郡徐荣举荐，董卓任其为辽东太守，诛杀郡中豪族田韶等百余家，以示权重。同时"东伐高句丽，西击乌丸，威行海上"[④]。《后汉书·袁谭传》亦有此记，只是"东伐高句丽"之时间不甚明确。

《三国志·高句丽传》有"自伯固时，数寇辽东，又受亡胡五百余家。建安中，公孙康出军击之，破其国，焚烧邑落"。或许与公孙度"东伐高句丽"为一事。

建安二年（公元 197 年）春，发歧与延优争夺王位，曾向辽东公孙度借兵伐国，被高句丽军队打败。未见有高句丽被攻破，邑落被焚烧的记载。就是说，发歧借兵伐国在先，公孙度"东伐高句丽"在后，是两次争战。

发歧借兵被打败之后，延优已料想到公孙氏辽东之兵可能会进攻高句丽，于是加强防御，才在公元 198 年春筑丸都城，加固城墙，增修宫室，以备不时之需。后来，辽东公孙氏军队东征高句丽，进至国内城，焚烧邑落。因此，建安十四年冬十月，山上王移都于丸都城。一座军事守备城在战争时期便成了临时都城。

---

① 《三国史记》卷十六《高句丽·山上王本纪》，汉城：韩国民族文化推进会，1982 年，第 130—131 页。
② 《三国志》卷三十《魏书·高句丽传》，北京：中华书局，1959 年，第 843 页。
③ 李殿福：《集安山城子山城考略》，《求是学刊》1982 年第 1 期；李殿福：《高句丽丸都山城》，《文物》1982 年第 6 期；魏存成：《高句丽初、中期的都城》，《北方文物》1985 年第 2 期；李殿福、孙玉良：《高句丽的都城》，《博物馆研究》1990 年第 1 期；李健才：《高句丽的都城和疆域》，《中国边疆史地研究报告》1991 年第 1—2 期；［日］东潮、田中俊明：《高句丽的历史与遗迹》，东京：中央公论社，1995 年，第 90—95 页。
④ 《三国志》卷八《魏书·公孙度传》，北京：中华书局，1959 年，第 252 页。

第三节　高句丽初期统治和疆域

一、以高句丽人为主的多民族政权

汉武帝设四郡以来，高句丽人聚居的玄菟郡高句丽县一带，就成为一个多民族生存、融合的地区。公元前37年，高句丽政权建立以后，与中原和北方民族的交流日益频繁。两汉时期，基本形成了以高句丽人为主体的多民族的地方政权，他们在高句丽国家的稳定与发展中发挥着自己的作用。

1. 高句丽族人

高句丽民族源于殷商氏族，在发展过程中形成了许多血缘部落。公元前2世纪末，汉武帝设四郡前后，逐步建立起了五个较大的地缘部落——涓奴部、绝奴部、顺奴部、灌奴部、桂娄部。最初是以涓奴部为部落联盟的首领，后来桂娄部代之。

五部分布的地区大体上在浑江、鸭绿江中游一带。中心地区桂娄部应在今吉林省集安市区及岭前一带；西部涓奴部在今辽宁省桓仁县与新宾县一带；北部绝奴部在今吉林省通化市、通化县一带；南部灌奴部在今辽宁省宽甸县东北和朝鲜楚山郡一带；东部顺奴部在今朝鲜满浦市至江界一带。这些地区之间也还生活着一些小部落和方国，后来并入高句丽各部。随着高句丽对外扩张和兼并，高句丽族人的活动区域不断扩大。

高句丽族人在长期的社会生活中形成了自己的民族性格和风俗习惯。史书记载，"其俗节食，好治宫室，于所居之左右立大屋，祭鬼神，又祀灵星、社稷。其人性凶急，喜寇钞。其国有王，其官有相加、对卢、沛者、古雏加、主簿、优台丞、使者、皂衣先人，尊卑各有等级。东夷旧语以为夫余别种，言语诸事，多与夫余同，其性气衣服有异。""其民喜歌舞，国中邑落，暮夜男女群聚，相就歌戏。无大仓库，家家自有小仓，名之为桴京。其人絜清自喜，喜藏酿。跪拜申一脚，与夫余异，行步皆走。以十月祭天，国中大会，名曰东盟。其公会，衣服皆锦绣，金银以自饰。大加主簿头着帻，如帻而无余，其小加着折风，形如弁。其国东有大穴，名隧穴，十月国中大会，迎隧神还于国东上祭之，置木隧于神坐"。①

高句丽族人在高句丽国内大约可以占60%以上。他们的生产方式、生活习惯、言语礼仪代表着高句丽国家政治、经济、思想、文化的发展方向。

---

① 《三国志》卷三十《魏书·高句丽传》，北京：中华书局，1959年，第843—844页。

2. 夫余族人

夫余族亦为殷商后裔，长期生活在松花江流域，与高句丽人世代通婚，"其人粗大强勇而谨厚，不为寇钞。以弓矢刀矛为兵。以六畜为官，有马加、牛加、狗加，其邑落皆主属诸加，食饮用俎豆，会同拜爵洗爵，揖让升降。以腊月祭天，大会连日，饮食歌舞，名曰'迎鼓'……行人无昼夜，好歌吟，音声不绝"[①]。

夫余之名较早见于《史记·货殖列传》"夫燕亦勃碣之间一都会也。南通齐赵……北邻乌桓、夫余，东绾秽貊、朝鲜、真番之利"。或有记为凫臾、扶余、符娄者。其与中原燕、赵交通甚早，发展较快。一说夫余自公元前 2 世纪末立国，至公元 494 年为高句丽所灭，其国存在 600 年间。[②] 另一说则是公元前 59 年"立都称王，国号夫余"，公元 497 年"以国降高句丽，国灭"。[③] 均比高句丽建国早些，初属玄菟，后曾属辽东。

公元前 37 年，夫余王子邹牟（朱蒙）离开夫余，到高句丽族聚居地区建立高句丽国，曾带领一批族众。《魏书·高句丽传》记载"朱蒙乃与乌引、乌违等二人，弃夫余东南走"。《三国史记·东明王本纪》记载，"朱蒙乃与乌伊、摩离、陕父等三人为友，行至淹滤水……"所谓二人、三人或是指所率部众的首领。集安洞沟古墓群冉牟墓志就记述了高句丽大兄冉牟先祖当年随邹牟王从北夫余来到高句丽建立基业的情况："河伯之孙，日月之子，邹牟圣王元出北夫余。天下四方，知此国郡最圣德。□□治此郡之嗣治乃好太圣王。奴客祖先于□□北夫余，随圣王来，奴客因基业之故造圣王……大兄冉牟在世，民无困扰□能造招旧部，恩赐衣之……河泊之孙，日月之子所生之地，来自北夫余大兄冉牟推□□公义……奴客牟头娄凭冉牟教遣，令北夫余守事"[④]。冉牟先祖随邹牟王南下时，整个家族随行，而且还带着一些家人和侍从。据考证，集安东郊下解放村一带就是冉牟及其夫余旧部居住之地。

此外，儒留王、大朱留王、太祖大王时期，多次与夫余交战，掠夺土地和人口，也不断有夫余人来投奔高句丽。大朱留王五年（公元 22 年）秋七月，"扶余王从弟，谓国人曰：'我先王身亡国灭，民无所依，王弟逃窜，都于曷思，吾亦不肖，无以兴复。'乃与万余人来投。王封为王，安置掾那部。以其背有络文，赐姓络氏"[⑤]。一次就有万余人进入高句丽管辖区内，成为高句丽国的臣民。估计在高句丽国内的夫余人数量不会太少。

3. 汉族人

汉族人进入北方是相当早的。周宣王时曾将韩侯封到东北，管理燕北至松花江流域的开发，带

①　《后汉书》卷八十五《夫余传》，北京：中华书局，1965 年，第 2811 页。
②　佟冬主编：《中国东北史》第一卷，长春：吉林文史出版社，1998 年，第 348 页。
③　张博泉：《东北地方史稿》"夫余年表"，长春：吉林大学出版社，1985 年，第 458—459 页。
④　耿铁华：《高句丽冉牟墓研究》，杨春吉、耿铁华主编：《高句丽历史与文化研究》，长春：吉林文史出版社，1997 年，第 249—257 页。
⑤　《三国史记》卷十四《高句丽·大武神王本纪》，汉城：韩国民族文化推进会，1982 年，第 118 页。

来了一批有能力的汉族人。① 燕昭王时,向北方发展,派遣大将秦开北击东胡,筑长城,置上谷、渔阳、右北平、辽西、辽东诸郡。此时,"昔箕子之后朝鲜侯,见周衰,燕自尊为王,欲东略地,朝鲜侯亦自称王,欲兴兵逆击燕以尊周室。其大夫礼谏之,乃止。使礼西说燕,燕止之,不攻。后子孙稍骄虐,燕乃遣将秦开攻其西方,取地二千余里,至满番汗为界"②。随着燕人势力的扩大,中原汉人大批进入辽东,甚至到达鸭绿江、浑江流域。今吉林省通化、柳河、集安,辽宁省桓仁、宽甸一带,曾出土战国时期的青铜短剑、戈、矛、镞及一批燕、赵货币。

秦汉之际,特别是汉武帝时期,大批汉族移民进入辽东、玄菟、乐浪诸郡,带来了汉族先进的生产技术、生产工具和思想文化成果,促进了东北地区的进步和发展。

高句丽建国时,居住在玄菟郡高句丽、西盖马、上殷台各县的汉族人大部分成为高句丽国家的臣民,他们与当地高句丽人和睦相处,共同生产、生活。高句丽儒留王甚至娶了汉人的女儿雉姬为妃。

两汉时期,汉族人进入高句丽国内的方式有正常移民、通婚,还有高句丽军队掳掠。这样,进入高句丽的汉族人其身份地位也有所不同。

故国川王"十九年(公元 197 年),中国大乱,汉人避乱来投者甚多。是汉献帝建安二年也"③。

山上王"二十一年(公元 217 年)秋八月,汉平川人夏瑶以百姓一千余家来投。王纳之,安置栅城"④。

以上是见于记载的汉人避难来投者,这些属于正常的移民,其数量是不会少的。而因通婚而来的汉人(有的原来就居住在高句丽国内)数量并不太多。如儒留王"三年(公元前 17 年)冬十月,王妃松氏薨。王更娶二女以继室,一曰禾姬,鹘川人之女也。一曰雉姬,汉人之女也"⑤。

慕本王"二年(公元 49 年)春,遣将袭汉北平、渔阳、上谷、太原。而辽东太守祭肜以恩信待之,乃复和亲"⑥。说明高句丽与汉辽东之间一直存在和亲的关系。这样,就不断有汉族人进入高句丽王公贵族或平民百姓的家庭。至于双方争战时留下的兵民、掠夺的民众,文献记载较多,其数量也不会太少。

4. 沃沮人

沃沮是居住在长白山区的一个古老民族。所居之处"土地肥美,背山向海,宜五谷,善田种。人性质直强勇,少牛马,便持矛步战。食饮居处,衣服礼节,有似句丽""其言语与句丽大同,时时小异"⑦。

---

① 《诗经·大雅·韩奕》"王锡韩侯:其追其貊,奄受北国,因以其伯"。徐中舒先生在《西周史论述》(《四川大学学报》1979 年第 3—4 期)中指出,宣王所封韩侯的北韩应在东北松花江流域。
② 《三国志》卷三十《魏书·韩传》引《魏略》,北京:中华书局,1959 年,第 850 页。
③ 《三国史记》卷十六《高句丽·故国川王本纪》,汉城:韩国民族文化推进会,1982 年,第 129 页。
④ 《三国史记》卷十六《高句丽·山上王本纪》,汉城:韩国民族文化推进会,1982 年,第 131 页。
⑤ 《三国史记》卷十三《高句丽·琉璃明王本纪》,汉城:韩国民族文化推进会,1982 年,第 113 页。
⑥ 《三国史记》卷十四《高句丽·慕本王本纪》,汉城:韩国民族文化推进会,1982 年,第 121 页。
⑦ 《三国志》卷三十《魏书·沃沮传》,北京:中华书局,1959 年,第 846 页。

汉武帝设四郡时，以沃沮人聚居之地沃沮城为玄菟郡治所，后迁至高句丽县。沃沮人居地分散，史书以其居地方位分称东沃沮和北沃沮。

《三国志·沃沮传》记载，"东沃沮在高句丽盖马大山之东，滨大海而居。其地形东北狭，西南长，可千里，北与挹娄、夫余，南与秽貊接。户五千，无大君王，世世邑落"。其活动地域应在长白山东南至大海，今朝鲜两江道至咸镜北道一带。《三国史记》太祖大王"四年（公元56年）秋七月，伐东沃沮，取其土地为城邑。拓境东至沧海，南至萨水"。东沃沮人归属高句丽。

其实，在此之前，北沃沮人早已被高句丽人征服。据《三国史记·东明王本纪》载，邹牟王"十年（公元前28年），冬十一月，王命扶尉猒伐北沃沮灭之，以其地为城邑"。这样，沃沮人五千余户都归服高句丽，成为其臣民。

5. 貊人

貊与秽是先秦文献中已出现的北方两个古老民族之名。周宣王封韩侯"其追其貊"就是来管理北方各民族的事务。追即秽，貊有时亦作貉，各有其族，各居其地。至秦汉之时，两族之裔仍然活动在东北，与高句丽、夫余皆为并存部族。晚出文献曾以秽、貊代称夫余、高句丽，既是中原王者之误，亦是史家之误。

就其人而言，常以居地被称为梁貊、小水貊，因其居住环境，生活习俗与高句丽接近，往往称为高句丽别种。

《三国史记》记载，儒留王三十三年（公元14年）秋八月，"王命乌伊、摩离领兵二万，西伐梁貊灭其国，进兵袭取汉高句丽县"。这是梁貊人最早被高句丽人征服的记载。证明梁貊与高句丽本非同族，居地在高句丽国与汉高句丽县之间的梁水（今太子河）上游一带，今桓仁县西与新宾县交界处。

至于小水貊，顾名思义，则是居住在小水流域的貊人。如《三国志·高句丽传》记载，"有小水貊，句丽作国依大水而居，西安平县北有小水南流入海。句丽别种依小水作国，因名之为小水貊。出好弓，所谓貊弓是也"。此小水应指今丹东市北的瑷河。小水貊归属高句丽的具体时间，文献无载。根据高句丽东川王十六年（公元242年）"王遣将袭破辽东西安平"的情况[1]，小水貊一带是高句丽进军西安平的必经之路，征服小水貊不会晚于东汉末年。也就是说，两汉时期通过战争征服，高句丽境内已经有不少貊人存在。而大量秽人进入高句丽则稍晚了些。

另外，在高句丽人统治管辖的区域内还应有少量鲜卑人、匈奴人。后来，还有靺鞨人、契丹人进入高句丽，成为高句丽国家内的民众，这就形成了一个以高句丽人为主体的多民族的地方政权。

二、高句丽初期统治

高句丽人从原始部落酋长的管理形态下进入国家统治，一方面受汉玄菟郡封建统治模式的影响，

---

① 《三国史记》卷十七《高句丽·东川王本纪》，汉城：韩国民族文化推进会，1982年，第132页。

另一方面则是建国时期，朱蒙从夫余带来的统治管理方式，加之高句丽五部的传统管理，逐渐结合成为高句丽初期的统治方式——按居民居住区域和民族来实施管理。

高句丽五部在建国后一段时期内是高句丽国家的主要行政区域，并不断扩大。都纥升骨城时期，以涓奴部为中心地区，迁都国内城则以桂娄部为中心地区。北部绝奴部由今通化市、通化县一带逐步向北扩展至柳河、辉南、白山、延边等地。南部则由宽甸、朝鲜楚山郡扩大到丹东和朝鲜清川江流域，东部则由集安，朝鲜满浦、江界扩大到长白山东南，朝鲜咸镜北道至大海。

《三国史记》中没有《后汉书》《三国志》所记的五部，却出现了橡那部、贯那部、桓那部、沸流部等区域名称。若以国内尉那岩地方为国都作为高句丽政治、经济、文化中心，则与桂娄部地位相当。

公元22年，夫余王从弟与万余人来投高句丽，大朱留王将其安置在橡那部。[①] 若依照从夫余南下高句丽路程看，安置最方便的应在其北部，则橡那部与绝奴部近似。

公元32年，大臣仇都、逸苟、焚求为沸流部长，因贪鄙，夺人妻妾、牛马、钱财被贬为庶人。[②] 此沸流部应在涫流水一带，今桓仁县城及北部地区，在国内城以西，方位大体与涓奴部接近。

太祖大王时期，曾"遣贯那部沛者达贾伐藻那""遣桓那部沛者薛儒伐朱那"。[③] 贯桓与灌音近，叠韵。桓那部薛儒所伐朱那相距不会太远。且朱那之朱，本为南方之色，因此，贯那与桓那很可能均为灌奴部。

公元179年，故国川王即位。第二年春二月，立妃于氏为王后，王后是提那部于素之女也。[④] 此于素就是儒留王乙素同族。

东部大人晏留曾举荐乙素之孙乙巴素协助治国，乙巴素住在西鸭绿谷，在国内城东北。以此推之，提那部似应靠近东部顺奴部。

以上《三国史记》诸部大体相当于高句丽五部，每部有部长，或沛者、于台进行管理。同时从这些人中选出贤能者，佐助国王治理国家，称为左辅、右辅。对于各部部长中贪图资财、夺人妻妾者则予以罢免，废为庶人，这也是高句丽初期职官制度不甚健全的一种表现。

五部之外，高句丽在其征服的民族与地区则采取适于当地民族的、较为宽松的统治策略，以当地方国或民族的首领为主管或任地方长官。

邹牟王曾以征服的松让国为多勿部，由松让为主，并将其征服的荇人国、北沃沮建为高句丽城邑，由荇人国、北沃沮的首领管理。

儒留王则将鲜卑一部作为自己的属国，同时在梁貊行使统治权，均是以当地民族首领作为高句丽之地方长官。

大朱留王征服盖马国之后，设郡县管理，句荼国降服后，仍由其王进行管辖。

---

① 《三国史记》卷十四《高句丽·大武神王本纪》，汉城：韩国民族文化推进会，1982年，第118页。
② 《三国史记》卷十四《高句丽·大武神王本纪》，汉城：韩国民族文化推进会，1982年，第119页。
③ 《三国史记》卷十五《高句丽·太祖大王本纪》，汉城：韩国民族文化推进会，1982年，第122页。
④ 《三国史记》卷十六《高句丽·故国川王本纪》，汉城：韩国民族文化推进会，1982年，第128页。

太祖大王时，伐东沃沮，取其地为高句丽城邑，同时征服周边部落，如藻那部、朱那部，亦实行部族式的管理。

由上可见，高句丽初期统治方式，中央以王为最高统治者，以五部沛者、于台为主管官吏，其中一两名贤者为左辅、右辅，相当于封国的相。对地方的管理除五部之外，还有征服地区的各部长官和郡、县、城邑官吏。

三、高句丽初期疆域

高句丽建国前70多年，即公元前108年开始，汉武帝设玄菟郡、乐浪郡、临屯郡、真番郡来管理东北和朝鲜半岛北部地区。后来，罢临屯、真番，并入玄菟、乐浪，郡、县迁徙，侨置，而整个行政管辖区域没有超出两汉东北的疆域。

高句丽建国是经玄菟郡和汉王朝中央政府允许的，是一个边疆封国式的地方政权，其管辖范围和活动区域主要是在玄菟郡内。随着高句丽势力强大，不断兼并和扩张，向乐浪郡、辽东郡发展。两汉时期，高句丽政权的统治区域仍是以玄菟郡为主。即便是在好太王、长寿王统治时期，高句丽政权的统治区域也没有超出两汉以来的东北疆域。

作为一个边疆地区的国家，高句丽统治和管辖地区的变化可以称作高句丽国家疆域的变化，这是一个地方政权的疆域变化。到了高句丽后期，它的疆域仍然没能超出我国东北古代疆域。更重要的是，高句丽的疆域一直是我国东北古代疆域的一部分，我们讨论高句丽疆域的变化正是在这一理论和史实的基础上进行的。

西汉末年，高句丽建国不久，高句丽统一了五部及其附近部落方国，其疆域大体上与高句丽五部的范围相同：西部在桓仁县城一带，东部在集安与朝鲜满浦、江界附近，北部在通化市、通化县一带，南部在宽甸与朝鲜楚山郡临近的鸭绿江地区。

东汉后期，经过高句丽几代王的兼并和扩张，玄菟郡东部、乐浪郡北部地区被高句丽占领，使其疆域扩大了许多。

以当时高句丽都城国内城为中心，高句丽疆域主要是向东、南、北三个方面扩张得比较大，这些地方也恰恰是玄菟郡、乐浪郡管理比较薄弱的地方。

高句丽的西部已达到梁水上游，与玄菟郡的高句丽县、辽东郡的西安平县接近，相当于今辽宁省桓仁与新宾交界处和邻近丹东一带。高句丽儒留王时，已经西伐梁貊，占据了其地，逼近了玄菟郡的高句丽县。东汉后期，对小水貊地区也实行了统治和管理。高句丽的南界是随着大朱留王征服盖马国、句荼国之后不断向南推进的。公元37年，高句丽派兵袭击乐浪，其疆域已达到今朝鲜的大同江流域。公元44年，汉光武帝派兵渡海，收服乐浪，并与高句丽约定，萨水以南属汉，萨水以北归高句丽统属。萨水即今朝鲜北部的清川江，平安北道、慈江道已成为高句丽的南部地区。

高句丽对东部地区的扩张是较早的，邹牟王时便进军长白山东南的荇人国和长白山东北的北沃沮并先后灭其国，收为高句丽的城邑。到太祖大王四年（公元56年），征服了东沃沮，拓境东至沧海。这样，长白、延吉、珲春，以及朝鲜两江道、咸境北道至大海都成了高句丽东部统治地区。

高句丽北部疆域文献记载不甚明确，从高句丽对夫余之间的几次战事及攻陷鲜卑城的情况看，高句丽北部与夫余交界之地大体上在西起今辽源、东丰，东至白山、靖宇、抚松一线。

高句丽作为我国北方边境地区的一个民族国家，在公元3世纪初，已占据了玄菟郡东边一大部，乐浪郡北边一小部。其疆域已跨今中国吉林、辽宁两省东部地区和朝鲜半岛北部地区，形成了高句丽疆域的主体规模，为后来其向辽东扩展，向汉江流域发展奠定了基础。

第五章

魏晋时期的高句丽

——扩张、改革与发展

魏晋时期，高句丽继续向辽东扩张，先是与东吴通好，与曹魏的幽州对峙，随后又与崛起于辽西的慕容燕政权进行较量。此期间，高句丽社会发生了重要的变革，从管理体制到经济、思想、文化诸方面都出现了新的进步，反映了高句丽社会的发展速度与前景。东晋时期，特别是在高句丽的好太王时期，高句丽国家已由一个带有原始性的封建国家过渡到军事封建王国的时代。时间大体上在公元 227 年至公元 412 年，从高句丽第十一代东川王到第十九代国罡上广开土境平安好太王，历经九代王，社会演进的特点是：扩张、改革与发展。

第一节　三国时期的高句丽

一、在战乱中求发展

东汉末年，外戚与宦官争夺权力的斗争逐渐酿成了军阀混战，"自董卓以来，豪杰并起，跨州连郡者不可胜数"[①]。势力较强的军阀有十几个，袁绍占据冀、青、并三州，曹操占有兖、豫二州，公孙瓒独霸幽州，陶谦占据徐州，袁术占据扬州，刘表占据荆州，孙策占据江东，刘焉占据益州，韩遂、马腾占据凉州，公孙度占据辽东，刘备尚无固定势力范围，在依附其他军阀的过程中发展自己的实力。

公元 220 年，东汉灭亡，其他军阀势力相继衰弱、灭亡，形成了魏（公元 220—265 年）、蜀（公元 221—263 年）、吴（公元 222—280 年）三国鼎立的局面。

曹魏政权实力最强，控制着长江以北的广大地区，并据有辽东属国、辽西和右北平一带。通过整顿吏治、打击豪强、实行屯田、发展生产，恢复了北方经济，逐渐稳定了北方的统治。中原战乱对于东北地区的影响相对小些，曹操北征乌桓，军抵柳城（今辽宁省朝阳市南），东临碣石，以观沧海，利用公孙氏招抚流人，稳定东北局势。高句丽乘此时机稳定发展，壮大自己的实力。

魏明帝太和元年（公元 227 年）夏，高句丽第十一代王东川王即位。东川王名忧位居、位宫，小名郊彘，山上王之子，母酒桶村人。山上王在其嫂于氏佐助下得王位，不复更娶，立于氏为后。几年后仍无子嗣，祭祷于山川，梦见天帝告诉他的小后将为其生男。山上王十二年（公元 208 年）冬十一月，郊祀用的猪跑了，掌牲之人追至酒桶村，遇见一个 20 来岁年轻美貌的女子，帮助掌牲人捉住猪。山上王听到掌牲人的讲述，当夜微服访问女家，召幸酒桶村女。十三年秋九月，酒桶村

---

① 《三国志》卷三十五《诸葛亮传》，北京：中华书局，1959 年，第 912 页。

女生一男孩，被立为小后。王因郊豕之事得幸其母，给小王子取名为郊彘。十七年春正月，年仅5岁的郊彘被立为太子。① 郊彘19岁即位，是为东川王。其为人宽厚仁义，以于氏为王太后，以于台明临於漱为国相，管理国政，发展生产，稳定诸部，在曹魏、孙吴、公孙氏势力的角逐中趋利避害，寻求发展。

当此之时，高句丽向辽东发展的最大阻力来自于公孙氏集团。

公孙氏集团，自中平六年（公元189年）公孙度被董卓任为辽东太守，经过其子公孙康，其弟公孙恭，其孙公孙渊三代人的经营，发展成为割据辽东的独立势力。公孙度、公孙康均曾东征过高句丽，甚至进入其国，焚烧邑落。高句丽亦曾派兵帮助公孙度击破富山贼。②

魏明帝太和二年（公元228年），公孙渊胁迫公孙恭让出辽东之位，明帝则拜公孙渊为扬烈将军、辽东太守，管理辽东及北方属国的事务。高句丽派遣使臣与魏和亲，同辽东公孙渊保持友好，以待时机。

魏明帝太和五年，公孙渊派遣使臣南通孙权，与东吴往来赂遗。③ 东吴为了联络高句丽，获取名马、珍珠、兽皮，开展辽东沿海贸易，多次派船队出长江口北上。

魏明帝太和六年（公元232年）三月，孙权派遣将军周贺、校尉裴潜"浮舟百艘""乘海之辽东"与公孙渊加强联系，促其彻底背离曹魏依附孙权。公孙渊以礼待吴将军，并"济以名马"，又派遣校尉宿舒、郎中令孙综带着表文同去东吴。④ 宿舒、孙综向孙权奉上公孙渊愿意向孙权称藩，贡献貂马的表文，希望孙权出兵，"奋六师之势，收河洛之地，为圣代宗"⑤。孙权下诏，以幽、青二州十七郡百七十县封公孙渊为燕王，督幽州、青州牧、辽东太守。⑥

魏明帝青龙元年（公元233年），孙权派太常张弥、执金吾许晏、将军贺达等"将兵万人，金宝珍货，九锡备物，乘海授渊。举朝大臣，自丞相雍已下皆谏，以为渊未可信，而宠待太厚，但可遣吏兵数百护送舒、综。权终不听"⑦。张弥等率船队至辽东沓县海口停泊，贺达驻守船队，张弥、许晏等率属下数百人至襄平。

公孙渊一边接受魏之策命，一边与吴往来，企图挑起魏吴之争，使魏军无暇东顾。吴使到来之时，曹魏集结军队准备进军辽东。在魏强兵将至的情况下，公孙渊分散东吴使臣士兵，将中使秦旦、张群、杜德、黄强及吏兵60人置玄菟百姓家，仰其饮食。先杀掉张弥、许晏，随后派军袭杀贺达水师，贺达率船队逃回吴国。公孙渊将张弥、许晏首级连同孙权使臣送来的符节、印绶、九锡、十物等送于洛阳，曹魏乃拜公孙渊为大司马，封乐浪公。⑧

———————————

① 《三国史记》卷十六《高句丽·山上王本纪》，汉城：韩国民族文化推进会，1982年，第131页。

② 《三国志》卷三十《魏书·高句丽传》，北京：中华书局，1959年，第845页。

③ 《三国志》卷八《公孙渊传》，北京：中华书局，1959年，第253页。

④ 《资治通鉴》卷七十二《魏纪四·明帝》，北京：中华书局，1956年，第2276页。

⑤ 《三国志》卷八《公孙渊传》注引《吴书》载"渊表"，北京：中华书局，1959年，第255页。

⑥ 《三国志》卷四十七《吴主传》注引《江表传》载"权诏"，北京：中华书局，1959年，第1137页。

⑦ 《三国志》卷四十七《吴主传》，北京：中华书局，1959年，第1138页。

⑧ 《三国志》卷八《魏书·公孙渊传》，北京：中华书局，1959年，第253页。

秦旦、张群、杜德、黄强等在玄菟郡等候40多天，不见张弥、许晏消息，知有变故，私下议论："吾人远辱国命，自弃于此，与死无异，今观此郡，形势甚弱，若一旦同心，焚烧城郭，杀其长吏，为国报耻，然后伏死，足以无恨，孰与偷生苟活，长为囚虏乎。"于是相约八月十九日夜起事。后来为人告密，城门紧闭，秦旦、张群、杜德、黄强匆忙逃出，崎岖山路，艰难行走多日。秦旦、黄强先到达高句丽，向高句丽王位宫宣吴王之诏，与高句丽通好，赐高句丽王对辽东攻夺之权。高句丽王位宫大喜，接受吴主诏命，派人随秦旦迎回张群、杜德，休养数日。高句丽王派遣皂衣25人送秦旦等诸人返回东吴，向吴主奉表称臣，贡貂皮千枚、鹖鸡皮十具。[①]

吴嘉禾二年（公元233年），东吴派使臣谢宏、陈恂拜高句丽位宫为单于，加赐衣物珍宝。陈恂等到安平口，先遣校尉陈奉前见位宫，而位宫接受了魏幽州刺史的旨意，令以吴使自效。位宫遣主簿笮咨、带固等出安平见谢宏，谢宏将其30余人绑缚为人质。高句丽王位宫献上好马数百匹以示谢罪，谢宏乃放还笮咨、带固，将吴主诏书及赐予之物带给位宫。由于谢宏船小，高句丽王位宫送来的好马只载去了80匹。[②]此后，吴主孙权仍派使臣浮海与高句丽沟通，相约共袭辽东。高句丽面对曹魏政治、军事方面的强大压力，未敢轻举妄动。

吴嘉禾五年春二月，吴主孙权派使者胡卫等到高句丽通和，高句丽留其使臣。秋七月斩杀吴使，传首于魏幽州。[③]从此，高句丽与东吴断绝往来，一心依附曹魏。

魏明帝景初元年（公元237年），高句丽王遣使入魏朝贡，贺魏明帝改年号。[④]获知公孙渊自称燕王，曹魏派遣幽州刺史征讨公孙渊的消息后，更加坚定了高句丽要依靠曹魏势力灭掉公孙渊的信心。

魏明帝景初二年六月，以司马懿为主帅、毌丘俭为副帅的4万魏军抵达辽东。公孙渊坚壁固守，以逸待劳，司马懿用计破敌，并利用雨季辽河涨水，以船运兵，直迫襄平围城。高句丽王派遣主簿大加，将兵千人前往助战。数日后城破，公孙渊父子败走东南被斩杀。[⑤]

二、继续向辽东扩张

曹魏大军剿灭了公孙渊，使辽东、玄菟、乐浪、带方诸郡结束了公孙氏长达半个多世纪的统治，归入曹魏北方的统一管理之下。魏明帝任命毌丘俭为幽州刺史，管理辽东、玄菟、乐浪、带方诸郡事务。高句丽依附曹魏政权，积极参与征讨公孙渊的战争，但仍在玄菟郡统属之下发展自己的力量，寻找时机向辽东扩张。

---

① 《三国志·吴主传》注引《吴书》，《吴书》中将高句丽王位宫误记为宫。
② 《三国志·吴主传》注引《吴书》，《吴书》中将高句丽王位宫误记为宫。
③ 《三国志》卷三《明帝本纪》青龙四年，北京：中华书局，1959年，第107页；《三国史记》卷十七《高句丽·东川王本纪》，汉城：韩国民族文化推进会，1982年，第132页。
④ 《三国史记》卷十七《高句丽·东川王本纪》，汉城：韩国民族文化推进会，1982年，第132页。
⑤ 《三国志》卷三十《魏书·高句丽传》，北京：中华书局，1959年，第845页；《三国史记》卷十七《高句丽·东川王本纪》，汉城：韩国民族文化推进会，1982年，第132页。

高句丽从太祖大王时确立了向辽东扩张的政策，并逐步实施。到东川王时，更加明确了向辽东扩张的步骤和方式。他们充分意识到两汉以来，辽东、玄菟等地远离中央王朝，交通不便，管理薄弱，特别是在中原政局不稳，出现战乱的时候，更加无暇顾及。东汉末年至三国初期，公孙氏从一个小吏，逐步发展成控制辽东诸郡的独立势力，甚至使魏、吴两国对其进行争夺。公孙渊被灭掉以后，东吴无力染指东北，曹魏政权也面临着蜀国北伐的威胁。东川王认为，乘此时机逐渐蚕食辽东，形成占领的事实，然后向曹魏中央王朝朝贡、通好，取得认可，使自己的势力范围和疆域不断扩大。

从东川王开始的扩张活动大体上经历了三个阶段。为了便于比较，在此一并介绍。

第一阶段为东川王时期，时间在公元 3 世纪中叶。此时的辽东、玄菟、乐浪、带方等郡刚刚从公孙渊统治之下获得解脱，继而由曹魏派官吏管辖。史书记载，当时的玄菟郡太守王颀、乐浪郡太守刘茂、带方郡太守弓遵、辽东郡太守史不书名，均由中央王朝任命不久，受幽州刺史毌丘俭节制。

魏齐王正始三年（公元 242 年）高句丽东川王"十六年，王遣将袭破辽东西安平"[①]。

《三国志·毌丘俭传》载，"正始中，俭以高句丽数侵叛，督诸军步骑万人出玄菟，从诸道讨之"。看来，正始初年，高句丽曾不止一次入侵辽东，《三国史记》只记"袭破辽东西安平"一役。此前，高句丽与东吴使者经常从西安平或安平口停船靠岸，当时公孙渊管理不严，双方有隙可乘。高句丽袭破之后并没能占领，只是掠夺了部分人口、财物，旋即退兵。至于高句丽侵夺辽东其他地方，史书记载不详尽，可能也给辽东造成了一定的损失和危害，否则，毌丘俭不会调集重兵从诸道讨之。

毌丘俭征讨高句丽一战，攻下了丸都城，追击至肃慎南界，给高句丽的打击是很沉重的。东川王率残部返回故都，修复被战争损坏的宫殿、城邑，经中川王、西川王、烽上王几代的努力，才逐渐恢复元气，这期间，高句丽已没有能力向辽东用兵了。

第二阶段为美川王时期，时间在公元 4 世纪初。

晋太康元年（公元 280 年），晋军攻入建业灭掉吴，统一全国，结束了董卓之乱以来 90 年的分裂局面。晋武帝司马炎采取了一系列土地、赋税制度的改革，促进社会经济发展，同时助长了门阀世族势力的增长。司马氏集团日益奢侈残暴腐败，导致公元 290—306 年长达 16 年之久的"八王之乱"。中原战争不断，数十万人死亡，上百万人流徙。北方幽州、平州治内也出现了各种力量的争夺。高句丽乘此时机，整顿军马，再犯辽东。此时的高句丽王名乙弗、乙弗利、忧弗，人称好壤王，是为美川王。西川王之孙，古雏加咄固之子。烽上王即位不久，疑其弟咄固有异心，遂赐死。咄固之子乙弗畏害出逃，曾在水室村佣作，与东村人贩盐，历尽艰辛。后来，国相仓助利与群臣谋废烽上王，乃迎王孙乙弗归来，上玺绶，即王位，时在西晋永康元年（公元 300 年）。美川王即位之后，依靠国相仓助利和群臣同心协力治理国家，发展经济，训练军队，抓住中原及北方战乱之机，不断出兵辽东、玄菟、乐浪、带方诸郡，掠夺土地、人口和财物。

据文献记载，美川王时期多次出兵对外扩张：

---

① 《三国史记》卷十七《高句丽·东川王本纪》，汉城：韩国民族文化推进会，1982 年，第 132 页。

公元 302 年，美川王"三年秋九月，王率兵三万侵玄菟郡，虏获八千人，移之平壤"（此平壤应指国内城东的平原之地）①。

公元 307 年，"晋永嘉乱，鲜卑慕容廆据昌黎大棘城，元帝授平州刺史。句骊王乙弗利频寇辽东，廆不能制"②。

公元 311 年，美川王"十二年秋八月，遣将袭取辽东西安平"③。

公元 313 年，晋"建兴元年，辽东张统据乐浪、带方二郡，与高句丽王乙弗利相攻，连年不解"④。高句丽"侵乐浪郡，虏获男女二千余口"⑤。

公元 314 年，美川王"十五年春正月，立王子斯由为太子，秋九月，南侵带方郡"⑥。

公元 315 年，美川王"十六年春二月，攻破玄菟城，杀获甚众"⑦。

公元 319 年，美川王"二十年冬十二月，晋平州刺史崔毖来奔。初崔毖阴说我及段氏、宇文氏，使共攻慕容廆。三国进攻棘城，廆闭门自守"。慕容廆用计离间了三方军队，联合进攻慕容廆失败。高句丽王"数遣兵寇辽东，慕容廆遣慕容翰、慕容仁伐之。王求盟，翰、仁乃还"⑧。

公元 320 年，美川王"二十一年冬十二月，遣兵寇辽东，慕容仁拒战，破之"⑨。

以上文献记载，美川王在位 32 年间，向辽东、玄菟、乐浪、带方用兵多达 10 余次，其结果只是掠夺了一些人口和财物，并没能达到占领的目的。一方面由于高句丽的军事实力尚不够强大，另一方面西晋幽州、平州守将利用了慕容鲜卑的力量。双方交战多年，互有胜负，给辽东、玄菟诸郡的百姓带来了战争和灾难。

第三阶段为故国原王到故国壤王期间，时间在公元 4 世纪中叶以后。

西晋灭亡以后，司马睿在江南立国，史称东晋。北方出现许多少数民族政权，东北可与高句丽抗衡的要数慕容鲜卑的前燕政权。

公元 331 年，高句丽故国原王即位，其名钊，或斯由。即位后巡问民间百姓生活，慰问病老疾苦，发仓赈济饥民，稳定民心。派遣使臣向东晋王朝贡献方物，寻求庇护。同时修筑北国新城，增筑平壤城，以加强都城附近的防御能力。⑩

故国原王九年（公元 339 年），燕王慕容皝率兵来侵，兵及新城，高句丽王钊感到自己实力尚

---

① 《三国史记》卷十七《高句丽·美川王本纪》，汉城：韩国民族文化推进会，1982 年，第 137 页。

② 《梁书》卷五十四《高句骊传》，北京：中华书局，1973 年，第 803 页。

③ 《三国史记》卷十七《高句丽·美川王本纪》，汉城：韩国民族文化推进会，1982 年，第 137 页。

④ 《资治通鉴》卷八十八《晋纪十·孝愍上》，北京：中华书局，1956 年，第 2799 页。

⑤ 《三国史记》卷十七《高句丽·美川王本纪》，汉城：韩国民族文化推进会，1982 年，第 137 页。

⑥ 《三国史记》卷十七《高句丽·美川王本纪》，汉城：韩国民族文化推进会，1982 年，第 137 页。

⑦ 《三国史记》卷十七《高句丽·美川王本纪》，汉城：韩国民族文化推进会，1982 年，第 137 页。

⑧ 《三国史记》卷十七《高句丽·美川王本纪》，汉城：韩国民族文化推进会，1982 年，第 137—138 页。

⑨ 《三国史记》卷十七《高句丽·美川王本纪》，汉城：韩国民族文化推进会，1982 年，第 138 页。

⑩ 《三国史记》卷十八《高句丽·故国原王本纪》，汉城：韩国民族文化推进会，1982 年，第 138 页。

不足以与之争战，于是请求结盟，燕军暂时归还。次年，派遣世子朝见燕王慕容皝，请求罢兵。[1]

高句丽王钊眼见得燕王势力强大，虽暂时退兵，仍有东进的可能，应做好战争准备。于故国原王十二年（公元 342 年）春二月修葺丸都城，又筑国内城。秋八月，移居丸都城。[2] 冬十月却受到慕容皝大军的猛烈进攻，丸都城被焚毁。

高句丽故国原王期间，一直受到慕容燕的威胁和进攻，向辽东进军的计划几乎破灭。直至故国壤王时，国力恢复，又开始向辽东进军。

故国壤王二年（公元 385 年）夏六月，高句丽王出兵 4 万袭辽东。燕王遣司马郝景将兵救之，高句丽军将其击败，遂攻陷辽东、玄菟，掳男女 1 万口而还。冬十一月，燕慕容农率兵来攻，收复辽东、玄菟二郡。[3]《梁书·高句骊传》记载此次战争："孝武太元十年，句丽攻辽东、玄菟郡，后燕慕容垂遣弟农伐句丽，复二郡。"

以上三个阶段的战争，从东川王至故国壤王，经历了 8 个王，160 多年时间。高句丽分别与曹魏、西晋、慕容燕争夺辽东，战线一次比一次向前推进，掠夺人口也逐渐增多。因此，也遭到曹魏和慕容氏政权的征伐。

三、毌丘俭征高句丽

关于毌丘俭征高句丽的问题，最早的记载见于《三国志》，其成书在晋灭吴以后的公元 280—297 年。距离毌丘俭征高句丽不过四五十年，史料较可信，为后来诸多史书所本。现援引如下。

《三国志·毌丘俭传》载：

> 正始中，俭以高句丽数侵叛，督诸军步骑万人出玄菟，从诸道讨之。句丽王宫将步骑二万人，进军沸流水上，大战梁口，宫连破走。俭遂束马县车，以登丸都，屠句丽所都，斩获首虏以千数。句丽沛者名得来，数谏宫，宫不从其言。得来叹曰："立见此地将生蓬蒿。"遂不食而死。举国贤之。俭令诸军，不坏其墓，不伐其树，得其妻子，皆放遣之。宫单将妻子逃窜。俭引军还。六年，复征之，宫遂奔买沟。俭遣玄菟太守王颀追之，过沃沮千有余里，至肃慎氏南界，刻石纪功，刊丸都之山，铭不耐之城。诸所诛纳八千余口。论功受赏，侯者百余人。

《三国志·高句丽传》载：

> 正始三年，宫寇西安平，其五年，为幽州刺史毌丘俭所破。语在《俭传》。

---

[1] 《三国史记》卷十八《高句丽·故国原王本纪》，汉城：韩国民族文化推进会，1982 年，第 138 页。
[2] 《三国史记》卷十八《高句丽·故国原王本纪》，汉城：韩国民族文化推进会，1982 年，第 138 页。
[3] 《三国史记》卷十八《高句丽·故国壤王本纪》，汉城：韩国民族文化推进会，1982 年，第 140 页。

《三国志·三少帝纪》载：

　　（正始）七年春二月，幽州刺史毌丘俭讨高句丽，夏五月，讨濊貊，皆破之。

很明显，《三国志》中关于毌丘俭征高句丽的时间有三种说法：第一，正始中，六年复征之；第二，正始五年；第三，正始七年春二月。晚出的《北史·高丽传》[①]将第一、第二种说法结合，记为：

　　正始三年，位宫寇辽西安平。五年，幽州刺史毌丘俭将万人出玄菟，讨位宫，大战于沸流。败走，俭追至岘岘，悬车束马登九都山，屠其所都。位宫单将妻息远窜。六年，俭复讨之，位宫轻将诸加奔沃沮。俭使将军王颀追之，绝沃沮千余里，到肃慎南，刻石纪功。又刊九都山，铭不耐城而还。

《三国史记》则依据第三种说法，记载更为详细：

　　二十年，秋八月，魏遣幽州刺史毌丘俭，将万人，出玄菟来侵。王将步骑二万人，逆战于沸流水上，败之，斩首三千余级。又引兵再战于梁貊之谷，又败之，斩获三千余人。王谓诸将曰："魏之大兵，反不如我之小兵。毌丘俭者，魏之名将，今日命在我掌握之中乎。"乃领铁骑五千，进而击之。俭为方阵，决死而战，我军大溃，死者一万八千余人。王以一千余骑，奔鸭渌原。冬十月，俭攻陷九都城，屠之。乃遣将军王颀追王。王奔南沃沮，至于竹岭，军士分散殆尽，唯东部密友独在侧，谓王曰："今追兵甚迫，势不可脱。臣请决死而御之，王可遁矣。"遂募死士，与之赴敌力战。王间行脱而去，依山谷，聚散卒自卫，谓曰："若有能取密友者，厚赏之。"下部刘屋句前对曰："臣试往焉。"遂于战地，见密友伏地，乃负而至。王枕之以股，久而乃苏。王间行转辗，至南沃沮，魏军追不止。王计穷势屈，不知所为。东部人纽由进曰："势甚危迫，不可徒死。臣有愚计，请以饮食往魏军，因伺隙刺杀彼将。若臣计得成，则王可奋击决胜矣。"王曰："诺。"纽由入魏军诈降曰："寡君获罪于大国，逃至海滨，措躬无地，将以请降于阵前，归死司寇，先遣小臣，致不腆之物，为从者羞。"魏将闻之，将受其降。纽由隐刀食器，进前，拔刀刺魏将胸，与之俱死，魏军遂乱。王分军为三道，急击之，魏军扰乱不能陈，遂自乐浪而退。王复国论功，以密友、纽由为第一，赐密友巨谷、青木谷，赐屋句鸭渌、杜讷河原以为食邑。追赠纽由为九使者，又以其子多优为大使者。是役也，魏将到肃慎南界，刻石纪功，又到九都山，铭不耐城而归。初，其臣得来，见王侵叛中国，数谏，王不从。得来叹曰："立见此地，将生蓬蒿。"遂不食而死。毌丘俭令诸军，不坏其墓，不伐其树，得其妻子，皆放遣之。[②]

---

①　《北史》卷九十四《高丽传》，传名为"高丽"，正文起首则为"高句丽其先出夫余……"，北京：中华书局，1974年，第3110、3112页。

②　《三国史记》卷十七《高句丽·东川王本纪》，汉城：韩国民族文化推进会，1982年，第132—133页。

光绪三十年（1904 年），辑安县筑路乡民在县城西 17 千米的板岔岭西北天沟山坡上发现一块刻有文字的断碑，经县令吴光国详鉴，定为毌丘俭征讨高句丽之碑。[1] 碑石虽残，碑文尚可卒读。该断碑对于研究毌丘俭征高句丽的时间问题，应该是最可靠的文字资料（图 5.1）。

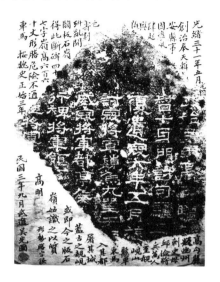

图 5.1　毌丘俭记功碑及其拓片

毌丘俭纪功碑残石现藏辽宁省博物馆。碑石为圭形，无穿，残长 39 厘米，宽 30 厘米，厚 8—8.5 厘米。正面阴刻汉字隶书碑文 7 行 48 字，经补正，碑文如下：

正始三年高句丽反

督七牙门讨句丽五年……无

复遗寇六年五月旋师

讨寇将军魏乌丸单于寇娄敦

威寇将军都亭侯

行裨将军领玄菟太守王颀

行裨将军

根据毌丘俭纪功碑的文字，王国维先生提出，毌丘俭征高句丽"实以四年会师，五年出兵，六年旋师"。[2]《三国志》一书中，只有《高句丽传》记载的时间与碑文相符，其余皆失之。

需要进一步研究的是正始五年（公元 244 年）几月出兵的问题。高句丽都城及统治区域多大山

---

① 耿铁华：《毌丘俭纪功碑考略》，《中国文物报》1988 年 4 月 12 日，第 3 版；耿铁华：《对毌丘俭纪功碑的几点说明》，《中国文物报》1988 年 7 月 22 日，第 3 版。关于毌丘俭纪功碑出土时间，有光绪三十年(1904 年)、光绪三十一年(1905 年)、光绪三十二年（1906 年）多种说法。

② 王国维：《观堂集林》卷二十《魏毌邱俭丸都山纪功石碑跋》，北京：中华书局，1961 年，第 984 页。

深谷，山路险狭，林木繁茂。军事行动以春秋两季为宜。毌丘俭征高句丽，从玄菟郡出兵，至高句丽国内城有数百里山路，其间关卡不少，高句丽重兵守卫。一时攻不下，则要拖延时日。如春天到盛夏时节，天气炎热，草木繁生，莫说要打仗，就是长途行军亦非容易。据此分析，毌丘俭征高句丽还以秋季出兵为宜。因此，《三国史记》中"秋八月，魏遣幽州刺史毌丘俭将万人，出玄菟来侵……冬十月，俭攻陷丸都城屠之"。时间上较为合理。从玄菟郡至高句丽都城，行军不过十日路程。八月出兵，经过几战，十月攻陷丸都，符合战争当时的地理环境与自然环境所限定的时间。

另外，从慕容皝征高句丽的时间上也可以得到旁证。晋咸康八年（公元342年）十月，建威将军慕容翰向慕容皝建议出兵伐高句丽，以其"去国密迩，常有窥觎之志"。十一月，慕容皝亲率劲兵4万出南道，别遣长史王寓等率兵1.5万人出北道，两路征伐高句丽。南路慕容皝军很快攻入高句丽都城。"发（高句丽王）钊父乙弗利墓，载其尸，收其府库累世之宝，掳男女五万余口，烧其宫室，毁丸都城而还。"①

在高句丽的历史上，这是相隔近百年的两次重大战事。无论从时间、进军路线，乃至战争结局上，都有很多相似之处。可以相信，慕容皝在征伐高句丽之前，不仅对高句丽南北二道及防御情况了如指掌，而且对辽东军队与高句丽的几次战争，特别是对毌丘俭征高句丽的整个过程，都会进行详细的研究和总结，以为自己军事行动之借鉴。同样，通过慕容皝对高句丽出兵征战的情况，也可以大体上推断出毌丘俭军队出兵的时间和战争的某些情节。根据上述情况，毌丘俭征高句丽之役，应该是正始五年（公元244年）八月出兵，十月攻陷丸都。正始六年五月旋师。那么，毌丘俭及其所率军队在高句丽都城一带至少屯驻了七个月的时间。高句丽国家的主要军事力量被击溃。高句丽王及妻子、诸大臣逃离都城。对于毌丘俭军队来说，这是一个很大的胜利——既报了辽东之仇，又攻占了丸都城。由于天气逐渐变冷，将士经过一段征战需要休整，粮草辎重也需要补充。所以《三国志·毌丘俭传》中才有"俭引军还"。这个"还"，并未算凯旋，只不过是战争暂告一段落。而且似乎不应该还至玄菟，而应当是还至毌丘俭军队攻丸都之前的军事大本营，即文献中"追至岘岘，悬车束马"的岘岘，距丸都城不会太远。军队经过一段休整，补充给养粮草之后，天气开始转暖。正始六年春，毌丘俭派玄菟太守王颀率军追击高句丽王及其残部，"过沃沮千有余里，至肃慎氏南界"。这是整个战争的继续。而对于正始五年十月攻占丸都来说，则是又一次较大的军事行动。文献中已有"俭引军还"了，此次记为"复征之"亦不是不可以的。

毌丘俭征高句丽的战争，实际上包括两个阶段，第一个阶段战争从正始五年秋八月始至冬十月旋师。毌丘俭率军出玄菟，与高句丽军队战于沸流水，最后挺进高句丽都城，攻下丸都。第二阶段，正始六年春，毌丘俭派玄菟太守王颀追击高句丽王及余部，直至肃慎南界。对于两个阶段的战争情况、毌丘俭军队的进攻路线等方面，文献记载较简略。据《三国志·毌丘俭传》记载，毌丘俭率军出玄菟，高句丽王位宫率步骑2万迎战于沸流水，在梁口双方交战，高句丽军大败，魏军乘胜追击，遂攻占丸都。《三国史记》则记录了双方在沸流水上多次交战的情况。在沸流水上，高句丽军队先胜。再

① 《资治通鉴》卷九十七《晋纪十九·成帝下》，北京：中华书局，1956年，第3051页。

战于梁貊之谷，又取得胜利。毌丘俭军队在失利的情况下决死一战，高句丽军队大败。毌丘俭大军乘胜追击，直下丸都城。尽管战争双方对于胜负的记录略有出入，但对于交战地点和最后攻下丸都的记录是相同的。毌丘俭是在玄菟郡治所集结军队，然后向高句丽国都进发的。学界关于当时玄菟郡治所高句丽县的位置说法不一。张博泉先生认为，在"今抚顺劳动公园古城址"[①]。李健才先生认为，应该在今辽宁省新宾县老城附近的汉代古城。[②] 近年研究出更明确的地望——新宾县城西20千米，"永陵第二座古城址是汉玄菟郡二迁址"。[③] 近年来的考古调查与发掘证明，后两种说法近是。毌丘俭率幽州刺史部军队从玄菟郡出发，向东南方的高句丽都城进军。高句丽王闻讯率步骑2万，出高句丽南道，渡浑江迎战。按当时两军行进速度，刚好在沸流水一带相遇，并进行第一次交锋。不久，又在梁口或梁貊之谷再战。地点在今太子河上游某处——应在沸流水以西50余千米，从两次交战地点及双方进军方向路线看，毌丘俭军队由玄菟郡出发向东南进军，至沸流水一战后，再战之时，交战地点向西移了将近50千米。很明显，毌丘俭军经过沸流水一战向西退了50余千米，改变了进军路线，折返了一段路程。而高句丽大军则沿着高句丽南道向前推进了50千米，到达太子河上游的梁口或梁貊之谷，双方再战。两个战场的位置变化、两军行进和攻守态势的变化，说明沸流水一战，毌丘俭军队失利而退避三舍。如《三国史记》的记载，大约是毌丘俭幽州之兵劳军袭远，高句丽军队基本上靠近本土作战，以逸待劳的缘故。尽管如此，太子河上游地区的争战，最后以高句丽惨败，死伤1.8万余人而告结束。毌丘俭大军乘胜追击，渡过浑江，沿高句丽南道，直捣高句丽都城。"高句丽有二道，其北道平阔，南道险狭。"[④] 而且有两座关卡扼住南道。可以想见，毌丘俭军队向高句丽腹地进军时肯定会遇到抵抗的。

毌丘俭军队渡过浑江之后，首先遇到驻守在霸王朝山城的高句丽守军的阻挡。霸王朝山城是高句丽控扼浑江渡口的军事城堡，是高句丽南道上第一要塞。山城修筑在群山环抱的山峦中，凭借山脊的自然走向，用修凿的长方形花岗岩石条构筑，充分利用悬崖陡壁垒石为城，易守难攻。山城周长1260米，平面呈四边形。山城东西两面及北壁西部均临险峻的山崖。经山城向北顺山谷而下，直抵浑江边沿的泉眼沟村。出谷口西折则可经北屯达浑江。浑江左岸一带多峭壁悬崖，唯泉眼沟和北屯两地间平缓开阔。山城居高临下，不但将这一带浑江水面控制无余，而且恰好扼住这里通往新开河谷的咽喉。[⑤] 这里是出玄菟沿沸流水东渡浑江，通过新开河谷地（高句丽南道）进入丸都的必由之路。

通过霸王朝山城之后，进入新开河谷地，沿着险峻的山路进军。在距高句丽都城约50千米的王八脖子岭一带，有一处关隘设在险狭之地，今名望波岭关隘。其右侧是高山深谷及湍流不息的河水。左侧是起伏的群山。在河流转弯处，石筑墙垣从河谷一直修上山顶，横断峡谷通道。城墙长约750米，残高2.5米，南道正中开一门，大有"一夫当关，万夫莫开"之势。[⑥] 关隘外出土许多铁箭

① 张博泉、董玉瑛、苏金源：《东北历代疆域史》，长春：吉林人民出版社，1981年，第68页。
② 李健才：《夫余的疆域和王城》，《社会科学战线》1982年第4期。
③ 徐家国：《玄菟郡二迁址考略》，《社会科学辑刊》1984年第3期。
④ 《资治通鉴》卷九十七《晋纪十九·成帝下》，北京：中华书局，1956年，第3050页。
⑤ 方起东：《吉林辑安高句丽霸王朝山城》，《考古》1962年第11期。
⑥ 《集安县文物志》，长春：吉林省文物志编委会，1984年，第76页。

头和其他兵器残段，证明望波岭关隘曾经历过激烈争夺的战斗洗礼。由于高句丽军队在梁口一战伤亡惨重，王率残兵两千余人逃回，败兵之势不可收拾。虽经几处关隘驻兵抵抗，但都被毌丘俭军队一一攻破，不到两月毌丘俭军队已到达高句丽都城附近。

史书记载，梁口战后，高句丽王率残兵败走，毌丘俭"追至赪岘，悬车束马登丸都山，屠其所都"[①]。王国维先生考证，"俭悬车处为赪岘者，盖丸都为辑安以东诸山之大名，而赪岘则其支岭也"[②]。王国维先生未曾到过关东之地，丸都与辑安的位置已然搞错，赪岘的位置可想而知。不过将赪岘作为丸都支岭是有一定道理的，今人有以为赪岘在浑江东，[③]方位虽然不错，但又过于笼统。根据在赪岘悬车束马，登丸都山来判断，赪岘距丸都山不会太远。再从毌丘俭沿高句丽南道进军丸都来看，赪岘必在距丸都不远的南道上。1983 年和 1985 年，在全国第二次文物普查中，集安博物馆对高句丽南道上的古城关隘及古代战争遗迹进行过调查，认为赪岘即在发现毌丘俭纪功碑残石的小板岔岭西北天沟一带，这里曾多次出土铁矛、环首刀、铁马镫、铁箭头、铁甲片等文物。[④]调查中还得知，板岔岭西北天沟属麻线乡，因麻线沟河得名。过去老百姓曾将麻线沟叫作赪岘沟。这一带与丸都山同处于老岭山脉的东南坡，相距只有 17 千米，是高句丽南道上距国内城和丸都山城最近的一处军事关卡。毌丘俭军队占领赪岘之后，以此为军事据点，威胁着高句丽都城的安全。高句丽失去了都城的最后屏障，王公大臣只有退进丸都山城凭险固守。毌丘俭军则从赪岘的小板岔岭经二道阳岔攻至丸都山城西墙之外，并从守备薄弱处攻上城墙，占领丸都城，高句丽王公大臣率残余军队逃走。毌丘俭军队夺得大批武器粮草，退还赪岘大本营进行休整。战争第一阶段到此结束。

第二阶段战争从正始六年（公元 245 年）春始至五月旋师。毌丘俭派玄菟太守王颀追击高句丽王及残部，至肃慎南界，亦即文献所谓"六年复征之"。

高句丽王逃离丸都，奔至买沟，即置沟娄。《三国志·东沃沮传》记载："毌丘俭讨句丽，句丽王宫奔沃沮，遂进师击之。沃沮邑落皆破之，斩获首虏三千余级，宫奔北沃沮。北沃沮一名置沟娄，去南沃沮八百余里，其俗南北皆同，与挹娄接。"金毓黻先生作案语进行解释："沃沮为今朝鲜咸兴道，已有定说。然是地亦称南沃沮。今吉林省延吉、珲春、和龙、汪清等县，处于咸兴道之北，即古之北沃沮。再北宁安东宁等县之地，即为挹娄，故今汪清县之北，亦即所谓肃慎南界也。北沃沮一名置沟娄。沟娄为沟字之带尾音者，而置与买形似，必有一误。然则置沟娄即买沟也。"[⑤]这一解释是很有道理的。多年来的考古调查与发掘，在延边地区图们江流域，第二松花江流域的延吉、珲春、和龙、汪清等地，发现了北沃沮遗址多处，这些遗址有的经过了清理发掘。另外，还发现了村落遗址、房址、墓葬等遗迹，出土了一批石器、陶器、铁器等遗物，同时还发现了高句丽时期的

① 《北史》卷九十四《高丽传》，北京：中华书局，1974 年，第 3112 页。
② 王国维：《观堂集林》卷二十《魏毌邱俭丸都山纪功石碑跋》，北京：中华书局，1961 年，第 983 页。
③ 张博泉、董玉瑛、苏金源：《东北历代疆域史》，长春：吉林人民出版社，1981，第 62 页。
④ 耿铁华：《高句丽兵器初论》，《辽海文物学刊》1993 年第 2 期。
⑤ 金毓黻：《东北通史》，台北：洪氏出版社，1976 年，第 188 页。

古城遗址和相关文物。①

从高句丽丸都城向北的唯一通道是高句丽北道。北道虽处群山之中，但较南道平阔些。高句丽北道上的防御城堡和关卡有夹皮沟哨卡、关马山城、大川哨卡等。其中关马山城的战略位置最重要，位于国内城北稍偏西50千米的深山峡谷之中，凭借着西、东南、东北三面的高山，以石条垒砌三道城墙，连接山崖而成。三面城墙分别扼住东、南、北三方面的谷口通道，形势险要。经过考察还发现，北城墙外有一道堑壕和一道土垣，成为对外防御的重点。东城墙可以抵御绕过低缓山坡进入东部山谷之敌。南城墙背靠国内城，相对来说，防御能力不及东、北两面。②王顾率领魏军追击高句丽王及残部，是从丸都城向北沿北道进击的，关马山城等对外防御的城堡关卡几乎不起什么作用。因此，王顾军队很快就从背后冲破了高句丽都城周围的防御网，长趋直至肃慎南界。然后，回师高句丽都城附近与毌丘俭军会合，刻石纪功，旋师幽州、玄菟，恰好是在正始六年（公元245年）五月。第二次追击高句丽王及残部的战争从春（三月）至五月，进行两个月左右。从时间上看，大体上较合理。至于王顾军队离开高句丽北部关马山城，从哪里追至肃慎南界，其间交战情况如何，尚待进一步考察与研究。高句丽王宫及残部最后还是逃脱了险境。当毌丘俭军队旋师不久，高句丽王及贵胄大臣、残余兵将重返高句丽都城，医治战争创伤，重建家园，恢复国力。

第二节　两晋之际的高句丽改革

西晋武帝灭掉蜀吴，实现统一以后，在全国实行了土地和赋税制度的改革。实行户调制，调整曹魏以来的屯田制、租调制和赐客制度。发布诏令，放宽刑罚，减轻徭役，责令地方官员劝课农桑，平抑粮价，促进社会生产。太康年间"天下无事，赋税平均，人咸安其业而乐其事"③。这种改革、稳定、初步繁荣的社会生活，受到百姓的欢迎，也影响到东北及高句丽统治地区。

从烽上王、美川王时起，高句丽也开始了政治、经济、思想文化方面的改革，中经故国原王、小兽林王，到故国壤王时期基本完成。对于百余年的社会改革，历史文献记载较零散，考古发掘资料则反映出这种改革的成果，特别是在农业、手工业、建筑业等经济领域内表现得尤为显著。正是这百余年的社会改革，为好太王、长寿王统治下的空前繁荣、强盛打下了坚实的基础。

一、政治领域的改革

高句丽政治领域内改革是在高句丽王权稳定下进行的，主要是在官吏设置、用人等方面向中原

① 延边博物馆编写组编：《延边文物简编》，延吉：延边人民出版社，1988年，第42—62页。
② 《集安县文物志》，长春：吉林省文物志编委会，1984年，第71—74页。
③ 《晋书》卷二十六《食货志》，北京：中华书局，1974年，第791页。

学习，采用积极的、选贤与能的用人政策，同时不断加强国相的权力。

魏晋时期，高句丽国家已形成了八级官制："其官有相加、对卢、沛者、古雏加、主簿、优台丞、使者、皂衣先人，尊卑各有等级。"① 晚出的《后汉书》记载略同，"其置官，有相加、对卢、沛者、古邹大加、主簿、优台丞、使者、帛衣先人"②。与《三国志》不同者是古邹大加和帛衣先人。邹与雏形近，帛与皂相近，应是古雏加与皂衣先人的异写。

关于高句丽官吏及其制度，后面有章节专题进行论述，在这里只就其官吏等级的形成稍做说明。

封建国家十分重视尊卑有序的等级制度，官职的高低已非世袭传承，而是以军功和政绩来定。高句丽建国初期，虽然受到了汉官制度的影响，但仍然保持着各部首领联席会议的管理办法，由国王任命职官，等级不甚分明。魏晋之际，高句丽逐步变成尊卑有序的八级官制，同时有爵位如大使者、大兄、小兄等。有时也以官职中的沛者、主簿为爵位，这些都可以因军功或政绩而获得。如烽上王二年（公元293年）秋八月，慕容廆率军袭高句丽，王率兵欲往新城避之，行至鹄林，慕容廆追兵将及，烽上王十分恐惧。此时北部小兄高奴子领500骑兵前来迎接，与慕容廆军奋战并击退之。烽上王大喜，加高奴子爵为大兄，赐鹄林为食邑。

除军功、政绩得以升官、加爵之外，亦保留了部分宗族加官爵的情况。"王之宗族，其大加皆称古雏加。涓奴部本国主，今虽不为王，适统大人，得称古雏加，亦得立宗庙，祠灵星、社稷。绝奴部世与王婚，加古雏之号。"③ 这也表明了高句丽王族与外戚的特权。地方上各部大加亦可以置使者和皂衣先人之官，其名上达于王，如同卿大夫之家臣一样。如遇王家之使者、皂衣先人，不得同与起坐，以示尊卑等级的不同。

受到魏晋官职的影响，高句丽亦设置太守、宰之类的官员，如高奴子因贤勇升任新城太守。烽上王五年（公元296年）"秋八月，慕容廆来侵……王谓群臣曰：'慕容氏兵马精强，屡犯我疆场，为之奈何！'相国仓助利对曰：'北部大兄高奴子贤且勇，大王若欲御寇安民，非高奴子无可用者。'王以高奴子为新城太守。善政有威声，慕容廆不复来寇"④。

政治改革的另一个重要方面则是加强了国相的权力。国相是《三国史记》记载的官职，早些时候称左辅、右辅。国相辅佐高句丽王处理军国大事，兼领百官。《三国志》称相加。

国相有举荐贤能的权力。烽上王时，由于慕容廆不断侵扰高句丽，因此，需加强新城一带的防守。国相仓助利向烽上王推荐北部大兄高奴子贤能勇猛，"若御寇安民，非高奴子无可用者"。于是烽上王任命高奴子为新城太守，善政有威声，慕容廆因高奴子加强新城一线的防守，不再进犯。

国相权力加强还表现在对高句丽王的废立方面。

烽上王七至九年（公元298—300年），高句丽境内连续发生自然灾害，霜雹害谷、地震、

① 《三国志》卷三十《魏书·高句丽传》，北京：中华书局，1959年，第843页。
② 《后汉书》卷八十五《高句骊传》，北京：中华书局，1965年，第2813页。
③ 《三国志》卷三十《魏书·高句丽传》，北京：中华书局，1959年，第843页。
④ 《三国史记》卷十七《高句丽·烽上王本纪》，汉城：韩国民族文化推进会，1982年，第135—136页。

干旱不雨，连年饥荒，甚至民相食。然而烽上王却不断增营宫室，颇极侈丽，大量征发年十五以上的男女服劳役，百姓不堪疾苦，大批流亡。国相仓助利与群臣多次劝谏曰："天灾荐至，年谷不登，黎民失所，壮者流离四方，老幼转乎沟壑。此诚畏天忧民，恐惧修省之时也。大王曾是不思，驱饥饿之人，困木石之役，甚乖为民父母之意。而况比邻有强梗之敌，若乘吾弊以来，其如社稷生民何？愿大王熟计之。"烽上王十分恼怒，认为"君者百姓之所瞻望也。宫室不壮丽，无以示威重。今国相盖欲谤寡人以干百姓之誉也！"仓助利曰："君不恤民，非仁也；臣不谏君，非忠也。臣既承乏国相，不敢不言，岂敢干誉乎？"烽上王曰："国相欲为百姓死耶！"[1]不听国相与群臣劝说，仍然大兴土木。

仓助利知烽上王难以劝阻，且害怕其加害于己，私下与群臣计议谋废之。秋九月，烽上王猎于侯山之阴，国相仓助利等从之。仓助利与群臣相约以芦叶插冠，同心协力将王幽禁别室，以兵围之，宣布将其废黜，烽上王无可奈何，自经而死。国相乃率群臣迎乙弗为王。[2]

乙弗曾被烽上王迫害出逃，历尽艰辛，了解下层百姓之苦。即位后仍以仓助利为国相，励精图治，体恤百姓，废除土木之役，发展生产，恢复国力。

二、经济领域的改革

自美川王即位以来，经故国原王、小兽林王至故国壤王期间，高句丽的经济领域内发生了重大的变革，主要表现在农业、手工业等生产部门工具和工艺技术方面。虽然缺乏文献资料的记载，但大量的出土文物使人们相信发生在公元4世纪的巨大变化。

农业生产方面的改革，大量使用铁制工具，取代了高句丽建国初期使用的石制工具。铁制工具主要有铁犁铧、铁镬、铁锸、铁镰、铁铲、铁刀、铁斧、三爪器等，可用于耕田、耘地、耙土、开荒、伐木、收割，所有的工具都很齐备。这些出土铁制工具不仅数量多，而且分布范围广。从中国的通化、集安、柳河、白山、桓仁、宽甸、抚顺，到朝鲜慈江道的鲁南里、土城里都有高句丽铁制农具的出土。集安出土的三角形铁铧，抚顺、桓仁出土的铁铲、铁镰，集安、桓仁出土的铁锸、铁镰都是非常典型的农业生产工具。[3]这些生产工具有的可能是从中原传来的，如集安三角形铁铧，而大量铁镬、铁铲、铁镰则应该是当地高句丽人生产的。有的工具，如集安出土用于耙地的三爪器、新月形镰、有銎直式镰等，其他地区均不多见。[4]

先进的铁农具广泛地使用于农业生产，可以扩大耕地面积，改进耕作方法，提高效率，提高产

① 《三国史记》卷十七《高句丽·烽上王本纪》，汉城：韩国民族文化推进会，1982年，第136页。
② 《三国史记》卷十七《高句丽·烽上王本纪》，《高句丽·美川王本纪》，汉城：韩国民族文化推进会，1982年，第136—137页。
③ 《集安县文物志》，长春：吉林省文物志编委会，1984年，第209—211页；《桓仁满族自治县文物志》，桓仁：桓仁满族自治县文物志编纂委员会，1990年，第93—95页；徐家国、孙力：《辽宁抚顺高尔山城发掘简报》，《辽海文物学刊》1987年第2期。
④ 耿铁华：《集安高句丽农业考古概述》，《农业考古》1989年第1期。

量，特别是铁犁、牛耕，对于促进农业生产发展的意义是重大的。

　　除了有大量的铁铲出土，还有一定数量的铁锹出土，使我们联想到与农业生产相关的水利建设。高句丽人生产、生活的地区水源充足，河流纵横，利用铁工具兴修水利、抗旱、排涝，对于农业生产是一个极大的促进。同时，高句丽人善于种植水稻，此类工具是必不可少的。

　　手工业生产方面的改革，一方面表现在生产技术的提高，生产规模的扩大，另一方面表现在出现了行业分工。

　　在汉代铁器生产的影响下，冶铁业很快成为高句丽手工业生产的一个重要的部门。鸭绿江左岸，朝鲜的鲁南里和土城里先后发现了高句丽时期的冶铁遗址，有冶铁炉址、房址、鼓风设施、矿石和铁制品等。[①]

　　集安、桓仁、抚顺等地大量出土的高句丽兵器，主要有铁矛、铁刀、铁匕首、铁镖、铁斧、铁叉、铁链锤、铁箭头、铁弩机等。其中铁箭头有上千件，形制、类型繁多，非其他民族地区可比。另外，在集安、桓仁、抚顺大量出土的高句丽特有的铁锅，直口、鼓腹、肩腹上有一周宽边，均可以证明高句丽人已经有了自己的冶铁部门。

　　1987年5月，集安市国内城南门里发现一处高句丽铁器生产作坊遗址。该遗址面积50平方米，地层深度为1.5—2米，出土了生产用的铁砧和加工的铁器，铁马镫4件、铁衔镳1件、铁凿1件、铁熨斗1件、铁锅残片多件。同时还出土了陶罐1件、石臼2件。该遗址虽被破坏严重，但仍可见大量的残陶片、残瓦片、残瓦当等。[②]从出土的陶罐与铁马具看，该遗址的年代当在公元4—5世纪，正是高句丽铁器普遍使用的重要时期。

　　高句丽铁制品的种类是相当多的，除了农业生产用具之外，还有大量的兵器、马具和生活用具。兵器有铁矛、铁刀、环首刀、铁匕首、铁剑、铁斧、铁叉、铁镖、铁镖、铁铲、铁链锤、铁弩机、铁箭头、铁甲片、铁头盔等。马具则有鞍桥、衔镳、马镫、带扣、当卢、节约、寄生、铁环、铁车輨、铁车辖和各种饰件。生活用具有铁熨斗、铁剪刀、铁锥、铁刀、铁锅、铁镜、帐钩、铁锁、铁圈等。此外还有丧葬用具铁棺钉、铁扒锯、铁棺环、随葬铁灶等。这些铁器中，最为精美、工艺水平最高的是2003年麻线墓区2100号墓出土的铁镜。该铁镜基本完整，边缘稍残。圆形，背面髹黑漆，宽缘圆钮，直径38厘米（图5.2）。

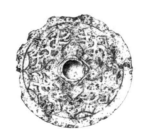

图5.2　高句丽铁镜

资料来源：吉林省文物考古研究所、集安市博物馆编著：
《集安高句丽王陵——1990—2003年集安高句丽王陵调查报告》，第154—155页

---

① 朝鲜社会科学院考古研究所编，李云铎译：《朝鲜考古学概要》，顾铭学、方起东校，哈尔滨：黑龙江文物出版编辑室，1983年，第159页。

② 赵书勤：《集安发现一处高句丽时期的小手工业作坊遗址》，《博物馆研究》1997年第3期。

表面锈蚀严重，装饰面锈蚀轻重不一，漆面多脱落，镜钮和残漆表面有纤细丝绢痕迹。铁镜图案为浅浮雕式，镜钮区域饰内圆外方两道凹弦纹，弦纹外花纹区对角饰四瓣柿蒂，边缘有 16 个内向连弧。柿蒂与连弧之间为四组对称的纹饰，显微镜观察为简化并抽象的夔凤纹。上方柿蒂瓣中缝处各有一方框，内有汉字阳文。由于锈蚀严重，只可辨识出"富""子"二字，或为"子孙富贵"一类的吉祥语。该铁镜的纹饰与甘肃武威雷台东汉墓所出错金银夔凤纹铁镜风格近似，唯繁简不同而已。原报告推测，麻线墓区 2100 号墓主人可能是公元 371—384 年在位的高句丽第十七代王小兽林王。[①]

高句丽人在建国前就已经熟练地掌握了冶铜和铜器制造技术。高句丽五部地区曾出土了一批青铜矛、青铜钺、青铜镜、青铜斧、青铜短剑和石范，证明高句丽人的青铜制造业随着社会进步在不断发展。[②] 后来，受到汉代铁器生产技术及大量铁制品传入的影响，铜器制造发展缓慢，规模也不是很大，只是生产一些小件铜器，如铜盒、铜环、铜钉、铜手镯、铜带扣、铜帐钩、铜饰片、铁铤铜镞等。其中有一批制作精美的铜器是 2003 年在太王陵出土的。最大的一件是铜灶，出土时断为 8 块，经过修复，完整无缺。铜灶为空心长方体，长 86 厘米，宽 49.5 厘米，高 31.8 厘米，壁厚 0.5 厘米。其形制和中原常见的随葬陶灶相同，正面有长 32.5 厘米，高 17 厘米的长方形灶门，外有两道平宽的装饰，凸棱顶面有一圆形釜孔，直径 34.2 厘米。远端侧面有一椭圆形烟口横径 10.8 厘米，竖径 8.5 厘米，烟口内有一个向上的鱼尾形装饰。[③] 同出的还有 3 件铜铃，其中一件镌刻汉字铭文，十分珍贵。铃口为圆形、平顶，上面铃钮已残，铃身有竖行铭文 4 行，每行 3 个字，铭文较为清晰："辛卯年好太王□造铃九十六。"（图 5.3）[④] 辛卯年为公元 391 年，正是故国壤王末年，好太王初年。

图 5.3　好太王铜铃及铭文

资料来源：吉林省文物考古研究所、集安市博物馆编著：
《集安高句丽王陵——1990—2003 年集安高句丽王陵调查报告》，第 272 页

① 吉林省文物考古研究所、集安市博物馆编著：《集安高句丽王陵——1990—2003 年集安高句丽王陵调查报告》，北京：文物出版社，2004 年，第 153、167 页。
② 范犁：《高句丽先人经历过铜器时代》，《博物馆研究》1997 年第 2 期。
③ 吉林省文物考古研究所、集安市博物馆编著：《集安高句丽王陵——1990—2003 年集安高句丽王陵调查报告》，北京：文物出版社，2004 年，第 270 页。
④ 吉林省文物考古研究所、集安市博物馆编著：《集安高句丽王陵——1990—2003 年集安高句丽王陵调查报告》，北京：文物出版社，2004 年，第 270 页。

　　另外，还有一批鎏金铜质马具，说明当时的冶铜业为鎏金工艺的发展提供了一个良好的发展契机。

　　高句丽鎏金工艺是公元 4 世纪出现的，主要是对大量的铜质马具和冠类、钉鞋类饰物进行鎏金，使器物表面金光耀眼。

　　公元 4 世纪以后出现的鎏金器物主要有鎏金素面鞍桥，鎏金镂空鞍桥、鎏金马镫、鎏金衔镳、鎏金带扣、鎏金銮铃、鎏金桃形马饰、鎏金梅花马饰、鎏金冠饰、鎏金头钗、鎏金环饰、鎏金钉鞋、鎏金箭头等（见图版四十七至四十八）。[①] 从集安、平壤一带出土的鎏金器物看，制作精良，技术娴熟，工艺水平很高。

　　伴随鎏金工艺出现的另一行业就是金器加工制造业。高句丽的金器主要是王公贵族的装饰用品，出土的金器主要有：金耳环、金指环、金顶针、金叶、金花、金针、金线、金头钗、金簪和各种坠饰等。[②] 在制作上运用了锤、碟、嵌、刻、铆、镂空等多种工艺，制作精良、美观、灵巧、适用。

　　陶器生产是高句丽手工业生产的一个重要部门，其历史是很悠久的。高句丽建国后的一段时间，在汉代陶器生产的影响下，生产技术有了很大提高，出现了轮修和轮制，陶土质量提高，胎质更加均匀，烧制火候提高，器型主要有陶罐、陶壶、陶杯等。美川王以后，高句丽同中原交往日益增多，制陶技术不断提高，主要表现在普遍实行轮制。陶土经过淘洗，胎质薄而细腻，烧制技术提高，器型规整，种类增加。在原有陶罐、陶壶、陶杯的基本组合上，增加了陶瓶、陶钵、陶盘、陶盆、陶耳杯、陶盖碗（壶杆）、陶瓮、陶仓、陶釜、陶灶、陶奁等。[③] 随着社会的进步，制陶业也出现了新的变化，即出现了釉陶器的生产与加工。

　　高句丽釉陶属于东汉以来的"北方釉陶"。低温色釉属于氧化铅——二氧化硅二元系统，主要化学组成为氧化铅和二氧化硅。主要着色元素有铁、铜、钴和锰。烧成温度在 800℃ 左右，釉陶的内胎一般呈现橘红色或红褐色，不很坚实，多出土于墓葬中。其主要器形有釉陶壶、四耳釉陶壶、釉陶灶、釉陶盆、釉陶甑、釉陶釜、釉陶钵、釉陶瓶、釉耳杯、釉陶罐等。出土地点主要为集安、桓仁、抚顺、平壤。[④]

　　高句丽釉陶器的器形与两汉中原地区的釉陶器有所不同，不见中原的鼎、钫一类器物，亦未发现阁楼和鸡犬之类。其釉陶灶在形制上与中原地区也有所不同，不见舟形，只有长方形。釉陶壶和四耳釉陶壶是高句丽的典型器物。高句丽的釉陶盆、钵、耳杯、甑、釜等基本保持了中原的器形。

　　高句丽釉陶大都为随葬器物，这也正反映了高句丽丧葬制度方面出现了变化。

　　另一种建筑用陶的大量出现也证明了公元 4 世纪高句丽手工业和建筑领域内的改革，那就是高句丽瓦当的生产和使用。

　　高句丽人在建国初期的一段时间里，"结庐而居，以草苫房"。随着汉代建筑技术和砖瓦、瓦

---

①　《集安县文物志》，长春：吉林省文物志编委会，1984 年，第 186—196 页。
②　《集安县文物志》，长春：吉林省文物志编委会，1984 年，第 186—196 页。
③　耿铁华、林志德：《集安高句丽陶器的初步研究》，《文物》1984 年第 1 期。
④　耿铁华：《高句丽釉陶器的类型与分期》，《考古与文物》2001 年第 3 期。

当的传入，高句丽王公贵族开始在王宫、官府等建筑上使用砖瓦和瓦当。考古调查与发掘资料证明，高句丽在烽上王和美川王时期已经大量使用了瓦当。集安、抚顺、辽源、珲春、新宾、凤城、平壤等地都出土了不同数量的高句丽瓦当。其中以集安和平壤地区出土的高句丽瓦当数量最多，种类最繁复，主要有卷云纹瓦当、卷云纹文字瓦当、莲花纹瓦当，兽面纹瓦当、忍冬纹瓦当、草叶连珠纹瓦当等。

集安出土的卷云纹文字瓦当中，有几种纪年文字，如"太宁□年"瓦当、"太宁四年"瓦当、"己丑年"瓦当、"戊戌年"瓦当、"乙卯年"瓦当、"丁巳年"瓦当等。[①]2000—2003 年，集安国内城和几座王陵都出土了卷云纹文字瓦当（图 5.4），新增加了"大吉"瓦当、"泰"字瓦当、"大"字瓦当、"己"字瓦当、"月造记"瓦当、"十谷民造"瓦当等。其中带有干支纪年的瓦当，如"乙卯年""太宁四年""己丑年""戊戌年""乙卯年""丁巳年"瓦当的年代是准确的，根据形制、纹饰的比较，其他几种瓦当的年代大体上也可以确定：

图 5.4　卷云纹文字瓦当

"乙卯年"瓦当为公元 295 年；

"大吉"瓦当大约为公元 324—336 年；

"太宁□年"瓦当为公元 325 年；

"太宁四年"瓦当为公元 326 年；

"大"字瓦当大约为公元 328 年；

"己丑年"瓦当为公元 329 年；

"月造记"瓦当大约为公元 329 年；

① 耿铁华、尹国有：《高句丽瓦当研究》长春：吉林人民出版社，2001 年，第 56—58 页。

"吉"字瓦当大约为公元 329 年；

"泰"字瓦当大约为公元 338 年；

"戊戌年"瓦当为公元 338 年；

"乙卯年"瓦当为公元 355 年；

"丁巳年"瓦当为公元 357 年；

"十谷民造"瓦当大约为公元 4 世纪末[①]

以上卷云纹文字瓦当主要出现在美川王、故国原王、小兽林王和故国壤王期间，进一步证实了公元 4 世纪高句丽建筑行业，从建筑规模到建筑材料、构件等方面的改革。正如《旧唐书·高丽传》记载，高句丽"其所居必依山谷，皆以茅草葺舍，惟佛寺、神庙及王宫、官府乃用瓦"。

故国原王时，"修葺丸都城，筑国内城"，使高句丽王城更加雄伟、坚固，城为的宫殿、官府规模有所扩大。小兽林王时还增修了寺庙一类的宗教祭祀建筑。

1958 年，集安东台子清理出了高句丽的祭祀遗址，发掘面积 2000 多平方米，但这只是整个建筑的一小部分，为正室两间、侧室两间。石础、回廊、地火龙等结构清楚。另外，还出土了一批陶器、铁器、鎏金器和大量的砖、瓦、瓦当等。[②]据考证，"很可能是故国壤王九年（公元 392 年）春三月兴修的王室社稷和宗庙"[③]。

高句丽农业和手工业方面的改革取得了重大的成果，出现了许多新的生产部门，同时对商业经营的出现、商品交换的扩大都产生了重要影响。

关于高句丽商品交换和商业贸易方面几乎没有专门记载。只是在《三国史记·美川王本纪》中记述了美川王乙弗曾"与东村人再牟贩盐"。贩卖食盐应该是商业贸易的一个重要方面，同时在高句丽中期墓葬里发现了大量的汉晋时期的货币，尤以五铢钱最多。1958 年秋，西大墓东的一座方坛积石墓中一次出土五铢钱等 200 多千克。[④]高句丽作为汉代边郡封国，不可能有自己的铸币，大量汉晋钱币的出土表明，高句丽人使用中原货币进行商业活动。

三、思想文化方面的改革

伴随经济的改革和发展，高句丽人思想文化乃至风俗习惯都发生了变化。

首先是宗教祭祀方面。高句丽人的祭祀活动是相当多的，《三国志·高句丽传》载，高句丽"祭鬼神，又祀灵星、社稷""以十月祭天，国中大会，名曰东盟""其国东有大穴，名隧穴，十月国中大会，迎隧神还于国东上祭之，置木隧于神座"。《后汉书》《梁书》《南史》也都记载了"十月祭

---

① 耿铁华：《高句丽瓦当》，长春：吉林大学出版社，2014 年，第 31—32 页。

② 苏才：《吉林辑安高句丽建筑遗址的清理》，《考古》1961 年第 1 期。

③ 方起东：《集安东台子离高句丽建筑遗址的性质和年代》，《东北考古与历史》1982 年第 1 辑。

④ 《集安县文物志》，长春：吉林省文物志编委会，1984 年，第 249 页。

天大会"。《魏略辑本》记载高句丽"十月会，祭天，名曰东盟。有军事亦祭天，杀牛观蹄以占凶吉"。《古记》云"高句丽常以三月三日会猎于乐浪郡，获猪、鹿，祭天及山川"。[①]这些祭祀活动由来已久，带有某些原始宗教的性质。佛教的传入，使高句丽出现了具有典型意义的宗教。

> 公元372年，小兽林王"二年夏六月，秦王苻坚遣使及浮屠顺道，送佛像经文。王遣使回谢，以贡方物"。
> 公元374年，小兽林王"四年，僧阿道来"。
> 公元375年，小兽林王"五年春二月，始创肖门寺，以置顺道。又创伊弗兰寺，以置阿道。此海东佛法之始"。[②]

佛教经中原传入北方高句丽地区，这是高句丽宗教祭祀方面的一件大事。小兽林王感谢秦王苻坚派遣僧人顺道、阿道带着佛像和经文前来传经、弘扬佛法，当即修建了肖门寺和伊弗兰寺两座寺庙安置顺道与阿道。此后高句丽王公贵族不断到寺庙朝觐，请僧人讲经说法，佛教很快在高句丽境内传播开来。

1985年8月，集安印刷厂扩建施工时，在距地表1.4米的土层中发现一尊鎏金铜佛像，伴出有高句丽砖、瓦和各种陶片。该佛像为释迦牟尼坐像，无背光，无须弥座，高7.0厘米。遗物、遗迹位于国内城宫殿遗址西南，似为与高句丽寺庙相关的佛教建筑遗址。

此外，在朝鲜平壤附近还发现了金刚寺址、上五里寺址、洛寺址、中兴寺址、定陵寺址等许多寺庙建筑遗址，都是佛教传入高句丽以后修建起来的佛教寺庙。集安、通化、平壤出土的各种佛像数量也不少。高句丽壁画中也先后出现佛祖、菩萨、金刚、供养人、莲花化生、飞天等图像，这些都进一步证实了佛教在高句丽广泛传播并普及的程度。

其次是教育方面。公元372年，小兽林王即位第二年佛教传入，同时"立太学，教育子弟"[③]。说明高句丽出现了高等级的教育机构。这是高句丽实行国家教育的最早记录，也是思想文化改革的一个重要方面。《翰苑·蕃夷部·高句丽》注引《高丽记》载，高句丽"又有国子博士，大学士"等。太学、国子学都是我国古代国家建立的学校，一般设于都城。汉武帝元朔五年（公元前124年）始置太学，立五经博士，子弟15人。东汉时期，太学大发展，质帝时太学生达3万人。[④]国子学亦为武帝初期所设，所谓国子是指皇太子、王子、诸侯公卿大夫子弟。国子学的学员身份比太学还要高些。

高句丽的国子学与太学的建设都是学习中原的结果，或来自前秦，或仿自东晋，都是在高句丽王都设立的国学，学员自然都是王公贵族的子弟。教材都是儒家经典，"书籍有五经、三史、三国志、

---

① 《三国史记》卷三十二《杂志·祭祀》，汉城：韩国民族文化推进会，1982年，第293页。
② 《三国史记》卷十八《高句丽·小兽林王本纪》，汉城：韩国民族文化推进会，1982年，第140页。
③ 《三国史记》卷十八《高句丽·小兽林王本纪》，汉城：韩国民族文化推进会，1982年，第140页。
④ 《汉书》卷六《武帝本纪》，北京：中华书局，1962年，第159页；《后汉书》卷六十七《党锢列传》，北京：中华书局，1965年，第2186页。

晋阳秋"①。五经即《易经》《尚书》《诗经》《仪礼》（后世指《礼记》）《春秋》（后与《左传》合并）。三史则是《史记》《汉书》《东观汉纪》（后被《后汉书》取代）。加上《三国志》，正好是"前四史"。《晋阳秋》是东晋孙盛所撰，原名《晋春秋》，列入高句丽教材最晚。

高句丽民间还有一种私学，即扃堂。据《旧唐书·高丽传》载，高句丽"俗爱书籍，至于衡门厮养之家，各于街衢造大屋，谓之扃堂。子弟未婚之前昼夜于此读书、习射。其书有五经及《史记》《汉书》，范晔《后汉书》《三国志》，孙盛《晋阳秋》，《玉篇》《字统》《字林》，又有《文选》，尤爱重之"。《新唐书·高丽传》亦载：高句丽"人喜学，至穷里厮家，亦相矜勉。衢侧悉构严屋，号扃堂，子弟未婚者曹处，诵经习射"。这些扃堂遍布城市和乡村，成为平民百姓未婚子弟读书的场所，学习内容不仅有经学、史学，还有文学，同时还要习射，更为实用些。

高句丽的教育从王公贵族子弟的国子学、太学，到平民子弟的扃堂，使儿童和青少年都有学习的机会，一方面为高句丽培养自己的人才，有利于高句丽社会的发展与进步；另一方面则使汉学典籍、儒家思想文化、史学、文学在高句丽统治区域内得到传播和普及，提高了高句丽民族的汉化程度，促进了中原同北方各民族地区的融合与联系。

最后是高句丽丧葬习俗改革与变化方面。主要表现为墓葬形制的演变、墓室壁画的出现和随葬品的变化等。

墓葬形制的演变主要指石室墓和砖室墓的出现。

高句丽古墓从培封材料看有石墓和土墓两大类。美川王前后，出现了方坛阶梯石室墓和墓室工整、规模较大的封土石室墓。

已经发掘的方坛阶梯石室墓的材料比较多，如集安万宝汀 M242、七星山 M1196、禹山下 M1041、桓仁 M21 等。其外部由修凿整齐的石条构筑三层以上阶梯，内部则用石条砌筑墓室。尤以禹山下 M1041 的墓室最为典型。②根据墓中出土的 S 形衔镳、鎏金鞍桥及铜器、铁器、陶器制品，可以推断此类墓葬的年代上限为公元 3 世纪末到 4 世纪初。

正是在美川王前后，这种方坛阶梯石室墓中还出现了一些规模较大的、建筑更雄伟的，如集安的西大墓、JYM992 号墓、JYM3319 号墓、千秋墓等，表明墓主人的身份地位更显赫，成为研究高句丽王陵的重要目标。其中 JYM3319 号墓是一座方坛阶梯砖室墓，墓室、耳室、墓道均由青砖砌成，先后出土了两件卷云纹文字瓦当和陶器、鎏金器等。出土遗物中还有东晋典型的青瓷盘口壶。根据瓦当上的文字"……四时兴诣□□□□万世太岁在丁巳五月廿日"，并参照青瓷盘口壶等文物，将其年代推定为晋穆帝升平元年（公元 357 年）。③后来，墓内又发现了一件残存的文字瓦当，将三件残瓦当拼在一起，可以识读出"太岁在丁巳五月廿日为中郎将大人造盖墓瓦又作民四千餕盦秉

①　《周书》卷四十九《高丽传》，北京：中华书局，1962 年，第 885 页。
②　吉林省博物馆文物工作队：《吉林集安的两座高句丽墓》，《考古》1977 年第 2 期。
③　耿铁华：《高句丽墓上建筑及其性质》，耿铁华、孙仁杰编：《集安博物馆高句丽研究文集》，延吉：延边大学出版社，1993 年，第 105 页。

用盈时兴诣得享万世"①。

JYM992 号墓中出土的卷云纹瓦当，上面的文字有两种，一种是"己丑年造瓦□□八"，另一种是"□戊戌年造瓦□□"。己丑年为公元 329 年（晋成帝咸和四年），戊戌年为公元 338 年（晋成帝咸康四年）。②

初步研究认为，西大墓应该是高句丽美川王的陵墓，JYM992 号墓应该是故国原王的陵墓，JYM3319 号墓应该是小兽林王的陵墓，千秋墓则应该是故国壤王的陵墓。年代稍晚的太王陵和将军坟可定为好太王和长寿王的陵墓。③

美川王以后的几代王，处在改革时期，对王陵的形制、规模、随葬品等方面进行了改革，对高句丽当时和后来丧葬习俗的影响都是很大的。

较大的封土石室墓和少量方坛阶梯石室墓内出现了彩绘壁画，则是高句丽贵族葬式的重大变化。

高句丽壁画古墓主要分布在都城及其附近地区。桓仁、集安、平壤一带都发现了不同数量的高句丽壁画古墓。学术界对高句丽壁画古墓的分期与年代研究方面还存在一定的分歧，有的分为早、中、晚三期，将早期壁画出现的时间定在公元 3 世纪中叶。④ 有的分为四期，将第一期壁画出现的时间定在公元 4 世纪中叶。⑤ 集安的角觝墓和舞踊墓是公认年代最早的高句丽壁画古墓。从墓葬结构、壁画内容和出土遗物看，禹山下 1041 号墓、麻线 1 号墓的年代也不会太晚。可以肯定，公元 3 世纪末到公元 4 世纪初，即在美川王前后，高句丽贵族已开始在自己的墓葬内彩绘壁画。在已发现的壁画墓中，方坛阶梯石室墓所占的比例极小，大多为封土石室墓。公元 5 世纪中叶，高句丽迁都平壤以后，受当地社会环境和自然条件影响，高句丽王陵由集安国内城时期大型方坛阶梯石室（或砖室）墓转为大型封土石室壁画墓。

高句丽丧葬制度的变化还表现在随葬品方面，除了原有的陶器、石器、铜器、铁器外，还增加了釉陶器、金银器和鎏金器，这几类器物也恰恰是公元 4 世纪前后出现的新器物。

高句丽釉陶器大都出现在高句丽壁画墓或封土石室墓中，其组合为釉陶壶、釉陶灶，釉陶壶、釉陶灶、釉陶盆或釉陶壶、釉陶灶、釉陶钵、釉陶耳杯。成组出现的多在壁画墓中，均为王室贵族墓葬。壁画墓和无壁画墓出土釉陶器常与金器、鎏金器、铜器、铁器等伴出。如麻线 1 号墓、JYM1041 号墓、JQM1196 号墓、JYM1897 号墓、JYM3160 号墓等。⑥ 墓主人大都是高句丽王室贵族或身份较高的官吏。

以金银器作为陪葬品也是在公元 4 世纪初开始的。1984—1985 年，集安禹山墓区考古发掘中

① 耿铁华：《高句丽瓦当》，长春：吉林大学出版社，2014 年，第 28 页；吉林省文物考古研究所、集安市博物馆：《洞沟古墓群禹山墓区 JYM3319 号墓发掘报告》，《东北史地》2005 年第 6 期。报告认为，此中郎将大人可能是指晋逃往高句丽的崔毖，姑备一说。

② 耿铁华：《高句丽瓦当》，长春：吉林大学出版社，2014 年，第 31、41 页。

③ 耿铁华：《高句丽墓上建筑及其性质》，耿铁华、孙仁杰编：《集安博物馆高句丽研究文集》，延吉：延边大学出版社，1993 年。

④ 李殿福：《集安高句丽墓研究》，《考古学报》1980 年第 2 期。

⑤ 魏存成：《高句丽考古》，长春：吉林大学出版社，1994 年，第 74 页。

⑥ 耿铁华：《高句丽釉陶器的类型与分期》，《考古与文物》2001 年第 3 期。

出土了一批金器和银器，大都是装饰物品和生活用品，主要有金针、金耳饰、金指环、金环饰、金簪、金叶、各种金花饰、银环、银头钗、银坠饰、银泡饰等。分别出土于 JYM3105 号墓、JYM3283 号墓、JYM3296 号墓、JYM3142 号墓、JYM3305 号墓、JYM3233 号墓、JYM3160 号墓等墓葬中，这些应该是中小贵族的墓葬。[1]

此外，高句丽王陵和一些贵族陵墓上还出现了寝殿一类建筑，这就把中国北方民族"冢上作屋"的习俗推向了一个新的阶段。墓上建筑为砖瓦结构、四角攒尖式大屋顶式，把中原文化与高句丽文化紧密地融合在一起。考古调查和发掘清理证明，美川王至长寿王时期，诸王陵墓上都有砖瓦或瓦当出土。4 世纪末至 5 世纪初建造的故国壤王陵（千秋墓）、好太王陵和长寿王陵（将军坟）还出土了特别的文字砖"千秋万岁永固""保固乾坤相毕""愿太王陵安如山固如岳"以及特制莲花纹大瓦当和建筑栏杆、铁链等。好太王陵还出土了一批珍贵的金器、鎏金器、铜器、铁器、陶器等文物。一件铜铃上镌刻的铭文"辛卯年好太王□造铃九十六"，进一步证实了墓主人是高句丽第十九代王广开土境平安好太王。

总之，美川王以来出现的社会改革是真实、深刻、广泛的，给高句丽政治、经济、思想文化领域带来了巨大的发展和变化。经过几代人的努力，高句丽才出现了好太王和长寿王统治的空前繁荣、强盛的重要历史时期。

第三节　与慕容氏争夺辽东

一、慕容氏的崛起

魏晋之际在辽西崛起的慕容氏是鲜卑族的一支。鲜卑，一说出自山戎。《史记·匈奴传》《索隐》服虔云："山戎盖今鲜卑。"另一说则出自亡秦徒役。上书应奉云："秦筑长城，徒役之士亡出塞外，依鲜卑山，因以为号。"更有《集解》张晏云："鲜卑郭落带，瑞兽名也，东胡好服之。"以"瑞祥神奇"名鲜卑。先秦之际，鲜卑人聚居大兴安岭山区，秦汉以降不断南迁，东部形成实力较强的慕容部、段部和宇文部。

东汉末至曹魏初年，慕容鲜卑逐渐南迁到辽西地区，在中原先进农业经济的影响下，结束了单一的游牧经济，开始了农业兼游牧的经济生活，整个部族从长期游移中稳定下来，并具有了一定的经济和军事实力。

魏明帝景初二年（公元 238 年），司马懿率兵伐辽东公孙渊，慕容鲜卑的首领莫护跋出兵协同

---

[1]　吉林省文物考古研究所、集安市文物保管所：《集安洞沟古墓群禹山墓区集锡公路墓葬发掘》，耿铁华、孙仁杰编：《集安博物馆高句丽研究文集》，延吉：延边大学出版社，1993 年，第 21—79 页。

作战。公孙渊被平，辽东、玄菟、带方、乐浪悉属曹魏。莫护跋被封为率义王，定居于棘城之北。

魏齐王正始五年（公元 244 年），幽州刺史毌丘俭征高句丽，莫护跋之子木延领兵从征有功，曹魏封其为大都督左贤王。木延之子因"全柳城之功"，被封为鲜卑单于，率部迁邑于辽东北，"于是渐慕诸夏之风"。① 鲜卑不断接受曹魏中原的先进经济、文化，封建化与汉化程度日益加深，民族发展和社会进步速度加快。

晋武帝太康五年（公元 284 年），慕容廆在鲜卑内部权力斗争中脱颖而出，成为慕容部杰出的首领和改革家。

慕容廆字奕洛环，昌黎棘城人也。幼而魁岸，美姿貌，身长八尺，雄杰有大度。其父涉归死，弟耐篡位，将谋杀廆，廆亡潜以避祸。后国人杀耐，迎廆立之。

慕容廆即王位之后，采取一系列改革措施，使百姓富足，国力强盛。他认为，"吾先公以来，世奉中国，且华裔理殊，强弱固别，岂能与晋竞乎，何为不和以害吾百姓耶！"② 慕容廆总结了先王以来的经验教训，采取了依附晋国，不与之作对，有利于百姓的做法。另外，派遣使臣入晋，晋武帝接受慕容廆降附，拜其为鲜卑都督。

永嘉初年，辽东太守庞本以私憾杀东夷校尉李臻，附塞鲜卑，素连、木津等托为李臻报仇乘机作乱，攻陷诸县，杀掠士庶。太守袁谦频战失利，校尉封释惧而请和，连年争战，百姓失业，纷纷流亡依附慕容廆。慕容廆采纳其子慕容翰的建议"求诸侯莫若勤王"，于是出兵平定素连、木津二部，解除辽东郡之危，得到晋室的赞许。

二京倾覆、幽冀沦陷之时，慕容廆刑政修明，虚怀引纳，流亡的士庶民众大都前来归顺。他收容汉人，侨立郡县，推举贤才，委以庶政。同时崇尚儒学，开办学校，令世子慕容皝及贵族子弟学习儒家经典。政务之暇，亦亲临听之。于是路有颂声，礼让兴矣。

慕容廆徙居大棘城以后，充分利用辽西地区土地肥沃、气候适宜的自然条件，教育百姓以农桑稼穑为本，学习汉人耕地种田，生产粮食，充实仓廪。灾荒之年，开仓赈给，幽燕之地亦获其济。

《晋书·慕容皝载记》中记室参军封裕曾对慕容皝讲起，"自永嘉丧乱，百姓流亡，中原萧条，千里无烟，饥寒流陨，相继沟壑。先王（慕容廆）以神武圣略，保全一方，威以殄奸，德以怀远，故九州之人，塞表殊类，襁负万里，若赤子之归慈父。流人之多旧土十倍有余，人殷地狭，故无田者十有四焉"。日益强大起来的慕容鲜卑为了争夺土地、人口和财物，也不断向北方民族地区夫余和高句丽用兵，进一步掠夺土地、人口，扩大自己的势力范围。

慕容廆乘中原与北方战乱之机，打着勤王的旗号，借晋王室之名，讨伐异己势力，壮大自己力量。在向汉族上层分子学习中，建立起鲜卑族在北方强有力的封建统治，为前燕政权奠定了坚实的基础。

东晋成帝咸和八年（公元 333 年），慕容廆卒，世子慕容皝继立，兄弟之间争夺王权，其兄慕容翰逃于段部，其弟慕容仁据辽东而叛，宇文氏、段氏诸部蜂拥而起。慕容皝一边稳定内部局势，

---

① 《晋书》卷一百八《慕容廆载记》，北京：中华书局，1974 年，第 2803 页。
② 《晋书》卷一百八《慕容廆载记》，北京：中华书局，1974 年，第 2804 页。

一边打击分裂势力，对东北各部实行统一。

慕容皝为了出师有名，以臣礼朝谨东晋王廷，东晋册封其为平北将军、行平州刺史，随后出兵平定了慕容仁，击败了段氏，削弱了宇文氏，取得初步胜利。东晋再拜慕容皝为镇军大将军、平州刺史、大单于、辽东公。[①]

东晋成帝咸康三年（公元 337 年），慕容皝自称燕王。东晋遣使进皝为征北大将军、幽州牧，领平州刺史，加散骑常侍，增邑万户。持节、都督、单于，公如故。[②]随后，迁都龙城（今辽宁省朝阳市），开始了对东北地区的统治。

二、与慕容氏争夺辽东

两晋时期，高句丽与中央王朝一直保持着密切的联系。西晋武帝置平州于襄平（今辽宁省辽阳市），以平州刺史兼护东夷校尉，高句丽、夫余、鲜卑等民族均在其统辖之下。美川王前后，利用东北地区相对稳定的形势，发展生产、整顿吏治、惩治犯罪、实施改革，使国力增强、社会稳定，出现了新的发展生机。

东晋时期，统治中心在江南，距离高句丽远了，但双方的交往加强了。集安城北山坡上禹山3319 号古墓的砖室构筑方式与东晋砖室墓相同，墓中出土的多件青瓷盘口壶、青瓷罐、青瓷碗、青瓷盘等，与南京中央门外郭家山 4 号墓出土的青瓷盘口壶、青瓷罐等同类器物形制完全相同。流行时间为东晋前期（公元 317—357 年）。[③]这些器物应该是从长江口出海，由鸭绿江水路运往国内城的。

高句丽经常派遣使臣入晋朝贡，晋也对高句丽王公大臣进行册封。集安国内城一带曾出土"晋高句丽率善邑长"铜印一方、"晋高句丽率善仟长"铜印一方、"晋高句丽率善佰长"铜印两方。[④]它们均为东晋王朝制造并授予高句丽地方军政长官的。

两晋政权对东北地区少数民族均采取怀柔政策，以稳定局势。随着慕容鲜卑的强大，高句丽与之争夺辽东就成为不可避免之事了。

烽上王即位后，专横疑忌，残杀大臣安国君达贾，引起百姓和大臣的震惊与不满，人心浮动，国内不安定。慕容鲜卑乘机率兵向辽东进犯，直逼高句丽。

烽上王二年（公元 293 年）秋八月，慕容廆军队将抵高句丽，烽上王欲往新城退避，行至鹄林，慕容廆获知引军追赶，烽上王十分恐惧，一味退让，幸好新城宰高奴子率领 500 骑赶到，迎击慕容廆军队，奋勇作战。在高句丽骑兵劲旅的打击下，慕容鲜卑败退撤兵，烽上王获救。

---

① 《晋书》卷一百九《慕容皝载记》，北京：中华书局，1974 年，第 2815—2816 页。
② 《晋书》卷一百九《慕容皝载记》，北京：中华书局，1974 年，第 2818 页。
③ 吉林省文物考古研究所、集安市博物馆：《洞沟古墓群禹山墓区 JYM3319 号墓发掘报告》，《东北史地》2005 年第 6 期。魏正谨、易家胜：《南京出土六朝青瓷分期探讨》，《文物》1983 年第 4 期。
④ 《集安县文物志》，长春：吉林省文物志编委会，1984 年，第 242—243 页。

烽上王五年秋八月，慕容廆再度领兵进军高句丽。军至故国原，见到西川王的陵墓，令人发掘，役使发墓的人多有暴死者，还听见墓室内有音乐之声，以为有神人相助，乃引军退还。①

烽上王对慕容廆兵马强壮、屡犯疆场颇感无奈，在国相仓助利的建议下，以高奴子为新城太守，加强防御，安定百姓，双方暂时休兵。烽上王大兴土木，不顾百姓困苦和大臣劝谏，使国力受到损害，始终未能对慕容廆的进攻主动还击，直至美川王时期，这种被动防御的局面才得到改善。

美川王即位之时，正是西晋后期，永嘉之乱使西晋王朝无暇北顾。美川王任用贤良，推行改革，恢复国力，主动向辽东、玄菟进军，进一步与慕容廆进行较量。

美川王三年（公元302年）秋九月，王亲率3万军队侵入玄菟郡，虏获八千人，移回国内城附近的平原上。②

美川王十二年（公元311年）秋八月，高句丽派遣将领率军袭取辽东西安平。

美川王在国力日强的情况下，不仅对玄菟、辽东用兵，还对朝鲜半岛的乐浪、带方出兵侵扰。"十四年（公元313年）冬十月，侵乐浪郡，虏获男女二千余口。十五年秋九月，南侵带方郡"③。从此，高句丽开始向晋平州刺史部管辖下的玄菟、辽东、乐浪、带方展开了局部的争夺。

美川王十六年（公元315年），高句丽军队向西进军，攻破了玄菟城，杀获甚众。镇守辽东的晋平州刺史崔毖，见士民多归附慕容廆，心中不平，数次遣使诏之，皆不至，以为慕容廆有意拘留使臣与之作对，乃私下联络高句丽、段氏、宇文氏，相约共同攻打慕容廆，灭而分其地。三家派出军队进攻棘城，慕容廆闭门固守，一面使离间之计，派出使臣单独以牛酒犒劳宇文氏。高句丽与段氏怀疑宇文氏军队与慕容廆有勾结，各引军还。宇文氏将领悉独官拒不退军，以10万之众连营40千米与慕容廆军作战，中了慕容翰的伏兵之计，连战皆败，仅以身免。慕容廆俘获宇文氏部众甚多，并获皇帝玉玺三组。崔毖派人去棘城伪贺，被识破。美川王二十年冬十二月，崔毖与数十骑投奔高句丽，余众皆降于慕容廆。④

慕容廆命其子慕容仁为征掳将军镇守辽东，与高句丽形成对峙之势，同时派遣将军张统进击高句丽河城，守将如孥战败被擒，俘虏高句丽部众千余家并辽东旧部移归棘城。

高句丽美川王为了帮助崔毖，报如孥被擒之仇，不断派遣军队进攻辽东。慕容廆派慕容翰、慕容仁伐之，双方久战，各有损伤。美川王眼见慕容氏日盛，一时难以对抗，乃求盟退军。⑤

故国原王即位以后，不断加强军事防御，增筑平壤城，筑国北新城，修葺丸都城，又筑国内城，并于"十二年（公元342年）秋八月，移居丸都城"⑥。同时与慕容皝结盟，派世子朝觐，以便赢

---

① 《三国史记》卷十七《高句丽·烽上王本纪》，汉城：韩国民族文化推进会，1982年，第135—136页。

② 《三国史记·高句丽·美川王本纪》载："虏获八千人，移之平壤。"此平壤并非后期的平壤城，而是指国内城附近的平原之地。

③ 《三国史记》卷十七《高句丽·美川王本纪》，汉城：韩国民族文化推进会，1982年，第137页。

④ 《三国史记》卷十七《高句丽·美川王本纪》，汉城：韩国民族文化推进会，1982年，第137页。

⑤ 《三国史记》卷十七《高句丽·美川王本纪》，汉城：韩国民族文化推进会，1982年，第137—138页。

⑥ 《三国史记》卷十八《高句丽·故国原王本纪》，汉城：韩国民族文化推进会，1982年，第138页。

得时间。

慕容皝称燕王以后，迁都龙城，一心想称霸东北。分析形势之后，认为高句丽实力较强，宜先攻之，以解决后顾之忧，于是分兵两路，成南北夹击之势，直抵高句丽都城，攻下丸都。故国原王钊凭借北道之胜利，退守山林，以待恢复。

对于这场战事，文献记载较详尽，现援引如下。

《资治通鉴·晋纪》成帝咸康八年（公元 342 年）：

冬，十月，燕王皝迁都龙城，赦其境内。

建威将军翰言于皝曰："宇文强盛日久，屡为国患。今逸豆归篡窃得国，群情不附，加之性识庸暗，将帅非才，国无防卫，军无部伍。臣久在其国，悉其地形；虽远附强羯，声势不接，无益救援；今若击之，百举百克。然高句丽去国密迩，常有窥觎之志；彼知宇文既亡，祸将及己，必乘虚深入，掩吾不备。若少留兵则不足以守，多留兵则不足以行。此心腹之患也，宜先除之；观其势力，一举可克。宇文自守之虏，必不能远来争利。既取高句丽，还取宇文，如返手耳。二国既平，利尽东海，国富兵强，无返顾之忧，然后中原可图也。"皝曰："善！"

将击高句丽。高句丽有二道，其北道平阔，南道险狭，众欲从北道。翰曰："虏以常情料之，必谓大军从北道，当重北而轻南。王宜帅锐兵从南道击之，出其不意，丸都不足取也。别遣偏师从北道；纵有蹉跌，其腹心已溃，四支无能为也。"皝从之。

十一月，皝自将劲兵四万出南道，以慕容翰、慕容霸为前锋；别遣长史王寓等将兵万五千出北道以伐高句丽。高句丽王钊果遣弟武率精兵五万拒北道，自帅羸兵以备南道。慕容翰等先至，与钊合战，皝以大众继之。左常侍鲜于亮曰："臣以俘虏蒙王国士之恩，不可以不报；今日，臣死日也。"独与数骑先犯高句丽阵，所向摧陷。高句丽阵动，大众因而乘之，高句丽兵大败。左长史韩寿斩高句丽将阿弗和度加，诸军乘胜追之，遂入丸都。钊单骑走，轻车将军慕舆埿追获其母周氏及妻而还。会王寓等战于北道，皆败没，由是皝不复穷追。遣使招钊，钊不出。

皝将还，韩寿曰："高句丽之地，不可戍守。今其主亡民散，潜伏山谷；大军既去，必复鸠聚，收其余烬，犹足为患。请载其父尸、囚其生母而归，俟其束身自归，然后返之，抚以恩信，策之上也。"皝从之。发钊父乙弗利墓，载其尸，收其府库累世之宝，虏男女五万余口，烧其宫室，毁丸都城而还。

《晋书·慕容皝载记》：

咸康七年，皝迁都龙城，率劲卒四万，入自南陕，以伐宇文、高句丽，又使翰及子垂为前锋，遣长史王寓等勒众万五千，从北置而进。高句丽王钊谓皝军之从北路也，乃遣其弟武统精锐五万距北置，躬率弱卒以防南陕。翰与钊战于木底，大败之，乘胜遂入丸都，钊单马

而遁。皝掘钊父利墓，载其尸并其母妻珍宝，掠男女五万余口，焚其宫室，毁丸都而归。明年，钊遣使称臣于皝，贡其方物，乃归其父尸。

上两书记载，时间上相差一年，史事以《资治通鉴·晋纪》为详尽。晚出的《三国史记》将故国原王与慕容皝征战前后史事记载得颇为详细：

（故国原王）九年（公元339年）燕王皝来侵，兵及新城。王乞盟，乃还。

十年（公元340年）王遣世子，朝于燕王皝。

十二年（公元342年）春二月，修葺丸都城，又筑国内城。秋八月，移居丸都城。冬十月，燕王皝迁都龙城。立威将军翰请："先取高句丽，后灭宇文，然后中原可图。"高句丽有二道，其北道平阔，南道险狭，众欲从北道。翰曰："虏以常情料之，必谓大军从北道，当重北而轻南。王宜帅锐兵，从南道击之，出其不意，北（《资治通鉴·晋纪》作丸，北乃讹刻）都不足取也。别遣偏师，出北道，纵有蹉跌，其腹心已溃，四支无能为也。"皝从之。

十一月，皝自将劲兵四万，出南道。以慕容翰、慕容霸为前锋，别遣长史王寓等，将兵万五千，出北道以来侵。王遣弟武，帅精兵五万，拒北道，自帅羸兵，以备南道。慕容翰等先至战，皝以大众继之，我兵大败。左长史韩寿，斩我将阿佛和度加，诸军乘胜，遂入丸都。王单骑走入断熊谷，将军慕舆埿，追获王母周氏及王妃而归。会王寓等战于北道，皆败没。由是，皝不复穷追，遣使招王，王不出。皝将还，韩寿曰："高句丽之地，不可戍守。今其主亡民散，潜伏山谷，大军既去，必复鸠聚，收其余烬，犹足为患。请载其父尸，囚其生母而归，俟其束身自归，然后返之，抚以恩信，策之上也。"皝从之。发美川王墓（墓，旧本作庙）载其尸，收其府库累世之宝，虏男女五万余口，烧其宫室，毁丸都城而还。

十三年（公元343年）春二月，王遣其弟，称臣入朝於燕，贡珍异以千数。燕王皝乃还其父尸，犹留其母为质。秋七月，移居平壤东黄城，城在今西京东木觅山中。遣使如晋朝贡。

十五年（公元345年）冬十月，燕王皝使慕容恪来攻，拔南苏，置戍而还。

故国原王十二年（公元342年）正是东晋成帝咸康八年（公元342年）。此次战役，慕容皝分两路征高句丽，以南道高句丽失败而导致丸都沦陷。然而凭借北道的胜利，战没王寓所部1.5万人，保存了高句丽的军事实力。次年，故国原王派其弟称臣入朝于燕，贡献珍异以千数。燕王慕容皝还其父尸，仍留其母为质。至故国原王二十五年冬十二月，派遣使臣入燕纳质修贡，请还其母。燕王慕容儁派遣殿中将军刀龚送王母周氏归国，并册封故国原王为征东大将军、营州刺史、乐浪公、高句丽王。① 高句丽与慕容鲜卑争夺辽东的战事受阻，燕王慕容皝和他的继承者慕容儁一度控制辽东，并不时出兵侵扰高句丽西境城邑，高句丽以朝贡、求盟，换得稳定、恢复，并准备力量，等候时机，同慕容燕再争辽东。

① 《三国史记》卷十八《高句丽·故国原王本纪》，汉城：韩国民族文化推进会，1982年，第139页。

三、高句丽占据辽东

小兽林王统治时期（公元371—384年），高句丽实行改革、恢复、发展的策略。致力国政，发展教育、宗教、文化事业，恢复农业和手工业生产，富国强兵，这期间只是高句丽对南部百济有两次规模不大的战争，尚未对辽东采取任何军事行动。

小兽林王死，其弟伊连即位，史称故国壤王。经过小兽林王十多年的休整，高句丽国家富足，军事力量增强。第二年（公元385年）夏六月，出兵4万袭辽东。此时，燕王慕容垂命带方王佐镇守龙城，得悉高句丽大军攻辽东，急派司马郝景率军救援辽东。援军立足未稳便被高句丽击败。随后，高句丽又集中兵力攻陷了辽东郡和玄菟郡，掳获男女1万口还师。冬十一月，燕将慕容农率军队收复了辽东、玄菟二城。[①]这次战争清楚地表明，高句丽与慕容燕对辽东地区的争夺已进入了相持阶段。

慕容儁在位期间，前燕国力明显由盛而衰，至慕容暐继位则江河日下，内部腐化、矛盾，外有前秦相攻，很快便灭亡了。慕容垂起兵反秦，建立后燕，虽对东北地区颇为重视，实力却不如慕容皝之时。而高句丽经过小兽林王的改革恢复，国力渐强，故国壤王积极进取，战胜灾荒，赈济饥民，社会日益稳定。终于在好太王时期攻占了辽东，战胜了慕容鲜卑，完成了几代人吞并辽东的夙愿。

好太王是高句丽有作为的一代君王，在前几代人的努力下，高句丽国富民殷，兵强马壮，不断向外用兵，开拓疆土。对于其战据辽东，文献记载较为笼统，需经分析才可明了。

《三国史记》相关记载如下：

> 广开土王九年（公元399年）春正月，王遣使入燕朝贡。二月，燕王盛以我王礼慢，自将兵三万袭之。以骠骑大将军慕容熙为前锋，拔新城、南苏二城，拓地七百余里，徙五千余户而还。
>
> 十一年（公元401年）遣兵攻宿军，燕平州刺史慕容归弃城走。
>
> 十三年（公元403年）冬十一月，出师侵燕。
>
> 十四年（公元404年）春正月，燕王熙来攻辽东城，且陷，熙命将士"勿得先登，俟铲平其城，朕与皇后乘辇而入"。由是城中得严备，卒不克而还。
>
> 十五年（公元405年）秋七月，蝗、旱。冬十二月，燕王熙袭契丹至陉北，畏契丹之众欲还。遂弃辎重，轻兵袭我。燕军行三千余里，士马疲冻，死者属路。攻我木底域，不克而还。[②]

从以上史料可知，高句丽军队与燕军交战五次，其中燕军进攻三次，高句丽军队主动进攻只有两次，然而燕军进攻的情况则有很大不同。公元399年，慕容熙率军攻下高句丽与辽东交界处的新

---

① 《三国史记》卷十八《高句丽·故国壤王本纪》，汉城：韩国民族文化推进会，1982年，第140页。此时，高句丽与后燕争夺的还只是辽东、玄菟两郡所治之城。

② 《三国史记》卷十八《高句丽·广开土王本纪》，汉城：韩国民族文化推进会，1982年，第141页。

城和南苏二城，其行必经辽东郡地。而公元404年，燕王熙来攻辽东城。证明此时辽东城已不在燕王熙控制之下，只能是被高句丽占领了。"攻辽东城，且陷。"说明高句丽占领未久，防守尚未完备，燕王熙令将士勿得先登，使高句丽守军赢得时间，燕军无功而返。后来，燕军向北袭契丹，绕道攻高句丽木底城，仍未能攻下。从此以后不再见有燕军回犯进入辽东的记载，证明辽东已在高句丽的控制之下。

高句丽何时攻下辽东，史书记载亦不甚明确。

据《三国史记》载，好太王十一年（公元401年）派兵攻宿军，慕容归弃城走，应是收复慕容熙为前锋将军拔新城、南苏之战的继续。十三年冬十一月出师侵燕，才是攻下辽东之战事。

另据《晋书·慕容熙载记》记载，"会高句丽寇燕郡，杀略百余人。熙伐高句丽，以符氏从，为冲车地道以攻辽东。熙曰：'待铲平寇城，朕当与后乘辇而入。'不听将士先登。于是城内严备，攻之不能下。会大雨雪，士卒多死，乃引归。""高句丽寇燕郡，杀略百人"。应该即是高句丽攻下辽东之战。

《北史·高丽传》记载，"晋孝武太元十年（公元385年），句丽攻辽东、玄菟郡，后燕慕垂遣其弟农伐句丽，复二郡。垂子宝以句丽王安为平州牧，封辽东、带方二国王，始置长史、司马、参军官，后略有辽东郡"。句丽王安即高句丽广开土王或好太王之名，"略有辽东郡"是在好太王即位以后。

《资治通鉴·晋纪》所记"高句丽侵燕"，则是在东晋安帝"元兴三年（公元404年）冬十二月"。比《三国史记》广开土王"十三年冬十一月出师侵燕"晚了一年又一月。史书所记相差一年之事不少，皆出于前王薨，后王即位与改元的时间计算上，高句丽好太王占有辽东之时间，应以《资治通鉴·晋纪》中元兴三年为宜。东北史家金毓黻先生早有明论，近世学者亦多用此说。[1]

第四节 好太王的功业

一、好太王的文治武功

好太王是高句丽第十九代王。《梁书·高句丽传》《北史·高骊传》记其名为安，《三国史记》记其名谈德，是故国壤王的儿子。他"生而雄伟，有倜傥之志。故国壤王三年立为太子"。东晋武帝太元十六年（公元391年）夏五月，故国壤王薨，好太王即位，当时只有18岁，号称永乐太王。东晋安帝义熙八年（公元412年）昊天不吊，宴驾弃国，时年39岁。义熙十年甲寅，九月廿九日乙酉，

---

① 金毓黻：《东北通史》，台北：洪氏出版社，1976年，第231—232页；佟冬主编：《中国东北史》第一卷，长春：吉林文史出版社，1998年，第599页。

迁就山陵，于是立碑铭记勋绩。碑文尊称其为"国罡上广开土境平安好太王"。后来的史籍与研究者称之为广开土王或永乐太王、平安好太王、好太王等。

好太王是高句丽历史上很有作为的一位君王，他治理高句丽22年，使国家局势稳定，经济迅速发展，军事实力极大增强，其在位时期成为高句丽空前繁荣发展的重要历史时期。好太王碑文记载了这一盛世景象："恩泽洽于皇天，威武振被四海，扫除不佞，庶宁其业，国富民殷，五谷丰熟。"[①]

好太王碑文与历史文献中对于好太王的武功记载较多，而对文治记载则较少。仅有的零星记录和相关考古资料表明，好太王勤于国政，善于治理，收到了国富民殷、五谷丰熟的效果。

好太王在位22年，政治清明，官吏设置方面增加了长史、司马、参军等官，逐步接受中原官吏名称，加强了基层军政官员的管理，实行军政合一的统治方法，以利于生产建设和军事训练。

据史书记载，好太王统治期间，只是在好太王十五年（公元405年）秋七月发生了蝗旱灾害一次[②]，其余年景皆很好，粮食连年丰收，自给有余。

经济发展，人口增加，好太王使得有能力加强城市建设，"创九寺于平壤""筑国南七城""增修宫阙""筑国东秃山等六城"。[③]一方面增加了宫殿、寺庙，扩大了城市规模；另一方面修筑城堡，加强了军事防御，充分显示了好太王统治期间高句丽的政治、经济实力。

好太王占据辽东、玄菟之后，西南与北燕相邻，派遣使臣入北燕且叙宗族。北燕王高云也派侍御史李拔回访高句丽以报之。高云的祖父高和，"高句丽之支庶，自云高阳氏之苗裔，故以高为氏焉"[④]。慕容宝收高云为养子，赐姓慕容氏，封夕阳公。高云继承王位以后，恢复高氏之姓，大赦境内，改元正始，国号大燕，史称北燕。好太王与其叙了宗族，本为同姓，相互和睦处之，使北方局势逐渐稳定下来。好太王去世之前，还对高句丽王族丧葬与守墓制度进行了改革，在墓上立碑，铭刻守墓烟户，不令差错。好太王碑上已有明确记载："国罡上广开土境好太王存时教言：'祖王、先王，但教取远近旧民守墓洒扫。吾虑旧民转当羸劣，若吾万年之后，安守墓者，但取吾躬巡所略来韩秽，令备洒扫。'"这是好太王生前对自己守墓人来源的安排。同时还认为，"自上祖先王以来，墓上不安石碑，致使守墓人烟户差错"。于是"尽为祖先王墓上立碑，铭其烟户，不令差错"。并立下制度：已安排好的守墓人，"自今以后，不得更相转卖。虽有富足之者，亦不得擅买。其有违令，卖者刑之，买人制令守墓之"。好太王生前有教言，还有实践，即为先王墓上立碑。集安麻线河边发现了一通文字碑，就是好太王为其父亲故国壤王立的守墓烟户碑。碑石为圭形，正面镌刻汉字隶书碑文10行218字，可识读者156字左右，定名为集安高句丽碑。[⑤]

好太王一生的功业最主要的还是在军事方面。他统治时期的军事活动相当频繁，包括战争，抄掠，军事巡逻等。仅好太王碑文（图版二十、二十一）记载的军事活动就有八次：

---

① 好太王碑释文均引自耿铁华：《好太王碑新考》，长春：吉林人民出版社，1994年，第86—89页。
② 《三国史记》卷十八《高句丽·广开土王本纪》，汉城：韩国民族文化推进会，1982年，第141页。
③ 《三国史记》卷十八《高句丽·广开土王本纪》，汉城：韩国民族文化推进会，1982年，第141页。
④ 《晋书》卷一百二十四《慕容云载记》，北京：中华书局，1974年，第3108页。
⑤ 集安市博物馆编著：《集安高句丽碑》，长春：吉林大学出版社，2013年，第11页。

永乐五年，岁在乙未，王以稗丽不归□□，躬率往讨。

六年丙申，王躬率水军，讨伐残国。

八年戊戌，教遣偏师观帛慎土谷。因便抄得莫斯罗城加太罗谷男女三百余人。

九年己亥，百残违誓与倭和通，王巡下平壤。

十年庚子，教遣步骑五万，往救新罗。

十四年甲辰，而倭不轨，侵入带方界□□□□□石城□连船□□□王躬率往讨

十七年丁未，教遣步骑五万，□□□□□□□□。王师□□合战，斩煞荡尽。

廿年庚戌，东夫余旧是邹牟王属民，中叛不贡，王躬率往讨。

晚出的《三国史记·高句丽本纪》为高句丽诸王编年纪事，也记载了好太王时期的一些军事活动：

（好太王元年）秋七月，南伐百济，拔十城。九月，北伐契丹，虏男女五百口，又招谕本国陷没民口一万而归。冬十月，攻陷百济关弥城。其城四面峭绝，海水环绕，王分军七道，攻击二十日，乃拔。

二年秋八月，百济侵南边，命将拒之。创九寺于平壤。

三年秋七月，百济来侵，王率精骑五千逆击败之，余寇夜走。八月，筑国南七城，以备百济之寇。

四年秋八月，王与百济战于浿水之上，大败之。虏获八千余级。

九年二月，燕王盛以我王礼慢。自将兵三万袭之。

十一年，王遣兵攻宿军，燕平州刺史慕容归弃城走。

十三年冬十一月，出师侵燕。

十四年春正月，燕王熙来攻辽东城。

十五年冬十二月。燕王熙攻我木底城，不克而还。

十八年秋七月，筑国东秃山等六城，移平壤民户。八月，王南巡。①

在《三国史记》有关百济的史料中，也有几条百济被高句丽好太王军队攻伐的记录：

（百济辰斯王）八年（好太王二年，公元392年）秋七月，高句丽王谈德率兵四万，来攻北鄙，陷石岘等十余城。王闻谈德能用兵，不得出拒，汉水北诸部落多没焉。冬十月，高句丽攻拔关弥城。②

（百济阿莘王）二年（好太王三年，公元393年）春正月，拜真武为左将，委以兵马事。

---

① 《三国史记》卷十八《高句丽·广开土王本纪》，汉城：韩国民族文化推进会，1982年，第141页。

② 《三国史记》卷二十五《百济·辰斯王本纪》，汉城：韩国民族文化推进会，1982年，第185页。《百济·辰斯王本纪》辰斯王八年（公元392年）作好太王元年，根据好太王碑记载则应该是好太王二年。

武，王之亲舅，沈毅有大略，时人服之。秋八月，王谓武曰："关弥城者，我北鄙之襟要也。今为高句丽所有，此寡人之所痛惜，而卿之所宜用心而雪耻也。"遂谋将兵一万，伐高句丽南鄙。武身先士卒，以冒矢石，意复石岘等五城，先围关弥城。丽人婴城固守，武以粮道不继，引而归。

三年（好太王四年，公元 394 年）秋七月，与高句丽战于水谷城下，败绩。

四年（好太王五年，公元 395 年）秋八月，王命左将真武等伐高句丽，丽王谈德亲帅兵七千，阵于浿水之上拒战。我军大败，死者八千人。

七年（好太王八年，公元 398 年）秋八月，王将伐高句丽，出师至汉山北栅，其夜大星落营中有声，王深恶之，乃止。

八年（好太王九年，公元 399 年）秋八月，王欲侵高句丽，大征兵马，民苦于役，多奔新罗，户口衰减。①

上引的资料相互对照，可以发现年代错落、记载矛盾、详略不一等问题。其中，好太王碑文是好太王时人撰写、镌刻的。碑文起草是按照好太王"存时教言"进行的，很可能经过好太王过目，至少得经过好太王之子长寿王的认可。作为盛世之君、歌功颂德之碑，俨然国史。记载年代、事件，可信程度较高。而《三国史记》则成书较晚，多取自中原史家的零散记录，也有部分高句丽史家档案资料。虽按史书体例，记事与碑文相近，往往有年代差异。如百济辰斯王八年（约当好太王二年）伐百济一事，与好太王碑六年丙申伐百济相近。好太王元年伐契丹一事，则与好太王碑五年乙未讨伐碑丽相类。事件大体相同，亦应为可信。《三国史记》中还有一些战事，好太王碑不记，如与慕容燕的几次军事争端，可作为参考。将碑文所记与文献结合起来，可以发现，好太王一生戎马倥偬，百战不殆。这在高句丽发展的历史上，实在是可以大书一笔的。

二、好太王时期的军队

好太王碑与《三国史记》记载了好太王在位期间东征西讨，开拓疆土的军事活动。对于战争的原因，战争的时间、地点、用兵数量及结局都记载得十分清楚。对于研究好太王时期的军事力量，武器装备及其相关问题是非常重要的。

好太王时期的高句丽军队至少是由三个兵种组成——步兵、骑兵、水军，亦可称为步、骑、水三军。其中主要的、占绝大多数的应该是步兵，其次是骑兵。战争中多以步骑协同作战。碑文与文献中多见"步骑""步骑五万""精骑五千""率兵四万"，等等。高句丽古墓壁画中，高句丽骑兵、步兵的形象是很多的。关于水军，文献无载。好太王碑文中仅一见，"六年丙申，王躬率水军，讨伐残国"。碑文中的"水军"二字较清楚。在所见到的碑文考释中，三宅米吉先生释"王躬率大军"，水谷悌二郎先生与武田幸男先生不释，作"王躬率□军"，殊为谨慎。其他诸家都作"水军"解释。就从碑文中，亦可见水军存在之证据——"十四年甲辰，而倭不轨，侵入带方界。□□□□□石城

---

① 《三国史记》卷二十五《百济·阿莘王本纪》，汉城：韩国民族文化推进会，1982 年，第 185 页。

□连船□□□王躬率往讨"。尽管有些文字剥蚀不清，但"连船"二字尚可辨识，且诸家几无异议。至于王躬率往讨，只是意会，石面已难以辨清。"连船"与水军相关，不管是倭寇"连船"，还是高句丽军"连船"，双方水军交战应该是事实，带水滨海，适于水军活动，与碑文相吻合。加之上文已有高句丽"水军"的记载，更加可信。

好太王时期，高句丽都城国内城在鸭绿江边，江河纵横，适于舟楫往来和水军建设。鸭绿江边亦曾发现过高句丽时代的码头遗迹，也出土过兵器和铁甲片。这些都与高句丽水军的存在密切相关。当然，关于水军及水上作战的记载还较少，水军在水上运送军队、辎重，供应前线的情况亦不多见。只能根据零星记录和出土遗物进行分析和研究。

关于高句丽军队数量的估计。无论是好太王碑文，还是古代文献，都没有提供高句丽军队总数的资料。我们只能依据战争中动用军队的数量，分析、判断某一时期高句丽军队的大体数量。

好太王碑记载的八次军事行动中，有两次提到出兵的数量，都是"步骑五万"。而《三国史记》中则有"精骑五千""帅兵七千"等数字。一次出兵"步骑五万"未免有些夸大。根据高句丽国家的政治、经济情况，估计好太王率军征战，一次最多出兵在 3 万人左右。

如果取好太王碑与史书记载中一次出兵最多和最少的两个数字，采用"黄金分割法"进行计算。会求出更接近实际的一次出兵数量：

（5 万 − 0.5 万）× 0.618+0.5 万 =3.281 万

计算得到的数字，与我们估计的每次实际上最多出兵 3 万人左右非常接近。

如果好太王亲率 3 万多人南征百济，那留守王都国内城以及丸都城、平壤城和其他军事要塞的军队，总应在 4 万人左右。这样看来，好太王统治时期的高句丽，常备军队约当 7 万人。其中，步兵应该在 4 万人左右，骑兵 2 万人，水军 1 万人，大体上较为合适。

好太王具有较高的军事才能，百济人称"谈德能用兵"。他自幼随父兄习武骑射，于山林逐猎中训练军队，提高实战及指挥能力。即王位后，整饬国家和军队，扩充实力，为开拓疆土做好准备。

从好太王碑文看，好太王时常亲率大军参战，指挥步骑及水军作战，每战皆捷。在对百济多次作战中，攻克 64 城，1400 多个村落，掠夺大量人口土地。对碑丽一战，破三部落六七百营，掠夺牛马群羊不可称数。在救新罗、败倭寇时，还巧用计谋，使得"倭寇溃败，斩煞无数"。对东夫余的征讨，大兵压境，举国骇服，不战自胜，的确表现出卓越的用兵才能。

"胜败乃兵家常事"，古代战争中，失利的情况也时常出现。好太王碑系儿子为父亲立碑，铭记勋绩。只记获胜之战，应该好理解。但绝不是说，好太王用兵从无失利。文献中也记载，其与燕王慕容盛交战时败绩，一度失去了新城、南苏二城。

从碑文及文献记载可以发现，好太王时期诸多军事行动及战争，胜者多，失利极少，特别是好太王亲率大军征讨，从无战败的记录。不得不说明，好太王是高句丽时代最为优秀的军事统帅。

古代战争，消耗最大的是军队的武器装备。即便是好太王经常打胜仗，东征西讨，军队和武器装备的消耗亦相当可观，这就需要有充足的后备兵源和武器装备供给。能供养 7 万多常备军的国家，人口应当在35万—40万，还应该有专门生产兵器和军事装备的部门，为军队筹措和运输粮草的部门。因此，了解好太王时期军队的情况，对于了解高句丽社会的人口结构、生产部门、经济发展状况等，也是十分重要的。

关于好太王时期军队的装备，文献不载。好太王碑中仅有一段，还是记录与好太王交战一方的情况。只能作为了解好太王军队装备的参考：

> 　　十七年丁未，教遣步骑五万，□□□□□□□□。王师□□合战，斩杀荡尽。所获铠甲一万余领，军资器械，不可称数。

这里所说的铠甲与军资器械，都属于军事装备之列。对于好太王时期军队的装备情况，可以借助出土文物，以及年代相近的高句丽壁画中有关军事题材的画面，作一简要的概述。

军队最主要的装备是兵器，无论是步兵、骑兵，还是水军都离不开兵器。兵器的种类、数量、优劣，很大程度上决定着军队的战斗力。从集安、通化、桓仁、抚顺、平壤一带出土的大量高句丽兵器的类型和特点看，高句丽人使用的兵器，大都为自己生产，具有明显的地方特点，尤以箭镞最富特色，有较强的杀伤力。《北史·高丽传》记载，高句丽军队使用的"兵器与中国略同"。就已出土的各种兵器与高句丽壁画中的图形看，记载是很有道理的，特别是长兵器中的矛，短兵器中的环首刀，基本保存着汉晋中原兵器的样式。这与高句丽建国以来同中原频繁交往密切相关。

根据目前我们见到的实物和图形，高句丽兵器大体上可分为如下几类。

第一类，长兵器。此类兵器均须装配较长的木柄，以延长人的手臂，增强对敌人进行劈刺的能力，扩大杀伤范围。诸如铜矛、铁矛、铁叉、钩镰枪、三齿器、四齿器、长刀、三尖两刃刀、链锤等。

第二类，短兵器。兵器形体较短，无须安装木柄，使用灵活，利于短兵相接或近身交战。诸如青铜短剑、铜钺、铜斧、铁刀、铁剑、环首刀、铁匕首、三棱铁刺等。

第三类，抛射兵器。主要指弓箭。高句丽人善于骑马射箭，弓箭是成年男子不可缺少的随身携带之物。高句丽国内出产好弓箭，用以远射杀伤猎物和敌人。高句丽壁画舞踊墓、麻线1号墓、王字墓、长川1号墓、德兴里墓、药水里墓中，均绘有持弓箭射猎的武士形象。[1]出土文物中有大量的箭头，证明高句丽经常大量地使用弓箭，耗费箭头。各地出土的高句丽箭头有鎏金铜镞、铁铤铜镞、鸣镝和各式铁镞。仅铁镞就有上千件，大小不同，形制各异，有三棱形、矛形、柳叶形、铲形、扇形、叉形、鱼尾形、蛇头形、锥形、连杆形等20余种形制。[2]有些铁镞与壁画中绘出的箭头完全相同，也有几种箭头类似葫芦形，有的前边还带三个叉，只出现在壁画中，尚未见到实物。

应当指出的是，箭镞是战争和狩猎活动中大量消耗的用物，必须自己生产方能满足需要。依靠中

---

[1]　耿铁华：《高句丽古墓壁画研究》，长春：吉林大学出版社，2008年，第161—164页。
[2]　耿铁华：《高句丽兵器初论》，《辽海文物学刊》1993年第2期。

原供给和交换，对于常常狩猎和对外作战的高句丽国家是远不能满足的。另外，从高句丽铁镞繁多的种类、形制、样式奇特等特点看，汉晋之际的中原与北方其他国家均不多见，非自己生产制造不可。也许正是因为有较好的兵器、强大的弓箭队伍，好太王军队的战斗力才格外强，才能在对外战争中连战皆捷。

无论是步兵、骑兵、水军，将领还是士兵，均有自己的保护性装备，包括军服、铠甲、头盔、钉鞋、盾牌等。

高句丽将军的服装，因级别不同，装饰物及质量、工艺也有所不同，但大体上有全甲、半甲两种。着全甲的将军头戴兜鍪，身披铁甲，胸部、臂部、腿部均护铁甲，足蹬战靴，如通沟12号墓壁画斩俘图中的将军；三室墓第一室北壁攻城图中骑马交战的将军，只有脸部和手部无甲饰，全身几乎被铁甲包裹。着半甲的将领只有胸甲，臂部未着铁甲而穿袍服者，如三室墓第二室西壁所绘的趑趄武夫，麻线1号墓北壁的骑马将领（图5.5）。将军头戴的铁（或铜）盔，系由铁或铜与皮革、布帛，加饰物做成。

 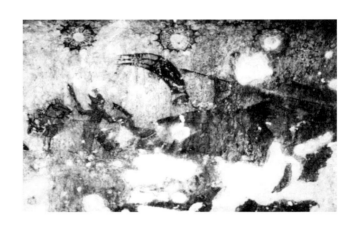

图 5.5 三室墓、马槽墓铠甲武士

高句丽壁画中有许多戴头盔的将军，考古发掘中头盔所见不多。1983年抚顺高句丽山城发掘中曾出土一件完整的铁盔。[1]身上的铁甲，则由许多方形或长方形的小铁片用皮条、金属丝连缀而成。高句丽王和高级将领的铠甲经过鎏金处理，金光灿烂。集安出土很多铁甲片和鎏金甲片，与壁画所绘的完全相同。将军脚上穿着普通的战靴或钉鞋。钉鞋是冬季登山走冰雪路防滑之用。集安曾先后出土十多件（只）鎏金铜钉鞋（图5.6）。几件完整的均为高句丽古墓中出土，铜质，鎏金，仅有鞋底而无鞋帮。边缘向上卷起，四周有小圆孔或长方形孔，用以穿绳绑系在鞋上。鞋底铆装四棱尖状鎏金鞋钉，长短数量各不相同。这种鎏金钉鞋与三室墓、通沟十二号墓壁画中铠甲将军足下的钉鞋完全相同。可以肯定，这种鎏金的铜钉鞋，只有身份很高的贵族将军才能使用。

高句丽士兵的服装，一种为袍服，长裤，系腰带，头上系巾或戴冠。三室墓第一室北壁攻城图

---

① 徐家国、孙力：《辽宁抚顺高尔山城发掘简报》，《辽海文物学刊》1987年第2期。

上部，两个士兵在城下相扑搏斗，城上有一士兵向外观看，三人均穿此种袍服。还有一种士兵的服装为半甲，戴头盔，上身穿铠甲，长裤则无饰铁甲。朝鲜安岳 3 号墓壁画行列图中有许多身着半甲的士兵形象，手拿钩镰枪和长方形的盾牌。骑兵则身穿全甲，头戴兜鍪，手持长矛，坐骑也披着铁甲，如德兴里壁画墓出行图上部的铁甲马队。集安还出土几件士兵穿用的铁钉鞋，分为前后两半，铁钉有长有短，铆装在蹄形铁上，绑系在鞋上，冬季防冰雪路滑。

图 5.6　鎏金钉鞋底

资料来源：吉林省文物考古研究所、集安市博物馆、吉林省博物院编著：《集安出土高句丽文物集粹》，第 109—110 页

以上是参战部队将领和士兵的装备。高句丽军队中还有一支驻守城市（主要是都城）、宫苑的队伍。他们的形象多半绘在壁画墓道或甬道两侧，有称之为武士的，也有称之为守门卒的。他们的服装分为穿战袍和穿铠甲两种。前者见于三室墓一、二室之间的甬道两侧，五盔坟 4、5 号墓的墓道两侧。后者见于朝鲜双楹墓壁画，称为门卫武士。从画面看，宫苑守备部队的服装较野战部队的服装更精美些，这些士兵作为王宫内苑的仪仗，服装整齐些是可以理解的。

高句丽壁画中还有许多山林狩猎的场面。狩猎者都是高句丽贵族，还有其率领的侍从、家丁，也有王公贵胄、军事将领，率领士兵在山中借打猎进行军事训练。壁画中有整齐的马队，也有徒步的武士，他们的衣饰、鞋帽、服装，亦可作为研究高句丽军队服装的参考。

骑兵所乘战马大都为高句丽产，善走山路。史家记载，高句丽国北有马多山，出群马，"形小而骏""有果下马，又有马甚小，登山履险不疲"。[①]高句丽骑兵所乘皆此种良马，配齐鞍鞯，训练有素，跋山涉险，战斗力极强。高句丽骑兵所乘战马亦可分为披甲与不披甲两种。战马披甲者全身铁甲为罩，只露四蹄，头戴面具只露双眼，马背后部饰寄生。[②]三室墓第一室北壁壁画中，城下两将军追杀，所乘战马皆披全甲。不披甲的战马亦头戴面具，如通沟十二号墓北室壁画斩俘将军身旁的战马，德兴里壁画墓出行图中的铁甲马队。狩猎壁画中的武士和家丁所乘之马，既不披甲，亦不戴面具。

壁画中所见参战战马的铠甲、鞍具、寄生等，亦有一批实物出土。铁甲亦曰许多方形或长方形铁甲片连缀，只是出土甲片过于零散，难以复原整套马甲。出土的寄生也大部分残损，唯有马具、马饰大都较完整，数量也较多。仅鎏金马具，就有镂空鞍桥与素面鞍桥两种，衔镳、马镫及各种饰物齐全。完整的镂空鞍桥出土多件，最为完整、精美的镂空鞍桥 1972 年出土于集安洞沟古墓群山

① （唐）张楚金：《翰苑·蕃夷部》，转引自杨春吉、耿铁华、倪军民主编：《高句丽史籍汇要》，长春：吉林人民出版社，1998 年，第 46 页。
② 耿铁华：《高句丽马具寄生研究》，《社会科学战线》2017 年第 5 期。

城下墓区 JSM1078 号墓，此墓为方坛积石墓，出土了成套鎏金马具和饰物。鞍桥由前后桥组成，前桥作宽大的拱形，后桥稍小。前桥宽 42.5 厘米，高 27.5 厘米。后桥宽 50.5 厘米，高 37.5 厘米。饰镂空卷云花纹，花纹边缘錾有密实的锥刺小点，卷云团不连续也不对称，疏密有致。鞍桥内沿有钉孔，外沿镶裹在包边的鎏金铜片中。根据墓葬年代推测，应该是 4 世纪前叶制品。[①] 鎏金素面鞍桥出土多件，1976 年集安七星山墓区 JQM1196 号墓出土的已复原整套鞍鞯，精美完好，并制成复制品陈列展出。[②] 长川 4 号墓北室出土的一套完整精美，前后桥均为拱形，有铆钉镶铜片，外包鎏金边缘。前桥宽 32.8 厘米，高 15.2 厘米。后桥宽 44 厘米，高 24.3 厘米。[③] 铜质鎏金马镫以太王陵和长川 4 号墓出土的最为完整精美，太王陵鎏金马镫两侧饰镂空卷云蟠螭纹，环内横长 13.2 厘米，高 10.8 厘米，柄长 13 厘米，宽 3.4—4 厘米。[④] 此外还出土多件铁质马镫、衔镳和各种饰物，应该是一般武士或普通骑兵的马具。高句丽人善于骑射，马具和马饰之类制作颇精良。与中原两晋时期的马具制作工艺、精美程度不相上下。

高句丽统治区域内多大江大河，适于训练和建设一支水军，水军离不开战船。好太王碑文记载，"六年丙申，王躬率水军讨伐残国""十四年甲辰，而倭不轨，侵入带方界。□□□□□石城□连船□□□王躬率往讨"。已将水军与战船联系在一起了，只是高句丽壁画中尚未见到战船的图形。辽宁宽甸虎山城一座高句丽水井中，曾出土一只长 3.7 米的木船和多件木桨及船上用品。[⑤] 应该是民用运输船，而非战船。因此，对高句丽水军的装备很难做出具体的描述。过去，我们在集安鸭绿江边发现石条砌筑的古代码头遗迹，以及出土的建筑构件、陶器、铁兵器、铁甲片等，但它们只能作为高句丽时代水上运输和水军存在的一种佐证而已。

好太王统治时期，高句丽国家拥有一支强大的军队，从军队数量上、兵种上、装备上、素质上，在北方诸民族国家中都堪称一流，这正是成就好太王一生赫赫战功的基础，也是好太王赖以东征西讨，开拓疆土的重要基础。

三、好太王时期的疆域

好太王即位之后，有目的、有计划地对辽东地区和朝鲜半岛南部新罗、百济用兵，逐渐扩大用兵范围，使军事势力所及之地空前扩大，高句丽占有的疆土也越来越大。

---

① 吉林省博物馆文物工作队：《吉林集安的两座高句丽墓》，《考古》1977 年第 2 期；吉林省文物考古研究所、集安市博物馆、吉林省博物院编著：《集安出土高句丽文物集粹》，北京：科学出版社，2010 年，第 135 页。

② 张雪岩：《集安县两座高句丽积石墓的清理》，《考古》1979 年第 1 期。

③ 吉林省文物考古研究所、集安市博物馆、吉林省博物院编著：《集安出土高句丽文物集粹》，北京：科学出版社，2010 年，第 135 页。

④ 吉林省文物考古研究所、集安市博物馆、吉林省博物院编著：《集安出土高句丽文物集粹》，北京：科学出版社，2010 年，第 136 页。

⑤ 冯永谦、任鸿魁：《宽甸虎山高句丽泊汋城址》，中国考古学会编：《中国考古学年鉴》，北京：文物出版社，1997 年，第 167 页。

好太王用兵的重点在于西部和南部。

公元 395 年，"永乐五年，岁在乙未，王以碑丽不归□□，躬率往讨，过富山、岂山至盐水上，破其三部落六七百营，牛马群羊，不可称数"。好太王碑这段记载就是《三国史记》中"北伐契丹，虏男女五百口"。碑丽乃契丹的一支。这里的盐水即古之衍水，今之太子河，富山、岂山应是高句丽西北与玄菟郡之间的山岭。好太王得胜归来时"过襄平道"，是指高句丽向西南至辽阳的交通道。经此一战，高句丽的军事势力已达到太子河流域。

公元 401 年，好太王"遣兵攻宿军，燕平州刺史慕容归弃城走"。宿军城在今辽宁北镇一带。高句丽军队收复新城、南苏之后，继续向西、向南，越过今沈阳、黑山、大虎山，已逼近大凌河地区。

公元 404 年，高句丽军队"寇燕郡，杀略百余人"，即《北史·高丽传》所说的"后略有辽东郡"。次年，燕王熙企图攻下辽东城而未能如愿，说明辽东城已在高句丽军队的控制之下。

好太王最后占据辽东之时间，诸史所记略有出入。以高句丽出师侵燕计，《晋书》《北史》未有年代。《资治通鉴》记为"元兴三年冬十一月"——公元 404 年。《三国史记》为好太王"十三年冬十一月"——公元 403 年。金毓黻先生在《东北通史》中已论证为"元兴三年"。[1] 张博泉先生引"丁谦谓在义熙六年（公元 410 年）高句丽始最后占有辽东、玄菟二郡地"[2]。好在这些文献记载时间相差不多且都在好太王执政期间内。可知好太王时期，高句丽已占有辽东、玄菟之地，西部疆界已达到辽河流域。

高句丽向南部扩张的原因，好太王碑记录得很清楚，"百残、新罗，旧是属民，由来朝贡。而倭以辛卯年来渡，每破百残，□□新罗，以为臣民"。意思是，百济和新罗，过去是高句丽的属民，从来是朝贡的。但是，倭自辛卯年（公元 391 年）以来，多次渡海，每次都打败了百济和新罗，把他们作为自己的臣民。所以"六年丙申（公元 396 年），王躬率水军，讨伐残国"。

"百残、新罗，旧是属民"的一段文字，由于碑石裂痕，剥损，有几字剥落或不清。因此，中外学者在释文、断句和解说方面存在较大的分歧，被学术界称为"辛卯年条"或"辛卯年句"。[3] 尽管如此，作为好太王救新罗、征百济、驱逐倭寇的理由还是很充分的。

　　公元 396 年——"六年丙申，王躬率水军，讨伐残国。……于是得五十八城，村七百。将残主弟并大臣十人，旋师还都"。

　　公元 398 年——"八年戊戌，教遣偏师观帛慎土谷，因便抄得莫斯罗城、加太罗谷男女三百余人"。

　　公元 399 年——"九年己亥，百残违誓，与倭和通，王巡下平壤"。

　　公元 400 年——"十年庚子，教遣步骑五万，往救新罗。从南居城至新罗城，倭满其中，

①　金毓黻：《东北通史》，台北：洪氏出版社，1976 年，第 231—232 页。
②　张博泉：《东北地方史稿》，长春：吉林大学出版社，1985 年，第 120 页。
③　耿铁华：《好太王碑新考》，长春：吉林人民出版社，1994 年，第 103—106 页。

官军方至，倭贼退"。

公元 404 年——"十四年甲辰，而倭不轨，侵入带方界，王躬率往讨……倭寇溃败，斩煞无数"。

公元 407 年——"十七年丁未，教遣步骑五万□□□□□□□□□。王师□□合战，斩煞荡尽。所获铠甲一万余领，军资器械不可称数。还破沙沟城、娄城、□□城……"

好太王最终驱逐了倭寇，打败了百济，救援了新罗，不仅使新罗、百济重新臣服，还夺取了百济 64 座城，1400 多个村子，高句丽的南部疆域已经达到汉江流域。

高句丽东部疆域早在太祖大王之时已拓至大海，今长白山地区至延吉、珲春，朝鲜两江道至咸镜北道一带，地广人稀，一直在高句丽控制之下。

高句丽北部疆界，从好太王征东夫余一事可以得到证实。"二十年庚戌（公元 410 年）东夫余旧是邹牟王属民，中叛不贡，王躬率往讨。军到余城，而余举国骇服。"近年来，李健才先生考证，认为东夫余即夫余或北夫余，不在东海之滨或太白山南、鸭绿江上游，而是在今吉林市一带。"好太王攻占的东夫余，是以鹿山为王城的夫余"①。鹿山在今吉林市龙潭山到西团山之间。这样，好太王时期，高句丽的势力已达到松花江中游。至于东夫余、北夫余与夫余的关系，历史发展及其地理位置等问题，学界一直存在分歧，尚待进一步讨论研究。

总之，好太王统治的 22 年中，凭借着强大的军事实力，击败了慕容燕，占据了辽东、玄菟之地，驱逐了倭人，侵夺了百济汉江流域的土地，向东北降服了东夫余，疆域空前扩大。因此，好太王去世后，高句丽给他的尊号是国罡上广开土境平安好太王。

---

① 李健才：《东北史地考略》（续集），长春：吉林文史出版社，1995 年，第 5—13 页。

第六章

南北朝时期的高句丽

——社会稳定、向南发展

公元 420 年，刘裕代晋建立宋，随后又出现齐、梁、陈三个朝代，至公元 589 年陈被隋灭，史称南朝。北方则从公元 439 年北魏统一开始，经东魏与西魏、北齐与北周的对峙，至公元 581 年隋代北周，史称北朝。这一时期，虽然南北分裂，但大部分时间里南北分别处在相对统一的政权之下。这是逐渐走向统一的一个重要阶段。

我国东北的高句丽政权，正是从第二十代王长寿王到第二十五代王平原王期间，中间经过文咨明王、安臧王、安原王、阳原王，时间从公元 413 年到公元 590 年，与南北朝的起讫时间相仿。

此时的高句丽已占据了汉晋以来辽东郡、玄菟郡、乐浪郡、带方郡的广大地区。它既不像两汉时期那样急切地要求臣属、认可，也不像魏晋时期处在曹魏、慕容燕的军事压力之下。俨然以北方大国的姿态与南北朝诸政权和睦相处，通过朝贡、聘问，不断获得册封与认同，使高句丽政权处在相对稳定的社会环境下，逐渐向南方发展。这也是高句丽历史上一个稳定、发展的时期，其疆域大体上是好太王开拓出来的，只是在与新罗、百济交界处略有扩展而已。

第一节　长寿王迁都平壤

一、长寿王即位

长寿王（图 6.1），讳巨连（一作琏），广开土境平安好太王之元子。"体貌魁杰、志气豪迈。"[1] 广开土王十八年（公元 408 年）被立为太子，二十二年（公元 412 年）冬十月，好太王薨，其即位。

长寿王即位后的第一件大事是处理先王停枢、下葬等相关问题。

好太王是高句丽有作为的一代君王，生前被称誉为"恩泽洽于皇天，威武振被四海"，勤于国政、善于用兵，开拓疆土。对内稳定统治、发展经济，提高国力；对外刚柔并济、结好新罗、攻防百济、驱除倭人，扩大疆土，建立赫赫战功。长寿王继承先王遗训，整治和完善上祖先王守墓烟户秩序，维修陵墓，为先王墓上立碑，铭记烟户，不令差错。同时对于身后之事也作了相应安排，确立守墓烟户制度，摊派守墓烟户，准备为自己立碑，铭记勋绩，铭记守墓烟户的数量、

图 6.1　长寿王画像

资料来源：胡韵生画

---

[1]　《三国史记》卷十八《高句丽·长寿王本纪》，汉城：韩国民族文化推进会，1982 年，第 141 页。

来源与管理。

　　高句丽人视死如生，有厚葬习俗。文献多有记载"男女已嫁娶，便稍作送终之衣。厚葬，金银财币，尽于送死，积石为封，列种松柏"[1]。"其婚姻皆就妇家，生子长大，然后将还，便稍营送终之具。金银财币尽于厚葬，积石为封，亦种松柏。"[2]"已嫁娶，便稍作送终之衣。其死葬，有椁无棺。好厚葬，金银财币尽于送死。积石为封，列植松柏。"[3]一般贵族人家男女成婚之后，就要选择墓地，准备身后事宜。高句丽王则是即位之后选择墓地、建陵，因其身份地位只有在即位后才能确定，陵墓的规格才能选择最高级的形制。同时划出陵园，安置守墓烟户聚居之处，便于祭祀，守墓洒扫。好太王以前，高句丽墓上不安石碑，致使上祖先王守墓烟户差错，难以管理。好太王之世尽为先王墓上立碑，确立守墓烟户制度。好太王碑的重新发现及其碑文研究的成果，已经证实了这一点。

　　清光绪三年（公元1877年），怀仁县书启关月山在其县下属通沟[4]的荒山漫草中发现了好太王碑。今属吉林省集安市东郊4000米大碑村。1961年3月，中华人民共和国国务院公布将辑安洞沟古墓群（包括好大王碑）列入全国第一批重点文物保护单位。从此，好太王碑受到国家、各级政府和当地人民的重点保护。在集安洞沟古墓群建立了新碑亭，扩建了庭院，种植花木，改善环境，使其成为集安历史文化名城的重要景观。2004年，中国高句丽王城、王陵及贵族墓葬被列入《世界遗产名录》，好太王陵连同好太王碑都成为世界文化遗产的重要组成部分，引起国内外研究者与游人的广泛关注。

　　好太王碑是由一整块角砾凝灰岩稍加雕琢而成。这种石材在集安鸭绿江畔较多，规模较大的在良民、秋皮与下活龙一带，距离集安市区不太远，冬季利用江道结冰运输也较便利。长寿王与王公贵族大臣选好碑石，运至好太王陵墓附近，按计划进行修凿，立碑刻石。碑文是早已拟好的。因碑文中有"好太三存时教言：祖王、先王，但教取远近旧民守墓洒扫。吾虑旧民转当羸弱，若吾万年之后，安守墓者，但取吾躬巡所略来韩秽，令备洒扫"等文字，可知好太王生前或已将碑文主要内容拟就，甚至经过好太王过目，或者是好太王提出碑文主要内容，再由长寿王组织人完成，经长寿王认可后勒之于石。

　　好太王碑原有文字1775个字，汉字隶书，环刻于碑石四面。碑高6.39米，幅宽1.34—2.00米，略呈不规则方柱形。无蟠龙首和赑屃，基石原为方形，现已压裂，不甚规则（图版十八、十九）。碑身形状，正面看为柱形，体现男性崇拜。经过1600多年的风雨剥蚀及初期"火焚除苔"造成的伤损，现可识读文字1600个左右。碑文内容分三部分：第一部分记述了高句丽邹牟王诞生及建国的传说，儒留王以道兴治，大朱留王绍承基业，17世孙国罡上广开土境平安好太王如何治理国家，使国富民殷、五谷丰熟。同时记载好太王死后安葬日期和立碑的缘由。第二部分文字最多，详细记录了好太王在位期间东征西讨，开拓疆土的战功经历。主要有六次战事和两次军事巡略，包括征碑丽、征东夫余、

①　《三国志》卷三十《魏书·高句丽传》，北京：中华书局，1959年，第844页。

②　《后汉书》卷八十五《高句骊传》，北京：中华书局，1965年，第2813页。

③　《梁书》卷五十四《高句骊传》，北京：中华书局，1973年，第802页。

④　怀仁县为光绪三年（1877年）设治，1914年因与山西省怀仁县重名而改为桓仁县。通沟在怀仁建县时设巡检。1902年通沟与老岭前部分乡镇划归辑安县，1965年改为集安县，1988年经国务院批准撤县建市。

讨百济、救新罗、驱逐倭人，先后攻下 64 个城市、1400 多个村落，掠夺了土地和人口，使高句丽的疆土空前扩大。第三部分是遵照好太王存时教言，为好太王安排守墓烟户，国烟 30 家，看烟 300 家，总计 330 家，并进一步申明守墓烟户不许买卖的制度。

好太王碑立石镌刻完毕，好太王的遗体也在甲寅年（公元 414 年）九月廿九日乙酉迁就山陵，举行隆重的葬礼。好太王的陵墓在碑西 360 米处，是一座大型的方坛阶梯石室墓。底部平面近似方形，东边长 62.5 米，南边长 63 米，西边长 66 米，北边长 68 米，墓高 14 米（稍残损）。现存阶坛可见四面上下贯通为 8 级，自下而上逐级收分。构筑时先围砌阶坛边框，然后填充砾石，表面平整之后再修筑上一层阶坛。南侧阶坛底层石条上凿刻"工"字形中线记号，使之建筑过程中上下石条严格对应，整齐划一。阶坛保存较好的是东南两侧的中段。第一级阶坛高约 4 米，共砌 8 层，下层石条外缘有凹槽，上层石条嵌在槽中，层层内收而不移位，下层石条较大，西南角大石条长 2.9 米，宽 1.4 米，厚 1.7 米。东南角大石条长 2.8 米，宽 2.6 米，厚 1.8 米。第二级阶坛由 6 层较大的石条砌成，下面两层已经陷入第一层阶坛，致使两层阶坛之间高差只有 1 米多。第三至五层阶坛，砌石只有 2—3 层，高 0.5—0.6 米，石条大小不等，加工也不如底层精细。相邻阶坛之间的高差在 0.5—1 米。第六级以上的各级阶坛较低矮，第 8 层只有一层石条砌成，内以河卵石填充。距离地表 7 米左右。以上大约为 10 米的斜坡至墓顶。与墓顶高差为 3—3.5 米，四面未见阶坛，只在西北角见到多块移位的阶坛大石。从石条间夹杂的碎石看，至少还应该有 3 层基坛，或者说明 8 层以上原来还有几层阶坛，只是已经损坏罢了。陵墓四边第一级阶坛外各放置巨大的护坟石倚护，现存 15 块，其中东侧 4 块，南侧 5 块，西侧 4 块，北侧 2 块，估计原来每面 5 块，共有 20 块护坟石。护坟石为不规则的长条形，大小差不太多，现存最大的一块高 6 米，宽 5 米，厚 2 米。墓葬的四周有散水和排水设施等（图版三十下）。

好太王陵墓室筑于顶部，阶坛以上正方形平台中间，平台边长 24 米，是规整的石灰岩石条修筑起的墓室，外面用碎石和泥土培封。上半部分凸出于平台之上，上部每边长 12 米，下部每边长 15 米，高 4 米。墓室平面呈长方形，长 3.24 米，宽 2.96 米，高 3 米。墓室壁曰 9—10 层打磨平整的花岗岩石条垒砌。墓室西部中间开辟甬道，长 5.4 米，宽 1.84 米，中部高 1.98 米。方向西南，方位角 256 度。1990 年秋，吉林省文物考古研究所与集安市文管所对好太王陵墓室进行了清理，墓室内发现两座并置的石棺床，上面置一座两坡水硬山式石椁，发现时石椁已倒塌，经修复石椁面宽 3 米，内宽 2.68 米，两檐间最宽 3.19 米。纵长 2.74 米，内长 2.4 米，屋脊最长 2.92 米，高 2.48 米，内高 1.35—2.02 米。石椁门宽 1.6 米，高 1.9 米。两座石棺床左侧（北）较大，右侧（南）较小，分别安葬男女墓主人。[1] 好太王陵上曾出土许多青灰色莲花纹大瓦当和"愿太王陵安如山固如岳"的文字砖，墓域外还发现祭祀基址和陵园墙基址。

好太王的陵墓是好太王即位后开始修建的，死前早已完工。安葬和立碑则是由长寿王亲自主持

---

[1] 吉林省文物考古研究所、集安市博物馆编著：《集安高句丽王陵——1990—2003 年集安高句丽王陵调查报告》，北京：文物出版社，2004 年，第 216—249 页。

完成的。

长寿王即位后的另一件大事则是在好太王葬礼之后，为自己选择墓地、修筑王陵。这就是今天在好太王陵东北 1000 米处的"东方金字塔"。当地百姓一直称其为将军坟（图版三十一），直至 20 世纪 60 年代以后，学者经过考古研究，初步认定为高句丽长寿王的陵墓，目前已得到大多数学者的赞同。将军坟形制与好太王陵相同，规模比好太王陵略小些。整体由基础、阶坛、墓室三部分组成。阶坛共 7 级，系用精琢的花岗岩石条砌筑，逐层内收构筑成阶梯状的金字塔形。现存阶坛、护坟石 1146 块，缺失 31 块。墓边每面斜立 3 块护坟石（东北面只有 2 块）。阶坛下有大条石铺砌的基坛，基坛大体呈方形，平均边长 32.3 米。基坛下有大块河卵石构筑的基础，其表面摆砌一周护基石并筑有向墓外排水的地下沟渠。墓室建于第三级阶坛，顶部以巨石覆盖。墓道开口于第五级阶坛，方向西南。根据 2003 年测绘，将军坟阶坛边长 30.15—31.25 米，墓顶高于地表护基石 13.07 米。墓室大体呈正方形，底边长 5.43—5.5 米，举高 5.1 米。墓室四壁用 6 层石条砌筑，由下向上略内倾，上部置大石条为梁枋，形成一层平行叠涩的藻井，一整块盖顶石修凿平整。墓室底部铺石板，局部损坏，上置一大一小两座棺床，为长寿王与王后合葬墓。墓顶平面近方形，边长 13.5—13.8 米。边缘石上有一周直径 10 厘米、深 15 厘米的柱洞。根据出土大批青灰色莲花纹大瓦当和铁链等遗物，墓上原应有栏杆和寝殿一类建筑。

墓后有一排陪葬墓，可能是妃子的坟墓。1 号陪葬墓保存较好，在将军坟东南 43 米处，阶坛形制与将军坟略同，规模稍小。正方形，底边长 10 米，高 4.72 米。墓室平面为长方形，长 2.6 米，宽 1.22 米，高 1.6 米（图版三十二上）。2 号陪坟在将军坟后 35 米，与 1 号陪坟相距 32 米。上部损毁，基础石条保存完好，底部平面亦为方形，边长 9.57 米，形制大小都与 1 号陪坟差不多。2 号陪坟北面 0.3 米以外，是一排长方形的建筑基址，长 58 米，宽 8 米，残高 0.3—0.8 米。原报告认为是祭台。[①] 此长方形建筑上部已经损毁，难以判断形制。根据其残存地基和下部石条、石块，在加之与 1、2 号陪坟处在将军坟后同一排的位置上，很像是座带阶坛的石室串墓，很可能是同一组陪坟最后完成的部分。

长寿王即位之初，为先王下葬和为今王修建陵墓都是十分重要的事情，关系国家的尊严和社会的稳定，同时也是国家政治、经济、文化发展程度的体现。从考古调查与发掘的成果和好太王碑记载看，正史《高句丽传》和《三国史记·高句丽·长寿王本纪》的记载，都是符合历史事实的。

二、迁都平壤

长寿王完成先父的葬礼之后，开始认真履行国王的职责，管理国家军政大事。东晋安帝义熙九年（公元 413 年），长寿王派遣长史高翼奉表去东晋都城建康，贡献赭白马。东晋安帝册封长寿王为使持节、都督营州诸军事、征东将军、高句丽王、乐浪公。[②] 长寿王取得了东晋的信任与认可，

① 吉林省文物考古研究所、集安市博物馆编著：《集安高句丽王陵——1990—2003 年集安高句丽王陵调查报告》，北京：文物出版社，2004 年，第 335—350 页。
② 《宋书》卷九十七《高句骊传》，北京：中华书局，1974 年，第 2392 页。

管理营州军政大事，使其在辽东、玄菟、带方、乐浪地区的权力合法化。随后他致力于稳定社会秩序，发展生产，遇有水旱灾害，派人赈济存问，连续多年取得农业丰收，史书常见"大有年，王宴群臣于宫"[①]。

随着生产发展，国力强盛，新罗派使臣修聘，长寿王告诫使臣，要与之和平相处。为了促进南方江汉地区的稳定，长寿王同时派遣使臣去北魏朝贡，加强双方友好往来。

长寿王"十五年，移都平壤"[②]。这一年为北魏太武帝拓跋焘始光四年（公元427年）。其他史书记载了高句丽入北魏朝贡、派遣李敖对高句丽册封等事，也记载了都城平壤的地理位置与自然环境，只是都没有记载迁都的具体时间。

《魏书·高句丽传》记载，太武帝拓跋焘曾派遣员外散骑侍郎李敖"拜琏为都督辽海诸军事、征东将军、领护东夷中郎将、辽东郡开国公、高句丽王。敖至其所居平壤城，访其方事"。

《三国史记》记载将李敖前往册封之事为长寿王"二十三年，夏六月，王遣使入魏朝贡，且请国讳。世祖嘉其诚款，使录帝系及讳以与之。遣员外散骑侍郎李敖，拜王为都督辽海诸军事、征东将军、领护东夷中郎将、辽东郡开国公、高句丽王。秋，王遣使入魏谢恩"。

《三国史记》记载的北魏派遣员外散骑侍郎李敖前往高句丽册封长寿王一事，是在长寿王二十三年夏，当为太武帝太延元年（公元435年）。这时，长寿王迁都平壤已有八年。其他史书则记载了高句丽迁都平壤的情况：

《周书·高丽传》载，"其地东至新罗，西渡辽水，二千里；南接百济，北邻靺鞨，千余里。治平壤城。其城东西六里，南临浿水。城内唯积仓储器备寇，贼至日方入固守。王则别为宅于其侧，不常居之。其外有国内城及汉城，亦别都也。复有辽东、玄菟等数十城，皆置官司以相统摄"。

《北史·高丽传》记载，"其王好修宫室，都平壤城，亦曰长安城，东西六里，随山屈曲，南临浿水"。

《隋书·高丽传》记载，"其国东西二千里，南北千余里。都于平壤城，亦曰长安城，东西六里，随山屈曲，南临浿水。复有国内城、汉城，并其都会之所，其国中呼为'三京'"。

由以上文献记载可知，迁都后的平壤城，亦称长安城，临近浿水——大同江，应该在今朝鲜民

---

① 《三国史记》卷十八《高句丽·长寿王本纪》，汉城：韩国民族文化推进会，1982年，第142页。
② 《三国史记》卷十八《高句丽·长寿王本纪》，汉城：韩国民族文化推进会，1982年，第142页。

主主义人民共和国首都平壤附近。

考古调查与发掘的成果表明，平壤附近有四座高句丽时期的古城址——大城山城、清岩里土城、安鹤宫和平壤市区内古城。多年来，学者的看法和意见有所不同。根据文献记载与考古资料认证，高句丽迁都的平壤城应该是平壤市区内的古城，后经扩建亦称为长安城。关于平壤城的形制、规模与附近古城、宫城的关系，将在第十章第三节详尽说明。

长寿王迁都平壤的原因，主要有以下几个方面。

第一，高句丽国家稳定发展，向朝鲜半岛南部扩张的需要。

公元5世纪初，好太王率大军击败慕容燕军队，占据了辽河以东的广大地区，辽东、玄菟、乐浪、带方诸郡之地已在高句丽控制之下。好太王时期占领辽东是高句丽向西南发展的重要突破，辽东与辽西相连，临近营州、幽州，遥望中原。公元4世纪后，不少北方民族向南发展，企图入主中原。好太王之世的高句丽，发展势头很旺，但是，若要向南发展，势必会遇到鲜卑两大实力集团慕容氏和拓跋氏的阻挡。高句丽自故国原王以来多次受到慕容氏军队的征伐侵扰，已经给高句丽带来不小的麻烦。好太王虽然率军击败慕容燕的军队，占领了辽东地区，但已经无力继续与之对抗，转而向朝鲜半岛发展则是很好的选择。

好太王即位不久，倭人入侵朝鲜半岛，占据并控制伽倻，迫使百济与之结盟，共同攻打新罗，威胁高句丽南部边境地区的安全。在新罗王的要求下，好太王出兵救援，多次征战，打败了百济，安抚了新罗，将倭人赶出朝鲜半岛。在朝鲜半岛南部树立了威信，使新罗、百济重新臣服，为其后继者向朝鲜半岛发展创造了良好的条件和时机。

长寿王即位后，按照好太王的统治方略，稳定社会秩序，发展经济、赈济饥民，赢得了百姓的拥戴。他认真总结父辈发展的经验，清醒地看到周边的环境，西南有日益衰落的北燕，已无力北进。北魏拓跋氏刚刚崛起，其势在向南发展。北方的夫余和靺鞨不足以与高句丽抗争。唯有南方的新罗、百济，特别是百济，曾依靠倭人势力向北进犯，虽被打败，仍不断侵扰，应重点防范。从发展趋势看，向朝鲜半岛南部扩张是大有希望的。于是，他确立了稳定辽东、与北魏修好、向朝鲜半岛南部扩张的战略。经过十多年的努力，为了进一步实施向南扩张战略，决定将统治中心南移——迁都平壤。

第二，南迁的一个重要的心理因素是正统思想。

高句丽长寿王及贵族大臣将自己作为中原皇帝治理辽东、玄菟、乐浪、带方等地的臣子，恪尽人臣之道。这也是高句丽作为西汉封国后，高句丽王族逐渐形成的正统思想，这种思想从高句丽王获得的封号中可以看出。

好太王安曾被东晋封为"平州牧，封辽东、带方二国王，安始置长史、司马、参军官，后略有辽东郡"[①]。

长寿王即位之后，东晋"安帝义熙九年（公元413年），高丽王高琏遣长史高翼奉表，献赭白马，晋以琏为使持节、都督营州诸军事、征东将军、高丽王、乐浪公。宋武帝践祚，加琏征东大将军，

---

① 《梁书》卷五十四《高句骊传》，北京：中华书局，1973年，第803页。

余官并如故。三年，加琏散骑常侍，增督平州诸军事"①。

好太王在占据辽东之前就已从东晋皇帝那里获得征讨平州所属辽东、带方诸郡并进行管理的王权。而长寿王即位后不仅获得了管理营州诸军事的权力，还被任命为征东将军，都督营州诸军事、都督平州诸军事之职位，可以名正言顺地代天子征讨东方诸多小国——包括新罗、百济等。

长寿王迁都平壤之后，北魏太武帝拓跋焘封其为"都督辽海诸军事、征东将军、领护东夷中郎将、辽东郡开国公、高句丽王"②。

在长寿王心中，自己已是中原王朝的官员，可以代行天罚。南方东晋，乃至后来的宋、齐王朝的皇帝，既是汉人政权之皇帝，也是高句丽政权的皇帝。他理应尊重，按时朝贡、接受册封。北方的北魏皇帝虽非汉人，但高句丽也同样尊其为中原皇帝，按时朝贡、接受册封。长寿王心安理得地将中原皇帝奉为正统，并成为南北政权的"征东将军""辽东郡开国公""乐浪公""高句丽王"，有权管理辽海诸军事，有权征讨东方小国，但只能称王、公，却不能称帝。受封的高句丽王以能为中原皇帝征东、管理所征之地而感到荣耀。在此正统思想的支配下，他以辽东、玄菟为自己稳定的后方，将朝鲜半岛南部作为代天征讨的主要方向。

第三，集安国内城一带的自然环境、军事地位已不适应长寿王向南扩张的战略需要。

国内城一带的通沟平原依山傍水，形势险峻，当年儒留王迁都此地是颇具眼光的。随着社会进步，国力发展，特别是占据辽东、玄菟、乐浪、带方诸郡之后，国家政权机构不断扩大，官署衙门增多，军队数量和人口数量急剧增加，使得国内城一带显得有些狭小，不适合进一步扩大发展。再加上丸都城自公元342年被慕容皝军队焚毁之后，一直没能得到很好的修复，宫殿及军事设施遭到破坏，难以继续使用。国内城及其附近的军事防御城堡、山城、关隘、哨卡等设施与功能受到了很大的影响。长寿王即位后，根据局势的发展，决心实施向南扩张的战略，要求政治、经济、文化中心南移，这就需要发展一个更广大、更开阔的地区。加强对海外联系，扩大海上交通与航运，鸭绿江水域已不能适应需要，因而选择近海地区作为都城势在必行。

平壤地区开发较早，箕子朝鲜、卫氏朝鲜曾先后立都于此，武帝灭卫氏朝鲜，这里为乐浪郡郡治，经过多年经营与建设，具有相当规模。高句丽占据乐浪之后，不断地进行移民和对旧城维修、扩建。其城市建设基础雄厚，地理位置和自然环境优越，水陆交通便利。平壤城西、南、东三面为普通江和大同江环绕，北有大城山，南有慈悲岭，东有北大峰，西南较平缓，平原较大，有利于军事防御和发展农业生产。

高句丽迁都平壤以后，加强了都城的建设，修筑和加固了一些军事防御性的山城，另外还加强了城市建设和管理，修建了别宫和宗庙寺院，为高句丽王公贵族营建了利于统治和生存活动的环境，同时不断向平壤地区移民，使政治、军事、经济、文化方面的人才、贵族官吏向平壤地区集中。对于稳定高句丽后期社会形势，发展农业、手工业生产，发展商业、交通，提高经济和军事实力都极

---

① 《南史》卷七十九《高句丽传》，北京：中华书局，1975年，第1970页。
② 《魏书》卷一百《高句丽传》，北京：中华书局，1974年，第2215页。

为有利，也为长寿王向南方新罗、百济采取军事行动，扩大南部地区的疆域做好了充分的准备。

三、稳定后方助魏灭燕

长寿王迁都平壤之后的一段时间内，加强新都城的管理和建设，完善统治机构，安置王宫官署，存问百姓。对于附近的山城与相关军事设施进行扩建加固，积蓄粮草，训练士兵，逐步落实向南扩张的战略。

为了使南进计划得以顺利实施，长寿王采取了稳定后方，使旧都国内城及辽东地区安定发展的一系列措施，如安置国内城守将、官吏，加强对辽东地区的管理，协调高句丽同汉族与周边其他民族的关系等。最重要的是处理好与邻近辽东的北燕及北魏的关系。

公元 435 年夏，长寿王派遣使臣到北魏都城平城朝见太武帝拓跋焘，且请国讳。拓跋焘嘉奖长寿王诚款，使录其帝系及国讳以与之，并派遣员外散骑侍郎李敖赴平壤，拜高句丽长寿王为都督辽海诸军事、征东将军、领护东夷中郎将、辽东郡开国公、高句丽王。长寿王十分感激，于秋季派遣使臣入魏谢恩。从此，长寿王作为北魏的臣子，管理辽海地区东夷事务，每年入平城朝贡，双方使驿不绝。

此时，北燕处在末世，居北魏与高句丽之间的辽西一隅之地。北燕主冯弘杀其兄冯跋之子自立，却无其兄治国之能力。面对强大的北魏军事进攻束手无策，企图依靠高句丽的力量与北魏保持相对平衡稳定。长寿王二十三年（公元 435 年）"魏人数伐燕，燕日危蹙。燕王冯弘曰：'若事急，且东依高句丽，以图后举。'密遣尚书阳伊，请迎于我"[①]。私下派遣尚书阳伊入高句丽，请求长寿王出兵以救北燕危难。

公元 436 年，燕王冯弘派使臣入魏朝贡，请送侍子，魏太武帝不许，并准备派兵征讨。北燕派使臣入高句丽向长寿王通报此事。四月魏军攻燕，破白狼城。长寿王派将军葛卢、孟光率众数万，随阳伊至龙城来迎燕王。葛卢、孟光入城后，命令士兵脱去旧战服，尽取燕武库中战袍、兵械装备自己，士兵乘机大掠城中。五月，燕王冯弘率龙城民众东迁，焚烧宫室，大火数日不息。东迁队伍浩荡，妇女披甲居中，阳伊等率精兵外围，葛卢、孟光率骑兵断后，列成方阵前进，绵延 80 余里。魏太武帝闻之，派遣散骑常侍封拨向长寿王传谕，令其将燕王送至魏国。长寿王派使臣入魏奉表告称，当与冯弘俱奉王化。太武帝见长寿王未送燕王，违背诏命，想调陇右骑兵来击高句丽，经大臣刘絜、乐平王丕等劝谏，方停止调兵。

长寿王将燕王冯弘迁至辽东安置，并派使臣慰劳，冯弘并不满意，徙至北丰称制，刑政赏罚，犹如在其故国，而且对高句丽王公侮慢无礼。长寿王命人夺其侍人，以其后妻之子王仁为质。冯弘忿怨，私下派人南下入宋，上表求迎。

公元 438 年，宋文帝刘义隆派遣使者王白驹来辽东迎接冯弘。长寿王本不欲冯弘南下去宋，同

---

① 《三国史记》卷十八《高句丽·长寿王本纪》，汉城：韩国民族文化推进会，1982 年，第 142 页。

时魏太武帝再度派人前来要求将冯弘送至魏国。于是，长寿王派将领孙漱、高仇等率兵至北丰杀死冯弘及其子孙 10 余人。王白驹等率领 7000 余人掩讨孙漱、高仇，杀死高仇，生擒孙漱。长寿王派人擒拿王白驹，将其所率人马押解入魏。①

关于北燕冯弘投奔高句丽长寿王之事，亦见于正史记载：

元嘉十二年，（公元 435 年）赐加除授。十五年（公元 438 年），复为索虏所攻，弘败走，奔高丽北丰城，表求迎接。太祖遣使王白驹、赵次兴迎之，并令高丽料理资遣，琏不欲使弘南，乃遣将孙漱、高仇等袭杀之。白驹等率所领七千余人掩讨漱等，生禽漱，杀高仇等二人。琏以白驹等专杀，遣使执送之，上以远国，不欲违其意，白驹等下狱，见原。②

时冯文通率众奔之，世祖遣散骑常侍封拨诏琏令送文通，琏上书称当与文通俱奉王化，竟不送。世祖怒，欲往讨之，乐平王丕等议待后举，世祖乃止，而文通亦寻为琏所杀。③

（太武帝太延）二年（公元 436 年）……五月乙卯，冯文通奔高丽。戊午，诏散骑常侍封拨使高丽，征送文通。

九月……高丽不送文通，遣使奉表，称当与文通俱奉王化。帝以高丽违诏，议将击之，纳乐平王丕计而止。④

初，冯弘之奔高丽，世祖诏遣送之，高丽不遣，世祖怒，将讨之。丕上疏，以为和龙新定，宜优复之，使广修农殖，以饶军实，然后进图，可一举而灭。帝纳之，乃止。⑤

又与永昌王健等讨冯文通。文通婴城固守，弼芟其禾而还。后又征文通，文通求救于高丽。高丽救至，文通将东奔，民多难之。其大臣古泥，因民心之不欲，遂率众攻文通，开城门以引官军。弼疑古泥谲诈，不入城。高丽军至，文通乃随之。文通之奔也，令妇人被甲居中，其精卒及高丽陈兵于外。弼部将高苟子率骑冲击贼军，弼酒醉，拔刀止之，故文通得东奔。将士皆怨弼不击。世祖大怒，征还，黜为广夏门卒。⑥

文通遣其尚书高颙请罪，乞以季女充掖庭。世祖许之，征其子王仁入朝，文通不遣。其散骑常侍刘训言于文通曰："虽结婚和通，而未遣侍子，魏若大举，将有危亡之虑。夫以重

① 《三国史记》卷十八《高句丽·长寿王本纪》，汉城：韩国民族文化推进会，1982 年，第 142—143 页。
② 《宋书》卷九十七《高句骊传》，北京：中华书局，1974 年，第 2393 页。
③ 《魏书》卷一百《高句丽传》，北京：中华书局，1974 年，第 2215 页。
④ 《魏书》卷四上《世祖本纪》，北京：中华书局，1974 年，第 86—87 页。
⑤ 《魏书》卷十七《乐平王丕传》，北京：中华书局，1974 年，第 414 页。
⑥ 《魏书》卷二十八《古弼传》，北京：中华书局，1974 年，第 690 页。

山之隘，刘禅衔璧；长江之难，孙皓归命。况魏强于晋氏，燕弱于吴蜀，愿时遣世子，以恭大国之命。然后收离集散，厚布恩泽，分赈仓廪以济民乏，劝督农桑以邀秋稔，庶大业危而更安，社稷可以永保。"文通大怒，杀之。世祖又诏乐平王丕等讨之，日就蹙削，上下危惧。文通太常阳岷复劝文通请罪乞降，速令王仁入侍。文通曰："吾未忍为此，若事不幸，且欲东次高丽，以图后举。"岷曰："魏以天下之众击一隅之地，以臣愚见，势必土崩。且高丽夷狄，难以信期，始虽相亲，终恐为变。若不早裁，悔无及也。"文通不听，乃密求迎于高丽。太延二年（公元 436 年），高丽遣将葛卢等率众迎之，入和龙城，脱其弊褐，取文通精仗以赋其众。文通乃拥其城内士女入于高丽。

文通至辽东，高丽遣使劳之曰："龙城王冯君爰适野次，士马劳乎？"文通惭怒，称制答让之，高丽乃处之于平郭，寻徙北丰。文通素侮高丽，政刑赏罚，犹如其国。高丽乃夺其侍人，质任王仁。文通忿怨之，谋将南奔。世祖又征文通于高丽，高丽乃杀之于北丰，子孙同时死者十余人。[①]

以上文献记载高句丽、北燕与北魏相互关系的重要事件，发生原因、经过、结果大体相同，时间、地点则以《冯文通传》《高句丽·长寿王本纪》更为详尽、准确。

长寿王本想乘魏攻打北燕，在北燕生死存亡之际，笼络冯弘，收容其部下，壮大自己的力量。然而冯弘不甘心受高句丽统治。于是长寿王才决定杀死冯弘，以示遵从北魏之意。北燕灭亡后，部分人口迁入高句丽，使高句丽西南部地区的威胁得到解决。而北魏灭掉燕以后，主要力量放在南方，北方诸郡军政事务及边远地区的管理完全交由高句丽长寿王决断。

高句丽长寿王十分重视与北魏的关系，不断遣使入魏朝贡，同时接受南方刘宋政权册封其为车骑大将军、开府仪同三司。

公元 466 年，北魏文明太后以显祖六宫未备，要长寿王以其女来充后宫。长寿王奉表云，女已出嫁。北魏又求长寿王以弟女应诏，乃应允。这也是高句丽与北魏王室之间一次重要的联姻。然而大臣劝说长寿王，过去魏曾与北燕有婚姻关系，后来还是被征伐灭国，此乃"殷鉴不远"。长寿王按照大臣的意见，伪称弟女已死，进行拖延。北魏使臣不断督促，若女死则另选宗淑，直至显祖驾崩乃止。

《魏书·高句丽传》记载：文明太后以显祖六宫未备，敕琏令荐其女。琏奉表，云女已出嫁，求以弟女应旨，朝廷许焉，乃遣安乐王真、尚书李敷等至境送币。琏惑其左右之说，云朝廷昔与冯氏婚姻，未几而灭其国，殷鉴不远，宜以方便辞之。琏遂上书妄称女死。朝廷疑其矫诈，又遣假散骑常侍程骏切责之，若女审死者，听更选宗淑。琏云："若天子恕其前愆，谨当奉诏。"会显祖崩，乃止。

---

① 《魏书》卷九十七《冯文通传》，北京：中华书局，1974 年，第 2128—2129 页。

《三国史记·高句丽·长寿王本纪》亦记载：五十四年春三月，遣使入魏朝贡。魏文明太后，以显祖六宫未备，教王令荐其女。王奉表云："女已出嫁。"求以弟女应之，许焉，乃遣安乐王真、尚书李敷等，至境送币。或劝王曰："魏昔与燕婚姻，既而伐之，由行人具知其夷险故也。殷鉴不远，宜以方便辞之。"王遂上书，称女死。魏疑其矫诈，又遣假散骑常侍程骏切责之："若女审死者，听更选宗淑。"王云："若天子恕其前愆，谨当奉诏。"会显祖崩，乃止。

北魏文明太后令长寿王女嫁入显祖后宫之事，发生在长寿王五十四年（公元466年）。长寿王既不情愿联姻，又不敢公然拒绝，只好巧妙拖延，直至显祖死，才算了结。

十分清楚，长寿王在与北魏交好、朝贡之时，仍然在提防北魏对其可能进行的军事进攻。尽管与北魏有些小小的分歧，特别是高句丽与南方宋、齐交往时，常常被北魏指责为"越境外交"，但最后长寿王还是向北魏频繁地朝贡，及时地化解分歧。高句丽既与北魏保持臣属、友好的关系，也与宋、齐保持友好交往。这样，使高句丽赢得了辽东、玄菟及附近地区的稳定，可以全力以赴地向南方进军了。

四、占领汉城

高句丽迁都平壤，稳定辽东，将军事力量向南部调动，引起了新罗、百济的不安，它们分别向高句丽的北部调兵，使高句丽边境冲突增多。

公元440年，新罗军队袭杀高句丽边境将领，长寿王大怒，准备出兵征讨。新罗王派使臣谢罪，方停止出兵。

公元454年秋七月，高句丽派兵侵入新罗北部边境。

公元468年春二月，长寿王派遣将领率1万多靺鞨士兵，攻取新罗北部悉直州城。[①]

新罗王都在庆州，距离北部较远，边境地区驻军不多。在高句丽的军事打击下，新罗王派使臣求和，以缓和国内的压力。而百济王都在汉城，距离高句丽北部边境较近。自好太王时期，百济多次与高句丽交战，深知高句丽军队的战斗能力，在汉城以北布以重兵，加强防御，同时不断与新罗修好，企图联合对付高句丽南下的军事行动。

公元469年秋八月，百济盖卤王派遣将军侵入高句丽南部边境，遇到高句丽军队的抗击。退兵后修葺双岘城，于青木岭设置大栅栏，调遣北汉山城的军队进行戍守，同时向北魏派使臣请求出兵干预高句丽向南进军。

盖卤王亦云近盖娄，讳庆司，毗有王之长子，毗有王在位29年薨，盖卤嗣位。[②]面临高句丽南进的势头，盖卤王调兵遣将，积极防御。

---

① 《三国史记》卷十八《高句丽·长寿王本纪》，汉城：韩国民族文化推进会，1982年，第143页。
② 《三国史记》卷二十五《百济·盖卤王本纪》，汉城：韩国民族文化推进会，1982年，第187页。

高句丽军队在南部边境与百济几次交兵后，知其有备，长寿王决定采用计谋，派间谍进入百济王宫，设计消耗其国力，破坏其防御。当时有僧人道琳应诏，伪装成获罪之人，逃奔百济。他知道百济王喜好弈棋，乃诣王门自荐，与盖卤王手谈数局，棋艺高妙，颇得尊宠。道琳与盖卤王弈棋之间投其所好，逐渐得到其信任。于是进言，百济如此强大，四邻莫敢进犯，应当兴修宫室、城郭，极尽壮丽、奢华，以显大王国威。盖卤王听信道琳之言，"尽发国人，蒸土筑城，即于其内作宫，楼阁台榭，无不壮丽。又取大石于郁里河，作椁以葬父骨，缘河树堰。自蛇城之东，至崇山之北，是以仓庾虚竭，人民穷困，邦之阽杌，甚于累卵"①。百济王误听了道琳的建议，征用国内民夫，大兴土木。几年之内，粮谷不登，国内空虚，实力大减。道琳逃回高句丽告之，长寿王大喜，准备发兵攻打百济。

公元 475 年秋九月，长寿王率兵 3 万侵入百济，进攻王都汉城，杀其王扶余庆。《盖卤王本纪》亦载："二十一年秋九月，丽王巨琏帅兵三万来围王都汉城。王闭城门不能出战。丽人分兵为四道来攻，又乘风纵火，焚烧城门，人心危惧，或有欲出降者。王窘不知所图，领数十骑出门西走，丽人追而害之。"②盖卤王之子文周求救新罗，幸免于难。高句丽军队占领汉城，疆域又向南推进了一步。

1979 年 4 月 8 日，韩国中原郡可金面龙田里立石村发现了中原高句丽碑。碑高 1.44 米，地上部分 1.35 米、宽 0.55—0.59 米、厚 0.37—0.38 米，四面环刻汉字碑文。现存可识读文字 368 字，内容则与长寿王时期征战新罗、百济相关。

碑文主要内容是高句丽派太子罗云（尚未即位的文咨明王）到达与新罗交界之地，向新罗王及南方诸国诏告，让新罗王代为管理东夷诸小国的事务，稳定形势，以实施其南下政策，进一步完成统一大业。

罗云奉祖王——长寿王之命，带领前部大使者多分桓奴与主簿酋德等人，向新罗王使臣、东夷小国使臣赏赐衣服、用物，对当地民众进行安抚。百济王得知这一情况，也想通过新罗边境的官吏共同合谋，在新罗境内募集 300 人，并引起边境骚动不安，于是高句丽陈兵伐城，以稳定局势。

碑文开头有"高丽建兴四年"字样。根据韩国国立扶余博物馆藏高句丽鎏金铜佛铭文"建兴五年岁在丙辰"可知，建兴四年，是岁在乙卯，应在长寿王六十三年（公元 475 年），这一年也正是百济王盖卤因挑动边境事端，被高句丽长寿王率兵杀死之年。碑文中"凶斯盖卢共谋募人，新罗土内众人践动"，也许是长寿王征战百济、破汉城的真正原因。盖卢亦即百济王盖卤。凶斯与庆司音同，正是盖卤王之名讳。③

中原郡高句丽碑的发现，对于印证长寿王南下政策是十分重要的，同时也证实了史书有关记载是真实可信的。

① 《三国史记》卷二十五《百济·盖卤王本纪》，汉城：韩国民族文化推进会，1982 年，第 189—190 页。
② 《三国史记》卷十八《高句丽·长寿王本纪》，汉城：韩国民族文化推进会，1982 年，第 144 页。
③ 耿铁华、杨春吉：《中原高句丽碑考释》，《通化师范学院学报》2001 年第 1 期。

第二节 向南方发展

一、向南方用兵

南北朝时期，高句丽从长寿王到平原王六代王期间，社会稳定，经济发展，军事力量较强，用兵的方向主要是新罗和百济。长寿王占领汉城以后，百济都城南迁，高句丽军队向南推进。在高句丽军队的进攻面前百济和新罗有时捐弃前嫌，相互配合，共同对付高句丽，使形势变得复杂起来。

《三国史记》记载了文咨明王至阳原王期间，高句丽与新罗、百济多次交战的情况：文咨明王三年（公元494年）秋七月，高句丽军队与新罗人交战于萨水之原，新罗人败保犬牙城，高句丽驱兵围之。百济派兵三千前来救援，高句丽军队引退。对于战役地点"萨水之原"需要略加说明，史书中记载朝鲜半岛的萨水有多处。《三国史记》载，太祖大王"四年（公元56年）秋七月，伐东沃沮，取其土地为城邑。拓境东至沧海，南至萨水"。萨水系指今朝鲜半岛北部的清川江。400多年之后，高句丽都平壤，以东、以北之地，包括原乐浪、沃沮、秽地早已归属高句丽，此萨水已成了高句丽的内河，新罗人很难到达。而文咨明王与新罗人交战的萨水则应是在旧萨贺县内流入汉江的一条河流。萨水之原正是三方交界之地。

（文咨明王）四年（公元495年）秋八月，高句丽派兵围百济雉壤城，百济请救于新罗，新罗王命将军德智率兵救援，高句丽军队退还。

五年（公元496年）秋七月，高句丽派兵攻新罗牛山城，新罗出兵击泥河上，高句丽兵败北。

六年（公元497年）秋八月，高句丽再度出兵攻新罗牛山城，激战后拿下牛山城。

十一年（公元502年）冬十一月，百济军队进犯高句丽边境。

十二年（公元503年）冬十一月，百济派遣将领率兵五千，来侵高句丽水谷城。

十五年（公元506年）冬十一月，高句丽遣将伐百济，遇大雪，士卒冻馁而还。

十六年（公元507年）冬十月，高句丽王遣将军高老与靺鞨谋，欲取百济汉城，进屯于横岳下，百济出师迎战乃退还。

二十一年（公元512年）秋九月，高句丽军队攻陷百济加弗、圆山二城，掳获男女一千余口。[①]

文咨明王在位期间，与新罗、百济交战九次，高句丽主动出击六次，新罗、百济入侵三次，

---

① 《三国史记》卷十九《高句丽·文咨明王本纪》，汉城：韩国民族文化推进会，1982年，第145—146页。

取得胜利二次，无功退兵四次，败北一次，百济入侵二次，战果未明。总的看来，高句丽在军事进攻方面还是占有主动权的。

安臧王五年（公元 523 年）秋八月，高句丽派兵侵百济。
十一年（公元 529 年）冬十月，高句丽王率兵与百济战于五谷，克之，杀获二千余级。①

安臧王在位期间，主动与百济交战两次，一次未记结果，一次杀获两千余人，取得了不小的胜利，在军事上仍然保持着进攻的主动权。

安原王十年（公元 540 年）秋九月，百济出兵围牛山城，高句丽王派遣精骑五千击败百济军队。②

牛山城原是新罗北部城邑，高句丽文咨明王六年（公元 497 年）时攻取，百济企图夺取未能成功。安原王在位期间对于百济出兵围攻牛山城进行了还击。虽然取得了胜利，但是却没有主动对新罗、百济用兵，逐渐失去了军事上的主动权。

阳原王四年（公元 548 年）春正月，高句丽发秽兵六千攻百济独山城，新罗将军朱珍率兵前来救援，不克而还。
六年（公元 550 年）春正月，百济军队入侵高句丽，攻陷道萨城。三月，高句丽派兵攻百济金岘城。新罗军队乘机攻取高句丽二城。
七年（公元 551 年）秋九月，突厥军队围高句丽新城、白岩城，王遣将军高纥领兵击退。新罗军队乘机攻取高句丽东南十城。
十年（公元 554 年）冬，高句丽出兵攻百济熊川城，不克。③

阳原王期间，与新罗、百济交战四次，其中两次主动出兵攻百济，均不克而还。百济、新罗进军两次均取得胜利，并且夺取了高句丽南部的 13 座城。高句丽向南进军遭到新罗、百济的联合抵抗，难以取得进展。高句丽长寿王、文咨明王时期夺取的新罗、百济之城邑，大多已被收复。

平原王统治的 32 年间，《三国史记》记载的重要史事有：

二年（公元 560 年）春二月，北齐废帝封王为使持节、领东夷校尉、辽东郡公、高句丽王。王幸卒本，祀始祖庙。三月，王至自卒本，所经州郡，狱囚除二死，皆原之。

① 《三国史记》卷十九《高句丽·安臧王本纪》，汉城：韩国民族文化推进会，1982 年，第 147 页。
② 《三国史记》卷十九《高句丽·安原王本纪》，汉城：韩国民族文化推进会，1982 年，第 148 页。
③ 《三国史记》卷十九《高句丽·阳原王本纪》，汉城：韩国民族文化推进会，1982 年，第 148 页。

四年（公元 562 年）春二月，陈文帝诏授王宁东将军。

十九年（公元 577 年）王遣使入周朝贡，周高祖拜王为开府仪同三司、大将军、辽东郡开国公、高句丽王。

二十三年（公元 581 年）春二月晦，星陨如雨。秋七月，霜雹杀谷。冬十月，民饥，王巡行抚恤。十二月，遣使入隋朝贡，高祖授王大将军、辽东郡公。

三十二年（公元 590 年）王闻陈亡，大惧。理兵积谷，为拒守之策。隋高祖赐王玺书，责以："虽称藩附，诚节未尽。"且曰："彼之一方，虽地狭人少，今若黜王，不可虚置，终须更选官属，就彼安抚。王若洒心易行，率由宪章，即是朕之良臣，何劳别遣才彦？王谓辽水之广，何如长江；高句丽之人，多少陈国。朕若不存含育，责王前愆，命一将军，何待多力？殷勤晓示，许王自新耳。"王得书惶恐，将奉表陈谢而未果，王在位三十二年，冬十月，薨。①

此外还有多次遣使入陈朝贡、遣使入北齐朝贡、遣使入周朝贡、遣使入隋朝贡、移都长安城等记录，已无一次向南方进军的记载了。说明高句丽经过多年的军事进攻，实力消耗很大，同时新罗、百济相互联合，使高句丽的进攻难以奏效。于是，三方开始罢兵。

从长寿王四十二年（公元 454 年）秋出兵进攻新罗北部边境开始，至阳原王十年（公元 554 年）出兵攻百济熊川城不克，经历了整整一个世纪。百年间，高句丽诸王按照长寿王既定的南下政策，对新罗、百济多次用兵。前后可分为两个阶段：前一阶段是长寿王、文咨明王、安臧王统治时期，70 多年间，对新罗、百济的军事进攻次数较多，取得的胜利也不少。即使新罗、百济为了报复，侵入高句丽，也很快被击退。高句丽主动进攻，说明其国内政治稳定，特别是后方辽东、玄菟地区的和平发展，使经济实力保持良好势头，才能保证向南进军有足够的军队和粮草。后一阶段，安原王、阳原王统治的 20 多年间，对新罗、百济逐渐失去了主动进攻的能力，后来竟然到了失去城邑和土地的严重程度。高句丽的南下政策遭到新罗、百济的抵抗。平原王时期，南下政策不得不停止。

安原王以后，高句丽国家实力明显下降，多年与新罗、百济交战，消耗了大量的军队、人力和物力，农业生产受到较大影响，自然灾害也逐渐增多。安原王时，多次发生水灾、旱灾、风灾、雹灾、蝗灾、地震、瘟疫，百姓疾苦，官府只好发仓赈济、抚恤灾民。仓谷不登，还要动用存粮赈灾，使军队的供给受到很大影响，再加上地方官吏的盘剥，百姓负担更重。这是后期对新罗、百济作战往往失利的最重要因素。

另外，高句丽南下政策的实施，不断加兵于新罗、百济，使新罗、百济为了维护自己的生存利益，相互救援，结成抗击高句丽南下的联盟。好太王至长寿王初期，在抗击倭人斗争中，高句丽与新罗结盟，高句丽一直对新罗颇友好，而新罗与百济结怨较深，但高句丽用兵新罗、百济，使新罗与高句丽关系破裂，新罗便与百济结盟，共同对付高句丽的进攻。当高句丽进攻新罗时，百济出兵救援，当高句丽进攻百济时，新罗则出兵救援，时常造成高句丽前后受敌。这也是高句丽南下政策受阻的一个重要因素。

---

① 《三国史记》卷十九《高句丽·平原王本纪》，汉城：韩国民族文化推进会，1982 年，第 149—150 页。

二、疆域变化

南北朝时期，高句丽的疆域在好太王统治的基础上有所变化，西部和北部地区向外扩展，幅度不大，东部地区濒临大海。变化较大的是高句丽南部汉江流域。随着长寿王南下政策的实施，高句丽曾向新罗、百济北部进军并占据了一些城邑和土地。后来，新罗、百济联合起来，又收复了一些城邑。但总体说来，高句丽扩张的幅度也不算很小，这一时期高句丽的疆域已经达到了建国以来最广阔的程度。《魏书·高句丽传》记载，长寿王时，北魏员外散骑侍郎李敖赴平壤册封高句丽王，了解到当时高句丽都平壤城的疆域四置："辽东南一千余里，东至栅城，南至小海，北至旧夫余，民户参倍于前魏时。其地东西二千里，南北一千余里。"《周书·高丽传》记载，"其地东至新罗，西渡辽水，二千里；南接百济，北邻靺鞨，千余里"。两种文献所记高句丽疆域，在时间上小有差异，在邻界处也略有不同，需要略作讨论和说明。

高句丽西部疆界，在好太王时已达到辽河流域，占有辽东、玄菟两郡地区。长寿王二十四年（公元436年）夏四月，北魏派兵攻克北燕的白狼城，冯弘向高句丽求救，高句丽派葛卢、孟光率大军开赴龙城，将冯弘及群臣百姓救出，安置在北丰。龙城，史书亦有记为和龙。《十六国春秋》记载，慕容皝筑龙城，改柳城为龙城县，后迁都龙城。北燕亦都龙城，城址在今辽宁省朝阳市附近。高句丽杀死冯弘，北燕灭国，西南部与北魏相邻，其势力越过辽河已达到大凌河一带。长寿王以后诸王不断向北魏称臣纳贡，双方交界之地一直比较安定。

高句丽北部边界，《魏书》称"至旧夫余"，《周书》称"北邻靺鞨"。好太王和长寿王时期，高句丽已达到松花江流域。文咨明王"三年（公元494年）二月，夫余王及妻孥以国来降"[1]。应该是"为勿吉所逐"[2]的结果。夫余国降高句丽，高句丽应当领有旧扶余之地。《魏书》《三国史记》记载，文咨明王使臣芮悉弗所说的"勿吉"，即《周书》所称之"靺鞨"。这样，高句丽北部达松花江流域，与"北邻靺鞨"的意思是一致的，相当于今吉林市至农安县一带。

高句丽的南界扩展较大，变化也较大。好太王时期，救新罗、伐百济、驱倭寇，曾率水陆大军打到百济、新罗交界之处，亦曾逼近汉城。《魏书》记载"南至小海"，应该是今海州湾至江华湾一带，而《周书》所说"南接百济"则比较笼统。

长寿王六十三年（公元475年）秋九月，高句丽王率兵3万侵百济，攻陷百济王都汉城，杀死百济王扶余庆。[3]一度占领汉城，后来百济亦曾收复，长寿王还是占据了汉城及汉水以南地区，迫使百济王迁都至熊津。

1979年，韩国中原郡发现的高句丽碑，记载了长寿王后期与新罗、百济边境交涉的史实。从其立碑地点看，高句丽与百济、新罗交界之地应在今韩国忠州一带。文咨明王二十一年（公元512年）

---

① 《三国史记》卷十九《高句丽·文咨明王本纪》，汉城：韩国民族文化推进会，1982年，第145页。
② 《魏书》卷一百《高句丽传》，北京：中华书局，1974年，第2216页。
③ 《三国史记》卷十八《高句丽·长寿王本纪》，汉城：韩国民族文化推进会，1982年，第144页。

秋九月，高句丽攻陷百济加弗、圆山二城。[①]阳原王十年（公元 554 年）冬，高句丽出兵攻百济熊川城，不克。[②]说明高句丽继续向百济都城推进，虽然未能攻下熊川，但军事力量已向今日忠清南道、北道纵深发展。

东南方与新罗交界，由于战事前后推进，加之古今地理名称之差异，只能大体上推断。长寿王四十二年（公元 454 年）秋七月，派兵侵入新罗北边。五十六年（公元 468 年），派将军率 1 万靺鞨兵，攻取新罗北部悉直州城。[③]《三国史记·新罗·慈悲麻立干本纪》亦载，"十一年（公元 468 年）春，高句丽与靺鞨袭北边悉直城。秋九月征何瑟罗人年十五以上，筑城于泥河"。《三国史记·地理志》有"溟州本高句丽河西良"，注云，"一作何瑟罗"。一说何瑟罗在今江陵，一说在今蔚珍，均在韩国东海岸边，相距百余千米。新罗人筑城于泥河，此河应在洛东江上游至汉江上游之间，悉直城则在其北。《地理志》中亦有"蔚珍郡，本高句丽於珍也县"，说明高句丽确实曾占有其地。

另据《三国史记》载，文咨明王"三年（公元 494 年）秋七月，高句丽军队与新罗人交战于萨水之原，新罗人败保犬牙城，高句丽驱兵围之"[④]。此萨水之原在今韩国清州至忠州一带，犬牙城亦当距此不远。

中原高句丽碑的发现及附近出土的高句丽文物，证明长寿王至文咨明王时期，汉水以南，今忠清南道、北道的北部地区，江原道（南）与庆尚北道交界之处已被高句丽占据。长寿王推行的南下政策取得了一定成果。

尽管安原王、阳原王以后南下政策受阻，新罗、百济曾收复一些城邑，高句丽南界一直都在今韩国牙山湾、忠州、江陵一线。

高句丽东界，《魏书》载，"东至栅城"，即今天中国吉林省珲春市，再向南至朝鲜的咸镜南道、北道，东濒大海，在高句丽迁都平壤之前已被高句丽占有。至于《周书》所记"东至新罗"，应该是东南与新罗接界。

南北朝时期，文咨明王及以后各王较好地执行了长寿王确立的稳定后方、向南发展的政策，使统治范围向北、向西、向南分别扩大了一些。虽然学术界对于高句丽东南与新罗交界之处还存在某些分歧，但都认为，这一时期是高句丽历史上疆域最为广阔的时期。

三、两个文化区域的形成

高句丽迁都平壤，高句丽王公贵族南迁，将国内城及辽东、玄菟地区的经济、文化成果、风俗习惯带到了平壤地区，促进了新旧都城地区的经济文化交流，也加强了各族人民的融合与交流。经过保留传统，相互学习，南北朝时期高句丽形成了国内城与平壤城为中心的两个文化区域。两个区

[①]　《三国史记》卷十九《高句丽·文咨明王本纪》，汉城：韩国民族文化推进会，1982 年，第 146 页。
[②]　《三国史记》卷十九《高句丽·阳原王本纪》，汉城：韩国民族文化推进会，1982 年，第 148 页。
[③]　《三国史记》卷十八《高句丽·长寿王本纪》，汉城：韩国民族文化推进会，1982 年，第 143 页。
[④]　《三国史记》卷十九《高句丽·文咨明王本纪》，汉城：韩国民族文化推进会，1982 年，第 145 页。

域内的文化，既有共同的本质，又存在地域性的、民族性的差异。

共同性的本质主要表现为汉文化的本体，可从以下几方面得到说明。

其一，以儒家思想为本体的思想意识，儒、道、佛融合的文化意识。

高句丽西汉末年建国时是作为边郡封国出现的，两汉以来其一直在玄菟郡的管理之下，不断接受汉王朝中央赐予的朝服衣帻、鼓吹技人和旨意政令。汉武帝"罢黜百家，独尊儒术"，使得儒家思想成为西汉以来统治阶级的思想意识。儒家思想作为西汉王朝的正统思想很早就传入高句丽都城国内城一带，同时也从幽州地区直接传入乐浪、带方地区。高句丽贵族和平民百姓从太学、国子学及扃堂中学习到的完全是儒家经典：《诗》《书》《礼》《易》《春秋》，同时学习以儒家思想为主旨的各种史书和经典著作。儒家思想作为高句丽人的统治思想影响着王公贵族对国家的管理，指导着人民大众的行为方式，成为高句丽社会道德的准则。高句丽王公贵族遵循封建统治的纲常伦礼和等级制度，在文献记载中是很多的。如大朱留王之子好童不显母之恶，不贻王之忧，为忠孝而死^①；次大王不仁慈，谋夺王位，高福章为先王尽忠^②；王子发歧与延优争王位时皆认为"兄死弟及礼也"^③。至于君君、臣臣、父父、子子的思想影响，则是相当深远的。后来高句丽虽有佛教、道教传入，形成儒、道、佛并存的局面，但影响最为深远的还是儒家经典和儒家思想。

另外，从殷周以来，中原文化对北方就产生了相当大的影响，箕子朝鲜与卫满部族的东迁，使周秦以来的思想文化、道德礼仪传入东北和朝鲜半岛，并深深地根植于当地各族人民之中。如高句丽对天地、社稷、祖先、灵星、山川、鬼神的敬仰、崇拜与祭祀，其思想、方式，甚至祭祀时间、地点、礼仪等都保留着中原文化的特点，这种汉文化的渊源和本质是客观存在、不容怀疑的。

其二，汉晋以来的物质文化是高句丽各地区物质文化的基础。

高句丽建国前经济发展缓慢，农业生产落后，大量使用石制工具，如石镐、石刀、石斧等，但这些工具只能刨坑点种而已，谈不上耕作和管理，加之所居地区多大山深谷，少原泽，粮食品种少，产量低，只能依靠渔猎和采集来保障食物供应。

汉武帝设四郡以后，特别是高句丽建国后，中原王朝及北方郡县向高句丽提供了先进的生产技术和生产工具，使其农业生产、渔猎生产和手工业生产迅速发展起来。在国内城和平壤城一带都出土了大量的铁制农业生产工具，如铁犁、铁铧、铁锸、铁镢、铁铲、铁镰、铁刀、铁斧、铁锹等。集安太王陵西侧出土的铁铧，呈三角形，形体较大，应该是使用牛挽的犁铧。魏晋以后，高句丽已普遍使用牛耕和铁制农具进行农业生产，粮食产量有很大提高，家家都有粮仓，称为"桴京"。集安麻线1号墓壁画中就有粮仓的图像，上部是木结构干栏式仓舍，下部架起养牛或存放农具。

渔猎生产工具也普遍使用了铁器。打猎用的铁矛、铁刀、铁匕首、铁箭头等，数量相当多。捕鱼也用上了铁镖、铁鱼钩、铁鱼叉等。

① 《三国史记》卷十四《高句丽·大武神王本纪》，汉城：韩国民族文化推进会，1982年，第120页。
② 《三国史记》卷十五《高句丽·次大王本纪》，汉城：韩国民族文化推进会，1982年，第125页。
③ 《三国史记》卷十六《高句丽·山上王本纪》，汉城：韩国民族文化推进会，1982年，第129页。

手工业生产，包括冶铜、冶铁、金器、鎏金器加工制造等都有很大进步，工艺水平不断提高。许多地方发现了手工业作坊和冶炼加工的遗址。

其中具有中原汉文化特点的生产和生活用具有：铁器中的犁铧、环首刀、铁马具、铁锸、铁镬、铁矛、铁斧、铁镰、铁镜、铁剪刀、铁锤、铁砧，与洛阳、巩义、滕州出土的同类铁器完全一样。铜器中的铜灶、铜鐎斗、铜鼎、铜盒、铜铃等更是汉晋以来中原流行的样式。有些是从中原传来的，大量的则是仿照中原样式生产的。

鎏金马具的制造和生产是最为典型的例子。魏晋时期，中原已经形成了成套完备的马具，对中国北方、朝鲜半岛和日本产生了巨大的影响。从目前出土的马具实物及模型、壁画看，安阳西晋孝民屯154号墓的成套马具年代最早，特点最鲜明。铜镳呈板状，透雕伏蛙形图案；高鞍桥，上包鎏金铜片，前桥稍大；辔带呈网络状，交会处饰以鎏金节约、銮铃与垂饰；马镫木芯包鎏金铜片，柄长，体呈扁圆形；鞍桥下扣接胸带、障泥。[①]年代稍晚些的朝阳袁台子东晋壁画墓出土的马具与之特点相同。20世纪70年代，集安洞沟古墓群JSM1078号墓、JQM1196号墓先后出土两套高句丽鎏金马具，前者为镂空鞍桥，后者为素面鞍桥，马具形制特点与安阳孝民屯的马具极相似，年代略晚。[②]高句丽鎏金马具明显是在中原魏晋马具影响下出现的。

1994年5月，朝鲜江原道铁岭遗址出土一批高句丽骑马雕像，其中铁马雕像54个，青铜马雕像4个。多数马雕像配有全套马具，样式与魏晋时期的马具相同，年代应为4世纪中叶至5世纪中叶。[③]后来，魏晋时期中原马具制造工艺经高句丽传入新罗、日本。韩国庆州天马冢、金铃冢、金冠冢、皇南大冢，日本七观古坟、平林古坟、东大寺山六号坟、藤之木古坟等均出土了西晋式鎏金马具。[④]说明汉晋以来中原物质文化对北方高句丽以及新罗、百济、倭的影响是相当深远的。

其三，中原风俗习惯的影响。

高句丽人有着自己的风俗习惯，诸如节食、好治宫室、歌舞、婚嫁、丧葬等。《三国志·高句丽传》有"其俗节食，好治宫室，于所居之左右立大屋，祭鬼神，又祀灵星、社稷。其人性凶急，喜寇钞""其民喜歌舞，国中邑落，暮夜男女群聚，相就歌戏""其俗作婚姻，言语已定，女家作小屋于大屋后，名婿屋。婿暮至女家户外，自名跪拜，乞得就女宿，如是者再三，女父母乃听使就小屋中宿，傍顿钱帛，至生子已长大，乃将妇归家。其俗淫。男女已嫁娶，便稍作送终之衣。厚葬，金银财币，尽于送死，积石为封，列种松柏"。高句丽人生活的自然环境、社会环境、民族环境，使之形成了颇

---

① 孙秉根：《安阳孝民屯晋墓发掘报告》，《考古》1983年第6期。
② 吉林省博物馆文物工作队：《吉林集安的两座高句丽墓》，《考古》1977年第2期；张雪岩：《集安县两座高句丽积石墓的清理》，《考古》1979年第1期。
③ ［朝］李淳镇：《关于江原道铁岭遗址出土的高句丽骑马模型》，《朝鲜考古研究》1994年第4期。原报告将铁岭高句丽遗址年代下限定为4世纪中叶，出土遗物编年为3世纪，似嫌过早。
④ ［韩］《国立中央博物馆》，汉城：通川文化社，1986年，第86—90页；［韩］《国立庆州博物馆》，汉城：通川文化社，1989年，第169—171页；［日］《藤之木古坟及其时代展》，东京：大冢巧艺社，1989年，第112—115页；杨泓：《中国古代马具的发展和对外影响》，《文物》1984年第9期；魏存成：《高句丽马具的发现与研究》，《北方文物》1991年第4期；董高：《公元三至六世纪慕容鲜卑、高句丽、朝鲜、日本马具之比较研究》，《文物》1995年第10期。

具特色的民族习俗。仔细研究也可以发现，高句丽受到了许多中原风俗习惯的影响。如丧葬习俗中的厚葬，中原秦汉厚葬之风很盛，封堆很高大，植树以封，四时追荐。《北史·高丽传》记载，"死者，殡在屋内，经三年，择吉日而葬。居父母及夫丧，服皆三年，兄弟三月"。证明高句丽完全接受了中原丧葬习俗的服制、葬制、祭制的影响。中原丧礼的三大方面自先秦以来形成，秦汉之际有所改革，成为儒家文化中凶礼的重要组成部分，其内容丰富，礼仪繁杂，非简短文字可以说清楚。这种中华民族丧服制度和丧葬习俗，至今仍影响着亚洲广大地区，尤以对东北亚诸国的影响为大。

在中原传统文化的影响之下，高句丽形成了既有中华文化本质，又有高句丽民族特点的文化。由于高句丽国内城与平壤城之间地理环境、人文历史等方面的差异，形成了两个不同的文化区域。除了以上三方面的大同之外，在物质文化方面高句丽与中原则表现出了一些小的差异。

近年来的考古调查与发掘成果表明，集安地区与平壤地区最明显不同是墓葬方面。集安地区的高句丽墓葬主要分为两大类（表 6.1），从外面培封看，一类是石墓，一类是土墓。石墓年代较早，数量较多，其类型和演变顺序为：积石墓→积石石圹墓→方坛积石石圹墓→方坛阶梯石圹墓→方坛石室墓→方坛阶梯石室墓（包括少量砖室墓）。土墓的年代略晚，后期数量增加，其类型与演变顺序为：封土墓→封土石圹墓→封土石室墓→方坛封土石室墓→方坛阶梯封土石室墓。集安地区高句丽古墓的特点是，类型多，形制变化多，演变序列完整。高句丽王陵为大型的方坛阶梯石室墓，如太王陵、将军坟、千秋墓等，墓室在顶部，墓内无壁画。有壁画的古墓均为贵族墓葬，多数为封土石室墓，少量为方坛石室墓。

表 6.1　李殿福高句丽墓葬形制表[①]

类	式	名称	墓形	墓的形制
石坟	I	积石墓		用石块或河光石（卵石）在地面上堆积方形墓基，上部作有长方形椁室，其上又用石块或河光石积封，整体形如方丘
	II	方坛积石墓		基本与 I 式相同，只是在四角或四周底边用修琢的巨型石块或长方形石条垒砌方坛
	III	方坛阶梯积石墓		作二至五层方坛，一般作三层的为多，逐层收缩成台阶状，最上层台阶作椁室，有单室多室之分，其上堆石为封
	IV	方坛阶梯石室墓		外部结构与 III 式基本相同，只是阶梯方坛采用工整的长方形石垒筑，并在顶部中央有墓室，墓室内置有棺床。四周斜倚巨石维护墓室
	V	封石洞室墓		墓室砌筑地表，且有的在墓室上部出现简单抹角叠涩，上用巨石盖顶，其外以石积封。有的墓室还有方坛

---

① 李殿福：《集安高句丽墓研究》，《考古学报》1980 年第 2 期。

续表

类	式	名称	墓形	墓的形制
土坟	I	方坛封土石室墓		墓室四周作方坛，中有墓室砌筑地表，上加封土
	II	方坛阶梯封土石室墓		与 I 式基本相同，作方坛二、三级，墓室上以土为封
	III	土石混封石室墓		用石材筑造墓室，墓室筑于地表，整个是以石块和土混封，多呈截尖锥形
	IV	封土石室墓		与 III 式基本相同，只是纯以黄土为封，并在墓室用白灰涂抹四壁，有的还绘壁画；有的不涂白灰，直接在光滑的石面上作画

　　平壤地区的高句丽古墓以封土墓数量为多，积石墓数量很少，安鹤洞、高山洞、大城山、高坊山一带共有 30 余座积石墓、方坛积石墓、方坛阶梯石圹墓等，规模较小，不见集安太王陵、将军坟一类的大型方坛阶梯石室墓。平壤市胜湖区高句丽墓群有古墓 300 多座，但可以确认为积石墓的只有 2 座。[①] 而集安洞沟古墓群现存 8000 多座古墓，积石墓约占 65% 以上。两个地区两种墓葬的比例是有很大差距的。

　　反映两个不同区域文化的还有高句丽壁画古墓的差异。从墓葬形制上，集安地区的石墓中有壁画，如 JYM1041 号墓、JSM1298 号墓、JSM1405 号墓、JSM1408 号墓等。平壤地区的壁画墓则均为封土墓。集安地区壁画古墓有单室、双室、三室之分。平壤地区还有砖室壁画墓、多室壁画墓、带八角形柱的壁画墓，如楸陵里古墓、平壤地区站前二室墓、辽东城墓、双楹墓等；墓室结构比集安地区复杂，壁画墓数量也比集安地区多些。从墓画内容和风格上也充分显示出两个区域的特点。社会生活方面内容，集安地区以歌舞百戏、山林逐猎见长，而平壤地区则以大队人马出行和墓主人巨幅画像为多见。以四神为主的壁画，集安地区多以网纹卷草火焰为背景，平壤地区多以流云为背景；集安地区多工笔描摹风格，平壤地区则更写意些。集安地区的图案类壁画，莲花、王字、环纹等织锦纹样，平壤地区少见；平壤地区的树木流云图案，集安地区亦少见。两地区壁画从绘画的布局、笔法、色彩方面也有所不同。这里有画家的和年代的因素，地域的因素也是十分明显的。

　　一般说来，最能表现文化区域特点的古代遗物是陶器制品。从出土的高句丽陶器看，集安地区最典型的是四耳陶壶，侈口、展沿、鼓腹，肩腹交界处有四个对称的横桥耳，多为黄绿釉陶；往往与耳杯、钵、盆、灶共出。[②] 朝鲜半岛的四耳釉陶壶出土不多，土浦里大墓出土的一件颈部细长，与集安地区的风格不同。鼓腹罐类也是出土数量较多的，平壤地区附近贞柏洞、楸陵里、高山洞、安鹤洞的罐腹部更大些，多数高小于腹径；而集安地区出土的罐，一般以高大于腹径者为多，高山

---

① ［日］东潮、田中俊明：《高句丽的历史与遗迹》，东京：中央公论社，1995 年，第 164 页。
② 耿铁华：《高句丽釉陶器的类型与分期》，《考古与文物》2001 年第 3 期。

洞出土的釜、盆，与集安地区的同类器物也有所不同。

另一种建筑用陶——瓦当的形制和纹饰更能表现出两个地区的不同文化特点。目前集安地区出土的高句丽瓦当主要有四大类，卷云纹文字瓦当、莲花纹瓦当、兽面纹瓦当和忍冬纹瓦当。其中以莲花纹瓦当数量最多，纹样变化较多。平壤地区极少见卷云纹文字瓦当、兽面瓦当和忍冬纹瓦当。数量最多的莲花纹瓦当的图案、纹饰与集安有所不同。而平壤一带的叶纹、连环纹、卷草纹瓦当，集安地区没有发现。同时瓦当的形制、规格、陶质、陶色方面也有各自不同的风格和特点。①

其他方面，如服装、靴帽、饰物及饮食、用物等也有不同的风格和特点。

形成集安和平壤两个不同文化区域的因素是多方面的，有地域的、民族的因素，也有接受中原文化影响的时间、渠道等方面的因素。集安与平壤同处在东经 126° 左右，纬度相差 2°，平壤在北纬 39° 多一点，集安在北纬 41° 多一点，两地直接距离 400 千米左右。集安属山区，多大山深谷，平壤则为近海平原地区，两地的物候不同，自然资源不同，经济生活与文化生活是会产生一些差异的。集安地区原属汉玄菟郡，高句丽建国后不久成为中心城市，是高句丽文化、夫余文化与汉玄菟郡文化交汇之地。平壤地区原属汉乐浪郡，最初是汉人居多，公元 4 世纪初，高句丽美川王占据乐浪，这里成了汉乐浪、带方文化与高句丽文化的交汇之地。平壤地区接受汉文化的时间和程度要超过集安地区。学者在研究高句丽壁画的区域性特点时，都认为集安地区的高句丽古墓壁画接受了辽东汉晋壁画的影响，而平壤地区的高句丽壁画既接受了辽东汉晋壁画的影响，又接受了集安地区高句丽壁画的影响。从壁画墓的结构上，平壤地区的辽东城墓、安岳 3 号墓、安岳 4 号墓的墓室结构更接近辽阳三道壕、棒台子的汉晋壁画墓结构。江西大墓，江西中墓，真坡里 4 号墓、5 号墓则与集安四神墓，五盔坟 4 号墓、5 号墓的结构相同。从壁画的内容上看，特别是药水里古墓、安岳 3 号墓、台城里 1 号墓的墓主人图像，则毫无疑问是仿照辽阳棒台子 2 号墓、上王家村墓、硌家庄墓墓主人图像而创作的。平壤地区高句丽社会风俗壁画的内容与人物图像，更多地表现了汉晋以来汉人贵族的活动状况，而集安地区高句丽社会风俗壁画的内容与人物图像，则更多地表现了高句丽贵族的活动情况。

集安和平壤两个地域的文化表明，高句丽迁都平壤后的百余年间，高句丽王公贵族的汉化程度日益加深，与中原南北朝的经济文化交流更主动、更频繁，更加有利于高句丽社会的进步与发展。

第三节　与南北朝和睦相处

一、接受北朝册封

公元 413 年，长寿王即位，派遣长史高翼入晋，奉表献赭白马，东晋安帝封长寿王为使持节、

---

① 耿铁华：《高句丽瓦当》，长春：吉林人民出版社，2014 年，第 117—246 页。

都督营州诸军事、征东将军、高句丽王、乐浪公。①

通过册封，长寿王取得了代表中原王朝管理营州军政事务的地位，并同北方其他少数民族政权一样，均为正统王朝之下的属国。在南北政权林立、军事割据的形势下，这种以接受册封的形式向天下表明自己政权归属是具有重要意义的。

东晋灭亡后，南北朝局面形成，高句丽长寿王同时接受南北双方的册封，成为南北政权认可的北方属国。

公元435年，长寿王派遣使者安东入魏奉表贡方物，并请国讳。北魏太武帝拓跋焘嘉其诚款，诏下帝系名讳于其国。遣员外散骑侍郎李敖前往平壤，拜琏为都督辽海诸军事、征东将军、领护东夷中郎将、辽东郡开国公、高句丽王。②长寿王派人入魏谢恩，以示臣服。第二年，北魏进攻北燕，北燕主冯弘求救于长寿王，长寿王派兵保护冯弘及王公大臣退入辽东。后来，北魏多次派人令其遣送冯弘，长寿王才将冯弘杀死于北丰。

长寿王在北燕灭亡后，更加频繁地入北魏朝贡，同时也着意提防北魏向北方用兵。当文明太后以显祖六宫未备，欲使长寿王女充任后宫之选，长寿王与大臣几次谋划，寻找借口进行推脱。长寿王在同北魏和睦相处之时，也在同南朝诸政权友好交往，以争取和平稳定的社会环境，发展经济，富国强兵。

公元491年，长寿王死。北魏孝文帝于城东行宫为其举哀，并派遣谒者仆射李安上策赠车骑大将军、太傅、辽东郡开国公、高句丽王，谥曰康。③并下诏曰："高丽王琏守蕃东隅，累朝贡职，年逾期颐，勤德弥著。今既不幸，其赴使垂至，将为之举哀。而古者同姓哭庙，异姓随其方，皆有服制。今既久废，不可卒为之衰，且欲素委貌、白布深衣，于城东为尽一哀，以见其使也。朕虽不尝识此人，甚悼惜之。有司可申敕备办。事如别仪。"④在孝文帝眼中，长寿王琏是一位"守蕃东隅，累朝贡职，年逾期颐，勤德弥著"的臣子、地方之王，对其克尽臣节，是应当追悼的。

公元492年春三月，长寿王之孙罗云（文咨明王）刚刚即位，北魏孝文帝便派遣大鸿胪前往平壤，拜罗云为使持节、都督辽海诸军事、征东将军、领护东夷中郎将、辽东郡开国公、高句丽王，并赐衣冠、服物，车旗之饰。⑤

公元519年，文咨明王死。北魏灵太后为其举哀于东堂，遣使策赠罗云为车骑大将军、领护东夷校尉、辽东郡开国公、高句丽王。罗云长子兴安（安臧王）继位，北魏封其为安东将军、领护东夷校尉、辽东郡开国公、高句丽王。⑥

---

① 《宋书》卷九十七《高句骊传》，北京：中华书局，1974年，第2392页。
② 《魏书》卷一百《高句丽传》，北京：中华书局，1974年，第2215页。
③ 《魏书》卷一百《高句丽传》，北京：中华书局，1974年，第2216页。
④ 《魏书》卷一百八之三《礼志四·表服上》，北京：中华书局，1974年，第2789—2790页。
⑤ 《魏书》卷一百《高句丽传》，北京：中华书局，1974年，第2216页；《三国史记》卷十九《高句丽·文咨明王本纪》，汉城：韩国民族文化推进会，1982年，第145页。
⑥ 《魏书》卷一百《高句丽传》，北京：中华书局，1974年，第2216页；《三国史记》卷十九《高句丽·文咨明王本纪》，汉城：韩国民族文化推进会，1982年，第145页。

公元 531 年，安臧王死，安原王即位。次年（公元 532 年），北魏孝武帝元修下诏册封安原王使持节、散骑常侍、领护东夷校尉、辽东郡开国公、高句丽王，并赐衣冠、车旗之饰。①

公元 534 年，北魏分裂为东魏、西魏，东魏孝静帝元善遣使诏加安原王为侍中、骠骑大将军，余悉如故。② 由于东魏同高句丽接界，安原王、阳原王不断遣使入东魏朝贡。

公元 550 年，北齐取代东魏。阳原王遣使入北齐朝贡，文宣帝高洋封其为使持节、侍中、骠骑大将军、领护东夷校尉、辽东郡开国公、高句丽王。③

公元 560 年，平原王二年春二月，北齐废帝高殷封平原王为使持节、领东夷校尉、辽东郡开国公、高句丽王。④

公元 577 年（平原王十九年），北周武帝宇文邕封其为开府仪同三司、大将军、辽东郡开国公、高句丽王。⑤

长寿王至平原王期间六个王都得到北魏或北齐的册封。也就是说，北魏和北齐的皇帝都将高句丽王作为自己管理辽海、辽东军政事务的臣子、将军，封公、封王。那么，高句丽诸王也必须承担相应的义务，代理北魏、北齐皇帝掌管辽东，稳定社会秩序，协调各民族关系，发展生产，繁荣经济，定期到中央朝贡。《魏书》《北齐书》《北史》《册府元龟》《资治通鉴》《三国史记》等文献记载了高句丽王派使臣到北魏、北齐都城朝贡的情况。仅《三国史记》载，长寿王派使臣到北魏朝贡达 43 次。迁都平壤之前仅朝贡 1 次，迁都平壤之后达 42 次，有时一年之内朝贡两三次。文咨明王在位 28 年，派使臣入北魏朝贡达 30 次。安臧王派使臣入北魏朝贡 1 次。安原王派使臣入北魏朝贡 2 次，入东魏朝贡 8 次。阳原王派使臣入东魏朝贡 5 次，入北齐朝贡 3 次。平原王派使臣入北齐朝贡 3 次，入北周朝贡 1 次。

这种主动请求册封、接受册封、频繁朝贡的情况，在长寿王迁都以前是很少见的。证明高句丽迁都平壤之后，臣属中原王朝的态度更加明确，更加坚定，往来更加频繁，关系更加密切。

二、接受南朝册封

北朝诸政权与高句丽邻界，接受册封，前往朝贡更频繁些。南朝与高句丽相距遥远，然而高句丽并未阙臣礼，亦不断派使臣朝贡并接受册封。

公元 420 年，宋武帝刘裕即位后不久，册封边疆大臣，其中有征东将军高句丽王琏进号征东大

---

① 《三国史记》卷十九《高句丽·安原王本纪》，汉城：韩国民族文化推进会，1982 年，第 147 页。

② 《魏书》卷一百《高句丽传》，北京：中华书局，1974 年，第 2217 页。

③ 《三国史记》卷十九《高句丽·阳原王本纪》，汉城：韩国民族文化推进会，1982 年，第 148 页。《北齐书·文宣帝纪》作"高丽王"。

④ 《三国史记》卷十九《高句丽·平原王本纪》，汉城：韩国民族文化推进会，1982 年，第 149 页。《北齐书·废帝纪》作"高丽王"。

⑤ 《三国史记》卷十九《高句丽·平原王本纪》，汉城：韩国民族文化推进会，1982 年，第 149 页。《周书·高丽传》将平原王阳成记作汤。"建德六年，汤又遣使来贡，高祖拜汤为上开府仪同大将军、辽东郡开国公、辽东王。"

将军。① 此系长寿王八年（宋永初元年）七月之事。

长寿王五十一年（公元 463 年）七月乙亥，宋武帝以征东大将军高句丽王琏，进号车骑大将军、开府仪同三司。并下诏曰："使持节、散骑常侍、督平营二州诸军事、征东大将军、高句骊王、乐浪公琏，世事忠义，作藩海外，诚系本朝，志剪残险，通译沙表，克宣王猷，宜加褒进，以旌纯节。可车骑大将军、开府仪同三司，持节、常侍、都督、王公如故。"② 长寿王六十八年夏四月丙寅，齐高祖萧道成进高丽王、乐浪公高琏，号骠骑大将军。③

文咨明王三年（公元 494 年），齐明帝萧鸾册封高丽王、乐浪公高云为使持节、散骑常侍、都督营平二州诸军事、征东大将军、高丽王、乐浪公。④

文咨明王五年，齐明帝进文咨明王为车骑将军。⑤

文咨明王十一年四月，梁武帝萧衍称帝，将车骑将军文咨明王高云进号车骑大将军。⑥

文咨明王十七年（公元 508 年），梁武帝下诏曰："高丽王、乐浪郡公云，乃诚款著，贡驿相寻，宜隆秩命，式弘朝典。可抚东大将军、开府仪同三司、持节、常侍、都督、王并如故。"⑦

安臧王二年（公元 520 年）春二月，梁武帝封安臧王为宁东将军、都督营平二州诸军事、高句丽王。⑧

公元 531 年，安臧王死，其弟宝延即位，是为安原王。梁武帝下诏袭爵。⑨

公元 545 年，抚东将军、高丽王宝延卒，梁武帝以其子平成为宁东将军、高丽王、乐浪公。⑩

平原王四年（公元 562 年）春二月，陈文帝诏授高句丽王阳成为宁东将军。⑪

南朝宋、齐、梁、陈四个朝代的皇帝都对高句丽王进行了册封，有的是在南朝改朝换代或新王即位之时进行，有的则是在高句丽先王辞世、新王即位之时进行。有的高句丽王受到多次册封，有的还被下诏褒奖。如长寿王五十一年（公元 463 年），宋武帝刘裕下诏称赞其"世事忠义，作藩海外，诚系本朝，志剪残险，通译沙表，克宣王猷；宜加褒进，以旌纯节"。宋武帝将高句丽作为自己的

①　《宋书》卷三《武帝本纪下》，北京：中华书局，1974 年，第 54 页。

②　《宋书》卷六《孝武帝本纪》，北京：中华书局，1974 年，第 132 页；《宋书》卷九十七《高句丽传》，北京：中华书局，1974 年，第 2393 页。

③　《南齐书》卷五十八《高丽国传》，北京：中华书局，1972 年，第 1009 页。

④　《南齐书》卷五十八《高丽国传》，北京：中华书局，1972 年，第 1010 页。

⑤　《三国史记》卷十九《高句丽·文咨明王本纪》，汉城：韩国民族文化推进会，1982 年，第 144 页。

⑥　《梁书·武帝纪中》《三国史记》卷十九《高句丽·文咨明王本纪》，汉城：韩国民族文化推进会，1982 年，第 145 页。

⑦　《梁书·高句骊传》《三国史记》卷十九《高句丽·文咨明王本纪》，汉城：韩国民族文化推进会，1982 年，第 146 页。

⑧　《三国史记》卷十九《高句丽·安臧王本纪》，汉城：韩国民族文化推进会，1982 年，第 147 页。《梁书·武帝纪下》《高句骊传》作高丽王。

⑨　《三国史记》卷十九《高句丽·安原王本纪》，汉城：韩国民族文化推进会，1982 年，第 147 页。

⑩　《梁书·武帝纪下》《高句骊传》《南史·梁本纪·武帝纪》将安原王宝延卒年，阳原王平成即位之年误记为太清二年（公元 548 年）。

⑪　《三国史记》卷十九《高句丽·平原王本纪》汉城：韩国民族文化推进会，1982 年，第 149 页。《陈书·世祖本纪》将平原王阳成之名记为高汤。

海外藩屏，为朝廷剪除残险。长寿王则克尽其诚，心系朝廷。进一步证明了高句丽与南朝诸国的臣属关系。

高句丽既然接受了南朝诸国皇帝的册封，亦当尽臣子之道，一方面代朝廷管理辽海、营平二州的军政事务，使边疆各族人民安定生产、生活。另一方面则要派使臣入京城朝贡。诸多史书，如《宋书》《南齐书》《梁书》《陈书》《南史》《资治通鉴》《三国史记》等均有记载。其中以《三国史记》记载最为详尽：长寿王时期派遣使臣入宋朝贡 3 次，入南齐朝贡 1 次。文咨明王时期派遣使臣入南齐朝贡 1 次，入梁朝贡 2 次。安臧王时期派遣使臣入梁朝贡 3 次。安原王时期派遣使臣入梁朝贡 5 次。平原王时期派遣使臣入陈期贡 6 次。

十分明显，高句丽诸王向南朝宋、齐、梁、陈朝贡的次数要比向北朝北魏、东魏、北齐、北周朝贡次数少得多。一方面，由于高句丽与北朝诸政权是近邻，高句丽与之陆路、水路皆相通，而且高句丽与北朝军队常在辽西地区相遇；另一方面，高句丽距离南朝诸政权太远，只有水陆相通，交通不很方便。同时，高句丽与南朝交往常常会受到北朝的干扰。长寿王六十八年（公元 480 年）夏四月，南齐高祖萧道成册封长寿王为骠骑大将军。长寿王派遣使臣余奴等前往南齐朝聘谢恩，船队行至海中，被北魏光州守军劫获，送至平城。孝文帝元宏下诏谴责长寿王："道成亲弑其君，窃位江左。朕方欲兴灭国于旧邦，继绝世于刘氏。而卿越境外交，远通篡贼，岂是藩臣守节之义。今不以一过掩卿旧款，即送还藩。其感恕思愆，祗承明宪，辑宁所部，动静以闻。"[1]安臧王二年（公元 520 年）二月，梁武帝萧衍封安臧王为宁东将军、都督营平二州诸军事、高句丽王。派使臣江法盛率船队北上，授高句丽王衣冠、佩剑。魏光州兵就海中执之，送往洛阳。[2]尽管如此，高句丽与南朝的往来并没有中断，朝贡、聘问和册封的船队往来不绝，使高句丽与南朝的经济、文化交流日益增强。

三、和平稳定时期

高句丽自公元前 37 年建国，就确立了汉地方政权——边疆封国的地位。两汉之际，先是由于王莽发高句丽兵伐胡，引起高句丽将领、士兵的反抗，双方兵戎相见。接着高句丽国家兼并周边小国，实力增强，太祖大王开始向辽东用兵，汉辽东郡、玄菟郡则发兵反击。同时，高句丽接受两汉册封和赏赐的衣帻朝服、鼓吹技人，不断向中央王朝派遣使臣朝贡。魏晋时期，中原分裂，出现许多汉族和少数民族政权。高句丽向辽东发展，受到曹魏和慕容燕强有力的反击，战事较多，其中正始五年（公元 244 年）、咸康八年（公元 342 年）两次规模较大，毌丘俭和慕容皝大军两次攻陷丸都，对高句丽打击较大。经过美川王以后的改革，高句丽政治、经济、军事、思想文化得到较快的发展。两次战后，高句丽迅速恢复实力，继续向辽东扩张。好太王之世完全占据了辽东、玄菟、乐浪、带方之地，使高句丽成为威震北方的军事大国。南北朝时期，高句丽迁都平壤，受南北两方政权的册

---

① 《三国史记》卷十八《高句丽·长寿王本纪》，汉城：韩国民族文化推进会，1982 年，第 144 页。
② 《魏书》卷一百《高句丽传》，北京：中华书局，1974 年，第 2216—2217 页；《三国史记》卷十九《高句丽·安臧王本纪》，汉城：韩国民族文化推进会，1982 年，第 147 页。

封，频繁朝贡，基本上没有发生较大的军事冲突，一些小小的矛盾，也都经过双方努力逐一化解。高句丽与南北朝之间有170多年和睦相处、使驿往来、交流不断的历史。这是以前从未有过的和平、稳定、发展的时期。

这种和平稳定局面的形成，主要有如下几方面原因。

其一，北魏统一北方后，重点向南发展，以正统统一全国。对高句丽采取安抚、稳定政策，意在稳定后方。

淝水之战以后，拓跋珪于公元386年自立为代王，徙居定襄之盛乐，息众课农，发展生产，改国号为魏，史称北魏。拓跋珪攻破后燕中山，占领黄河以北广大地区。公元398年迁都平城，使鲜卑人从游牧走向定居，发展农业。大批任用汉族官僚地主，学习汉人的治国方略、富国之策。引进各族人才，为其所用，"徙山东六州民吏及徒何、高丽杂夷三十六万，百工技巧十万余口，以充京师"，[①]促进了北魏经济文化的发展与民族的融合。拓跋珪充分利用天下分裂、"诸华乏主"的形势，团结北方各少数民族，逐渐统一了北方，结束了北方120多年的分裂、战乱局面。

公元439年以后，北魏继续发展，并除田禁，以赋百姓，推行进步、团结的民族政策，统一稳定北方，重点向南发展，建立自己的正统地位，试图统一全国。拓跋氏以黄帝后代始均为其远祖，以力微为其近祖。[②]以炎黄子孙自居，受命于天，顺应民意。称南朝人为"岛夷"。太武帝拓跋焘更是以"太平真君"自居，用中国道教以排斥外来的佛教，用中国传统思想文化继承者的身份来号令天下，为自己的统一大业制造舆论。同时实行轻徭薄赋、与民休息的政策，内安百姓，外抚"四夷"。到孝文帝时期，通过改制，汉化程度加深，改汉姓、习汉字、着汉服，迁都洛阳，俨然一个汉族地主阶级统治下的政权。这种改革与进步措施，目的在于发展、稳定北方，争取统一南方。因此，对北方少数民族政权，特别是较强大的高句丽政权采取安抚政策，对其册封、赏赐，令其代为管理辽海、营平二州军政事务。长寿王、文咨明王、安臧王、安原王均受北魏皇帝册封，获赐衣冠、车骑之饰。既是北魏的藩国之君，又是北魏朝廷的臣子。

北魏分裂为东魏、西魏，随后分裂为北齐、北周。高句丽安原王、阳原王、平原王也都得到相应的封赏，以臣子之礼谢恩回报。北方和睦相处，170多年双方无战事。

其二，南朝诸政权虽偏安江左，亦想恢复中原。能力不及之时，则企图利用高句丽对北朝诸政权进行牵制。

东晋末年，已经出现了北强南弱的局面。刘宋时期，与北魏时常有战事，多以南方告败，元嘉之后，更是每况愈下。宋明帝之时，北魏先后占据了刘宋的青、冀、徐、兖四州和豫州的大部地区，北魏势力已抵达淮河流域，战争常在刘宋境内进行。魏、宋双方都在争夺正统地位和对全国的统治权。北魏"代马胡骑"军力强劲，刘宋只有退守江南以保半壁江山。

① 《魏书》卷二《太祖纪》，北京，中华书局，1974年，第32页。
② 《魏书》卷一《序纪》，北京，中华书局，1974年，第3页。

齐、梁、陈诸政权，更迭频繁，门阀世族衰落，统治阶级腐败，内部斗争激烈。侯景之乱[①]严重破坏了南方社会经济和文化，使江南百姓遭受一场空前的劫难。人口数量锐减，城市萧条，富庶的三吴地区"千里绝烟，人迹罕见，白骨成聚，如丘垅焉"[②]。经济、军事实力衰退，已难同北朝争雄，只好改变策略，同北魏及北朝诸国周边的民族政权积极搞好关系，利用这些小国同北魏的矛盾来牵制和削弱北魏的力量。如居于阴山一带的柔然，时常"南徙犯塞"，与北魏"世为仇雠"。北魏多次对其抚慰，柔然却时时骚扰，北魏不得不征兵讨伐，少则三五万，多则十几万大军出动，柔然却不能被制服。拓跋焘一怒之下"改其号为蠕蠕"[③]，以示轻蔑。宋、齐等南朝政权称柔然为"芮芮"，对柔然进犯北魏则采取支持与"连结"的政策。北魏南征，又遇北方柔然侵扰，应接不暇。同样，南朝诸国册封高句丽王，赏赐衣冠、车旗，令高句丽行藩臣之礼，代南朝管理北方辽海、营平二州军政事务，以此来造成北魏与北朝诸国后方不稳定。在相互制约中，都争得了和平、稳定、发展的良好机会。

其三，高句丽对南、北两方面政权均采取接受册封，定期朝贡，友好往来的政策，以实施其向朝鲜半岛南方扩张。

高句丽人经过太祖大王到好太王期间十几代人300多年的努力，终于占领了辽东、玄菟、乐浪、带方等广大地区，特别是取得辽东的胜利，高句丽人尤为珍视。长寿王帮助燕主冯弘逃离魏军追击，也是想在北魏与高句丽中间放置一道可靠的屏障。当长寿王看到北魏重点放在向南发展，统一全国之时，恰当地迎合了北魏安定后方的需要，不再向辽西发展，而是选择了向朝鲜半岛南部用兵的策略。双方在军事目标上没有冲突，在稳定后方的想法上又空前一致。于是，高句丽长寿王派遣使臣入魏朝贡，交流了各自的情况。

长寿王迁都平壤，是其实施向新罗、百济用兵的一个重要举措，也使北魏对自己的北方更加放心。迁都后，长寿王派使臣入魏朝贡，且请国讳，表示了臣服的诚意，获得了册封和赞许。这样，就开创了北魏与高句丽之间宗主与藩臣的美好关系。经东魏、北齐、北周，高句丽诸王一直维护着这种关系，主动入朝进贡的次数也日益频繁，甚至出现一年三次朝贡的记载，而北朝政权对高句丽也是赏赐有加。

高句丽对北朝臣服的同时，对其也保持着警戒之心，提防北朝军队向辽东挺进，于是利用南朝对北朝进行牵制。高句丽同南朝相距虽然遥远，但双方却一直不断有使臣往来，高句丽接受南朝诸政权的册封和赏赐，时常入南朝朝贡。公元480年，长寿王派遣使臣余奴等人去南齐朝聘，在海上被光州兵劫往北魏。孝文帝下诏谴责长寿王"越境外交，远通篡贼"，长寿王表面应允，次年仍派

① 侯景，出身六镇士兵，后为东魏将领，深得高欢信任。高欢死后，高澄掌权，与之不和，导致侯景向梁投降。梁派萧渊明率兵北上迎接侯景，却被魏军俘虏。魏向梁提出以萧渊明交换侯景。侯景进退维谷，公元584年在寿春起兵，招兵买马，吸纳奴隶亡人，队伍增至10万。公元549年，侯景率兵攻陷台城，先后废立萧纲、萧栋。公元551年，自立为汉帝，大杀萧衍子孙，萧梁统治解体。史称"侯景之乱"。

② 《南史》卷八十《侯景传》，北京，中华书局，1975年，第2009页。

③ 《魏书》卷一百三《蠕蠕传》，北京：中华书局，1974年，第2289页。

使臣入南齐。公元 520 年，梁武帝派遣使臣江法盛赐安臧王衣冠剑佩，魏兵就淮上执之，送往洛阳。高句丽仍派遣使臣入梁朝贡。高句丽同南朝的往来不但不避北魏，北魏知道、谴责之后，仍然不断交流，亦使北魏有所顾忌，不敢轻易向北方高句丽用兵，否则南朝会乘机北进。

高句丽恰当地利用了南北朝之间的矛盾，向南北朝频繁朝贡。长寿王至平原王期间，仅《三国史记》记载，向北朝朝贡达 95 次，向南朝朝贡达 21 次。往往"岁致黄金二百斤，白银四百斤"[①]。南北朝对高句丽不仅赏赐有加，对其使臣亦颇为尊重。"魏置诸国使邸，齐使第一，高丽次之。"[②]　在南北朝诸国皇帝的眼中，高句丽都是不可忽视的力量。

其四，高句丽与南北朝出现矛盾时，当事双方都能努力化解，这也是维持和平、稳定局势的重要因素。

高句丽与北魏距离最近，交往最多，出现的矛盾也较多。公元 436 年，高句丽派兵救援燕主冯弘，北魏派使臣散骑常侍封拨令长寿王送燕王入魏。长寿王奉表称"当与冯弘俱奉王化"。太武帝拓跋焘以长寿王违诏，议欲出兵征讨，刘絜、乐平王丕等谏之，乃止。公元 438 年，长寿王权衡利弊，派将领孙漱、高仇等杀冯弘于北丰，对太武帝也算有了交代。

公元 466 年，魏文明太后以显祖六宫未备，请以长寿王之女荐之。文明太后是一位开明的统治者，曾倡导孝文帝进行全面改制。其父冯郎，长乐信都人，其母"乐浪王氏"[③]，本汉家之女，或许出于对母家居地王族女子的好奇与友善，欲同高句丽结亲。可长寿王及其大臣疑心过重，顾虑重重，一再寻找借口，推三阻四，文明太后颇不满意。后来显祖早逝，议婚风波才算平息。

另外，孝文帝对长寿王与南朝"越境外交"颇不满意，曾下诏书严厉谴责，旋即原谅，友好往来如初。

北魏诸皇帝对高句丽的政策也是相当宽松的，鉴于曹魏与慕容燕因辽东同高句丽的争战，北魏对于高句丽占据辽东表示认可。在对高句丽王的封号中有"都督辽海诸军事""辽东郡开国公"，说明北魏早已将辽海地区、辽东诸郡事务交由高句丽管理，这一点，高句丽诸王亦表示满意。

南朝诸国与高句丽距离遥远，矛盾相对少些。主要的一次，是高句丽救援冯弘之后，安置在北丰，"乃夺其侍人，取其太子王仁为质"，迫使冯弘遣使如宋，上表求迎。南朝宋太祖派使臣王白驹等来迎，长寿王却派人杀死冯弘及其子孙 10 余人。王白驹等率 7000 余人杀死高句丽将领高仇，生擒孙漱。长寿王以王白驹专杀之罪，执送于魏。太武帝将王白驹等下狱关押，已而原之。几年以后，高句丽派使臣入宋朝贡，说明此事。宋孝武帝册封长寿王为使持节、散骑常侍、都督营平二州诸军事、车骑大将军、开府仪同三司、高句丽王、乐浪公，并下诏褒奖。从此，高句丽与南朝的关系也日益密切。

---

① 《魏书》卷一百《高句丽传》，北京：中华书局，1974 年，第 2215 页。
② 《南齐书》卷五十八《高丽国传》，北京：中华书局，1972 年，第 1009 页。
③ 《魏书》卷十三《皇后列传》，北京：中华书局，1974 年，第 328 页。

第七章

隋唐时期的高句丽

——衰落、战争、走向灭亡

公元581年，北周左大丞相杨坚在大臣刘昉、郑译、高颎、苏威、韦孝宽等人支持策划下，迫使静帝退位，自立为帝，改国号为隋，建都长安（后迁大兴城）。公元589年灭掉陈，统一了全国。公元618年，在农民战争与各地武装集团的斗争中，隋王朝被推翻。李渊、李世民集团迅速统一全国，建立起强大的唐王朝。中国封建社会进入了一个空前巩固与发展的历史时期。

我国东北地区的高句丽政权则进入了最后的历史阶段。从公元590年到公元668年，高句丽经历了婴阳王、荣留王和宝藏王的统治，最后走向灭亡。这里有统治集团的衰败、贵族与王权的争夺，也有与新罗、百济之间的斗争，更有隋唐王朝的征讨，诸多因素使得一个曾经占据辽东、玄菟、乐浪、带方广大地区，横跨今天中国东北和朝鲜半岛北部，显赫一时的边疆民族政权灭亡了。高句丽统治之下的各族居民被唐朝迁徙，流入中原，或在唐安东都护府的统治之下，进入了一个新的民族大融合的历史时期。

第一节　隋朝时期的高句丽

一、隋朝统一与高句丽臣属

隋文帝杨坚即位以后，"大崇惠政，法令清简，躬履节俭，天下悦之"①。经过几年的政治、经济改革，基本澄清了北方长时期分裂、战争造成的混乱局面，缓和了社会矛盾，得到了汉族地主和少数民族地主阶层的广泛支持，政治经济实力不断增强。"百姓承平日久，虽数遭水旱，而户口岁增。诸州调物，每岁河南自潼关、河北自蒲坂，达于京师，相属于路，昼夜不绝者数月。"②府库充实，兵源广扩，为统一全国奠定了基础。

开皇八年（公元588年）十月，隋文帝以晋王杨广为行军主帅，以秦王杨俊、河清公杨素为副帅，统领水陆大军50多万向江南进发，不足四个月，灭掉陈国。获州30、郡100、县400、户50万，口200万。③从而结束了南北分裂的局面，"使六合之中，观如晓日；八纮之内，若遇新晴"④。普天之下，重归一统。

与此同时，隋文帝开始同周边各民族加强联系，采取不同政策进行统治管理，扩大全国统一的范围，促进了以汉族为主体的多民族国家的巩固和发展。

① 《隋书》卷一《高祖本纪》，北京：中华书局，1973年，第3页。
② 《隋书》卷二十四《食货志》，北京：中华书局，1973年，第681—682页。
③ 《隋书》卷二《高祖本纪》，北京：中华书局，1973年，第31页。
④ 《全唐文》卷一七一《论隋文帝》（朱敬则），北京：中华书局，1983年，第1747页。

西北地区的突厥、吐谷浑均属中国的古老民族，与中原汉族关系密切，不断臣属、朝贡。隋初，东突厥可汗之弟沙钵略率众 40 万，兵分两路自陕甘入武威、天水、金城、延安等地。杨坚一方面修筑长城，置兵屯田，积极防御；另一方面组织力量进行反击。公元 583 年，隋军八路出兵，于白道（今内蒙古自治区呼和浩特北）大败沙钵略军。随后利用东西突厥之间相互厮杀和东突厥内部分裂，于公元 599 年征服东突厥突利部，突利降隋，文帝封其为启民可汗，令其领有东突厥之地。后来，西突厥也臣服于隋，西北部边境形势逐渐稳定。

对于吐谷浑的进扰，隋文帝几度出兵击败，并以光化公主下嫁其酋帅世伏和伏允，双方保持姻亲关系，吐谷浑不断入隋朝贡称臣。大业年间，隋派宇文述率兵西征，大败吐谷浑，获其降众 10 万余人，牲畜 60 万头。隋在临羌以西，且末以东，祁连以南，雪山以北，东西 4000 里，南北 2000 里 [①] 的吐谷浑故地设河源、西海、鄯善、且末四郡进行管理。

东北地区自周秦以来就居住着许多少数民族，中央政权不断加强对其的管理。南北朝后期，居住在辽西地区的奚、契丹，黑龙江流域的室韦、靺鞨，辽东、乐浪地区的高句丽是实力较强的部落方国。隋朝建立不久，便同这些民族建立了联系，逐渐实行行政管理，特别是隋朝征伐突厥期间，一些臣服突厥的契丹部落相继归服。开皇末年，奚族派遣使臣入隋，契丹 4000 余家投隋，隋文帝派韦冲为营州（今辽宁省朝阳市一带）总管进行安抚和管理。室韦和靺鞨也相继臣属隋朝，不断派遣使臣向中央王朝贡献方物，甚至参加了隋朝对辽东的战争。

高句丽是当时中国北方较强大的民族政权。隋朝刚刚建立，高句丽便派遣使臣入隋朝贡，确立臣属关系。《隋书·高祖纪》载，开皇元年（公元 581 年）"十二月壬寅，高丽王高阳遣使朝贡，授阳大将军、辽东郡公"。《三国史记·平原王本纪》载，"二十三年（公元 581 年）春二月晦，星陨如雨。秋七月，霜雹杀谷。冬十月，民饥，王巡行抚恤。十二月，遣使入隋朝贡，高祖授王大将军、辽东郡公"。平原王亦称平冈上好王，讳阳成。《隋书》、两唐书或作阳、汤，高丽王阳、高丽王汤，即平原王阳成。开皇元年是隋文帝杨坚建国之年，年内高句丽平原王派使臣入隋朝贡，并获得隋文帝赐予大将军、辽东郡公的封号。作为隋朝的大将军、辽东郡公的高句丽王，显然是以隋朝臣子的身份来管理辽东事务的。此后，不断遣使入隋。

公元 582 年（隋文帝开皇二年，平原王二十四年）春正月，遣使入隋朝贡。冬十一月，遣使入隋朝贡。[②]

公元 583 年（隋文帝开皇三年，平原王二十五年）春正月，遣使入隋朝贡。夏四月，遣使入隋朝贡。冬，遣使入隋朝贡。[③]

① 《北史》卷九十六《吐谷浑传》，北京：中华书局，1974 年，第 3189 页。
② 《隋书》卷一《高祖本纪》，北京：中华书局，1973 年，第 16 页；《三国史记》卷十九《高句丽·平原王本纪》，汉城：韩国民族文化推进会，1982 年，第 149 页。
③ 《隋书》卷一《高祖本纪》，北京：中华书局，1973 年，第 18—19 页；《三国史记》卷十九《高句丽·平原王本纪》，汉城：韩国民族文化推进会，1982 年，第 149 页。

公元 584 年（隋文帝开皇四年，平原王二十六年）春正月，遣使入隋朝贡。夏四月，隋文帝宴我使者于大兴殿。[①]

高句丽在隋朝建立之初便入隋朝贡，接受隋王朝册封，执臣子之礼，完全是遵照先王以来确定的对中原王朝臣属的政策进行的，特别是长寿王迁都平壤之后，坚持臣属于南北朝各国，维持其对辽东的统治。在南北朝各位皇帝的眼中，高句丽都是其臣子，代为管理辽东或辽海诸军事。这里的辽东、辽海既包括今天中国东北辽河以东广大地区，也包括朝鲜半岛的大部分地区。

平原王一方面臣属朝贡于隋王朝，同时也向南朝的陈国纳贡称臣。平原王四年（公元 562 年），平原王接受陈文帝诏授宁东将军以来，不断遣使入陈朝贡，直至公元 586 年冬十二月，陈灭亡前不久，仍派遣使臣入陈朝贡。可以看出，高句丽平原王对陈国一直执臣子之礼，并希望以陈在江南的力量牵制隋朝军队主力，使之暂缓北进。

公元 589 年正月，隋军渡过长江，攻克建康，陈后主被俘，很快征服岭南，统一全国。消息传入高句丽，平原王十分恐惧，连忙整饬军队，准备粮草，制定拒守策略。[②]

开皇十年（公元 590 年），隋文帝赐高句丽平原王玺书曰：

朕受天命，爱育率土。委王海隅，宣扬朝化，欲使圆首方足各遂其心。王每遣使人，岁常朝贡，虽称藩附，诚节未尽。王既人臣，须同朕德，而乃驱逼靺鞨，固禁契丹。诸藩顿颡，为我臣妾，忿善人之慕义，何毒害之情深乎？太府工人，其数不少，王必须之，自可闻奏。昔年潜行财货，利动小人，私将弩手逃窜下国。岂非修理兵器，意欲不臧，恐有外闻，故为盗窃？时命使者，抚慰王藩，本欲问彼人情，教彼政术。王乃坐之空馆，严加防守，使其闭目塞耳，永无闻见。有何阴恶，弗欲人知，禁制官司，畏其访察？又数遣马骑，杀害边人，屡骋奸谋，动作邪说，心在不宾。

朕于苍生悉如赤子，赐王土宇，授王官爵，深恩殊泽，彰著遐迩。王专怀不信，恒自猜疑，常遣使人密觇消息，纯臣之义岂若是也？盖当由朕训导不明，王之愆违，一已宽恕，今日以后，必须改革。守藩臣之节，奉朝政之典，自化尔藩，勿忤他国，则长享富贵，实称朕心。彼之一方，虽地狭人少，然普天之下，皆为朕臣。今若黜王，不可虚置，终须更选官属，就彼安抚。王若洒心易行，率由宪章，即是朕之良臣，何劳别遣才彦也？昔帝王作法，仁信为先，有善必赏，有恶必罚，四海之内，具闻朕旨。王若无罪，朕忽加兵，自余藩国，谓朕何也！王必虚心纳朕此意，慎勿疑惑，更怀异图。

往者陈叔宝代在江阴，残害庶人，惊动我烽候，抄掠我边境。朕前后诫敕，经历十年，

---

① 《隋书》卷一《高祖本纪》，北京：中华书局，1973 年，第 21 页；《三国史记》卷十九《高句丽·平原王本纪》，汉城：韩国民族文化推进会，1982 年，第 149 页。

② 《隋书》卷八十一《高丽传》，北京：中华书局，1973 年，第 1813—1817 页；《三国史记》卷十九《高句丽·平原王本纪》，汉城：韩国民族文化推进会，1982 年，第 150 页。

彼则恃长江之外，聚一隅之众，恃狂骄傲，不从朕言。故命将出师，除彼凶逆，来往不盈旬月，兵骑不过数千。历代遗寇，一朝清荡，遐迩乂安，人神胥悦。闻王叹恨，独致悲伤，黜陟幽明，有司是职，罪王不为陈灭，赏王不为陈存，乐祸好乱，何为尔也？王谓辽水之广何如长江？高丽之人多少陈国？朕若不存含育，责王前愆，命一将军，何待多力！殷勤晓示，许王自新耳。宜得朕怀，自求多福。①

此玺书稍长，却言辞诚恳、情真意切。以帝王共主之胸怀，训导臣下，"虽称藩附，诚节未尽。王既人臣，须同朕德"。指责其过失"驱逼靺鞨，固禁契丹""修理兵器，意欲不臧"。并以陈国为例，警示高句丽王，许其自新。高句丽平原王得书后十分惶恐，将奉表陈谢，会病卒。其子元嗣立，是为婴阳王。隋文帝派遣使臣拜其为上开府仪同三司，袭爵辽东郡公，赐衣一袭。第二年（公元 591 年）春正月，高句丽遣使入隋奉表谢恩，并请封王。隋文帝许之。三月，册封元为高句丽王，赐以车服。五月，遣使入隋谢恩。②高句丽使臣接二连三地入隋朝贡，以尽臣子之礼，向隋文帝表示忠诚。

在隋文帝的册封、安抚之下，高句丽婴阳王消除畏惧心理，克尽臣节，使驿往来，加强交流，赢得隋王朝的信任，也为其赢得了巩固统治，增强实力的时间。

开皇十八年（公元 598 年）二月，高句丽婴阳王率靺鞨之众万余侵辽西，被营州总管韦冲率军击退。隋文帝闻报大怒，命汉王谅与王世绩并为元帅，水陆大军 30 万征伐高句丽，下诏黜高句丽婴阳王官爵。

隋军出临榆关，直抵辽水，李景率部攻克武厉城。婴阳王见隋军压境，势不可当，慌忙遣使谢罪，上表称辽东粪土臣元云云。恰好隋军遇雨季涨水，粮草不继，疾疫流行，水军自东莱泛海，遭遇风浪，进退维谷。隋文帝乃下令退兵。③

这是高句丽与隋朝一次至关重要的军事较量，历史文献记载详尽：

《隋书·高丽传》记载：明年（公元 598 年）（高句丽王）元率靺鞨之众万余骑寇辽西，营州总管韦冲击走之。高祖闻而大怒，命汉王谅为元帅，总水陆讨之，下诏黜其爵位。时馈运不继，六军乏食，师出临渝关，复遇疾疫，王师不振。及次辽水，元亦惶惧，遣使谢罪，上表称"辽东粪土臣元"云云。上于是罢兵，待之如初，元亦岁遣朝贡。

《北史·高丽传》记载：文帝使拜元为上开府仪同三司，袭爵辽东公，赐服一袭。元奉表谢恩，并贺祥瑞，因请封王。文帝优册为王。明年（公元 598 年）率靺鞨万余骑寇辽西，营州总管韦世冲击走之。帝大怒，命汉王谅为元帅，总水陆讨之，下诏黜其爵位。时馈运不继，

---

① 《隋书》卷八十一《高丽传》，北京：中华书局，1973 年，第 1815—1816 页。
② 《隋书》卷二《高祖本纪》，北京：中华书局，1973 年，第 36 页；《三国史记》卷二十《高句丽·婴阳王本纪》，汉城：韩国民族文化推进会，1982 年，第 150 页。
③ 参见《隋书·高祖纪》《隋书·杨谅传》《隋书·李景传》《隋书·高丽传》。

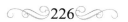

六军乏食，师出临渝关，复遇疾疫，王师不振。及次辽水，元亦惶惧，遣使谢罪，上表称辽东粪土臣元云云。上于是罢兵，待之如初。元亦岁遣朝贡。

《三国史记·高句丽·婴阳王本纪》记载：九年（公元598年）王率靺鞨之众万余，侵辽西，营州总管韦冲，击退之。隋文帝闻而大怒，命汉王谅、王世绩并为元帅，将水陆三十万来伐。夏六月，帝下诏黜王官爵。汉王谅军出临渝关，值水潦，馈转不继，军中乏食，复遇疾疫。周罗睺自东莱泛海，趣平壤城，亦遭风，船多漂没。秋九月，师还，死者十八九。王亦恐惧，遣使谢罪，上表称辽东粪土臣某。帝于是罢兵，待之如初。百济王昌遣使奉表，请为军导。帝下诏：谕以高句丽服罪，朕已赦之，不可致伐。厚其使而遣之。王知其事，侵掠百济之境。

隋文帝之时，曾下玺书警示高句丽平原王，又出军征高句丽，其原因皆由高句丽不尽臣节，驱逼靺鞨，固禁契丹，修理兵器，意欲不臧引起。更有甚者，婴阳王竟然率靺鞨之众侵入辽西，隋军才大兵征讨。此次征战，完全是由高句丽婴阳王引起，隋朝出动水陆大军分别出渝关，趣平壤，遭遇大水和风浪，只得罢兵，却也震慑了高句丽，迫使其遣使谢罪。

婴阳王一旦服罪，隋文帝便赦之，待之如初。说明隋初对高句丽的政策主要是安抚、册封，使其"守藩臣之节，奉朝政之典，自化尔藩，勿忤他国"。而高句丽王一面接受册封，称臣纳贡，一方面则伺机进犯辽西，炫耀军事实力。最后导致隋炀帝对其政策的改变，三次征伐高句丽。

二、隋炀帝征高句丽

公元604年，隋炀帝即位，强化中央集权的封建统治，对周边少数民族恩威并施。由于高句丽出兵辽西，又私下结交突厥，隋朝对高句丽的政策有所改变。

大业三年（公元607年）八月，隋炀帝车驾巡榆林郡，突厥启民可汗设宴。炀帝入启民帐中，时高句丽使者亦在启民之所，启民不敢隐瞒，令高句丽使者朝见炀帝。正如《隋书·高丽传》记载："炀帝嗣位，天下全盛，高昌王、突厥启人可汗并亲诣阙贡献，于是征元入朝。元惧，藩礼颇阙。"《三国史记》记载为：婴阳王"十八年（公元607年）初，炀帝之幸启民帐也，我使者在启民所。启民不敢隐，与之见帝"[①]。

黄门侍郎裴矩告炀帝："高丽本箕子所封之地，汉晋皆为郡县。今乃不臣，别为异域，先帝欲征之久矣。但杨谅不肖，师出无功。当陛下之时，安可不取，使冠带之境遂为蛮貊之乡乎。今其使者亲见启民，举国从化，可因其恐惧，胁使入朝。"炀帝遵从裴矩之建议，命牛弘宣旨曰："朕以启民诚心奉国，故亲至其帐。明年当往涿郡。尔还日，语高丽王，勿自疑惧，存育之礼，当如启民。苟或不朝，将帅启民，往巡彼土。"[②]

① 《三国史记》卷二十《高句丽·婴阳王本纪》，汉城：韩国民族文化推进会，1982年，第151页。
② 《三国史记》卷二十《高句丽·婴阳王本纪》，汉城：韩国民族文化推进会，1982年，第151页。

隋炀帝巡榆林，幸启民可汗帐，本是宣扬国威与王化，震慑西北少数民族方国，使之诚心奉隋。而高句丽使者未入隋却朝见启民，这不得不引起隋朝君臣的注意。裴矩的谏言，炀帝的诏旨，充满对高句丽王的威胁与警告，并声称"苟或不朝，将帅启民，往巡彼土"。十分明显，隋炀帝对高句丽的政策一改文帝时的安抚，开始进行武力威胁，这也正是军事征伐的前奏。

高句丽婴阳王获悉隋炀帝旨意，异常畏惧，不敢遣使入隋，致使藩礼颇阙，这就更加激怒了隋炀帝号令天下，招兵买马，准备征伐高句丽。

大业八年（公元 612 年），隋炀帝第一次征高句丽。春正月，大军集于涿郡，整装待发。炀帝诏告天下曰：

天地大德，降繁霜于秋令。圣哲至仁，著甲兵于刑典。故知造化之有肃杀，义在无私，帝王之用干戈，盖非获已。版泉、丹浦，莫匪龚行，取乱覆昏，咸由顺动。况乎甘野誓师，夏开承大禹之业。商郊问罪，周发成文王之志。永监前载，属当朕躬。

粤我有隋，诞膺灵命，兼三才而建极，一六合而为家。提封所渐，细柳、盘桃之外，声教爰暨，紫舌、黄枝之域。远至迩安，罔不和会，功成治定，于是乎在。而高丽小丑，迷昏不恭，崇聚渤、碣之间，荐食辽、狢之境。虽复汉、魏诛戮，巢窟暂倾，乱离多阻，种落还集。苹州薮于往代，播实繁以迄今。眷彼华壤，剪为夷类，历年永久，恶稔既盈。天道祸淫，亡征已兆，乱常败德，非可胜图，掩慝怀奸，惟日不足。移告之严，未尝面受，朝觐之礼，莫肯躬亲。诱纳亡叛，不知纪极，充斥边垂，亟劳烽候。关柝以之不静，生人为之废业。在昔薄伐，已漏天网，既缓前擒之戮，未即后服之诛，曾不怀恩，翻为长恶，乃兼契丹之党，虔刘海戍，习靺鞨之服，侵轶辽西。又青丘之表，咸修职贡。碧海之滨，同禀正朔，遂后复败攘琛赆，遏绝往来，虐及弗辜，诚而遇祸。鞱轩奏使，爰暨海东，旌节所次，途经藩境，而拥塞道路，拒绝王人，无事君之心，岂为臣之礼！此而可忍，孰不可容！且法令苛酷，赋敛烦重，强臣豪族，咸执国钧，朋党比周，以之成俗，贿货如市，冤枉莫伸。重以仍岁灾凶，比屋饥馑，兵戈不息，徭役无期。力竭转输，身填沟壑。百姓愁苦，爰谁适从？境内哀惶，不胜其弊。回首面内，各怀性命之图，黄发稚齿，咸兴酷毒之叹。省俗观风，爰届幽朔，吊人问罪，无俟再驾。于是亲总六师，用申九伐，拯厥阽危，协从天意，殄兹逋秽，克嗣先谟。

今宜授律启行，分麾届路，掩勃澥而雷震，历夫余以电扫。比戈按甲，誓旅而后行，三令五申，必胜而后战。左第一军可镂方道，第二军可长岑道，第三军可海冥道，第四军可盖马道，第五军可建安道，第六军可南苏道，第七军可辽东道，第八军可玄菟道，第九军可扶余道，第十军可朝鲜道，第十一军可沃沮道，第十二军可乐浪道。右第一军可黏蝉道，第二军可含资道，第三军可浑弥道，第四军可临屯道，第五军可候城道，第六军可提奚道，第七军可踏顿道，第八军可肃慎道，第九军可碣石道，第十军可东暆道，第十一军可带方道，第十二军可襄平道。凡此众军，先奉庙略，骆驿引途，总集平壤。莫非如豺如貔之勇，百战百胜之雄，顾盼则山岳倾颓，叱咤则风云腾郁，心德攸同，爪牙斯在。朕躬驭元戎，为其节度，涉辽而东，循海之右，解倒悬于遐裔，问疾苦于遗黎。其外轻赍游阙，随犯赴响，卷甲衔枚，出其不意。又沧海道军舟舻千里，高帆电逝，巨舰云飞，横断浿江，迳造平壤。岛屿之望斯绝，坎井之路已穷。其余被发左衽之人，控弦待发，微、卢、彭、濮之旅，不谋同辞。杖顺临逆，人百其勇，以此众战，势等摧枯。

然则王者之师，义存止杀，圣人之教，必也胜残。天罚有罪，本在元恶，人之多僻，胁从罔治。若高元泥首辕门，自归司寇，即宜解缚焚榇，弘之以恩。其余臣人，归朝奉顺，咸加慰抚，各安生业，随才任用，无隔夷夏。营垒所次，务在整肃，刍荛有禁，秋毫勿犯，布以恩宥，喻以祸福。若其同恶相济，抗拒官军，国有常刑，俾无遗类。明加晓示，称朕意焉。[1]

隋炀帝仿武王征商作《牧誓》的样子，发布征讨高句丽檄文，列数其罪状，亲统百万大军，吊民伐罪，征讨高句丽。

隋军"凡一百一十三万三千八百，号二百万"[2]。左十二军出镂方、长岑、冥海、盖马、建安、南苏、辽东、玄菟、扶余、朝鲜、沃沮、乐浪诸道；右十二军出黏蝉、含资、浑弥、临屯、候城、提奚、蹋顿、肃慎、碣石、东暆、带方、襄平诸道。每军设上将、亚将各一人，每日开拔一军，每军相距40里，首尾相继，鼓角相闻，连发10余天，绵延千余里，直向高句丽都城平壤进发。另有水军战船300余艘从东莱海口出发，由右翊卫大将军来护儿率领，浮海而行，入浿水，直逼平壤。

三月，隋炀帝御师进至辽河，与众军会合，临水为阵。高句丽军队也以辽河为屏障，据险固守。炀帝命工部尚书宇文恺于辽河西岸向东建造三座浮桥，主桥已成，引桥距东岸尚有丈余，高句丽军队已聚集岸边防守。隋兵骁勇者争先赴水接战，高句丽兵居高临下击之，隋军半在水中，不得登岸，死伤甚多。先锋麦铁杖跃上东岸，与虎贲郎将钱士雄、孟金义等皆战死，乃收兵退回西岸，并将引桥拖回。炀帝整顿军马，命少府监何稠再行修复，并加长引桥，二日而成。诸军相次继进，在河东岸与高句丽军队交战，高句丽兵大败，死者数以万计。隋军乘胜前进，将高句丽军事重镇辽东城围困。隋军收复了辽河以东至辽东城一带地区，命刑部尚书卫文升、尚书右丞刘士龙，安抚辽左民众，给复十年，建置郡县，以相统摄。[3]

诸军渡过辽河东进之时，隋炀帝告诫将士："今者吊民伐罪，非为功名。诸将或不识朕意，欲轻兵掩袭，孤军独斗，立一身之名，以邀勋赏，非大军行法。公等进军，当分为三道，有所攻击，必三道相知，勿得轻军独进，以致失亡。又凡军事进止，皆须奏闻待报，勿得专擅。"高句丽出战不利，退据辽东，婴城固守。隋军围而攻之。炀帝又命诸将，"高丽若降，即宜抚纳，不得纵兵"[4]。辽东城将被攻破，城中高句丽人辄言请降。隋军诸将奉旨不敢赴机，先令驰报炀帝，待炀帝旨意到

① 《隋书》卷四《炀帝本纪》，北京：中华书局，1973年，第79—81页。
② 《隋书》卷四《炀帝本纪》，北京：中华书局，1973年，第81页。
③ 《资治通鉴》卷一百八十一《隋纪五·炀帝上》，北京：中华书局，1956年，第5662页。
④ 《隋书》卷八十一《高丽传》，北京：中华书局，1973年，第3117页；《三国史记》卷二十《高句丽·婴阳王本纪》，汉城：韩国民族文化推进会，1982年，第153页。

达，城中已经加强了守备。炀帝"不得专擅""勿得轻军独进""高丽若降，即宜抚纳，不得纵兵"等敕令，极大地限制和束缚了将士们的手脚，往往贻误战机。不仅影响了辽东城的战局，而且导致其他战场也先后出现失利的情况。①

鸭绿江一线是高句丽第二道重要防线，高句丽将领乙支文德率兵驻守。隋炀帝亲自督战辽东城之时，诸路大军先后会兵于鸭绿水西岸。左翊卫大将军宇文述出扶余道，右翊卫大将军于仲文出乐浪道，左骁卫大将军荆元恒出辽东道，右翊卫将军薛世雄出沃沮道，左屯卫将军辛世雄出玄菟道，右御卫将军张瑾出襄平道，右武侯将军赵孝才出碣石道，涿郡太守检校左武卫将军崔弘升出遂城道，检校右御卫虎贲郎将卫文升出增地道。数十万大军齐会鸭绿江西岸，声势浩大，待命渡水，直捣平壤。

高句丽遣大臣乙支文德到隋营诈降，借以观察隋军虚实。此前，于仲文已奉炀帝密旨："若遇高元及文德来者，必擒之。"于仲文欲擒乙支文德，尚书右丞刘士龙担任抚慰使，极力反对，于仲文便听任乙支文德返回。乙支文德走后，于仲文悔之，派人告乙支文德："更欲有言，可复来。"乙支文德不听，渡鸭绿水而去。

于仲文与宇文述等失去擒获乙支文德的机会，十分不安。宇文述以为粮草殆尽，欲还师。于仲文认为，以精锐部队追击乙支文德，或可将其抓获。宇文述坚决制止，于仲文大怒曰："将军仗十万之众，不能破小贼，何颜以见帝！且仲文此行，固知无功，何则？古之良将能成功者，军中之事，决在一人，今人各有心，何以胜敌！"因炀帝令于仲文节制诸军，各将领只好听于仲文号令，渡水追乙支文德。乙支文德且战且退，宇文述一日七战皆捷，乘胜而进，东渡萨水，距平壤城只有30里，因山为营。乙支文德又派人诈降，宇文述见士兵疲惫，平壤城险固，一时难以攻下，乃因其诈而还。高句丽军队乘机四面抄来，隋军且战且退。渡萨水时，遭到高句丽军来自后面的袭击，右屯卫将军辛世雄战死，诸军溃退至鸭绿水。②

据《隋书·于仲文传》记载：

　　辽东之役，仲文率军指乐浪道。军次乌骨城，仲文简羸马驴数千，置于军后。既而率众东过，高丽出兵掩袭辎重，仲文回击，大破之。至鸭绿水，高丽将乙支文德诈降，来入其营。仲文先奉密旨，若遇高元及文德者，必擒之。至是，文德来，仲文将执之。时尚书右丞刘士龙为慰抚使，固止之。仲文遂舍文德。寻悔，遣人绐文德曰："更有言议，可复来也。"文德不从，遂济。仲文选骑渡水追之，每战破贼。文德遗仲文诗曰："神策究天文，妙算穷地理。战胜功既高，知足愿云止。"仲文答书谕之，文德烧栅而遁。时宇文述以粮尽欲还，仲文议以精锐追文德，可以有功。述固止之，仲文怒曰："将军仗十万之众，不能破小贼，何颜以见帝！且仲文此行也，固无功矣。"述因厉声曰："何以知无功？"仲文曰："昔周亚夫之为将也，见天子，军容不变。此决在一人，所以功成名遂。今者人各其心，何以赴敌！"初，

---

① 《隋书》卷八十一《高丽传》，北京：中华书局，1973年，第3117页；《三国史记》卷二十《高句丽·婴阳王本纪》，汉城：韩国民族文化推进会，1982年，第153页。
② 《隋书》卷四《炀帝本纪》，北京：中华书局，1973年，第82页。

帝以仲文有计划，令诸军谘禀节度，故有此言。由是述等不得已而从之，遂行。东至萨水，宇文述以兵馁退归，师遂败绩。帝以属吏，诸将皆委罪于仲文。帝大怒，释诸将，独系仲文。仲文忧恚发病，困笃方出之，卒于家，时年六十八。

右翊卫大将军来护儿率江淮水师，舳舻数百里，浮海先进，入自浿水。距平壤 60 里，与高句丽军队相遇，双方激战，高句丽军队溃败。来护儿率军追击，副总管周法尚止之，欲得各路军马聚齐共进。来护儿不听，率精简甲兵 4 万直逼城下，高句丽兵伏于罗郭内空寺中，出兵与来护儿战，伪装战败退去，来护儿追入城中，纵兵俘掠，队伍已乱，此时高句丽伏兵出，来护儿大败。仅率千余人逃回大营，与周法尚合兵一处，高句丽军队乃退还。来护儿率水军退守海浦，后来，听到宇文述军渡鸭绿水兵败的消息，乃退军。隋军各路军队均有损失，唯检校右御卫虎贲郎将卫文升所率军队没有任何损失。

大业九年（公元 613 年），隋炀帝第二次征高句丽。

春正月，隋炀帝下诏征天下之兵集于涿郡，招募百姓为骁果——以骁勇果敢者充任冲锋队员。修筑辽东古城，以储备粮草。

隋炀帝对征高句丽充满信心，认为"高丽小虏，侮慢上国；今拔海移山，犹望克果，况此虏乎！"不听大臣劝阻，恢复宇文述等将领的官职，亲幸辽东，总理军务。命令户部尚书樊子盖等辅佐越王侗留守东都。[①]

四月，炀帝车驾渡辽河，派遣宇文述与上大将军杨义臣率大军趋平壤。

左光禄大夫王仁恭率大军出扶余道，进至新城，高句丽兵数万迎战，王仁恭率劲骑一千出击，高句丽溃败，退入城中固守。

隋炀帝吸取了第一次征高句丽时统一进退、奏闻待报、勿得专擅等造成将帅无主、贻误战机的教训。命诸将攻辽东城，听以便宜从事。诸将齐心协力，指挥云梯、飞楼、地道四面俱进，猛烈攻击，昼夜不息。高句丽军队亦有准备，应变相拒，拼死守城。双方攻守二十余日，各有死者甚众。[②]

炀帝亲临城下观战。冲梯竿长十五丈[③]，骁果吴兴人沈光升其顶端，临城与高句丽短兵相接，一口气杀死十数人。高句丽士兵将其从竿上击落，尚未坠地，恰遇竿上有一垂索，沈光抓住垂索复又升至竿顶奋战。炀帝十分赞赏，当即拜为朝散大夫。[④]

炀帝见辽东城久攻不下，派遣将士"造布囊百余万口，满储土，欲积为鱼梁大道，阔三十步，高与城齐，使战士登而攻之。又作八轮楼车，高出于城，夹鱼梁道，欲俯射城内，指期将攻，城内

---

① 《资治通鉴》卷一百八十二《隋纪六·炀帝中》，北京：中华书局，1956 年，第 5669 页。

② 《三国史记》卷二十《高句丽·婴阳王本纪》，汉城：韩国民族文化推进会，1982 年，第 155 页。

③ 隋朝 1 丈约合今 2.96 米。

④ 《隋书》卷六十四《沈光传》，北京：中华书局，1973 年，第 1514 页;《三国史记》卷二十《高句丽·婴阳王本纪》，汉城：韩国民族文化推进会，1982 年，第 155 页。

危蹙"①。

正在辽东城即将被攻下的关头，传来了杨玄感起兵反叛的书信。隋炀帝大惊，召集诸将、大臣计议。

杨玄感是司徒杨素之子，骁勇，善骑射，好读书，喜宾客，海内知名之士多与之交游。时任礼部尚书。隋炀帝征高句丽时命杨玄感于黎阳督运粮草。杨玄感私与虎贲郎将王仲伯、汲郡赞治赵怀义密谋，滞留粮草，不按时发运，欲使渡辽诸军缺乏粮草。隋炀帝派人催促，则以水路多盗等理由搪塞。当时，右翊卫大将军来护儿以舟率自东莱将入海趋平壤。杨玄感派家奴伪装使者从东方来，诈称来护儿反叛。六月，杨玄感入黎阳城，闭门，大索男夫，扩充军队，以帆布为牟甲，设置官吏，移书旁郡，以讨来护儿为名起兵谋反，率军直向洛阳。

《隋书·杨玄感传》记载：

> 帝征辽东，命玄感于黎阳督运。于时百姓苦役，天下思乱。玄感遂与虎贲郎将王仲伯、汲郡赞治赵怀义等谋议，欲令帝所军众饥馁，每为逗留，不时进发。帝迟之，遣使者逼促，玄感扬言曰："水路多盗贼，不可前后而发。"其弟武贲郎将玄纵、鹰扬郎将万硕并从幸辽东，玄感潜遣人召之。时将军来护儿以舟师自东莱将入海，趣平壤城，军未发。玄感无以动众，乃遣家奴伪为使者，从东方来，谬称护儿失军期而反。玄感遂入黎阳县，闭城大索男夫。

《隋书·食货志》记载：

> 九年（公元 613 年）诏又课关中富人，计其赀产出驴，往伊吾、河源、且末运粮。多者至数百头，每头价至万余。又发诸州丁，分为四番，于辽西柳城营屯，往来艰苦，生业尽罄。盗贼四起，道路南绝，陇右牧马，尽为奴贼所掠，杨玄感乘虚为乱。时帝在辽东，闻之，遽归于高阳郡。

隋炀帝决定回军平定杨玄感叛乱，密令诸将撤兵，军资器械，攻城之具，粮草、营垒、帐幕、案堵等皆不动。诸军轻装简捷，分道退兵。高句丽军队发觉之后，不敢出兵，但于城内呐喊。次日，犹疑隋军有诈。后出兵追击，相距八九十里，不敢贸然出击。至隋军渡辽之时，才出兵抄击，杀伤赢弱残兵数千人。隋军主力全部撤回，炀帝于京师指挥各地军队平息杨玄感之乱，杨玄感兵败而死。帝谓侍臣曰："玄感一呼而从者如市，益知天下人不欲多，多则为贼。不尽诛，后无以示劝。"乃令裴蕴穷其党羽，诏郡县坑杀之，死者不可胜数，所在惊骇。举天下之人十分，九为盗贼，皆盗武马，始作长枪，攻陷城邑。帝又命郡县置督捕以讨贼。益遣募人征辽，马少不充八驮，而许为六驮。又不足，听半以驴充。在路逃者相继，执获皆斩之，而莫能止。帝不怪。遇高丽执送叛臣斛斯政，遣

---

① 《三国史记》卷二十《高句丽·婴阳王本纪》，汉城：韩国民族文化推进会，1982 年，第 155 页。

使求降，发诏赦之。囚政至于京师，于开远门外，磔而射杀之。[1]

大业十年（公元 614 年），隋炀帝第三次征高句丽。

二月，隋炀帝召集群臣议伐高句丽，群臣无敢言者。隋炀帝对前两次征伐未果耿耿于怀，连下两道诏书，以示其征伐高句丽势在必得的决心。

戊子，诏曰：

> 竭力王役，致身戎事，咸由徇义，莫匪勤诚。委命草泽，弃骸原野，兴言念之，每怀悯恻。往年出车问罪，将届辽滨，庙算胜略，具有进止。而谅昏凶，罔识成败，高颎愎很，本无智谋，临三军犹儿戏，视人命如草芥，不遵成规，坐贻挠退。遂令死亡者众，不及埋藏。今宜使人分道收葬，设祭于辽西郡。立道场一所，恩加泉壤，庶弥穷魂之冤，泽及枯骨，用弘仁者之惠。

辛卯，又诏曰：

> 黄帝五十二战，成汤七十二征，方乃德施诸侯，令行天下。卢芳小盗，汉祖尚且亲戎，隗嚣余烬，光武犹自登陇，岂不欲除暴止戈，劳而后逸者哉！
>
> 朕纂成宝业，君临天下，日月所照，风雨所沾，孰非我臣，独隔声教。蕞尔高丽，僻居荒表，鸱张狼噬，侮慢不恭，抄窃我边陲，侵轶我城镇。是以去岁出军，问罪辽、碣，殪长蛇于玄菟，戮封豕于襄平。扶余众军，风驰电逝，追奔逐北，径逾浿水，沧海舟楫，冲贼腹心，焚其城郭，污其宫室。高元伏锧泥首，送款军门，寻请入朝，归罪司寇。朕以许其改过，乃诏班师。而长恶靡悛，宴安鸩毒，此而可忍，孰不可容！便可分命六师，百道俱进。朕当亲执武节，临御诸军，秣马九都，观兵辽水，顺天诛于海外，救穷民于倒悬，征伐以正之，明德以诛之，止除元恶，余无所问。若有识存亡之分，悟安危之机，翻然北首，自求多福；必其同恶相济，抗拒王师，若火燎原，刑兹无赦。有司便宜宣布，咸使知闻。[2]

隋炀帝的两道诏书，其一是抚慰从征将士，安置以往征战中死者骸骨，举行祭祀，遍施恩泽，进一步鼓舞此次征战的士气，坚定进击的决心，树立必胜的信念。其二申明古来帝王亲征，劳而后逸。此次亲征，为使天下臣民不隔声教，日月所照，风雨所沾，皆成一统。其三则历数高句丽之罪恶，如"鸱张狼噬、侮慢不恭。抄窃我边陲，侵轶我城镇"等。同时宣扬政策，"止除元恶，余无所问""翻然北首，自求多福""同恶相济，抗拒王师，若火燎原，刑兹无赦"。从军资粮草等物质准备，到诏告、政策等宣扬都是颇为充分的。

公元 614 年秋七月，隋炀帝车驾至辽河西怀远镇，所征天下之兵多有失期。高句丽经多次战乱，国力衰败，军兵疲惫。在这种情况之下，炀帝下令进攻。

---

① 《隋书》卷二十四《食货志》，北京：中华书局，1973 年，第 688 页。
② 《隋书》卷四《炀帝本纪》，北京：中华书局，1973 年，第 86—87 页。

右翊卫大将军来护儿率隋军主力围攻卑奢城，高句丽出兵迎战，被隋军击败，隋军一举攻占卑奢城。来护儿挥军东进，欲趋平壤。高句丽婴阳王震惧，遣使乞降，并囚送隋降将斛斯政。隋炀帝大悦，乃派使者持节召来护儿还师。

来护儿召集将士曰："三度出兵，未能平贼，此还也，不可重来。今高丽困弊，野无青草。以我众战，不日克之。吾欲进兵，径围平壤，取其伪主，献捷而归。"要求出兵，不肯按炀帝诏书还师。长史崔君肃劝其退军，来护儿认为，"贼势破矣，专以相任，自足办之。吾在阃外，事合专决。岂容千里禀听成规，俄顷之间，动失机会，劳而无功，故其宜也。吾宁征得高元，还而获谴，舍此成功，所不能矣"。崔君肃对众人说："若从元帅，违拒诏书，必当闻奏，皆获罪也。"诸将畏惧，尽劝来护儿，方奉诏还师。[①]

隋炀帝大军班师后，以高句丽使者及斛斯政告太庙，仍征高句丽婴阳王高元入朝，高元竟不从。敕令将帅严整装备更图再度征讨，由于诸多因素，未能再征。

三、高句丽国力衰落

公元 612—614 年，隋炀帝连续三次亲率大军征伐高句丽，这也是隋王朝统一以后，对高句丽政策从安抚走向军事征伐的重大变化。这一变化对后来唐朝对高句丽政策产生了重要的影响，也标志着高句丽将面临来自中原强大的军事压力，疲于应对。当然，这也与高句丽后几位王的统治衰落和对中原王朝的态度有直接关系。

以往学界对隋炀帝征高句丽的原因和结局有着不同的看法和意见，有人认为，隋炀帝出兵是侵略了高句丽，在高句丽人民的抗击之下遭到了惨败。其实这是不符合历史事实的一种偏颇的认识。

首先，古代的国家、民族与现代的国家、民族的概念是完全不同的。古代的中国，国中有国，特别是西周大分封之后，天子之国中先有诸侯之国，才有五霸更三王，七雄更五霸的史实。秦统一六国，废分封，行郡县，仍有六国贵族在陈胜吴广起义中乘机起兵复国，造成秦二世而亡的结局。汉代秦之后，实行郡国并行之制，中国历朝历代均有封国，尤以边疆少数民族封国的存在，对中华民族历史发展、民族融合、疆域稳定具有极为重要的意义。古代国中之国，民族政权之间为争夺土地、人口，为兼并、统一的战争很多，不能用现代的侵略与反侵略进行比较。古来边境间的侵扰、骚扰、争夺，亦与现代的侵略战争截然不同。今天的国家和民族，虽然是古代国家和民族的发展和延续，但发展变化造成了其本质上的差异。既要客观、准确地评价历史人物和事件，又不要将他们脱离历史环境与现代人混为一谈，更不能为封建的帝王将相承担任何责任。

其次，隋炀帝征高句丽是隋王朝统一政策的一部分。文帝时曾告诫高句丽王"委王海隅，宣扬朝化""虽称藩附，诚节未尽""修理兵器，意欲不臧""赐王土宇，授王官爵"，都是将高句丽作为自己的臣子，令其管理边疆辽海事务。高句丽王虽有衍违，一已宽恕，许其自新。可高句丽王还

---

① 《隋书》卷六十四《来护儿传》，北京：中华书局，1973 年，第 1516 页。

是率靺鞨之众侵扰辽西，企图扩大自己的疆土。隋文帝只好命汉王杨谅率水陆大军征讨之。

隋炀帝即位，在突厥启民帐中得见高句丽使者，便对高句丽王侮慢不恭颇为不满，意欲加兵，与启民巡高句丽之境。炀帝君臣对高句丽的看法，正如黄门侍郎裴矩所言："高丽本箕子所封之地，汉晋皆为郡县，今乃不臣，另为异域，先帝欲征之久矣。但杨谅不肖，师出无功，当陛下之时，安可不取，使冠带之境遂为蛮貊之乡乎。"

这里，炀帝君臣看得很准确，高句丽本为箕子所封之地，汉晋以来皆为中原之郡县。今乃不臣，企图别为异域。高丽迁都平壤后，从长寿王到平原王早期，不断向南北朝朝贡、讨封。隋朝建立，统一南方陈国以后，平原王、婴阳王朝聘之礼常阙，或如裴矩所言，妄图别为异域，脱离中央王朝的管辖。"此而可忍，孰不可容。"维护隋王朝的统一，反对高句丽别为异域，使冠带之境遂为蛮貊之乡，应该是隋征高句丽的主要原因。

最后，高句丽平原王、婴阳王改变了自长寿王以来对中原王朝俯首称臣的局面，实行稳定北方统治，向半岛南方发展的策略，骚扰辽西，挑起争端。

公元 589 年，隋军渡长江灭陈，统一全国以后，高句丽平原王大惧，理兵积谷，为拒守之策。隋文帝赐玺书训诫安抚，平原王十分惶恐，将奉表陈谢，未果而死。

婴阳王即位后，隋文帝赐爵封王，赏赐有加。可在公元 598 年春二月，高句丽婴阳王却率靺鞨之众万余寇辽西。营州总管韦冲虽将其击走，隋文帝却十分恼火，命杨谅率水陆大军征讨之。隋文帝征高句丽完全是由高句丽婴阳王率靺鞨兵寇辽西引起的。

炀帝之时，对于高句丽寇辽西，杨谅征讨无功，耿耿于怀，在启民可汗帐中，隋炀帝告诫高句丽使者，令高句丽王来朝，高句丽王不听，藩礼颇阙，才导致隋炀帝一而再，再而三地出兵征伐高句丽。

至于战争的结局，不应简单地概括胜负，而应从战争双方的目的、得失来进行总结。

隋炀帝三征高句丽，其目的在于使高句丽王俯首称臣，以奉王化，并非要杀其王，灭其国。出征之前，战场之上，炀帝一再晓喻将士，"高丽若降，即宜抚纳，不得纵兵""若高元泥首辕门，自归司寇，即宜解缚焚榇，弘之以恩。其余臣人，归朝奉顺，咸加慰抚，各安生业，随才任用，无隔夷夏"。以此目的来研究隋炀帝三次征伐高句丽，前两次未果，各有原因。第一次，隋炀帝独行决断，战线过长，联络迟缓，贻误战机，损失严重。第二次，连续进击，步步深入，逼近辽东城。由于杨玄感粮草迟延，起兵谋反，隋炀帝不得不退兵征剿杨玄感。而第三次，当来护儿率军攻下卑奢城，将挥师平壤之时，高句丽婴阳王遣使乞降，为表示诚意，还将前次投降高句丽的隋将斛斯政囚送军前。炀帝自怀远班师，以高句丽使者与斛斯政告之太庙。征战的目的已经达到。

再从军事力量损失情况看，隋炀帝第一次征高句丽，在渡辽河、围辽东城、过鸭绿江追击乙支文德等陆路战场上打了几次大仗，双方互有伤亡。水路上，来护儿所率船队已入浿水，虽孤军深入，中了埋伏，所率精简甲兵损失较重，退守海浦与周法尚合兵，但仍有较强战斗力。后闻听宇文述兵败，方退兵。

长寿王、文咨明王以来，高句丽军队一直控制着辽河以东广大地区。隋军第一次征讨便渡过辽

河，围困辽东城，于仲文、宇文述等部已经在鸭绿江西岸乌骨城一带会合，宇文述部追击过萨水，距平壤城仅 30 余里，可见隋军进军的速度与威力。

隋军第二次征高句丽，吸取了第一次指挥不利的教训，改变战略战术，各军便宜行事。炀帝亲率大军主攻辽东城，并派宇文述、杨义臣率部进军平壤，王仁恭率军攻打新城。辽东城指日可下之时，由于杨玄感起兵，隋军有组织地退还。

第三次出征，来护儿军很快攻下卑奢城，高句丽王请降。

从第二、第三两次隋军出征后，很快包围辽东城，攻下卑奢城的情况看，高句丽在辽东的防线已被撕破，高句丽守军只集中在几座孤城。婴阳王看到战况于己不利，忙派使臣乞降，也算是明智之举。

无论从最终结局，还是从军力、国力损耗的情况，高句丽的损失都是相当惨重的。高句丽婴阳王从开始率靺鞨兵寇辽西，到退保几座孤城，最后还是遣使乞降，甚至不得不交出隋降将斛斯政以示诚意。

同全国统一后的隋朝相比，高句丽毕竟国小力微。正如隋文帝警告那样："王谓辽水之广，何如长江。高丽之人，多少陈国。朕若不存含育，责王前愆，命一将军，何待多力。"婴阳王偏偏忘记了隋朝的劝诫，挑起争端，结果兵败乞降。

从现存文献看，高句丽军事力量损失情况记载不多，也不是很详尽。第一次战事中，何稠造桥渡辽水，诸军与高句丽大战于东岸，高句丽兵大败，"死者万计"。宇文述军渡鸭绿水追击乙支文德，"一日之中，七战皆捷"，后遇包抄，退还鸭绿江畔。来护儿军自浿水攻至平壤 60 里，与高句丽兵相遇，"进击大破之"。围困辽东城，双方激战，死伤数量亦不会少。据《资治通鉴》记载，"初，九军渡辽，凡三十万五千，及还至辽东城，唯二千七百人"。若从战场双方激战情况看，隋军损失如此，则高句丽军队死伤人数亦不会少于十几万。

第二次征讨，左光禄大夫王仁恭率军进至新城，高句丽兵"数万拒战"，仁恭以劲骑一千击破之。主战场辽东城战斗十分激烈，双方攻守 20 余日，"主客死者甚众"。估计高句丽军队死伤亦有数万人。

第三次征讨，来护儿率军攻占卑奢城，高句丽军队死伤超过万人。

隋炀帝征高句丽之文献《隋书》《资治通鉴》等，皆出自唐宋中原史家之手，特别是《隋书》，由唐初魏徵等主持撰写，对隋征高句丽史实掌握充分，年代相去不远，较为可信。而对高句丽在战争中的情况，如出兵数量、将领指挥、伤亡状况等所知不多。晚出的《三国史记》完全照抄《隋书》和《资治通鉴》，对高句丽军队在战争中伤亡的情况记载不多，且失之笼统。根据文献记载及粗略统计与估算，隋炀帝三征高句丽，隋朝军队损失在 40 万左右，高句丽军队损失则不会少于 20 万。

据隋炀帝大业六年（公元 606 年）统计，隋朝人口激增，全国 890 余万户，人口 4600 余万。[1]军队数量近千万。这种情况下，损失 40 多万军队，对隋朝的影响不会很大。高句丽国小，人口最

---

① 《隋书》卷二十九《地理志》，北京：中华书局，1973 年，第 808 页。

盛时不过"二十一万五百八户"[1]，充其量百多万人，军队数量大体在 30 万—35 万。此次损失将近三分之二，使其元气大伤。新罗乘隋征高句丽之机，在南方夺取高句丽的土地和人口，也加重了高句丽的损失和伤痛。

另外，隋炀帝三征高句丽，大军渡辽河、渡鸭绿水、渡萨水、入浿水，军队和战火遍及高句丽大部分地区，使其社会秩序和社会生产遭到严重破坏，百姓流离失所，城乡凋敝，动荡不安，高句丽国力从此衰落下去。

第二节　唐朝初期的高句丽

公元 618 年，隋王朝被推翻，李渊称帝，创建了唐王朝，年号武德，建都长安。经过五年多的征战，统一了全国，开始了中国封建社会繁荣昌盛的重要历史时期。

一、荣留王亲唐

荣留王讳建武，一云成，婴阳王的异母弟。婴阳王在位 29 年，唐高祖武德元年（公元 618 年）秋九月，婴阳王辞世，建武即位，成为高句丽第二十七代王。这一年正好是唐王朝建立之年。

荣留王即位后，利用很短的时间处理了先王的丧事，便开始收拾婴阳王留下的乱摊子。面对战争造成的社会动荡、生产停滞、经济凋敝、国力衰落的情况，荣留王决定先使社会安定下来，然后恢复和发展生产，使经济复苏，国力增强。为了创造一个稳定的社会环境，必须修复与中原王朝臣属纳贡的关系。隋王朝的灭亡，唐王朝的建立，给高句丽人带来了忘掉隋炀帝征伐的旧事、开创新的历史时期的机遇。荣留王制定了亲唐政策，恢复上祖先王以来对中原王朝的臣属与朝贡。荣留王即位第二年（公元 619 年），也正是唐高祖武德二年，其派遣使臣向唐朝贡，正式向唐王朝表示臣属，随后，连年不断地向唐朝派遣使臣朝贡，加强联系，加深感情。[2]

《三国史记·高句丽·荣留王本纪》记载了即位初几年的相关活动：

（荣留王）二年（公元 619 年）春二月，遣使如唐朝贡。夏四月，王幸卒本，祀始祖庙。五月，王至自卒本。

四年（公元 621 年）秋七月，遣使如唐朝贡。

五年（公元 622 年）遣使如唐朝贡。唐高祖感隋末战士多陷于此，赐王诏书曰："朕恭膺宝命，君临率土，祗顺三灵，怀柔万国，普天之下，情均抚字，日月所炤，咸使乂安。王统摄辽左，

---

[1] （高丽）僧一然著，孙文范等校勘：《三国遗事》卷二《高句丽》，长春：吉林文史出版社，2003 年，第 38 页。

[2] 《旧唐书》卷一百九十九上《高丽传》，北京：中华书局，1975 年，第 5320 页。

世居藩服，思禀正朔，远循职贡。故遣使者，跋涉山川，申布诚恳，朕甚嘉揖。方今，六合宁晏，四海清平，玉帛既通，道路无壅，方申绸睦，永敦聘好，各保疆场，岂非盛美？但隋氏季年，连兵构难，攻战之所，各失其氓，遂使骨肉乖离，室家分析，多历年岁，怨旷不申。今二国通和，义无阻异。在此所有高句丽人等，已令追括，寻即遣送，彼处所有此国人者，王可放还，务尽绥育之方，共弘仁恕之道。"于是，悉搜括华人以送之，数至万余。高祖大喜。

六年（公元 623 年）冬十二月，遣使如唐朝贡。

七年（公元 624 年）春二月，王遣使如唐，请班历。遣刑部尚书沈叔安，策王为上柱国、辽东郡公、高句丽国王。命道士以天尊像及道法往，为之讲老子，王及国人听之。冬十二月，遣使入唐朝贡。

八年（公元 625 年）王遣人入唐，求学佛老教法，帝许之。

九年（公元 626 年）新罗、百济遣使于唐，上言："高句丽闭道，使不得朝，又屡相侵掠。"帝遣散骑侍郎朱子奢，持节谕和。王奉表谢罪，请与二国平。

其他史书也有关于高句丽派遣使臣入唐朝贡的记载：

武德二年（公元 619 年）（高句丽）遣使来朝。①

武德四年（公元 621 年）七月乙丑，高句丽王建武遣使入贡。建武，元之弟也。②

武德五年（公元 622 年）上以隋末战士多没于高丽，是岁，赐高丽王建武书，使悉遣还。亦使州县索高丽人在中土者，遣归其国。建武奉诏遣还中国民，前后以万数。③

武德六年（公元 623 年）十二月，白简、白狗、羌、高丽、突厥、吐谷浑并遣使朝贡。④

武德七年（公元 624 年）二月，高丽遣使内附，受正朔，请班历，许之。⑤

武德八年（公元 625 年）高丽遣人来学道、佛法，诏许之。⑥

武德九年（公元 626 年）是岁，新罗、龟兹、突厥、高丽、百济、党项，并遣使朝贡。⑦

公元 618—626 年，正值唐高祖李渊统治期间。9 年期间，荣留王派使臣入唐朝贡、请班历、奉表谢罪达 7 次之多。其中，请天尊像和佛老道法，还接受唐高祖玺书。武德五年（公元 622 年），唐高祖李渊感到隋末征高句丽时许多士兵尚留在高句丽境内，便向荣留王赐书，要求追括隋末以来，所失其民，流落在高句丽者，王可放还，务尽抚育之方，共弘仁恕之道。荣留王获书之后，尽力将

① 《旧唐书》卷一百九十九上《高丽传》，北京：中华书局，1975 年，第 5320 页。
② 《资治通鉴》卷一百八十九《唐纪五·高祖中》，北京：中华书局，1956 年，第 5923 页。
③ 《资治通鉴》卷一百九十《唐纪六·高祖中》，北京：中华书局，1956 年，第 5964 年。
④ 《册府元龟》卷九百七十《外臣部·朝贡三》，北京：中华书局，1960 年，第 11397 页。
⑤ 《册府元龟》卷九百七十七《外臣部·降附》，北京：中华书局，1960 年，第 11479 页。
⑥ 《册府元龟》卷九百九十九《外臣部·请求》，北京：中华书局，1960 年，第 11721 页。
⑦ 《旧唐书》卷二《太宗本纪上》，北京：中华书局，1975 年，第 32 页。

战争中滞留在高句丽的中原人集中起来，以礼送还，前后达万数。唐高祖十分高兴。高句丽与唐王朝信任的加强，为后来双方的交往打下了良好的基础。武德七年春二月，高句丽王派使臣入唐朝贡，并请颁布历法。唐高祖派遣刑部尚书沈叔安前往高句丽，册封荣留王为上柱国、辽东郡公、高句丽王。命道士携天尊法像及道家经典，前往高句丽为之讲《老子》，高句丽国王及群臣百姓听之，盛况空前。

在荣留王继承王位的短短几年间，主动向唐朝贡，有时一年两次派人入唐，并请求颁布历法，遵从大唐历律，接受大唐册封。亲唐政策收到了很好的效果。

最初，唐高祖对于荣留王朝贡称臣一事曾不以为意，认为"名实之间，理须相副，高丽称臣于隋，终拒炀帝，此何臣之有。朕敬于万物，不欲骄贵，但据土宇，务共安人，何必令其称臣，以自尊大。可即为诏，述朕此怀也"。李渊确实是一位重视实际的人，对高句丽称臣于隋，却又侮慢不恭，抗拒隋伐罪之事一直不忘，因此对荣留王热心称臣，频繁朝贡不以为意。侍中裴矩、中书侍郎温彦博进言劝谏，"辽东之地，周为箕子之国，汉家玄菟郡耳。魏晋以前，近在提封之内，不可许以不臣。且中国之于夷狄，犹太阳之对列星，理无降尊，俯同藩服"[1]。这时，高祖才打消了下诏的念头，同意高句丽纳贡称臣。从此，唐朝君臣完全确立起与高句丽国王之间君臣的名分和地位，如太阳之对列星。

唐朝与高句丽名分确定以后，高句丽与唐朝之间的交往进一步加强。唐王朝以天子的身份，对高句丽王进行册封，对高句丽使臣盛情款待，接受其贡献，接受高句丽王族子弟入唐学习，同时派遣儒、道、佛诸教大师入高句丽讲经说法，促进了双方的思想文化交流。

唐王朝作为高句丽的宗主国，还帮助解决高句丽与新罗、百济的冲突。武德九年，新罗、百济派遣使臣入唐，上言高句丽闭塞道路，使之不得入朝，又不断遭到高句丽的侵掠。太宗刚即位，便派散骑侍郎朱子奢持节前往调节，使高句丽与新罗、百济和睦相处。[2]

武德九年（公元626年）六月，李世民在"宣武门之变"中取得胜利，登上皇帝宝座，是为唐太宗。其即位后不久，东突厥颉利可汗依仗实力强大，骄横跋扈，率领十万骑兵进犯中原，直至长安附近的渭水北岸。唐太宗轻骑简从，与突厥军队对阵，颉利可汗唯恐孤军深入，为唐军截断后路，便与唐太宗订盟而还。太宗智破突厥颉利可汗骑兵，震动朝野。荣留王派遣使臣前往唐朝祝贺，来往使驿不绝：

荣留王十一年（贞观二年，公元628年）秋九月，遣使入唐，贺太宗擒突厥颉利可汗，兼上封域图。

十二年（贞观三年，公元629年）秋八月，新罗将军金庾信，来侵东边，破娘臂城。九月，遣使入唐朝贡。

---

① 《旧唐书》卷一百九十九上《高丽传》，北京：中华书局，1975年，第5321页。

② 《旧唐书》卷一百八十九上《朱子奢传》，北京：中华书局，1975年，第4948页；《旧唐书》卷一百九十九上《高丽传》，北京：中华书局，1975年，第5321页；《三国史记》卷二十《高句丽·荣留王本纪》，汉城：韩国民族文化推进会，1982年，第156页。

十四年（贞观五年，公元631年）唐遣广州司马长孙师，临瘗隋战士骸骨，祭之，毁当时所立京观。春二月，王动众筑长城，东北自扶余城，东南至海千有余里，凡一十六年毕功。

二十三年（贞观十四年，公元640年）春二月，遣世子桓权入唐朝贡。太宗劳慰，赐赉之特厚。王遣子弟入唐，请入国学。

二十四年（贞观十五年，公元641年）帝以我太子入朝，遣职方郎中陈大德答劳。大德入境，所至城邑，以绫绮厚饷官守者曰："吾雅好山水，此有胜处，吾欲观之。"守者喜导之，游历无所不至。由是，悉得其纤曲。见华人隋末从军没留者，为道亲戚存亡，人人垂涕，故所至士女夹道观之。王盛陈兵卫，引见使者。大德回奉使觇国虚实，吾人不知。大德还奏，帝悦。大德言于帝曰："其国闻高昌亡，大惧，馆候之勤，加于常数。"帝曰："高句丽本四郡地耳。吾发卒数万，攻辽东，彼必倾国救之。别遣舟师出东莱，自海道趋平壤，水陆合势，取之不难。但山东州县，凋瘵未复，吾不欲劳之耳。"

二十五年（贞观十六年，公元642年）春正月，遣使入唐朝贡。王命西部大人盖苏文，监长城之役。①

唐太宗贞观年间，高句丽荣留王对唐恭敬顺从，每岁遣使入唐朝贡，听任唐朝使臣前往宣旨。贞观二年（公元628年），唐军破突厥擒颉利可汗，荣留王派使臣入唐祝贺，并献上封域图。贞观五年，唐太宗派遣广州都督府司马长孙师，前往高句丽收瘗隋时战亡将士骸骨，毁掉高句丽所立京观。贞观十四年，荣留王派遣世子桓权入唐朝贡，受到太宗的劳慰，赏赐十分丰厚。② 使得高句丽与唐朝的关系达到了最为亲善的程度。

荣留王的亲唐政策使高句丽受益匪浅。在其统治的25年中，唐与高句丽没有发生军事武装冲突，北方辽东地区社会稳定，生产恢复，经济缓慢地发展，高句丽的经济实力、军事实力也略有增强，有能力应付来自南部边境地区新罗、百济的掠夺和骚扰，时而还出兵骚扰对方边境。据《三国史记》载，荣留王八年（公元625年），新罗、百济派使臣入唐，告高句丽闭塞交通，阻止其入朝，又屡相侵掠。唐派散骑侍郎朱子奢前往调节，三方暂缓争夺。荣留王十二年秋八月，新罗将军金庾信侵扰高句丽东边娘臂城，破之。荣留王二十一年冬十一月，高句丽侵扰新罗北边七重城，新罗将军率兵迎击，在七重城外打退了高句丽兵。高句丽能在小范围内对新罗用兵，说明其国力有所恢复，试图按照长寿王以来的方略向南发展。结果却往往吃败仗，说明其国家的军事力量已大不如从前了。

高句丽在与唐朝亲善、朝贡的同时，当然也不会忘记隋朝时期的征伐。公元631年，唐朝派遣广州都督府司马长孙师到高句丽境内收瘗隋朝阵亡将士骸骨，毁高句丽所立京观时，荣留王颇感不安和畏惧，动员大众修筑长城，东北自扶余城，西南至海千有余里③，以防御唐朝征伐。公元642年，

① 《三国史记》卷二十《高句丽·荣留王本纪》，汉城：韩国民族文化推进会，1982年，第156页。
② 《旧唐书》卷一百九十九上《高丽传》，北京：中华书局，1975年，第5321页；《三国史记》卷二十《高句丽·荣留王本纪》，汉城：韩国民族文化推进会，1982年，第156页。
③ 《旧唐书·高句丽传》《新唐书·高丽传》中的千里长城，东北自扶余，西南至海。《三国史记》误作"东南至海"。

仍派东部大人盖苏文监修长城，前后16年才完工。

唐高祖对高句丽"称臣于隋，终拒炀帝"一直心存芥蒂。唐太宗对高句丽王派使臣朝贡大加慰劳，赏赐丰厚，同时也十分注意高句丽国内的动向。贞观十五年，唐太宗为了答劳高句丽王派世子桓权朝贡一事，特命职方郎中陈大德前往。陈大德入高句丽境，每到一地，都用丝绸等物厚赠守官，自称雅好山水，令守官陪同四处观赏，实则是观察高句丽地形，军事防御力量及物资、粮草储备等情况。同时，陈大德见到隋末从军滞留下来的中原人则加以慰劳，其所到之处，颇受欢迎。高句丽王亦陈兵相迎，使陈大德了解了高句丽国内的虚实。其返唐后，向唐太宗陈述了所见所闻，特别是听到唐灭高昌置安西都护府后，荣留王颇惧，"馆候之勤，加于常数"。唐太宗认为："高丽本四郡地耳，吾发卒数万攻辽东，彼必倾国救之。别遣舟师出东莱，自海道趋平壤，水陆合势，取之不难。但山东州县凋瘵未复，吾不欲劳之耳！"[1] 从高句丽修千里长城看，荣留王在与唐亲近时，也在做着防御准备。唐王朝也在派遣使者前往高句丽了解其军事实力和防御情况。

荣留王之世，高句丽臣服于唐，岁岁遣使朝贡，唐朝皇帝亦派使臣前往册封、慰劳。东北地区30多年没有发生战争，社会逐渐稳定，生产得到初步恢复。

二、唐太宗征高句丽

贞观十六年（公元642年）冬十月，高句丽东部大人盖苏文杀死荣留王，立宝藏为王。宝藏为人懦弱，军政大事由盖苏文专断。贞观十七年，宝藏派使臣入唐朝贡，听信盖苏文建议向唐请道士以训国人。唐太宗派遣道士叔达等八人入高句丽，并赐老子《道德经》，宝藏与大臣以馆舍安置，听道士讲《道德经》，国事由盖苏文专断。

唐太宗对盖苏文专权颇为不满，对群臣说："盖苏文弑其君而专国政，诚不可忍，以今日兵力，取之不难，但不欲劳百姓，吾欲使契丹、靺鞨扰之，何如？"长孙无忌认为，"苏文自知罪大，畏大国之讨，必严设守备，陛下姑为之隐忍，彼得以自安，必更骄惰，愈肆其恶，然后讨之，未晚也"。[2] 此时，唐太宗已有征讨高句丽之意，只是不想劳动百姓，便接受长孙无忌的建议，派遣使臣持节备礼册命，前往高句丽对宝藏册封。同时下诏曰："怀远之规，前王令典，继世之义，列代旧章。高句丽国王藏，器怀韶敏，识宇详正，早习礼教，德义有闻，肇承藩业，诚款先著，宜加爵命，允兹故实。可上柱国、辽东郡公、高句丽王。"[3]

贞观十八年春，唐太宗派司农丞相里玄奖带玺书去高句丽，调节高句丽与新罗、百济之间的争端，警告高句丽与百济，如继续攻打新罗，唐王朝明年将出兵击之。玄奖进入高句丽境内，盖苏文已率兵攻破新罗两座城，并认为高句丽与新罗之间怨恨已久，隋伐高句丽时，新罗乘机夺去五百里土地，占据城邑不归还，恐怕难以息兵。玄奖返京之后，向太宗及大臣讲盖苏文侵扰新罗、攻城略

---

[1]　《资治通鉴》卷一百九十六《唐纪十二·太宗中》，北京：中华书局，1956年，第6169—6170页。
[2]　《资治通鉴》卷一百九十七《唐纪十三·太宗中》，北京：中华书局，1956年，第6202页。
[3]　《三国史记》卷二十一《高句丽·宝藏王本纪》，汉城：韩国民族文化推进会，1982年，第158页。

地的情况，引起唐朝君臣的重视，纷纷要求出兵征讨高句丽。①

唐太宗最后决定征高句丽是基于以下几方面原因。

其一，收复辽东故土，使天下大定。

唐初武德至贞观初年，天下统一，社会安定，经济繁荣，唐朝成为东亚乃至世界上最有影响的封建大帝国。唐统一天下，稳定东亚秩序的政策取得了初步成功。贞观年间，君臣和谐，政治清明，先后用武力征服了东突厥，生擒颉利可汗，降服了薛延陀部，并使天山南北诸部臣服大唐，稳定了西北边疆。

东北契丹、奚、靺鞨诸部早已归服，高句丽荣留王吸取其王兄的教训，主动向大唐称臣，岁岁朝贡，使驿不绝。盖苏文杀了荣留王，以宝藏继之，独专国政，截断新罗入唐的交通要道，扰乱了朝鲜半岛的社会稳定。唐朝君臣对高句丽的政治局势十分关注，而且认识是相当明确的。裴矩、温彦博在武德末年就指出："辽东之地，周为箕子之国，汉家玄菟郡耳。魏晋以前，近在提封之内，不可许以不臣。且中国之于夷狄，犹太阳之对列星，理无降尊，俯同藩服。"相里玄奖亦曾对盖苏文明言："今辽东诸城，本皆中国郡县，中国尚且不言，高句丽岂得必求故地。"言外之意是，高句丽若向新罗追寻隋末战争中失陷的土地，那我大唐也将追讨辽东故地。唐太宗亦一再申明，"辽东故中国地，而莫离支贼杀其主，朕将自行经略之"②。唐太宗在上林苑宴请雍州父老时，明确告诉臣民："朕剪除丧乱，海内乂安，百姓复业，各循其理。而辽东数城，中国田地，莫离支狼子野心，虐杀其主，朕欲存其国而吊其人，所以将幸洛阳，有事经略，安复三韩之地。"③贞观君臣多次强调，辽东乃中国固有之土地，意在收复旧地，使天下归于大统，东北边疆得以稳定。这一点，应该是唐太宗决定征高句丽的最主要原因。

其二，讨盖苏文弑逆之罪。

盖苏文杀了荣留王，立宝藏为王，自任莫离支，专擅国政，虐待百姓，国人怨恨。宝藏继位第二年，派使臣入唐朝贡。唐太宗对大臣说："盖苏文弑其君而专国政，诚不可忍，以今日兵力，取之不难，但不欲劳百姓，吾欲使契丹、靺鞨扰之，何如？"长孙无忌认为，"苏文自知罪大，畏大国之讨，必严设守备，陛下少为之隐忍，彼得以自安，必更骄惰，愈肆其恶，然后讨之，未晚也"。盖苏文得知大唐欲讨其罪，十分恐慌，一面调兵设防，一面派使臣入唐贡献白金。大臣褚遂良谏言太宗皇帝，"莫离支虐弑其主，九夷所不容，陛下以之兴兵，将事吊伐，为辽山之人报主辱之耻。古者，讨弑君之贼，不受其赂。昔宋督遗鲁君以郜鼎，桓公受之于太庙，臧哀伯谏曰：'君人者昭德塞违，今灭德立违，而置其赂器于太庙，百官象之，其又何诛焉？武王克商，迁九鼎于洛邑，义士犹或非之，而况将昭违乱之赂器，置诸太庙，其若之何？'夫春秋之书，百王取法，若受不臣之筐篚，纳弑逆之朝贡，不以为愆，何所致伐？臣谓莫离支所献，自不得受"。④太宗采纳了褚遂良的意见，

① 《三国史记》卷二十一《高句丽·宝藏王本纪》，汉城：韩国民族文化推进会，1982年，第158页。
② 《新唐书》卷二百二十《高丽传》，北京：中华书局，1975年，第6189页。
③ 《册府元龟》卷一百九《帝王部·宴享一》，北京：中华书局，1960年，第1304页。
④ 《旧唐书》卷八十《褚遂良传》，北京：中华书局，1975年，第2735—2736页。

不接受高句丽使臣进贡的白金。

唐太宗出征之前曾多次强调，"盖苏文弑其君，贼其大臣，残虐其民，今又违我诏命，不可以不讨"[①]。"莫离之贼弑其主，尽杀大臣；用刑有同坑阱，百姓转动辄死，怨痛在心，道路以目。夫出师吊伐，须有其名，因其弑君虐下，败之甚易也。"[②]可见，盖苏文弑君虐民是唐太宗征高句丽的直接原因。

另外，唐太宗在长安召耆老时也说："辽东故中国地，而莫离支贼杀其主，朕将自行经略之。"已将亲征高句丽的两大原因——辽东故中国地，莫离支贼杀其主——及其顺序排列分明。其他原因则在此两条之后。

其三，救助新罗，稳定半岛局势。

贞观初年，新罗、百济派使臣入唐，告高句丽闭塞交通，阻止他们的使臣入朝，又屡相侵掠。太宗派散骑侍郎朱子奢持节前往高句丽，令其与新罗、百济和好。没过几年，高句丽又对新罗边境城市出兵骚扰。

宝藏继位后，一切悉听盖苏文，加紧侵夺新罗，百济也乘机攻取新罗城市。

贞观十七年（公元643年）秋九月，新罗派遣使臣入唐，上言"高丽、百济，侵凌臣国，累遭攻袭数十城。两国联兵，期之必取。将从今兹九月大举，臣社稷必不获全。谨遣陪臣，归命大国，愿乞偏师，以存救援"。唐太宗对使臣说："我实哀尔为二国所侵，所以频遣使入，和尔三国。高丽、百济旋踵翻悔，意在吞灭，而分尔土宇。尔国设何奇谋，以免颠越。"使臣说："臣王事穷计尽，唯告急大国，冀以全之。"唐太宗为之出了三策：一策，由大唐少发边兵，统领契丹、靺鞨之兵，直入辽东，可解一年之围；二策，唐朝赐给新罗袍服旗帜，高句丽、百济出兵，则以为唐军前来救援，必然退走；三策，唐朝可派出数十百战船，泛海袭取百济，另遣一宗枝，扮成新罗国主，进而迷惑高句丽、百济，以保护新罗之安全。使臣唯应诺，无以答。[③]贞观十八年春正月，太宗命司农丞相里玄奖持玺书入高句丽，告宝藏王："新罗委质国家，朝贡不乏。尔与百济，各宜戢兵，若更攻之，明年发兵击尔国矣。"[④]

高句丽与百济联兵，侵夺新罗土地，阻断新罗入唐交通，使朝鲜半岛南部秩序动荡不安。唐王朝乃天子之国，要维护自己在周边，特别是东北亚诸国中尊长的地位，稳定局势，在新罗王使臣的要求下，必然出面干预，并先以玺书致达，以示警告。可高句丽掌握大权的盖苏文在天朝使臣入境之时，仍然率兵攻破新罗两座城。且扬言，新罗不归还以往侵夺之地，高句丽决不罢兵。因此，唐王朝决定出兵征讨高句丽，以解救新罗。

另外，唐太宗决定征高句丽还有为隋末出征将士复仇，不为后世子孙遗忧等原因。唐太宗认为，"辽东本中国之地，隋氏四出师而不能得。朕今东征，欲为中国报子弟之仇，高丽雪君父之耻耳。

① 《三国史记》卷二十一《高句丽·宝藏王本纪》，汉城：韩国民族文化推进会，1982年，第158—159页。
② 《旧唐书》卷一百九十九《高丽传》，北京：中华书局，1975年，第5322页。
③ 《三国史记》卷五《新罗·善德王本纪》，汉城：韩国民族文化推进会，1982年，第44页。
④ 《三国史记》卷二十一《高句丽·宝藏王本纪》，汉城：韩国民族文化推进会，1982年，第158页。

且方隅大定，惟此未平，故及朕未老，用士大夫余力以取之"①。"今天下大定，唯辽东未宾，后嗣因士马盛强，谋臣导以征讨，丧乱方始，朕故自取之，不遗后世忧也。"②

群臣在征高句丽的问题上，意见颇为一致。唯尉迟敬德、褚遂良等不欲太宗亲征，以为辽东路途遥远，天子亲征，恐有不测，人君未可轻而远行。担心有玄感之变，与国家不利。太宗在李勣、李靖、房玄龄、张亮、张俭等大臣的支持下，决定御驾亲征，讨伐高句丽。

唐太宗第一次征高句丽。

贞观十八年（公元644年）七月，唐太宗与诸大臣积极准备征高句丽，命匠作大监阎立德等前往洪州、饶州、江州督造大船400艘以载军粮。命营州都督张俭帅幽州、营州将士及契丹、奚、靺鞨士兵，先攻打辽东城，以观察高句丽军队的反应及军事布局，同时派遣太常卿韦挺为馈运使，民部侍郎崔仁师为副使，河北诸州粮草听凭调度，又命太仆少卿萧锐督运河南诸州粮草入海。

十一月，以刑部尚书张亮为平壤道行军大总管，帅江、淮、岭、峡诸州兵4万，长安、洛阳募士3000人，战舰500艘，自莱州渡海直趋平壤。又以太子詹事、左卫帅李勣为辽东道行军大总管，率步骑6万及兰州、河州少数民族士兵趋辽东。水陆两军合势并进，会集于幽州。太宗派遣行军总管姜行本，少府少监丘行淹在安萝山监督工匠打造梯冲等攻城用具，并招募远近勇士及献攻城器械者，不可胜数。太宗亲临现场，选择攻城器械，指导加工制作。并诏谕天下："高丽盖苏文弑主虐民，情何可忍！今欲巡幸幽、蓟，问罪辽、碣，所过营顿，无为劳费。""昔隋炀帝残暴其下，高丽王仁爱其民，以思乱之军击安和之众，故不能成功。今略言必胜之道有五：一曰以大击小，二曰以顺讨逆，三曰以治乘乱，四曰以逸待劳，五曰以悦当怨，何忧不克！布告元元，勿为疑惧！"③

十二月，又调动契丹、奚士兵前来会合，令新罗、百济君长调兵配合征高句丽。

贞观十九年春二月，太宗亲统六军从洛阳出发，诏命太子留定州监国。三月从定州出发，以司徒、太子太师兼检校侍中、赵国公长孙无忌，中书令岑文本、杨师道等随驾。

四月，于幽州城南誓师，大飨六军以壮行色。李勣率军先渡辽河，进攻盖牟城拔之，获生口两万，以其城置盖州。

五月，张亮副将程名振，攻卑沙城拔之，掳男女8000口。当日，李勣军进至辽东城。国内城及新城高句丽步骑4万人前来救援辽东城，被江夏王道宗率铁骑4000拦截，大破高句丽兵，斩首千余级。李勣指挥抛车发石，撞车冲击城墙、楼阁，猛攻辽东城。太宗亲率甲骑万余助战，用火攻破西南城楼，延烧至城中，高句丽守军溃败，烧死者万余人。唐军登城，俘虏万余人，攻占辽东城，以其城为辽州。

六月，太宗亲临白岩城，李勣、李思摩率军围攻数日，城主孙伐音遣使请降。获士女1万，胜

---

① 《资治通鉴》卷一百九十七《唐纪十三·太宗中》，北京：中华书局，1956年，第6217—6218页。

② 《新唐书》卷二百二十《高丽传》，北京：中华书局，1975年，第6190页；《三国史记》卷二十一《高句丽·宝藏王本纪》，汉城：韩国民族文化推进会，1982年，第159页。

③ 《资治通鉴》卷一百九十七《唐纪十三·太宗中》，北京：中华书局，1956年，第6214页；《三国史记》卷二十一《高句丽·宝藏王本纪》，汉城：韩国民族文化推进会，1982年，第159—160页。

兵 2400 人，以其城置岩州。

七月，李勣率诸军围攻安市城。安市城是鸭绿江右岸的军事重镇，此城若破，唐军渡鸭绿水可直逼平壤。高句丽北部耨萨高延寿、南部耨萨高惠贞率高句丽与靺鞨兵 15 万之众，救援安市城。

太宗夜召诸将，亲自部署，命李勣率步骑 1.5 万于城岭为阵，长孙无忌率牛进达等精兵 1.1 万，以为奇兵，埋伏于北山峡谷，以攻击其后队。太宗亲率步骑 4000 人，潜行至高句丽营北高峰之上。令诸军闻鼓角而齐进。

次日晨，高延寿独见李勣兵欲与战，太宗遥望长孙无忌军尘起，令鼓角并作，旗帜齐举，高句丽兵大惧，其阵已乱，被李勣军击败。长孙无忌率兵攻其后，太宗亲兵自山而下，高句丽军大败，斩首万余级。唐军乘胜围其余寇，截断其后路，高延寿、高惠贞等只好投降。太宗将高延寿封为鸿胪卿，高惠贞封为司农卿，以下酋长 3500 人，均授以官职，迁之内地。收靺鞨兵 3500 人尽坑之，余众使还平壤。获马 3 万匹、牛 5 万头、光明甲 5000 领，其他器械无数。高句丽举国震骇，后黄城及银城等亦先后被攻破。

九月，安市城高句丽坚守不出，唐军久攻不下，乃班师。[①]

唐太宗第二次征高句丽。

贞观二十年（公元 646 年），高句丽王宝藏派使臣入唐谢罪，并献二美女，太宗退还。谓使者曰："色者人所重，然悯其去亲戚以伤乃心，我不取也。"太宗即将还师，派人以弓服赐盖苏文，令其好自为之。盖苏文受之不谢，愈益骄恣，虽遣使奉表，其言率皆诡诞。又待唐使者倨慢，常窥伺边隙。屡次敕令勿攻新罗，仍侵凌不止。[②]太宗十分恼火，诏令曰："高丽余烬，谓能悔祸，故遣停兵，全其巢穴。而凶顽成性，殊未革心，前后表闻，类多不实，每怀诡诳，罪极难宥。见朕使人，又亏藩礼，所令诲云，莫扰新罗，口云从命，侵凌不止。积其奸恶，尝包祸心，盖天悠弃，岂宜驯养，自今以后，勿听朝贡。"[③]

贞观二十一年（公元 647 年）二月，唐太宗召集群臣商讨征高句丽之事，总结第一次征讨高句丽的得失。群臣认为，"高丽依山为城，攻之不可猝拔。前大驾亲征，国人不得耕种，所克之城，悉收其谷，继以旱灾，民太半乏食。今若数遣偏师，更迭扰其疆场，使彼疲于奔命，释耒入堡，数年之间，千里萧条，则人心自离，鸭绿之北，可不战自取矣"[④]。太宗采纳了大臣们的建议。

三月，唐太宗以左武卫大将军牛进达为青丘道行军大总管，右武卫将军李海岸为副总管，发兵万余人，乘楼船自莱州渡海而进。又以太子詹事李勣为辽东道行军大总管，右武卫将军孙贰朗、右屯卫大将军郑仁泰为副总管，率亲兵 3000 人，并节制营州都督府兵由新城道进兵。水陆两军同时进发，合击高句丽。

---

① 《旧唐书》卷三《太宗本纪下》，北京：中华书局，1975 年，第 58 页；《三国史记》卷二十一《高句丽·宝藏王本纪》，汉城：韩国民族文化推进会，1982 年，第 161—162 页。
② 《三国史记》卷二十一《高句丽·宝藏王本纪》，汉城：韩国民族文化推进会，1982 年，第 164—165 页。
③ 《册府元龟》卷九百九十六《外臣部·责让》，北京：中华书局，1960 年，第 11696 页。
④ 《资治通鉴》卷一百九十八《唐纪十四·太宗下》，北京：中华书局，1956 年，第 6245 页。

五月，李勣率军队渡过辽河，经南苏、木底等数城，高句丽守军多背城拒战，均为唐军攻破，焚其城郭而还。

七月，牛进达、李海岸率部进入高句丽境内，大小百余战，无一不捷。在攻克了石城之后，兵至积利城，高句丽万余人出战，李海岸击破之，斩首 2000 级，乃皆还。

八月，唐太宗命宋州刺史王波利、中郎将丘孝忠，发江南 12 州的工匠，造入海大船及巨舰 350 艘，欲以征高句丽。

十二月，高句丽王派其子莫离支任武入唐谢罪，唐太宗许之。①

唐太宗第三次征高句丽。

贞观二十二年（公元 648 年）正月，唐太宗命右武卫大将军薛万彻为青丘道行军大总管，右卫将军裴行方为副总管，率唐军 3 万余人及楼船、战舰，自莱州渡海进军高句丽。

四月，裴行方部将领乌胡镇古神感，率领唐军先渡海作战，遇高句丽步骑 5000 人，在曷山激战，大败高句丽军。当夜，高句丽军万余人偷袭古神感船队，古神感早有准备，设下伏兵，大破高句丽，乘胜而还。

六月，薛万彻率主力入鸭绿水百余里，至泊汋城，高句丽守军大惧，多弃城而逃。泊汋城守将所夫孙率步骑万余人出城迎战，薛万彻派右卫将军裴行方率步卒为前锋与高句丽军队接战，薛万彻率诸军乘势而上，高句丽军大败。唐军追击百余里，斩高句丽守将所夫孙，大军乘胜包围泊汋城。泊汋城在鸭绿江右岸，今辽宁省丹东市北虎山一带，其城因山设险，控扼鸭绿江，防守甚严，攻之未拔。高句丽派将领高文率乌骨、安市诸城守军 3 万余人前来救援，分设两阵。薛万彻分两军迎击，大败高句丽援军。②

唐太宗获捷报，以高句丽困弊，议以明年发兵 30 万一举灭之。现已经岁数伐，须备粮草军资，乃派遣右领左右府长史强伟，于剑南道伐木造舟舰，大者或长百尺，其广半之。别遣使行水道，自巫峡抵江扬，再北上趋莱州。另遣映州刺史孙伏伽，招募勇士，扩充军队。莱州刺史李道裕督运粮草及器械，储备于乌湖岛，准备再度大举进军高句丽。因唐太宗病卒，未及成行。

三、唐太宗征高句丽的结局与影响

公元 645 年、647 年、648 年，唐太宗三次东征高句丽，虽然未能灭掉高句丽，却也攻城得地，俘获人口，远播天威，其结局对大唐是有利的，唐太宗君臣也颇为满意。甚至每攻破一城，都要点燃烽火以相互通报，太宗还亲自颁诏，嘉奖庆贺，如《克辽东诏》《克高丽白岩城诏》《破高丽赐酺诏》等。破辽东城后，太宗大宴群臣将士，并作《辽城望月》诗云：

---

① 《新唐书》卷二百二十《高丽传》，北京：中华书局，1975 年，第 6194 页。
② 《旧唐书》卷六十九《薛万彻传》，北京：中华书局，1975 年，第 2519 页。

玄菟月初明，澄辉照辽碣。

映云光暂隐，隔树花如缀。

魄满桂枝圆，轮亏镜彩缺。

临城却影散，带晕重围结。

驻跸俯丸都，停观妖氛灭。

另有《五言塞外同赋山夜临秋以临为韵》一首：

边城炎气沉，塞外凉风侵。

三韩驻旌节，九野暂登临。

水净霞中色，山高云里心。

浪帷舒百丈，松盖偃千寻。

毁桥犹带石，目阙尚横金。

烟生遥岸隐，月落半峰阴。

连山惊鸟乱，隔岫断猿吟。

早花初密菊，晚叶未疏林。

凭轼望寰宇，流眺极高深。

河山非所恃，于焉鉴古今。

褚遂良、上官仪也有《辽东侍宴山夜临秋同赋临韵应诏》诗数首见于《全唐诗》。诗中表达的完全是征高句丽取胜时的喜悦心情。

三次征讨高句丽，战略战术各有不同，战事经过、战况结局亦有不同，史书所记各有详略。以第一次征高句丽规模最大，水陆两军 20 余万人，战场广阔，战线较长，从辽河渡水至辽东，向北至新城，向南至辽、盖二州，东南至安市、乌骨一带。唯安市城久攻未下，其余所向克捷。凯旋之时，"诏集战骸葬柳城，祭以太牢，帝临哭，从臣皆流涕"[①]。战后祭祀阵亡将士，太宗临祭与众大臣哭泣悼念，本属正常。《旧唐书·太宗本纪》《高丽传》均不载。《新唐书·太宗本纪》也只记"以太牢祭死者"，《高丽传》则增加"帝临哭，从臣皆流涕"一句。晚出《资治通鉴》则记，"丙午，至营州。诏辽东战亡士卒骸骨，并集柳城东南，命有司设太牢，上自作文以祭之，临哭尽哀。其父母闻之，曰：'吾儿死而天子哭之，死何所恨！'"[②]阵亡将士家属都理解了唐太宗此征，祭祀的目的已经达到。

《资治通鉴》在唐太宗祭祀阵亡将士之前还有一段话："上以不能成功，深悔之，叹曰：'魏徵若在，不使我有是行也。'"似乎太宗认为第一次征高句丽未能成功，非常后悔，若魏徵活着，就不会有

---

① 《新唐书》卷二百二十《高丽传》，北京：中华书局，1975 年，第 6194 页。

② 《资治通鉴》卷一百九十八《唐纪十四·太宗中》，北京：中华书局，1956 年，第 6231 页。

征高句丽之举了。《新唐书》《旧唐书》中《太宗本纪》《高丽传》均无此记。唯《新唐书·魏徵传》有"辽东之役，高丽、靺鞨犯阵，李勣等力战破之。军还，怅然曰：'魏徵若在，吾有此行邪！'"《资治通鉴》当即本此。后来有以此作唐太宗征高句丽失败论者，实在是一种莫大的误解！

其一，唐太宗对于征高句丽一事并未后悔，否则，就不会有公元647年、648年接连两次继续发兵征高句丽了，特别是其病卒之前，仍在派遣将领伐木造船，招募勇士，督运粮草，准备发30万大军，一举歼灭高句丽。

其二，太宗所叹，魏徵若在，并非未有此征，而是未有此征之损失耶！《资治通鉴》此段前文尚有"凡征高丽，拔玄菟、横山、盖牟、磨米、辽东、白岩、卑沙、麦谷、银山、后黄十城。徙辽、盖、岩三州户口入中国者七万人。新城、建安、驻跸三大战，斩首四万余级，战士死者几二千人，战马死者什七、八。上以不能成功，深悔之，叹曰……"三次大战，斩杀高句丽4万余级，唐军死者不足两千人。《唐会要》《册府元龟》记，还军之时，战士死者1200人，战马死者十之七八，张亮水军7万人，沉海溺死数百人，死者共近2000人。太宗所叹息者，若魏徵在军中，此征不会战死2000余人，战马亦不会损失十之七八，安市城围攻战亦会获得成功。太宗所悔者，乃魏徵早死也！

纵观唐太宗三次征高句丽，其结局颇有利于唐王朝而不利于高句丽。

唐太宗征高句丽攻下许多城市，占领了辽东大部地区。第一次征伐，便攻下高句丽玄菟、横山、盖牟、磨米、辽东、白岩、卑沙、麦谷、银山、后黄等十城。当时的玄菟城在今辽宁省沈阳市以东一带，辽东城在今辽宁省辽阳市，卑沙城则在水军入辽东半岛登陆地不远，约在今辽宁省大连市金州区北大黑山一带。这三座城恰好处在辽东的北部、中部和南部，其余诸城大体上在此三城附近。征战之地从辽河以东分南、北、中三路向鸭绿水推进，南路已进至泊汋城、乌骨城，今凤城市、丹东市以北，宽甸县以南地区；北路已进至南苏城、木底城，今抚顺市以东，新宾县以西；中路则进至白岩城以东，达到今辽宁省本溪市东北太子河流域。

第二次征高句丽，李勣率部从北路攻下南苏、木底二城。牛进达、李海岸率水军从辽东半岛登陆，攻下石城，进兵积利城，已达到今辽宁省庄河市、岫岩满族自治县（简称岫岩县）一带。

第三次征高句丽，薛万彻、裴行方率唐军从水陆至辽东半岛，战于曷山，获胜之后，船队入于鸭绿水，上行百余里，包围泊汋城，大败高句丽援军。

三次征战，占领了高句丽10多座城，分设州县进行管理，辽河以东，鸭绿江以西广大地区都被唐军攻占，只剩下国内、安市、乌骨等几座孤城。

唐征高句丽取得的胜利成果，还在于攻城略地所获人口，歼灭及俘虏高句丽军队方面。第一征，攻下10余城，"凡获户六万，口十有八万"。第二、第三征，以骚扰为主，也攻下了石城、南苏、木底等城。依照前10城人口数量推测，此三城人口亦当在5万人左右。还将部分人口迁入内地，"凡徙辽、盖、岩三州户口人内地，前后七万余人"。[①] 歼灭及俘虏高句丽将士也有10多万人。第一次征高句丽，克辽东城斩杀万余人。克白岩城，斩首千余级。新城、建安、驻跸三大战，斩首4万余

---

① 《资治通鉴》卷一百九十八《唐纪十四·太宗中》，北京：中华书局，1956年，第6230页。

级。降其大将二人，裨将及官人酋帅子弟 3500 人，兵士 10 万人。[1]第二次征战攻占南苏、木底城，击破其兵，死伤数未明。牛进达、李海岸凡百余战，无不克捷，亦未记死伤数。唯攻积利城，高句丽兵万余人出战，斩首 2000 级，大破之。推测此次征战，斩杀高句丽兵亦应在万人左右。第三次征战，在曷山、泊汋城与高句丽军队多次交战，均大败之，杀伤数量不清，至少也应有数千人。总计三次征伐高句丽，前后斩首 6 万余级，俘获将士 10 多万人。另获牛马、军械、光明甲、粮草不可胜数。

唐太宗通过三次征讨高句丽申明道义、远播天威、安抚百姓、重施教化。大军出征之前，太宗设宴款待雍州父老 1100 人于上林苑，与之告别，并申明出征缘由，告慰父老们，"子孙从行者，朕躬自巡抚，勿以为虑"。还赏赐百岁以上者毡被袍各 1 匹、帛 10 段、粟 10 石。90 岁以上者帛 5 段、粟 5 石。80 岁以上者帛 3 段、粟 2 石。[2]第一次征高句丽结束，还次营州之时，诏本州刺史、父老及契丹等蕃长、首领宴会。父老年 70 以上，契丹、奚蕃长以下，各赏赐缯锦绫数千万段，以嘉奖他们在征战过程中做出的牺牲与贡献。

唐太宗亲率大军渡辽河，令士兵掩埋隋末将士骸骨，诏曰："顷者隋师渡辽，时非天赞，从军士卒，骸骨相望，遍于原野，良可哀叹。掩骼之义，诚为先典，其令并收瘗之。"[3]战后，至营州，诏辽东战亡士卒骸骨，并集柳城东南，命有司设太牢，太宗作文祭之，临哭尽哀，大臣亦随之流涕。阵亡士卒父母闻之，曰："吾儿死而天子哭之，死何所恨！"

唐太宗对高句丽百姓的疾苦十分关注。破白岩城，得城中男女万余口，太宗临水设幄，以受其降，仍赐之食，80 岁以上者，赐帛有差。他城之兵在白岩者，悉加慰谕并粮仗，任其离去。攻陷辽东城，其中抗拒王师，应没为奴婢者 1.4 万人，集中于幽州，将要分赏将士。太宗怜悯其父母妻子一朝分散，令有司准其直，以布帛赎之，赦为百姓。众人深感太宗之恩，欢呼之声，三日不息。驻跸之战，高延寿、高惠贞率 36 800 人请降，简耨萨以下及酋首 3500 人，授以戎秩，迁之内地，余众 3 万余人，并释俘放还平壤。其谢恩于天子，并双举手，以额顿地，欢叫之声，闻数千里外。[4]

唐太宗亲征，与将士同甘共苦，极大地鼓舞了将士们的斗志。自发定州之日，唐太宗一直穿着一件褐袍，汗湿雨淋，还军时已有数十处洞穿。为了不劳烦大众，太宗一直没食蔬菜。遇有士兵斩樵筑道连车为梁，他还亲自驾马负薪，以解士兵之劳。将士负伤，亲往慰问，右卫大将军李思摩中弩矢，亲自为之吮血，将士闻之，莫不感动，进一步坚定灭掉高句丽的信心，这也是三征高句丽取得胜利成果的一个重要因素。

唐太宗三征高句丽，对高句丽的统治和朝鲜半岛的形势产生了重要的影响。

高句丽在战争中失去了辽东 10 多座重要城市，如玄菟、横山、盖牟、磨米、辽东、白岩、卑沙、麦谷、银山、后黄、石城、南苏、木底等。高句丽军队已从辽河退守到鸭绿江边，辽东大部分地区

---

① 《资治通鉴》卷一百九十八《唐纪十四·太宗中》，北京：中华书局，1956 年，第 6230 页。
② 《册府元龟》卷一百九《帝王部·宴享》，北京：中华书局，1960 年，第 1304 页。
③ 《旧唐书》卷一百九十九上《高丽传》，北京：中华书局，1975 年，第 5323 页。
④ 《册府元龟》卷一百二十六《帝王部·纳降》，北京：中华书局，1960 年，第 1514—1515 页。

已经归属唐朝，朝廷设置州县对其进行管理。同时，将辽东 10 余万居民迁入内地，以利于分散管理和统治。

唐军第一次征高句丽时，水陆并进约 20 万人，陆路从辽河渡水向辽东全面推进，水路则从辽东半岛登陆，向北推进，战线较长，战场分散。高句丽派出 15 万军队，各处迎击，四顾不暇。十座城市失守，新城、建安、驻跸三次大战，高句丽均遭失败，损兵折将。前后斩首 4 万余级，降其大将两员，裨将及官人酋率子弟 3500 人，士兵 10 万人。

第二、第三次出征，唐军改变大兵压境、全面出击的战略战术，采用偏师，更迭扰其疆场，派遣少量军队，重点进攻，歼灭其援军，使之疲于奔命。两次战役，又夺得几座城市，斩首近 2 万级，俘获上万人。

高句丽族人口不足百万，而辽东则占有大半。经过唐太宗三次征讨，归入唐朝州县及迁入内地人口应在 40 万左右。其军队总数约 30 万，战死者近 6 万，伤者数万，完全失去战斗力达到三分之一。被俘释放返回，局部失去战斗力的也接近三分之一。剩余的十几万军队，除了京城戍守以及王宫内苑守卫的军队之外，能够上战场的士兵已经所剩无多，这就极大地削弱了高句丽的军事实力。

此外，三年多的军事征战，使高句丽疲于防备，辽东广大地区战事不断，农田荒芜，生产凋敝，仓谷不收。仅平壤地区尚可维持生产，但难以供给军队粮草，百姓在饥馑中生活，若遇水旱灾害，则饿殍遍地，民不聊生。高句丽社会极不稳定，统治岌岌可危。

唐太宗三征高句丽对于朝鲜半岛的形势也产生了重要的影响。战前，高句丽凭借自己的实力，占据着陆路和水上的交通要道，阻断新罗入唐朝贡的道路，还同百济联兵，侵扰新罗北部边境，攻陷城池，掠夺人口。唐太宗曾多次派使臣前往高句丽，调节其与新罗的关系。高句丽盖苏文则以隋末新罗侵夺高句丽土地为由，拒不停止对新罗的侵扰。新罗王派使臣恳请唐朝出兵干预。

唐太宗出征高句丽时，曾要求新罗出兵，百济却乘此机会袭击新罗边境，以帮助高句丽。战后，唐王朝一再晓谕勿扰新罗，高句丽、百济非但不听，反而加紧军事行动。百济还与倭寇通好，企图借用倭寇的力量改变半岛局势。百济先袭取新罗七城，高句丽又与靺鞨等攻破新罗 30 余城。[①] 新罗被迫向唐求救，同时更加坚定其依靠唐朝军队解决与高句丽、百济矛盾的信心。这样，以唐朝和新罗为一方，以高句丽、百济为一方，使得两大阵线更为分明。百济加强同倭寇的联系，使得东北亚诸国之间的关系变得更为复杂。

在这种复杂、紧张的形势下，高句丽一方面派遣使臣入唐朝贡，一方面支持百济攻打新罗，这就失去了唐朝皇帝对其的信任。在新罗王一再要求下，唐高宗再次出兵征高句丽，先后灭掉了百济和高句丽，完成了唐太宗未竟的统一事业。

---

① 《三国史记》卷二十八《百济·义慈王本纪》，汉城：韩国民族文化推进会，1982 年，第 200 页。

第三节　高句丽国家灭亡

　　高句丽自西汉元帝建昭二年（公元前 37 年）立国，中经东汉、三国、两晋、南北朝、隋，至唐高宗总章元年（公元 668 年）灭亡，共 705 年，传了 28 代王。高句丽一旦灭亡，其曾经统治的地方将收为唐朝州县，部分民众也将迁徙内地，融入其他民族。高句丽灭亡的原因是多方面的，既有贵族内部的斗争，统治没落，不仁于民，压榨百姓，战祸连年，兵戈不息；也有新罗抗拒，唐兵征讨等外部原因。

　　金富轼在《三国史记·高句丽本纪》结尾部分议论道："高句丽自秦汉之后，介在中国东北隅，其北邻皆天子有司，乱世则英雄特起，僭窃名位者也。可谓居多惧之地而无谦巽之意，侵其封场以仇之，入其郡县以居之，是故兵连祸结，略无宁岁。及其东迁，值隋唐之一统，而犹拒诏命以不顺，囚王人于土室，其顽然不畏如此，故屡致问罪之师。虽或有时设奇以陷大军，而终于王降国灭而后止。然观始末，当其上下和，众庶睦，虽大国不能以取之。及其不义于国，不仁于民，以兴众怨，则崩溃而不自振。故孟子曰：'天时、地利，不如人和。'左氏曰：'国之兴也以福，其亡也以祸。国之兴也，视民如伤，是其福也；其亡也，以民为土芥，是其祸也。'有味哉斯言也。夫然则凡有国家者，纵暴吏之驱迫，强宗之聚敛，以失人心。虽欲理而不乱，存而不亡，又何异强酒而恶醉者乎！"

一、内部矛盾和斗争日益激烈

　　高句丽同其他王朝一样，经历了建国、中兴的历史阶段之后，逐渐走向衰败。一方面是王族、贵族子弟与继承者们在优越的环境中养成骄奢淫逸、贪图享乐的风气，不知稼穑之艰难，不知百姓之疾苦，丧失进取之心，使得统治集团日益腐朽、没落；另一方面则是王族权力衰微，权臣和地方势力专擅朝政，结党营私，争权夺利，操纵君王，排除异己，随意杀戮大臣和百姓，造成统治阶级内部矛盾和斗争日益激化。

　　早在阳原王十三年（公元 557 年），丸都城的贵族干朱理就集聚部众，起兵叛乱，企图占领丸都城和国内城，发展势力，篡夺王权。虽然其部最终被剿灭、被诛杀，但也已经暴露出高句丽统治阶级内部为争夺财产和权力的斗争日益激烈，日益公开化，各地方上的贵族权势也都在积蓄力量，等待时机，酿成了东部大人盖苏文杀君王、诛大臣的变乱。

　　盖苏文，姓泉氏，或称盖金。"自云生水中以感众，仪表雄伟，意气豪逸。"其父名泉太祚，为东部大人，大对卢。[1] 盖苏文性情残暴，为人狡诈，高句丽贵族多厌恶之。泉太祚死后，本该由

---

[1]　《三国史记》卷四十九《盖苏文传》，汉城：韩国民族文化推进会，1982 年，第 399 页。亦有文献记载泉太祚为西部大人。

盖苏文继承东部大人之位，但是由于贵族们的极力反对，盖苏文迟迟未能如愿。后来，盖苏文向众多贵族顿首谢罪，保证改恶从善，请求摄职，如有不可，再废无悔。众贵族见其情可悯，其人可怜，便允许其嗣任东部大人。

此时，高句丽五部旧贵族仍有自己的领地和势力。东部大人作为部族首领和地方长官，虽属世袭，亦得征询当地贵族的意见，同意后方得继任。东部大人可以地方长官的身份参与王朝政务，掌握军政权力。

荣留王末年，盖苏文参与朝政，扶植党羽，侵夺军权，恶习未改，旧性复萌。公元642年春，荣留王派遣盖苏文去辽东监督修筑长城之役。盖苏文利用职务之便，掌握了辽东军政大权，扶植旧部，训练军队，准备夺取更高的权利。

盖苏文凶残无道，扩大势力，掌握兵权，已经引起荣留王和诸部大人、大臣的议论和不满，私下密议如何除掉盖苏文。盖苏文得知这一消息后，召集旧部，准备动手。

荣留王二十五年（公元642年）冬十月，盖苏文在城南检点部兵，校阅训练，陈设酒馔，请朝中大臣和诸部大人现场临视。众人不知其计，前往城南赴宴。盖苏文指挥军队尽杀朝中大臣百余人。随后，率兵驰入王宫，将荣留王杀死，尸体砍为数段，弃之沟中。另立荣留王的侄子宝藏为王，自任莫离支，相当于唐朝的兵部尚书兼中书令。[①]

宝藏为人懦弱而无主见，盖苏文拥立其为王，朝中军国大事悉听盖苏文。高句丽贵族中，反对盖苏文的人或被杀害，或遭贬斥。一时间，盖苏文权倾朝野，"号令远近，专制国事，甚有威严。身配五刀，左右莫敢仰视。每上下马，常令贵人、武将伏地而履之。出行必布队伍，前导者长呼，则人皆奔逃，不避坑谷，国人甚苦之"[②]。

盖苏文掌握军政大权之后，镇压贵族和百姓的反抗，凶顽残暴，征兵征粮，南征新罗，阻断新罗入唐朝贡之路。

唐贞观十八年（公元644年），盖苏文不听唐朝使臣的劝告，出兵攻破新罗两城并声称，"我与新罗怨隙已久，往者隋人入寇，新罗乘隙夺我地五百里，其城邑皆据有之。自非归我侵地，兵恐未能已"[③]。新罗危机日深，求救于唐。唐太宗于贞观十九年亲率大军征高句丽，先后攻破玄菟、辽东、盖牟、白岩等10余城。经此一战，高句丽失去辽东土地，损折兵将，但盖苏文并未吸取教训，更加紧与百济结盟，侵扰新罗，甚至联系倭寇，企图阻止唐军。结果导致唐朝再度出兵征讨，改变战略战术，采取重点袭扰，围城打援，消耗高句丽军力，迫使其疲于应战。战争失利，给高句丽统治者带来巨大的压力，也使高句丽军队损伤，国力削弱，统治危机日益加深。

唐高宗乾封元年（公元666年），盖苏文死后，其三个儿子争夺权力，发生内讧，导致高句丽统治集团内乱，加速了高句丽国家的灭亡。

---

① 《三国史记》卷二十一《高句丽·宝藏王本纪》，卷四十九《盖苏文传》，汉城：韩国民族文化推进会，1982年，第158、399页。
② 《三国史记》卷四十九《盖苏文传》，汉城：韩国民族文化推进会，1982年，第399页。
③ 《三国史记》卷二十一《高句丽·宝藏王本纪》，汉城：韩国民族文化推进会，1982年，第158页。

　　盖苏文有三个儿子，名为男生、男建、男产。泉男生，字元德，九岁时任先人，迁中里小兄，相当于唐朝的谒者。年稍长又为中里大兄，开始参与朝廷事务，凡辞令之事，皆由他来主办，不久进升位头大兄。盖苏文死后，泉男生为莫离支兼三军大将军，并加大莫离支管理诸部军政事务，高句丽国中大事均由泉男生决断。其弟泉男建、泉男产亦参与朝政。

　　当时有人挑唆，对男建、男产说，男生讨厌你们二人逼迫他，想要除掉你们。男建、男产未信。又有人对男生说，男建、男产二人将不容你。男生心中疑惑，私下派人前往探视，结果被男建抓获。男建假借王命召男生，男生知所派之人被抓获，恐惧而不肯应召。男建派人杀死男生之子泉献忠，男生逃往国内城，率其余众与契丹、靺鞨之兵降附唐军。派其子泉献诚入唐营，唐高宗封泉献诚为右武卫将军，赐乘舆马、瑞锦、宝刀，令其还报泉男生。高宗还派遣契苾何力率兵前往救援，协助泉男生击退高句丽追兵。唐高宗授泉男生为平壤道行军大总管兼持节安抚大使。[①] 泉男生则召集旧部下及哥勿、南苏、仓岩诸城高句丽守军归降唐朝。

　　泉男生本为高句丽权臣，由于高句丽贵族之间的矛盾和斗争，挑拨泉氏兄弟内讧，泉男建、泉男产杀死泉男生之子泉献忠，逼其让权，泉男生只好退保国内城。在泉男建等派高句丽兵围困国内城的紧急情况下，泉男生请唐军援救，率子弟旧部归降唐朝，使高句丽军队和国力遭受到巨大的损失和打击。在唐朝军队和新罗军队的夹击之下，高句丽难以派出精兵良将来迎战，唐军很快围困平壤城，高句丽政权已是朝不保夕了。

二、自然灾害与战争造成国力衰败

　　公元6世纪中叶以后，高句丽政治、经济便出现了衰败的迹象，而且愈来愈严重。7世纪初，败势已经难以挽回。造成这种败势，既有自然灾害等天灾，也有战争、徭役等人祸。

　　据《三国史记》的记载，安原王以来，高句丽曾多次发生较大自然灾害。其中主要有：

　　安原王五年（公元535年）夏五月，国南大水，漂没民屋，死者二百余人。冬十月，地震。十二月，雷，大疫。

　　安原王六年（公元536年）春夏大旱，发使抚恤饥民。秋八月，蝗。

　　安原王七年（公元537年）春三月，民饥，王巡抚赈救。

　　安原王十年（公元540年）冬十月，桃李华。

　　安原王十二年（公元542年）春三月，大风，拔木飞瓦。夏四月，雹。

　　阳原王二年（公元546年）春二月，王都梨树连理。夏四月，雹。

　　阳原王十年（公元554年）十二月晦，日有食之。无冰。

---

① 　《新唐书》卷一百一十《泉男生传》，北京：中华书局，1975年，第4123页。《旧唐书·高丽传》载："诏授泉男生辽东大都督兼平壤道安抚大使，封玄菟郡公。"见《旧唐书》卷一百九十九上《高丽传》，北京：中华书局，1975年，第5327页。

阳原王十一年（公元555年）冬十月，虎入王都，擒之。十一月，太白昼见。

平原王三年（公元561年）夏四月，异鸟集宫庭。六月，大水。

平原王五年（公元563年）夏，大旱。王常减膳，祈祷山川。

平原王十三年（公元571年）秋七月，王畋于浿河之原，五旬而返。八月，重修宫室。蝗、旱，罢役。

平原王二十三年（公元581年）春二月晦，星陨如雨。秋七月，霜雹杀谷。冬十月，民饥，王巡行抚恤。

婴阳王、荣留王、宝藏王期间，史书中多记载高句丽与隋唐之间的战争，自然灾害记载极少。如宝藏王九年（公元650年）"秋七月，霜雹害谷，民饥"。在其他记事中也偶尔提到"旱灾，民大半乏食"等情况。这些自然灾害的发生，给高句丽人的社会生产和生活造成了极大的损失，百姓死伤，房屋倒塌，民不聊生，饥民到处流亡。高句丽王派大臣安抚百姓，恢复生产，消耗了国力。由于粮谷不登，储备缺乏，直接影响到军队的供给和人民的生活。当时的生产力水平不高，人们抗御自然灾害的能力很差，较大的水旱灾害，冰雹、霜冻灾害，蝗虫灾害，地震灾害等自然灾害，给高句丽民众的生产、生活带来了极大的损失，而这些损失在短时间内是难以恢复的。

连年的战争使高句丽国力消耗相当巨大。安原王以来，《三国史记》中记载的对新罗、百济用兵的次数亦很多：

安原王十年（公元540年）秋九月，百济围牛山城，王遣精骑五千，击走之。

阳原王四年（公元548年）春正月，以涉兵六千，攻百济独山城，新罗将军朱珍来援，故不克而退。

阳原王六年（公元550年）春正月，百济来侵，陷道萨城。三月，攻百济金岘城。新罗人乘间取二城。

阳原王七年（公元551年）秋九月，突厥来围新城，不克，移攻白岩城。王遣将军高纥领兵一万，拒克之，杀获一千余级。新罗来攻，取十城。

阳原王十年（公元554年）冬十月，攻百济熊川城，不克。

阳原王十三年（公元557年）冬十月，丸都城干朱理叛，伏诛。

婴阳王九年（公元598年）王率靺鞨之众万余，侵辽西，营州总管韦冲，击退之。

婴阳王十四年（公元603年）王遣将军高胜，攻新罗北汉山城，罗王率兵，过汉水，城中鼓噪相应，胜以彼众我寡，恐不克而退。

婴阳王十八年（公元607年）夏五月，遣师攻百济松山城，不下，移袭石头城，虏男女三千而还。

婴阳王十九年（公元608年）春二月，命将袭新罗北境，虏获八千人。夏四月，拔新罗牛鸣山城。

荣留王九年（公元 626 年），新罗、百济遣使于唐，上言："高句丽闭道，使不得朝，又屡相侵掠。"帝遣散骑侍郎朱子奢，持节谕和。王奉表谢罪，请与二国平。

荣留王十二年（公元 629 年）秋八月，新罗将军金庾信，来侵东边，破娘臂城。

荣留王二十一年（公元 638 年）冬十月，侵新罗北边七重城，新罗将军阏川逆之，战于七重城外，我兵败衄。

宝藏王二年（公元 643 年）秋九月，新罗遣使于唐言：百济攻取我四十余城，复与高句丽连兵，谋绝入朝之路。乞兵救援。

宝藏王三年（公元 644 年）盖苏文已将兵击新罗，破其两城。王使召之，乃还。玄奖谕以勿侵新罗，盖苏文谓玄奖曰："我与新罗，怨隙已久。往者，隋人入寇，新罗乘衅，夺我地五百里，其城邑皆据有之。自非归我侵地，兵恐未能已。"

宝藏王十三年（公元 654 年）冬十月，王遣将安固出师，及靺鞨兵，击契丹。松漠都督李窟哥御之，大败我军于新城。

宝藏王十四年（公元 655 年）春正月，先是，我与百济、靺鞨，侵新罗北境，取三十三城，新罗王金春秋，遣使于唐求援。

高句丽与新罗、百济之间的军事冲突，无论是由高句丽引起，还是由新罗、百济引起，都给高句丽南部边境带来了战争困扰，使其社会不稳定，百姓无法安心生产和生活。同时给朝鲜半岛南部的关系带来了新的变化，即高句丽与百济走向联合，共同对付新罗，新罗更加靠近唐王朝，并倚靠唐朝军事力量打败高句丽和百济。

此外，高句丽后期还面临着隋、唐王朝军事征伐的巨大压力，倾全国之兵力进行迎战，往往败绩，军事实力损失极大。

自然灾害和战争，已给高句丽国家带来了短时间难以恢复的伤害和损失，但高句丽统治者却仍然大兴土木，征发徭役，增加百姓负担。阳原王以后，高句丽王下令改筑白岩城，修葺新城，筑长安城等，同时兴建佛寺、道观和宫殿，耗费了大量的人力、物力，特别是荣留王时期，动员数十万民工，修筑千里长城，从西南大海边向东北到扶余城，其至派东部大人盖苏文前往监修。从荣留王十四年（公元 631 年）开始，至宝藏王五年（公元 646 年），前后进行了 16 年之久。吉林、辽宁两省的考古工作者经过多年的考古调查与研究，大体上弄清了高句丽千里长城的基本走向与起讫点。至今两省境内尚有许多以"边"或"边岗"命名的村庄，大体可连成一线。其东北起点在吉林省德惠市松花江乡老边岗屯，向西南行，经吉林省德惠、农安、怀德、梨树，辽宁省昌图、开原、铁岭、沈阳、辽中、辽阳、鞍山、海城、大石桥、营口等市县，最终止于营口市郊区老边区的前岗子。[①] 与史书所记大体相近，唯东北端扶余城则不如扶余故地更为准确些。这一巨大工程，前后征用数十万民工，给高句丽百姓带来沉重的负担，使百姓原本困苦的生活更加艰难。统治者信

---

① 李健才：《东北地区中部的边岗和延边长城》，《辽海文物学刊》1987 年第 1 期；冯永谦：《高句丽千里长城建置辨》，《社会科学战线》2002 年第 1 期。

佛、崇道，兴建庙宇，奢侈腐败，到了天怨人怒的程度。宝藏王十三年夏四月，有人于马岭上见神人，曰："汝君臣奢侈无度，败亡无日！"[1] 高句丽的统治已经走到了尽头。

三、高句丽国家灭亡

高句丽宝藏王时期，泉盖苏文家族专擅朝政，军国大事出于一人，王族贪图享乐，迷信佛道，灾荒频仍，战乱连年，百姓疾苦，人心动荡，败亡迹象明显。盖苏文等不听劝阻，穷兵黩武，致使唐朝出兵，加速了高句丽国家的灭亡。

唐太宗贞观末年确立了收复辽东，统一中国，征讨高句丽的目标，三次出兵，攻城略地，迁徙百姓，解救遗民。但唐太宗积劳病没，因而其未尽之大业只好由后继者来完成。

唐高宗即位之初，为了稳定形势，巩固统治，对高句丽、百济、新罗进行安抚，晓以利害。永徽二年（公元651年）及永徽三年，百济、新罗、高句丽先后派使臣入唐朝贡。唐高宗降玺书与百济义慈王，表明了自己的态度：

> 至如海东三国，开基自久，并列疆界，地实犬牙。近代以来，遂构嫌隙，战争交起，略无宁岁。遂令三韩之氓，命悬刀俎，寻戈肆愤，朝夕相仍。朕代天理物，载深矜愍。去岁王，攻高丽、新罗等使并来入朝，朕命释兹仇怨，更敦款穆。新罗使金法敏奏书："高丽、百济，唇齿相依，竟举兵戈，侵逼交至。大城重镇，并为百济所并，疆宇日蹙，威力并谢。乞诏百济，令归所侵之城。若不奉诏，即自兴兵打取。但得故地，即请交和。"朕以其言既顺，不可不许。昔齐桓列土诸侯，尚存亡国；况朕万国之主，岂可不恤危藩。王所兼新罗之城，并宜还其本国；新罗所获百济俘虏，亦遣还王。然后解患释纷，韬戈偃革，百姓获息肩之愿，三藩无战争之劳。比夫流血边亭，积尸疆场，耕织并废，士女无聊，岂可同年而语矣。王若不从进止，朕已依法敏所请，任其与王决战；亦令约束高丽，不许远相救恤。高丽若不承命，即令契丹诸藩渡辽泽入抄掠。王可深思朕言，自求多福，审图良策，无贻后悔。[2]

唐高宗的玺书，将高句丽、百济、新罗三国之间的关系讲得十分清楚，警告百济、高句丽，不得侵夺新罗土地、城镇、否则唐王朝将出兵征讨。高句丽与百济未听唐高宗警示，相互联合，攻伐新罗，甚至对契丹用兵，使唐王朝不得不出兵干预。

永徽五年十月，高句丽王宝藏派其将军安固率高句丽、靺鞨兵进攻契丹，松漠都督李窟哥率兵迎击，双方在新城附近交战。当时风很大，高句丽逆风放箭，箭矢四激，契丹军队乘势进攻，高句丽大败。契丹火野再战，高句丽兵死伤相籍，积尸而冢之。契丹派使者入朝告捷，高宗为露布于朝野。[3]

---

① 《三国史记》卷二十二《高句丽·宝藏王本纪》，汉城：韩国民族文化推进会，1982年，第167页。
② 《旧唐书》卷一百九十九上《百济传》，北京：中华书局，1975年，第5330—5331页。《三国史记》卷二十八《百济·义慈王本纪》，汉城：韩国民族文化推进会，1982年，第201页。
③ 《新唐书》卷二百二十《高丽传》，北京：中华书局，1975年，第6195页。

永徽六年，新罗王金春秋派使臣入唐，告高句丽与靺鞨兵攻取 36 城，请求唐朝出兵救援。^①二月，唐高宗派营州都督程名振、左卫中郎将苏定方率唐军征讨高句丽。五月，唐军渡辽河，至新城，高句丽守军见唐军人少，乃出城迎战，程名振、苏定方挥军奋战，高句丽军大败。唐军杀获高句丽千余人，纵兵焚烧外郭及村落而还。^②

显庆三年（公元 658 年）六月，营州都督兼东夷都护程名振、右领军中郎将薛仁贵率领军队进攻高句丽，夺取高句丽赤烽镇，斩首 400 余级，掳获百余人。高句丽派遣大将豆方娄领兵 3 万前来救援，程名振以契丹兵迎战，大败高句丽，斩首 3500 人。

显庆四年十一月，右领军中郎将薛仁贵与梁建方、契苾何力等赴辽东作战，在横山与高句丽大将温沙门交战，又在石城激战，连连取胜，高句丽军溃败，唐军逐攻破横山。^③

显庆五年三月，百济依恃高句丽的军事援助，数侵新罗，新罗王金春秋派使臣入唐上表求救。唐高宗以左武卫大将军苏定方为神丘道行军大总管，率左骁卫将军刘伯英等水陆大军十万征讨百济。以新罗王金春秋为嵎夷道行军总管，率新罗之兵与之合势。八月，苏定方率军自成山渡海，百济凭据熊津江口拒战，唐军进击大破之，百济死者数千人，残兵溃逃。苏定方指挥水陆大军齐进，直趋其都城，未至 20 余里，百济以倾国之兵来战，唐军大败之，斩杀万余人，乘胜攻下外郭。百济义慈王及太子隆逃于北境，唐军进围其城。义慈王次子泰自立为王，率军固守。唐军猛攻之下，城中将领及百姓出降。苏定方率军登上城楼，树起唐朝旗帜，义慈王及其子隆、泰率诸城皆降，百济灭亡。^④高句丽失去了一个军事盟友，愈加孤立、危急。十二月，唐高宗以左骁卫大将军契苾何力为浿江（今大同江）道行军大总管，左武卫大将军苏定方为辽东道行军大总管，左骁卫将军刘伯英为平壤道行军大总管，蒲州刺史程名振为镂方道总管，分路进攻高句丽。

龙朔元年（公元 661 年）春正月，招募黄河南北、淮河以南 67 州兵，共 4.4 万余人，前往平壤、镂方两道行营，并以鸿胪卿萧嗣业为扶余道行军总管，率回纥诸部士兵前往平壤。八月，苏定方率军在浿水与高句丽交战，大破之，屡战皆捷，遂进围平壤城。九月，辽东道唐军进至鸭绿水，高句丽派泉男生以精兵数万凭险据守，唐军一时难以渡水。后契苾何力军至，鸭绿水结冰，遂督诸军过鸭绿水，大军鼓噪而进，高句丽军大溃，追击数十里，斩首 3 万余级，余众皆降，泉男生只身逃回。诸路唐军向平壤会合，准备进攻之时，"会有诏班师，乃还"^⑤。

龙朔二年（公元 662 年）二月，兵部尚书浿江道总管任雅相卒于军中。左骁卫将军白州刺史沃沮道总管庞孝泰与高句丽战于蛇水之上，军败，与其子 13 人皆战死。苏定方军围平壤，久攻不下，

---

① 《新唐书》卷二百二十《高丽传》，北京：中华书局，1975 年，第 6195 页。《三国史记·高句丽·宝藏王本纪》作"三十三城"；《旧唐书·高丽传》作"三十余城"。

② 《新唐书》卷二百二十《高丽传》，北京：中华书局，1975 年，第 6195 页。

③ 《旧唐书》卷八十三《薛仁贵传》，北京：中华书局，1975 年，第 2781 页。《新唐书·薛仁贵传》中"温沙门"作"温沙多门"。

④ 《三国史记》卷二十八《百济·义慈王本纪》，汉城：韩国民族文化推进会，1982 年，第 204—205 页。

⑤ 《旧唐书》卷一百九《契苾何力传》，北京：中华书局，1975 年，第 3293 页。

天降大雪，唐军乃解围而还。

乾封元年（公元666年）六月，高句丽莫离支盖苏文死，其子泉男生继任莫离支，总揽军政大权。其弟男建、男产与之争夺权利，发生内讧，泉男生退保国内城，被迫派其子泉献诚入唐求救，盖苏文弟净土亦请割地降唐。唐高宗以右骁卫大将军契苾何力为辽东道安抚大使，率兵救援。以泉献诚为右武卫将军，充任向导，又命左金吾卫将军庞同善、营州都督高侃为行军总管，左武卫将军薛仁贵、左监门将军李谨行殿后，向辽东进发。九月，庞同善军进至新城，命薛仁贵为后援。泉男生之弟男建率高句丽军夜袭庞同善大营，薛仁贵领精锐骁勇前往救援，斩首数百级。庞同善进至金山，为高句丽兵所败，薛仁贵横兵奋击，高句丽兵大败，斩首5万余级，并乘胜攻下南苏、木底、苍岩三城。泉男生赶到，招抚哥勿、南苏、苍岩诸城高句丽残兵降唐。唐诏授泉男生特进辽东大都督兼平壤道安抚大使，封玄菟郡公。[①] 十二月，唐高宗命司空、英国公李勣为辽东道行军大总管，司列少常伯郝处俊副之。庞同善、契苾何力并为辽东道行军副大总管兼安抚大使。水陆诸军总管及运粮使窦义积、独孤卿云、郭待封等，俱受李勣节制。河北诸州租赋悉诣辽东以供军用。[②] 唐军兵马强壮，粮草充足，准备与高句丽进行决战。

乾封二年二月，李勣率唐军水陆并进，渡辽河至新城。李勣对诸将说："新城是高丽西境镇城，最为要害，若不先图，余城未易可下。"于是引兵于新城西南，据山筑栅，且攻且守，城中窘迫，城人师夫仇等绑缚城主大开城门，迎接唐军。李勣命契苾何力镇守新城，亲率大军东进，连下高句丽16城。

总章元年（公元668年）二月，李勣率薛仁贵部进攻扶余城，率精兵2000人，大败高句丽军队，夺得扶余附近40余城，辽东道唐军还攻破薛贺水高句丽5万人之阵，斩首5000余级，掳获3万余人，器械、牛马不可胜计。[③] 九月，辽东诸路大军会于鸭绿水，李勣纵兵大败高句丽军队，挥军渡江，追击200余里，攻克辱夷诸城，高句丽将领、士兵出降，遁逃者无数。李勣、契苾何力率诸军进逼平壤城。辽东道副大总管刘仁轨、郝处俊，将军薛仁贵亦先后率军至平壤，形成包围之势。月余，宝藏派泉男产率高句丽大小官吏98人，持白幡至李勣大营请降。泉男建仍紧闭城门死守，几次派兵出战，皆被战败。男建知大势已去，便将军权委于僧人信诚，信诚与小将乌沙饶苗等秘密派人去唐营请为内应。后五日，信诚开门迎唐军，李勣纵兵登城，鼓噪焚城。泉男建自刺未死，与宝藏等被擒。李勣率唐军还师，高宗命先以宝藏王等献俘于昭陵。整饬军容，高奏凯歌入于京师，献于太庙。十二月，唐高宗受俘于含元殿。诏以高藏政不由己，授司平太常伯，男产先降，授司宰少卿，男建配流黔州。男生以向导有功，授右卫大将军，封汴国公，特进如故。

唐在高句丽故地"置都督府九、州四十二、县一百，又置安东都护府以统之。擢其酋渠有功者

① 《旧唐书》卷八十三《薛仁贵传》，北京：中华书局，1975年，第2782页；《旧唐书》卷一百九十九上《高丽传》，北京：中华书局，1975年，第5327页。

② 《资治通鉴》卷二百一《唐纪十七·高宗上》，北京：中华书局，1956年，第6350—6351页。

③ 《旧唐书》卷八十三《薛仁贵传》，北京：中华书局，1975年，第2782页。

授都督、刺史及县令，与华人参理百姓。乃遣左武卫将军薛仁贵总兵镇之"[①]。至此，一个存在了705 年的民族政权灭亡了。高句丽遗民被迁徙到各地，逐渐融入其他民族。

第四节 唐对高句丽遗民的管理

一、高句丽的人口数量

高句丽灭国以后，唐朝有关部门曾对高句丽境内的人口进行一次粗略的统计，史书记载大体相同：

《旧唐书·高宗本纪》记载，唐灭高句丽，境内尽降，"其城一百七十，户六十九万七千，以其地为安东都护府，分置四十二州"。

《旧唐书·地理志》记载，"高丽本五部，一百七十六城，户六十九万七千。其年十二月，分高丽地为九都督府、四十二州、一百县，置安东都护府于平壤城以统之"。

《旧唐书·高丽传》记载，"高丽国，旧分为五部，有城百七十六，户六十九万七千，乃分其地，置都督府九、州四十二、县一百，又置安东都护府以统之"。

《新唐书·地理志》记载，"总章元年，李勣平高丽国，得城百七十六，分其地为都督府九、州四十二、县一百。置安东都护府于平壤以统之"。

《新唐书·高丽传》记载，唐灭高句丽，"收凡五部，百七十六城，户六十九万"。

《唐会要》记载，"总章元年九月十四日，辽东道行军总管司空李勣平辽东。其高丽旧有五部，一百七十六城，六十九万七千户。至十二月七日，分高丽地为九都督府、四十二州、百县，置安东护府于平壤城以统之"。

《资治通鉴·唐纪·高宗中》记载，总章元年九月，李勣拔平壤。十二月，"分高丽五部，百七十六城，六十九万余户，为九都督府、四十二州、百县，置安东都护府于平壤以统之"。

《三国史记·宝藏王本纪》载，宝藏王二十七年（唐总章元年）十二月，"分五部、百七十六城、六十九万余户，为九都督府、四十二州、百县。置安东都护府于平壤以统之"。

以上诸史书所记，唐灭高句丽时，得 176 城，册籍户口 69.7 万户。唯《新唐书·高丽传》记"六十九万户"，舍去"七千户"，而《资治通鉴》《三国史记》记为"六十九万余户"。高句丽境内之人多以城或城附近为居，户籍入于城，176 城，69.7 万户，平均每城 4000 户左右。

据《旧唐书·高丽传》记载，贞观十九年（公元 645 年）"夏四月，李勣军渡辽，进攻盖牟城

① 《旧唐书》卷一百九十九上《高丽传》，北京：中华书局，1975 年，第 5327 页；《三国史记》卷二十二《高句丽·宝藏王本纪》，汉城：韩国民族文化推进会，1982 年，第 170 页。

拔之，获生口二万，以其城置盖州"。克辽东城，"俘其胜兵万余口，以其城为辽州"。降白岩城，"获士女一万，胜兵二千四百，以其城置岩州"。从三城所获人口数量看，盖牟城 2 万人，以每户 5 口计，则所获为 4000 户，若加上死亡者、逃逸者，此城户口数应在 5000 户以上。辽东城获胜兵万余口，以每户 1 兵计，户口数亦在万户左右。《三国史记》载，克辽东城后，"捉胜兵万余人，男女四万口，粮五十万石"。加上死亡者与逃逸者，辽东重镇，户口总应在万户以上。白岩城获士女 1 万人，户口亦应在 4000 户左右。另外，《三国史记》记载，程名振渡海破卑沙城，"男女八千口没焉"，其户口总数亦应在 3000 户左右。从上面所列盖牟、辽东、白岩、卑沙四城户口情况看。唐灭高句丽时，得 176 城，户籍数 69.7 万户还是比较准确的。

尚需说明的是，《新唐书·高丽传》记载李勣军攻破盖牟、辽东、白岩三城，所得之"户二万""户四万""男女凡万"都应当是俘获人口数，而非原来户口数。

高句丽居民 69.7 万户，合在籍人口 348.5 万人。这两个数字，既然是高句丽灭亡时的户数和人口数，那就应当是生活在高句丽境内的各族人的户口数和总人数，应包括汉人、高句丽人、靺鞨人、契丹人、新罗人、百济人等，当然还应包括唐征高句丽及此期间新罗、百济、高句丽战争中死亡、迁徙、逃逸的人数。在这 69.7 万户居民中，高句丽族人究竟占多大比例，史书缺乏明确记载，只能进行一些初步的分析和推断。

两汉时期，中央和地方十分注意户籍的登记和人口的增长，这关系政府的税收、徭役等许多方面，因此留下了许多珍贵的统计资料：

《汉书·地理志》载，"辽东郡，户五万五千九百七十二，口二十七万二千五百三十九。""玄菟郡，户四万五千六，口二十二万一千八百四十五""乐浪郡，户六万二千八百一十二，口四十万六千七百四十八"。

《后汉书·郡国志》载，"辽东郡，户六万四千一百五十八，口八万一千七百一十四""玄菟郡，户一千五百九十四，口四万三千一百六十三""乐浪郡，户六万一千四百九十二，口二十五万七千五十"（其中辽东郡的户数与人口数严重不符，可能出现断简，估计应为 28.1714 万人）。

从西汉末到东汉末的 200 余年间，辽东郡户口增加 8186 户，人口增加 9175 人；玄菟郡户口减少 4.4006 万户，人口减少 17.8682 万人；乐浪郡户口减少 1320 户，人口减少 14.9698 万人。玄菟、乐浪两郡人口减少的原因除战争、灾害、饥饿、病害等，最重要的应该是高句丽建国以后，这一部分人口从玄菟、乐浪两郡户籍中流失。

《三国志·高句丽传》载，"高句丽在辽东之东千里，南与朝鲜、秽貊，东与沃沮，北与夫余接。都于丸都之下，方可二千里，户三万"。以其成书时代看，这应该是东汉末年至西晋初年的高句丽人户口数。比东汉末玄菟、乐浪两郡户籍流失数量少 1.5326 万户。高句丽人口若按 15 万计，那么比玄菟、乐浪两郡流失人口数量少 17.838 万户。这两个数字若作为战争或疾病等损失户籍和人口，都似乎大了些，其中很可能包括高句丽境内一批汉人没统计进来。也就是说，高句丽在东汉末西晋初的 3 万户只是指高句丽人。这样，辽东、玄菟、乐浪和高句丽的总户数应为 15.7199 万户，高句丽人的 3 万户只占其中的 19.084%。

随着高句丽的发展与扩张，到好太王、长寿王统治时期，已经占领了辽东、玄菟、乐浪、带方等广大地区，人口数量也有了很大的增加。到唐灭高句丽时，其户籍总数为 69.7 万。若按东汉末至西晋初年高句丽人口与这一地区人口的理论比例计算，高句丽人应有 13.3 万户。然而，人口增长的情况并非像理论推断的那样，特别是在长寿王到阳原王的 170 多年间，高句丽向南北朝诸国称臣纳贡，并与其和睦相处，使高句丽经济发展、生活稳定，也是人口增长的高峰期。这一时期，高句丽人口增长的比例，大大超过东汉末至西晋初的理论比例。为了弥补统计上过大的误差，可以用相关史书记载的数字来进行校正。《三国遗事·高句丽》载，"高丽全盛之日，二十一万五百八户"。全盛之日当在长寿王时期，至唐朝初年，高句丽经过征战，人口数量略有减少，但幅度不会太大。若以理论增长的户口数与全盛之日户口数相校正，灭国前的高句丽户口应有 17.2 万户左右，占高句丽国内户口总数的 24.68%，这一比例也较为合适。

经过分析可知，高句丽灭亡时，全国户口为 69.7 万，人口为 348.5 万人。其中有高句丽族居民为 17.2 万户左右，人口为 86 万人左右。

二、高句丽人口的流向

高句丽灭亡前后，曾有几次大规模的移民行动，使高句丽人流入中原、新罗和其他地区，但高句丽人多数还是留在了辽东地区，接受唐安东都护府下的州县管辖。

由于史书记载相互出入较大，今人的一些研究成果又混淆地域和民族，对于移民数字及留在原地居民的估计也存在失衡之处。因此，有必要按照高句丽人迁居的地区，将有关移民数字和比例稍做核对、说明。

第一，迁入中原地区。

高句丽居民大规模迁入中原地区应分两个阶段，一是在唐太宗贞观年间，二是在唐高宗总章年间。

唐太宗在贞观十九年（公元 645 年）、二十一年（公元 647 年）、二十二年（公元 648 年）三次征高句丽，以第一次征讨规模最大、迁徙高句丽人口最多。唐德宗时开始编纂的《唐会要》对唐太宗征高句丽进行了简要的总结，其中贞观十九年之征，"凡徙辽、盖、岩三州户口入内地，前后七万余人"。此记录只是贞观十九年之事，而且是迁辽东、盖牟、白岩三州之高句丽民户，7 万余人留有一定的余地，可信程度较高，被后出史书因袭。如《册府元龟·帝王部·亲征》记载唐太宗贞观十九年征高句丽，"凡徙辽、盖、岩三州户口入内地，前后七万人"。删除了一个"余"字，使"七万人"看似准确，可信程度则减弱了。

成书稍晚些的《资治通鉴》，从贞观十九年春唐太宗御驾亲征，按时间顺予记录诸多战事，攻城略地，依计分军，胜利进军，直至九月班师，记载颇详尽。其在总结战争成果时指明："凡征高丽，拔玄菟、横山、盖牟、磨米、辽东、白岩、卑沙、麦谷、银山、后黄十城，徙辽、盖、岩三州户口入中国者七万人。新城、建安、驻跸三大战，斩首四万余级，战士死者几二千人，战马死者什七、八。"将攻下的十座城和三大战役的战果写了进来，所迁辽东、盖牟、白岩三州人口仍是"七万人"。

《唐会要》中迁徙内地的"七万余人"，应该来自"两唐书"的相关记载。《旧唐书·高丽传》记载，"夏四月，李勣军渡辽，进攻盖牟城，拔之，获生口二万，以其城置盖州"。攻克辽东城，"俘其胜兵万余口，以其城为辽州"。降白岩城，"获士女一万，胜兵二千四百，以其城置岩州"。辽东城所俘人口数目无记，可以《新唐书·高丽传》补之，克辽东城，"获胜兵万，户四万，粮五十万石，以其地为辽州"。《新唐书》将盖牟、白岩俘获人口分别记为"户二万""男女凡万"，是将人口数误为户口数。经"两唐书"互校，可得辽、盖、岩三州俘获人口分别为4万、2万、1万，加上一些胜兵，恰好为7万余人。

另外有玄菟、横山、磨米、卑沙、麦谷、银山、后黄等7城，史书未记其战事，亦未见俘获人口，可能战争不激烈，或军至即降，百姓就地安抚，没有人口迁入内地。

至于新城、建安、驻跸三大战役之后，唐太宗选择"耨萨以下酋长三千五百人，授以戎秩，迁之内地"①。《唐会要》《册府元龟》《资治通鉴》所记数字相同，唯《新唐书·高丽传》作唐太宗"料酋长二千五百人，悉官之，许内徙"。少了1000人。若将这些人也算上，贞观十九年（公元645年）迁入中原各地的高句丽人应在7.3万人以上。贞观二十一年、二十二年两次征高句丽，以重点进攻的战略消耗高句丽军队，使之不得安宁，但只攻克南苏、木底、石城等小城，未见有俘获迁徙的记录。

《旧唐书·房玄龄传》中，房玄龄对其诸子讲唐太宗征高句丽时说道："未经旬月，即拔辽东，前后虏获，数十万计。分配诸州，无处不满。"这数十万掳获者所分配诸州，即包括迁入内地的，也包括唐军攻下十余城新置之州，如辽州、盖州、岩州等，而且分配在这里的数量还不会太少。试想一下，唐军攻城略地，设置行政管理，总要安置一批居民才好，只是稍做些调整。高句丽贵族、官员及不容易管理者才迁往中原各地，分而治之。一次迁徙7.3万余人长途跋涉入内地，也属不易之举。

唐高宗永徽六年（公元655年），新罗王遣使入唐求救，唐军出征高句丽，至总章元年（公元668年）九月，攻占平壤，俘获宝藏王，高句丽灭国。唐朝又一次将高句丽居民迁往中原。

《旧唐书·高宗纪》载，总章二年"五月庚子，移高丽户二万八千二百，车一千八十乘，牛三千三百头，马二千九百匹，驼六十头，将入内地。莱、营二州般次发遣，量配于江淮以南及山南、并、凉以西诸州空闲处安置"。《新唐书·高丽传》载，"总章二年，徙高丽民三万于江淮、山南"。此两书所记不仅数字略有不同，单位亦不相同，前者为户数，后者为民数。且《旧唐书·高丽传》《新唐书·高宗纪》均不载。《唐会要》记，唐灭高句丽，"分其地置都督府九，州四十二，县一百。又置安东都护府以统之。移其户二万八千于内地"。《通典·高句丽》记载，总章"二年，移高丽户二万八千三百，配江淮、岭南、山南、京西"。

以上史料可证明，总章二年（公元669年）迁入内地的高句丽人是2.8万多户，《新唐书》所

① 《旧唐书》卷一百九十九上《高丽传》，北京：中华书局，1975年，第5325页。

记"三万"与2.8万接近，亦应为户数。以一家五口计，此次迁徙人口大体上有14万多。

应该说明的是，晚出的《资治通鉴》《三国史记》《东国史略》记载迁入中原的高句丽户数为"三万八千二百"或"三万八千三百"，乃后人传抄之误。

综合高句丽灭国前后两次大规模的迁徙可知，进入中原的高句丽人可达22万左右。

高句丽灭国前后，有一批高句丽王族及贵族官吏投降唐朝，受到唐王朝的礼遇和封赏，成为唐王朝的臣民。其中，最为典型的就是泉氏家族。泉盖苏文的儿子泉男生降唐之后，高宗册封其为特进辽东大都督兼平壤道安抚大使，封玄菟郡公。[①]乾封二年（公元667年），泉男生奉召入京，赐第京师，协同征东大总管李勣攻陷高句丽都城平壤，俘获高句丽王藏等王公大臣入长安。总章元年泉男生返回长安，再被封进为右卫大将军、汴国公，食邑三千户，特进勋官如故。《泉男生墓志》记载"遥拜公特进，太大兄如故"（图7.1）。泉男生之子孙泉献诚、泉玄隐、泉毖等世代在唐朝为官。降唐的高句丽王高藏之子孙高男福、高任武、高德武、高宝元、高震也都得到唐朝的封赏，在唐朝世代为官。已经发现的高句丽贵族遗民的墓地多处（图7.2）。同时发现在唐朝为官者的墓志铭有20多方，分别记录了他们的家族来自高句丽，到唐朝为官受到册封赏赐的情况（图7.3）。

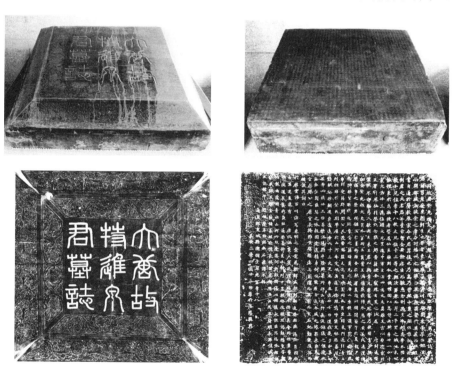

图7.1　泉男生墓志

资料来源：《东北史地》2005年第4期图版

---

① 《旧唐书》卷一百九十九上《高丽传》，北京：中华书局，1975年，第5327页。

图 7.2 洛阳邙山泉男生、泉献诚墓地

资料来源:《东北史地》2005 年第 4 期图版

图 7.3 高玄墓志与泉毖墓志拓片

资料来源:《东北史地》2005 年第 4 期图版

第二,进入新罗地区。

高句丽人进入新罗地区的情况较为复杂,时间要从隋末时开始,至高句丽灭国后几十年间。大体情况有两种,一种是主动投入新罗地区,另一种则是在战争中俘获和占领的。

据《三国史记》记载,主动投入新罗地区的有:

唐高宗乾封元年(公元 666 年),盖苏文死,高句丽贵族内部发生权力之争,盖苏文长子泉男生因受其弟泉男建、泉男产攻击,率子泉献诚降唐,唐出兵救援。盖苏文之弟渊净土见大势已去,"以城十二,户七百六十三,口三千五百四十三"投入新罗,新罗将净土及贵族官吏24人安置王都及州府,并派兵戍守降城。

总章元年(公元 668 年)唐灭高句丽之前,净土入唐朝贡而不返。① 总章二年宝藏王之庶子"安胜率四千余户投新罗"②,人口亦应该达到 2 万左右。

---

① 《三国史记》卷六《新罗·文武王本纪》,汉城:韩国民族文化推进会,1982 年,第 56 页。
② 《三国史记》卷二十二《高句丽·宝藏王本纪》,汉城:韩国民族文化推进会,1982 年,第 171 页。

　　咸亨元年（公元 670 年）夏四月，高句丽贵族剑牟岑欲叛唐复国，立宝藏王外孙安舜为主，唐高宗派遣大将军高侃为东州道行军大总管发兵征讨，安舜杀剑牟岑，率余众奔新罗。后来，高侃与李谨行分别破高句丽叛军于安市、瓠泸河之西，余众皆奔新罗。[①] 投入新罗的人数没有记录，估计至少也应有万余人。

　　以上三次投入新罗各地的高句丽人有 3 万多人。

　　在战争中俘获的，以及新罗先后占领的高句丽州城并入的高句丽人，数量也不在少数。

　　隋末战争中，新罗乘隋军征高句丽之机，占领高句丽东南部边境地区 500 里，其城邑皆据有之。盖苏文曾多次出兵，方夺得两城。后因唐朝用兵于高句丽，高句丽无暇顾及，遂为新罗占有，归入新罗的高句丽人也应在 5 万口以上。

　　总章元年（公元 668 年），新罗出兵，配合唐军围攻平壤，平壤投降，高句丽灭国后，新罗俘获一批高句丽人，文武王将其中 7000 人迁入京城。[②]

　　开元二十四年（公元 736 年），唐朝将浿江以南地区赐予新罗。新罗王遣使入唐奉表陈谢："伏奉恩敕，赐浿江以南地境。臣生居海裔，沐化圣朝，虽丹素为心，而功无可效，以忠贞为事，而劳不足赏。陛下降雨露之恩，发日月之诏，赐臣土境，广臣邑居，遂使垦辟有期，农桑得所。臣奉丝纶之旨，荷荣宠之深，粉骨糜身，无由上达。"[③] 后来，新罗王将浿江以南并入的高句丽州县进行改名，高句丽汉山州改为汉州，领州一、小京一、郡二十七、县四十六；中首州改为朔州，领州一、小京一、郡十一、县二十七；河西州改为溟州，领州一、郡九、县二十五。[④] 居住在这些地区的高句丽人悉数归入新罗。

　　浿江以南地区是高句丽后期重点开发地区，正好处在朝鲜半岛中部地区，约占高句丽灭国前统治区域的十分之一以上，且为人口较密集地区，估计应该将近 10 万人。

　　以上情况分析可知，高句丽灭国前后，进入新罗—朝鲜半岛中南部地区的高句丽人至少应有 18 万人左右。

　　第三，留在高句丽故地。

　　大体上包括两个区域，一是朝鲜半岛北部，另一则是辽东地区。

　　高句丽后期，都城在平壤之时，朝鲜半岛北部是高句丽人居住比较稠密的地区。高句丽建国前后，邻近鸭绿江左岸的广大地区早已属高句丽五部之东部顺奴部。太祖大王时期，高句丽已占据了萨水以北的广大地区。

　　另外，平壤一带一直是箕子朝鲜、卫氏朝鲜的中心地区，西汉以后的乐浪郡所在地，人口密度亦较大，当时达到 6.2812 万户，人口 40.6748 万人。

　　高句丽灭国前，朝鲜半岛北部的高句丽户口应该有 10 万户左右，人口为 50 万人左右。战争中

① 《三国史记》卷二十二《高句丽·宝藏王本纪》，汉城：韩国民族文化推进会，1982 年，第 171 页。

② 《三国史记》卷六《新罗·文武王本纪》，汉城：韩国民族文化推进会，1982 年，第 57 页。《册府元龟·外臣部·朝贡》。

③ 《三国史记》卷八《新罗·圣德王本纪》，汉城：韩国民族文化推进会，1982 年，第 78 页。

④ 《三国史记》卷三十五《地理志》，汉城：韩国民族文化推进会，1982 年，第 308—314 页。

其人口迁往中原一部分，进入新罗一部分。总章二年迁徙到江淮、山南、并州、凉州诸地的 2.82 万余户的 14 万多人，都应是从这一地区迁走的。再加上进入新罗以南地区的高句丽人 18 万多人，从朝鲜半岛高句丽故地迁出的遗民总数应在 32 万人左右，剩余人口仍有 18 万人左右。

至于辽东地区，高句丽人聚居之地，特别是纥升骨城与国内城一带，人口一直较多。自太祖大王以来，高句丽屡犯辽东，直至好太王时期才占据辽东地区。高句丽人也从两个旧都向外迁移。到高句丽灭国之前，辽东地区的高句丽户数应在 7.2 万户左右，人口在 36 万人左右。贞观十九年（公元 645 年），唐太宗迁徙辽东、盖牟、白岩等地高句丽居民有 7.3 万多人，或接近 8 万人。剩余高句丽人口约在 26 万人。经过两次较大规模的向中原迁移，又进入新罗地区一部分，高句丽故地的高句丽人还应在 44 万人左右。然而这不过是个理论上的数字。战争中总是会有人死亡，仅唐太宗、唐高宗征高句丽的战争中高句丽的军队就有 10 多万人死亡。

贞观十九年，唐军攻克辽东城，斩杀万余人；进军白岩城，斩首千余级；新城、建安、驻跸三大战役，斩首 4 万余级。

贞观二十一年，牛进达、李海岸入高句丽境，凡百余战，无不克捷。虽无斩杀记录，以每战斩杀 80 人计，还有 8000 多人。另攻下石城，杀死高句丽兵亦未计。仅在积利城下一战，李海岸便率军斩首 2000 级。百余战总计斩首也应在万人左右。

贞观二十二年，薛万彻部将古神感战于曷山、泊汋城，斩杀大将所夫孙，部众亦应有数千人。

以上，唐太宗征高句丽，斩杀高句丽兵达 6 万多人。

唐高宗永徽五年（公元 654 年），松漠都督李窟哥大败高句丽于新城，人死相藉，积尸而冢之，斩杀之数亦超过千人。永徽六年，程名振、苏定方渡辽河，在新城外大败高句丽，杀获千余人，纵兵焚烧外郭及村落。

显庆三年（公元 658 年），程名振、薛仁贵夺取高句丽赤烽镇，斩首 400 余级，斩杀援军 2500 人。

龙朔元年（公元 661 年）九月，辽东道唐军会师鸭绿水，与高句丽军交战，斩杀高句丽兵 3 万余级。

乾封元年（公元 666 年）九月，薛仁贵率部于金山大败高句丽军，斩首 5 万余级。

总章元年（公元 668 年）二月，唐军破薛贺水高句丽阵，斩首 5000 余级。

以上唐高宗破高句丽，先后斩杀 9 万余人。加上唐太宗征伐中斩杀之数，总数在 15 万人以上。若加上此期间在同新罗作战中死伤士兵，以及围困平壤时死伤的士兵和百姓，战争中死亡人口将要超过 20 万人。这样，高句丽故地所剩的高句丽人只有 24 万人左右了。这 24 万高句丽人后来也有很大的变化。据《旧唐书·高丽传》载，"仪凤中，高宗授高藏开府仪同三司、辽东都督、封朝鲜王，居安东，镇本藩为主。高藏至安东，潜与靺鞨相通，谋叛，事觉，召还，配流邛州。并分徙其人，散向河南、陇右诸州，其贫弱者，留在安东城旁"。仪凤二年（公元 677 年）或稍后时，将高句丽人"分投突厥及靺鞨等，高氏君长遂绝矣"。宝藏等人谋反，使唐朝有一批迁徙高句丽人到河南、陇右诸州，其数量不会少于 5 万人。再投向突厥万余人，投向靺鞨人居住地区 10 多万人，留在原高句丽故地也只有 10 余万人了。

公元 698 年，渤海建国，高句丽故地的居民全部归入渤海国统辖范围之内。

三、唐王朝对高句丽的管理

高句丽灭国后，唐王朝在高句丽故地设置都护府对其进行管理，同时也对迁徙到内地的高句丽居民实行分散管理，从而促进高句丽与内地汉族和其他民族的融合。

唐太宗、唐高宗时期，先后将 22 万多高句丽移民迁往内地，并将他们分别安置在江淮以南和山南、并州、凉州以西诸州空闲处，另外在河南、长安一带也有一批高句丽人居住。这种对被征服民族采用迁徙、分散管理的方式，在汉代就已实行过。唐朝对高句丽一方面使一些人去并州、凉州以西诸州"实广虚之地"，让他们在那里开发荒原，发展生产。迁到那里的高句丽人往往是一些贵族和富豪。用改变其生活环境、生活方式的办法，使之入乡随俗，淡忘过去的一切，与河西地区居民融合在一起。另一方面也使一些高句丽居民迁往江淮和长安附近，让他们在接受唐王朝经济文化影响的同时也将高句丽文化带来，进而相互交流与学习。

对于一般的高句丽居民，在中原各地郡县管辖之下，编入户籍，按户口征收赋税，服徭役，成为大唐的编户齐民。随着时间的推移，高句丽与汉民族相互通婚，大量地融进了汉民族之中。

有一批高句丽王公贵族、高级将领，如宝藏、净土、泉男生、泉献诚等，分别委以官职，安置在长安。其家族、子弟也在长安等地得到较好的关照。后来成为唐朝将领和官吏的高仙芝、王毛仲、王思礼、李正己等都是高句丽移民的后代，因其功绩得到封赏，两唐书亦为其立传。

唐王朝灭掉高句丽之后，将其故地分为 9 都督府、42 州、100 县，派遣一批官吏，选拔一批高句丽降将、官吏而有功者共同管理。设安东都护府于平壤，以左武卫将军薛仁贵总兵镇之。[①]

《新唐书·地理志》记载的 9 都督府有：新城州都督府、辽城州都督府、哥勿州都督府、卫乐州都督府、舍利州都督府、居素州都督府、越喜州都督府、去旦州都督府、建安州都督府。《旧唐书·地理志》只记了新城州、辽城州、哥勿州、建安州 4 都督府，其余 5 都督府不记。下领 42 州，后来变化较大，两唐书皆剩 14 州。《新唐书》记为南苏州、盖牟州、代那州、仓岩州、磨米州、积利州、黎山州、延津州、木底州、安市州、诸北州、识利州、拂涅州、拜汉州。

唐太宗时期，平突厥和西北少数民族政权时，曾设州县管理，其大者为都督府，以其首领为都督、刺史，皆得世袭，其贡赋版籍，多不上户部。唐高宗安东都护府以下的都督府、州、县之长官则不完全由高句丽人担任，以汉官为主，高句丽降官中有功者可授予都督、刺史、县令之职，与中原人共同理政。这也是边疆地区官吏任免方面的一次改革，以加强唐王朝的管理为最终目的。对于刚刚结束战争，政局尚未稳定的高句丽故地及遗民，适当任用高句丽官吏对其进行安抚，无论从感情上、方法上，都更容易得到原有高句丽居民的认可，再用唐朝官吏加以监督和制约，可以收到更好的效果。

在九都督府之上设置安东都护府进行统辖，顾名思义，唐朝设此都护府是为了促进东部边疆安平、百姓安居。

---

① 《旧唐书》卷一百九十九上《高丽传》，北京：中华书局，1975 年，第 5327 页。

安东都护府属上都护府，其职官配置为："大都护一人，从二品；副大都护二人，从三品；副都护二人，正四品上；长史一人，正五品上；司马一人，正五品下；录事参军一人，正七品上；录事二人，从九品上；功曹参军事、仓曹参军事、户曹参军事、兵曹参军事、法曹参事各一人，正七品下；参军事三人，正八品下。"其职掌为，"统诸蕃，抚慰、征讨、叙功、罚过，总判府事"。① 或曰，"掌抚慰诸蕃，辑宁外寇，觇候奸谲，征讨携贰"。② 可见，安东都护的权力是颇为重要的。首先，对高句丽故地各府、州、县百姓的统治与管理，执行中央王朝对高句丽遗民进行稳定、安抚的政策。管理户籍、税收、贡赋，安定社会秩序。发展生产，恢复经济，以满足生活需要。其次，对反叛、奸谲不轨者进行镇压，防止外敌入侵，一旦有事，有权出兵征讨。再次，对属下机构官吏的统领与治理，对于下属汉官与高句丽官员实行监督，赏功、罚过，实行军政合一的管理。为了维护统治、便于管理，都护掌握兵权。薛仁贵总领 2 万军队，在维护地方秩序上，发挥了重要的作用。

唐王朝在对高句丽遗民进行安抚、管理的同时，十分注意那些私下联系、阴谋复国的活动，并成功地粉碎了两次复国叛乱。

咸亨元年（公元 670 年）夏四月，高句丽贵族首领剑牟岑欲兴复高句丽国，立宝藏王外孙安舜为主，起兵叛唐。唐高宗派遣左监门大将军高侃为东州道行军大总管，发兵征讨。安舜见势于己不利，杀死剑牟岑，率众投奔新罗。第二年秋七月，高侃在安市城大败高句丽余众，随后在白水山大败高句丽散兵，并击退新罗前来救援之兵。咸亨四年闰五月，燕山道总管、右领军大将军李谨行大破高句丽叛者于瓠泸河之西，俘获数千人，余众皆奔新罗。③ 一场高句丽遗民复国叛唐的军事活动被彻底粉碎。

仪凤二年（公元 677 年），唐高宗以工部尚书高藏为辽东州都督，并封其为朝鲜王，派遣其返辽东，安辑高句丽遗民，先在诸州的高句丽贵族，亦有与高藏同归者。高藏到辽东以后，暗中与靺鞨联系，阴谋叛乱。唐王朝发觉之后，立即召高藏还朝，将其流放于邛州，并将追随高藏谋叛的高句丽人分散迁徙到河南、陇右诸州。贫弱者留在安东城旁——此时的安东都护府移至新城以统之。高句丽旧城有的没入新罗，余众散入靺鞨及突厥。④

两次复国叛唐失败后，高句丽遗民再次被迁徙，人口数量减少，且分散于故地各州、县，在安东都护府的统治、管理之下，才日益安定下来，由后来归入唐朝的渤海国管辖。安东都护府也从平壤逐渐迁到辽东、新城，圣历元年（公元 698 年）六月改称安东都督府，神龙元年（公元 705 年）又恢复都护府，开元二年（公元 714 年）迁至平州，天宝二年（公元 743 年）迁至辽西故郡。至德以后，安东都护府最终被废撤。

① 《新唐书》卷四十九下《百官志·都督府》，北京：中华书局，1975 年，第 1316—1317 页。
② 《旧唐书》卷四十四《职官志·都督府》，北京：中华书局，1975 年，第 1922 页。
③ 《三国史记》卷二十二《高句丽·宝藏王本纪》，汉城：韩国民族文化推进会，1982 年，第 171 页。
④ 《新唐书》卷二百二十《高丽传》，北京：中华书局，1975 年，第 6198 页。

第八章　高句丽政权建设

高句丽政权建设的历史应该是从高句丽建国开始的。时间段限是从西汉元帝建昭二年（公元前37 年）开始，经历了不同的发展阶段，至政权灭亡的唐总章元年（公元 668 年）结束，与高句丽国家历史相始终。这里不包括高句丽人建国前的历史，或者说高句丽早期历史。高句丽早期历史年代的上限，缺乏文献记载，或在商人入主中原之际，或以为在商周之际。至少在周成王时，高句丽人已派代表出席了成周之会，被史家记为"高夷"。[①] 随着东北民族的融合，高句丽成为一个有影响、有实力的民族。高句丽民族早期历史的年代下限则是西汉元帝建昭二年（公元前 37 年）高句丽建国。虽然高句丽民族建国前的一段时间也出现了部落首领或部落联盟的首领，特别是汉武帝元封三年（公元前 108 年）归属于汉玄菟郡高句丽县管辖之后，但不属于高句丽政权建设讨论的范畴之内。

第一节　统治机构

一、国王的权力

高句丽国家建立之后，高句丽王便成了国家最高的统治者，掌握着生杀予夺的权力。开国之初，高句丽作为汉王朝的边郡封国，受玄菟郡太守节制。《三国志·高句丽传》载，"汉时赐鼓吹技人，常从玄菟郡受朝服衣帻，高句丽令主其名籍"。说明汉王朝中央对高句丽国予以认可，常赏赐鼓吹技人入高句丽，还发给高句丽汉官服饰，由高句丽县令管其户口册籍。东汉以后，随着高句丽统治区域的扩大，以及政治、经济、军事实力的增强，高句丽王权也不断加强。

高句丽王位实行世袭制，其继统之法主要是父死子继，也有兄终弟及的情况。

据《三国史记》记载，高句丽 28 位王中，有 8 位王是继承了其兄的王位，这种情况在好太王之前就有 6 位，好太王以后只有两位。说明最初兄弟相及的情况略多，愈到后世这种情况愈少。

若按照张博泉、顾铭学先生的考证，28 位王中只有 6 位是兄弟相及，好太王以前有 4 位。[②] 大体上也可以说明，愈到后世，高句丽王位继承愈多地采取了传子的方式。

一般说来，中国古代继统之法，商代多兄终弟及，而西周以后则多父死子继。究其实质均属于世袭制。只不过高句丽最初的王位继承上还较多地保留了商人的传统，而且他们的认识上也有以兄

---

① 《逸周书·王会解》："北方台正东，高夷嗛羊。嗛羊者，羊而四角。"孔注"高夷，东北夷高句骊"。
② 张博泉：《高句丽史中的若干问题》（讲义稿）；顾铭学：《〈魏志·高句丽传〉考释》，《学术研究丛刊》1981年第 1—2 期。

弟相及为古来之礼者。如太祖大王后期，王子遂成与大臣们商议谋取王位时，遂成说："承袭必嫡，天下之常道也；今王虽老，有嫡子在，岂敢觊觎乎。"贯那于台弥儒则认为，"以弟之贤，承兄之后，古亦有之，子其勿疑"。①后来，太祖大王还是退位，让遂成接替了王位，实践了"兄弟相及"的法则。至于太祖大王让位是出于本心还是迫于形势则另当别论了。研究表明，太祖大王与次大王遂成的关系可能不是《三国史记》记载的兄弟关系，而是父子关系。尽管如此，他们认为的"承袭必嫡，天下之常道"或"以弟之贤，承兄之后"，都是符合王位世袭制原则的。

东汉建安二年（公元197年）故国川王死后，王弟延优在其嫂于氏的帮助下继承王位，其长兄发歧率兵围王宫，向延优大呼，"兄死弟及，礼也。汝越次篡夺，大罪也！宜速出，不然则诛及妻孥"。延优闭门三日，国人又不从发歧，发歧只好投奔辽东。②

另外，也有大臣废立国王，甚至权臣杀王，另立新君的情况。

西晋永康元年（公元300年）烽上王在遇到灾荒之年，不体恤民间疾苦，不听从大臣劝谏，依然大兴土木，劳民伤财，加重百姓负担，怨声四起。国相仓助利与群臣谋废之，另立乙弗为新君，是为美川王。③

唐贞观十六年（公元642年）莫离支泉盖苏文专权，残害百姓，虐杀大臣，将荣留王杀死宫中，立宝藏为王。④一方面表明，盖苏文及其家族的权势膨胀，专擅朝政；另一方面则表明，高句丽统治末期，王权逐渐衰落，权臣执国柄的情况。

关于高句丽王的权力，主要表现在以下几个方面。

1. 祭祀活动

"国之大事，在祀与戎。"⑤祭祀活动一直是古代国家的头等大事，高句丽国家也是如此。从王公贵族到黎民百姓，都十分重视祭祀活动。史书记载，高句丽"其俗节食，好治宫室，于所居之左右立大屋，祭鬼神，又祀灵星、社稷。"⑥"好祠鬼神、社稷、零星，以十月祭天大会，名曰'东盟'。其国东有大穴，号隧神，亦以十月迎而祭之。"⑦"其所居必依山谷，皆以茅草葺舍，惟佛寺、神庙及王宫、官府乃用瓦。"⑧"信佛法，敬鬼神，多淫祠。"⑨这些记录说明，高句丽人的宗教祭祀活动是相当多的。他们兴建神庙、殿堂、大屋之类建筑，经常进行祭祀天帝、鬼神、社稷、灵星、祖先、山川、洞穴等活动，这些复杂的祭祀仪式，既是高句丽王联系天帝、鬼神，与之交流的一种形

---

① 《三国史记》卷十五《高句丽·太祖大王本纪》，汉城：韩国民族文化推进会，1982年，第123页。

② 《三国史记》卷十六《高句丽·山上王本纪》，汉城：韩国民族文化推进会，1982年，第129页。

③ 《三国史记》卷十七《高句丽·烽上王本纪》，汉城：韩国民族文化推进会，1982年，第136页。

④ 《新唐书》卷二百二十《高丽传》，北京：中华书局，1975年，第6188页。

⑤ 《春秋左传注疏》卷二十七《成公十三年》，《十三经注疏》，北京：中华书局，1980年，第1911页。

⑥ 《三国志》卷三十《高句丽传》，北京：中华书局，1959年，第843页。

⑦ 《后汉书》卷八十五《高句骊传》，北京：中华书局，1965年，第2813页。

⑧ 《旧唐书》卷一百九十九上《高丽传》，北京：中华书局，1975年，第5320页。

⑨ 《北史》卷九十四《高丽传》，北京：中华书局，1974年，第3116页。

式，也是其强化政治权力的一种象征。因此，每一代王即位之时，都要亲自主持祭天仪式和祭祖活动。高句丽王"常以三月三日会猎乐浪之丘，获猪、鹿祭天及山川"[1]。儒留王时，与诸大臣举进郊祀，祭祀用牲竟然跑了两次。一次是在儒留王十九年（公元前1年），另一次是在儒留王二十一年春三月，郊祀用豕逃逸，王命掌牲薛支追赶，到国内尉那岩地方才得到，还因此发现了国内城一带山水深险，地宜五谷，又多麋鹿鱼鳖之产。于是才有公元3年儒留王迁都于国内，筑尉那岩城之举。[2]大朱留王三年（公元20年）"春三月，立东明王庙"。《北史·高丽传》记载，高句丽"有神庙二所：一曰夫余神，刻木作女人像；一曰高登神，云是其始祖夫余神之子。并置官司，遣人守护，盖河伯女、朱蒙云"。朱蒙即东明，亦即好太王碑文中之邹牟，高句丽开国之王。朱蒙庙应该就是东明王庙，文献中所说的卒本始祖庙。此外，在夫余还有太后庙，太祖大王六十九年"冬十月，王幸夫余祀太后庙"。[3]

诸王即位后，都要到卒本去祭祀始祖庙。如新大王"三年秋九月，王如卒本祀始祖庙。冬十月，王至自卒本"。故国川王二年"秋九月，王如卒本，祀始祖庙"。中川王十三年"秋九月，王如卒本，祀始祖庙"。故国原王二年"春二月，王如卒本，祀始祖庙"。荣留王二年"夏四月，王幸卒本，祀始祖庙"。[4]

1958年，吉林省博物馆在集安东台子发掘清理出一组建筑遗址。只是建筑遗址东面的一小部分，包括以回廊沟通的四座屋宇的正室与偏房。正室保存完好，中央矗立一块长方形石座。据考证，应当是祭祀社稷的地方。[5]高句丽王每年在这里祭祀社稷，祈求风调雨顺，五谷丰熟。

1983年5月，集安县博物馆文物普查队在太王乡上解放村的汏洞子沟里发现了高句丽时期的"国东大穴"遗址。[6]每年十月，高句丽王率群臣到这里迎隧神，"置木隧于神座"进行祭祀活动。

此外，高句丽王还信奉儒学、佛教和道教，时常亲临寺庙，并请僧人、道士讲经说法。通过宗教、祭祀活动，宣传王权神授，以稳定统治。

2. 军事活动

高句丽王总揽军事大权，发布战争命令，亲自率兵或派遣将领率军队作战，亦动用军队镇压叛乱和百姓的反抗。

建国初期，邹牟王、儒留王、大朱留王率兵征服周边部落方国，如沸流国、荇人国、盖马国、

---

① 《三国史记》卷三十二《祭祀志》引《古记》，汉城：韩国民族文化推进会，1982年，第293页。
② 《三国史纪》卷十三《高句丽·琉璃明王本纪》，汉城：韩国民族文化推进会，1982年，第114页。
③ 《三国史纪》卷十五《高句丽·太祖大王本纪》，汉城：韩国民族文化推进会，1982年，第123页。
④ 《三国史纪》卷十六《高句丽·新大王本纪》《高句丽·故国川王本纪》，卷十七《高句丽·中川王本纪》，卷十八《高句丽·故国原王本纪》，卷二十《高句丽·荣留王本纪》，汉城：韩国民族文化推进会，1982年，第127、128、134、138、156页。
⑤ 苏才：《吉林辑安高句丽建筑遗址的清理》，《考古》1961年第1期；方起东：《集安东台子高句丽建筑遗址的性质和年代》，《东北考古与历史》1982年第1辑。
⑥ 《集安县文物志》，长春：吉林省文物志编委会，1984年，第52—53页。

句荼国、梁貊国等。同时袭击夫余、乐浪、沃沮等。当时战争的规模还比较小，动用的军队数量也不是很多，有时高句丽王亲征，有时则派贵族将领前往。

太祖大王时期，高句丽疆域不断扩大，军事实力增强，便开始向辽东郡、玄菟郡用兵，派遣将领率兵袭城夺县，出兵或两千、三千，王率兵出征时则达万余骑。东川王十八年（公元244年），与幽州刺史毌丘俭战于沸流水，王亲率步骑达2万人。① 故国原王十二年（公元342年），抵御慕容皝军队征讨，王遣弟武率精兵5万拒北道，自率羸兵以备南道。结果，南道的防守被慕容皝军队攻破，直捣丸都。高句丽王依靠北道上的胜利，赢得了喘息的机会。②

好太王碑中记载的八次军事活动中，好太王亲率大军前往的就有五次：

永乐五年（公元395年）岁在乙未，王以稗丽不归□□，躬率往讨。过富山、□山至盐水上，破其三部落六七百营，牛马群羊，不可称数。

六年丙申（公元396年）王躬率水军，讨伐残国。

九年己亥（公元399年）百残违誓，与倭和通，王巡下平壤。

十四年甲辰（公元404年）而倭不轨，侵入带方界，□□□□□石城□连船，□□□□□率□□□平壤。□□□锋相遇，王幢要截荡刺，倭寇溃败，斩然无数。

廿年庚戌（公元410年）东夫余旧是邹牟王属民，中叛不贡，王躬率往讨。军到余城，而余举国骇服。□□□□□□□王恩普覆，于是旋还。

另外三次军事活动，也都是好太王调兵遣将，诸将遵照王命而行：

八年戊戌（公元398年）教遣偏师观帛慎土谷。因便抄得莫斯罗城加太罗谷男女三百余人。

十年庚子（公元400年）教遣步骑五万，往救新罗。从南居城至新罗城，倭满其中。官军方至，倭贼退。

十七年丁未（公元407年）教遣步骑五万，□□□□□□□□王师□□合战，斩杀荡尽，所获铠甲一万余领，军资器械，不可称数。还破沙沟城、娄城、□□。

到了后期，高句丽军队数量增多。在与隋唐军队作战时，高句丽王调遣军队动辄十几万，如贞观十九年（公元645年）唐太宗亲率大军征讨高句丽。攻陷辽东、玄菟、卑沙、白岩等十余城之后，太宗兵至安市城，围而攻之。高句丽北部耨萨高延寿、南部耨萨高惠贞，率军及靺鞨兵15万，前往救

---

① 《三国史记》卷十七《高句丽·东川王本纪》作二十年（公元246年），据毌丘俭纪功碑校正其年代应为正始五年，公元244年，东川王十八年。汉城：韩国民族文化推进会，1982年，第132—133页。

② 《晋书》卷一百九《慕容皝载记》，北京：中华书局，1974年，第2822页；《三国史记》卷十八《高句丽·故国原王本纪》，汉城：韩国民族文化推进会，1982年，第138—139页。

援安市城。[①]

3. 掌握内外事务的决策权

高句丽王在处理国内事务方面，具有极大的权威性和决策权，如废立王子，选定辅政大臣，奖罚官吏，迁都，修建宫殿、庙宇、城池，外出巡视，赈济百姓等。

《三国史记·高句丽本纪》记载此类史事颇多，仅以前三王决策事例援引为证：

邹牟王元年（公元前37年）至卒本川，观其土壤肥美，山河险固，遂欲都焉。而未遑作宫室，但结庐于沸流水上居之。国号高句丽，因以高为氏。时朱蒙年二十二岁，是汉孝元帝昭二年，新罗始祖赫居世二十一年甲申岁也。四方闻之，来附者众。

邹牟王二年（公元前36年）夏六月，松让以国来降，以其地为多勿都，封松让为主。

邹牟王四年（公元前34年）秋七月，营作城郭宫室。

邹牟王六年（公元前32年）冬十月，王命乌伊、扶芬奴，伐太白山东南荇人国，取其地为城邑。

邹牟王十九年（公元前19年）夏四月，王子类利自扶余与其母逃归。王喜之，立为太子。

儒留王三年（公元前17年）秋七月，作离宫于鹘川。

儒留王二十一年（公元2年）春三月，郊豕逸。王命掌牲薛支逐之。至国内尉那岩得之，拘于国内人家养之。返见王曰：“臣逐豕至国内尉那岩，见其山水深险，地宜五谷，又多麋鹿鱼鳖之产。王若移都，则不唯民利之无穷，又可免兵革之患也。”九月，王如国内观地势。

儒留王二十二年（公元3年）冬十月，王迁都于国内，筑尉那岩城。十二月，王田于质山阴，五日不返。

儒留王二十三年（公元4年）春二月，立王子解明为太子，大赦国内。

儒留王二十八年（公元9年）春三月，王遣人谓解明曰：“吾迁都，欲安民以固邦业，汝不我随，而恃刚力，结怨于邻国，为子之道，其若是乎？”乃赐剑使自裁。

大朱留王二年（公元19年）春正月，京都震。大赦。百济民一千余户来投。

大朱留王三年（公元20年）春三月，立东明王庙。

大朱留王五年（公元22年）春二月，王进军于扶余国南，其地多泥涂，王使择平地为营，解鞍休卒，无恐惧之态。扶余王举国出战。欲掩其不备，策马以前，陷泞不能进退。王于是挥怪由，怪由拔剑号吼击之，万军披靡不能支。直进执扶余王斩头。扶余人既失其王，气力摧折，而犹不自屈，围数重。王以粮尽士饥，忧惧不知所为。乃乞灵于天，忽大雾，咫尺不辨人物七日。王令作草偶人，执兵立营内外为疑兵。从间道潜军夜出。

大朱留王八年（公元25年）春二月，拜乙豆智为右辅，委以军国之事。

大朱留王九年（公元26年）冬十月，王亲征盖马国，杀其王，慰安百姓，勿虏掠，但

---

① 《旧唐书》卷一百九十九上《高丽传》，北京：中华书局，1975年，第5325页；《三国史记》卷二十一《高句丽·宝藏王本纪》，汉城：韩国民族文化推进会，1982年，第161页。

以其地为郡县。

大朱留王十五年（公元 32 年）春三月，黜大臣仇都、逸苟、焚求等三人为庶人。此三人为沸流部长，资贪鄙，夺人妻妾、牛马、财货，恣其所欲，有不与者，即鞭之，人皆忿怨。王闻之欲杀之，以东明旧臣，不忍致极法，黜退而已。

……

高句丽作为汉玄菟郡下的一个地方封国，不断向中央王朝派遣使臣、朝贡，接受赏赐、册封。在中原战乱，诸多政权南北分立时，高句丽王要认真处理好与中原各政权之间的关系。长寿王至平原王期间，高句丽分别向北朝和南朝诸政权称臣、纳贡，并与其和睦相处。一方面是由于中原政权对北方民族的政策较为宽松；另一方面则是高句丽诸王根据形势发展，制定了合乎时宜的方略所致。当然，也有一些需要认真对待的矛盾问题，如长寿王五十四年（公元 466 年）派遣使臣入魏朝贡。魏文明太后以显祖六宫未备，欲使长寿王之女充任后宫。长寿王以女已出嫁为由来推诿，文明太后则以王弟之女应之。长寿王惧怕魏以此用兵，乃称弟女已死。魏派使臣责问，长寿王则求天子恕其前愆，谨当奉诏。后来显祖去世，迎婚之事才算了结。长寿王在此事上动了不少心思，女儿未远嫁，又未得罪魏太后。事后连忙派使臣入魏朝贡，以求谅解。[1]

此外，高句丽王还要处理与南方新罗、百济的关系，甚至要处理与倭的关系，以利于向朝鲜半岛南部发展。

应当指出，高句丽建国之初，政权还带有一些原始性，国家机构不甚完善，官吏设置也有不少欠缺。因此，国王的权力比较大。随着社会的发展与进步，王权日益巩固和加强，权力的运用也更趋于正常。

二、国家官吏设置

高句丽国家建立后，在原有五部首领的基础上，选出一些优秀者进入国家机构，委以官职，建立起了高句丽的国家官制。

关于高句丽国家官吏的设置，文献中缺乏系统、详尽的记载，零散的记录中，对于官吏名称、等级、职掌及变化方面存在诸多不同和矛盾之处，需要加以说明。

1. 两汉时期高句丽国家官吏设置

两汉时期，高句丽国家官吏依尊卑次序为：相加、对卢、沛者、古雏加、主簿、优台丞、使者、皂衣先人八个等级。[2]

（1）相加。相加是高句丽王之下最高的官职，诸官之长。"相"是中原战国时期出现的官职，《吕氏春秋·举难》："相也者，百官之长也。"西汉仍之，依然为百官之长。西汉诸侯王封国最高

---

① 《三国史记》卷十八《高句丽·长寿王本纪》，汉城：韩国民族文化推进会，1982 年，第 143 页。
② 《三国志·高句丽传》《后汉书·高句骊传》与之略有不同，古雏加做古邹大加，优台丞作优台，皂衣先人作帛衣先人。

长官亦称"相"，掌治其国众官，其职位相当于郡太守或县令。① 高句丽的"相加"显然是因袭了汉官之称，"加"字则是高句丽方言，其意为"官"。《三国史记》中也称之为"大辅""左辅""右辅"，后改"国相"，总领百官，由高句丽王任命。

儒留王二十二年（公元 3 年）迁都国内城以后，"王田于质山阴，五日不返。大辅陕父谏曰：'王新移都邑，民不安堵，宜孜孜焉，刑政之是恤。而不念此，驰骋田猎，久而不返，若不改过自新，臣恐政荒民散，先王之业坠地。'王闻之震怒，罢陕父职，俾司官园"②。

大朱留王八年（公元 25 年）"拜乙豆智为右辅，委以军国之事"。大朱留王十年"春正月，拜乙豆智为左辅，松屋句为右辅"。③

太祖大王七十一年（公元 123 年）"冬十月，以沛者穆度娄为左辅，高福章为右辅，令与遂成参政事"④。这种左辅、右辅之设置，与中原左相、右相之设置类似。

新大王二年（公元 166 年）"春正月，拜答夫为国相，加爵为沛者，令知内外兵马，兼领梁貊部落。改左右辅为国相，始于此"⑤。

（2）对卢。《后汉书·高句骊传》和《三国志·高句丽传》中，对卢是仅次于相加的官职。《三国志·高句丽传》对此官职所加的说明是，"有对卢则不置沛者，有沛者则不置对卢"。可见，其与沛者的职位和职掌是大体相同的。《新唐书·高丽传》记载，"有盖苏文者，或号盖金，姓泉氏。自云生水中以惑众，性忍暴。父为东部大人、大对卢，死，盖苏文当嗣，国人恶之，不得立，顿首谢众，请摄职，有不可，虽废无悔。众哀之，遂嗣位"。《三国史记》中也曾记载此官职："盖苏文，姓泉氏。自云生水中以惑众。仪表雄伟，意气豪逸。其父东部大人、大对卢，死，盖苏文当嗣，而国人以性忍暴恶之，不得立。苏文顿首谢众，请摄职，如有不可，虽废无悔。众哀之，遂许嗣位。"⑥ 说明盖苏文父子都曾担任过东部大人、大对卢一职。

（3）沛者。按《后汉书·高句骊传》和《三国志·高句丽传》所记职官次序看，沛者应略低于对卢一个等级。然而，《三国志》又记"其置官，有对卢则不置沛者，有沛者则不置对卢"。似乎沛者与对卢的职位和职掌大体相同。若从新大王伯固"拜答夫为国相，加爵为沛者，令知内外兵马，兼领梁貊部落"看，沛者又是一种加爵、爵位。

《三国史记》中确有沛者这一官职。

太祖大王二十年（公元 72 年）"春二月，遣贯那部沛者达贾，伐藻那，虏其王"。太祖大王二十二年"冬十月，王遣桓那部沛者薛儒，伐朱那，虏其王子乙音，为古邹加"。⑦

① 《汉书》卷十九上《百官公卿表上·诸侯王》，北京：中华书局，1962 年，第 741 页。
② 《三国史纪》卷十三《高句丽·琉璃明王本纪》，汉城：韩国民族文化推进会，1982 年，第 114 页。
③ 《三国史记》卷十四《高句丽·大武神王本纪》中大武神王，好太王碑文中作"大朱留王"。汉城：韩国民族文化推进会，1982 年，第 118—119 页。
④ 《三国史记》卷十五《高句丽·太祖大王本纪》，汉城：韩国民族文化推进会，1982 年，第 123 页。
⑤ 《三国史记》卷十六《高句丽·新大王本纪》，汉城：韩国民族文化推进会，1982 年，第 127 页。
⑥ 《三国史记》卷四十九《盖苏文传》，汉城：韩国民族文化推进会，1982 年，第 399 页。
⑦ 《三国史记》卷十五《高句丽·太祖大王本纪》，汉城：韩国民族文化推进会，1982 年，第 122 页。

次大王二年（公元 147 年）拜贯那沛者弥儒为左辅。[①]

或以为这是各部的沛者之官，与国家的沛者不同。而国家的沛者却是以加爵出现的。这种职官与爵位混杂的情况，说明高句丽官制形成初期，官职、职掌等方面还不是很规范。

（4）古雏加。古雏加亦作古邹加、古邹大加。《后汉书·高句骊传》李贤注曰："古邹大加，高丽掌宾客之官，如鸿胪也。"鸿胪寺是北齐始置，掌蕃客朝会，吉凶吊祭。长官为鸿胪寺卿，统典客、典寺、司仪等署令、丞，主要职掌为朝祭礼仪、赞导。北齐以前，多称大鸿胪，北齐以后，隋唐五代直至宋辽皆沿用，称鸿胪寺。唐朝鸿胪寺掌宾客和凶仪等事，领典客、司仪二署，其长官亦称为鸿胪寺卿。

《三国志·高句丽传》载，"王之宗族，其大加皆称古雏加。涓奴部本国主，今虽不为王，适统大人，得称古雏加，亦得立宗庙，祠灵星、社稷。绝奴部世与王婚，加古雏之号"。由此可知，古雏加之职是对王的宗族、与之通婚的贵族授予的，权势显要，地位尊贵，又很像是一种爵位。《三国史记》中亦有此职务，记为"古邹加"，雏、邹相通。"太祖大王（或云国祖王）讳宫，小名於漱。琉璃王子古邹加再思之子也。母太后，夫余人也。"[②]"美川王（一云好壤王）讳乙弗（或云忧弗）西川王之子古邹加咄固之子。"[③]太祖大王的父亲再思，美川王的父亲咄固都担任过古雏加之职。再思与咄固都是先王之子，可以证明"王之宗族，其大加皆称古雏加"。

（5）主簿。主簿是借用汉官之名。自汉代起，中央和地方各官署多置此官，负责文书、簿籍，掌管印鉴等事。汉代太尉、御史大夫都设主簿，省录众事。晋至南北朝，三师三公和开府仪同之属也多设此官。经隋唐，直至明清，历代多沿用。《文献通考》云，"古者官府皆有主簿一官，上至三公及御史府，下至九寺五监，以至郡县多置之。所职者簿书"。高句丽的主簿不仅管文书典籍，亦参与军政事务。

新大王五年（公元 169 年）"王遣大加优居、主簿然人等，将兵助玄菟太守公孙度，讨富山贼"[④]。

有时，高句丽还将主簿作为爵位进加给大臣。公元 147 年（次大王二年）"秋七月，左辅穆度娄称疾老退，以桓那于台菸支留为左辅，加爵为大主簿"[⑤]。

（6）优台丞。《后汉书·高句骊传》作优台，《三国史记·高句丽·次大王本纪》则作于台。太祖大王时，贯那于台弥儒、桓那于台菸支留等曾与王子遂成交好，一起议论谋夺王位。遂成取代太祖大王之后，"以桓那于台菸支留为左辅，加爵为大主簿。冬十月，沸流那阳神为中畏大夫，加爵为于台，皆王之故旧"[⑥]。故国川王十三年（公元 191 年）"晏留言于王曰：'微臣庸愚，固不足以参大政。西鸭渌谷左勿村乙巴素者，琉璃王大臣乙素之孙也，性质刚毅，智虑渊深，不见用于世，

---

① 《三国史记》卷十五《高句丽·次大王本纪》，汉城：韩国民族文化推进会，1982 年，第 125 页。
② 《三国史记》卷十五《高句丽·太祖大王本纪》，汉城：韩国民族文化推进会，1982 年，第 122 页。
③ 《三国史记》卷十七《高句丽·美川王本纪》，汉城：韩国民族文化推进会，1982 年，第 136 页。
④ 《三国史记》卷十六《高句丽·新大王本纪》，汉城：韩国民族文化推进会，1982 年，第 127 页。
⑤ 《三国史记》卷十五《高句丽·次大王本纪》，汉城：韩国民族文化推进会，1982 年，第 125 页。
⑥ 《三国史记》卷十五《高句丽·次大王本纪》，汉城：韩国民族文化推进会，1982 年，第 125 页。

力田自给。大王若欲理国，非此人则不可。'王遣使，以卑辞重礼聘之，拜中畏大夫，加爵为于台"①。可知，于台既是官职，又是爵位，这也许是高句丽早期官制的一个特点。

（7）使者。此官职应出自汉代出使之人的称谓，也有称作使君。《汉书·王䜣传》载，武帝末，绣衣御使暴胜之使持斧逐扑盗贼，欲斩王䜣，王䜣仰言曰："使君专杀生之柄，威震郡国……"颜师古注，"为使者，故谓之使君"。《后汉书·寇恂传》载，"王莽败，更始立，使使者徇郡国，曰'先降者复爵位'。恂从耿况迎使者于界上，况上印绶，使者纳之，一宿无还意。恂勒兵入见使者，就请之。使者不与，曰：'天王使者，功曹欲胁之邪？'向曰：'非敢胁使君，窃佐计之不详也……'"使者虽非正式官职，却可临时代表中央王朝行使某种权力。高句丽用汉使者为官称，亦有代表王行使权力之意。

《三国史记》中有大使者之职。故国川王十三年（公元 191 年）因晏留推荐乙巴素为中畏大夫再迁国相有功，"冬十月，王谓晏留曰：'若无子之一言，孤不能得巴素以共理。今庶绩之凝，子之功也。'乃拜为大使者"②。代表高句丽王出访贤人，行使权力。集安高句丽贵族冉牟墓中有墨书题记，题写者即为"大使者牟头娄"。③

（8）皂衣先人。高句丽国家中最下级官职。《三国志·高句丽传》记载，"诸大加亦自置使者、皂衣先人，名皆达于王，如卿大夫之家臣，会同起坐，不得与王家使者、皂衣先人同列"。说明高句丽各部也可以设使者和皂衣先人，只是其地位要比国家的使者和皂衣先人低得多。

《三国史记》中只称皂衣，而无先人二字，也许是其简称。太祖大王八十年（公元 132 年）"秋七月，遂成猎于倭山，与左右宴，于是。贯那于台弥儒、桓那于台菸支留、沸流那皂衣阳神等，阴谓遂成曰：'初，慕本之薨也，太子不肖，群僚欲立王子再思，再思以老让子者，欲使兄老弟及。今王既已老矣，而无让意，惟吾子计之。'遂成曰：'承袭必嫡，天下之常道也。王今虽老，有嫡子在，岂敢觊觎乎？'弥儒曰：'以弟之贤，承兄之后，古亦有之，子其勿疑'"④。阳神任沸流部皂衣，亦能参与遂成密谋王位，说明其有一定地位。次大王遂成凶残无道，诛杀王兄之子和大臣，群臣百姓难以忍受。次大王二十年（公元 165 年）"冬十月，椽那皂衣明临答夫，因民不忍弑王"⑤。这两位皂衣分别出自沸流部和椽那部。

除了以上官职之外，《三国史记》中还有中畏大夫一职，也是受汉官设置的影响产生的。汉代诸侯王国置中尉，掌治安。大夫则自商周以来便作职官之称，汉代多作爵称。高句丽的中畏大夫可能是将中尉与大夫合而为一形成的，也是较尊贵的官职，往往由王之近臣担任。次大王时，沸流部皂衣阳神因佐遂成谋王位晋升中畏大夫，加爵为于台。故国川王时，拜乙巴素为中畏大夫，加爵为

① 《三国史记》卷十六《高句丽·故国川王本纪》，汉城：韩国民族文化推进会，1982 年，第 128 页。
② 《三国史记》卷十六《高句丽·故国川王本纪》，汉城：韩国民族文化推进会，1982 年，第 128—129 页。
③ 耿铁华：《高句丽冉牟墓研究》，杨春古、耿铁华主编：《高句丽历史与文化研究》，长春：吉林文史出版社，1997 年，第 242—266 页。
④ 《三国史记》卷十五《高句丽·太祖大王本纪》，汉城：韩国民族文化推进会，1982 年，第 123 页。
⑤ 《三国史记》卷十五《高句丽·次大王本纪》，汉城：韩国民族文化推进会，1982 年，第 126 页。

于台，不久便以其为国相，令知政事。[①]

高句丽国家官制的形成，一方面受到汉王朝官制的影响，同时也保留了高句丽民族的特点，职官名称有时与官爵相混，使其职掌不甚分明。

2. 魏晋时期高句丽国家的官吏设置

随着中原割据势力的出现，战乱频仍，逐渐形成三国鼎立、南北分治的局面。北方的高句丽政权乘机向外扩张，开拓疆土，同时实行了政治、经济方面的改革。在国家官吏设置方面也出现了一些变化。

高句丽王以下仍然由国相管理军政事务。东川王四年（公元 230 年）"秋七月，国相高优娄卒，以于台明临於漱为国相"。中川王七年（公元 254 年）"夏四月，国相明临於漱卒，以沸流沛者阴友为国相"。西川王二年（公元 271 年）"秋七月，国相阴友卒。九月，以尚娄为国相。尚娄，阴友子也"。烽上王三年（公元 294 年）"秋九月，国相尚娄卒，以南部大使者仓助利为国相，进爵为大主簿"。[②] 由以上记载可知，高句丽国相是由高句丽王任命的。高句丽新王即位之后，仍以先王之国相为国相。老国相死后，王可选择新人接任国相之职，也有以老国相之子接任的。如阴友之子尚娄，就是接其父而任国相的。国相的权力是"兼知内外兵马事"[③]，不仅管理百官，还有管理军事的权力。

这一时期，高句丽国家官吏中，仍可见沛者、古雏加、主簿、于台、使者等官职。也出现了一些新的官职。据《三国史记》记载，有如下几种。

（1）主簿大加。前面已经说明，主簿乃汉官之名。自汉代起，中央和地方各官署多置此官，负责文书、簿籍，掌管印鉴等事。高句丽置官与大加相连，表明其贵族身份。东川王十二年（公元 238 年）"魏太傅司马宣王率众讨公孙渊，王遣主簿大加将兵千人助之"[④]。一般高句丽贵族皆称大加，王室大加皆称古雏加。主簿大加，则是高句丽贵族担任主簿者，此主簿大加可领兵出征，显然可以行使武官的职权。

（2）九使者。此官职所见不多，只是在毋丘俭军征高句丽时，东川王败阵逃往竹岭，士兵逃散，东部纽由借犒劳魏军之机刺杀魏将，与之俱死。东川王"追赠纽由为九使者，又以其子多优为大使者"[⑤]。这里同时出现了九使者和大使者，而且九使者的级别要高于大使者。九是数字中最大者，九使者当然亦应是使者中最高的了。由于是追赠死者的，因此所见不多。

（3）大使者。东川王以纽由之子为大使者，应当是国家的职官。烽上王时，以南部大使者仓

① 《三国史记》卷十五《高句丽·次大王本纪》，卷十六《高句丽·故国川王本纪》，汉城：韩国民族文化推进会，1982 年，第 125、128 页。
② 《三国史记》卷十七《高句丽·东川王本纪》《高句丽·中川王本纪》《高句丽·西川王本纪》《高句丽·烽上王本纪》，汉城：韩国民族文化推进会，1982 年，第 132、134、135 页。
③ 《三国史记》卷十七《高句丽·中川王本纪》，汉城：韩国民族文化推进会，1982 年，第 134 页。
④ 《三国史记》卷十七《高句丽·东川王本纪》，汉城：韩国民族文化推进会，1982 年，第 132 页。
⑤ 《三国史记》卷十七《高句丽·东川王本纪》，汉城：韩国民族文化推进会，1982 年，第 133 页。

助利为国相，说明高句丽各部也出现大使者之职，其级别要稍逊于国家的大使者，至于大使者的位置应排在何处尚不清楚，但可以肯定其位置要比两汉时期的使者高一些。

（4）大兄、小兄。烽上王二年（公元293年），慕容廆军侵扰高句丽，烽上王欲往新城避之，行至鹄林，慕容廆引兵追之。"时新城宰北部小兄高奴子领五百骑迎王，逢贼奋击之，廆军败退。王喜，加高奴子爵为大兄，兼赐鹄林为食邑。"[①] 高奴子为北部小兄，升为大兄，可见高句丽各部已出现大兄、小兄之官职，同时大兄亦以爵位出现。

2003年，吉林省文物考古研究所和集安市博物馆对丸都山城宫殿遗址进行了清理，在出土的建筑构件中有一批板瓦、筒瓦和瓦当。有11件筒瓦可以复原，整体呈梯形，前窄后宽，多为红色或淡红色，多为素面，部分刻有文字和符号。至少有3件筒瓦一角刻画"小兄"字样，十分清楚。完整的一件长42厘米、宽18—10厘米、厚1.6厘米。[②]

在高句丽壁画墓的墨书文字中，也发现了小大兄的官职。1976年12月8日，朝鲜民主主义人民共和国考古工作者在南浦市江西区德兴里发现了一座壁画古墓，此墓由前后两室组成。前后室及藻井绘有精美的壁画，并有各种墨书题记和墓志。其中最长的墨书墓志在前室北壁甬道上方，右起竖书，共14行154字。其中也有"国小大兄左将军"等官职，其年代为"永乐十八年"，应为好太王十八年、东晋安帝义熙四年（公元408年）。[③]

（5）驸马都尉。中川王九年（公元256年）"冬十一月，以椽那明临笏睹尚公主，为驸马都尉"[④]。这一官职是因袭了汉官的名称与职掌、身份。汉武帝时设驸马都尉，简称驸马，掌管副车，为帝王近臣，多以宗族、外戚、诸公子孙担任。《汉书·百官公卿表上》记载："奉车都尉掌御乘舆车，驸马都尉掌驸马。"注曰："驸，副马也，非正驾车，皆为副马。"三国两晋时，帝女之婿皆授此官。高句丽亦按此例，将王之女婿授驸马都尉官。

这一时期，高句丽还存在封君。新大王即位，下令"推恩而及远，遂与众而自新，可大赦国内"。"初明临答夫之难，次大王太子邹安逃窜，及闻嗣王赦令，即诣王门，告曰：'向国有灾祸，臣不能死，遁于山谷，今闻新政，敢以罪告。若大王据法定罪，弃之市朝，惟命是听，若赐以不死，放之远方，则生死肉骨之惠也，臣所愿也，非敢望也。'王即赐狗山濑娄、豆谷二所，仍封为让国君"。[⑤]

西川王十一年（公元280年）"冬十月，肃慎来侵，屠害边民。王谓群臣曰：'……致此邻敌猾我疆域。思得谋臣猛将，以折遐冲。咨尔群公，各举奇谋异略才堪将帅者。'群臣皆曰：'王弟达贾，勇而有智略，堪为大将。'王于是遣达贾往伐之。达贾出奇掩击，拔檀卢城，杀酋长，迁六百余家于扶余南乌川，降部落六七所，以为附庸。王大悦，拜封达贾为安国君，知内外兵马事，兼统

---

① 《三国史记》卷十七《高句丽·烽上王本纪》，汉城：韩国民族文化推进会，1982年，第135页。

② 吉林省文物考古研究所、集安市博物馆编著：《丸都山城——2001—2003年集安丸都山城调查试掘报告》，北京：文物出版社，2004年，第110—117页。

③ 耿铁华：《高句丽古墓壁画研究》，长春：吉林大学出版社，2008年，第141—143页。

④ 《三国史记》卷十七《高句丽·中川王本纪》，汉城：韩国民族文化推进会，1982年，第134页。

⑤ 《三国史记》卷十六《高句丽·新大王本纪》，汉城：韩国民族文化推进会，1982年，第127页。

梁貊、肃慎诸部落"[①]。

此两例证明，高句丽王赐予王族子弟有功者、有代表者封君之职，使他们不仅获得了封爵，还掌握了内外兵马之事，并且也有一定的权力。

以上官职的出现，是对两汉以来形成的职官制度的一种补充，也是高句丽职官制度进一步发展的表现。

3. 南北朝时期高句丽国家官吏的设置

南北朝时期，中原南北方政权对高句丽采取了安抚、册封的政策，高句丽也获得了一个和平、安定的发展环境，国家职官制度得到了进一步发展，由两汉时期的八级官制发展成为十二级官制。

《周书·高丽传》记载，高句丽"大官有大对卢，次有太大兄、大兄、小兄、意俟奢、乌拙、太大使者、大使者、小使者、褥奢、翳属、仙人并褥萨，凡十三等，分掌内外事焉。其大对卢，则以强弱相陵夺而自为之，不由王之署置也"。

《北史·高丽传》记载，高句丽"官有大对卢、太大兄、大兄、小兄、竟侯奢、乌拙、太大使者、大使者、小使者、褥奢、翳属、仙人，凡十二等，分掌内外事。其大对卢则以强弱相陵夺而自为之，不由王署置。复有内评、五部褥萨"。

《周书》与《北史》所记载略有不同，一是"意俟奢"与"竟侯奢"之不同，另一是"十三等"与"十二等"之别。前者因字形相近易造成混淆，两书完成年代相近，难以辨别孰是孰非。而后者的"十三等"显然是将地方五部之官"褥萨"加入其中，若讲国家官制，也只有"十二等"。

这一时期确定的十二级官制，与两汉、魏晋时期的高句丽官制相比，有如下几方面特点。

第一，对《后汉书》《三国志》所记载的八级官制取舍变化相当大。原来的八级官制中只保留了对卢和使者两种，后演变为大对卢、太大使者、大使者、小使者四种。将皂衣先人改变为仙人，其他则是新出现的官职。

关于大对卢这一官职的产生，《周书》《北史》均以强弱相陵而为之，不由王署置。唐张楚金在《翰苑》一书中引《高丽记》记载，"其国建官有九等。其一曰吐捽，比一品，旧名大对卢，总知国事。三年一代，若称职者不拘年限。交替之日，或不相祗服，皆勒兵相攻，胜者为之；其王但闭宫自守，不能制御"。颇有一点以武力竞选的味道。可在《三国史记》中非但没有"勒兵相攻，胜者为之"的记载，就连大对卢或吐捽之名都没有记录。若认为《三国史记》不足为凭，却记录了沛者、古雏加、主簿、于台、使者、皂衣、大兄、小兄、大使者、主簿大加等官职，与《后汉书》《三国志》《周书》《北史》中记录的官职基本相同。至于意俟（竟侯）奢、乌拙、褥奢、翳属等，则是新出现的官职，对其职掌尚不清楚。

第二，据《三国史记》记载，魏晋时期高句丽职官中就出现了大兄、小兄、九使者、大使者等。其中九使者很可能就是《周书》《北史》所记的太大使者。

---

① 《三国史记》卷十七《高句丽·西川王本纪》，汉城：韩国民族文化推进会，1982年，第135页。

 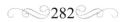

南北朝时期，高句丽诸王与南朝、北朝诸政权交往日益频繁，《三国史记》中多记使臣往来，中原皇帝对高句丽王册封等史事，国家官职所记无多。与《后汉书》《三国志》《周书》《北史》中记录相同的官职只有古雏大加、使者等。大对卢在高句丽后期，也只有东部大人盖苏文父子曾担任过此职。至于意侯（竟侯）奢、乌拙、褥奢、翳属等仍不见记载。这种情况在已经发现的考古材料中可以得到进一步证实。

集安市洞沟古墓群下解放墓区有一座封土石室墓。1935 年，日本学者池内宏、梅原末治在《通沟》一书中著录为"牟头娄冢"。[1] 1940 年，中国学者劳榦先生正名为"冉牟墓"。[2] 墓内甬道之上，梁枋之下有墨书铭文，经过隶定，得新释文字 436 个，内容记载了高句丽大兄冉牟先祖追随高句丽王从北夫余来到高句丽都城建功立业，世受官恩，就连其家臣牟头娄一家，也沾了主人的光。大兄冉牟死后，牟头娄等家人为其送葬，撰写墓志，以志悼念。

墓志中提到了邹牟王、好太王。大兄冉牟生当在好太王与长寿王时期，最晚不会超过公元 450 年，正是南北朝初期。墓主人冉牟官居大兄，位于第三级官职，其家人牟头娄官居大使者，位于第八级官职，与他们的身份地位相适应。[3]

1979 年 4 月 8 日，韩国檀国大学博物馆学术调查团在中原郡可金面龙田里立石村头发现一通石碑，四面环刻汉字隶书碑文，专家定名为"中原高句丽碑"。韩国学者对碑文进行了考释与研究，解决了碑文记载的相关史事和立碑时间等问题。同时也存在一些分歧意见。目前，我们的新释文字有 368 个，对于碑文所记载的内容有了进一步的理解。此碑记录了长寿王统治后期，派遣太子前往高句丽与新罗交界之处，安抚新罗臣民及东夷民族之事。立碑年代大约在长寿王末年，公元 5 世纪末，属于南北朝中期。碑文中记载的高句丽官职有大使者、主簿、拔位使者、古邹加、大兄、小兄等。[4]

冉牟墓志和中原高句丽碑等文字资料中记录的高句丽官职更接近《三国史记》的记载，也证实了《周书》《北史》中的部分官职是可信的。而意侯（竟侯）奢、乌拙、褥奢、翳属等官职，还有待于今后的考古发现来证实，它们也许是用汉字标注的官职。如果是这样，意侯（竟侯）奢很可能是"邑侯"的另一种写法。汉代侯国即县，县又称邑，故称县令为邑侯。见于《汉书·百官公卿表》县令条记载。乌拙、褥奢、翳属等也可以通过音韵来寻找其相应的官职。

第三，南北朝时，高句丽国家仿照中原官制而设置的职官增多。中原官制对高句丽的影响是不小的，两汉时期，高句丽官制中就出现了主簿、使者等沿用汉官之名。魏晋末期则有驸马都尉等汉官名称被高句丽王封给其女婿，内涵与职掌和中原完全相同。

《梁书·高句骊传》记载，"孝武太元十年，句丽攻辽东、玄菟郡，后燕慕容垂遣弟农伐句丽，复二郡。垂死，子宝立，以句丽王安为平州牧，封辽东、带方二国王。安始置长史、司马、参军官。

---

[1] ［日］池内宏、梅原末治：《通沟》卷上、卷下，东京："日满文化协会"，1938 年、1940 年。

[2] 劳榦：《跋高句丽大兄冉牟墓志兼论高句丽都城之位置》，《"中央研究院"历史语言研究所集刊》1944 年第 11 期。

[3] 耿铁华：《高句丽冉牟墓研究》，杨春吉、耿铁华主编：《高句丽历史与文化研究》，长春：吉林文史出版社，1997 年，第 242—266 页。

[4] 耿铁华：《冉牟墓志与中原高句丽碑》，韩国《高句丽研究》2000 年第 10 辑，第 531—535 页。

后略有辽东郡"。《梁书》是以东晋孝武帝太元十年（公元385年）系事，这一年正是高句丽故国壤王二年、后燕慕容垂燕元二年。

《北史·高丽传》亦有此记载，"及晋孝武太元十年，句丽攻辽东、玄菟郡。后燕慕容垂遣其弟农伐句丽（按，《晋书》卷123《慕容垂载记》农是垂之中子。此作'弟'，是承《梁书》之误），复二郡。垂子宝以句丽王安为平州牧，封辽东、带方二国王，始置长史、司马、参军官。后略有辽东郡"。

又过了十年，慕容垂在参合染病，经平城时加重，"至上谷之沮阳，以太元二十一年死，时年七十一，凡在位十三年"[①]。"其年，宝嗣伪位，大赦境内，改元为永康"[②]。慕容垂死后，慕容宝即位，改元永康，是年为公元396年，即高句丽好太王六年。好太王碑称"广开土境平安好太王"，《三国史记》称"广开土王"，名安，或称谈德，"故国壤王之子，生而雄伟，有倜傥之志。故国壤王三年，立为太子。九（当作八）年，王薨，太子即位"。好太王被封为"平州牧、辽东、带方二国王"之后，开始设置长史、司马、参军等官职。

（1）长史。战国末期始设此官，《史记·李斯列传》"乃拜斯为长史，听其计"。西汉时期，丞相、太尉、御史大夫属下皆设长史，为事务长官。东汉太尉、司徒、司空、将军的属官也有长史，掌诸曹事。魏晋南北朝至隋唐多沿用此官，掌判诸曹、五府、外府廪禄，卒伍、军团的名数、车马等。高句丽设此官的职掌应当与中原略同。

（2）司马。西周时设，《周礼·夏官·司马》"设官分职，以为民极。乃立夏官司马，使帅其属而掌邦政，以佐王平邦国"。春秋时晋国三军各置司马。汉武帝时，罢太尉，置大司马，掌军事。汉宫门及大将军、将军、校尉的属官有司马，中尉、属国都尉、西域都护的属官皆有司马，掌管军事。魏晋至隋唐，军府、佐吏都有司马。高句丽设司马，也属于军事官员。

2003年，集安千秋墓清理中出土两件刻画文字的筒瓦残部，均为泥质灰陶，一件正面刻写文字，残余2行9字，可识7字。竖排自右向左读，右行为"……（浪）赵将军"，左行为"……□未在永乐"，浪字稍损，基本可识，连起来应为"乐浪"。另一件在瓦面自右向左竖刻3行，存5字，可识4字，瓦面右端为"……年"字，中间为"……（胡）将军"3字，左行只存半个字，不识。"胡"字之"古"与"月"互换，似有意为之。[③]字体近行书，锐物刻画，书者用笔连贯，与刻者应为同一人。"永乐"在好太王碑上曾用来纪年，如"永乐五年，岁在乙未"。好太王在位22年，其间有乙未（公元395年）和丁未（公元407年）。此乐浪之赵将军与不知来处的胡将军是汉族还是高句丽族，尚不清楚。无论是汉族人还是其他族人，作为监工或造瓦，他们都参与了千秋墓的建造或维修工程。同时也证明，高句丽在公元4世纪末至5世纪初，已经有了将军这一职官。

（3）参军。参军也称参军事，最初并非官名，两晋南北朝时，凡亲王府、将军府、都督府

---

① 《晋书》一百二十三《慕容垂载记》，北京：中华书局，1974年，第3090页。
② 《晋书》一百二十四《慕容宝载记》，北京：中华书局，1974年，第3093页。
③ 吉林省文物考古研究所、集安市博物馆编著：《集安高句丽王陵——1990—2003年集安高句丽王陵调查报告》，北京：文物出版社，2004年，第193页。

都设参军，才成为官职。有的只称参军，有的加职务如咨议参军、记事参军、录事参军等，隋唐时期沿用。高句丽是受东晋的影响才设置参军的官职，管理军事事务。

《三国史记》载，长寿王"元年，遣长史高翼入晋，奉表献赭白马。安帝封王高句丽王、乐安郡公"①。说明高句丽在公元413年时确实存在长史等官职。

《奉天通志·金石志》著录一方"军司马印"，铜质、白文，早年出土于集安，经辽阳赵轸收藏。军司马一职最早见于《周礼·夏官》，"军司马下大夫四人"。《后汉书·百官志》载，"大将军营五部，部军司马一人，比千石"。汉至三国时仍有军司马之职。

过去曾以为该印可能是毌丘俭征高句丽时曹魏部将遗失于集安。②从印文看，字体颇似好太王碑文字，或许是好太王前后高句丽军队中设置了军司马，使用此印。无论何种推测，军司马铜印在集安发现，可以证明史书记载好太王时期确实设置了长史、司马、参军等一类官职。

南北朝时期，高句丽官制经过魏晋的过渡时期，发展成十二级官制，同时还设置了一批中原官职加强管理，使高句丽国家管理体制、国家官制发展到了一个新的阶段，为高句丽国家政治、经济的相对稳定，缓慢发展提供了有力的保证。

4. 隋唐时期高句丽国家的官吏设置

隋唐时期，高句丽国家的官制进一步完善，基本稳定了十二级官制。

《隋书·高丽传》记载：高句丽"官有太大兄、次大兄、次小兄、次对卢、次意侯奢、次乌拙、次太大使者、次大使者、次小使者、次褥奢、次翳属、次仙人，凡十二等。复有内评、外评、五部褥萨"。

《旧唐书·高丽传》载，"其官大者号大对卢，比一品，总知国事，三年一代。若称职者，不拘年限，交替之日，或不相祗服，皆勒兵相攻，胜者为之。其王但闭宫自守，不能制御。次曰太大兄，比正二品。对卢以下官，总十二级"。

《新唐书·高丽传》载，高句丽"官凡十二级：曰大对卢，或曰吐捽；曰郁折，主图簿者；曰太大使者；曰帛衣头大兄，所谓帛衣者，先人也，秉国政，三岁一易，善职则否，凡代日，有不服则相攻，王为闭宫守，胜者听为之；曰大使者；曰大兄；曰上位使者；曰诸兄；曰小使者；曰过节；曰先人；曰古邹大加"。

以上三书所记差异不小，特别是《新唐书》附记官职，位次与《隋书》多有不同。可能是受《高丽记》的影响："其国建官有九等。其一曰吐捽，比一品，旧名大对卢，总知国事。三年一代，若称职者不拘年限。交替之日，或不相祗服，皆勒兵相攻，胜者为之；其王但闭宫自守，不能制御。次曰太大兄，比二品，一名莫何何罗支。次郁折，比从二品，华言主簿。次大夫使者，比正三品，亦名谒奢。次皂衣头大兄，比从三品，一名中里皂衣头大兄，东夷相传所谓皂衣先人者也。以前五

---

① 《三国史记》卷十八《高句丽·长寿王本纪》，汉城：韩国民族文化推进会，1982年，第142页。
② 《集安县文物志》，长春：吉林省文物志编委会，1984年，第241—242页。

官掌机密，谋政事，征发兵丁，选授官爵。次大使者，比正四品，一名大奢。次大兄加，比正五品，一名缬支。次拔位使者，比从五品，一名儒奢。次上位使者，比正六品，一名契远奢使者，一名乙奢。次小兄，比正七品，一名失支。次诸兄，比从七品，一名翳属，一名伊绍，一名河绍还。次过节，比正八品。次不节，比从八品。次先人，比正九品，一名失元，一名庶人。又有拔古鄹，掌宾客，比鸿胪卿，以大夫使者为之。又有国子博士、大学士、舍人、通事、典客，皆以小兄以上为之。"①这里记得虽然很详尽，却将高句丽各个发展时期的官职混在了一起，失去了应有的时代感。《新唐书》显然也存在类似的缺憾。

从发展趋势看，《隋书》所记官职与《周书》《北史》记载官职之间的继承性、连续性更明显，与高句丽后期社会发展的情况更吻合。

根据两唐书和《三国史记》的相关记载，有几个重要官职需要略加说明。

（1）莫离支。高句丽后期掌管内外军国大事的最高官职。《旧唐书·高丽传》记载，"贞观十六年，西部大人盖苏文摄职有犯，诸大臣与建武欲诛之，事泄，苏文乃悉召部兵云将校阅，并盛陈酒馔于城南。诸大臣皆来临视，苏文勒兵尽杀之，死者百余人。焚仓库，因驰入王宫，杀建武。立建武弟大阳子藏为王。自立为莫离支，犹中国兵部尚书兼中书令职也。自是专国政"。《新唐书·高丽传》则载，"有盖苏文者，或号盖金，姓泉氏。自云生水中以惑众，性忍暴。父为东部大人，大对卢，死，盖苏文当嗣，国人恶之，不得立，顿首谢众，请摄职，有不可，虽废无悔，众哀之，遂嗣位。残凶不道，诸大臣与建武议诛之，盖苏文觉，悉召诸部，绐云大阅兵，列馔具请大臣临视，宾至尽杀之，凡百余人，驰入宫中杀建武，残其尸投诸沟。更立建武弟之子藏为王，自为莫离支专国，犹唐兵部尚书中书令职云"。《旧唐书》的《太宗本纪》《褚遂良传》《张俭传》《薛仁贵传》和《新唐书》的《褚遂良传》《薛仁贵传》等亦载盖苏文为莫离支一职。此外，《唐会要》《通典》《通志》《册府元龟》《资治通鉴》中亦记载了盖苏文贼杀大臣，弑其王高建武，立宝藏为王，自任莫离支，专擅国政一事。唐太宗《亲征高丽手诏》中有"高丽莫离支盖苏文弑逆其主，酷害其臣，窃据边隅，肆其蜂虿"。《命将征高丽诏》中亦有"而其臣莫离支盖苏文，包藏凶慝，招集不逞，潜怀异计，奄行弑逆"。

《三国史记·盖苏文传》中更详细地记载了盖苏文尽杀大臣凡百余人，然后入宫杀王建武之情况。随后，"立王弟之子藏为王，自为莫离支，其官如唐兵部尚书兼中书令职也。于是号令远近，专制国事"。

诸多史书都记载了盖苏文任莫离支一职，总管高句丽的政治、军事大权。新旧唐书所记高句丽十二级官职中却不见莫离支，这也是难以解释的。

（2）大莫离支。《新唐书·泉男生传》记载："泉男生，字元德，高丽盖苏文子也。九岁以父任为先人，迁中里小兄，犹唐谒者也。又为中里大兄，知国政，凡辞令皆男生主之。进中里位镇大兄，久之为莫离支，兼三军大将军，加大莫离支，出按诸部。"

《三国史记·盖苏文传》中记载了盖苏文死后，其子泉男生继任"莫离支兼三军大将军、加大

---

① 《翰苑·蕃·高句丽》"官崇九等"注引。

莫离支"的情况。其中"进中里位头大兄"一职比《新唐书》的"进中里位镇大兄"更准确些。

再证之以《泉男生墓志》，"曾祖子游，祖太祚，并任莫离支……""年始九岁，即授先人……年十五，授中里小兄；十八，授中里大兄；年二十三，改任中里位头大兄；二十四，兼授将军，余官如故；二十八，任莫离支兼三军大将军；三十二，加大莫离支。总录军国，阿衡元首"。说明高句丽确实存在莫离支一职，而大莫离支则是一种加衔。

（3）大对卢。《新唐书·高丽传》记载，盖苏文"父为东部大人，大对卢"。《三国史记·盖苏文传》中也曾记有此官职，"盖苏文，姓泉氏……其父东部大人大对卢"。《泉男生墓志》中也记载，"父盖金，任大对卢"。两汉时期高句丽官职中就有对卢，南北朝时确立为大对卢，成为高句丽十二级官制中的最高级别。隋唐时期，官职中仍有对卢或大对卢。在诸多文献中，只见盖苏文和其父曾任大对卢一职，在级别上却低于莫离支和大莫离支，已不是最高级别的官职了。

至于泉男生曾任过的先人、中里小兄、中里大兄、中里位头大兄，似与《周书》《隋书》记载的仙人、小兄、大兄、太大兄相对应。说明《周书》《隋书》所记南北朝至隋唐时期的高句丽十二级官制更可信些。

隋唐时期的高句丽官职，也见于朝鲜平壤长安城墙刻石上，其中就有"小兄"和"上位使"等官职。

三、地方官吏设置

高句丽地方官吏的设置大体分成两个部分，一部分是在高句丽五部基础上形成的官制，另一部分则是在被征服地区设置的官吏。其中官职的名称、职掌，诸多史书记载也不相同。

1. 高句丽五部的官职

高句丽五部自汉设四郡以后逐渐形成，各部首领管理本部生产、生活，在汉邪县乡里制度下，接受汉的经济文化影响。高句丽建国后，五部首领便成了五部的长官，也成了高句丽国家官吏设置的基础。国家重要官吏从五部长官中选拔，多数还是作为地方长官来管理地方上的事务。见于文献的主要官职有以下几种。

（1）大加。高句丽各部首领均称大加，主管部内事务，是地方上最高长官。由于高句丽各部与王族之间的关系不同，大加之上还有加爵或加衔，如"王之宗族，其大加皆称古雏加。涓奴部本国主，今虽不为王，适统大人，得称古雏加，亦得立宗庙，祠灵星、社稷。绝奴部世与王婚，加古雏之号"①。这样，高句丽中部（桂娄——王族本部）、西部（涓奴）、北部（绝奴）的大加均可称古雏加。他们既是地方上的最高长官，也是国家初期的第四级职官。

大加在文献中亦作大家。《后汉书·高句骊传》载，东汉光武帝建武"二十三年（公元47年）冬，句丽蚕支落大加戴升等万余口诣乐浪内属"。《三国史记·高句丽·闵中王本纪》载，"四年（公元47年）……冬十月，蚕友（支）落部大家戴升等一万余家，诣乐浪投汉"。

---

① 《三国志》卷三十《高句丽传》，北京：中华书局，1959年，第843页。

（2）部长。大朱留王十五年（公元 32 年）"春三月，黜大臣仇都、逸苟、焚求等三人为庶人。此三人为沸流部长，资贪鄙，夺人妻妾、牛马、财货，恣其所欲。有不与者，即鞭之，人皆忿死。王闻之，欲杀之，以东明旧臣，不忍致极法，黜退而已。遂使南部使者邹谷素代为部长"①。说明部长也是高句丽各部的行政长官，只是沸流部属原有五部之外的较小部落。

（3）褥萨。高句丽诸部大加、部长，南北朝以后称褥萨。《北史·高丽传》载，"复有内评、五部褥萨"。《隋书·高丽传》亦载，"复有内评、外评、五部褥萨"。

《旧唐书·高丽传》载，贞观十九年（公元 645 年），唐太宗率大军征高句丽。"车驾进次安市城北，列营过兵以攻之。高丽北部褥萨高延寿、南部褥萨高惠贞，率高丽、靺鞨之众十五万，来援安市城。"《新唐书·高丽传》亦载，"次安市，于是高丽北部褥萨高延寿、南部褥萨高惠贞，引兵及靺鞨众十五万来援"。《唐会要》载，"六月，攻拔白岩城，以其城为岩州。遂引军次安市城，进兵以攻之。会高丽北部褥萨高延寿、南部高惠贞，率靺鞨之众十五万来援，于安市城东南八里，依山为阵"。证明高句丽后期确实存在五部褥萨之职。

另外，《旧唐书·高丽传》中还记"西部大人盖苏文摄职有犯……"，《新唐书·高丽传》则记，盖苏文"父为东部大人、大对卢，死，盖苏文当嗣，国人恶之，不得立"。《三国史记·盖苏文传》所记与《新唐书·高丽传》相同，"其父东部大人、大对卢"。可知，五部最高官职也称大人。同时也表明，高句丽五部形成之后，五部名称随着方位感的强化而逐渐淡化，到后期则以东、南、西、北、中来表示五部了。在此基础上，还产生或分化出一些小的部来，如文献中见到的椽那都、沸流部、蚕支落部、藻那部、朱那部、贯那部、桓那部、提那部等，也都各自有自己的长官管理地方事务。

据《三国志·高句丽传》记载，"诸大加亦自置使者、皂衣先人、名皆达于王，如卿大夫之家臣，会同坐起，不得与王家使者、皂衣先人同列"。事实证明，诸部不仅有使者、皂衣先人，还有沛者、于台等官职。《三国史记》载，太祖大王"二十年（公元 72 年）春二月，遣贯那部沛者达贾伐藻那，虏其王"。"二十二年（公元 74 年）冬十月，王遣桓那部沛者薛儒伐朱那，虏其王子乙音为古邹加。""八十年（公元 132 年）秋七月，遂成猎于倭山，与左右宴。于是贯那于台弥儒、桓那于台菸支留、沸流那皂衣阳神等，阴谓遂成曰：'……今王既已老矣，而无让意，惟吾子计之。'"②

2. 在被征服地区设置的官职

高句丽建国之初，先后征服了许多部落方国，将其王作为当地之主进行管理。邹牟王二年（公元前 36 年），"松让以国来降，以其地为多勿部，封松让为主"③。儒留王"二年（公元前 18 年）秋七月，纳多勿侯松让之女为妃"④。松让主亦称松让侯，成为高句丽王统辖下的地方长官。

后来，相继灭掉荇人国、东沃沮、句荼国、盖马国、梁貊国，或以其地为城邑，或以其王为当

① 《三国史记》卷十四《高句丽·大武神王本纪》，汉城：韩国民族文化推进会，1982 年，第 119 页。
② 《三国史记》卷十五《高句丽·太祖大王本纪》，汉城：韩国民族文化推进会，1982 年，第 122—123 页。
③ 《三国史记》卷十三《高句丽·东明王本纪》，汉城：韩国民族文化推进会，1982 年，第 112 页。
④ 《三国史纪》卷十三《高句丽·琉璃明王本纪》，汉城：韩国民族文化推进会，1982 年，第 113 页。

地之主，实施管理。

好太王、长寿王统治时期，高句丽先后占据了辽东、玄菟、乐浪、带方等郡，在这些地方设立郡县进行管理。

《旧唐书·高丽传》记载，高句丽"外置州县六十余城，大城置耨萨一，比都督；诸城置道使，比刺史，其下各有僚佐，分掌曹事"。《新唐书·高丽传》亦载，高句丽"其州县六十，大城置耨萨一，比都督；余城置处闾近支，也号道使，比刺史。有参佐，分干。有大模达，比卫将军。末客，比中郎将"。大城置耨萨，相当于都督，亦即五部长官，是地方上最高的官职，较小的城则置道使，相当于刺史，应该是州一级的长官，下设僚佐，各掌其事。

此外，地方上还有守、宰之官职。

《三国史记》载，西川王"十九年（公元288年）夏四月，王幸新城，海谷太守献鲸鱼目，夜有光"[①]。

烽上王"五年（公元296年）秋八月，慕容廆来侵，至故国原，见西川王墓，使人发之，役者有暴死者，亦闻圹内有乐声，恐有神乃引退。王谓群臣曰：'慕容氏兵马精强，屡犯我疆，为之奈何？'相国仓助利对曰：'北部大兄高奴子，贤且勇。大王若欲御寇安民，非高奴子，无可用者。'王以高奴子为新城太守，善政有威声。慕容廆不复来寇"[②]。

太守，原为郡守的尊称。秦行郡县之制始置郡守，为一郡最高行政长官。汉景帝时改郡守为太守，以后历代沿用。高句丽在一些地方设郡县，沿用汉官太守，作为郡一级地方或城市的行政长官。

烽上王"二年（公元293年）秋八月，慕容廆来侵，王欲往新城避贼。行至鹄林，慕容廆知王出，引兵追之。将及，王惧。时新城宰北部小兄高奴子领五百骑迎王，逢贼奋击之，廆等败退。王喜，加高奴子爵为大兄兼赐鹄林为食邑"[③]。《三国史记·高句丽·美川王本纪》载，乙弗为避烽上王之害，曾就水室村人阴牟家佣作，阴牟使之甚苦，又与东村人再牟贩盐，被老妪诬告于鸭绿宰。

宰是一般官吏的通称，商代就已出现。高句丽沿用，置新城宰、鸭绿宰，新城宰以小兄为之，应该是县一级职官。当高奴子为大兄之后不久，便升任新城太守，成了郡一级职官。既说明了高句丽地方官吏中有一部分是沿用了汉官之制，同时也表明了太守与宰之间上下等级的差别。

3. 考古资料中发现的高句丽地方官职

《冉牟墓志》中，冉牟官居大兄，其家臣牟头娄官居大使者，都属于高句丽国家的职官。由于牟头娄跟随冉牟家族多年，忠心可嘉，在好太王末年至长寿王初年担任北夫余守事。

北夫余守事，应指北夫余太守一类的官职，这一职务在墓志中出现，证明在好太王至长寿王时期，高句丽在被征服地区设郡县、置官吏的史实。牟头娄作为冉牟的家臣，其先祖都是从北夫余来的，令其担任北夫余太守之职，也应该是合适的。

---

① 《三国史记》卷十七《高句丽·西川王本纪》，汉城：韩国民族文化推进会，1982年，第134页。
② 《三国史记》卷十七《高句丽·烽上王本纪》，汉城：韩国民族文化推进会，1982年，第135—136页。
③ 《三国史记》卷十七《高句丽·烽上王本纪》，汉城：韩国民族文化推进会，1982年，第135页。

　　早年集安曾出土过几方铜印，有的收藏在故宫博物院，有的为个人收藏，均已著录。①有"晋高句丽率善邑长""晋高句丽率善仟长""晋高句丽率善佰长"三种（图8.1）。故宫所藏的"晋高句丽率善邑长"最为典型，铜质、白文、篆书、兽钮，应该是晋朝中央授予高句丽职官的印信。"率善"是中原政权封赐边远地方民族首领官职时的惯用语，以其率众归善、从善，服膺中原王朝统辖之义。魏晋之际的官印中常见"魏乌丸率善佰长""魏率善氐邑长""魏率善羌佰长""晋鲜卑率善邑长"等。②"晋高句丽率善邑长"则是晋封赐高句丽某一邑长的印鉴。邑作为地方区域，古已有之。如"九夫为井，四井为邑，四邑为丘……"③晋以后，往往以邑为县，县令亦称邑宰、邑侯、邑尊，县邑之长。④高句丽的邑长大体上应该是县邑的长官。仟长和佰长则是县邑之下的军政合一的地方组织长官。

图 8.1　晋高句丽率善邑长、千长、百长印模

资料来源：《东北史地》2005 年第 3 期图版

　　平壤城曾发现五块刻有铭文的城石，上面刻有监工人的名字和官职。

　　（1）1766 年发现于朝鲜平壤大同江右岸，长安城外城墙西南段，现藏地点不详。《海东金石苑》著录。刻有汉字 24 个："己丑年五月廿八日始役西向十一里小兄相夫若牟利造作。"

　　（2）1829 年发现于平壤大同江羊角岛西侧右岸，乌滩下长安城南壁，现藏于韩国梨花女子大学博物馆。刻有汉字 27 个："己酉年□月廿一日自此下向东十二里物苟小兄俳须百头作节矣。"其中有一个字不清楚。

　　（3）1829 年发现于平壤大同江羊角岛西侧右岸，乌滩下长安城南壁，现藏地点不详。刻有汉字

① （清）瞿中溶：《集古官印考证》卷十二，东方学会铅字本，1927 年；金毓黻：《东北通史》卷三，五十年代出版社，1981 年；罗福颐主编：《故宫博物院藏古玺印选》，北京：文物出版社，1982 年，第 71 页；《集安县文物志》，长春：吉林省文物志编委会，1984 年，第 242—243 页。

② 郭沫若主编：《中国史稿》第三册，北京：人民出版社，1979 年，第 65、68、69 页。

③ 《周礼·地官·小司徒》，台北：开明书店，1970 年，第 17 页。

④ （晋）潘安仁《河阳县作》诗中有"谁谓邑宰轻，令名患不劭"。《通典·职官》记载，"县邑之长曰宰、曰尹、曰公、曰大夫"。

28 个字："己丑年三月廿一日自此下向口下二里内中百头上位使尔丈作节矣。"有一个字不清楚，难以辨识。

（4）1913 年发现于朝鲜平壤大同江右岸，镜齐里长安城内城东墙，现藏于平壤中央历史博物馆。刻有汉字 22 个："丙戌二月中汉城下后部小兄文达节自此西北行涉之。"

（5）1964 年朝鲜发现于平壤长安城内城南门洞，现藏于朝鲜人民大学习堂，刻有文字 17 个："卦娄盖切小兄加群自此东廻上里四尺治。"[①]

《三国史记·高句丽本纪》记载，平原王"二十八年（公元 586 年）移都长安城"。长安城城墙的维修应当在此前后。刻石上的干支纪年为：

己丑有 509 年、569 年、629 年，其中 569 年更为接近。

己酉有 529 年、589 年、649 年，其中 589 年较为接近。

丙戌有 566 年、626 年、689 年，其中 566 年较为接近。

以上纪年大体上为隋唐时期。这里的"小兄""上位使"均为地方上的职官，而非国家职官。每人只是监督十几里的城墙修筑工程。官职前面是任职地方，后面则是人名。如"汉城下后部小兄文达"，名叫文达，官职是小兄，任职在汉城下后部。

韩国中原高句丽碑中亦记载了一些地方官职，如前部大使者、主簿，下部拨位使者、古邹加，下部大兄、前部大兄、东部小兄、古牟娄城守事等。这些大兄、小兄、使者、主簿，是属于地方设置的，他们或是前部、后部、东部、下部的地方职官，较高的官职可称古邹加（或古雏加）。古牟娄城守事与冉牟墓志中的北夫余守事一样，亦应是地方上郡守一类的官职。

高句丽墓志、碑碣、石刻、印章上留下的官职虽不很多，却是当时高句丽人或中原人留下的真实可靠的记录。同时，也可以对文献中记载的高句丽职官进行补证。

第二节　社会性质和阶级结构

一、社会性质的几种意见

关于高句丽国家建立至灭国前的社会性质问题，学术界进行过几次讨论，发表了一些学术论文。到目前为止，中国学者提出了四种有代表性的观点。

[①] 《海东金石苑》《三韩金石录》有著录；［日］东潮、田中俊明：《高句丽的历史与遗迹》，东京：中央公论社，1995 年，第 226—227 页。其中第三块原释"下二里"，应释为"十二里"。第五块原释"东回上里四尺"，应释为"东回十里廿四尺"。

1. 奴隶社会说

这是一种传统的意见，1962 年，周一良、吴于廑先生主编的《世界通史·上古部分》便将高句丽作为奴隶制国家。[①] 后来出版的高等院校世界古代史及中世纪史教材大都因袭了这一说法。

1981 年，在集安学术会议上，赵秉新先生发表了《略论高句丽的社会性质》一文，较为系统地论述了高句丽奴隶制产生与发展的情况。赵先生认为："高句丽也和其他民族一样，沿着正常的社会发展规律，在原始社会解体以后进入奴隶制社会。"

史书记载表明，高句丽人的畜牧、狩猎和捕鱼活动在生产中占重要地位，并在开始出现农业这样的生产力发展水平的基础上，由于原始公社制的解体，形成了奴隶制社会。后来，随着高句丽国家不断向外扩张，特别是占据了乐浪郡、带方郡、辽东郡等先进地区以后，农业迅速发展，成为主要的生产部门，同时手工业和商业也发展起来，奴隶制也随之发展起来。高句丽存在大批战俘奴隶，这是高句丽奴隶的主要来源。此外，还存在债奴、罪奴、买卖奴隶和人殉。《三国志·高句丽传》中的"大家"是奴隶主，"下户"是占人口大多数的、基本的被剥削阶级，是奴隶。赵先生还认为："下户"的形成当然与征服有关，但其主要原因还是社会生产水平发展不够充分。恩格斯指出使用奴隶劳动的条件："维持更多的劳动力的资料已经具备了；使用这些劳动力的资料也已经具备了。"高句丽社会不完全具备这些条件（"土地贫瘠，蚕农不足以自供"），因而它在征服广大地区的居民之后，无力改变他们的生产秩序，普遍地组织像希腊、罗马那样的奴隶制农庄，而是把他们固定在原来的土地上，交纳贡赋，就地剥削。这种剥削方法对高句丽的奴隶主来说，既简便又有利，切实可行。[②]

张博泉先生也认为："高句丽统治者，把被征服的地区置于自己的统治之下，并靠着剥削村落共同体和分配掠夺来的财物而发展起来。为了对村落共同体进行剥削与压迫，与之相适应地建立了强有力的奴隶主专制的政体，这种政体又是与村落共同体的存在相互联系着的。"高句丽社会主要是由奴隶主和奴隶两个基本阶级构成的，奴隶主称"大家"，奴隶被称为"下户"。在大家（大加）之外还有小加，他们很可能是小奴隶主和高句丽的"力耕自给"的一般平民。他们也被称为"民"。高句丽主要通过对其他族的部落战争，把被征服的部落集体地转变为下户，不改变他们的原有组织，责取租税没有定额的规定，是按其所需求而"供给"，这种供给包括下户的"美女"在内。这种奴隶制有异于贵族私人所有的家族奴隶，也不同于封建制下的农奴，是一种种族奴隶制。高句丽不仅占有这种被征服的下户，还从战争中，把掠夺人口转变为家族内的奴婢，供其使役，同时也将一些犯罪者依法没入其妻子为奴婢。当然，"高句丽虽然已进入阶级社会，但还保存着不少氏族制的残迹"[③]。

2. 半奴隶半封建社会说

孙玉良先生认为："高句丽奴隶制国家建立不久，便出现了封建生产关系的萌芽。但是在以后

① 周一良、吴于廑：《世界通史·上古部分》，北京：人民出版社，1962 年，第 398—400 页。
② 赵秉新：《略论高句丽的社会性质》，《朝鲜史通讯》1981 年第 3 期。
③ 张博泉：《东北地方史稿》，长春：吉林大学出版社，1985 年，第 80—82 页。

的数百年间，高句丽统治者把主要精力都耗费在对外穷兵黩武上，多次四面兴师，征战不休，极大地束缚和破坏了生产力的进一步发展，使奴隶制与封建制的生产关系长期共存，并行发展，迟迟未能最终摆脱奴隶制统治，封建制始终未能最后确立，或者说，处于半奴隶半封建社会状态。同时，在社会组织中，还广泛保存原始社会部落的体系，各地之间，发展很不平衡。"

"公元前 37 年，朱蒙在部落联盟基础上所建立的政权，标志着高句丽人的社会发展已迈出原始氏族社会，进入了国家统治时期，奴隶制对所有的氏族成员，取得了绝对的支配地位。在此后长达七百余年间，奴隶制一直统治着高句丽。封建的生产力和生产关系虽然也有某些发展，特别是长寿王及其以后的历史时期，封建制的因素有了较为明显的增长。但是，它并没有达到质变性飞跃的程度，奴隶制仍具有很强的生命力。直到高句丽灭亡时，奴隶制才随之寿终正寝。"孙玉良先生把高句丽的奴隶制发展分成了四个历史阶段，从朱蒙到太祖大王执政时期，是高句丽奴隶制的最后形成时期；从太祖大王到故国壤王时期，是高句丽奴隶制的发展时期；从广开土王到长寿王时期，是高句丽奴隶制的鼎盛时期；文咨明王以后诸王，则是高句丽奴隶制的衰落时期。[1]

1990 年，李殿福与孙玉良先生在韩国讲座，出版的手稿中写道："高句丽从建国到灭亡，在漫长的历史发展进程中，奴隶制统治一直延续了七百余年。尽管高句丽受中原文化影响较深，很早便出现了封建生产关系的因素，但由于历代统治者穷兵黩武，不务生业，极大地障碍了生产力的发展和进步，始终未能跨入封建社会的门槛，甚或发达的奴隶制也不是。同时，高句丽所辖各地区，其阶级关系构成和生产力发展水平，也很不平衡。尤其是一些偏僻之乡，仍停留在原始社会，无疑也拖累了高句丽奴隶制的发展。"[2]

2008 年，孙玉良、孙文范先生主编的《简明高句丽史》则认为："高句丽历史基本分为前后两个时期，前一时期是自古高句丽形成开始，直到朱蒙建国，高句丽第 20 位王于公元 427 年迁都平壤之后为止，是为奴隶制社会，第二期则是自迁都后而至其灭亡，是为封建社会。"为此，从高句丽土地制度、经济发展和行政管理等三个方面说明理由。[3]

孙玉良先生自己的论文认为高句丽社会是"半奴隶半封建社会"，他与李殿福合作的书中提出高句丽社会"始终为奴隶社会"，而与孙文范合作主编的书中则是"前半奴隶社会后半封建社会"。正好是三种不同的观点。从他与李殿福先生合作的手稿看，"高句丽的统治——奴隶制统治"这一部分为李殿福先生撰写，"始终为奴隶社会"主要是李殿福先生的主张。而与孙文范先生合作主编的《简明高句丽史》第七章"高句丽的社会性质及统治机构"是由刘子敏先生撰写，很明显"前半奴隶社会后半封建社会"的观点是刘子敏先生的观点。[4]以此看来，孙玉良先生自己对于高句丽社会性质的认识还是"半奴隶半封建社会"。

---

[1] 孙玉良：《高句丽社会性质浅析》，《博物馆研究》1984 年第 1 期。
[2] 李殿福、孙玉良：《高句丽简史》，汉城：韩国三省出版社，1990 年，第 352 页。
[3] 孙玉良、孙文范：《简明高句丽史》，长春：吉林人民出版社，2008 年，第 155—157 页。
[4] 孙玉良、孙文范：《简明高句丽史》，长春：吉林人民出版社，2008 年，第 305 页。

3. 前奴隶制后封建制社会说

1980 年前后，在一次学术座谈会上，有的学者提出高句丽前期是奴隶社会，公元 4 世纪末或 5 世纪初逐渐过渡到了封建社会，但一直没能见到这种意见的论文发表。直到 1984 年，王健群先生在研究好太王对外战争时，才将这一观点用文字形式表明："纵观好太王一生事迹，讨碑丽、伐百济、援新罗、败倭寇、征东夫余。在这些战争中，每得城、得村、得军资、牛羊，必须详细记述。凡夺得城池，一个不漏地记入碑中。而在总结全文时，主要提到的是'凡所得城六十四，村一千四百'。由此观之，当时战争的主要目的是占城、略地、掠人、夺物，是一种掠夺式的战争。这些都与当时的社会性质有关。综合各种资料分析，高句丽当时还处于发达的奴隶制阶段，充其量是由奴隶制向封建制的转化时期。"此说以好太王时期划分，认为高句丽社会是前奴隶制，后封建制，有一些公元 427 年迁都前后划界的味道。他是在研究好太王对外战争时顺便谈及的，对于高句丽奴隶制的形成及特点、封建制产生的原因及表现等问题基本没有涉及。因此，还不能说是研究高句丽社会性质的专论。[①]

1996 年，刘子敏先生对高句丽的政体、土地所有制及社会性质进行了较详尽的论述。他认为高句丽的历史可分为两期，"其分界当以长寿王迁都为准，前期为奴隶社会，后期为封建社会"。"高句丽的土地所有制应有两种形式，一是国有制，即国王所有，二是私有制，即地方贵族所有制。"其中国有制是主要形式，高句丽王通过"赐田"将兼并的土地赐给贵族大臣作为"食邑"，也有官僚贵族奴隶主占有私田者。《三国志·高句丽传》记载，"国中大家不佃作，坐食万余口，下户远担米粮鱼盐供给之"。这里的"大家"应指奴隶主，而与之相对的"下户"，就是指奴隶。"大家"与"大加"不同。"大加"是官称，"大家"则是大小贵族。

刘子敏认为："从宏观的角度看，高句丽前期社会并不具备封建社会的特点……农业很不发达，手工业和商业的发展自然会受到很大的限制。高句丽人为了生存和发展，常常发动掠夺性的战争……其政治制度中尚且残存着某些浓厚的原始形态，中央集权制尚未发展到应有的阶段，封建的生产关系还只是处于一种萌芽状态。""高句丽的鼎盛时期应从好太王执政的后期而至婴阳王时期。在这一阶段，高句丽人终于走出了大山深谷，占领了中原在东北所设四郡的土地，社会发展也来了个飞跃，从奴隶制社会发展到了封建社会，并成为东北亚地区一个最强大的国家。"[②]随后从郡县制的管理、实行租税制度、铁器生产的发展、礼俗文化的变化等方面阐述了高句丽社会性质的转变。奴隶制与封建制的分界是公元 427 年长寿王迁都平壤。

2008 年，刘子敏在参与编写《简明高句丽史》第七章"高句丽的社会性质及统治机构"时，再一次申明自己的观点："高句丽历史基本分为前后两个时期，前一时期是自古高句丽形成开始，直到朱蒙建国，高句丽第 20 位王于公元 427 年迁都平壤之后为止，是为奴隶制社会，第二期则是自迁都后而至其灭亡，是为封建社会。"其理由如下。

① 王健群：《好太王碑研究》，长春：吉林人民出版社，1984 年，第 191 页。
② 刘子敏：《高句丽历史研究》，延吉：延边大学出版社，1996 年，第 75—81、242—247 页。

第一，从土地所有制来看，高句丽国有制和私有制并行，而以国有制为主。高句丽是用战争的手段在不断地掠夺和占有汉家东北边疆郡县的土地而发展起来的，高句丽的前期历史也就是其扩张史，高句丽每征服其地自然是将该地兼并到自己的国土中来，所兼并地区的土地，当然就是国王所有了。可以说，高句丽五部土地基本就是归国家所有的。在这种情况下，高句丽国王可以根据需要向奴隶主贵族及官僚臣子赏赐土地。另外，高句丽亦存在土地私有制。从"食邑制"的实施可以看出，国王有权将国有制的土地赐给贵族官僚，说明土地到了被赐者手中，就变成个人所有了，这就是高句丽土地私有制出现的一种形式。应当说，高句丽国王是全国最大的奴隶主贵族。

第二，从经济发展的情况看，高句丽前期并不具备封建社会那种以农业和家庭手工业相结合的自给自足的自然经济的形成条件。众所周知，在封建社会中，农业是主要的生产部门，只有农业经济发展了，手工业、商业才会得到发展，农业的发展又是与铁器的广泛使用和农田的大面积开发有着直接的关系。而高句丽居住在大山深谷中，农业很不发达，手工业和商业发展受到限制，经常发动掠夺战争，不会给自己带来经济上的利益，只会带来破坏。

第三，从国家行政管理制度上看，高句丽并不是封建社会实行的中央集权制。高句丽效法中国古制，将其领土分为东、西、南、北、中五部，以中部为王畿，是国王的直接管辖区，其余四部皆各由其长官大加主管。当然，高句丽的分封制不是原封不动地照搬三代旧制与汉代的分封制，而是结合本民族、本地区的特点而为之的。[①]

刘子敏先生虽然也举了些高句丽赏赐土地和食邑的例证，却总是偏重于理论述说，而且理论阐述也缺乏准确性，如认为"土地国有制就是奴隶制""食邑制就是奴隶制"等。与汉唐以来高句丽边郡封国的社会环境、自然条件、生产生活状况相脱离。更缺乏对多年来考古发现的高句丽农业生产工具进步与变化、手工业产品的认识与评估。最为重要的是，忽略了公元前 108 年以来，高句丽人在汉玄菟郡高句丽县内生活了 70 多年的发展与变化，以及汉唐以来中央政权对于高句丽边郡封国实行政治、经济、思想、文化管理所产生的深远影响。

4. 封建社会说

主张高句丽国家是封建社会的学者中，对于高句丽封建社会的形成持两种不同的意见。第一种认为，高句丽人是从原始社会瓦解直接过渡到了封建社会；第二种则认为，高句丽是在古朝鲜奴隶制社会瓦解的基础上建立的封建社会。

徐德源先生是第一种意见的代表。1980 年松江学术会议上，他发表了《试论高句丽国家的社会性质》一文，认为高句丽国家不是奴隶社会，而是早期封建社会。[②]主要论点如下。

其一，从文献史料和碑铭资料的记录来看，高句丽国家无疑存在剥削和压迫奴隶的社会现象。高句丽建国之初就出现了罪奴，部分民户也被国家强制为奴。随着社会经济、私有制和剥削关系的发展，又出现了债奴，也有家生奴隶和买卖奴隶的活动。但是，从公元 4 世纪初至 7 世纪初，高句

---

① 孙玉良、孙文范：《简明高句丽史》，长春：吉林人民出版社，2008 年，第 155—157 页。

② 徐德源：《试论高句丽国家的社会性质》，《朝鲜史通讯》1980 年第 2 期。

丽在 14 次对外战争中掳掠或夺回的大量人口，是否全部沦为奴隶，又是怎样安置和在哪些方面使用这些奴隶，即大量战俘是不是奴隶的主要来源，从文献史料中得不出确切的答案，碑铭资料中也仅有将从外部掠来的韩秽人等用为守护王室陵墓的"烟户"一处记载。国王用奴隶赏赐臣属，也仅有公元 179 年明临答夫死后葬于质山食邑时"置守墓二十家"这一条史料。各种奴隶都是怎样被役使的，尤其是在生产上（包括农业、畜牧业和手工业）是否使用奴隶，史料上没有记载，难以做出这样的论断。在高句丽总人口中，奴隶只占极少数。依此，奴隶似乎不是高句丽国家主要的生产者，剥削和压迫奴隶在这里不占主要地位。

其二，在高句丽社会中，基本的生产者是占人口绝大多数的"民"或"百姓"，其中包括"下户"。他们的社会生活，一般都是以户为单位，即有自己的家庭；而且占有或使用一小块土地，占有少量耕畜和生产工具，独立进行个体生产，即有自己的私有经济；他们还要受国家的租税和徭役等剥削，往往还要受到贵族的欺压，为穷困所迫而为人佣作，但可以离开主人，在法律上是自由人。他们在经济上依附于国有土地，从而在政治上依附于国家政权的、以户为单位的个体农业生产者和被剥削者，其社会地位具有大土地所有制与个体生产相结合这一封建主义生产关系的基本特征，是属于在东方各国封建社会里比较普遍存在的土地国有制下的国家依附农民。《三国史记·高句丽本纪》中关于"民"或"百姓"反抗统治阶级的斗争的记录，说明他们在高句丽国家政治生活中占有极为重要的地位。历代国王对于"民"或"百姓"的政策是他们基本的对内政策，它反映了高句丽国家政权的阶级本质。

其三，文献史料中关于高句丽国家的租税制度和实行严禁贵族兼并土地的政策的记载，说明高句丽的全部土地是归国家所有，并由国家直接控制的。其中大部分由农民耕种，由国家对他们征收地租、征课徭役。一部分土地由国王赏赐给贵族官吏作为食邑，由什么人来耕种，剥削关系如何，不得而知，但可能不是普遍实行的制度。与此同时，也存在少量使用私人依附农民耕种的私有土地，不过由于国家的限制，不会有多大的发展。

文献史料中没有留下有关高句丽国家的和私人的大地产与奴隶占有制相结合的记录，但却可以看到它是与个体生产相结合的。这种土地制度具有中古时期东方诸国封建社会里比较普遍存在的、封建土地国有制下的贵族食邑（或军事采邑）与国家农民份地制度的特征。

其四，高句丽国家的社会生产力水平还处于较低的发展阶段，手工业与农业结合在一起，社会分工和交换不发达，几乎没有商品生产和货币经济，自然经济占着完全的统治地位。

姜孟山先生是第二种意见的代表。他认为，高句丽人长期生活在古朝鲜奴隶制国家的领域内，因此不会停留在原始社会阶段。朝鲜慈江道渭源古坟出土的铁器遗物证明，分布在这一带的高句丽人在公元前 3 至公元前 2 世纪已经使用铁制生产工具，已经具备了建立奴隶制生产关系的条件，以这种生产力为基础，高句丽人早在建国之前就已经建立了奴隶制生产关系。而在慈江道发现的公元前 1 世纪的冶铁遗址和古墓中的铁器遗物，则标志着高句丽社会生产力的新发展，其结果必然是旧的奴隶制生产关系的瓦解和出现新的封建的生产关系。

另外，高句丽国家生产资料的基础是封建土地所有制，而不是奴隶占有制。从高句丽建国初期开始，国王就不是用奴隶而是以土地作为赏赐物，即以"食邑""赐田"的形式，把土地分给功臣和贵族。绝大多数土地是被以国王为首的贵族和功臣占有的。从公元2世纪末开始的土地兼并过程，是封建土地所有制形成的必然结果和进一步发展。劳动人民当中占绝大多数的"下户"，不是奴隶，其社会地位要比奴隶高。他们是有家室、占有一定的家产，以户为单位租佃"大家"的土地进行生产，并从自己的收成中拿出大部分实物缴纳田租的依附农民，并且还向国家负担赋税和徭役。这种剥削形式是封建剥削。

另外，中国和朝鲜古代文献中记录了高句丽国家存在罪奴、债奴和战俘奴隶，说明高句丽确实有奴隶制。但是，奴隶只占总人口中的少数，不是主要的生产者；奴隶制生产关系不是占统治地位的生产关系，而是旧制度的残余；高句丽统治者进行对外战争的主要目的，不是掠夺奴隶，而是掠夺土地，并取得更多的租赋。[1]

二、高句丽封建社会的特殊性

任何一个社会的性质都是由生产方式来决定的，生产方式是生产力与生产关系的统一。马克思在1847年12月下半月所做的讲演中指出："各个人借以进行生产的社会关系，即社会生产关系，是随着物质生产资料、生产力的变化和发展而变化和改变的。生产关系总合起来就构成为所谓社会关系，构成为所谓社会，并且是构成为一个处于一定历史发展阶段上的社会，具有独特的特征的社会。古代社会、封建社会和资产阶级社会都是这样的生产关系的总和。而其中每一个生产关系的总和同时又标志着人类历史发展中的一个特殊阶段。"[2]

生产关系的总和构成社会，说到底就是生产关系一定要适应生产力的性质。依据这一规律，以生产力和生产关系的统一，即生产方式来划分社会历史的发展阶段。

1859年，马克思在《政治经济学批判·序言》中首次提出："大体来说，亚细亚的、古代的、封建的和现代资产阶级的生产方式可以看做是社会经济形态演进的几个时代。"[3]这就是人类社会发展中经历的几种生产方式。

1938年9月，斯大林在《论辩证唯物主义和历史唯物主义》中将资本主义产生前的几种生产方式做出更具体的表述："在原始公社制度下，生产关系的基础是生产资料的公有制。这在基本上适合当时的生产力性质……在奴隶占有制度下，生产关系的基础是奴隶主占有生产资料和占有生产工作者，这些生产工作者就是奴隶主可以把他们当作牲畜来买卖屠杀的奴隶。这样的生产关系基本

① 姜孟山：《论高句丽国家的社会性质》，《朝鲜史通讯》1981年第3期。
② ［德］马克思：《雇佣劳动与资本》，《马克思恩格斯选集》第一卷，中共中央马克思恩格斯列宁斯大林著作编译局译，北京：人民出版社，1972年，第363页。
③ ［德］马克思：《〈政治经济学批判〉序言》，《马克思恩格斯选集》第二卷，中共中央马克思恩格斯列宁斯大林著作编译局译，北京：人民出版社，1972年，第83页。

上适合当时的生产力状况……在封建制度下，生产关系的基础是封建主占有生产资料和不完全地占有生产工作者——农奴，封建主已经不能屠杀农奴，但是可以买卖农奴。除了封建所有制以外，还存在农民和手工业者以本身劳动为基础的个体所有制，他们占有生产工具和自己的私有经济。这样的生产关系基本上适合当时的生产力状况。"①

这就是学者研究中国古代社会性质、发展阶段及历史分期的重要理论根据，也是我们研究高句丽社会性质的重要理论依据。

由于学者对马克思主义经典作家论述的理解与认知存在差异，加之对古代文献及考古资料的解释和运用的不同，常常会出现不同的意见和结论。有的强调生产关系的变化，有的强调生产力的发展和生产工具的改革等。

应当强调的是，马克思主义经典作家研究的是资本主义生产以前各种经济形态的一般规律，而我们研究的只是某一阶段、某一区域、某一民族政权的社会性质，它既有一般规律的特点，又具有自己的特殊性。

就高句丽民族而言，他们一直生活在周秦、汉唐的统治区域之内，并不具备独立的经济形态和国家形态，特别是元封三年（公元前 108 年）汉武帝灭卫氏朝鲜，设玄菟、乐浪、临屯、真番四郡管辖东北及朝鲜半岛北方地区以后，高句丽人一直生活在汉玄菟郡高句丽县境内。高句丽县令主其名籍，管理户口、徭役、赋税等。高句丽人已经正式成为西汉王朝封建统治下的编户齐民。可以这样认为，自公元前 108 年开始，高句丽人已经结束了原始时代的生活，直接进入了封建社会。

以往，学术界对于汉武帝设四郡的研究尚存在某些未尽之处，对于中央与边郡的关联认识不足。其实，秦汉时期对地方郡县的管理是较为严格而有秩序的，中央的政策、法令下达较为及时，使驿交通也很频繁。

1975 年 12 月，湖北云梦睡虎地 11 号秦墓出土了 1155 枚竹简，内容有《编年记》、《语书》（《南郡守腾文书》）、《秦律十种》、《为吏之道》、《日书》等多种②，反映了战国晚期至秦始皇三十年（公元前 217 年）期间的政治、经济、文化、法律、军事方面的情况。证明秦对南郡地方的有效管理和政令通达的史实。

汉代对地方的管理和法令、制度的畅通进一步加强，许多边远地区都出土了汉中央王朝发至地方的制书、诏书、策令等文书，如《居延汉简》《流沙坠简》《武威汉简》《敦煌汉简》《银雀山汉墓竹简》《长沙汉墓竹简》等。在湖南、湖北、两广地区的汉墓中还出土一些零散的汉简。

王国维先生《敦煌所出汉简跋一》考证：

制诏酒泉太守，敦煌郡到戍卒二千人，发酒泉郡，其假□如品，司马以下与将卒、长吏

---

① ［苏］斯大林：《列宁主义问题》，中共中央马克思恩格斯列宁斯大林著作编译局译，北京：人民出版社，1973 年，第 649—650 页。

② 《中国大百科全书·考古学》，北京：中国大百科全书出版社，1986 年，第 636 页；睡虎地秦墓竹简整理小组编：《睡虎地秦墓竹简》，北京：文物出版社，1978 年，第 1—4 页。

将屯要害处，属太守，察地刑，依阻险，坚辟垒，远候望，勿

　　（上阙）陈却，适者赐黄金十斤。□□元年五月辛未下

　　右二简书法相似，又自其木理观之，乃一简裂为二者。第二简斤字之半尚在第一简，未可证也。此宣帝神爵元年（公元前61年）所赐酒泉太守制书。《独断》云：制书，其文曰制诏三公刺史太守相。又云，凡制书有印使符下远近皆玺封，尚书令重封，故汉人亦谓之玺书……此简云制诏酒泉太守，则赐酒泉太守书也。[①]

汉武帝以后，汉朝皇帝不断向边疆地区郡县与封国下达指令，事涉边防、军事、经济、文化等。河西四郡与东北四郡是汉武帝断匈奴左右臂之重要决策，对其管理应是等同重视的。或许将来玄菟、乐浪地区考古发掘会出土武帝以后的简牍文书，证实汉对北方地区的行政管理的情况。[②]

2006年，朝鲜学者孙永钟发表了《乐浪郡南部地域的位置——"乐浪县初元四年县别户口多少□□"的统计资料为中心》《辽东地区西汉郡县的位置与其变迁（1）》[③]公布了朝鲜平壤发现的关于汉四郡的竹简和木牍：

　　1990年2月至1992年11月，平壤市乐浪区贞柏洞364号古坟出土了多枚竹简和木牍。这一情况直到2006年以后才被披露出来。根据朝鲜、韩国和日本学者的研究，其竹简的内容为抄写的儒家典籍《论语》以及3枚以"乐浪郡初元四年县别户集簿"为标题的木简。初元四年即公元前45年，牍文共707字。

　　乐浪地区出土的户口名簿木牍的公布过程虽然曲折、漫长，但自从公布后，便成为韩半岛出土文字资料领域的重要研究主题。韩国学者多从周边民族和国家的视角入手，对西汉四郡时期乐浪郡的郡县统治问题进行探讨。

　　与平壤市乐浪区贞柏洞364号墓户口名簿一同出土的《论语》竹简，收录《论语》第11卷《先进》篇31枚竹简、第12卷《颜渊》篇8枚竹简。2009年5月，日本早稻田大学文学部李成市教授介绍了这39枚简的黑白照片，隶书的字迹较为清晰。竹简形制规整，书体为隶书，其形制、书体和书式与中国河北省定州汉墓出土的《论语》册书竹简十分相似。[④]

这一重要发现，证实了我们当年的推测，更加证实了汉武帝设四郡以来，西汉王朝对四郡所实施的行政管理，不仅有户籍方面的记录，还有儒家文献《论语》的传播。另外，从四郡地区出土大

---

① 王国维：《观堂集林》卷十七，《王国维遗书》第三册，上海：上海古籍书店，1983年，第11页。

② 此段文字是2002年《中国高句丽史》出版以前的一种推测。2006年，朝鲜学者孙永钟发表文章公布了1990年2月至1992年11月，平壤市乐浪区贞柏洞364号古墓出土多枚汉代竹简和木牍的情况，证实了当初的推断。至于玄菟郡的汉代简牍，今后也许会出土，证明汉代对东北四郡的有效管理。

③ ［朝］孙永钟：《乐浪郡南部地域的位置——"乐浪县初元四年县别户口多少□□"的统计资料为中心》，朝鲜《历史科学》2006年第198辑；［朝］孙永钟：《辽东地区西汉郡县的位置与其变迁（1）》，朝鲜《历史科学》2006年第199辑。

④ 戴卫红：《韩国木简研究》，桂林：广西师范大学出版社，2017年，第41—42页。

量的汉代铜器、铁器、陶器等遗物看，汉设四郡后，汉的政治、经济、文化影响一直在不断加强。四郡的官员多来自辽东、辽西、右北平等地，对于传播汉的先进经济、文化，推行汉中央政策法令起到了积极的作用。

始元五年（公元前82年），汉昭帝罢真番、临屯以并乐浪、玄菟。玄菟郡治西迁至高句丽城（今辽宁新宾县境内），领高句丽、西盖马、上殷台诸县。这里邻近辽东郡，汉王朝的管理更为方便，封建化速度更快些，程度更深些。玄菟郡所辖地区，包括今辽宁省桓仁、新宾、宽甸地区，吉林省通化、集安、柳河地区，曾多次出土汉代铁制生产工具，如斧、凿、刀、镢、镰、犁铧、环首刀等。铁器的生产加工与制造技术、牛耕技术的传播，极大地推动了汉四郡地区的工农业生产的发展和人民生活水平的提高。

汉元帝建昭二年（公元前37年），邹牟率部众进入高句丽聚居地区，经汉玄菟郡及中央王朝同意，建立高句丽国，成为玄菟郡统辖下的地方封国。从这时起，汉中央王朝的封建统治方式、政策、法令，通过玄菟郡传到高句丽王都，再传达到高句丽各部地方。《三国志·高句丽传》记载，"汉时赐鼓吹技人，常从玄菟郡受朝服衣帻，高句丽令主其名籍"。汉王朝中央赐予高句丽王鼓吹技人、朝服衣帻，乃至印绶，都是通过玄菟郡办理的。高句丽的户籍都由高句丽县令管理。在这种政治、经济、文化的大环境下，高句丽这一地方政权不可能有独立的社会政治、经济和文化生活，只能以汉代的社会政治、统治方式、生产方式来维持地方封国的统治。虽然高句丽在生活习俗、内部事务管理、各部交往等方面还保留着自己民族的一些特色，但其社会性质只能是封建制。

高句丽封建社会的特殊性在于汉代封建政治、经济、文化影响下，直接从原始时代进入了封建时代，高句丽建国初期还保留着一些原始生活的特点，如石质工具的使用、聚族而居、五部首领担任国家重要官职等。在战争中掠夺的人口还有少量沦为家内奴隶，犯罪者也有杀其人，没其妻子为奴婢者。主要从事工农业生产劳动的还是广大农民和手工业者。其土地是国王所有和贵族所有，贵族通过赐田、食邑获得国家土地，逐渐成为私田。地方上的部长等官吏，也依仗权势"掠人子女，夺人田宅"，扩大田产、蓄养奴婢。

高句丽下户民众受封建剥削，担负着赋税和徭役。《三国志·高句丽传》记载"其国中大家不佃作，坐食者万余口，下户远担米粮鱼盐供给之"。说明下户为佃农，要向地主缴纳实物地租。《北史·高句丽传》还明确记载了高句丽赋税的情况："税，布五匹、谷五石，游人则三年一税，十人共细布一匹。租，户一石，次七斗，下五斗。"

高句丽王在遇到饥荒之年，经常"发使赈恤国内饥民。"[1] "大旱……赤地民饥，王发使赈恤。"[2] "问鳏寡孤独及老病贫乏不能自存者，救恤之。命有司每年自春三月至秋七月，出官谷，以百姓家口多少赈贷有差。"[3] 说明广大百姓的社会地位较高，平时能够自给，根本不是奴隶。而且"家

① 《三国史记》卷十四《高句丽·闵中王本纪》，汉城：韩国民族文化推进会，1982年，第121页。
② 《三国史记》卷十五《高句丽·太祖大王本纪》，汉城：韩国民族文化推进会，1982年，第123页。
③ 《三国史记》卷十六《高句丽·故国川王本纪》，汉城：韩国民族文化推进会，1982年，第129页。

家自有小仓，名之为桴京"，说明各家也有少量余粮储存。

随着社会不断发展和进步，家内奴隶数量逐渐减少，战争掠夺的城市、农村仍然保留原来的统治机构和生产方式。农业生产工具也逐渐由铁器取代了石器，牛耕技术、田间管理、水利灌溉不断进步和完善。

公元 4 世纪，高句丽社会出现了重要的变革，国家政权建设逐步加强，管理秩序化，先后扩大儒学影响，设立太学，兴办私学，从中原引进佛教，建立寺庙。生产上出现了金器制造、鎏金工艺生产、釉陶器生产、铁工具与兵器生产规模的扩大。丧葬习俗也出现重大变化，出现了方坛阶梯石室墓（砖室墓）、封土石室墓、高句丽壁画墓，随葬品中出现了金器、鎏金器和釉陶器组合。到第十九代王广开土境平安好太王时期，高句丽封建制有了新的发展，原始社会的痕迹消失了，家内奴隶减少了，军政合一的地方组织形成了。由于对外扩张和掠夺战争频繁，高句丽逐渐成为北方的一个实力较强的军事封建国家。军事封建则成为好太王、长寿王以后高句丽封建社会的另一个特点。

三、阶级结构

汉武帝设四郡以后，高句丽人聚居地区归属玄菟郡高句丽县管辖，汉王朝的封建制度逐渐推行，对高句丽人的社会生活、经济生活产生了极大的影响。高句丽人逐渐结束了原始时代的生活，进入了阶级社会，汉朝先进的生产方式、生产工具、生产技术相继传入，促进了高句丽人生产关系的变化。原始村社的社员逐渐成为封建生产关系下的自耕农民，部落首领和有权势者成为封建地主，也有少量因战争和债务沦为奴隶者，成为奴隶主贵族或封建地主家内的被役使者。

如果说，高句丽建国初期，高句丽社会的各阶层还带有原始性质，到好太王、长寿王时期，高句丽各阶层已形成了封建制国家统治下的阶级关系。主要有地主和农民、手工业者、商贩，还有少量的奴隶。

1. 地主

高句丽国内的地主阶级应该包括高句丽王族、国家官吏、地方官吏、五部首领和被征服的部落方国首领。他们占有土地和食邑，被称为"大家"。《三国志·高句丽传》载，"其国中大家不佃作，坐食万余口，下户远担米粮鱼盐供给之"。他们是高句丽的统治阶级和剥削阶级。

高句丽的地主由三个部分组成：一部分是贵族地主，是高句丽王族、亲属及高句丽五部大人。高句丽王将土地分给他们作为食邑，他们也向国家提供一定数量的粮食和农副产品。他们既是这一地方的地主、富人，往往也是这一地方的军政官吏，征收百姓的租税，管理徭役等。有的地方贵族仗势欺人，引起百姓的怨恨。大朱留王十五年（公元 32 年）"春三月，黜大臣仇都、逸苟、焚求等三人为庶人。此三人为沸流部长，资贪鄙，夺人妻妾、牛马、财货，恣其所欲，有不与者，即鞭之，人皆忿死。王闻之，欲杀之。以东明旧臣，不忍致极法，黜退而已。遂使南部使者邹谷素代为部长。

谷素既上任，别作大室以处，以仇都等罪人，不令升堂。仇都等诣前，告曰：'吾侪小人，故犯王法，不胜愧悔。愿公赦过，以令自新，则死无恨矣，'谷素引上之，共坐曰：'人不能无过，过而能改，则善莫大焉。'乃与之为友。仇都等感愧，不复为恶。王闻之曰：'谷素不用威严，能以智惩恶，可谓能矣。'赐姓曰大室氏"①。

故国川王十二年（公元190年），"中畏大夫沛者于畀留、评者左可虑皆以王后亲戚，执国权柄，其子弟并恃势骄侈，掠人子女，夺人田宅，国人怨愤。王闻之，怒欲诛之。左可虑等与椽那谋叛。十三年夏四月，聚众攻王都。王征畿内兵马平之"②。

另一部分是军功地主，一些下级军人或出身低微者，因立有军功，或被推举担任官职，得到赏赐土地或食邑，成为高句丽地主阶级中的成员。

故国川王平定于畀留、左可虑叛乱之后，"下令曰：'近者，官以宠授，位非德进，毒流百姓，动我王家，此寡人不明所致也。令汝四部，各举贤良在下者！'于是，四部共举东部晏留。王征之，委以国政。晏留言于王曰：'微臣庸愚，固不足以参大政。西鸭绿谷左勿村乙巴素者，琉璃王大臣乙素之孙也，性质刚毅，智虑渊深。不见用于世，力田自给，大王若欲理国，非此人则不可。'王遣使以卑辞重礼聘之，拜中畏大夫，加爵为于台"③。晏留和乙巴素以贤德被故国川王重用，乙巴素甚至担任了国相，管理国家大事。一批被推举的贤良，也进入统治阶层，成为新兴地主。

东川王时，因寇辽东，被幽州刺史毌丘俭率大军攻破丸都，密友、纽由等人率敢死之士保护王逃入山谷。"王复国论功，以密友、纽由为第一。赐密友巨谷、青木谷，赐屋句鸭绿杜讷河原，以为食邑。追赠纽由为九使者，又以其子多优为大使者。"④密友、屋句及纽由之子多优因军功获得食邑和官职，成为高句丽地主阶级中的新成员。

还有一部分，则是征服其他部落方国的贵族或地主。邹牟王立国不久，征服松让国，"以其地为多勿都（部），封松让为国主"。随后，征服了荇人国、北沃沮，其国主都成了高句丽贵族或地主。⑤

大朱留王时，先后征服了盖马国、句荼国，以其地为城邑，以其国主、王者为贵族或地主。⑥以后诸王也有征服其他部落方国，将其国主作为自己的臣民、贵族或地主者。这些被征服地区的部落方国之主，以及汉晋以来的地方官吏，则先后加入高句丽统治阶级队伍之中，成为高句丽地主、贵族中的一员。

2. 农民、雇佣农民

高句丽国家存在大量的自耕农民和依附农民，这是高句丽农业经济发展的主要劳动者和赋役承担者，他们是高句丽五部时期的村社成员，占有一部分土地或租种地主的土地，以实物的形式缴纳

① 《三国史记》卷十四《高句丽·大武神王本纪》，汉城：韩国民族文化推进会，1982年，第119—120页。
② 《三国史记》卷十六《高句丽·故国川王本纪》，汉城：韩国民族文化推进会，1982年，第128页。
③ 《三国史记》卷十六《高句丽·故国川王本纪》，汉城：韩国民族文化推进会，1982年，第128页。
④ 《三国史记》卷十七《高句丽·东川王本纪》，汉城：韩国民族文化推进会，1982年，第133页。
⑤ 《三国史记》卷十三《高句丽·东明王本纪》，汉城：韩国民族文化推进会，1982年，第112页。
⑥ 《三国史记》卷十四《高句丽·大武神王本纪》，汉城：韩国民族文化推进会，1982年，第118—119页。

地租。冉牟墓志中记载，"城民、谷民，并馈前王"。谷民，即是生活在大山深谷之中，从事农业生产的农民。文献中记载的"下户""民""百姓"，与墓志中的"谷民"一样，都是高句丽的自耕农民或依附农民。

《三国志·高句丽传》记载：高句丽农民"随山谷以为居，食涧水。无良田，虽力佃作，不足以实口腹。""其国中大家不佃作，坐食者万余口，下户远担米粮鱼盐供给之。其民喜歌舞，国中邑落，暮夜男女群聚，相就歌戏。无大仓库，家家自有小仓，名之为桴京。"

由以上文献记载可知，高句丽农民多在大山深谷中居住，农业生产条件不够好，墓志中称"城民""谷民"正是依据居住环境对手工业者和农民的称谓，这种农民的数量很多，他们与贵族、地主这些"大家"相比，属于"下户"。他们要把生产的米粮、鱼盐等缴纳给高句丽地主或贵族，也就是实物地租。"其民喜歌舞"，这些农民在暮夜之时，男女群聚歌舞，形成特有的家庭与婚姻习俗。他们每家都有小仓，存放赖以生活的粮食、农副产品和工具等。这种小仓名为桴京。从集安麻线沟1号墓壁画上的"仓廪图"看，与今吉林省通化、白山地区，辽宁省本溪、丹东地区农村人家的苞米楼子十分相似。这些"下户"，有家庭、有土地、有私有财产、有较自由的经济生活和社会生活，向地主大家缴纳实物地租，应该是较为典型的封建社会农民阶级。

对于高句丽农民的生活状况，史书记载较为零散。《魏书·高句丽传》记载，"民皆土著，随山谷而居，衣布帛及皮。土田薄瘠，蚕农不足以自供，故其人节饮食"。《三国史记·故国川王本纪》记载，十三年（公元191年）举荐的乙巴素是高句丽典型的自耕农民，他居住在西鸭绿谷的左勿村，性质刚毅，智虑渊深，不见用于世，力田自给。像乙巴素这种"力田自给"的人家数量是不会少的。他们要缴纳的"赋税则捐布及粟，随其所有，量贫富差等输之"[1]。更具体的记载是"租，户一石，次七斗，下五斗"[2]。这些自耕农民或依附农民是高句丽国家的主要被剥削者。高句丽贵族、官吏、地主的压迫、剥削，使农民的生活每况愈下，若遇水旱灾害，则无以生活，常常卖儿鬻女，成为流民。

还有较自耕农民、依附农民身份更低些的雇佣农民，他们房无一间，地无一亩，甚至没有家庭，全凭一人之力，成为地主或富人的佃户，主人役使甚苦。《三国史记·美川王本纪》载，"初，烽上王疑弟咄固有异心，杀之，子乙弗畏害出遁。始就水室村人阴牟家佣作。阴牟不知其何许人，使之甚苦。其家侧草泽蛙鸣，使乙弗夜投瓦石，禁其声。昼日督之樵采，不许暂息。不胜艰苦，周年乃去。与东村人再牟贩盐，乘舟抵鸭绿，将盐下寄江东思收村人家"[3]。一个王族子弟避祸出逃，成为富人家的雇佣，日夜操劳，十分辛苦。另有一些自耕农民失去土地后，为富人佣耕，地位大不如从前。《三国史记·故国川王本纪》记载，十六年冬十月，"王田于质阳，路见坐而哭者。问何以哭为，对曰：'臣贫穷，常以佣力养母。今岁不登，无所佣作，不能得升斗之食，是以哭耳'。

---

① 《周书》卷四十九《高丽传》，北京：中华书局，1971年，第885页。

② 《北史》卷九十四《高丽传》，北京：中华书局，1974年，第3116页。

③ 《三国史记》卷十七《高句丽·东川王本纪》，汉城：韩国民族文化推进会，1982年，第136页。

王曰：'嗟乎，孤为民父母，使民致于此极，孤之罪也。给衣食以存抚之。'仍命内外所司，博问鳏寡孤独、老病贫乏、不能自存者救恤之"①。

3. 手工业者和商贩

高句丽的手工业发展较快，行业分工也较细，如制陶、砖瓦、石器、玉器、冶炼、金属加工、皮革、纺织、木器、建筑等。高句丽人能够建造城市、宫殿、寺庙、古墓，加工制造生产、生活、战争所需要的工具、用具、兵器、甲胄等。从高句丽建国不久，就逐渐锻炼和训养出一批熟练的工匠，他们在陶器制造、兵器制造、鎏金器和金器制造等方面体现出卓越的工艺水平和独特的风格。这些手工业者主要居住在城市，冉牟墓志中的"城民"就是指这些城市手工业者。

一般说来，高句丽的手工业者由高句丽国家或地方官吏管理，多为官营手工业者，为国家或地方官府生产兵器、甲胄、陶器、砖瓦、金属工具、生活用品等。也有部分手工业者为高句丽贵族和地主生产加工各种工具和生活用品。还有部分手工业者属于私营，加工生产一些生活必需品和装饰品，用来出售和交换。这些人依靠自己的技术、手艺、产品，从官家或地主贵族、平民百姓那里换取粮食和生活用品，是高句丽城市中的主要生产劳动者。

高句丽商品经济不发达，但也存在商人和商贩。商人的地位较高，他们常与中原和其他民族进行交易，使用中原通行货币，也将中原物品购入高句丽，以供应官府或地主贵族使用。这类人数量并不多，大量存在的则是一些小商贩，如美川王乙弗即王位以前逃亡在外，先是为水室村人阴牟家佣作，不胜艰苦，周年乃去。又与东村人再牟贩盐，甚至受诬陷遭鞭笞。乙弗贩盐与再牟合伙，从食盐生产加工者手中买来，再担负各地叫卖。说明高句丽在公元300年前就有长途贩运的商贩出现，而且有了生产加工商品的商业生产部门。这就为后来高句丽商人的出现、商业经济的发展奠定了基础。

4. 奴隶

不应否认，在高句丽社会中还存在一定数量的奴隶，这些奴隶并非用于农业和手工业生产，而主要是为高句丽王公贵族、地主大家提供家内服务的，并不代表生产方式的主流。

高句丽的奴隶来源有两种，一是高句丽内部的罪奴和债奴，另一种则是对外族征伐掠夺来的战俘奴隶。

《三国志·高句丽传》记载，高句丽"无牢狱，有罪诸加评议，便杀之，没入妻子为奴婢"。《周书·高丽传》记载，"盗者，十余倍征赃。若贫不能备，及负公私债者，皆听评其子女为奴婢以偿之"。对于奴婢一词的解释，不同历史时期有所不同，这里应该是家内奴隶。前者是因犯罪，将其妻子没为奴婢，属于犯罪奴隶。后者因欠公私债务，将其子女没为奴婢偿债，属于债务奴隶。这两种奴隶最初只限于高句丽五部，后来扩大到高句丽各地。

战俘奴隶是战争中掠夺来的奴隶。高句丽人性凶急，喜寇钞，不断向外扩张土地，掠夺人口。

① 《三国史记》卷十六《高句丽·故国川王本纪》，汉城：韩国民族文化推进会，1982年，第129页。

《后汉书·高句骊传》载，"明年，遂成还汉生口，诣玄菟降。诏曰：遂成等桀逆无状，当斩断俎醢，以示百姓，幸会赦令，乞罪请降。鲜卑、秽貊连年寇钞，驱略小民，动以千数，而裁送数十百人，非向化之心也。自今已后，不与县官战斗而自以亲附送生口者，皆与赎直，缣人四十匹，小口半之"。一般认为，这便是高句丽掠夺人口作为战俘奴隶的证据。其实是高句丽次大王遂成归还掠夺汉生口后，汉皇帝所下诏书。诏书警示，自今以后，不与汉军交战并亲往归还汉生口者，汉以缣赎之。"缣人四十匹，小口半之"是汉赎偿之价，并非奴隶买卖之价。在高句丽掠夺汉及其他民族的生口中，并非全是奴隶，亦并非全部分配给高句丽贵族官吏做奴隶。掠夺奴隶的情况存在，但奴隶的数量却无明确记载。

随着高句丽社会的发展与进步，高句丽占据辽东、玄菟、乐浪之后，向南发展，掠夺新罗、百济土地、人口，并按封建郡县制对他们实行管理，奴隶的数量不断减少，使用奴隶的少量高句丽奴隶主贵族也逐渐成了贵族地主，供他们役使的下人，只是保留了奴婢的称呼，身份地位已经有所提高，类似农奴。

有的学者认为，文献记载的高句丽下户和碑文中的守墓烟户都是奴隶。他们忽略了下户是与大家相对应的被剥削阶级的统称，其中包括自耕农民、依附农民、佣工、佃农，甚至包括手工业者和小商贩。更忽略了高句丽作为东方汉唐之际的边郡封国的地位，而与西方所谓典型奴隶制相提并论。[1]认为"下户是由征服形成的，很像斯巴达的希洛制"[2]。其实，高句丽的下户人数众多、有家室、有土地、有自由，每年向高句丽地主大家缴纳实物地租，绝非奴隶那样毫无人身自由，可供主人买卖和杀害。再从高句丽封国的地位，汉代经济、文化的影响看，下户的非奴隶身份亦是很明显的。

这里着重探讨一下守墓烟户的身份问题。高句丽守墓烟户一词见于好太王碑：

凡所攻破，城六十四，村一千四百。守墓人烟户，卖句余民国烟二，看烟三，东海贾国烟三，看烟五，敦城民四家尽为看烟，于城一家为看烟，碑利城二家为国烟，平壤城民国烟一，看烟十，此连二家为看烟，俳娄人国烟一，看烟卅三……

国罡上广开土境好太王存时教言："祖王、先王，但教取远近旧民守墓洒扫。吾虑旧民转当羸劣。若吾万年之后，安守墓者，但取吾躬巡所略来韩秽，令备洒扫。"言教如此。是以如教令，取韩秽二百廿家。虑其不知法则，复取旧民一百十家，合新旧守墓户，国烟卅，看烟三百，都合三百卅家。自上祖先王以来，墓上不安石碑，致使守墓人烟户差错。唯国罡上广开土境好太王，尽为祖先王墓上立碑，铭其烟户，不令差错。又制守墓人，自今以后，不得更相转卖。虽有富足之者，亦不得擅买。其有违令，卖者刑之，买人制令守墓之。[3]

[1] 王健群先生认为："综合各种资料分析，高句丽当时还处于发达的奴隶制阶段，充其量是奴隶制向封建制转化时期。"王健群：《好太王碑研究》，长春：吉林人民出版社，1984年，第191页。
[2] 赵秉新：《关于"下户"的身份问题》，《朝鲜史通讯》1982年第4期。
[3] 耿铁华：《好太王碑新考》，长春：吉林人民出版社，1994年，第89、359—372页。

这里的守墓烟户是指高句丽摊派为好太王守墓的人家，又分为国烟 30 家，看烟 300 家。虽然都是守墓烟户，称谓却不相同，说明他们在来源、居住环境、所操之业方面有所不同。国烟应该是城民烟户，而看烟则为谷民烟户。这些人成为守墓烟户之后，身份、地位亦有所不同，国烟身份略高于看烟。国烟与看烟是一比十的比例，一户国烟带领十户看烟，这种管理方式似乎与高句丽社会基层组织的什伍制度相同。

不久前，集安麻线河边出土的集安高句丽碑文中，也记载了守墓烟户：

□□□□□□烟户以此河流四时祭祀然而□俗长烟
□□□□烟户□□□□富足□转卖□□守墓者以铭
□□□□立碑铭其烟户头廿人名以示后世自今以后
守墓之民不得擅自更相转卖虽富足之者亦不得其买 ①

进一步证明，高句丽确实存在守墓烟户制度。

关于守墓烟户的身份，有的学者认为，"守墓烟户的身份是奴隶，无论国烟、看烟都不例外"。理由之一，好太王存时教言："若吾万年之后，安守墓者，但取吾攻巡所略来韩秽，令备洒扫。"据此说守墓者"是在对百济的战争中虏获的人""他们的身份是被役使从事贱役的奴隶"。理由之二，碑文中规定对守墓人"自今以后，不得更相转卖。虽有富足之者，亦不得擅买"。说明此前是可以更相转卖的。"不得擅买"，如果经过同意，也还是可以买的。"这就更加明确这些守墓烟户原来是可以被买卖的奴隶。" ② 应该说这是主张"守墓烟户的身份是奴隶"论者的最为典型的论述了。然而，上述两点理由并不足以证明"守墓烟户的身份是奴隶"的论点。

其一，主张守墓烟户是奴隶论者的逻辑推理是：高句丽对百济战争中掳获的人是被役使从事贱役的奴隶，如果用这些人作守墓烟户，那么他们的身份就是奴隶。可历史事实是，高句丽对百济的战争中掳获的人大多不是奴隶。据好太王碑记载，好太王六年（公元 396 年），亲率水军讨伐百济，攻下 58 座城，700 个村落。十七年，再攻打百济，破城 6 座。好太王先后攻下百济 64 座城，1400个村落。百济王兄弟和大臣都成了高句丽的俘虏，诸多城市、村落的贵族、官吏、大家、百姓都属于被好太王掳获的百济人。他们大都不是"被役使从事贱役的奴隶"。好太王怕原有百姓转当赢劣，那么精心选出来的 220 家新来韩秽也绝不可能是"被役使从事贱役的奴隶"，这些守墓烟户一定是新来的，有家有口的，一定是不赢劣的。长期"被役使从事贱役的奴隶"当然不会具备这样的条件，也就不会被高句丽王族选中。

其二，无论是新来的韩秽，还是取旧民充任的守墓烟户，他们都居住在好太王的陵园附近，守墓洒扫，以家庭为单位编为什伍组织。不得擅离职守，不许买卖。好太王碑文中明确规定"自今以

---

① 集安市博物馆编著：《集安高句丽碑》，长春：吉林大学出版社，2013 年，第 11 页。
② 王健群：《好太王碑研究》，长春：吉林人民出版社，1984 年，第 192 页。

后，不得更相转卖"。主张守墓烟户为奴隶论者据此推断，"以前是可以更相转卖的，'不得擅买'说明如果经过同意，也还是可以买的"。更进一步推断，可以被买卖的守墓烟户就一定是奴隶。这就完全违背了马克思主义经典作家关于奴隶的论述，混淆了奴隶和农奴的根本区别。

斯大林指出："在奴隶占有制度下，生产关系的基础是奴隶主占有生产资料和占有生产工作者，这些生产工作者就是奴隶主可以把他们当作牲畜来买卖屠杀的奴隶。""在封建制度下，生产关系的基础是封建主占有生产资料和不完全地占有生产工作者——农奴，封建主已经不能屠杀农奴，但是可以买卖农奴。"[1]

十分明确，奴隶和农奴都可以被买卖，但二者身份用是否可以买卖是难以区别的。那么二者最重要的区别在于能否屠杀，奴隶可以屠杀，农奴则不能屠杀。他们之间的人身自由程度的差别也恰恰在此。

好太王碑文中规定，守墓烟户"不得更相转卖"。连买卖都明令禁止，屠杀就更不可能了。这种有家有口，有一定人身自由，被编成什伍的守墓烟户，其身份较农奴还要略高些。好太王以前的守墓烟户，虽有买卖之事，也并非明目张胆可为，其身份也不是奴隶。

其三，好太王碑文还规定，"虽有富足之者，亦不得擅买。其有违令，卖者刑之，买人制令守墓之"。富足之人若擅买守墓烟户，则罚其守墓，这恰好证明守墓烟户也可以由富人承担，并非都是"被役使从事贱役的奴隶"。根据公元 5 世纪初，东晋与北方高句丽社会政治、经济发展的状况，为好太王守墓的烟户们也不会是奴隶了。

第三节　军队和法律

军队和法律是高句丽政权建设的重要方面，也是高句丽王赖以维护封建统治的工具和手段。由于缺乏较系统的文献记载，只能通过对零散记录的整理和相关考古资料的分析研究，做一简单的叙述。

一、军队的组成

高句丽建国之初，以五部青壮年组成了一支军队。高句丽人善骑射，喜寇钞。邹牟王、儒留王先后派军队征服了沸流国、荇人国、北沃沮、鲜卑、梁貊，使高句丽军队在战争中得到锻炼，队伍不断扩大。儒留王三十三年（公元 14 年）秋八月，"王命乌伊、摩离领兵二万，西伐梁貊，灭其国，进兵袭取汉高句丽县"[2]。动用的军队已达到 2 万人。说明儒留王时，高句丽军队已经具有了一定的规模。这支军队既是高句丽的军队，也属于汉军中的一支。汉王朝对北方少数民族作战时，时常征用高句丽兵。王莽初年，在与匈奴（胡）作战时，就征调了一批高句丽兵。高句丽兵不愿前往，

---

[1]　[苏] 斯大林：《列宁主义问题》，中共中央马克思恩格斯列宁斯大林著作编译局译，北京：人民出版社，1973 年，第 649 页。

[2]　《三国史纪》卷十三《高句丽·琉璃明王本纪》，汉城：韩国民族文化推进会，1982 年，第 116 页。

纷纷逃亡出塞为寇盗，导致高句丽与新莽政权之间的矛盾与斗争。①

大朱留王时期，高句丽军队征服了盖马国、句荼国，袭击了汉乐浪郡。公元44年秋，东汉光武帝派兵渡海收复乐浪，与高句丽以萨水为界，以南属东汉，以北属高句丽。②可见当时高句丽的军事实力已很强。

太祖大王时期，高句丽军队进一步扩大发展，将征服的部落方国的军队也编入高句丽军队，使步兵、骑兵的数量增多，并具备与辽东郡、玄菟郡汉军作战的实力。时常派出数千人、上万人侵扰、掠夺辽东郡、玄菟郡东部各县。

据《三国史记·高句丽·太祖大王本纪》记载：

> 五十三年(公元105年)春正月，王遣将入汉辽东，夺掠六县。太守耿夔出兵拒之，王军大败。秋九月，耿夔击破貊人。
>
> 六十九年(公元121年)春，汉幽州刺史冯焕、玄菟太守姚光、辽东太守蔡讽等，将兵来侵，击杀秽貊渠帅，尽获兵马财物。王乃遣弟遂成，领兵二千余人，逆焕、光等。遂成遣使诈降，焕等信之。遂成因据险以遮大军，潜遣三千人，攻玄菟、辽东二郡，焚其城郭，杀获二千余人。夏四月，王与鲜卑八千人，往攻辽队县。辽东太守蔡讽，将兵出于新昌战没。功曹掾龙端、兵马掾公孙酺，以身扞讽，俱没于阵，死者百余人……十二月，王率马韩、秽貊一万余骑，进围玄菟城。扶余王遣子尉仇台领兵二万，与汉兵并力拒战，我军大败。
>
> 七十年（公元122年）王与马韩、秽貊侵辽东，扶余王遣兵救破之。

东川王与毌丘俭军队在沸流水交战时，亲率2万人，先胜后败。

> 二十年(公元246年)秋八月，魏遣幽州刺史毌丘俭将万人，出玄菟来侵。王将步骑二万人，逆战于沸流水上，败之，斩首三千余级。又引兵再战于梁貊之谷，又败之，斩获三千余人。王谓诸将曰："魏之大兵，反不如我之小兵。毌丘俭者魏之名将，今日命在我掌握之中乎。"乃领铁骑五千，进而击之。俭为方阵，决死而战，我军大溃，死者一万八千余人。王以一千余骑，奔鸭渌原。冬十月，俭攻陷丸都城，屠之。③

故国原王时，抵御慕容皝大军，派王弟武率精兵5万拒北道，自帅羸弱之兵以备南道，亦应有万余人。此时，高句丽军队的数量已是很可观了。

---

① 《汉书》卷九十九中《王莽传》，北京：中华书局，1962年，第4130页；《三国志》卷三十《高句丽传》，北京：中华书局，1959年，第844页。

② 《三国史记》卷十四《高句丽·大武神王本纪》，汉城：韩国民族文化推进会，1982年，第120页。

③ 《三国史记》卷十七《高句丽·东川王本纪》记录时间有误，据《三国志·毌丘俭传》和毌丘俭纪功碑记载，毌丘俭征高句丽应该是正始五年，即公元244年（东川王十八年）。

　　十二年（公元 342 年）十一月，皝自将劲兵四万，出南道。以慕容翰、慕容霸为前锋，别遣长史王寓等，将兵万五千，出北道以来侵。王遣弟武，帅精兵五万，拒北道。自帅羸兵，以备南道。慕容翰等先至战，皝以大众继之，我兵大败……皝从之。发美川王墓，载其尸，收其府库累世之宝，虏男女五万余口，烧其宫室，毁丸都城而还。①

　　好太王时期，是高句丽国力较强的时期。据好太王碑记载，好太王多次亲率水陆大军征战，其中“十年庚子，教遣步骑五万，往救新罗。”“十七年丁未，教遣步骑五万……”②还有几次征战，没有记载出兵数量，两次记载出兵数量的都是“步骑五万”，这在当时已经不是个小数目了。当然，不排除碑文或有夸大成分。《三国史记》中记载故国壤王与好太王父子统治时期的战事不少：

　　故国壤王二年（公元 385 年）夏六月，王出兵四万，袭辽东。先是，燕王垂命带方王佐，镇龙城。佐闻我军袭辽东，遣司马郝景，将兵救之，我军击败之，遂陷辽东、玄菟，虏男女一万口而还。

　　三年（公元 386 年）秋八月，王发兵，南伐百济。

　　六年（公元 389 年）秋九月，百济来侵，掠南鄙部落而归。

　　七年（公元 390 年）秋九月，百济遣达率真嘉谟，攻破都押城，虏二百人以归。③

　　广开土王元年（公元 391 年）秋七月，南伐百济拔十城。九月，北伐契丹，虏男女五百口。又招谕本国陷没民口一万而归。冬十月，攻陷百济关弥城。其城四面峭绝，海水环绕，王分军七道，攻击二十日，乃拔。

　　二年（公元 392 年）秋八月，百济侵南边，命将拒之。

　　三年（公元 393 年）秋七月，百济来侵。王率精骑五千，逆击败之，余寇夜走。

　　四年（公元 394 年）秋八月，王与百济战于浿水之上，大败之，虏获八千余级。

　　九年（公元 399 年）二月，燕王盛以我王礼慢，自将兵三万袭之。以骠骑大将军慕容熙为前锋，拔新城、南苏二城，拓地七百余里，徙五千余户而还。

　　十一年（公元 401 年）王遣兵攻宿军，燕平州刺史慕容归，弃城走。

　　十三年（公元 403 年）冬十一月，出师侵燕。

　　十四年（公元 404 年）春正月，燕王熙来攻辽东城。

　　十五年（公元 405 年）冬十二月，燕王熙袭契丹，至陉北，畏契丹之众，欲还。遂弃辎重，轻兵袭我。攻我木底城，不克而还。④

　　以上军事行动中只有两次记载出兵数量为“出兵四万”“精骑五千”。其他战事，出兵数量不记。

---

① 《三国史记》卷十八《高句丽·故国原王本纪》，汉城：韩国民族文化推进会，1982 年，第 139 页。
② 耿铁华：《好太王碑新考》，长春：吉林人民出版社，1994 年，第 146 页。
③ 《三国史记》卷十八《高句丽·故国壤王本纪》，汉城：韩国民族文化推进会，1982 年，第 140 页。
④ 《三国史记》卷十八《高句丽·广开土王本纪》，汉城：韩国民族文化推进会，1982 年，第 141 页。

从"分军七道""虏获八千"和来犯军队数量多达三万来看，故国壤王与好太王出兵也可能超过万人。综合以上资料分析，到好太王统治时期，高句丽国家的常备军队亦应在 7 万人以上，其中步兵应在 4 万人左右，骑兵应在 2 万人左右，水军也应有万余人。好太王后期，占据辽东、玄菟、乐浪以后，其人口数量、军队数量都有很大增长，其常备军队或可达到 12 万人左右。

长寿王以后，高句丽疆域扩大，迁都平壤并向朝鲜半岛南部发展。诸王遵照长寿王的策略，分别向南北朝诸政权称臣纳贡，接受册封赏赐，和平相处，出现了一个稳定、发展的历史时期，使高句丽国家人口增多，军队数量扩大。

隋唐王朝征高句丽时，许多文献中零散地记录了一些高句丽军队的数量，使我们可以对高句丽灭国前军队的数量有一个大体上的估算。

《旧唐书·太宗本纪下》记载，贞观十九年（公元 645 年）"六月丙辰，师至安市城。丁巳，高丽别将高延寿、高惠贞帅兵十五万来援安市城，以拒王师"。

《旧唐书·高丽传》记载，贞观十九年五月，"李勣进军于辽东城""国内及新城步骑四万，来援辽东。江夏王道宗率骑四千，逆击大破之，斩首千余级"。六月，"车驾进次安市城北，列营进兵以攻之。高丽北部褥萨高延寿、南部褥萨高惠贞，率高丽、靺鞨之众十五万，来援安市城"。

《新唐书·高丽传》《资治通鉴·唐纪·太宗中》也有同样的记载。以上史料，高句丽在贞观十九年，救援辽东城的军队有 4 万，救援安市城的军队则有 15 万。此两项调动的高句丽军队就有 19 万之众。

另外，此次征高句丽，夺得高句丽玄菟、横山、盖牟、磨米、辽东、白岩、卑沙、麦谷、银山、后黄 10 城。徙辽东、盖牟、白岩三城户口入中原者 7 万余人。新城、建安、驻跸三大战，斩首 4 万余级。

据《旧唐书·高丽传》记载，李勣率军火攻辽东城，烧死者万余人，俘其胜兵万余口。破白岩城，获士女 1 万人，胜兵 2400 人。辽东城为郡治，常驻军队应在 2 万人以上，白岩城守军亦应在万人以上。那么，唐军所破 10 城，高句丽守军至少有 12 万人，加上已知救援兵力 19 万人和其他零散部队，贞观十九年在鸭绿江右岸与唐军作战的高句丽军队应在 35 万人左右。

鸭绿江左岸诸城、都城平壤及沿海要塞驻军及守卫军队总有 20 多万人。这样可以估算出，唐初时，高句丽国内常备军队应在 60 万人左右。

唐高宗总章元年（公元 668 年），李勣率唐军攻下平壤城，擒其王高藏及其大臣男建等以归，境内尽降，高句丽灭国。当时获其城 170 座，以其地为安东都护府，分置 42 州。得其户口 69.7 万户，原有人口应在 348.5 万人左右。若以五口之家出一人当兵，除去王公贵族之家，高句丽灭国前的常备军队也应在 60 万人左右。这一数字与前面的估算基本是一致的。

高句丽军队最初是由五部的高句丽人组成的，随着国土的扩张，征服其他地区和民族，高句丽国家的军队中，也出现了其他民族的成分。其中主要有以下四种。

1. 鲜卑士兵

东汉安帝建光元年（公元121年）春，幽州刺史冯焕、玄菟太守姚光、辽东太守蔡讽等率兵征讨高句丽。太祖大王派遂成将两千余人迎战。"遣使诈降，光等信之，遂成因据险阸以遮大军，而潜遣三千人攻玄菟、辽东，焚城郭，杀伤二千余人。""夏，复与辽东鲜卑八千余人攻辽队，杀略吏人。蔡讽等追击于新昌，战殁。功曹耿耗、兵曹掾龙端、兵马掾公孙酺以身捍讽，俱没于阵，死者百余人。"[1]《后汉书·安帝纪》《资治通鉴》《三国史记》均记此事。其中《三国史记·太祖大王本纪》记为"王与鲜卑八千人，往攻辽队县"。战事结局与《后汉书·高句骊传》记载略同。"王与鲜卑八千人"实际上是率高句丽与鲜卑士兵共八千人攻打辽队县。早在公元前9年，高句丽儒留王与将军扶芬奴率高句丽军队征伐鲜卑，以计攻破鲜卑城，降为属国，就收编了一批鲜卑军队。后来高句丽军队进犯辽东时，经常调动鲜卑军队共同作战。公元4世纪末5世纪初，高句丽军队多次与慕容鲜卑交战，争夺辽东之地。好太王后期，占据了辽东、玄菟，掳获了一批汉人、鲜卑人，充实到高句丽军队中，使高句丽军队中的鲜卑士兵大量增加。

2. 马韩士兵

《后汉书·高句骊传》载，东汉建光元年（公元121年）秋，"宫遂率马韩、秽貊数千骑围玄菟。夫余王遣子尉仇台将二万余人，与州郡并力讨破之，斩首五百余级"。《后汉书·安帝纪》则记，建光元年"冬十二月，高句丽、马韩、秽貊围玄菟城。夫余王遣子与州郡并力讨破之"。《资治通鉴·汉纪·孝安中》记为，"建光元年正月，幽州刺史巴郡冯焕、玄菟太守姚光、辽东太守蔡讽等将兵击高句丽。……十二月，高句丽王宫率马韩、秽貊数千骑围玄菟。夫余王遣子尉仇台将二万余人，与州郡并力讨破之"。这应该是公元121年冬季之事，高句丽太祖大王宫六十九年（公元121年）率马韩、秽貊骑兵围玄菟郡。《三国史记》记载尤为详尽。

高句丽军队中马韩士兵来自马韩之国。《三国志·韩传》记载，"韩在带方之南，东西以海为限，南与倭接，方可四千里。有三种，一曰马韩，二曰辰韩，三曰弁韩。……马韩在西，其民土著，种植，知蚕桑，作绵布。各有长帅，大者自名为臣智，其次为邑借，散在山海间，无城郭"。汉时属乐浪郡，东汉后有流民入高句丽，成为高句丽军队中的一部分。

3. 秽貊士兵

上引《后汉书》《资治通鉴》诸书，东汉安帝建光元年高句丽与幽州、玄菟、辽东作战时，调动马韩士兵的同时，也有秽貊士兵共千余骑。数量虽不多，却可以证明高句丽军队中有马韩、秽貊士兵可供调遣的事实。《三国史记》也有记载：

太祖大王六十六年（公元118年）夏六月，王与秽貊袭汉玄菟，攻华丽城。

---

[1]　［苏］《后汉书》卷八十五《高句骊传》，北京：中华书局，1965年，第2814—2815页。

六十九年（公元 121 年）十二月，王率马韩、秽貊一万余骑，进围玄菟城。

七十年（公元 122 年）王与马韩、秽貊侵辽东，扶余王遣兵救破之。①

秽貊，汉魏之际，中原史家常用以代称秽、貊、高句丽诸族。据《三国志·秽传》记载，"秽南与辰韩，北与高句丽、沃沮接，东穷大海，今朝鲜之东皆其地也，户二万。……汉末更属高句丽"。高句丽建国向东发展，不久便与秽发生联系，秽人入高句丽者也日渐增加，高句丽亦征发其人为部武，参与战斗。

沃沮、东秽先后归属高句丽。又有小水貊、梁貊等归入高句丽。小水貊在西安平县北，以小水为居，出好弓，所谓貊弓是也。梁貊在大梁水上游，儒留王"三十三年（公元 14 年）秋八月，王命乌伊、摩离领兵二万，西伐梁貊灭其国"②。自此以后，高句丽军队中开始有了貊兵，秽兵与貊兵被史家合称为秽貊兵。

高句丽人对来自朝鲜半岛南部的百济城市或村落之人，有时称韩，有时称韩秽。如好太王碑文中有："新来韩秽，沙水城国烟一，看烟一。牟娄城二家为看烟。豆比鸭岑韩五家为看烟。句牟客头二家为看烟。求底韩一家为看烟。舍蔦城韩秽，国烟三，看烟廿一。古模耶罗城，一家为看烟。炅古城国烟一，看烟三。客贤韩一家为看烟。阿旦城、杂珍城，合十家为看烟。巴奴城韩九家为看烟……"③ "新来韩秽""舍蔦城韩秽"中的"韩秽"，就是高句丽贵族与国人认可的称谓，或可对史家记载有辨正之价值。

4. 靺鞨士兵

《隋书·高丽传》记载，隋文帝开皇十八年（公元 598 年），高句丽王"元率靺鞨之众万余骑，寇辽西。营州总管韦冲击走之。高祖闻而大怒，命汉王谅为元帅，总水陆讨之"。《资治通鉴·隋纪·高祖上》亦记，"开皇十八年二月，高丽王元帅靺鞨之众万余，寇辽西。营州总管韦冲击走之。上闻而大怒。乙巳，以汉王谅、王世积并为行军元帅，将水陆三十万，伐高丽"。

《旧唐书·高丽传》记载，贞观十九年（公元 645 年），唐太宗亲率大军征高句丽，破卑沙城、辽东城、白岩城。六月，"车驾进次安市城北，列营进兵，以攻之。高丽北部耨萨高延寿、南部耨萨高惠贞，率高丽、靺鞨之众十五万，来援安市城"。

《新唐书》《资治通鉴》《册府元龟》《三国史记》诸书亦记载了高延寿、高惠贞率领高丽、靺鞨兵 15 万人救安市城。

《新唐书·高丽传》记载，唐高宗永徽五年（公元 654 年），高句丽王"藏以靺鞨兵攻契丹，战新城。大风，矢皆还激，为契丹所乘，大败"。

《资治通鉴·唐纪·高宗上》记载，永徽五年（公元 654 年）"十月，高丽遣其将安固将高丽、

---

① 《三国史记》卷十五《高句丽·太祖大王本纪》，汉城：韩国民族文化推进会，1982 年，第 123 页。

② 《三国史纪》卷十三《高句丽·琉璃明王本纪》，汉城：韩国民族文化推进会，1982 年，第 116 页。

③ 耿铁华：《好太王碑新考》，长春：吉林人民出版社，1994 年，第 363—364 页。

靺鞨兵击契丹。松漠都督李窟哥御之，大败高句丽于新城"。

以上史料证明，隋唐之际，在高句丽军队中有靺鞨士兵，而且数量不会太少。贞观十九年（公元 645 年）支援安市城的高句丽兵、靺鞨兵共 15 万人，若靺鞨兵占五分之一，还有 3 万人。战败之后，被俘坑杀的靺鞨兵就有 3000 多人。

靺鞨，南北朝时称勿吉，北齐武成帝河清二年（公元 563 年）始见靺鞨之称。《隋书》《新唐书》中有传。靺鞨有七大部落，其中粟末靺鞨与白山靺鞨及高句丽邻近。隋唐时期，六批靺鞨人进入高句丽地区，许多人被高句丽征入军队，与隋唐作战。高句丽后期，军队中靺鞨士兵的数量是相当多的。

另外，高句丽军队中还有一定数量的汉人和扶余人士兵，特别是好太王、长寿王以后，高句丽统治区域不断扩大，辽东、玄菟、乐浪地区的一些汉人也被征入部伍。文咨明王三年（公元 494 年）二月，"扶余王及妻孥以国来降"[①]。一批扶余士兵被编入高句丽军队。高句丽后期，军队主要由高句丽人、靺鞨人、扶余人、汉人组成。

高句丽军队同其他民族政权的军队一样，主要有两方面的职能，即对外作战和维护区域内的统治秩序。高句丽军队自从组建之后，就在对外扩张中发挥了重要作用，征服周边的部落方国，侵扰辽东、玄菟、乐浪，向新罗、百济进军，驱除倭寇，等等。维护区域内的统治则表现在镇压和平叛等方面。由于高句丽统治者的压迫和剥削，特别是像慕本王、烽上王这样残暴的君主，泉盖苏文一类专擅大权、残害百姓的臣子，他们的暴行会引起百姓的不满和反抗。高句丽王与大臣对于百姓的反抗斗争也会动用军队进行镇压。《三国史记》曾记载烽上王时期，"霜雹杀谷，民饥""年饥，民相食""王发国内男女年十五以上，修理宫室，民乏于食，困于役，因之以流亡"。由于该书作者的身份地位与阶级立场，对于百姓的反抗、军队的镇压均不记，对于镇压反叛的记载亦不多。故国川王十二年（公元 190 年）秋九月，"中畏大夫沛者于畀留、评者左可虑，皆以王后亲戚，执国权柄。其子弟并恃势骄侈，掠人子女，夺人田宅，国人怨愤。王闻之怒，欲诛之。左可虑等与椽那谋叛。十三年夏四月，聚众攻王都。王征畿内兵马平之"[②]。

在高句丽王权争夺上，军队的作用也是相当明显的。故国川王死后，其弟发歧与延优争王位，发歧曾率兵围王宫。延优在其嫂故国川王之后于氏的支持下登上王位。发歧从辽东借兵 3 万攻高句丽，延优派其弟罽须率高句丽军队大败辽东之兵，发歧惭悔自戕而死。高句丽军队保卫了延优的王权。

高句丽军队是由步兵、骑兵和水军构成的，其武器装备亦相当精良。从好太王时期起，高句丽的长兵器、短兵器、抛射兵器及防御性装备完全按照中原军队的规模和样式进行改装。《北史·高丽传》载，"兵器与中国略同"。桓仁、抚顺、集安、通化及朝鲜平壤一带出土了大量的高句丽兵器、铁盔、铁甲等遗物，进一步证明高句丽的军事实力是相当强的。

---

① 《三国史记》卷十九《高句丽·文咨明王本纪》，汉城：韩国民族文化推进会，1982 年，第 145 页。
② 《三国史记》卷十六《高句丽·故国川王本纪》，汉城：韩国民族文化推进会，1982 年，第 128 页。

二、高句丽的法律

《三国志·高句丽传》记载，高句丽"无牢狱，有罪诸加评议，便杀之，没入妻子为奴婢"。《后汉书·高句骊传》《梁书·高句骊传》《南史·高句丽传》的记载大体与《三国志》相同。

有罪者由诸加评议后便处死，同时累及妻子为奴婢。这应该是高句丽建国初期的刑法。罪不分等级、不分种类，经诸加评议处死，带有一些原始的、野蛮的特点，同时也反映出高句丽早期法律的不健全。

公元 4 世纪以后，高句丽政治、经济、军事不断发展、强盛，国家政权建设和法律不断完善。公元 373 年，小兽林王开始颁布律令。[①] 只是没有留下具体的法律条文。根据诸多史书零散的记载，高句丽的法律有如下几种。

1. 惩治谋反及叛者之法

《周书·高丽传》记载，"谋反及叛者，先以火焚爇，然后斩首，籍没其家"。

《北史·高丽传》记载，"叛及谋逆者，缚之柱，爇而斩之，籍没其家"。

《旧唐书·高丽传》记载，"有谋反叛者，则集众持火炬竞烧灼之，焦烂备体，然后斩首，家悉籍没"。

《新唐书·高丽传》记载，"叛者丛炬灼体，乃斩之，籍入其家"。

高句丽人将谋反和叛逆视为大罪。所谓谋反，是指危害高句丽王的统治，叛逆则是指背叛高句丽国家而屈从他族他国。对这样的人施以火刑，然后斩首，同时还要"籍没其家"，没收其家产充官。

故国川王十二年（公元 190 年）秋九月"中畏大夫沛者于畀留，评者左可虑，皆以王后亲戚，执国权柄。其子弟并恃势骄侈，掠人子女，夺人田宅，国人怨愤。王闻之怒欲诛之。左可虑等与四椽那谋叛。十三年夏四月，聚众攻王都，王征畿内兵马平之"[②]。这是一个很典型的谋叛罪案例，故国川王发兵平定。对于左可虑等人的处罚，没有记载，或是在平叛时被王军斩杀。

与此相似的谋叛罪案，《三国史记》还有记载。中川王元年（公元 248 年）十一月，"王弟预物奢句等谋叛，伏诛"。西川王十七年（公元 286 年）春二月，"王弟逸友、素勃等二人谋叛。诈称病往温汤，与党类戏乐无节，出言悖逆。王召之伪许拜相，及其至，令力士执而诛之"[③]。这两起谋叛者均为王弟，主要针对王权，制造舆论，篡夺王位，对于这种罪行，高句丽王下令诛之。与《周书》《北史》和两《唐书》所记"以火焚爇，然后斩首""焦烂备体，然后斩首"有所不同，只是"伏诛"或"诛之"，没有记以火焚爇一节。

---

① 《三国史记》卷十八《高句丽·小兽林王本纪》，汉城：韩国民族文化推进会，1982 年，第 140 页。

② 《三国史记》卷十六《高句丽·故国川王本纪》，汉城：韩国民族文化推进会，1982 年，第 128 页。

③ 《三国史记》卷十七《高句丽·中川王本纪》《高句丽·西川王本纪》，汉城：韩国民族文化推进会，1982 年，第 134、135 页。

2. 惩治盗窃之法

高句丽人对于盗窃公私财物者，分情节予以惩罚，这一点与秦汉以来的法律条文有相似之处。

汉初，萧相国参照秦法，制定汉律九章，具体内容已无从查考。据《晋书·刑法志》《唐律疏议》记载，萧何是依据战国李悝《法经》六篇，结合商鞅传授之律，加上户、兴、厩三篇，合为九章之律。其篇目应为：盗律、贼律、囚律、捕律、杂律、具律、户律、兴律、厩律。以盗律为首篇，可见封建地主阶级实行法治的重要目的在于保护地主阶级私有财产不受侵犯。高句丽在汉玄菟郡内建国，长期受汉朝政治、法律的管辖与约束，自己的法律也会接受汉法的影响。

《周书·高丽传》记载，高句丽人惩罚"盗者，十余倍征赃；若贫不能备，及负公私债者，皆听评其子女为奴婢以偿之"。

《北史·高丽传》记载，"盗则偿十倍，若贫不能偿者及公私债负，皆听评其子女为奴婢以偿之"。

《旧唐书·高丽传》记载，"盗物者，十二倍酬赃"。

《新唐书·高丽传》记载，"盗者，十倍取偿"。

以上记载对于盗窃者酬赃数额略有不同，十倍至十二倍。对于那些贫困者甚至负债者，只好将其子女收为奴婢。

关于惩罚盗窃者，《三国史记》亦有记载。烽上王七年（公元 298 年）十一月，王派人索其侄乙弗杀之而未得，恐乙弗危其王位故也。乙弗逃至水室村阴牟家佣作，昼夜役使，不许暂息，不胜艰苦，周年乃去。与东村人再牟贩盐，将盐寄存人家，其家老妪索盐，以斗许与之。老妪嫌少，再索不与，怀恨在心。私下将鞋置于盐中。乙弗不知，负盐上路。途中被老妪追上，诬乙弗偷鞋，告至鸭绿宰，判以盐抵偿，并鞭笞后放之。[①] 这虽然是一个诬告冤屈的案子，却证明以盐抵赃，不足十倍并处鞭笞的处罚情况。

另有一例，依仗权势，公开夺人财货，甚于盗窃者。大朱留王十五年（公元 32 年），大臣仇都、逸苟、焚求三人为沸流部长，十分贪鄙，夺人妻妾、牛马、财货，为所欲为。有不与者，即鞭打，百姓愤恨。王闻之欲杀之，因其三人皆系先王时旧臣，不忍致极法，黜其三人为庶人。[②]

3. 惩治杀人及杀伤牲畜之法

《汉书·刑法志》记载，"汉兴，高祖初入关，约法三章。曰：杀人者死，伤人及盗抵罪"。汉代对于杀人、伤人、盗窃之罪处罚很严。高句丽人依据汉法，也有相应处罚措施。

《旧唐书·高丽传》记载，"守城降敌，临阵败北，杀人行劫者斩……杀牛马者，没身为奴婢"。

《新唐书·高丽传》记载，"降、败、杀人及剽劫者斩，盗者，十倍取偿，杀牛马者没为奴婢，

---

① 《三国史记》卷十六《高句丽·烽上王本纪》《高句丽·美川王本纪》，汉城：韩国民族文化推进会，1982 年，第 136—137 页。
② 《三国史记》卷十四《高句丽·大武神王本纪》，汉城：韩国民族文化推进会，1982 年，第 119 页。

故道不掇遗"。

高句丽对杀人行劫者与守城降敌、临阵败北者一样，均处以斩刑。对于杀牛马者，则因其破坏生产用牲畜，将其没为奴婢。在《三国史记》及其他史书中也不乏此类案例。

关于擅自伤害祭天用牲而处极刑者，《三国史记》中曾有记载：儒留王十九年（公元前1年）秋八月，王率群臣郊祀，祭祀用猪逃逸，王命讬利、斯卑追赶，至长屋泽中抓到，恐猪再逃，用刀割断猪的脚筋。儒留王闻之大怒：祭天之牲，岂可伤害！于是命人将讬利和斯卑投入坑中杀之。①

4. 惩罚买卖守墓烟户之法

好太王碑记载，国罡上广开土境好太王存时教言："'祖王、先王，但教取远近旧民守墓洒扫。吾虑旧民转当羸劣。若吾万年之后，安守墓者，但取吾躬巡所略来韩秽，令备洒扫。'言教如此。是以如教令，取韩秽二百廿家。虑其不知法则，复取旧民一百十家，合新旧守墓户，国烟卅，看烟三百，都合三百卅家。自上祖先王以来，墓上不安石碑，致使守墓人烟户差错。唯国罡上广开土境好太王，尽为祖先王墓上立碑，铭其烟户，不令差错。又制守墓人，自今以后，不得更相转卖。虽有富足之者，亦不得擅买。其有违令，卖者刑之，买人制令守墓之。"②

由以上文字可知，高句丽原来就存在守墓法则，旧民知之，新民不知。违背守墓法则，是要给予处罚的。同时明确规定对于擅自买卖守墓烟户者的处罚，卖守墓烟户者处以刑法，买烟户的人，罚其为守墓烟户。

2012年7月29日，集安麻线乡麻线河右岸发现一通文字碑，经过专家研究，定名为集安高句丽碑。此碑为圭形，顶部一角稍缺损，伤及几个字，其他文字保存尚好。正面碑文10行，每行22字，最后一行20字，原有文字218字，可识读156字。③目前所见到的释文中，1—6行的文字隶定及考释分歧较大，对一些语句的历史内涵看法也有一些不同意见。但是，涉及守墓烟户制度和法令的文句（第7、8、9、10行）文字隶定的分歧相对少些，不会妨碍对于碑文中关于高句丽王陵守墓烟户制度及买卖守墓烟户定罪、处罚等问题的讨论。

第7行　　□□□□□□□□自戊□定律教□发令其修复各於
第8行　　□□□□立碑铭其烟户头廿人名以示后世自今以后
第9行　　守墓之民不得擅自更相转卖虽富足之者亦不得其买
第10行　　卖如有违令者后世□嗣□□看其碑文与其罪过

这几行文字中，主要的分歧点在第7行"自戊□定律"一句。它直接涉及高句丽守墓"定律"

① 《三国史记》卷十三《高句丽·琉璃明王本纪》，汉城：韩国民族文化推进会，1982年，第114页。
② 耿铁华：《好太王碑新考》，长春：吉林人民出版社，1994年，第370—372页。
③ 集安市博物馆编著：《集安高句丽碑》，长春：吉林大学出版社，2013年，第11页。

发布时间，也涉及集安高句丽碑的立碑时间。

从碑面上看，"戊"字非常清楚，"定律"二字也较清楚，只是"戊"下面的字磨泐过甚，不好辨识。因此学者才有"庚戌""戊子""戊午""戊申"四种意见。其中：

庚戌：好太王二十年——公元 410 年

戊子：故国壤王五年——公元 388 年

戊午：长寿王六年——公元 418 年

戊申：好太王十八年——公元 408 年

根据好太王碑文记载："自上祖先王以来，墓上不安石碑，致使守墓人烟户差错。唯国罡上广开土境好太王，尽为祖先王墓上立碑，铭其烟户，不令差错。"很明显，在好太王继位之前，高句丽诸王的陵墓上不立石碑。从好太王开始，尽为祖先王墓上立碑。集安高句丽碑，应该是好太王碑为先王墓上立的石碑之一。碑上刻的"定律"，应该是约束守墓烟户的法律条文。此法律条文涉及守墓烟户的摊派、数量、职责和对买卖守墓烟户的责罚，不可能早于好太王时期。因此，只有好太王时期的"戊申""庚戌"两个纪年较为合适。从碑面上看，"戊申"更为近似些。也就是说，好太王十八年（公元 408 年）制定守墓烟户的相关法律条令，之后为祖先王墓上立碑。

集安高句丽碑和好太王碑文字中提供的守墓烟户法律条文内容包括如下几个方面。

其一，为先王墓上立碑，铭其烟户，不令差错。根据好太王碑记载可知，高句丽好太王之前的各位先王陵墓上是不立石碑的。但是，都有数量不等的守墓烟户。正是由于没有石碑铭刻烟户数量来源，出现差错也不知道，因此难以追究责任和进行处罚。这里的差错，应该包括私自潜逃，买卖，因而造成守墓烟户数量逐渐减少，对王陵保护颇为不利。好太王即位以后，发现了这一问题的严重性，为了维护高句丽王陵守墓制度，才进一步明确守墓制度并公布了法律条文，下令"尽为祖先王墓上立碑"。将守墓烟户的数量铭刻其上，便于管理，不允许出现差错。同时也告诉后人，集安还应该有多块高句丽王陵的文字碑。

其二，明确守墓烟户的来源和数量。好太王碑第三面第 8 行至第四面第 5 行记载了为好太王守墓的烟户来源及摊派数量。这些烟户来自好太王生前攻城略地占领的城市村庄的韩秽人，考虑他们不懂法则，又从原有居民中选派了部分，将这些烟户分为国烟 30 家、看烟 300 家，总计 330 家。集安高句丽碑则铭刻 20 个烟户头的名字，告诉后人记住，说明此时还没称为国烟、看烟以示区别，这也是集安高句丽碑早于好太王碑的一条证据。这 20 个烟户头，应该是 20 家烟户的户主，每家带领 10 户，初步推测为好太王父亲故国壤王守墓的烟户应该有 220 家，守墓烟户数量符合好太王父子关系。

其三，明确守墓烟户的职责为守墓洒扫，四时祭祀。好太王碑记载："若吾万年之后，安守墓者，但取吾躬巡所略来韩秽，令备洒扫。"集安高句丽碑的守墓烟户有 220 家，好太王有守墓烟户 330 家。职责任务非常明确，守墓就是看护、保护高句丽王陵，使其避免受到人为的和自然的破坏，同时要

及时洒扫，保持王陵周围环境整洁。

集安高句丽碑还铭刻了"以此河流，四时祭祀"。这使我们了解到，守墓烟户还要进行祭祀，而且是四时祭祀。从字面看，祭祀活动是定点的，也是定时的。祭祀地点十分明确：以此河流——在这条河边。集安高句丽碑恰好出土于麻线河右岸的水边，这里的河流，无疑是指麻线河，恰好从千秋墓的西侧流过，大多数学者认为，千秋墓是好太王之父故国壤王的陵墓。[①]好太王碑与太王陵附近也曾经有一条小河，是在河边祭祀，还是在陵墓前祭祀，就要根据当时的情况来定了。

至于"四时祭祀"，表面上看似乎是指春夏秋冬四季，实际上在高句丽王陵墓祭祀方面，四时祭祀还应该包含更多的内容。

其四，明令禁止买卖守墓烟户。好太王即位以后，已经意识到买卖守墓烟户问题的严重性。因此，在为其父立的集安高句丽碑中提到"自今以后，守墓之民，不得擅自更相转卖，虽富足之者，亦不得其买卖"。好太王以前，常常发生买卖烟户的情况，好太王下令禁止。碑文中"戊□（申）定律"，与制定并发布有关禁止买卖守墓烟户的律令相关。好太王碑文也一再强调："又制守墓人，自今以后，不得更相转卖。虽有富足之者，亦不得擅买。"其子长寿王坚决执行，并将其铭刻在碑石上。

其五，定罪惩罚措施。集安高句丽碑已经下令禁止买卖守墓烟户，而且明确指出："如有违令者，后世□嗣□□。看其碑文，与其罪过。""后世□嗣□□"，应该是"后世继嗣并罚"较为合适，也就是连后代子孙也要一并定罪处罚。有买卖守墓烟户的案例，则根据情节，对照碑文定罪处罚。[②]

除了以上惩罚犯罪的法律条文之外，还有一些使人遵从的法律法规，如继统法、租税法、婚姻法、徭役法等。另外，高句丽王及国家发布的指令、规定、条文等，也具有法律效力。违背法规、指令、规定、条文的，也要受到相应的惩治和处罚。

高句丽自建国到灭亡，还没见有文献记载专门的司法机构，这一点与其国家的地方性、边郡性、民族性有很大的关系。高句丽王既是封国的最高行政长官，也是封国的最高司法长官。左辅、右辅及后来的国相，协助王管理军政事务，"明政教、慎赏罚"，也有司法之权。地方上则是各部首长和郡县官员来管理百姓的司法和诉讼之事。

《后汉书》《三国志》《梁书》《南史》等文献所记，"无牢狱，有罪，诸加评议便杀之，没入妻子为奴婢"，只是建国初期的情况，后来国家有了具体的法律规定，也有了牢狱，不仅国家都城有，地方上也有。平原王二年（公元560年）"春二月，王幸卒本，祀始祖庙。三月，王至自卒本。所经州郡狱囚，除二死皆原之"[③]。这是高句丽州郡地方有牢狱的证明。

① 方起东：《千秋墓、太王陵、将军坟墓主人的推定》，《博物馆研究》1986年第2期；魏存成：《集安高句丽大型积石墓王陵研究》，《高句丽渤海考古论集》，北京：科学出版社，2015年，第113页（此文最初发表在1993年《青果集》上）；耿铁华：《高句丽墓上建筑及其性质》，耿铁华、孙仁杰编：《集安博物馆高句丽研究文集》，延吉：延边大学出版社，1993年，第105页；耿铁华：《高句丽王陵及相关问题研究》，《社会科学战线》2003年第2期；吉林省文物考古研究所、集安市博物馆编著：《集安高句丽王陵——1990～2003年集安高句丽王陵调查报告》，北京：文物出版社，2004年，第216页。

② 耿铁华：《高句丽碑刻中的法律条文》，《集安高句丽碑研究》，长春：吉林大学出版社，2017年，第259页。

③ 《三国史记》卷十九《高句丽·平原王本纪》，汉城：韩国民族文化推进会，1982年，第149页。

另外，高句丽王对罪犯有处罚和赦免的权力。据《三国史记》记载，赦免实例如下：

儒留王二十三年（公元4年）春二月，立王子解明为太子，大赦国内。

闵中王元年（公元44年）国人拥立解色朱即王位，冬十一月，大赦。

太祖大王二十五年（公元77年）冬十月，扶余使来献三角鹿、长尾兔，王以为瑞物，大赦。

山上王二年（公元198年）夏四月，赦国内二罪以下。

东川王二年（公元228年）春二月，王如卒本，祀始祖庙，大赦。

东川王十七年（公元243年）春正月，立王子然弗为王太子，赦国内。

中川王八年（公元255年）立王子药卢为王太子，赦国内。

平原王二年（公元560年）春二月，王幸卒本，祀始祖庙。三月，王至自卒本，所经州郡狱囚，除二死皆原之。①

以上赦免情况，大体上是在新王即位、立太子、祀始祖庙、获祥瑞等吉庆之日进行的，所赦免的罪犯也有所不同。这些罪犯在遇赦之前已经被判为有罪，他们关押之地应为牢狱，此类记载亦证明高句丽国内有牢狱存在。

高句丽的法律条文、司法管理程序及处罚措施，主要来源于西汉。随着高句丽社会发展，接受了中原各朝代法律、法规的影响，逐渐形成了自己的一套法律。惩治谋反、谋叛、盗窃、杀人、杀牲、买卖守墓烟户等，都是为了保护高句丽王公贵族和封建地主阶级的根本利益，为了维护他们的统治。

---

① 《三国史记》卷十三《高句丽·琉璃明王本纪》，卷十四《高句丽·闵中王本纪》，卷十五《高句丽·太祖大王本纪》，卷十六《高句丽·山上王本纪》，卷十七《高句丽·东川王本纪》，卷十七《高句丽·中川王本纪》，卷十九《高句丽·平原王本纪》，汉城：韩国民族文化推进会，1982年，第114、120、122、130、132、134、149页。

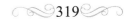

第九章

高句丽经济

　　高句丽人长期生活在浑江、鸭绿江地区，这里属长白山区，山地森林居多，平原较少，一些江河流域的冲积平原面积也不是很大。江河较多，野生动植物及鱼类资源相当丰富，这种自然条件和环境，形成了高句丽以农业为主兼营渔猎的综合经济类型。西汉末年到东汉，是这种经济类型形成时期。随着高句丽对外扩张，与玄菟、辽东联系交往日渐增多，接受中原先进经济与生产技术的影响日深，魏晋至南北朝时期，高句丽经济部门出现了改革和新的起色，进入了稳定发展的阶段。隋唐时期，由于战争频繁，高句丽动员了大量的人力、物力投入战争，加之自然灾害的影响，经济出现严重衰退，国力大大下降。

第一节　农业与渔猎

一、农业为主兼营渔猎的综合经济类型

　　汉武帝设四郡前后，高句丽人已经处在原始社会后期的部落联盟军事民主制时代，其活动范围应在汉玄菟郡高句丽县一带，中心地区为浑江中下游及鸭绿江中游，今中国辽宁省新宾、桓仁、宽甸三县交界之地与吉林省通化市、集安市、通化县一带。这些地区发现了许多战国至秦汉时期的文化遗址，遗址面积大，内涵丰富，文化特点大体相同，应该属于高句丽建国前的文化遗存。

　　这类文化遗址的特点归纳起来有四点：第一，陶器以夹砂红褐陶为主，夹砂灰褐陶次之，有少量的灰陶和黑陶，皆为手制，火候较低，造型不规整。陶器多为平底鼓腹罐、桥状或环状横耳罐、杯、钵、豆、壶、碗、纺轮、网坠等。近年来也发现了少量的三足器，只是较小的鼎、鬲一类。这就改变了过去一直认为不见或没有三足器的传统看法。第二，石器以打制为主，其中打制石镐数量最多，有梯形、凿形、束腰形、钺形等。另外，打制或打磨结合的石斧、石刀和网坠的数量也不少。还发现了用于谷物加工的石磨盘、磨棒、石臼、石杵等。也出土了少量磨制精良的石矛、石剑、石斧、石凿、石锛、石镞等。第三，一些遗址发现了一定数量的青铜器及铸造用的石范。主要有青铜短剑、青铜矛、小铜钺（有的称为钺形斧）、铜斧、铜镞、铜镜等。证明高句丽人确实经历过一个短暂的铜器时代。[①] 第四，有些遗址中还出土了铁器，常见的主要有铁镬、铁刀、铁削、铁犁铧、铁铲等，年代大都为战国至汉代。说明战国、秦汉的铁器生产及技术在高句丽建国前已经对这一地区产生了重要影响。

---

① 范犁：《高句丽先人经历过铜器时代》，《博物馆研究》1997 年第 2 期。

从遗址出土的生产工具看，打制石镐数量最多。1983 年 5 月，集安文物普查队在头道镇东村遗址一次采集到打制石镐 65 件，占采集文物的 70%，其中完整的有 33 件，类型齐全，打制精美，是其他遗址所不多见的。[①]其次为各类石斧、石刀、陶石网坠。很显然，石镐、石斧、石刀一类多用于农业生产。以石斧砍伐树木，开出可种植的土地，以石镐刨坑点种，或简单地除草、松土，石刀则用于收割，石磨盘、磨棒、石臼、石杵的发现则证明人们已经开始对谷物进行脱粒加工。陶网坠和石网坠的数量也不少，用于张网捕鱼。石器中的矛、剑、镞等武器，当时主要用于打猎。铜器和铁制生产工具与武器数量很少，只能是部落首领才能拥有并将其作为装饰，很少用于生产和狩猎，即或有用于生产和狩猎的，也属极特殊的情况。

从生产工具出土及使用情况分析，高句丽建国前的生产方式主要是以石器经营原始的农业生产，同时进行捕鱼、狩猎。这种农业经济与渔猎经济所占的比重尚难做出较准确的估计。但是，可以肯定，这两种经济在高句丽建国前就已形成规模。随着社会进步及汉代先进的生产方式和生产工具的传入，高句丽的农业生产规模不断扩大，农业经济所占的比重也越来越大。

高句丽政权的建立，作为边郡地区的封国得到中央王朝的承认，中央的政治、经济政策传入边郡和封国地区，先进的生产技术、生产工具的传入，对经济发展和繁荣产生了重要的影响，特别是经过邹牟王到太祖大王诸王的努力，使高句丽的统治区域扩大，社会生活相对稳定，为高句丽社会生产的发展、经济的增长提供了良好的社会环境。

两汉时期，高句丽农业经济稳定发展，金属农具在各个地区生产中得到使用和推广，耕作方式也有很大的进步，粮食产量和品种不断增加，农业经济成为最重要的经济部门。渔猎经济逐渐成为辅助性经济部门。家畜饲养业扩大，使得狩猎从经济生产部门逐渐变成贵族阶层的娱乐活动，高句丽的社会经济形成了以农业为主兼营渔猎的综合经济类型。这一经济类型的形成大体上有如下几方面因素。

其一，民族渊源因素。高句丽作为商人的后裔，是商人入主中原以后逐渐东迁的一支。其生产、生活和风俗习惯上都保留着许多商人的特点。西周初期，箕子及其家族返回商人故地，逐步东迁，使得商人与商朝的影响再一次向东北扩大。商民族的经济文化对东北浑江、鸭绿江地区产生了阶段性的、重复性的影响。

商人在氏族社会后期处于游牧或游农的经济形态。[②]商的远祖"相土作乘马""胲（亥）作服牛"[③]，有说王亥去有易氏放牧，被有易氏酋长杀掉，牛羊被夺走[④]。只从"乘马""服牛"上还难以认定为游牧，也可以为了农耕而驯服牛马，或者说是游牧与农业并行。

商代甲骨文中农业与渔猎方面的记载都是很多的。"田""畕"是最早的田字，"协田""求黍""求禾""其受年"的记载皆与农业生产相关，另有作物禾、稻、麦、黍、稷、米等文字。狩猎、捕鱼

---

① 《集安县文物志》，长春：吉林省文物志编委会，1984 年，第 23—26 页。
② 王玉哲：《中华远古史》，上海：上海人民出版社，2000 年，第 193—195 页。
③ （唐）徐坚：《初学记》卷二九引《世本》，北京：中华书局，1962 年。
④ 《山海经》第十四《大荒东经》，杭州：浙江古籍出版社，2010 年，第 158 页。

及饲养家畜的卜辞也相当多。说明商人对农业、渔猎、畜牧等生产是很重视的。到了商朝中后期，农业生产已经成为社会经济的主要部门。

关于商人先世发祥之地，虽有东方、北方等多种说法，生活在幽燕之地则成为近年的一种代表性的学术观点。[①]渤海之滨，幽燕之地，适合捕鱼狩猎，也适于农业生产。

商人的后裔，特别是留在东北地区的后裔，其生产生活都与捕鱼、狩猎、农业密切相关。随着社会的进步，金属工具的使用，农业生产日益稳定，影响也越来越广泛。

高句丽在商人、箕子后人及中原经济的影响下，形成以农业为主兼营渔猎的综合经济类型，是有其深厚的民族渊源的。

其二，文化渊源因素。20世纪80年代，学者从历史文献记载、地望与文化内涵等方面，论证分布在今内蒙古东南部、河北北部、辽宁西部地区的红山文化是商人的先世文化，距今有5500年左右。

红山文化遗址发现有房屋基址和窑址，还有一定数量的农业和渔猎生产工具、较大型的石耜（或称石犁），以及双孔石刀、打制石镐、石镞、砍砸器、圆刮器、磨盘、磨棒等，表明红山文化居民开始过着定居的生活，从事以农业为主的生产。遗址中还经常发现牛、羊、猪等家畜的骨骼和鹿、獐等骨骼，反映了畜牧和渔猎经济也占有相当的比重。[②]

高句丽建国前的文化遗址中，已经发现有房屋遗址和灰坑，出土了一批农业生产工具和陶器、骨器、各种兽骨等。1997—1999年，吉林省文物考古研究所发掘的通化市万发拨子遗址就有高句丽建国前的文化遗迹，包括圆形或长方形半地穴式房址，年代约当战国前后至西汉时期。在房址以外还发现环山围壕，应该是高句丽建国前后的一处村落，定居生活的特点十分明显。出土的农业生产工具有石斧、石镐、石刀、磨棒等，捕鱼工具则有石网坠、陶网坠、骨镖等，狩猎工具有石矛、石剑、石镞，铜矛、铜剑、铜镞、铜钺等。遗址中还出土了大批虎、熊、鹿、獐、狍、兔、鼬、鱼等动物骨骼，以及贝壳、河螺之类。说明高句丽社会已进入稳定的农业生产时代，狩猎和捕鱼也是其重要的生产部门。[③]

红山文化作为先商文化，对北方诸多少数民族的经济生活和物质文化的影响是相当深远的，特别是对高句丽民族的起源、形成与发展，其作用是难以估量的。随着考古发掘及研究的深入开展，人们愈加会认识这一问题。

其三，自然环境与资源因素。高句丽建国前，生活居住的地区以浑江中下游、鸭绿江中游为中

[①] 干志耿、李殿福、陈连开：《商先起源于幽燕说》，《历史研究》1985年第5期；干志耿、李殿福、陈连开：《商先起源于幽燕说的再考察》，《民族研究》1987年第1期；艾春明、傅亚庶：《再说商先起源于幽燕》，《社会科学辑刊》2005年第3期。

[②] 《中国大百科全书·考古学》，北京：中国大百科全书出版社，1986年，第198页。

[③] 吉林省文物考古研究所、通化市文物管理办公室：《通化市王八脖子遗址及其附近几处地点的调查与发掘》，《博物馆研究》1997年第2期；金旭东、安文荣、杨立新：《探寻高句丽早期遗存及起源》，《中国文物报》2000年第19期。万发拨子遗址原名王八脖子遗址。

心，今天的桓仁、集安地区最具有代表性和典型性。文献记载，这一地区"多大山深谷，无原泽"①。多大山深谷是恰当的，无原泽似乎夸大了些，只是原泽少些而已。今天桓仁县城附近，集安市区附近，集安头道、榆林、下解放、长川等村镇附近，通化市二道江东热村、西热村、金厂镇跃进村附近，以及通化县快大镇龙头村附近也有形成较早、面积不小的冲积平原。在这些小平原附近的山坡和台地上，都发现了高句丽建国前后的文化遗址。

原泽较少，耕地面积有限，使高句丽人的农业生产长时期不很发达，一直处在石器耕种的原始状态下，粮食产量不是很高。这样，渔猎生产所占的比重就大一些。高句丽建国后，汉代的铁制农具大量传入并用于生产实践，耕作技术的改进，耕地的扩大，使农业生产越来越成为稳定的、重要的经济部门。高句丽人充分运用铁斧、铁刀伐木砍草，开辟耕地，以铁犁、牛耕平整土地，铁镰、铁刀用于田间生产。平原和一些平缓坡地开垦成耕地，同时不断扩大统治区域，也掠夺或占领了周边部落方国以及玄菟、辽东等地，获得了一些新的土地，促进了农业生产的扩大和发展。

桓仁、集安、通化一带处于长白山区，野生动植物资源十分丰富。山中的禽兽有虎、熊、野猪、鹿、獐、狍、青羊、狼、獾、貂、狐狸、兔、鼬、山鸡、鹌鹑及其他各种鸟类。纵横的江河中有鲢鱼、鲫鱼、草鱼、黑鱼、鲇鱼、鳜鱼、沙鳝、马口、重唇、柳根、川丁、秋生、蟹、鳖、蚌、虾、林蛙等。高句丽人擅长捕鱼狩猎，以供给生活中用的兽皮和肉类，同时将野生动物驯化家养，形成畜牧生产部门，使高句丽的经济更加繁荣多样。

其四，高句丽人的饮食习惯和性格因素。高句丽人长期生活在山区，"随山谷以为居，食涧水。……其俗节食"②。最初粮食产量不高，使高句丽人养成了节食习俗。同时，山区里盛产野果、山菜，许多山梨、山里红、李子、杏子、圆枣、葡萄、核桃、松子、榛子等，均可用来充饥，这也是高句丽人节食的一个重要原因。

高句丽人自原始时代就已形成了米粮、野果、山菜、肉类、鱼类相结合的饮食结构，直至高句丽建国后的很长一段时间仍是如此。文献记载亦可以反映这一情况，"国中大家不佃作，坐食者万余口，下户远担米粮鱼盐供给之"③。高句丽古墓壁画中，更多的则是山林狩猎的图画。有群猎、独猎、骑马猎、徒步猎、逐猎、围猎等各种形式，猎物可见虎、鹿、熊、獐、兔、鼬、山鸡、鹖鸡等。高句丽人需要兽皮御寒，需要兽肉补充营养和热量，这种饮食结构与习惯，制约着其社会生产部门的发展变化。另外，高句丽人"性凶急、喜寇钞"，长于骑马射箭，也是渔猎经济长期存在的一个重要因素。高句丽人以狩猎来训练骑射，王公贵族更以狩猎为娱乐，这就刺激了狩猎经济长久不衰。后来，高句丽迁都平壤，平原扩大，耕地扩大，粮食产量提高，高句丽人仍以很大的热情进行狩猎，这与其山林间生活、善于骑射、凶急粗犷的民族性格不无关系。

① 《三国志》卷三十《高句丽传》，北京：中华书局，1959年，第843页。
② 《三国志》卷三十《高句丽传》，北京：中华书局，1959年，第843页。
③ 《三国志》卷三十《高句丽传》，北京：中华书局，1959年，第843页。

二、农业经济发展

高句丽农业经济发展经历了几个社会阶段。两汉时期，以农业为主兼营渔猎的综合经济类型已经形成，农业生产工具出现石器和铁器并用的局面；魏晋时期，农业经济方面出现了改革和发展，铁制农具大量使用，耕地扩大，粮食产量提高，农作物种类增多，除食用外还有剩余以供仓储；南北朝时期，农业经济稳定发展，社会生活安定殷实；隋唐时期，战争增多，自然灾害严重，统治阶级腐朽没落，贪图享乐，农业生产出现衰落，灾荒之年，饥民遍野。其中魏晋南北朝时期，特别是美川王至文咨明王的 200 多年间，既是高句丽疆域扩大、社会稳定的时期，也是其农业生产发展、经济繁荣的时期。用好太王碑的文字记载，则是"庶宁其业，国富民殷，五谷丰熟"。

高句丽的土地最初是国有、王有，但也存在私有。高句丽建国初期，将原有五部土地归为国有，其面积不是很大，除了大山森林，耕地面积有限，区域仅限于汉玄菟郡高句丽县及其周围之地。

高句丽王将土地的所有权掌握在自己手中，管理权归五部长官，使用权再让给农民。对于一些有功者，高句丽王可以赐田给他们。

儒留王三十七年（公元 18 年）夏四月，"王子如津溺水死，王哀恸，使人求尸不得。后沸流人祭须得之以闻，遂以礼葬于王骨岭。赐祭须金十斤，田十顷"①。后来，不仅赐予土田，还包括土地上的百姓，以为食邑。

新大王八年（公元 172 年）冬十一月，汉以大兵进攻高句丽，群臣议论战守，决定采取深沟高垒、婴城固守之策。汉军攻之不克，粮草不继引还，明临答夫"帅数千骑追之，战于坐原，汉军大败，匹马不反。王大悦，赐答夫坐原及质山为食邑"②。

东川王十八年（公元 244 年），魏幽州刺史毌丘俭率万人出玄菟征高句丽。冬十月，"束马县车，以登丸都，屠句丽所都，斩获首虏以千数"③。高句丽王在密友等将士奋死援救下，率残兵逃出，魏军紧追不舍，形势危急。纽由乃自请入魏营行刺魏将，与之俱死。东川王复国后，"赐密友巨谷、青木谷，赐屋句鸭绿杜讷河原，以为食邑。追赠纽由为九使者，又以其子多优为大使者"④。

烽上王二年（公元 293 年），"秋八月，慕容廆来侵。王欲往新城避贼，行至鹄林，慕容廆知王出，引兵追之，将及，王惧。时新城宰北部小兄高奴子领五百骑迎王，逢贼奋击之，廆军败退。王喜，加高奴子爵为大兄，兼赐鹄林为食邑"⑤。

王赐予功臣食邑，其中的土地逐渐由国家所有转为私人所有。随着生产工具的改革，新开垦土地扩大，私有土地增加，也出现了争夺私有土地的情况。故国川王时，中畏大夫沛者

① 《三国史记》卷十三《高句丽·琉璃明王本纪》，汉城：韩国民族文化推进会，1982 年，第 116 页。
② 《三国史记》卷十六《高句丽·新大王本纪》，汉城：韩国民族文化推进会，1982 年，第 127 页。
③ 《三国志》卷二十八《毌丘俭传》，北京：中华书局，1959 年，第 762 页。
④ 《三国史记》卷十七《高句丽·东川王本纪》，汉城：韩国民族文化推进会，1982 年，第 132 页载此役发生在二十年秋，今据"毌丘俭纪功碑"及《三国志》，应为东川王十八年。
⑤ 《三国史记》卷十七《高句丽·烽上王本纪》，汉城：韩国民族文化推进会，1982 年，第 135 页。

于罽留、评者左可虑，倚仗是王后的亲戚，专擅王权。其子弟更是骄侈横行，掠人子女，夺人田宅，国人怨愤。[①]

公元4世纪末到5世纪初，高句丽不断向辽东、玄菟、乐浪等地扩张，直至完全占领这些地区，高句丽接受了汉晋以来的私有土地占有形式，使高句丽国家的土地占有形式发生了根本性的变化，私有土地、私人田宅成为主流。高句丽王公贵族、封建地主则以征收实物地租为主要剥削方式。正如《三国志》所记载的，"国中大家不佃作，坐食者万余口，下户远担米粮、鱼盐供给之"。具体数量《北史·高丽传》记为，"税，布五匹、谷五石，游人则三年一税，十人共细布一匹。租，户一石，次七斗，下五斗"。

建国初期的一段时间里，高句丽的农业生产，还在使用打制石镐、石斧、石刀等工具，也有一批磨制较精良的石斧、石刀出现，同时也现出了铁制农具，如铁犁铧、铁镰、铁镬、铁铲、铁锸、铁斧等。

魏晋时期，从山上王开始，铁制工具使用日渐增多，到烽上王前后，高句丽墓葬中已不见随葬石器，说明高句丽已经普遍使用铁制农具进行生产。公元4世纪初，高句丽诸王努力进行政治经济改革，冶铁和铸铁、锻铁成为其重要的生产部门，铁制农具、手工工具、兵器的生产水平已有很大的提高。

考古调查与发掘中出土了大量铁工具，用于农业生产的铁工具主要有如下几种（图9.1）。

图9.1　铁农具：铁犁铧、铁镰、铁铲、铁镬

资料来源：吉林省文物考古研究所、集安市博物馆、吉林省博物院编著：《集安出土高句丽文物集萃》，第182—183、184、187页

---

① 《三国史记》卷十六《高句丽·故国川王本纪》，汉城：韩国民族文化推进会，1982年，第128页。

铁犁铧，集安境内曾出土多件，有呈 V 字形，正中隆起一脊，安装在木犁前使用。每边长 19.2 厘米、宽 5.4 厘米，与洛阳烧沟汉墓中出土的铁犁铧相同。另有一种三角形大铁铧，两边有刃，中间起脊，形成两坡式分土。底部平直，后视亦呈三角形。底边长 50.4 厘米、宽 46 厘米、脊长 44.8 厘米。器形与山东滕州出土的汉代铁铧完全相同。如此大型的铁铧，只有用牛挽木犁才能很好地发挥效益。[①] 沈阳石台子山城出土 2 件铁铧，平面近似等腰三角形，两侧边缘弧曲，中间空，顶部和底部各有一个倒三角孔。完整的一件长 15.5 厘米、宽 13 厘米、高 3.3 厘米、厚 0.8 厘米。[②] 此类铁铧与中原汉晋时期的铁铧有明显的不同，应该是高句丽人自己生产并使用的农业生产工具。

铁钁，桓仁、通化、集安均有出土。平面呈长方形，上为长方形銎口，有的銎口下有凸弦纹。有的直刃，有的刃部稍弧曲。桓仁五女山城出土的铁钁平面呈长方形，上部为长方形銎口，銎口一侧残，刃部稍弧曲。残长 9.8 厘米、宽 7 厘米。[③] 应是从中原汉王朝传来的典型的农业生产工具。

铁锸，刃部用铁制造，有的呈长方形，有的呈方形，状似"凹"字，断面呈 V 字形，包在木锸的刃部，用于翻土、松土。集安东台子遗址、胜利遗址和一些高句丽墓葬中均有出土。其中胜利遗址出土的铁锸长 13.5 厘米、刃宽 2.5 厘米，与洛阳中州路、烧沟汉墓、长葛汉墓和长沙马王堆汉墓出土的铁锸基本相同，年代相近。[④] 桓仁五女山城出土的铁锸，平面略呈倒梯形，侧面呈楔形，上部为长方形銎口，刃部直，长 16.8 厘米、宽 5.2 厘米。[⑤] 应该属于高句丽建国初期的农具。

铁铲，桓仁五女山城、集安东台子遗址均有出土。桓仁五女山城出土的铁铲有两种，一种用薄铁板制作，平面呈梯形，铲身平直，后部铁板回卷成筒状，形成圆筒銎，无肩、刃平，长 14.8 厘米、宽 10.8 厘米。另一种铁铲为锻打，平面呈梯形，有肩，刃略弧曲，銎口呈圆角长方形，长 12 厘米，宽 7.2 厘米。[⑥] 集安出土的铲身略呈圆形，长 9.8 厘米、中部宽 6.8 厘米。[⑦] 应该是用来翻土、松土的农业工具。

铁镰，出土较多，样式也不少。一种为汉式铁镰，镰身呈弯月形，尖部内弯，末端稍卷起，用以穿柄。桓仁五女山城出土多件，最大的长 31 厘米、宽 4 厘米，小的长 30 厘米、宽 3.6 厘米。[⑧] 另一种铁镰系集安大路村出土，为弯月形，与前一种大体相同，末端没有卷曲部分，只有一小方孔，

① 《集安县文物志》，长春：吉林省文物志编委会，1984 年，第 209—210 页。
② 辽宁省文物考古研究所、沈阳市文物考古研究所编著：《石台子山城（上）》，北京：文物出版社 2012 年，第 57、164 页。
③ 辽宁省文物考古研究所编著：《五女山城——1996—1999、2003 年桓仁五女山城调查发掘报告》，北京：文物出版社，2004 年，第 82 页；耿铁华：《集安高句丽农业考古概述》，《农业考古》1989 年第 1 期。
④ 《集安县文物志》，长春：吉林省文物志编委会，1984 年，第 210 页。
⑤ 辽宁省文物考古研究所编著：《五女山城——1996—1999、2003 年桓仁五女山城调查发掘报告》，北京：文物出版社，2004 年，第 82 页。
⑥ 辽宁省文物考古研究所编著：《五女山城——1996—1999、2003 年桓仁五女山城调查发掘报告》，北京：文物出版社，2004 年，第 135—141 页。
⑦ 《集安县文物志》，长春：吉林省文物志编委会，1984 年，第 210—211 页。
⑧ 辽宁省文物考古研究所编著：《五女山城——1996—1999、2003 年桓仁五女山城调查发掘报告》，北京：文物出版社，2004 年，第 168—169 页。

用来固定装柄，长 23.2 厘米，宽 3.4 厘米。^① 还有一种铁镰系集安丸都山城内出土，形制较为特殊，身形直长，顶部略弯曲，末端是一个圆筒式的銎柄，亦可装木柄，长 38.5 厘米，宽 3.8 厘米。^② 这几种类型的镰，继承了汉晋新月形镰的优点和特点，适用于农作物收割，也适合砍柴，砍树枝。

铁斧，是一种用途很广的工具，既可以伐木开荒，又可以用于木器加工，还可以砍杀猎物，出土数量也相当多，一般作长方形，有的刃部稍宽，或作弧刃，或作直刃。集安出土的铁斧有三种类型，一种为麻线墓区 1445 号墓出土的铁斧，正面近长方形，中部外鼓，刃部稍宽于斧身，侧面中间有长方形銎，用以安装木柄，长 13.5 厘米、宽 6.5 厘米、厚 3 厘米。另一种斧身呈长条形，刃部略宽，两侧安装木柄的銎为圆形，制作精良，长 22 厘米、顶宽 4.4 厘米、刃宽 7.6 厘米、厚 7.5 厘米。还有一种为单肩铁斧，呈横长方形，一侧顶部锻出长方形銎，一侧为肩，刃部锋利，长 9.7 厘米、刃宽 10.3 厘米、厚 1.6 厘米、銎长 3 厘米，宽 0.9 厘米。^③ 桓仁五女山城出土的铁斧，平面近长方形，两面略鼓，刃部钝损，刃角稍展，斧腰稍内收，侧面中间有长方形銎，用来安装木柄，长 14.8 厘米、宽 7.4 厘米、厚 3 厘米。^④ 沈阳石台子山城等地也有多件类似的铁斧出土。^⑤

铁制工具广泛用于农业生产，使高句丽农业经济发生了重大变化。铁斧、铁锸、铁镬配合使用，斩山伐木，垦辟土地的数量不断增加。形体硕大的铁犁铧适于牛挽。根据集安高句丽壁画中牛卧栅栏、牛驾车的情况推断，高句丽建国后不久就开始出现牛耕。铁铲和各种铁镰用于农业生产，说明高句丽人农业生产技术的提高，无论是开垦、犁耕、管理、收获，各个环节所使用的工具都发生了质的变化。生产工具的改革，技术的进步，使粮食产量有了较大的提高。富足之家有余粮入仓储存，麻线 1 号墓南侧室绘一座四阿顶的仓廪，这种干栏式建筑瓴脊有两朵飘浮的云，象征仓廪之高，储粮之多。仓顶下的四根赭色楹柱，横向交加木板，组成栅栏，中间有两块盾牌状物，底部则由六根赭色柱子支起，离开地面，以防粮食潮湿霉变。朝鲜德兴里壁画墓中也绘有仓廪图，上部为四坡水式仓顶，中部为两间储藏室，都有方形小窗。下部为六根柱子支起的空间。一侧有梯子可以上下。^⑥ 今天的集安、通化、桓仁一带农家都有这种木结构离开地面的仓房，当地人称为"苞米楼子"。高句丽"家家自有小仓，名之为桴京"^⑦，可能指的就是这类建筑。不过壁画中的仓廪较高大，非一般农户家小仓可比。此外，洞沟古墓群禹山墓区的积石墓中曾出土过陶仓，东台子遗址也曾出土过陶仓的残部。其中完整的一件陶仓为灰色泥质陶，仓身整体作筒形，顶部很像有檐头盔，上有一蘑

---

① 耿铁华：《集安高句丽农业考古概述》，《农业考古》1989 年第 1 期。

② 耿铁华：《集安高句丽农业考古概述》，《农业考古》1989 年第 1 期。

③ 柳岚、张雪岩：《1976 年集安洞沟高句丽墓清理》，《考古》1984 年第 1 期；《集安县文物志》，长春：吉林省文物志编委会，1984 年，第 212 页；耿铁华：《集安高句丽农业考古概述》《农业考古》1989 年第 1 期。

④ 辽宁省文物考古研究所编著：《五女山城——1996—1999、2003 年桓仁五女山城调查发掘报告》，北京：文物出版社，2004 年，第 169 页。

⑤ 辽宁省文物考古研究所、沈阳市文物考古研究所编著：《石台子山城（上）》，北京：文物出版社，2012 年，第 47、232、270 页。

⑥ 耿铁华：《高句丽古墓壁画研究》，长春：吉林大学出版社，2008 年，第 160—161 页。

⑦ 《三国志》卷三十《高句丽传》，北京：中华书局，1959 年，第 844 页。

菇状钮，檐下有四个对称的桃形孔，孔间饰一道凹弦纹。[①]壁画中的仓廪和出土的陶仓，进一步证明了高句丽建国后的一段时间，粮食产量不断增加，有余粮储存的情况。

关于高句丽农作物的种类，文献中已见有米、粮、谷的记载。平壤大城山城仓库遗址中发现有粟、高粱、小麦等炭化谷物。[②]根据文献记载、考古资料，以及北方农作物品种推断，高句丽的农作物已经有粟（小米）、黍（黄米）、麦（大麦、小麦）、稻（大米）、菽（各种豆类）、粮（高粱）等。还有一批山菜逐渐成为家蔬，有白菜、芹菜、韭菜、葱、蒜等。另外，可食用山菜种类也相当多，常见的有薇菜、蕨菜、猴腿、刺嫩芽、山地瓜、山糜子、苦菜、小根蒜等。

高句丽农业经济不断扩大发展，还有一个重要原因就是，高句丽王公大臣重视农业生产和民众的生活。农业生产关系贵族和百姓赖以生存的食物来源，关系贡赋税收，关系军队的供给，还关系粮食的储备和灾荒年景的赈济。高句丽王即位或迁都到新的地方，都很注重当地粮食生产和蔬菜、肉食的供应。

儒留王二十一年（公元2年）春三月，在举行郊外祭祀时，祭祀用的猪跑了，王命掌牲的薛支追赶，到国内尉那岩方才抓到，拘于人家养之。薛支归来对王说："臣逐豕至国内尉那岩，见其山水深险，地宜五谷，又多麋鹿鱼鳖之产。王若移都，则不唯民利之无穷，又可免兵革之患也。"[③]九月，儒留王亲自前往国内城一带，观察地势，并决定迁都。第二年，率领群臣、百姓，迁都到国内城。"地宜五谷，又多麋鹿鱼鳖之产"，一方面说明国内城附近土地肥沃、自然资源丰富，对于发展农业和渔猎经济有利；另一方面则反映高句丽王对农业和渔猎经济的重视。

故国川王时任命的国相乙巴素，"琉璃王大臣乙素之孙也，性质刚毅，智虑渊深，不见用于世，力田自给"[④]。乙巴素曾在西鸭绿谷左勿村从事农业生产，了解农村疾苦，他当政以后，对于发展农业生产极为关注。美川王乙弗即位之前，曾"就水室村人阴牟家佣作。阴牟不知其何许人，使之甚苦。其家侧草泽，蛙鸣，使乙弗夜投瓦石，禁其声，昼日督之樵采，不许暂息，不胜艰苦，周年，乃去。与东村人再牟贩盐"[⑤]。因而，美川王懂得农业劳动的艰辛及贩卖食盐的苦痛，会对农业生产和劳动者分外关心。在高句丽诸王中，平原王是最重视农业生产的，其在位第五年（公元563年），"夏，大旱，王减常膳，祈祷山川"。大旱灾荒之年，平原王减少膳食，与百姓共度时艰，还要祈祷山川降雨，救民疾苦。平原王二十五年（公元583年）二月，"下令减不急之事，发使郡邑劝农桑"[⑥]，这是高句丽王在初春时节下令"劝农桑"的重要史料。二月早春，减少一切不急之事，加强农业生产的准备。为了落实这一指令，平原王还派遣使者到各郡邑进行落实。这应该是高句丽王重视农业生产的重要证据。

---

① 耿铁华、林至德：《集安出土高句丽陶器的初步研究》，《文物》1984年第1期。
② ［日］东潮、田中俊明：《高句丽的历史与遗迹》，东京：中央公论社，1995年，第214页。
③ 《三国史记》卷十三《高句丽·琉璃明王本纪》，汉城：韩国民族文化推进会，1982年，第114页。
④ 《三国史记》卷十六《高句丽·故国川王本纪》，汉城：韩国民族文化推进会，1982年，第128页。
⑤ 《三国史记》卷十七《高句丽·美川王本纪》，汉城：韩国民族文化推进会，1982年，第136页。
⑥ 《三国史记》卷十九《高句丽·平原王本纪》，汉城：韩国民族文化推进会，1982年，第149页。

此外，每遇到灾荒之年，高句丽王都要开仓赈济灾民。

闵中王二年（公元45年）夏五月，国东大水，民饥，发仓赈给。

慕本王二年（公元49年）三月暴风拔树。夏四月，殒霜雨雹。秋八月，发使赈恤国内饥民。

太祖大王五十六年（公元108年）春大旱，至夏赤地。民饥，王发使赈恤。

太祖大王六十六年（公元118年）秋七月，蝗雹害谷。八月，命所司，举贤良孝顺，问鳏寡孤独及老不能自存者，给衣食。

太祖大王六十九年（公元121年）冬十月，王幸扶余，祀太后庙。存问百姓穷困者，赐物有差。

故国川王十六年（公元194年）秋七月，堕霜杀谷。民饥，开仓赈给。冬十月，王畋于质阳，路见坐而哭者，问"何以哭为？"对曰："臣贫穷，常以佣力养母。今岁不登，无所佣作，不能得升斗之食，是以哭耳。"王曰："嗟乎！孤为民父母，使民至于此极，孤之罪也。"给衣食以存抚之。仍命内外所司，博问鳏寡孤独老病贫乏不能自存者，救恤之。命有司，每年自春三月至秋七月，出官谷，以百姓家口多小，赈贷有差，至冬十月还纳，以为恒式，内外大悦。

西川王四年（公元273年）秋七月丁酉朔，日有食之。民饥，发仓赈之。

烽上王九年（公元300年）春正月，地震。自二月至秋七月不雨，年饥，民相食。八月，王发国内男女年十五已上，修理宫室。民乏于食，困于役，因之以流亡。仓助利谏曰："天灾荐至，年谷不登，黎民失所，壮者流离四方，老幼转乎沟壑，此诚畏天忧民，恐惧修省之时也。大王曾是不思，驱饥饿之人，困木石之役，甚乖为民父母之意。而况比邻有强梗之敌，若乘吾弊以来，其如社稷生民何？愿大王熟计之。"

故国原王二年（公元332年）春二月，王如卒本，祀始祖庙，巡问百姓，老病赈给。

故国壤王六年（公元389年）春，饥。人相食，王发仓赈给。

安臧王三年（公元521年）夏四月，王幸卒本，祀始祖庙。五月，王至自卒本，所经州邑贫乏者，赐谷人一斛。

安臧王五年（公元523年）春，旱。冬十月，饥，发仓赈救。

安原王六年（公元536年）春夏，大旱。发使抚恤饥民。

安原王七年（公元537年）春三月，民饥，王巡抚赈救。

以上高句丽王和大臣赈灾，劝王赈灾恤民等史料，都是在高句丽遇到水旱、风雹、蝗等自然灾害时开仓赈济的记录，虽然不是很完整，却可以说明一些问题。高句丽时期人们重视自然灾害给农业生产和生活带来的危害，说明了高句丽王公贵族对农业生产和人民疾苦的重视。同时说明高句丽在农业丰收之年有一定数量的粮食储备，遇到灾荒年景，开仓赈济。从一个侧面反映出高句丽农业生产的某些状况。

三、渔猎经济状况

高句丽渔猎经济发展的自然条件是相当优越的。高句丽的活动区域内江河纵横，以浑江、鸭绿江为中心，向西有富尔江、太子河、东辽河；向北有一统河、三统河、莲河、辉发河、松花江；向东有秃鲁江、长津江，东濒大海；向南有清川江、大同江、普通江、汉江。还有如通沟河、清河、苇沙河一类的大小河流。鱼虾类水产资源十分丰富。

早在原始时代，高句丽人就开始在江河结网捕鱼，也用骨镖、鱼叉捕鱼。许多遗址都出土了数量不等的陶网坠、石网坠、鱼镖、鱼叉，另外，还有鱼骨及蚌类、螺壳等遗物出现，表明高句丽人食用江河鱼、蚌、螺的历史是颇为久远的。

高句丽建国后，捕鱼业作为一个重要生产部门得到高句丽王公贵族的重视。《三国史记》载，太祖大王七年（公元 59 年）夏四月，"王如岸渊观鱼，钓得赤翅白鱼"。当然，这里也有求取祥瑞的意思，但王能亲临观鱼并钓得白鱼，也应是对捕鱼、钓鱼的一种重视。1984 年集安禹山墓区发掘中，JYM3283 号墓中出土圆柱形陶网坠 254 件，其中完整者 169 件，残损者 85 件。圆柱状两端各有一周凹槽，用以系绳固定在网上。最大的网坠长 3.8 厘米、直径 1.5 厘米，最小的长 2 厘米、直径 0.8 厘米。同一墓内还出土了 41 件铁鱼钩，顶端有系线的凹槽，鱼钩部有倒钩，整个钩长 2.5 厘米（图 9.2）。[①]JYM3283 号墓是一座方坛阶梯石圹墓，有四级阶坛，边长 17 米、高 3.3 米，从建筑结构、规模，以及出土的金耳饰、银环饰、鎏金冠饰、环饰等文物看，应该是高句丽贵族的墓葬。再从出土的 254 件网坠和 41 件铁鱼钩看，墓主人应该是一位管理渔业生产的官吏，表明公元 4 世纪高句丽渔业生产已经具有相当规模，还专门设置了管理机构和官员。

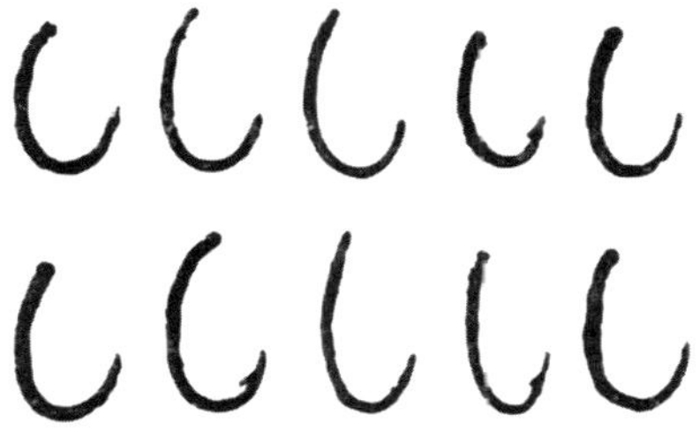

图 9.2 铁鱼钩

资料来源：吉林省文物考古研究所、集安市博物馆、吉林省博物馆编著：《集安出土高句丽文物集萃》，第 191 页

1997—2006 年，沈阳石台子山城发掘出土了近万件高句丽时期的文物，其中有 1 件铁鱼钩和集安出土的鱼钩大体相同，通体为四棱形，尖端有倒钩，长 9.8 厘米、棱宽 0.28 厘米。[②]

1998—2003 年，桓仁五女山城进行了多次调查发掘，在第三期、第四期文化的探方和房址中发现许多陶网坠，形制与集安禹山墓区 JYM3283 号墓中出土的圆柱形陶网坠相同。只是大小、粗

---

① 耿铁华、孙仁杰编：《集安博物馆高句丽研究文集》，延吉：延边大学出版社，1993 年，第 58—59、第 63 页。

② 辽宁省文物考古研究所、沈阳市文物考古研究所编著：《石台子山城（上）》，北京：文物出版社，2012 年，第 143—144 页。

细不一。长 2.4—3.6 厘米、直径 0.8—1.3 厘米。[1] 此类网坠在通化、白山、本溪、抚顺和朝鲜慈江道楚山郡的高句丽遗址和墓葬中都有发现。

另外，高句丽壁画中也有关于鱼的画面，角觚墓、舞踊墓夫妻妾居家宴饮图的右侧绘有厨房，有厨师在案板上剥鱼。三室墓藻井玄武图旁还绘有鹳鸟啄鱼图，安岳 1 号墓藻井也画着飞鱼图。[2]

西川王十九年（公元 288 年）"夏四月，王幸新城。海谷太守献鲸鱼目，夜有光"[3]。海谷太守居然向西川王献上了鲸鱼目，应该是在海中捕获鲸鱼后获得的。高句丽人在公元 3 世纪已经能够扑杀鲸鱼，可见其渔猎经济发展的程度。

高句丽租税中，除了布匹、粮食之外，还有鱼、盐，说明高句丽人对鱼类及水产资源的需求。恰恰是这种需求，不断刺激其渔业生产的发展与进步。

狩猎同样是一个重要的生产部门，原始民族大都有猎获野兽衣其皮、食其肉的经历，之后便是驯化野兽，利于家养，形成畜牧业。后来，狩猎也常常作为王公贵族有组织、有计划的娱乐活动。

《三国史记》中记录了许多王公贵族田猎的活动。

> 儒留王二年（公元前 18 年）"九月，西狩获白獐"。
>
> 三年（公元前 17 年）"王田于箕山，七日不返"。
>
> 二十一年（公元 2 年）"夏四月，王田于尉中林"。
>
> 二十二年（公元 3 年）"十二月，王田于质阴，五日不返"。
>
> 二十四年（公元 5 年）"秋九月，王田于箕山之野，得异人，两腋有羽，登之朝，赐姓有羽氏，俾尚王女"。
>
> 太祖大王十年（公元 62 年）"秋八月，东猎，得白鹿"。
>
> 四十六年（公元 98 年）"春三月，王东巡栅城，至栅城西罽山，获白鹿"。
>
> 五十五年（公元 107 年）"秋九月，王猎质山阳，获紫獐"。
>
> 八十年（公元 132 年）"秋七月，遂成猎于倭山"。
>
> 八十六年（公元 138 年）"春三月，遂成猎于质阳，七日不归"。
>
> 九十四年（公元 146 年）"秋七月，逐成猎于倭山之下"。

在以上两位高句丽王统治期间，文献所记狩猎活动就达 11 次，后世各王期间，也都有田猎的记录，甚至好太王碑文中都有"游观土境，田猎而还"的文字，可见高句丽王及贵族大臣们对田猎的兴趣。

高句丽壁画中，也有许多山林狩猎的场面。仅集安一带就有 7 座高句丽古墓内绘有狩猎图：舞踊墓北壁狩猎图，三室墓第一室南壁骑马逐猎图，通沟 12 号墓北室北壁山林逐猎图，甬道左右两壁狩

---

① 辽宁省文物考古研究所编著：《五女山城——1996—1999、2003 年桓仁五女山城遗址考古发掘报告》，北京：文物出版社，2004 年。第 115—116、193 页。

② 耿铁华：《高句丽古墓壁画研究》，长春：吉林大学出版社，2008 年，第 162 页。

③ 《三国史记》卷十七《高句丽·西川王本纪》，汉城：韩国民族文化推进会，1982 年，第 135 页。

猎图，JYM1041 号墓室北壁狩猎图，JSM332 号墓（即王字墓）甬道两壁骑士射虎图，麻线 1 号墓北侧室北壁、东壁骑马射猎图，长川 1 号墓前室北壁山林逐猎图。④ 其中最为精彩、场面最为宏大的是舞踊墓和长川 1 号墓的山林逐猎图。这些狩猎场面应该是墓主人田猎生活的真实再现。绘有狩猎图的壁画，使我们进一步了解了高句丽人狩猎的情况。第一，高句丽狩猎有骑马和徒步两种形式；狩猎方法则有只身弋猎、潜伏偷袭、二人夹击、多人围猎、鹰犬追逐等。长川 1 号墓壁画中描绘的就是 20 多人大规模围猎的场面。第二，猎手们使用的武器主要是弓箭长矛。目前集安出土了数百件铁矛、铁刀、环首刀、三齿器、四齿器及各种铁镞。其中以铁镞种类繁多，最富特色，有矛形、铲形、鱼尾形、柳叶形、锥形、叉形、连杆形、蛇头形等 20 多种。同时猎鹰、猎犬也是重要的狩猎工具。第三，猎获的禽兽主要有虎、熊、野猪、鹿、狍、貂、鼬鼠、兔子、山鸡和其他各种鸟。平壤一带也有 8 座古墓壁画中绘有狩猎图，如德兴里古墓、龛神墓、药水里古墓、安岳 1 号墓、东岩里古墓、大安里 1 号墓、梅山里四神墓、玉桃里壁画墓等。⑤ 其中最有特点的狩猎图绘在药水里古墓前室西壁上。壁画的上方绘有山林，10 多位猎手隐藏在山林之中，山下面则是骑马射猎的场面，10 多位骑在马上的猎手张弓搭箭，从两个方向围猎逃窜的野兽，野猪、鹿、虎、兔仓皇逃遁。下面有马队，旁边空白处绘有云气纹来烘托射猎的气氛。整个画面形象、生动、逼真，气氛极为热烈（图 9.3）。⑥

图 9.3　药水里古墓狩猎图（临摹）

资料来源：耿铁华：《高句丽壁画研究》，第 170 页图

高句丽壁画的图像和历史文献的记载主要是出于娱乐、寻求祥瑞，同时也为狩猎生产提供了重要资料。

狩猎活动的另一个结果就是促进畜牧业的发展。人们在狩猎中捕获的活动物一时食用不完，可

---

④　耿铁华：《高句丽壁画中的社会经济》，《北方文物》1986 年第 3 期；耿铁华：《高句丽古墓壁画研究》，长春：吉林大学出版社，2008 年，第 156 页。

⑤　［日］平山郁夫、早乙女雅博：《高句丽壁画古坟》，东京：共同通讯社，2005 年，第 240—241 页；朴灿奎、郑京日：《玉桃里——朝鲜南浦市龙岗郡玉桃里一带历史遗迹》，香港：亚洲出版社，2011 年，第 12—13 页。

⑥　耿铁华：《高句丽古墓壁画研究》，长春：吉林大学出版社，2008 年，第 156—157 页。

以饲养起来。一些易于家养的动物逐渐驯化成家畜、家禽。高句丽文献记载、壁画中的图像，以及古墓、遗址中出土的动物骨骼表明，高句丽家畜有马、牛、羊、猪、犬、鸡，已经达到了六畜兴旺的程度。

第二节　手工业

高句丽人建国前就能够制造精美、实用的石器和陶器，但作为一种部落或家族的手工业，为本部落和家族生产实用器物，还没有脱离农业和渔猎生产的约束。高句丽建国以后，同中原和辽东地区交往日益频繁，中原和辽东地区先进的冶铁及铁工具制造技术的传入，促进了高句丽金属加工与制造行业的进一步分化与独立，并得到了较快的发展。手工业逐渐与农业、渔猎经济分离，成为城市居民的重要产业，手工业者与商人被史书或考古文献称为"城民"，有别于从事农业、渔猎生产，居住在大山深谷中的"谷民"。随着公元4世纪的政治经济改革，高句丽的手工业生产出现了分工明确、产品精良、有序发展的局面。

一、金属加工与制造

高句丽人生活的区域内，矿物资源十分丰富，他们很早就开始利用这些资源进行金属冶炼、铸造和工具生产与加工。其中，铜器加工与制造的历史更久远些。

桓仁、集安、通化、白山等地曾先后出土了一批高句丽建国前加工制造的铜器，有青铜短剑、铜斧、铜钺、铜矛、铜镜、铜镞等。这些物品都具有明显的地方特点，特别是铜钺和铜镜。铜钺也有称作钺形斧、扇形斧、辽宁式铜斧的，形体较小，一般高5.8—8厘米、刃宽5.6—6.5厘米，上部銎口作长方形，大小适中，有的銎口下饰一周斜方格纹。

1978年5月，集安太平五道岭沟门出土一批铜器和铁器，其中包括青铜短剑1件、剑镖1件、铜矛3件、铜斧1件、钺形斧4件、铜镜1件、铁箭头2件。青铜短剑长34厘米、宽2.8—3厘米。剑身的根部折刃，刃部平直稍弧曲，背略呈六棱形。剑镖上宽下窄，正面为凸起的细密三角纹，近底部有一个小铜碗状饰物，中间有一方孔，可能是镶嵌装饰品用。背面是细密的席纹，正中也有一小方孔，剑镖长12厘米、口宽4.8厘米、底宽2.9厘米。铜矛3件，矛身为柳叶形，均为圆形脊，圆筒形銎上端两侧有圆孔。最长的一件矛身饰叶筋纹，长19.1厘米、宽3.5厘米。另一件为圆形脊，两侧有凹槽，长18.5厘米、宽2.9厘米。还有一件稍小，圆形脊，无凹槽，长12.7厘米、宽3厘米。铜斧为长方形，一面带刃，上面为长方形銎口，两侧有小圆孔，固定木柄用，长11.7厘米、刃宽5厘米。钺形斧4件，均有銎，束腰，两面带刃，呈扇形。一种类型制作稍粗糙，銎口下面有一周凸弦纹，最大的一件长7.1厘米、刃宽6.4厘米、銎口长6.6厘米、宽3.1厘米。另一种制作较为精细，銎口下有两周凸弦纹，较大的长6.4厘米、刃宽5.8厘米、銎口长4厘米、宽2.8厘米。铜镜边缘凸起，背面饰蛛网纹，两钮间隔1厘米，稍离开中心，直径13.9厘米、厚0.2厘米。同出的2件铁箭头均为铲形，一件长15厘米、刃宽4厘米，另一件长12厘米、刃宽3厘米。[①]此类钺形斧在通化、白山、吉林、桓仁等地也有发现。

1984年夏秋之际，通化县英戈布乡小都岭村北平岗上出土一批石范，有矛范、戟范、镜范等10件，近似长方形，全部为灰色滑石制作。其中钺形斧范8件，一种为斧镜范，正面斧范、背面镜范，相互倒置，顶部有注孔，长16.2厘米、宽9—10.5厘米、厚2厘米。正面的钺形斧长10.9厘米、刃宽9.5厘米、銎宽5.2厘米、深1.5厘米。背面的蛛网纹镜直径9.2厘米、深2厘米。另一种为双斧范，两面钺形斧相互倒置，两端各有注孔。斧范长12.6厘米、宽10.4厘米、厚2.8—3.1厘米。上面的斧身长8.6厘米、刃和銎宽均为4.5厘米。还有一种单面斧范，长9.5厘米、宽6.6—7.1厘米、厚1.6—2厘米。斧肩与刃角留有合范记号。斧身长7.1厘米、刃宽6.5厘米、銎宽3.7厘米。矛范为合范，灰色滑石制作，长方形，外表经过修整。范长27.2厘米、宽5.8—6.5厘米、合范厚3.4—5厘米。上面的矛呈柳叶形，长25.1厘米、刃部最宽3.9厘米、銎宽2.7厘米。镜范已残，圆角方形，厚1.4厘米。[②]吉林省博物院收藏一件钺形斧石范，是早年在白山市三岔子出土的，滑石质长方形单面斧范，长11.3厘米、宽8—9.5厘米、厚2.3厘米。范身一面磨平，一面阴刻钺形斧铸槽，斧形为束腰半圆弧刃，中间有一道1.1厘米宽的斜方格纹。斧长8.8厘米、刃宽9.3厘米、銎口长4.2厘米。[③]类似的石范在通化市王八脖子遗址等地也有发现，其年代要早到战国时期，表明高句丽先人已能够制造青铜器并经历过短时期的铜器时代。中原冶铁技术及铁工具生产技术的传入，使得高句丽青铜制造业没能更充分地发展。

高句丽建国后，铜器生产依然是重要的手工业生产部门。在高句丽遗址和墓葬中出土的金属遗物中，铜器数量仍然不少，而且不乏精美的作品。常见的高句丽铜器有铜鼎、铜鐎斗、铜釜、铜鍑、铜甗、铜洗、铜盒、铜铃、铜车辖、铜灶、铜簪、铜指环、铜戒指、铜镯子、铜耳饰（铜耳坠、铜耳环）、铜环、铜泡、铜带扣、铜铊尾、铜铆件等，还有一批鎏金铜器，年代都是汉以后的。较为典型的器物有如下几种。

铜灶，2003年出土于集安太王陵南侧东起第2块护坟石下，出土时断为8块，今已修复。铜灶为空心长方体，表面稍有锈蚀，形制与中原常见的随葬陶灶大体相同。铜灶长86厘米、宽49.5

---

① 张雪岩：《集安发现青铜短剑墓》，《考古》1985年第5期。关于这批铜器出土地，原报告认为是"方坛阶梯积石墓"。1993年，张雪岩在《集安青铜短剑墓及相关问题》一文中肯定"五道岭沟门古墓就是在涧石流基础上形成的高句丽积石墓"（耿铁华、孙仁杰编：《集安博物馆高句丽研究文集》，延吉：延边大学出版社，1993年，第95页）。还有一种认识，这组青铜器和两件铁箭头"应当出自窖藏，入藏时间绝不会早于高句丽建国之年"（范犁：《高句丽古墓的几个问题》，《高句丽历史与文化研究》，长春：吉林文史出版社，1997年，第228页）。

② 满承志：《通化县小都岭出土大批石范》，《博物馆研究》1987年第3期；《通化县文物志》，长春：吉林省文物志编委会，1987年，第38—41页。

③ 《浑江市文物志》，长春：吉林省文物志编修委员会，1987年，第56—57页。

图 9.4 铜灶

资料来源：吉林省文物考古研究所、集安市博物馆、

吉林省博物院编著：《集安出土高句丽文物集萃》，第164页

厘米、高 31.8 厘米、壁厚 0.5 厘米。铜灶正面有长 32.5 厘米、高 17 厘米的长方形灶门，门外缘装饰平宽的两道凸棱。灶顶上有圆形釜孔，直径 34.2 厘米。远端一侧有一个椭圆形的出烟孔，横宽 10.8 厘米、高 8.52 厘米，烟口内有一个向上的鱼尾形装饰。[1]此铜灶形体硕大，内部有烟熏痕迹，应该是实用器物。铜器散热好，可以盛放木炭取暖用（图 9.4）。

铜铃，与铜灶一起出土，共 3 件，三种类型。一种上宽下窄，下口钝角内凹，略似钟形。高 5 厘米、宽 2.4—3 厘米。顶面椭圆形，中间有一穿孔，旁侧有一扁钮，钮上亦穿圆孔，钮高 0.7 厘米、孔径 0.2 厘米。另一种铃口平齐，椭圆形，侧面呈梯形，顶面圆形，中间有一环钮，高 5.2 厘米、口径 2.5—2.9 厘米、壁厚 0.2 厘米。还有一种，铃口为圆形，平口、平顶，顶部铃钮已残损。铃身錾刻 4 行汉字铭文，每行 3 字，左起竖书，可识读为"辛卯年好太王□造铃九十六"（图 9.5）[2]。千秋墓也出土 3 件形制相同的铜铃，均为甬钟形，上窄下宽，底面向内弧，顶面椭圆形，中有环钮，台面穿孔。完好者高 5.1 厘米、宽 2—3.4 厘米、侧厚 1.8 厘米、壁厚 0.2 厘米。[3]

图 9.5 铜铃

资料来源：吉林省文物考古研究所、集安博物馆、

吉林省博物院编著：《集安出土高句丽文物集萃》，第 155 页

人形车辖，1983 年 6 月上旬禹山墓区 2110 号积石墓东侧出土一对，上面为双手叉腰的人形，头戴圆锥帽，脸部凹平，五官清晰，比例匀称，形态自然，应为男性。下部辖身为扁方柱形，辖底部有小圆孔，以便插入车害中，辖长 18.6 厘米、宽 2.4 厘米、厚 1 厘米。2003 年集安临江墓旁祭台上也出土 1 件。形制、人像与前一对相同，背面中部刻有 × 符号，车辖长 17 厘米、宽 4.2 厘米、厚 1 厘米（图 9.6）。[4]

---

[1] 吉林省文物考古研究所、集安市博物馆编著：《集安高句丽王陵——1990—2003 年集安高句丽王陵调查报告》，北京：文物出版社 2004 年，第 270—271 页。

[2] 吉林省文物考古研究所、集安市博物馆编著：《集安高句丽王陵——1990—2003 年集安高句丽王陵调查报告》，北京：文物出版社 2004 年，第 270—272 页。

[3] 吉林省文物考古研究所、集安市博物馆编著：《集安高句丽王陵——1990—2003 年集安高句丽王陵调查报告》，北京：文物出版社 2004 年，第 183—184 页。

[4] 吉林省文物考古研究所、集安市博物馆编著：《集安高句丽王陵——1990—2003 年集安高句丽王陵调查报告》，北京：文物出版社 2004 年，第 58—59、74—75 页；《集安县文物志》，长春：吉林省文物志编委会，1984 年，第 198 页。

图 9.6　人形车辖

资料来源：吉林省文物考古研究所、集安博物馆、吉林省博物院编著：《集安出土高句丽文物集萃》，第 158、160 页

　　铜盒，1970 年 6 月于集安一中院内出土，圆形、深腹、平底、假圈足，上面有子母口的半圆形盒盖，盖顶有一个球柱状钮，顶部和边缘各有三道凹弦纹，口沿下有一周凹形纹。器高 13.7 厘米、口径 17.1 厘米、底径 10.5 厘米。1976 年集安通沟河对岸的 1196 号阶坛积石墓中也出土一件铜盒，形制与

图 9.7　铜盒

资料来源：吉林省文物考古研究所、集安市博物馆、吉林省博物院编著：《集安出土高句丽文物集萃》，第 170 页

图 9.8　铜壶杅

前者相似，只是顶部为"十"字形提手，通高 13.8 厘米、口径 16.5 厘米、底径 10厘米（图 9.7）。[1] 过去也曾称这种铜盒为铜盖碗。后来韩国庆州壶杅冢出土的铜壶杅与集安出土的铜盒、铜盖碗相同，底部铸有汉字铭文，"乙卯年国罡上广开土地好太王壶杅十"，方知这种铜盒自名为"壶杅"（图 9.8）。[2] 同时也证明，好太王时期（公元 391—412 年）高句丽仍在生产自己使用的铜器制品。这一时期，除了生产铜器生活用品，还生产出一批铜佛造像，同时为鎏金制品生产铜底件等。

　　冶铁和铁工具制造一直是高句丽金属生产的重要部门。高句丽建国以后的遗址和墓葬出土了大

---

[1]　张雪岩：《集安县两座高句丽积石墓的清理》，《考古》1979 年第 1 期；《集安县文物志》，长春：吉林省文物志编委会，1984 年，第 205—206 页。

[2]　［日］东潮、田中俊明：《韩国的古代遗迹》，东京：中央公论社，1988 年，第 73—74 页。

量的铁制物品，有生产工具、兵器、生活用品等。生产工具有铁犁铧、铁镬、铁锸、铁刀、铁镰、铁斧、铁锤、铁砧、铁铲、铁锹、铁锥、铁锯、铁凿、铁削、铁叉、铁鱼钩、铁鱼镖等；兵器有铁矛、铁剑、环首刀、铁链锤、铁镞、弩机、铁匕、铁刀、三钩器、四齿器、铁刺、铁镈、铁盔、铁甲等（图版五十二）；生活用品有铁锅、铁刀、铁镜、铁剪、铁熨斗、铁钉鞋、铁镊子、铁叶饰、铁带扣、铁带卡等；车马具有铁车辖、铁车辕、铁车穿、铁鞍桥、铁马镫、铁衔镳、铁带卡、铁带扣、铁当卢、铁节约、铁寄生等；其他铁器有铁链、铁环、铁钉、铁铆钉、铁帐钩、铁扒锔、铁棺环、铁棺钉、铁拉手等。

具有特色的铁器有如下几种。

铁镜，吉林、辽宁高句丽遗址和墓葬中均有出土，由于锈蚀镜面不光滑，背钮为半圆形，虽不是很精美，却是与铜镜共同流行的闺中用物。其中最为精美的一件是 2003 年集安麻线墓区 2100 号古墓出土的带装饰花纹铁镜。出土时边缘略残，圆形，宽缘圆钮，直径 3.8 厘米。表面锈蚀严重，背面髹黑漆，锈蚀轻重不一，漆面多脱落，起泡。镜钮和残漆表面有纤细的丝绢印痕。图案为浅浮雕式，镜钮区内圆外方两道凹弦纹，弦纹外花纹区对角饰四瓣柿蒂，边缘有 16 个内向连弧。柿蒂与连弧之间为四组对称纹饰，在显微镜下观察为简化抽象的夔凤纹。上方柿蒂中缝处各有一个方框，内有汉字阳文。锈蚀严重，或可识读为"子孙富贵"之类的吉祥语。此镜的纹饰与甘肃武威雷台东汉墓出土的错金银夔凤纹铁镜风格近似，唯繁简有所不同。[①]

铁锅，高句丽遗址和墓葬中多见。一般为鼓腹、高领，腹部有一周圆形錾手，大小不一。这种铁锅仿照汉代铜釜制成。集安胜利遗址出土的铁锅系铸造，直口，鼓腹，肩部有三道凸弦纹，底部中心有突出的小铁柱。高 43.5 厘米、口径 41 厘米。中间有一周宽 3 厘米、厚 1.5 厘米的圆形錾手（图 9.9）。这是高句丽人经常使用的铁锅。[②] 后来辽金时期盛行的铁锅，形制基本差不多，

图 9.9 铁锅

资料来源：吉林省文物考古研究所、集安市博物馆、吉林省博物院编著：《集安出土高句丽文物集萃》，第 193 页

只是将高句丽铁锅的圆圈形錾手变成六个錾耳。

铁提梁罐，沈阳石台子山城出土。直口，方唇，溜肩，长腹较直，斜内收，底内凹。肩上饰三道凹弦纹，腹上部有一圈凸棱，肩部有对称两系，提梁残断。高 17 厘米、口径 10.8 厘米、腹径 16.4 厘米、底径 8.8 厘米。此提梁罐形制美观、匀称，是高句丽铁器中不多见的生活用物

---

① 吉林省文物考古研究所、集安市博物馆编著：《集安高句丽王陵——1990—2003 年集安高句丽王陵调查报告》，北京：文物出版社，2004 年，第 154—155 页。

② 《集安县文物志》，长春：吉林省文物志编委会，1984 年，第 217—218 页。

（图 9.10）。[1]

铁镞，高句丽铁镞形制多样，出土数量之多是其他民族不多见的。吉林省集安丸都山城、霸王朝山城、望波岭关隘、洞沟古墓群、柳河罗通山城、辽源龙首山城，辽宁省桓仁五女山城、高俭地山城、新宾杉松山城、凤城凤凰山城、抚顺高尔山城、沈阳石台子山城、金州大黑山山城、普兰店巍霸山城等山城、遗址和墓群出土了几十件、上百件的各种铁箭头。除了常见的矛形、菱形、三角形、柳叶形，还有铲形（有的中间镂孔）、鱼尾形、叉形、锥形、连杆形、蛇头形、三翼形、铲头双钩形等都是极富特色的铁制品（图 9.11）。

图 9.10　铁提梁壶

资料来源：辽宁省文物考古研究所、
沈阳市文物考古研究所编著：
《石台子山城》，彩版 124—4

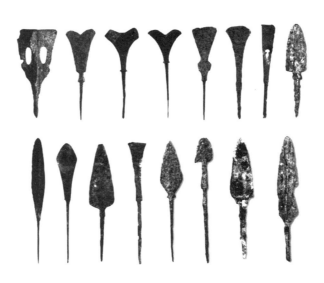

图 9.11　铁镞

资料来源：吉林省文物考古研究所、集安市博物馆、
吉林省博物院编著：《集安出土高句丽文物集萃》；
辽宁省文物研究所、沈阳市文物考古研究所编著：《石台子山城》，彩版

马具，高句丽铁马具也很有特点，许多山城遗址和墓葬中都有出土，主要有铁鞍桥、铁马镫、铁衔镳、铁寄生、铁当卢、铁节约、铁带扣、铁环、铁铊尾等。

高句丽铁器中，有铸造和锻造加工的不同类型。铁锅等大型器物应为铸造，样式也有不同，铸造工艺也较高。最能反映高句丽铁器铸造工艺的是 1994 年朝鲜江原道铁岭遗址出土的一批铸铁动物塑像，其中有铁马 54 个、铁虎 1 个、铁龙 1 个、铁鸟 1 个、铁兽 2 个，同出的还有青铜马 4 个及其他一批铜器、铁器、陶器等（图 9.12）。[2] 这批塑像整齐、生动，铁马与铜马最大者长 29 厘米、高 19 厘米，重 10 千克；小者长 12 厘米、高 12.5 厘米，重 0.9 千克。除最小者外，均有鞍鞯、马衔，有的还着铠甲。年代约当公元 4 世纪。朝鲜的鲁南里、土城里先后发现了高句丽时期的冶铁遗址，

① 辽宁省文物考古研究所、沈阳市文物考古研究所编著：《石台子山城（上）》，北京：文物出版社，2012 年，第 184—185 页。

② ［韩］李淳镇：《关于江原道铁岭遗址出土的高句丽骑马模型》，常白杉译，《东北亚历史与考古信息》1996 年第 2 期。

有冶铁炉址、房址，鼓风设施，还有一些矿石和铁制品。集安五盔坟四号、五号墓藻井都绘有锻铁和制造车轮的画面，锻铁人束发微髭，坐于方石之上，左手握铁钳，夹着烧红的铁块置于砧上，右手高举铁锤正在锻打。

1   2   3

图 9.12   铜马、铁马

资料来源：《朝鲜中央历史博物馆》，2004 年，第 143、145 页

集安市国内城南门内曾发现 3 处小手工作坊的遗址，出土铁砧、铁凿、衔镳、铁熨斗、陶罐、石臼、板瓦和瓦当残段等遗物。[①]沈阳石台子山城出土的铁锤和铁錾锤多件，使用痕迹非常明显。其中铁锤 3 件，长方形，两端锤面都有打击所致翻卷痕迹，锤体中间有长方形銎孔。其中一件长 8.6 厘米、顶宽 4.6 厘米、厚 3.7 厘米、銎口长 2 厘米、宽 1 厘米。铁錾锤 4 件，方锥形、平顶，有打击所致翻卷痕迹，底部为锥形，中部有长方形銎孔。其中一件长 13.5 厘米、顶宽 3.1—4.4 厘米、銎口长 2.6 厘米、宽 2.4 厘米[②]，特别是铁砧的发现和以往出土的铁锤组合起来，正好是锻铁用的一组工具。

此外，高句丽的金银器制造和鎏金工艺的水平也是相当高的。高句丽出土的金银器物大多为装饰品和生活用品，如金顶针、金针、金耳饰、金环饰、金花饰、金簪、金头钗、金冠饰、金步摇、银簪、银钗、银手镯等。

金指环是 1975 年 11 月在集安禹山墓区 2138 号古墓附近出土的，用薄金片绕成环状，表面外缘饰一周均匀的竖线纹，中间锤一周凹下的圆点，圆点两端各缀两滴粟粒般大小的金珠，做工极其精美。[③]1984 年禹山墓区 3105 号墓中出土一枚金针，正好与金顶针相匹配。金针长 3.65 厘米、直径 0.1 厘米，尖部呈三棱形，后部有小穿孔，出土时上面还穿着金丝线（图 9.13）。

各种金坠饰制作也相当精美，有的坠着小葫芦、小圆球、小链、小棒、镂空球、小桃叶等。运用了锤、鍱、镂、嵌、刻、钻各种工艺手段，技术精良，造型优美（图版四十六）。

---

① 赵书勤：《集安发现一处高句丽时期的小手工业作坊遗址》，《博物馆研究》1997 年第 3 期。
② 辽宁省文物考古研究所、沈阳市文物考古研究所编著：《石台子山城（上）》，北京：文物出版社，2012 年，第 183—184 页。
③ 孙仁杰：《集安出土的高句丽金饰》，《博物馆研究》1985 年第 1 期。

图 9.13 金指环、金手镯、金针

资料来源：吉林省文物考古研究所、集安市博物馆、吉林省博物院编著：《集安出土高句丽文物集萃》，第 93 页

高句丽的鎏金工艺可以称作一绝，是在铜器或铁器表面形成一层薄金，一种做法是将金粉与水银相混合，涂在金属表面，然后进行加热，把水银蒸发，将薄金固着在器物表面。另外一种做法则是在金属表面涂上水银之后覆上金箔，加热，使水银蒸发，这样反复进行，直至满意为止。许多出土的鎏金器物至今保持着金黄明亮，不脱落，不褪色，说明当时的鎏金工艺水平已经达到炉火纯青的地步。高句丽的鎏金器主要有鎏金镂花幔架、鎏金案足、鎏金冠饰、鎏金束发、鎏金步摇、鎏金花饰、鎏金头饰、鎏金钉鞋、鎏金箭头、鎏金鞍桥、鎏金桃饰、鎏金带饰、鎏金马镫、鎏金节约、鎏金銮铃、鎏金寄生等。

集安和平壤一带高句丽古墓中都出土过鎏金冠及其饰物（图版四十六、四十七）。集安出土的冠饰呈三枝桃叶形，中间一枝边缘如锯齿状，中部表面有三行拴过步摇的痕迹。两侧桃叶上也有拴挂步摇的痕迹。下部应该有一周鎏金环带状饰物，形成圆环戴在头上，而三枝桃叶形花饰则在正前面。平壤铠马墓壁画中墓主人头上戴的正是这种鎏金冠。集安另外几座墓中也出土过鎏金冠饰的残部，可惜都不是很完整。较为完整的是朝鲜真坡里七号墓和清岩里土城出土的鎏金冠饰。真坡里鎏金冠为倾斜的半圆形镂空花饰，中间为双环形凤鸟纹，上面为凤鸟纹，下侧两边为夔龙纹，四周流云装饰，精巧而富于动感。清岩里鎏金冠是戴在前额上的"门"字形花饰，上部有镂空花边与花鸟形纹饰，制作工艺相当精良（图 9.14）。

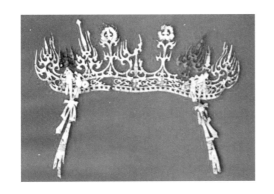
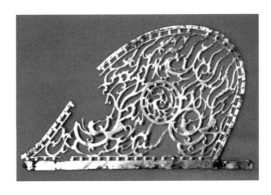

图 9.14 朝鲜出土的鎏金冠饰

资料来源：《朝鲜中央历史博物馆》，2004 年，第 137—138 页

　　鎏金马具出土数量相当多，有素面鞍桥、镂空鞍桥，有的还镶嵌各种饰物。衔镳、马镫、节约、寄生和各种花饰更是特色纷呈，制作精细。这种马具最早出现于安阳孝民屯，属两晋更替之际，后传入高句丽，再经高句丽传入朝鲜半岛和日本列岛。新罗、百济、日本的古墓中均出土过多件鎏金马具，其样式、工艺水平与高句丽鎏金马具相似（图9.15）。

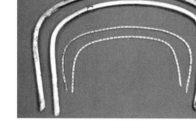

集安出土　　　　　　　　　　　　平壤出土

图 9.15　高句丽鎏金鞍桥

资料来源：吉林省文物考古研究所、集安市博物馆、吉林省博物院编著：

《集安出土高句丽文物集萃》，第 135 页；《朝鲜中央历史博物馆》，2004 年，第 145 页

　　高句丽鎏金器中较独特的还有鎏金钉鞋，目前已知的有 10 多件，均出土于集安高句丽古墓和遗址中。中国吉林省博物院、辽宁省博物馆、集安市博物馆及韩国、日本博物馆均有收藏。其形制大体相同，呈鞋底状，长 31—32.5 厘米、宽 10—12 厘米，底下有 22—35 个长短各异的鞋钉（同一鞋上鞋钉长短相同），鞋底及鞋钉表面鎏金。2003 年，太王陵出土 2 件鎏金鞋钉，圆柱形钉长 4.4 厘米、直径 0.5—1.1 厘米。[①] 应该是高句丽贵族将领冬季登山防滑之用。三室墓壁画中就绘有身披铠甲，手持兵刃，足蹬钉鞋的将军图像。鎏金器物应用之广泛，制作之精良，充分表现了高句丽金属加工与制造行业发展的水平。

　　2003 年，集安太王陵出土一批鎏金器物。除了过去常见的鎏金冠饰、鎏金步摇饰、鎏金马具之外，还出土了鎏金镂花幔架、鎏金案足，成为高句丽鎏金器物中的新品种。鎏金镂花幔架 1 件，出土时折卷成团，展开后为一长 268 厘米侧视呈曲尺形的支架，通体鎏金。支架残损较重，但结构基本清楚。整体为铜片铆接，由背板、前罩和弧顶三部分组成。背板长 242 厘米、宽 35 厘米，以 5 条近似马腿形状的短片分别铆成 4 个等长的矩形，背镶柿蒂纹方形团花连续图案的镂花饰板，加压条铆固。饰板前罩长 268 厘米，以 7 条竖立的直梁短片与背板铆合。铜片前端呈直角，用 2 钉与前缘铆接，侧视有 6 度的仰角。尾端呈 T 字形，用 4 钉与背板上框铆接，钉间留 2 孔以供固定。梁片中各部铆有一个高 13.4 厘米的马腿形立片，下端以 4 颗铆钉固定，顶端折向两侧与罩顶脊条相连接。弧顶为铜条编制的菱形网，压有"工"字形脊条。铜网分前后两片，一侧边直接铆在脊条上，一侧

① 吉林省文物考古研究所、集安市博物馆编著：《集安高句丽王陵——1990—2003 年集安高句丽王陵调查报告》，北京：文物出版社，2004 年，第 309 页。

边加压条与罩架铆合。脊条的"工"字横条长 268 厘米，截面呈"人"字形，以 100 度角与前罩直梁立片铆接。"工"字两侧的短条为宽 1.6 厘米，弧长约 40 厘米的对折铜片，中间用 2 钉铆在脊条上，两端与前罩铆合。[①]

鎏金案足 10 件，4 件完整。青铜铸造，通体鎏金。案足作中空马蹄形，蹄、踝轮廓分明，背为平面，正侧皆为弧面。踝部上、下各有两道弧棱，蹄下有半圆透孔，顶部有长方形直榫，榫上正中穿一圆孔。依规格大小，可分为三种类型：高案足，完整者高 43—45 厘米、蹄宽 10.5 厘米、连榫高 48.6 厘米；中高案足高 25.5 厘米；矮案足上下有残损，残高 17.7 厘米（图 9.16）。[②]

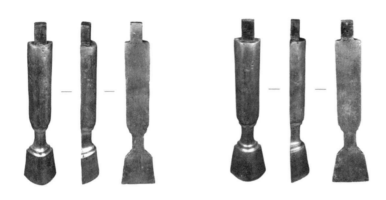

图 9.16　鎏金案足

资料来源：吉林省文物考古研究所、集安市博物馆、吉林省博物院编著：《集安出土高句丽文物集萃》，第 114—115 页

二、陶器生产

高句丽陶器生产历史悠久，也是规模较大的一个生产部门，其发展过程大体上可以分为四个阶段。

两汉时期，高句丽陶器生产由原来的个体家族式生产逐步走向地方与国家共同管理的集体生产，其规模也逐渐扩大。从出土的陶器看，它们基本处于手制阶段，只有较少的经过轮修。薄厚不很均匀，火候也不高。陶质多为夹粗砂陶，也有少量夹细砂陶，泥质陶较少见。颜色呈黄褐、红褐、灰褐，陶色不均匀。器形主要有壶、罐、杯等。

陶壶是高句丽的典型器物，此时的陶壶处于不很统一、不很规范的状态。集安下活龙 8 号墓出土的灰褐陶壶为大口、直领、窄肩，四个桥状横耳在腹部。山城下墓区 196 号墓出土的两件夹砂红褐陶壶，侈口、长领、圆肩、鼓腹。一件肩上有四个桥状横耳，另一件肩上有两个对称的桥状横耳，两个对称的錾。[③] 陶罐的类型较繁复，有大口罐、小口罐、直腹罐、鼓腹罐等。

① 吉林省文物考古研究所、集安市博物馆编著：《集安高句丽王陵——1990—2003 年集安高句丽王陵调查报告》，北京：文物出版社，2004 年，第 301 页。

② 吉林省文物考古研究所、集安市博物馆编著：《集安高句丽王陵——1990—2003 年集安高句丽王陵调查报告》，北京：文物出版社，2004 年，第 309 页。

③ 耿铁华、林至德：《集安出土高句丽陶器的初步研究》，《文物》1984 年第 1 期。

　　魏晋时期，高句丽制陶业有了较大的发展与进步，国家与地方对制陶作坊管理更加严格。制陶技术提高，陶器品种增多，而且出现了低温釉陶一类新的品种，制造砖、瓦和瓦当成为制陶业适应建筑业发展起来的一个新的生产部门。这一时期的制陶工艺进步较大，出现并推广了轮制，但仍有少部分保持着手制。由于轮制推广，陶器形制规范，薄厚均匀。陶质多为泥质陶，少量夹砂陶的质地更细腻，颜色大多呈灰色、黄色和黑色，陶色均匀，质地坚硬，表明火候逐渐提高。器形主要有壶、罐、瓶、钵、盖碗、仓、瓮、盆、耳杯、釜、灶、砚等（图9.17）。这一时期各地出土的四耳陶壶较多，形制规范，侈口展沿，鼓腹，肩部四个桥状横耳，肩上饰一周弧弦纹或垂幔纹。稍早些的陶壶领肩相接处直折，逐渐变得圆润、匀称、耐看。值得注意的是，这一时期发现的陶砚，不仅是陶器的新的器型，也是重要的书写文化用品。1963年10月集安东台子遗址出土了一件陶砚，为泥质黄陶，上面中间凸起，四周有环状水池，下部为圈足，为典型的环水砚，或称辟雍砚。直径13.5厘米、高4厘米，水池深1厘米、宽1.2厘米。另一件陶砚出土于万宝汀墓区，泥质黄陶，圆盒状，中空，平底，上部有环水和长圆形注水孔。顶部直径11.1厘米、底部直径9.3厘米、高4.8厘米。[①]集安出土多件陶砚和石砚，这一时期正是高句丽壁画与汉字碑刻、墨书墓志出现的重要时期，充分表明高句丽人在学习书写与绘画过程中的文具发展变化状况。

图9.17　陶器（四耳陶壶、陶罐、陶釜、陶盖碗、陶砚、陶枕）

资料来源：吉林省文物考古研究所、集安市博物馆、吉林省博物院编著：
《集安出土高句丽文物集萃》，第10、12、17、24、26、31—33页

---

① 《集安县文物志》，长春：吉林省文物志编委会，1984年，第228—229页；吉林省文物考古研究所、集安市博物馆、吉林省博物院编著：《集安出土高句丽文物集粹》，北京：科学出版社，2010年，第32—33页。

低温釉陶器的出现是这一时期制陶工艺发展的重要标志。

中国的釉陶在商代就已经出现了。所施的釉含 15%—20% 的氧化钙，属于浅青色釉，烧成温度已高达 1200℃。虽然在外观上不甚美观，但却是中国后来釉陶和瓷器的本源。

公元前后的汉代，一种低温釉陶已经出现。西汉中后期，低温釉陶在陕西关中和河南洛阳一带较为流行。随后，在西汉后期发展很快，流行区域扩大。东汉时期已经普及到整个黄河流域和北方地区，甚至长江流域也颇有所见。一般说来，棕黄色的釉陶出现较早，绿色的釉陶出现较晚，但后者在东汉时大量流行，较前者更为普遍，可称为"北方釉陶"。[1]釉陶造型上主要有鼎、钟一类仿青铜的容器，也有仓、灶、井、楼阁模型及鸡、犬等动物偶像。

高句丽釉陶属于东汉以来的"北方釉陶"。低温色釉属于氧化铅—二氧化硅二元系统，其主要化学组成为氧化铅和二氧化硅，主要着色元素有铁、铜、钴和锰，烧成温度在 800℃左右。这种釉陶的内胎一般呈橘红色或红褐色，不很坚实，多出土于墓葬中，居住遗址中极少见，应该是专为随葬而制作的器物，很少见实用器。

至于高句丽釉陶产生的途径，魏存成先生认为"平壤乐浪时代的墓葬中由于汉代中原釉陶工艺的传入和影响，也出土不少绿釉和黄釉的陶器。高句丽的釉陶器出现于 4、5 世纪，应与此时高句丽向南向西发展有关"[2]。这种认识是很有道理的。

高句丽釉陶出现于 4 世纪初。这时，高句丽都国内城（今吉林省集安市），高句丽旧都纥升骨城（今辽宁省桓仁县）一带与汉晋的辽东接壤，受汉文化影响较深。高句丽与中原互使往来，时有战事发生，不断有战俘与流民进入高句丽人居住地区。沈阳石台子山城出土了 2 件釉陶盏和 1 件釉陶壶口沿，这里距离辽东郡最近，接受辽东制陶工艺技术应该更早些。[3]毫无疑问，集安和桓仁一带高句丽釉陶生产工艺是从辽东郡传过来的，而平壤一带高句丽釉陶生产工艺既有乐浪郡的影响，也有辽东郡的影响。

目前出土的高句丽釉陶主要有釉陶壶、釉陶灶、釉陶盆、釉陶甑、釉陶釜、釉陶钵、釉陶盏、釉陶罐、釉陶耳杯等。其基本组合为：釉陶壶、釉陶灶；釉陶壶、釉陶灶、釉陶盆；釉陶壶、釉陶灶、釉陶钵、釉陶耳杯（图 9.18）。[4]

高句丽釉陶器的器形与两汉时期的釉陶器物有较大的不同。高句丽釉陶器中不见鼎、钟一类器物，亦无楼阁和鸡犬动物。只有陶灶，但其在形制上和两汉时期的也有所区别。汉代陶灶多作长方形，灶口开在短边一侧，有的为方形烟筒，有的为圆形烟孔，有的在灶口上有长方形火挡。1959 年，河北邯郸百家村出土一件绿釉陶灶与高句丽釉陶灶明显不同。这说明，高句丽人接受了中原釉陶的生产工艺，并将这种工艺技术巧妙地用在了自己的陶器生产过程中，使得高句丽釉陶器的造型保持了民族器物的特点。四耳釉陶壶的发展演变，就是一个极好的例子，这种四耳釉陶壶不仅有陶器，

---

[1]　王仲殊：《汉代考古学概说》，北京：中华书局，1984 年，第 77 页。

[2]　魏存成：《高句丽、渤海文化之发展及其关系》，《吉林大学社会科学学报》1989 第 4 期。

[3]　辽宁省文物考古研究所、沈阳市文物考古研究所编著：《石台子山城（上）》，北京：文物出版社，2012 年，第 120、231、267 页。

[4]　耿铁华：《高句丽釉陶器的类型与分期》，《考古与文物》2001 年第 3 期。

而且有铜器。1921年，韩国庆州金冠冢出土一件有盖的四耳铜壶。器形较大，通高40多厘米、口径20厘米左右（根据原图比例推算），应该是一种实用器物，大约是从高句丽流传到新罗的。朝鲜土浦里大墓出土四耳釉陶壶时，还出土了黄釉宝珠钮盖。[①] 或许四耳陶壶、四耳釉陶壶原来亦曾有盖。

图9.18　釉陶器（四耳釉陶壶、釉陶灶）

资料来源：吉林省文物考古研究所、集安市博物馆、吉林省博物院编著：《集安出土高句丽文物集萃》，第34—36页

当然，高句丽陶器中也有一些中原传来的器形，如盆、钵、耳杯、甑、釜等。在这些陶器上施釉，就成了高句丽釉陶器。南北朝时期是高句丽稳定发展的历史阶段，农业、渔猎、畜牧和手工业处于稳定、缓慢的发展中。后一段时间，由于统治阶级贪图安逸、享乐，高句丽社会经济在缓慢发展中显现出颓败的趋势。

陶器生产到长寿王、文咨明王时期已经全部使用轮制，出现手制也是极个别的了。夹砂陶已经很少见了，基本上都是泥质陶，颜色纯正，多呈灰、黑、黄色。火候高、质地坚硬。器形有壶、罐、盘、盆、瓮、釜、钵、灶、仓、瓶、臼等。

四耳陶壶的高度逐渐增加，腹部稍内收，向修长发展。罐的形制仍然是多样的，鼓腹罐、直口罐增多，有的还有盖。新出土的陶臼，类似捣药、捣蒜臼的样子。釉陶器在5世纪还处在一个兴盛的时期，进入6世纪，其数量和种类都明显减少。

隋唐时期，高句丽进入末世，由于连年战争，加之自然灾害，社会经济开始衰败，制陶业出现了萎缩。虽然在技术和工艺上还能保持前一时期的状态，如轮制，陶土淘洗，烧制火候高等，但器物的种类已有所减少。

南北朝末至隋初，出现了陶枕、陶虎子等生活用品，数量虽不多，却反映了贵族生活享乐的某些方面。另外，各地方制陶业的管理出现疏漏，同类器物的器形出现了不统一的现象。釉陶器也减

———————————
① ［日］小田富士雄：《集安高句丽积石墓遗物与百济、古新罗遗物》，日本《文化丛谈》1975年第6期。

少到几乎难以见到的程度。有的器物已经是渤海时期的东西了，如集安出土的几件长颈瓶，过去曾经被认为是高句丽的器物，后来发现，应该是靺鞨人的制品，其年代已接近高句丽灭国了。

高句丽制陶业在公元4世纪出现了一次重要的发展，出现釉陶器的同时，还出现了生产砖、瓦、瓦当的部门。

目前，出土高句丽瓦当最多的是集安和平壤地区，这是高句丽两座时间较长的都城所在，其他地区也有少量出土。集安出土的高句丽瓦当有以下四大类。

（1）卷云纹瓦当。包括多种文字瓦当，如"泰"字瓦当、"吉"字瓦当、"大吉"瓦当、"戊戌年"瓦当、"己丑"年瓦当、"太宁四年"瓦当、"丁巳"瓦当、"乙卯年"瓦当、"月造记"瓦当、"十谷民造"瓦当等（图9.19）。

图9.19 卷云纹瓦当

（2）莲花纹瓦当。包括将军坟瓦当、太王陵瓦当、千秋墓瓦当，以及九瓣、八瓣、六瓣、五瓣、四瓣莲花纹瓦当，柿蒂莲花纹瓦当，立莲瓣纹瓦当等。

（3）兽面纹瓦当。外缘作盾形的大瓦当，圆形瓦当，后者兽面上的牙齿数量各有不同，完整的瓦当筒部有直的和倾斜的，应该是安放位置不同所致。

（4）忍冬纹瓦当。可分为浅浮雕式、深浮雕式，忍冬的造型有纤细型与肥胖型之别。

此外，沈阳、抚顺、西丰、凤城、珲春、辽源等地也出土了高句丽瓦当。[①]

朝鲜平壤地区出土的瓦当数量也不少，其中以下几处遗址出土的瓦当更具代表性。

（1）大城山城出土高句丽瓦当大都为泥质红陶，制作精美，有20余种花纹样式，以莲花纹瓦当居多，有八瓣莲花纹瓦当、六瓣莲花纹瓦当、五瓣莲花纹瓦当、四瓣莲花纹瓦当，还有四叶四瓣莲花纹瓦当、复瓣莲花纹瓦当等。

（2）安鹤宫出土的高句丽瓦当除了大城山城出土的各种莲花纹瓦当之外，还有八叶纹瓦当、六叶纹瓦当等。

（3）定陵寺出土的瓦当有多种莲花纹瓦当、忍冬纹瓦当、兽面纹瓦当和六角连环纹瓦当，后两种瓦当数量较少（图9.20）。

---

① 耿铁华：《高句丽瓦当》，长春：吉林大学出版社，2014年，第5—56页。

图9.20　莲花纹瓦当

其他地方，如汉王墓、土城里等地也有不同数量高句丽莲花纹瓦当出土。[①]

韩国中原郡塔坪里遗址、峨嵯山城也曾出土高句丽莲花纹瓦当，其中峨嵯山城出土的五瓣莲花纹瓦当与平壤出土的五瓣莲花纹瓦当，无论是形制、纹饰，还是大小规格都基本相同。

以上各地的高句丽瓦当在颜色上、规格上、纹饰上都有所不同。一般说来，建筑用瓦多为红颜色，墓上建筑用瓦多为青灰色。高句丽王陵上建筑用的瓦当是专门生产制作的，形体较大，花纹庄重，造型朴实大方，规格统一。将军坟瓦当直径22厘米、厚4厘米、边轮高出当面1.8—2厘米。将军坟陪坟的瓦当直径则在16.5—17厘米。太王陵瓦当直径20厘米、厚5厘米、边轮高出当面2厘米，这种青灰色大莲花纹瓦当在其他地区是很难见到的。[②]

实用建筑用的瓦当大都为红颜色，花纹、大小都根据建筑特点、规模和样式来确定。集安东台子遗址就应是祭祀建筑群，出土瓦当有莲花、兽面、忍冬三种纹饰，瓦当直径在14.5—16厘米。朝鲜定陵寺出土的瓦当有莲花纹、兽面纹和莲花卷草纹等样式，直径在12.5—18厘米（图9.21）。[③]

① 耿铁华：《高句丽瓦当》，长春：吉林大学出版社，2014年，第57—113页。
② 耿铁华：《高句丽瓦当》，长春：吉林大学出版社，2014年，第7—9、162—169、188—193页。
③ 耿铁华：《高句丽瓦当》，长春：吉林大学出版社，2014年，第9—14、57—110页。

图 9.21　兽面纹瓦当、忍冬纹瓦当

高句丽砖、瓦的数量也不少，只是没有瓦当那样精美，那样引人注意。

集安 JYM3319 是一座方坛阶梯砖室墓，墓室、耳室全部用长方形的青砖砌成，数量很多。另外，在太王陵和千秋墓边还发现了侧面模印汉字铭文的文字砖，"愿太王陵安如山固如岳""千秋万岁永固""保固乾坤相毕"等（图 9.22）。

图 9.22　文字砖与花纹砖

资料来源：吉林省文物考古研究所、集安市博物馆编著：《集安高句丽王陵——1990—2003 年集安高句丽王陵调查报告》，图版六十九至七十一；吉林省文物考古研究所、集安市博物馆编著：《国内城——2000—2003 年集安国内城与民主遗址试掘报告》，图版四十二至四十三

还有一些刻画文字和侧面带夔龙纹、蟠螭纹、菱形纹、回纹、方格纹的砖。[1]

高句丽的瓦有板瓦、筒瓦两种。板瓦数量多，大都为红颜色，上有斜方格纹、方格纹或席纹。最大的长 52 厘米、宽 33.5 厘米、厚 1.5—2.2 厘米。筒瓦则有红色和青灰色两种，最大的长 50 厘米、宽 22—25 厘米、厚 2.2 厘米。有的瓦上还有刻画文字和符号。

高句丽建国后的一段时间，流行以草苫房。大约在公元 3 世纪以后，宫殿和官府开始用瓦，这就出现了砖、瓦、瓦当的生产。生产建筑材料的部门是由国家和地方管理的，实行集体生产，产品的样式、种类、数量是由国家和地方官吏决定的。后来，一些贵族地主也可以根据自己的需要制作和生产砖、瓦、瓦当。有一件瓦当上印有文字"十谷民造"，应该是十家谷民制作的瓦当。公元 5 世纪时的冉牟墓志中有"城民谷民并馈前王"的文字，说明当时高句丽确实存在城民、谷民两部分民众，按字面分析是居住在城里或山谷里的居民。山谷中居住的农民也可以集体生产砖、瓦、瓦当，说明高句丽制陶业和建筑业有了很大的发展。

三、建筑业

高句丽人很善于利用自然材料进行建筑，利用茅草盖房舍，利用石头建城墙、修坟墓，主要是营建家园，丰富生活。高句丽建筑业的成就主要表现在以下几方面。

1. 城垣建筑

高句丽人喜欢建筑高大的城垣，特别是喜欢在山上建城，乃至有人将高句丽解释为在高山上筑城的民族。好太王碑文记载高句丽建国传说中，就有"于沸流谷忽本西城山上而建都焉"的记录。《三国史记》载，儒留王"二十二年冬十月，王迁都于国内，筑尉那岩城"。太祖大王"三年春二月，筑辽西十城，以备汉兵"。此时是公元 55 年，东汉光武帝建武三十一年，高句丽的势力刚刚接近辽东，无法在辽西筑城，应是"筑国西十城"才对，正与下文"秋七月，国南蝗害谷"相合。另外，《三国史记》还记载：

> 山上王"二年（公元 198 年）春二月，筑丸都城"。
>
> 东川王"二十一年（公元 247 年）春二月，王以丸都城经乱，不可复都，筑平壤城，移民及庙社"。
>
> 故国原王"五年（公元 335 年）春正月，筑国北新城"。
>
> "十二年（公元 342 年）春二月，修葺丸都城，又筑国内城。秋八月，移居丸都城"。
>
> 广开土王"三年（公元 393 年）秋八月，筑国南七城，以备百济之寇"。
>
> "十八年（公元 408 年）秋七月，筑国东秃山等六城，移平壤民户"。

---

[1] 《集安县文物志》，长春：吉林省文物志编委会，1984 年，第 260—263 页；吉林省文物考古研究所、集安市博物馆、吉林省博物院编著：《集安出土高句丽文物集粹》，北京：科学出版社，2010 年，第 64—74 页。

荣留王"十四年（公元631年）春二月，王动众筑长城，东北自扶余城，东南至海千有余里，凡一十六年毕功"。[①]

由以上记载可知，每位高句丽王都不断修筑平原城、山城，到后期竟然修起了千里长城，目的是加强都城防御体系建设，以巩固自己的统治。

高句丽壁画中有一些高句丽城垣的画面。辽东城壁画墓内，四周是高高的城墙，城墙上有城楼、角楼、马面等建筑，西南角为内城，应是辽东郡郡守官衙所在。城内有楼阁一类的建筑，有的三层，有的两层。城内有墨书题字"辽东城"（图9.23）。这一平面图为我们提供了公元4世纪末至5世纪初辽东城的建筑情况。这也是高句丽人城市建筑的样板。集安三室墓第一室北壁绘攻城图，右侧绘交战的将士，左侧绘一座古城，城垣曲折高大，有城楼、角楼一类建筑，很是雄伟壮观。[②]

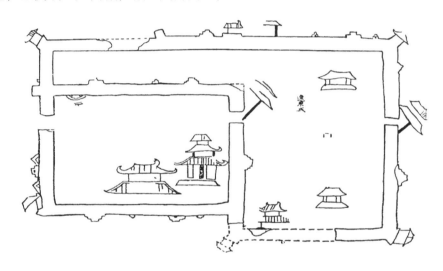

图9.23 辽东城建筑线描图

资料来源：〔日〕东潮、田中俊明：《高句丽的历史与遗迹》，第357页

考古调查发现更能反映出高句丽古城建筑的发展趋势。

高句丽第一座都城纥升骨城，以今天桓仁县城附近的下古城子遗址近是，五女山城则是其军事卫城。第二座都城国内城，石砌墙垣犹存，城楼、角楼、马面已无存，马面遗址已经过发掘，大体知其原貌。军事卫城丸都城亦曾做过都城。这种以平原城和军事卫城（山城）组成的都城格局是颇具特点的。以国内城与纥升骨城相比，无论是在建筑规模上、建筑工艺上、附属建筑的配置上，高句丽的建筑技术都有很大的进步和提高。

[①] 《三国史记》卷十六《高句丽·山上王本纪》，卷十七《高句丽·东川王本纪》，卷十八《高句丽·改国原王本纪》，卷十八《高句丽·广开土王本纪》，卷二十《高句丽·荣留王本纪》，汉城：韩国民族文化推进会，1982年，第130、133、138、141、156页。
[②] 耿铁华：《高句丽古墓壁画研究》，长春：吉林大学出版社2008年，第164页。

迁都平壤以后，长安城的建筑规模更大了，不仅规划出北城、中城、内城、外城，外城还修建成棋盘形里坊和街道，成为高句丽都城建筑的典范。其军事卫城大城山城的墙垣、城楼、角楼一类建筑更完美、更雄壮。

2. 宫殿与祭祀建筑

《三国志·高句丽传》记载，高句丽"好治宫室，于所居之左右立大屋，祭鬼神，又祀灵星、社稷"。《魏书·高句丽传》记载，"其王好治宫室"。《梁书·高句骊传》记载，"好治宫室，于所居之左立大屋，祭鬼神，又祠零星、社稷"。《南史·高句丽传》记载，"好修宫室，于所居之左立大屋，祭鬼神，又祠零星、社稷"。《旧唐书·高丽传》记载，"其所居必依山谷，皆以茅草葺舍，惟佛寺、神庙及王宫、官府乃用瓦"。

高句丽的宫殿在建国初期只不过是较大一些的草房而已。邹牟王建国之初"未遑作宫室，但结庐于沸流水上居之"。邹牟王四年（公元前 34 年）秋七月，"营作城郭、宫室"[1]。儒留王三年（公元前 17 年）秋七月，"作离宫于鹘川"，不久，"王于凉谷造东西二宫"。二十九年（公元 10 年）秋七月，"作离宫于豆谷"。[2]这些宫室、离宫还在初创时期，比起后来的宫殿则显得微不足道了。

后来诸王也有营造宫室，修建寺庙的记录。

> 大武神王三年（公元 20 年）春三月，立东明王庙。[3]
>
> 烽上王七年（公元 298 年）冬十月，王增营宫室，颇极侈丽。
>
> 烽上王九年（公元 300 年）八月，王发国内男女年十五已上，修理宫室。[4]
>
> 小兽林王五年（公元 375 年）春二月，始创肖门寺，以置顺道；又创伊弗兰寺，以置阿道。此海东佛法之始。[5]
>
> 广开土王二年（公元 392 年）秋八月，创九寺于平壤。
>
> 广开土王十六年（公元 406 年）春二月，增修宫阙。[6]
>
> 文咨明王七年（公元 498 年）秋七月，创金刚寺。[7]

这些记载包括兴修宫殿和宗庙、寺庙等建筑。考古调查与发掘的成果证明了文献的记载。

高句丽古墓壁画中有多幅反映宫殿和住房建筑的画面。壁画中绘有屋宇的高句丽古墓较多，主要有安岳 3 号墓、角觗墓、JYM1041 号墓、舞踊墓、麻线 1 号墓、德兴里古墓、马槽墓、药水里古墓、

---

① 《三国史记》卷十三《高句丽·东明王本纪》，汉城：韩国民族文化推进会，1982 年，第 112 页。
② 《三国史记》卷十三《高句丽·琉璃明王本纪》，汉城：韩国民族文化推进会，1982 年，第 112—116 页。
③ 《三国史记》卷十四《高句丽·大武神王本纪》，汉城：韩国民族文化推进会，1982 年，第 117 页。
④ 《三国史记》卷十七《高句丽·烽上王本纪》，汉城：韩国民族文化推进会，1982 年，第 136 页。
⑤ 《三国史记》卷十八《高句丽·小兽林王本纪》，汉城：韩国民族文化推进会，1982 年，第 140 页。
⑥ 《三国史记》卷十八《高句丽·广开土王本纪》，汉城：韩国民族文化推进会，1982 年，第 141 页。
⑦ 《三国史记》卷十九《高句丽·文咨明王本纪》，汉城：韩国民族文化推进会，1982 年，第 145 页。

三室墓、JYM1368 号墓、长川 1 号墓、双楹墓、安岳 1 号墓、安岳 2 号墓等。安岳 1 号墓中的贵族庭院较为典型，中间是一座高大的楼阁，四周有长廊和角楼。还有一些贵族的住宅，室外绘屋顶脊、宝顶、鸱尾，屋内梁枋作一斗三升斗栱。此外还有楼阁、仓廪、亭子、厨房、马厩一类的附属建筑。[①]

丸都山城内东南部缓坡台地上有宫殿遗址，依山势而建，东高西低，落差达 13 米。四周以块石垒砌宫墙，现仅存基础。宫殿周长 332 米，受地势所限，平面形状并不规则，东、西两墙较为平直，南北墙呈斜边状。东墙长 91 米，西墙长 96 米，北墙长 75 米，南墙长 70 米。整座宫殿址及附属设施面积 8260.75 平方米。遗址坐东向西，由西向东依次分布着四层人工修筑的长方形台基，台基的三面垒砌护坡。受地势影响，每处台基的宽度不尽一致，四层台基上共修筑有不同规格的建筑 11 座（组）。在 1 号台基与 2 号台基之间有一长方形广场，广场北侧修筑进深和面阔均为两间的建筑，相同的单体建筑在 2 号、4 号台基的北部也有发现。从现存迹象看，宫殿址有宫门 2 处，均位于西宫墙上，1 号门址（正门）位于宫墙的中部，与 3 号台基所存石筑踏步处于同一条轴线上，结合 2 号台基残留的石筑踏步的迹象推测，宫殿的正门与各台基的踏步构成整座宫殿址的中轴线。2 号宫门址位于正门北 17 米，位置与 6 号建筑址的门道相对应。遗址内还发现了人工排水和自然排水的设施。遗址出土了大量的鎏金器、铁器、建筑构件、瓦和瓦当等。[②]此宫殿建筑应该是山上王二年（公元 198 年）修建，属于年代较早的高句丽宫殿遗址。

安鹤宫是建于公元 4 世纪末至 5 世纪初的高句丽王宫，位于平壤市东北郊大城山城南 700 米，宫城略呈方形，南墙、北墙为东西向，东墙、西墙北偏东 3.5 度。南墙长 617 米、北墙长 618 米、东墙长 622 米、西墙长 623 米，周长 2480 米。城墙土石混筑，基宽 9 米，内外两侧以石垒筑，并逐层稍向内收，呈阶梯状，中间以黏土夯筑，现存高度 4 米。东、西、北三面各开城门一个，南面开三个，其中南墙中门为正门，规模最大，原是一座面阔七间、进深两间的木构建筑。城门不设瓮城。城外没挖护城河，但在东西两墙之外有两条水渠被借用，另外还有一条自北墙东段入城，从南墙东段出城的水渠，因此形成了两个水门。城内有宽 2 米的环城街。城内建筑址已被揭露，主体建筑位于南墙正门之内的中轴线上，分为南宫、中宫、北宫三个院落，皆有廊庑相通。南宫大殿面阔十一间，进深四间，规模最大的应是安鹤宫的前朝主殿。在该殿及其他几座殿址中，出现了减柱造的结构。南宫东侧廊庑之外，还有两个小的院落和殿址。西侧廊庑之外的院落和殿址保存不完整，但却发现了庭园遗址。中宫、北宫及其两侧，院落繁多，联系紧密，应是内朝及寝宫所在。另外在宫城的东北角还发现了一组被称为东宫的大型建筑。在宫城西北角和东门内南北两侧还发现一些零星小型建筑。在宫城东南角发现了水池遗迹，在北门之内也发现了庭园遗址。其建筑规模和布局已达到十分成熟和完美的程度，作为高句丽王的别宫，其建筑是很豪华的（图 9.24）。[③]

---

① 耿铁华：《高句丽古墓壁画研究》，长春：吉林大学出版社，2008 年，第 166—167 页。

② 吉林省文物考古研究所、集安市博物馆编著：《丸都山城——2001—2003 年集安丸都山城调查试掘报告》，北京：文物出版社，2004 年，第 70—76 页。

③ ［日］东潮、田中俊明：《韩国的古代遗迹》，东京：中央公论社，1988 年，第 218—222 页。

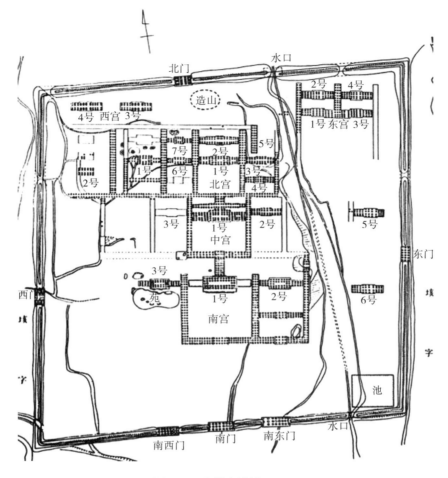

图 9.24 安鹤宫遗址平面图

资料来源：［日］东潮、田中俊明：《高句丽的历史与遗迹》，第 221 页

高句丽的祭祀建筑也是颇具规模的。

1958 年，吉林省博物馆对集安城东北的东台子遗址进行了发掘，发掘面积达 2000 多平方米。清理出包括回廊所沟通的四座房屋基址。其中一室保存较好，东西长 15 米、南北宽 11 米。地基用河卵石和黄土铺垫、夯实。墙基宽 1.5—2 米、深 0.3—0.5 米。室内中央有长方形石座，长 0.8 米、宽 0.6 米，埋入地下 0.4 米，高出地面 0.6 米。石座底下及其周围铺垫的河卵石达 4 平方米，占整个室内面积的五分之一。室内靠东壁南部设灶，灶北面与烟道相通。烟道呈曲尺形，沿东壁、北壁走向，最后从房屋西北角伸出与烟筒相接，全长 22 米、宽 0.7 米、高 0.25 米，底、壁用碎瓦片铺砌，顶盖石板。室内石板较薄，仅 2—3 厘米，室外石板厚 5—10 厘米。烟筒直径 1 米，同样是以瓦片垒筑，残高 0.5 米。一室西面隔回廊为二室，东西 15 米、南北 14 米。室内靠东壁、北壁设曲尺形火炕，长 11 米，同样以瓦片砌壁，石板铺面，宽 2 米。三室位于二室北侧，四室位于一室东南侧，皆残留局部。回廊础石以河卵石铺垫。[①]

[①] 魏存成：《高句丽遗迹》，北京：文物出版社，2002 年，第 55 页。

发掘中出土遗物多件。础石有两种，用在墙基的多是不规则的石板，用在回廊的多加工为覆盆形或八角形。瓦呈红色，板瓦有方格纹和席纹，筒瓦凹面布纹，凸面无纹，其中有一块凸面阴刻一"延"字。瓦当纹饰以莲花纹最多，忍冬纹次之，兽面纹最少，莲花纹有四瓣、六瓣、八瓣、九瓣不等。陶器有红褐色细泥陶，也有火候较高的青灰色、黑灰色细泥陶，器形有瓮、缸、罐、盆、盘、豆等，皆为轮制，器形规整。出土的兵器有铁刀、铁镞，工具有铁斧、铁钻，农具有铁铲、铁锸，炊器有铁锅，以及铁甲片、铁钉，还有少量的鎏金铜饰片和鎏金铜簪。[①] 东台子遗址清理发掘的只是建筑遗址的一部分。据方起东先生考证，第一室是祀奉地母的社址，第二室则是供奉农神——稷的地方。其建筑年代应是故国壤王八年，公元 391 年。[②]

小兽林王二年（公元 372 年），国内城已经建立了肖门寺和伊弗兰寺两座寺庙，安置僧人顺道和阿道。好太王二年（公元 392 年）下令崇尚佛教，以求得福。次年在平壤创建九座寺庙，振兴佛教。由此可知，集安国内城至少应该有两座寺庙——肖门寺和伊弗兰寺的遗址。平壤一带调查发现的寺庙遗址有定陵寺、金刚寺、上五里寺、清岩里寺、中兴寺等。[③]

朝鲜学者在平壤先后发现并清理了多座高句丽寺庙。1974 年在传东明王陵前 150 多米处发现了一座建筑遗址，并对其进行了清理发掘。发掘区域东西长 230 多米，南北宽 130 多米，出土了一批砖瓦、陶器及其残片。陶片上刻有铭文"定陵""陵寺"等。以此推断，此次挖掘的应该是高句丽时期的定陵寺。在长方形发掘区域内，共有 5 个区域，中间为第 1 区域，东西两侧各有两个发掘区域。第 1 区域南墙中间为山门，向北是八角形建筑基址，很可能是第一座佛塔的遗迹。两侧有偏殿址。北面依次为正殿、偏殿、后殿等 10 座建筑物。第 2 区在第 1 区的西侧，有圆形建筑址和殿堂一类的建筑址 3 处。靠近第 2 区的为第 4 区，只有一处方形建筑址。第 3 区在第 1 区的东面，只有一处圆形的建筑基址。向东是第 5 区域，北侧有 3 座建筑基址。建筑外围和区域之间有石墙间隔。整个建筑布局严谨，整齐宏伟。建筑年代约当 5 世纪末至 6 世纪初。[④]

经过发掘的还有金刚寺遗址。伽蓝中心有一座八角形的佛塔遗址，直径约有 25 米，每边长10.5 米。周围铺着 70 厘米宽的河卵石。佛塔南 11 米左右为佛寺的山门遗址，山门为长方形建筑。佛塔两侧有偏殿，佛塔北面 15 米左右发现金堂遗址，平面呈长方形，东西长 32.5 米左右。金刚寺内共发现 5 座建筑遗址，配置很有规律。[⑤]

由以上两座寺庙遗址可以看出，高句丽寺庙的配置大体与中原佛教寺庙的结构相同。前面是山门，后面是佛塔，正中间为金堂或称大雄宝殿，最后是藏经楼。东西两侧为偏殿，是僧人住宿与接待宾客的建筑。

① 苏才：《吉林辑安高句丽建筑遗址的清理》，《考古》1961 年第 1 期。
② 方起东：《集安东台子高句丽建筑遗址的性质和年代》，《东北考古与历史》1982 年第 1 辑。
③ 《三国史记》卷十八《小兽林王本纪》《广开土王本纪》，汉城：韩国民族文化推进会，1982 年，第 140—141 页。
④ 耿铁华：《高句丽古墓壁画研究》，长春：吉林大学出版社，2008 年，第 136—137 页。
⑤ 朝鲜社会科学院考古研究所编，李云铎译：《朝鲜考古学概要》，顾铭学、方起东校，哈尔滨：黑龙江省文物出版编辑室，1983 年，第 199—201 页。

3. 王陵建筑

高句丽王陵也是高句丽典型建筑之一。集安已发现多座大型方坛阶梯类石墓，其中太王陵、将军坟、千秋墓等均已被证实是王陵。保存最好的是被誉为"东方金字塔"的将军坟，多数学者认为它是高句丽第二十代王长寿王的陵墓。

将军坟是典型的方坛阶梯石室墓，阶坛共7级，用1100多块精琢的花岗岩石条砌筑，逐层内收成阶梯状。底部阶坛呈方形，边长30.15—31.25米，墓顶高于底部基石13.07米。将军坟的基础构筑于黄土层中，采用挖槽后砌垫河卵石的方法，垫扁平卵石于槽内，摆砌紧密。卵石下的黄土层表面还见有局部的夯砸坚硬的细碎山石。基础上筑有基坛，以修凿工整的花岗岩石条筑成，与地表一平。基坛东北侧边长33.1米，西北侧边长32.6米，西南侧边长31.8米，东南侧边长31.7米，基坛内侧压在基坛之下，外侧宽于阶坛0.5—0.6米。基坛以上砌筑7级阶坛，逐级内收直至墓顶，内收幅度1.05—1.2米，上部收幅渐小。第1级阶坛由4层条石砌筑，以上6级均用3层石条砌筑，高度逐渐缩小。墓室建于第3级阶坛之上，墓道口开于第5级阶坛中央，墓室大体呈正方形，底边长5.43—5.5米、举高5.1米。墓室内有两座石棺床，西北侧棺长3.25米、宽1.45米、高0.45米。东南侧棺床略小，长3.2米、宽1.3米、高0.38米。墓道开于墓室西南壁正中，长8.3米、宽2—2.75米、高1.4—2.2米，方向235°。墓顶平面呈方形，四面以第7级阶坛顶层条石为边，边长13.5—13.8米，中心处略高，条石上有直径10厘米，深约15厘米的小圆孔，四面现存圆孔2—21个，应为墓顶建筑围栏的柱洞。墓顶曾有较多的瓦当和板瓦残片，墓南侧土堆中曾发现铁链、板瓦和莲花纹瓦当等建筑构件，可以推知墓上原有寝殿一类的建筑。

将军坟四面每面放置3块巨大的护坟石，以抵消上部石材重量造成的向外张力，现存11块护坟石，东北面中间缺少1块护坟石，将军坟构筑时修有向外的地下排水设施，以防雨水和地表水浸泡墓基。1994年曾在距墓葬南角34.8米处，发现一条石板砌筑的涵洞，当时只清理了1.2米长的一段，其方向180°，正对将军坟之南角，联系到将军坟1号陪葬墓东南和太王陵东北面涵洞的发现，推测将军坟的前两角可能都筑有类似的地下排水通道。将军坟周围铺有卵石，四面各宽30米左右，河卵石以近墓处石块较大，远墓处碎小，应是将军坟的墓域标识。此现象在《通沟》中曾有实测图，后渐被埋没。2003年8月，在将军坟西南侧挖掘植被灌溉管道时，曾发现一段单层条石摆砌的石墙。此墙高0.5米多，位于将军坟西南正中，距墓边30多米，可能是将军坟核心墓域的南边护坡（图9.25）。

将军坟后面有一排陪坟，有一座保存较好，呈方坛阶梯状。1997年秋，集安市博物馆对其进行保护性清理时，发现了第二座陪坟的基础部分，基坛方正，规格与第一座陪坟相同。紧连着第二座陪坟的西北，是长长的石砌基址，宽度与陪坟相近，长度却是陪坟的几倍。有人以为是积石串墓，作为陪坟出现，也有以为或是祭祀性建筑的基址。

图 9.25　将军坟及其陪坟

将军坟及其陪坟出土了一批制作精美的文物，有金器、鎏金器、铁器、陶器、板瓦、筒瓦、莲花纹瓦当等，铁器中有一段 22 节铁链，每节均有圆环相连，上面錾刻"条一""条六"等字样，一些瓦上也刻有文字与符号，其中一批大型的莲花纹瓦当，直径在 22 厘米左右，十分珍贵。[①]

将军坟内外建筑格局及保存状况堪称高句丽王陵的典范，而作为好太王陵墓的太王陵，作为故国壤王陵墓的千秋墓，规模虽然比将军坟大得多，但阶坛倾颓较为严重、墓室也有不同程度的毁坏。从将军坟的建造上，我们可以发现高句丽人建筑设计与施工方面都是很先进的。

四、木器加工与纺织

木器加工也是高句丽手工业的一个重要部门，只是木器容易腐朽，难以保存下来，因此，在高句丽遗址和墓葬中很少见到木器实物，有时只能见到部分腐烂的木屑和小段木器。

1970 年，长川 1 号墓发掘时，在后室的南棺床上发现一段红松棺木残段，长 82 厘米、宽 30 厘米。表面衬麻布，外髹黑漆，并以均匀整齐的红漆线条勾描出工致的花纹。残段上现存两条平行排列的花纹，是由回复勾连的缠枝组成的连续图案，中间依次间隔着填以侧视的莲花与莲叶。[②]两排花纹下有横竖线划开的区域。花纹图案线条圆润流畅而优美（图 9.26）。

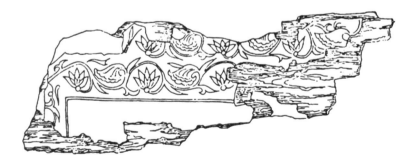

图 9.26　棺木残段

资料来源：《东北考古与历史》，1982 年第 1 辑，第 170 页

---

① 吉林省文物考古研究所、集安市博物馆编著：《集安高句丽王陵——1990—2003 年集安高句丽王陵调查报告》，北京：文物出版社，2004 年，第 301 页。

② 吉林省文物工作队、集安县文物保管所：《集安长川一号壁画墓》，《东北考古与历史》1982 年第 1 辑。

1972年，长川2号墓发掘时，墓室内南棺床中部出土一段木灵牌残段，长12.2厘米、宽24.7厘米、厚0.5厘米，是灵牌的额头部分，呈抹角长方形，表面髹漆。另有一木器残段出自墓道前坑内，呈圆柱状，残长31厘米。木柱中腰雕呈圆球状，圆球上有镟出的凹纹，表面髹漆，有光泽，制作精细，应是一木器上的构件。①

图9.27　高句丽木桥

资料来源：［日］东潮、田中俊明：《高句丽的历史与遗迹》，第222页

1981年，朝鲜大城山城与安鹤宫遗址南发现了一座木桥，建筑木架使用的木料长达六七米，宽38厘米、厚26厘米，桥上铺木板。桥全长375米、宽9米。这是保存较好的大型木结构桥梁，充分反映出高句丽人的木构建筑技术（图9.27）。②

1993年，在辽宁省宽甸虎山城遗址下发掘了一处较大的高句丽遗迹。其中重要的发现是清理出一口高句丽时期的石砌古井。井内出土一批珍贵遗物，有3.7米长的木船与多件木桨、铁头木篙、木桶、木槽、木碗、桦树皮桶、木板、木插板、木座杆等木器制品。③

不久前，在韩国首尔高句丽峨嵯山城的发掘中也发现了几件木器制品。

高句丽木器及其木船、木桥的发现，说明高句丽木器加工部门的规模不小。既可以加工小件木器，如家具和日常用物，也可以制作棺木、车船等大件器物，还可以架桥、造房，而且还可以进行整体髹漆、绘制花纹装饰。从出土器物构件上，还可以看出木工刨、镟、凿、刻、磨等技术已经相当娴熟。

另外，高句丽壁画中也有许多木构梁柱、木制家具，还有木工制作的较大器物。家具有几、案、床、榻、托盘、帐架等。较大的有车轮、牛车、木构梁枋、城楼、宫殿的梁柱、构架等。证明木器加工制造与高句丽人的日常生活是密切相关的。

高句丽人很早就能养蚕抽丝，这也是纺织的重要原料。《三国史记·高句丽·平原王本纪》载，"二十五年（公元583年）春二月，下令减不急之事，发使郡邑劝农桑"。《魏书·高句丽传》记载：高句丽"民皆土著，随山谷而居，衣布帛及皮。土田薄瘠，蚕农不足以自供，故其人节饮食。""赋税则绢、布及粟，随其所有，量贫富差等输之。"④证明高句丽确实存在种桑养蚕业，而且它们是农业生产的重要部门。

---

① 吉林省文物工作队：《吉林集安长川二号封土墓发掘纪要》，《考古与文物》1983年第1期。
② ［日］东潮、田中俊明：《韩国的古代遗迹》，东京：中央公论社，1988年，第222—223页。
③ 冯永谦、任鸿魁：《宽甸虎山高句丽泊汋城址》，中国考古学会编：《中国考古学年鉴》，北京：文物出版社，1997年，第167页。
④ 《周书》卷四十九《高丽传》，北京：中华书局，1971年，第885页。

高句丽壁画中的幕布、帷幔、各种人物的服装，长裙、花襦、长裤、短裤、袍服、衣带，以及各种颜色、花纹、襈边，充分表明高句丽纺织及服装制作的工艺水平。从出土的陶片、砖瓦、铁器和棺木上常常印有布纹或包衬麻布等，也可以看出纺织业与高句丽人日常生活息息相关。

长川2号墓南棺床西北角曾出土一块织锦残片，长23厘米、宽约14厘米。这片织锦虽已腐蚀残损，但仍可看出其制作精细，组织匀致，纬疏经密。由经线显出花纹，在橘黄色衬地上织出绛红和深蓝的图案花纹。锦面上还依稀可辨有闪亮的碎屑，似石英晶粒，或是织锦上镶嵌的装饰品。经北京故宫博物院鉴定，认为"该织锦残片系两重三枚平纹经锦……经密56根1厘米，纬密32根1厘米；经直径0.2—0.3毫米，纬直径0.2毫米。""在织造方面基本沿袭汉锦织造方法"。[①]

高句丽建国不久，汉朝中央"赐鼓吹技人，常从玄菟郡受朝服衣帻，高句丽令主其名籍。后稍骄恣，不复诣郡，于东界筑小城，置朝服衣帻其中，岁时来取之"[②]。汉代的纺织及服装传入高句丽的年代很早，并对其产生重要影响。每有公会，高句丽王公贵族"衣服皆锦绣，金银以自饰。大加、主簿头著帻，如帻而无余，其小加著折风，形如弁"[③]。这就更加促进了高句丽纺织业的发展与进步。高句丽环纹墓、王字墓、莲花墓、龟甲墓、长川1号墓、长川2号墓、桓仁将军墓中都有大幅模拟织锦的图案，如环纹、莲花纹、王字纹、龟甲纹、云纹王字、变形蛙纹等。这些图案式壁画大都出现在南北朝时期，与高句丽纺织品上的花纹图案不无联系。

第三节　商业与交通

一、商业

高句丽建国前就已存在商业活动。最早是在各部落之间的以物易物，随后出现货币式的商品买卖。在通化王八脖子遗址发掘中，出土了一批海贝，很可能是当时的货币。在辽宁桓仁、宽甸，吉林集安、通化，都曾发现战国时期的货币，有匽刀、匋阳布、平阴布和匽化、一化圜钱。其中，桓仁大甸子青铜短剑墓及三道河子战国货币窖藏出土匽刀币200多枚。[④]说明高句丽人聚居地区自战国以来就是燕国货币流行的商业贸易区。

高句丽建国前后，一直处在汉玄菟郡的管辖范围之内，应该属于汉代货币流通的商业贸易区。

自汉武帝设四郡以来，汉代的货币经济对东北，对高句丽地区的影响是很大的。高句丽故都桓仁、集安先后出土了大量的汉代货币，如半两、五铢、大泉五十、货泉等。1958年秋，集安麻线

---

① 吉林省文物工作队：《吉林集安长川二号封土墓发掘纪要》，《考古与文物》1983年第1期。
② 《三国志》卷三十《高句丽传》，北京：中华书局，1959年，第843页。
③ 《三国志》卷三十《高句丽传》，北京：中华书局，1959年，第844页。
④ 《桓仁满族自治县文物志》，桓仁：桓仁满族自治县文物志编纂委员会，1990年，第116—117页。

墓区西大墓东50米一座被破坏的高句丽积石墓中出土古代货币200公斤，它们出土时呈盘状叠放，尚存穿系的麻绳（贯）。这批货币中有战国时代的圜钱和汉代的半两钱、五铢钱、新莽钱等，其中以五铢钱数量最多。[①] 五铢钱最初铸于汉武帝元狩五年（公元前118年），上铸"五铢"篆文表示重量，故名。该钱币是历代最善钱法，制作精美，大小得体，币值信誉高，是西汉至唐初700多年间人们最推崇的货币。五铢钱流行的时间与高句丽国家存在的时间大体相同，高句丽活动区域内多次出土数量可观的五铢钱等汉代货币，恰可证明高句丽作为汉代边郡封国，一直是汉代货币流通的商业贸易区（图9.28）。

图9.28　高句丽使用的五铢钱

资料来源：集安博物馆周荣顺提供

以往，学者曾对高句丽没有自己的货币产生种种疑问，其实，汉代关于铸造钱币是有严格规定的。汉初，同姓王势力增强，吴楚之国因山铸钱，煮海为盐，曾引起中央王朝的重视。汉武帝以严厉的手段解决了诸侯王的问题，彻底禁绝私铸钱币，并实行盐铁专卖。许多地方封国、边地郡国、民族王侯小国，自此不得擅自铸钱。高句丽建国，虽在西汉末年，对此禁令亦当严格遵守，这也是高句丽没有自己货币的重要原因。

另外，高句丽毕竟属于东北边远的民族地区，商品经济不发达。高句丽五部之间主要还是物物交换，在同两汉辽东、玄菟、乐浪等地区进行交易时，则使用汉代统一货币。魏晋以后，北方民族政权增多，关卡林立，相互之间贸易均以汉代货币为主，就是高句丽各部之内，也流行汉代货币。魏晋南北朝时期的高句丽古墓中时常出土汉代货币，有的遗址一次出土几十公斤，表明汉代货币贮存与流通的情况。随着商业活动的频繁，隋唐时期高句丽长安城棋盘状街区中，已经出现商业店铺和买卖行，一些小手工业作坊的生产也出现了商品生产的性质。

① 《集安县文物志》，长春：吉林省文物志编委会，1984年，第249—250页。

二、南北交通道的形成与拓展

高句丽有两条交通要道，史书称"南北二道"。北道是高句丽同北方各民族经济生活、感情交流的纽带；南道则是高句丽同中原政权及各族人民之间进行政治、经济、文化交流的重要通道。高句丽的南北二道在高句丽国家建立与发展的历史上占有十分重要的地位。

多年来，中外学者依据文献对高句丽南北二道进行过多次调查与考证，取得一些进展，但大量的工作都集中在高句丽与辽东（通过辽东再进入中原）之间通道的考察上。有的学者将此段起讫点之间南北平行的歧路当成南北二道（实际上都应该属于高句丽的南道）。至于高句丽同北方各民族交通的北道，则很少有人注意到。

关于高句丽南北二道的记载，见于《晋书》和《资治通鉴》。

《晋书·慕容皝载记》：

> 咸康七年（公元341年）皝迁都龙城。率劲卒四万，入自南陕，以伐宇文、高句丽，又使翰及子垂为前锋，遣长史王寓等勒众万五千，从北置而进。高句丽王钊谓皝军之从北路也，乃遣其弟武统精锐五万距北置，躬率弱卒以防南陕。翰与钊战于木底，大败之，乘胜遂入丸都，钊单马而遁。皝掘钊父利墓，载其尸并其母妻珍宝，掠男女五万余口，焚其宫室，毁丸都而归。

《资治通鉴·晋纪·显宗下》记载更为详尽：

> 咸康八年（公元342年）冬十月，燕王皝迁都龙城，赦其境内。建威将军翰言于皝曰："宇文强盛日久，屡为国患。今逸豆归篡窃得国，群情不附，加之性识庸暗，将帅非才。国无防卫，军无部伍。臣久在其国，悉其地形，虽远附强羯，声势不接，无益救援。今若击之，百举百克。然高句丽去国密迩，常有窥觎之志。彼知宇文既亡，祸将及己，必乘虚深入，掩吾不备。若少留兵，则不足以守，多留兵，则不足以行。此心腹之患也，宜先除之。观其势力，一举可克。宇文自守之虏，必不能远来争利。既取高句丽，还取宇文，如反手耳。二国既平，利尽东海，国富兵强，无反顾之忧，然后中原可图也。"皝曰："善！"
>
> 将击高句丽，高句丽有二道，其北道平阔，南道险狭，众欲从北道。翰曰："虏以常情料之，必谓大军从北道，当重北而轻南。王宜帅锐兵从南道击之，出其不意，丸都不足取也。别遣偏师从北道，纵有蹉跌，其腹心已溃，四支无能为也。"皝从之。
>
> 十一月，皝自将劲兵四万出南道，以慕容翰、慕容霸为前锋。别遣长史王寓等，将兵万五千出北道，以伐高句丽。高句丽王钊果遣弟武率精兵五万拒北道，自帅赢兵以备南道。慕容翰等先至，与钊合战，皝以大众继之……高句丽兵大败。左长史韩寿斩高句丽将阿佛和度加。诸军乘胜追之，遂入丸都。钊单骑走，轻车将军慕舆埿追获其母周氏及妻而还。会王

寓等战于北道，皆败没。由是皝不复穷追。遣使招钊，钊不出。

　　皝将还，韩寿曰："高句丽之地，不可戍守，今其主亡民散，潜伏山谷。大军既去，必复鸠聚，收其余烬，犹足为患。请载其父尸，囚其生母而归。俟其束身自归，然后返之，抚以恩信，策之上也。"皝从之，发钊父乙弗利墓，载其尸，收其府库累世之宝，虏男女五万余口，烧其宫室，毁丸都城而还。

　　上引两段文献，虽然记载同一事件，但在时间、征战地点、人物等方面，却存在差异。当然，我们主要讨论的不是战争进程与胜负结果，而是慕容皝进军高句丽的二条道路与高句丽南北道及相互关系问题。

　　多年来高句丽考古调查资料和南北二道考察的实践，使我们对文献记载的内容有了一些新的看法与认识。

　　第一，"高句丽有二道，其北道平阔，南道险狭"。证明了高句丽在公元4世纪存在南北二条交通道路。高句丽的南北二道，起点都应该是当时高句丽都城——国内城。讫点没有记载，方向也很明确，一条向北，一条向南，这才是高句丽南北二道的真正含义。

　　慕容皝进军高句丽时，提出高句丽有南北二道，不管慕容皝及臣民如何理解，都客观地指出高句丽有南北二道的事实。从高句丽民族与国家形成的历史看，高句丽第一代王邹牟出自北夫余，高句丽与北夫余世代通婚，与北方各民族友好交往，是有路可循的。无论从方向上，还是从王族的渊源关系上，这都应该属于高句丽北道。高句丽民族久居浑江、鸭绿江流域，西周初年就同中原取得联系，战争中，一些中原移民进入高句丽人聚居区。高句丽人建立国家不久，"求属玄菟"[①]，不断向中原朝贡，高句丽都城通往中原的道路是为南道。

　　高句丽向南、向北的交通要道形成久远，北方及中原各族人民都有不同程度的了解。《资治通鉴》记载"高句丽有二道"，应当基于这样的历史事实。

　　第二，慕容皝进军高句丽，"入自南陕"和"从北置而进"指的是两条进军路线，这同高句丽南北二道是两个不同的概念，有不同的内涵，不可同日而语。当然，不可否定，这两条进军路线会与高句丽南道有某些地段重合。

　　第三，《资治通鉴》在记录"高句丽有两道"的前面有"将击高句丽"五个字。连起来读，或许是：慕容皝将要讨伐高句丽，通往高句丽有两条道路。即是说，研究进军路线时，从龙城出发，到高句丽都城有两条道可走，北面的相对平缓些，南面的相对则险狭些。文献本意不是在讲高句丽向南、向北的两条交通道。

　　从龙城到达高句丽都城之间的道路，也可以说是中原或辽东、辽西进入高句丽的交通要道，这些道路的开通，密切了中原与边远地区各民族之间的关系，促进了经济、文化的交流。无论有几条道，主要应称为"辽东道"，而不应称为"高句丽道"。只有这些道路进入高句丽当时占领的区域之内，

① 《三国史记》卷十五《高句丽·太祖大王本纪》，汉城：韩国民族文化推进会，1982年，第122页。

才可以称为"高句丽道"。从古至今，没有一个国家和地区将通往国外、区外已经进入别国和别的地区的道路还称作自己的道路。须知，在公元342年时，高句丽还没有完全占领原玄菟郡故地，更不要说辽东地区了。怎么可以将辽东的交通道称作高句丽南北道呢？

高句丽的南北道只能是其统治区域内向南、向北的两条道路。至于这两条道路形成的历史，则应该是相当久远的，可以追溯到高句丽建国以前的一段时间。处在原始时代的高句丽人同北方民族在生产、生活、婚姻方面有着密切的联系，同时与中原政权和各民族交往日渐频繁。他们走着历史的路，却为高句丽南北道的形成奠定了基础。

先讨论高句丽人与中原联系的南方通道。

公元前11世纪，周成王时，周公营建洛邑，举行规模宏大的成周之会，各地诸侯及四方少数民族代表前来参加盛会。高句丽族的代表被记为"高夷"，居北方台正东。[1] 这里明确记载了高句丽人从浑江流域长途跋涉至伊洛之滨的历史。高句丽人用自己的双脚踏出了与中原联系的通道。

西周宣王时，封韩侯之国于北方。"王锡韩侯，其追其貊，奄受北国，因以其伯。"[2] 陈子展先生认为，"韩侯可谓开发我国东北，远及北国百蛮之第一人也"[3]。随着中原政权对北方的开发，中原与北方的交通道路开拓出来了，这条道路也是中原与东北各个民族之间相互交往的桥梁和纽带。

春秋战国至秦汉之际，中原战乱，"燕、齐、赵人，避乱而徙往辽东者数万口"[4]，为东北各民族融合与经济文化的交流，起到积极的推动作用。

辽宁省抚顺莲花堡、鞍山羊草庄、宽甸双山子等战国时代遗址中都有镬、锸、锄、铲、掐刀等成批铁农具出土。[5] 桓仁四道河子、大甸子遗址和墓葬中出土了大批战国匽刀币和一化圜钱，还出土了青铜短剑、青铜戈。[6] 吉林省集安市境内多次出土战国货币甸阳布、平阴布、匽刀、匽化和一化圜钱，还出土了刻有铭文的赵国青铜短剑。[7] 1996年2月，吉林省长白朝鲜族自治县文物管理所收藏了一件青铜戈，是八道沟镇葫芦套村农民在村北山坡石堆中发现的。戈援上扬，中间起脊，前锋弧尖、胡狭长、周缘均有刃。近阑部三穿孔，内有刃，一长穿孔。铜戈通长25.3厘米、援长15.8厘米、内长9.5厘米。铜戈上刻有汉字铭文。据吉林大学林沄、吴振武教授和吉林省考古研究所所长方起东辨认，铭文意为："赵惠文王二十年，相邦蔺相如冶阳。"[8] 这些战国货币和青铜器、铁器制品，应该是战国末至西汉时期传来。

① 黄怀远、田旭东、张懋镕撰：《逸周书汇校集注》，上海：上海古籍出版社，2007年，第875页。
② 程俊英译注：《诗经译注》，上海：上海古籍出版社，1985年，第599页。
③ 陈子展：《诗经直解》下，上海：复旦大学出版社，1983年，第1030页。
④ 翦伯赞：《秦汉史》，北京：北京大学出版社，1983年，第131页。
⑤ 辽宁省博物馆文物工作队：《概述辽宁省考古新收获》，文物编辑委员会编：《文物考古工作三十年（1949—1979）》，北京：文物出版社，1981年，第84页。
⑥ 《桓仁满族自治县文物志》，桓仁：桓仁满族自治县文物志编纂委员会，1990年，第87—88、116—117页。
⑦ 《集安县文物志》，长春：吉林省文物志编委会，1984年，第196—197、247—249页。
⑧ 丁贵民、韩彩霞：《吉林长白朝鲜族自治县发现蔺相如铜戈》，《文物》1998年第5期。

考古调查成果证明，辽东及高句丽人聚居区各族人民与中原之间的交往日益频繁，道路畅通。

《汉书·武帝纪》载，元封三年（公元前108年）出兵辽东，灭掉卫氏朝鲜，所征之地设为乐浪、临屯、玄菟、真番四郡。高句丽民族聚居之地属玄菟郡管辖，西汉的官吏、军队来往于中原和四郡之间。可以肯定，高句丽建国前，中原与四郡的通道已形成。民族之间融合，促进了中原与北方交通路线的形成与拓展。

再看一下高句丽人与北方各民族之间交流的道路。

东汉学者王充在《论衡·吉验篇》中，记叙了夫余国建立的传说，与高句丽好太王碑开头的记载颇相似。好太王碑文记载："惟昔始祖，邹牟王之创基也。出自北夫余，天帝之子。母河伯女郎。剖卵降世，生而有圣德。"说明高句丽与夫余都是东方民族，卵生，鸟图腾，而且是实行族外婚的两个世代通婚的部族。

夫余族也是东北的一个古老民族，生活在松花江流域。其建国要早于高句丽，约在西汉初期。夫余王城在今吉林市龙潭山城或东团山城及其南麓的南城子一带。高句丽与夫余两个民族的婚姻关系成为浑江流域与松花江流域交通联系的纽带。夫余王子邹牟进入高句丽人活动的中心地带，建立高句丽国家，从北夫余出发，渡过松花江，沿着辉发河、一统河、三统河进入浑江流域，走的就是高句丽人与夫余人共同开拓的道路。这就是高句丽北道的形成及其原因。

事实上，高句丽建国前，高句丽同北方夫余族，南方辽东、中原各民族之间的南北交通道路已经打通。高句丽建国后，由于都城迁移，加之政治、经济、军事力量的发展变化，高句丽南北交通道路不断变化。由于高句丽的交通道是从都城出发的，道路的变化大体上可分为三个历史时期。

第一个历史时期，公元前37年至公元3年，高句丽都纥升骨城时期。

高句丽第一个都城纥升骨城，学者认定在今辽宁省桓仁县城附近，从这里到吉林市应该是这一时期的北道。具体走法是出纥升骨城溯盐难水（今浑江），再顺辉发河谷或头道江河谷进入松花江谷地，直达吉林市一带。与好太王碑中的记载"巡幸南下，路由夫余奄利大水"相符。

这一时期的南道是与北道相对而言的，也是高句丽建国不久就向汉政权臣属朝贡的一条重要通道。从纥升骨城出发，通往玄菟郡郡址——辽宁省新宾县永陵镇附近的古城。大体上是沿着沸流水河谷抵达南苏水上游。从方位上看，是向西北走。基于人们的习惯和后来的文献记载，不称其为西道，而称为南道。这是以汉唐以来中原都城位置在高句丽都城南偏西的方向来认定的。

从玄菟郡址通往辽东、辽西，再往中原的通道很多，主要有两条：一条顺着南苏水河谷，经侯城到辽阳；另一条顺大梁水河谷，到达辽东郡襄平。这两条道此时根本不属高句丽领有，而只能称其为汉辽东郡至玄菟郡的交通道。好太王碑中称为"襄平道"即为证明。

第二个历史时期，公元3年至公元427年，高句丽都国内城时期。

高句丽第二代王儒留王二十一年（公元2年）"春三月，郊豕逸。王命掌牲薛支逐之。至国内尉那岩得之。拘于国内人家养之。返见王曰：'臣逐豕至国内尉那岩，见其山水深险，地宜五谷，又多麋鹿鱼鳖之产。王若移都，则不唯民利之无穷，又可免兵革之患也。'……九月，王如国内观地势……二十二年冬十月，王迁都于国内，筑尉那岩城"①。

文献记载，儒留王在迁都国内城之前，曾率大臣到国内城一带观察地势。公元3年十月迁都国内城。纥升骨城至国内城之间的道路开通。高句丽南道向高句丽统治的纵深拓展。从国内城出发，经靓岘板岔岭，沿新开河谷抵浑江，渡江可达纥升骨城，与纥升骨城至玄菟郡之道路衔接，形成了高句丽迁都国内城之后的高句丽南道。

高句丽迁都国内城，并开始筑尉那岩城，断断续续几十年。到山上王二年（公元198年），山城进一步完备，曾以尉那岩为都，故而称丸都城。②国内城原有土筑墙垣，高句丽人在土垣基础上垒砌石墙，增修马面加强防御能力。

儒留王迁都国内不久因接纳夫余逃臣，不断与夫余往来交涉，并导致儒留王三十二年（公元13年）与夫余之间的战争。结果，王子无恤在鹤盘岭下以少胜多，大败夫余军队。

战争与交涉，使国内城通往夫余的道路进一步扩展。出国内城，沿通沟河谷、小青河谷，翻越老岭，顺苇沙河谷抵浑江，渡江经一统河、三统河进入辉发河上游，与高句丽至北夫余之间的老道衔接。

迁都国内城后的一段时间里，南道最远处不过到玄菟郡郡址——今新宾县永陵镇一带。而北道则是过浑江，至通化县、柳河县一带。经过的辉发河至松花江中游广大地区，仍在夫余政权的控制之下。

随着高句丽国家的发展和强大，不断吞并周围小国，并向辽东扩展势力，高句丽与汉魏之际的辽东政权时有争战。

大朱留王十一年（公元28年）汉辽东太守率兵伐高句丽，直抵丸都。大朱留王用左辅乙豆智"鲤鱼之计"退汉兵。③

东川王十八年（公元244年）魏幽州刺史毌丘俭与高句丽东川王大战于梁口，高句丽军大败。毌丘俭军追至靓岘，"束马县车，以登丸都，屠句丽所都，斩获首虏以千数"④。

这两次著名战役，汉魏军队都是从辽东郡或玄菟郡出发，逆大梁水至沸流水，渡浑江，沿高句丽南道逼近丸都城。毌丘俭破丸都后，"遣玄菟太守王颀追之，过沃沮千有余里，至肃慎氏南界"⑤。当时的玄菟郡已经迁至新城，王颀率兵溯南苏水而进，与毌丘俭军会合。高句丽已占有南苏水与大梁水上游之地，通往辽东的两条要道，已部分并入高句丽南道了。王颀率军向北追至肃慎南界之路，则是高句丽与沃沮、肃慎联系的交通道。据1983年调查，出丸都城，沿小青河至关马山城，过岭溯浑江抵达头道江、二道江，进入延边地区敦化一带，这条路是高句丽北道的一个分支，是高句丽

---

① 《三国史记》卷十三《高句丽·琉璃明王本纪》，汉城：韩国民族文化推进会，1982年，第112页。
② 在集安的一次讨论会上，吉林省博物馆武国勋先生讲道："尉那岩"速读则音"九"，高句丽维修后曾将其作为都城，"尉那岩都"便成了"九都"。史家以汉字标注高句丽语音，或许有一定道理。
③ 《三国史记》卷十四《高句丽·大武神王本纪》，汉城：韩国民族文化推进会，1982年，第119页。
④ 《三国志·毌丘俭传》《三国史记》卷十七《高句丽·东川王本纪》将此战役记在了二十年，以毌丘俭纪功碑记载的正始五年（公元244年）校改。
⑤ 《三国志》卷二十八《毌丘俭传》，北京：中华书局，1959年，第762页。

人与沃沮、肃慎联系的通道，也是后来渤海人大批进入高句丽领域的通道。

毌丘俭征高句丽在公元 3 世纪，是高句丽南北交通道不断拓展变化的时期。战争之后，高句丽为了加强防御能力，在高句丽南北道修筑和完善了一批山城、关隘和哨卡，使高句丽的统治出现了一个相对稳定的时期。

百年之后，燕王慕容皝东征高句丽。中外学者讨论的抵达新宾之前的"抚顺路"或"清河路"还不能算是高句丽的南北道，充其量不过是高句丽南道上的分支。从新宾渡浑江后，慕容皝的两路军队开始沿高句丽南北道而进，结果南路军队直抵丸都，攻进都城，焚烧宫室，北路的慕容氏军队则被高句丽打败。

公元 4 世纪末 5 世纪初，高句丽好太王东征西讨，逐渐占领了乐浪、玄菟、辽东等地，扩大了疆土，使高句丽南北道不断向外拓展。南道已达到襄平、新城，北道则达松花江中上游地区。好太王与其子长寿王统治时期，也是高句丽国家最强盛的时期。

第三个历史时期，公元 427 年至公元 668 年，高句丽都平壤时期。

公元 427 年，高句丽第二十代王长寿王率王公大臣迁都平壤。迁都所走的道路早已经开通。好太王时期，多次出兵支援新罗，讨伐百济，驱除倭寇，亲率大军南下，开拓通往朝鲜半岛南部的交通路线。据好太王碑记载：

六年（公元 396 年）丙申，王躬率水军讨伐残国（即百济，在朝鲜半岛南部）。

八年（公元 398 年）戊戌，教遣偏师观帛慎土谷（地在靠近百济边境的汉水一带），因便抄得莫斯罗城加太罗谷男女三百余人。

九年（公元 399 年）己亥，百残违誓，与倭和通。王巡下平壤。

十年（公元 400 年）庚子，教遣步骑五万，往救新罗（在朝鲜半岛南部）。

十四年（公元 404 年）甲辰，而倭不轨，侵入带方界（在今平壤西南）……王躬率往讨。

以上资料表明，至少在好太王统治的公元 4 世纪末，国内城至平壤之间的交通已经畅通。不仅有陆路，而且还有水路。

平壤至国内城是这一时期高句丽通往北方的交通要道。平壤至辽东西安平亦应有一条通道。原来国内城通往辽东和北方的南北道，在平壤时期都应属于北道系统了。而这一时期的南道，则应是平壤通往新罗都城庆州，平壤通往百济都城扶余之间的道路了。

平壤时期是高句丽国家由兴盛走向衰落的一段时间，水路和陆路交通都比较发达。南北道的方向明确，目的也清楚。一条路是从平壤城出发，沿列水（大同江）河谷，进入盖马大山，过山岭沿鸭绿江支流，从秃鲁江河谷渡鸭绿江到国内城。另一条路从平壤出发至沛水，溯水而上，渡鸭绿江，到达辽东西安平，与辽东诸道衔接。这是高句丽后期通往高句丽故都国内城和辽东郡、玄菟郡的两条主要道路，是高句丽的北道。

这时的南道，出平壤，溯带水至带方，向南进入汉水流域，溯汉江向东南进入洛东江上游，顺流而下，进入新罗境内。从带方沿海边平原，进入锦江流域，到百济领地。这两条道路在好太王统治时期，由于军事活动频繁，往来军队步骑动辄 5 万人，早已畅通。随着高句丽国家向南扩张，高句丽同新罗、百济之间的交往日益密切。两条道路在高句丽同朝鲜半岛南部各民族的经济、文化交流中，发挥着愈来愈重要的作用。

三、水路交通

高句丽境内有许多大江大河，最初的沸流水、盐难水、马訾水，后来的萨水、浿水、大辽水等。沸流水即今浑江的支流富尔江，盐难水即今浑江，马訾水亦称鸭绿水，即今天的鸭绿江，大辽水为今天之辽河。萨水、浿水则是今天朝鲜境内的清川江、大同江。

高句丽的都城附近都有两条较大的江河，纥升骨城邻近浑江和富尔江，国内城附近有鸭绿江与通沟河，平壤城旁边有大同江和普通江。高句丽人很早就利用这些江河发展水上交通。过去在鸭绿江畔曾发现古代码头的遗址，位于集安国内城东南。以修凿工整的石条砌筑，残长有 30 多米，上下形成阶梯状，适于船舶停靠。附近还出土了高句丽时期的建筑构件、陶器、铁兵器、铁甲片等，可以作为高句丽时代水上运输或训练水军的佐证。[1]

为了控扼通往高句丽都城国内城的水上通道，在鸭绿江中游右岸边设置了两道关隘以加强江防。一处在集安市凉水乡海关村，一处在外岔沟村。两处关隘建在鸭绿江边两条河流的入口处，用石条和自然石块垒筑墙垣，截断谷口，构筑方式与关马山城"筑断为城"很相近。海关村关隘著录时称"湾沟老边墙关隘"，现存石砌墙垣长 170 多米。因河床滚动，西端城垣被冲毁 20 多米，估计原有城垣长在 200 米左右。墙垣残高 1—2 米、上宽 1—1.8 米、下宽 8 米。外岔沟村西的关隘，名为"七个顶子关隘"。东段墙垣长约 60 米，最高处 2.4 米、基宽 9—11 米。西段墙垣长约 75 米，残高 0.6—2.2 米、基宽 8.5—11 米，还有副墙和简易的瓮门。这里可驻军队防守，亦可停泊船只，加强水上巡逻，或作为水上交通运输的码头。[2]

《三国史记》中也有关于高句丽人使用船只作为交通工具和运输工具的记载。烽上王即位不久，王疑其弟咄固有异心赐死，欲迫害其子，其子乙弗闻讯出逃。先是为水室村阴牟家佣作，使之甚苦，日夜劳作，不令暂息，周年乃去。"与东村人再牟贩盐，乘舟抵鸭绿，将盐下寄江东思收村人家。"此时大约在烽上王三年（公元 294 年）。烽上王九年（公元 300 年）国相仓助利与大臣将废王，派北部祖弗、东部萧友等，"物色访乙弗于山野，至沸流河边，见一丈夫在船上，虽形貌憔悴，而动止非常"[3]。经询问，乃知是乙弗，遂引奉归国，拥立为新王。从美川王即位前的经历可以了解到，当时鸭绿江和沸流水上已经有船只往来的情况。

---

① 耿铁华：《好太王碑新考》，长春：吉林人民出版社，1994 年，第 156 页。

② 《集安县文物志》，长春：吉林省文物志编委会，1984 年，第 78—81 页。

③ 《三国史记》卷十七《高句丽·美川王本纪》，汉城：韩国民族文化推进会，1982 年，第 137 页。

1990—1993 年，辽宁省文物考古研究所与丹东市文物管理委员会办公室组成的考古队，对辽宁宽甸虎山城遗址进行了考古调查与发掘。在明长城东端起点遗址下面，发现了规模巨大的高句丽遗迹。在环虎山开掘区中，发掘出 500 多米石筑墙垣，内外墙壁均用高句丽特点的楔形石砌筑，光洁整齐。保存较好的墙体宽 3.5 米，现存高度 1.75 米。出土一批高句丽铁器，有铁矛、铁斧、铁锸、铁锤、铁镞、铁罐、铁锅、铁镜、铁镰、铁带卡、铁钥匙、铁穿、铁篙头等。其中最重要的发现是，清理出一口高句丽时期的石砌古井。井筒为圆形，直径 4.4 米。井台距今地表 9.5 米，井口至井底深 13 米。井内出土一批珍贵的遗物，有 3.7 米长的木船与多件木桨、铁头木篙、木桶、木槽、木碗、桦树皮桶、木板、木插板、木座杆、葫芦瓢、苇席、铁锤、铁二齿钩、灰陶罐、双横耳大陶罐和各种不同规格的绳索。[①] 这是一整套水上交通工具，船上用物基本齐全，是对高句丽造船及水上交通的最有力证明。

随着高句丽向辽东和乐浪地区发展，高句丽的水上交通也从鸭绿江流域扩大到辽河、松花江、大同江乃至汉江流域。同时，高句丽凭借着江河水利，训练并组建起一支强大的水军。好太王四年（公元 394 年）"王与百济战于浿水之上，大败之，虏获八千余级"[②]。好太王碑文中也记载了几次水上作战，"六年丙申（公元 396 年），王躬率水军，讨伐残国。军至□道，攻取宁八城……残不服义，敢出迎战。王威赫怒，渡阿利水，遣刺迫城。""十四年甲辰（公元 404 年），而倭不轨，侵入带方界"，好太王亲率水军，"连船"水战，"王幢要截荡刺，倭寇溃败，斩煞无数"。

高句丽疆域多处临近大海，海上交通也较为发达。邹牟王建国后向东扩张，到太祖大王四年（公元 56 年）先后伐北沃沮、东沃沮，"取其土地为城邑，拓境东至沧海"。太祖大王五十五年（公元 107 年），东海谷守贡献朱豹。东川王十九年（公元 245 年），东海人敬献美女。西川王十九年（公元 288 年），海谷太守献"夜有光"的鲸鱼目。以上所提到的都是今朝鲜半岛的东朝鲜湾。高句丽还濒临南海和西海，太祖大王六十二年（公元 114 年），王巡狩南海。中川王四年（公元 251 年）王命人将其爱妃贯那夫人"置草囊投之西海"。[③] 这里的南海、西海或指今鸭绿江口至西朝鲜湾一带。高句丽迁都平壤以后，平壤以西临近大海，有大同江、普通江可以直达大海，给发展海上交通带来了极大的便利。

曹魏控制北方时期，高句丽与辽东公孙氏面临曹魏大兵压境的危难局面，曾一度联吴拒魏。当时曹魏控制着长江以北地区，他们与东吴交往，只能靠船从海上相通。魏青龙元年（公元 233 年），东吴皇帝孙权派遣使者率领万人的海军舰队，过海到辽东，赏赐公孙渊，册封他为燕王。不料公孙渊反悔，认为东吴遥远，难以依恃。不久，他斩杀了住在辽东郡治襄平的东吴使节太常张弥等，并将他的首级送至曹魏的洛阳，表示忠心和改过。下榻玄菟郡的使团成员秦旦、张群、

---

① 冯永谦、任鸿魁：《宽甸虎山高句丽泊汋城址》，中国考古学会编：《中国考古学年鉴》，北京：文物出版社，1997 年，第 167 页。

② 《三国史记》卷十八《高句丽·广开土王本纪》，汉城：韩国民族文化推进会，1982 年，第 141 页。

③ 《三国史记》卷十五《高句丽·太祖大王本纪》，卷十七《高句丽·东川王本纪》，卷十七《高句丽·中川王本纪》，汉城：韩国民族文化推进会，1982 年，第 122、123、132、134、135 页。

杜德、黄强等人，历经千辛万苦逃到高句丽的国内城。他们随机应变，宣称奉东吴皇帝孙权的诏书，特来赏赐高句丽王位宫及其左右大臣，不过所有赏赐的金银财宝都被辽东所劫夺。位宫及其左右官员听后非常高兴，立即接受诏书。不久，高句丽王位宫派官员率船队"送秦旦等还，奉表称臣"。这个船队规模较大，它既载有高句丽使者皂衣 25 人，东吴中使秦旦等及吏兵数十人，还载有位宫向孙吴皇帝所"贡貂皮千枚，鹖鸡皮十具"。[①] 时隔一年（公元 235 年），东吴又遣使率船队到达鸭绿江下游的辽东西平安（今辽宁省丹东市矮河尖古城）海口，"拜（位）宫为单于，加赐衣物珍宝"。西安平是当时辽东的重要出入海口，公孙政权灭亡后，这里已属曹魏之地了。所以高句丽王位宫于魏正始三年（公元 242 年）"遣将，袭破辽东西安平"[②]，就是想夺取出海口，以扩大自己的海上活动范围。

　　东晋、南北朝时期，高句丽既向北朝称臣，又向南朝纳贡，接受双方的封号。高句丽在向南朝朝贡称臣时，其陆路被北朝各国隔断，只能利用船只从海上相互交通，这种做法在高句丽第二十代王高琏时，表现得尤为突出。开始，他以东晋为正统，即位后第二年（公元 413 年），就派长史高翼率船队去东晋，向东晋皇帝司马德宗上奏章，献上赭白马。东晋皇帝封高琏为使持节、都督营州诸军事、征东将军、高句丽王、乐浪郡公。南朝刘宋政权成立后，高琏又接受该朝的各种封号，不断遣使，贡献方物，表示款诚。刘宋少帝刘义符景平二年（公元 424 年），高琏遣长史马娄等诣阙献方物。少帝遣使慰劳之曰："皇帝问使持节散骑常侍、都督营平二州诸军事、征东大将军、高句骊王、乐浪公，纂戎东服，庸绩继轨，厥惠既彰，款诚亦著，踰辽越海，纳贡本朝。朕以不德，忝承鸿绪，永怀先踪，思覃遗泽。今遣谒者朱邵伯、副谒者王邵子等，宣旨慰劳。其茂康惠政，永隆厥功，式昭往命，称朕意焉。"[③] 刘宋文帝刘义隆元嘉十六年（公元 439 年）"太祖欲北讨，诏琏送马，琏献马八百匹"[④]。刘宋孝武帝刘骏孝建二年（公元 455 年）高琏遣长史董腾奉表慰国哀再周，并献方物。大明三年（公元 459 年）又献肃慎氏楛矢石砮。大明七年（公元 463 年），诏曰："使持节散骑常侍、督平营二州诸军事、征东大将军、高句骊王、乐浪公琏，世事忠义，作藩海外，诚系本朝，志剪残险，通译沙表，克宣王献。宜加褒进，以旌纯节。可车骑大将军、开府仪同三司，持节、常侍、都督、王公如故。"太宗泰始、后废帝元徽中，贡献不绝。[⑤] 南齐朝时，高琏又接受该朝的册封。南齐建元二年（公元 480 年），高琏派遣使者余奴等人的船队在海上被北魏光州人捕获，送到朝中。北魏皇帝元宏下诏责备说，道成废掉他的君主，窃取了江南的政权，元宏正打算扶起灭亡的南宋，恢复刘氏政权。而高琏却搞起越境外交，远通篡贼，这难道是藩臣应该做的吗？高琏只好称是，并对

① 《三国志》卷四十七《吴书·吴主传·嘉禾二年》引《吴书》，北京：中华书局，1959 年，第 1140 页。
② 《三国史记》卷十七《高句丽·东川王本纪》，汉城：韩国民族文化推进会，1982 年，第 132 页。
③ 《宋书》卷九十七《高句骊传》，北京：中华书局，1974 年，第 2392 页。
④ 《宋书》卷九十七《高句骊传》，北京：中华书局，1974 年，第 2393 页。
⑤ 《宋书》卷九十七《高句骊传》，北京：中华书局，1974 年，第 2393 页。

北魏竭尽忠诚。[①] 长寿王之后，文咨明王、安臧王、安原王、平原王等先后接受南朝梁、陈的册封，双方船队往来，使驿相通，直至隋朝统一。

高句丽水上交通是很发达的，既有内河相通，又有鸭绿水、浿水、列水直通大海，不仅与江淮相通，还可南下百济、新罗，东渡日本，为东北亚诸国的经济文化交流提供了方便。

---

① 《魏书》卷一百《高句丽传》，北京：中华书局，1974 年，第 2216 页。

第十章

高句丽都城与山城

高句丽国家存在的 705 年间，都城三置两迁。公元前 37 年都纥升骨城，公元 3 年迁都国内城，公元 427 年再迁至平壤城。对于三座都城的位置及其相关问题，学者的研究成果存在某些分歧。随着考古调查与发掘的不断深入展开，大量的高句丽文物遗迹为我们研究高句丽都城与山城提供了可靠的证据，使我们对高句丽都城与山城的形制、特点及军事防御地位有了更新的认识。

第一节　纥升骨城

一、纥升骨城及其位置

高句丽第一座都城为纥升骨城，最早的记载见于《魏书·高句丽传》：

高句丽者，出于夫余，自言先祖朱蒙。朱蒙母河伯女，为夫余王闭于室中，为日所照，引身避之，日影又逐。既而有孕，生一卵，大如五升。夫余王弃之与犬，犬不食；弃之与豕，豕又不食；弃之于路，牛马避之；后弃之野，众鸟以毛茹之。夫余王割剖之，不能破，遂还其母。其母以物裹之，置于暖处，有一男破壳而出。及其长也，字之曰朱蒙，其俗言"朱蒙"者，善射也。夫余人以朱蒙非人所生，将有异志，请除之，王不听，命之养马。朱蒙每私试，知有善恶，骏者减食令瘦，驽者善养令肥。夫余王以肥者自乘，以瘦者给朱蒙。后狩于田，以朱蒙善射，限之一矢。朱蒙虽矢少，殪兽甚多。夫余之臣又谋杀之。朱蒙母阴知，告朱蒙曰："国将害汝，以汝才略，宜远适四方。"朱蒙乃与乌引、乌违等二人，弃夫余，东南走。中道遇一大水，欲济无梁，夫余人追之甚急。朱蒙告水曰："我是日子，河伯外孙，今日逃走，追兵垂及，如何得济？"于是鱼鳖并浮，为之成桥，朱蒙得渡，鱼鳖乃解，追骑不得渡。朱蒙遂至普述水，遇见三人，其一人著麻衣，一人著纳衣，一人著水藻衣，与朱蒙至纥升骨城，遂居焉，号曰高句丽，因以为氏焉。

《魏书》作者魏收（公元 505—572 年），字伯起，巨鹿下曲阳人，历任北魏、东魏、北齐三朝史官。北齐文宣帝天保二年（公元 551 年）奉诏撰写《魏书》。魏收根据当时公私各家撰写的魏史及相关资料、史事轶文，与房延祐、辛元植、刁柔等人共同研究确定体例，至天保五年三月间完成本纪 14 卷、列传 96 卷，同年十一月续成志 20 卷，总计 130 卷。后主天统二年（公元 566 年）再度修改完成，

前后历时 15 年。也就是说《魏书·高句丽传》完成时,正当高句丽阳原王十二年（公元 556 年）。以其对高句丽的历史文献资料理解,详细介绍了高句丽建国立都的过程。首先提出,朱蒙以纥升骨城为都。后来的史书沿用此记。

> 高丽者,其先出于夫余。自言始祖曰朱蒙,河伯女感日影所孕也。朱蒙长而有材略,夫余人恶而逐之。土于纥斗（升）骨城,自号曰高句丽,仍以高为氏。①

> 高句丽,其先出夫余。王尝得河伯女,因闭于室内,为日所照,引身避之,日影又逐,既而有孕,生一卵,大如五升。……朱蒙遂至普述水,遇见三人,一著麻衣,一著衲衣,一著水藻衣,与朱蒙至纥升骨城,遂居焉。号曰高句丽,因以高为氏。②

也有部分文献资料记载高句丽建国传说,而不记都城之名的。年代较早的是好太王碑。碑文一开头便记述了高句丽建国的传说:

> 惟昔始祖,邹牟王之创基也。出自北夫余,天帝之子。母河伯女郎。剖卵降世,生而有圣德。□□□□□命驾巡幸南下。路由夫余奄利大水。王临津言曰:"我是皇天之子,母河伯女郎,邹牟王。为我连葭浮龟。"应声即为连葭浮龟。然后造渡。于沸流谷忽本西,城山上而建都焉。③

> 高句骊者,其先出自东明。东明本北夷橐离王之子。离王出行,其侍儿于后妊娠,离王还,欲杀之。侍儿曰:"前见天上有气如大鸡子,来降我,因以有娠。"王囚之,后遂生男。王置之豕牢,豕以口气嘘之,不死,王以为神,乃听收养。长而善射,王忌其猛,复欲杀之,东明乃奔走,南至淹滞水,以弓击水,鱼鳖皆浮为桥,东明乘之得渡,至夫余而王焉。④

> 高丽之先,出自夫余。夫余王尝得河伯女,因闭于室内,为日光随而照之,感而遂孕,生一大卵,有一男子破壳而出,名曰朱蒙。夫余之臣以朱蒙非人所生,咸请杀之,王不听。及壮,因从猎,所获居多,又请杀之。其母以告朱蒙,朱蒙弃夫余东南走。遇一大水,深不可越。朱蒙曰:"我是河伯外孙,日之子也。今有难,而追兵且及,如何得渡?"于是鱼鳖积而成桥,朱蒙遂渡。追骑不得济而还。朱蒙建国,自号高句丽,以高为氏。⑤

---

① 《周书·高丽传》"土于纥斗骨城",《北史·高丽传》殿本作"纥升滑城",《魏书·高句丽传》百衲本《通典·高句丽》《册府元龟·高句丽》都作"纥升骨城"。
② 《北史》卷九十四《高丽传》,北京:中华书局,1974 年,第 3110—3111 页。
③ 耿铁华:《好太王碑新考》,长春:吉林人民出版社,1994 年,第 323—326 页。
④ 《梁书》卷五十四《高句骊传》,北京:中华书局,1973 年,第 801 页。
⑤ 《隋书》卷八十一《高丽传》,北京:中华书局,1973 年,第 1813 页。

始祖东明圣王，姓高氏，讳朱蒙（一云邹牟，一云众解）。……朱蒙乃与乌伊、摩离、陕父等三人为友，行至淹㴲水，欲渡无梁，恐为追兵所迫。告水曰：'我是天帝子，河伯外孙。今日逃走，追者垂及，如何？'于是鱼鳖浮出成桥，朱蒙得渡……至卒本川，观其土壤肥美，山河险固，遂欲都焉。而未遑作宫室，但结庐于沸流水上居之。国号高句丽。因以高为氏。时朱蒙年二十二岁，是汉孝元帝建昭二年，新罗始祖赫居世二十一年甲申岁也。"①

从以上文献记载可知，高句丽建国时间为汉元帝建昭二年甲申，即公元前37年，第一代王邹牟，亦名朱蒙、众解，是北夫余王族。与高句丽族世代通婚，并得以入主高句丽。②其所都之地，或作沸流水、沸流谷、忽本、卒本、纥升骨城。纥升骨城是高句丽都城之名，地点当在沸流水畔的川谷，可称为沸流谷。忽本与卒本相通，应是沸流音转。或谓沸流乃水之名，忽本与卒本则是沸流水畔川谷之名。

《三国史记·地理志四》记载："按《通典》云，朱蒙以汉建昭二年自北夫余东南行，渡普述水至纥升骨城居焉。号曰句丽，以高为氏。《古记》云，'朱蒙自夫余逃难至卒本'，则纥升骨城、卒本似一处也。"即是说，高句丽第一座都城纥升骨城在卒本或忽本，也就是沸流水附近的川谷之地。

大朱留王三年（公元20年）"春三月，立东明王庙"③。此后，历代高句丽王即位不久都要到卒本祭祀始祖庙，这也是卒本（忽本）作为高句丽第一座都城的重要依据。

《三国史记·高句丽本纪·新大王》三年（公元167年）秋九月，王如卒本，祀始祖庙。冬十月，王至自卒本。

《三国史记·高句丽本纪·故国川王》二年（公元180年）秋九月，王如卒本，祀始祖庙。

《三国史记·高句丽本纪·东川王》二年（公元228年）春二月，王如卒本，祀始祖庙。大赦。

《三国史记·高句丽本纪·中川王》十三年（公元260年）秋九月，王如卒本，祀始祖庙。

《三国史记·高句丽本纪·故国原王》二年（公元332年）春二月，王如卒本，祀始祖庙，巡问百姓，老病赈给。三月，至自卒本。

《三国史记·高句丽本纪·安臧王》三年（公元521年）夏四月，王幸卒本，祀始祖庙。五月，王至自卒本。所经州邑贫乏者，赐谷人一斛。

《三国史记·高句丽本纪·平原王》二年（公元560年）春二月，王幸卒本，祀始祖庙。三月，王至自卒本。所经州郡狱囚，除二死皆原之。

《三国史记·高句丽本纪·荣留王》二年（公元619年）夏四月，王幸卒本，祀始祖庙。五月，王至自卒本。

---

① 《三国史记》卷十三《高句丽·东明王本纪》，汉城：韩国民族文化推进会，1982年，第112页。
② 《三国史记·高句丽本纪》卷十三"始祖东明圣王"注："一云朱蒙至卒本夫余，王无子，见朱蒙知非常人，以其女妻之。王薨，朱蒙嗣位。"汉城：韩国民族文化推进会，1982年，第111页。
③ 《三国史记》卷十四《高句丽·大武神王本纪》，汉城：韩国民族文化推进会，1982年，第117页。

邹牟从北夫余南下，"路由夫余奄利大水……然后造渡。于沸流谷忽本西，城山上而建都焉"。可知奄利大水与沸流谷、沸流水相距不会太远。碑文中"奄利大水"，《论衡》《三国史记》作"掩溉水"，《魏略》作"施掩水"，《通典》作"普述水"。《魏书》《北史》《隋书》皆记"遇一大水"，而无书其名。对于"奄利大水"，有的学者认为"当今鸭绿江上游之地"①。有的学者说是今天的浑江。②而沸流水，有的学者认为是"今日之浑江"③，有的学者则考证为今天的富尔江。④还有的学者将"浑江、富尔江"并称为沸流水。⑤也许鸭绿江、浑江、富尔江属同一水系，交汇之地相去不远，极易混同。若从邹牟南下所经过的路程及高句丽文化遗迹看，"奄利大水"即《汉书·地理志》记录的"盐水"，亦称盐难水，应该指浑江。浑江中游的一条支流富尔江，当为古之沸流水。二水在今辽宁省桓仁县城东北 20 千米处汇合，形成一块较大的冲积平原。四面群山环抱，与卒本（忽本）的地形、地貌相符。

将桓仁县城附近的平原作为高句丽都城纥升骨城所在地，还有如下几方面证据。

其一，桓仁县城附近保存大量的高句丽时期墓葬。辽宁省文物工作者在桓仁水库淹没区调查时，发现高句丽墓群多处，计有墓葬 750 多座，遗迹 24 处。同时对连江、高力墓子两地 44 座古墓进行了清理，出土了一批高句丽文物，说明大都是高句丽早期墓葬。⑥目前保护较好的上古城子墓群、杨家街墓群、董船营墓群、联合墓群中尚有一批高句丽早期的积石墓，至少可以证明，桓仁县城附近是高句丽建国初期的重要活动地区。

其二，《三国史记·高句丽本纪》载，邹牟王"三年（公元前 35 年）春三月，黄龙见于鹘岭。秋七月，庆云见鹘岭南，其色青赤"。儒留王"三年（公元前 17 年）秋七月，作离宫于鹘川"。据李殿福、孙玉良先生考证，鹘岭应为桓仁县城东北的五女山，鹘川即是卒本川（忽本川）。⑦亦可证明桓仁县城附近就是高句丽纥升骨城所在地卒本（忽本）。

其三，以往我们研究高句丽古墓壁画的分布时，曾注意到壁画墓分布的一个重要特点，那就是大都在高句丽都城附近。高句丽第二座都城集安国内城一带已经发现高句丽壁画墓 36 座；第三座都城平壤及其附近已经发现高句丽壁画墓 89 座。⑧1991 年 9—11 月，辽宁省文物考古研究所和本溪市博物馆对桓仁县城附近米仓沟将军墓进行发掘，墓室内发现了精美的高句丽壁画。主室四壁绘有侧视莲花，花瓣为红色，花托为黑色。同时出土茶绿釉陶灶 1 件，酱黄釉四耳陶壶 3 件。⑨壁画内容、风格及出土釉陶器与集安相关高句丽壁画、釉陶器基本相同。证明了我们对高句丽壁画古墓分布的推论，同时亦为桓仁作为高句丽都城提供了有力的证据。

① 王健群：《好太王碑研究》，长春：吉林人民出版社，1984 年，第 204 页。
② 李殿福、孙玉良：《高句丽的都城》，《博物馆研究》1990 年第 1 期。
③ 王健群：《好太王碑研究》，长春：吉林人民出版社，1984 年，第 204 页。
④ 李殿福、孙玉良：《高句丽的都城》，《博物馆研究》1990 年第 1 期。
⑤ 魏存成：《高句丽考古》，长春：吉林大学出版社，1994 年，第 13 页。
⑥ 陈大为：《桓仁县考古调查发掘简报》，《考古》1960 年第 1 期。
⑦ 李殿福、孙玉良：《高句丽的都城》，《博物馆研究》1990 年第 1 期。
⑧ 耿铁华：《高句丽壁画研究》，长春：吉林大学出版社，2017 年，第 10—12 页。
⑨ 武家昌、魏运亨：《桓仁发现高句丽壁画大墓》，《中国文物报》1992 年 3 月 8 日，第 1 版。

以上几点进一步证实，桓仁县城附近是古代的卒本（忽本），是高句丽第一座都城纥升骨城所在地。

二、五女山城及其性质

1905 年，日本学者鸟居龙藏到辑安、怀仁进行实地考察，认为五女山城是高句丽的纥升骨城，桓仁即是卒本。[①] 其实这种观点并非是他的创建，只是他赞同了白鸟库吉的看法而已。[②] 后来，虽然有的学者提出对五女山城是否为纥升骨城应持谨慎态度，但是这种提法并未引起足够重视。而"五女山城是高句丽纥升骨城"的提法在日本和其他国家的学者中则产生了很大的影响。

中国学者对高句丽都城的考察与研究，是从 1980 年前后开始的。1981 年，刘永智等先生在桓仁县文化局有关同志陪同下考察了五女山城，撰文阐明"五女山城可能就是高句丽早期的首都，亦即纥升骨城"[③]。这一结论，引起了学者的极大兴趣。1984 年，王承礼先生也指出，"桓仁县五女山上的五女山城，它有可能是高句丽早期都城——纥升骨城"[④]。1985 年，郭俊武先生发表了《纥升骨城初探》一文，根据文献记载的有关河流位置，五女山城及周围高句丽文化遗迹，肯定"五女山山城是高句丽始祖朱蒙于'建昭四年秋七月始作城郭宫室'的纥升骨城"[⑤]。同期，魏存成先生对高句丽早、中期都城进行了较系统的研究。他认为"高句丽的都城则是建立在卒本川西边的高山之上，它的名称大概叫纥升骨城"。另外，他根据桓仁县城附近发现年代较早的高句丽古墓，指出"纥升骨城则是桓仁县东北 7000 米，浑江对岸的五女山城"。同时，他也注意到"作为山高势险，上下极为困难的五女山城，在高句丽初期的 40 年中，对其政治、经济的发展及日常活动等都是很不方便的；而且山上面积有限，容纳不了整个政权机构和必要的人口"[⑥]。1990 年，李殿福、孙玉良两位先生在研究高句丽都城的文章中进一步肯定："五女山，高句丽时代应称为鹘岭，其上的山城乃是纥升骨城。在纥升骨城内有第一代王邹牟所建的宫殿、神庙建筑。"[⑦]

此外，国内一些学者虽然没有专门研究高句丽都城，但在他们的著述中也曾认为，"五女山城是高句丽的纥升骨城"，如谭其骧、佟冬、薛虹、李澍田、张博泉、王健群、孙进己等先生。[⑧]

① ［日］鸟居龙藏："南满洲调查报告"，《鸟居龙藏全集》第 10 卷，东京：朝日新闻社，1976 年。

② ［日］白鸟库吉：《丸都城及国内城考》，《史学杂志》1914 年第 25 编 4 号、5 号。

③ 刘恋：《访高句丽早期遗址五女山城》，《朝鲜史通讯》1981 年第 3 期。

④ 王承礼：《吉林辽宁的高句丽遗迹》，《考古与文物》1984 年第 6 期。

⑤ 郭俊武：《辽宁省丹东、本溪地区考古学术讨论会文集》（内部资料）1985 年，第 142 页。

⑥ 魏存成：《高句丽初、中期的都城》，《北方文物》1985 年第 2 期。

⑦ 李殿福、孙玉良：《高句丽的都城》，《博物馆研究》1990 年第 1 期。

⑧ 谭其骧主编：《〈中国历史地图集〉释文汇编·东北卷》，北京：中央民族学院出版社，1988 年，第 27 页；佟冬：《中国东北史》第一卷，长春：吉林文史出版社，1998 年，第 587 页；薛虹、李澍田：《中国东北通史》，长春：吉林文史出版社，1991 年，第 146 页；张博泉：《东北地方史稿》，长春：吉林大学出版社，1985 年，第 80 页；王健群：《好太王碑研究》，长春：吉林人民出版社，1984 年，第 204 页；孙进己、王绵厚：《东北历史地理》第一卷，哈尔滨：黑龙江人民出版社，1989 年，第 264 页。

在以往的论著中我们也曾经使用过这一说法。[①] 可见其影响之广，几乎成了高句丽研究领域内的一种定论。

五女山城位于桓仁县城东北 8.5 千米浑江右岸的群山之中。山城主要部分在凸起的平台上，属于山顶式，中心地理坐标为东经 125° 24′ 44″，北纬 41° 14′ 36″，最高海拔 806.32 米。人工砌筑的城墙主要在山顶平台以下东侧的半山腰。山势西高东低，主峰兀立于峰峦之上，四周悬崖峭壁，挺拔险峻，城墙与山顶相对高度 180 多米。[②] 主峰顶部平面狭长，地势稍平缓，长约 600 米，宽110—200 米。东南端近悬崖处为山城的制高点，有瞭望台，俗称"点将台"（图 10.1）。

图 10.1　五女山城远眺

资料来源：辽宁省文物考古研究所编著：《五女山城——1996—1999、2003 年桓仁五女山城调查发掘报告》，图版一

1996—1999 年、2003 年，辽宁省文物考古研究所、本溪市博物馆、桓仁县文管所对五女山城进行了四次发掘。调查发掘表明，五女山城的墙垣是由自然的悬崖峭壁、陡峭的山梁及人工修筑的城墙组成，全长 4754 米，其中天然城墙 4189 米，占城墙总长的 88.12%。人工修筑的墙垣在东部和南部山势稍缓的坡地和豁口要道上，长 565 米，占城墙总长的 11.88%。人工城墙外壁用较大石条做基础，上面用楔形石垒砌，缝隙咬合，逐层稍内收。内壁用石条或石板垒筑，不如外壁整齐。南城墙顶部宽 2.5—3.5 米，底部宽 5 米，内壁高 2.2—2.6 米，外壁高 2—4 米，最高处可达 4.5 米。东城墙外壁高 3—6 米，顶部有女墙，女墙下部有石洞，部分墙顶铺有石板。石板上有 20 厘米左右厚的黄土（图 10.2）。

① 耿铁华：《集安高句丽古墓壁画及其保护》，耿铁华、孙仁杰编：《集安博物馆高句丽研究文集》，延吉：延边大学出版社，1993 年，第 141 页。
② 《桓仁满族自治县文物志》，桓仁：桓仁满族自治县文物志编纂委员会，1990 年，第 30 页。

第二，五女山城处在高山之巅，孤立无援，供给困难，战略上不适合作都城。五女山城地势虽险要，却难以容纳较多军队。山上无法生产粮食、蔬菜，所需粮食、蔬菜、肉类等食品全都由山下供应。军队所需辎重上下亦十分困难。

邹牟王时，曾对北方沸流国、东方荇人国用兵，也曾与夫余、沃沮进行交涉。儒留王初年，多次与鲜卑交战，鲜卑亦来犯。王都居于山上，非但军队调遣不便，攻守不利，若遇强敌围五女山城，不消十天半月，山顶就会粮草断绝，水源不继，自取灭亡。

高句丽始祖王邹牟"骨表英奇""自作弓矢射之，百发百中"。其为人英勇而有干才，故能建国称王。这样一位识大略、知军事的王，决不会以五女山城为都而将自己的国家和军队置于孤立无援、出入不便的困境之中。

第三，五女山顶空间狭小，自然条件恶劣，不适于作都城。五女山顶上有一块较平整的地方，南北长约 500 米、东西宽 100 多米，整个面积大约在 5 万平方米。除掉山顶的蓄水池、崖壁边缘危崖之地，人们生存活动的空间实在是太小了。从已经发现的建筑遗迹和其他设施看，山上生活的人不过百人。

山上生活，除了粮食、蔬菜、肉食品需从山下供应外，水的供应也是一个很大的问题。山顶中部靠西侧有一石砌水池，池旁有一小井，水池口宽 3.3—5 米、长约 11.5 米，池底宽 3.5—4.8 米、长 11 米，深 1.5 米，最大蓄水量不足 120 立方米，能维持多少人正常生活用水呢？这种生存空间与条件，若供几十人戍守还能勉强维持，若为高句丽王公贵族，各种办事机构及亲族家庭，防御部队提供一个都城的政治、经济、军事、生活的必备条件，实在是难以承受的。

另外，五女山上气候变化无常，昼夜温差极大，一般人很难适应。高句丽王公贵族们决不会选择这样一个地理位置险峻、交通不便、生活环境恶劣的山城作为王都的。

第四，经过考古发掘，山上没有高句丽王宫一类的建筑遗迹。最大的建筑基址有 3 处，1 号建筑遗址平面呈长方形，长 13.5 米、宽约 5 米，可能为六开间的建筑。年代大体应在两汉之际，相当于高句丽建国之后。2 号建筑遗址平面呈长方形，长 24.5 米、宽 16 米。原报告推测，此建筑遗址可能为储存粮食的建筑。年代要晚于 1 号建筑遗址，应为高句丽中期的遗存。3 号建筑遗址现存三排础石，每排由 9—11 块础石组成，横向间距 1.4—2.4 米，纵向间距 1.4—1.7 米。年代与 2 号建筑遗址大体相近。从建筑年代上看，2 号、3 号建筑遗址都不是高句丽早期建筑，也就是说五女山上最大的早期建筑只有 1 号房址，长 13.5 米、宽约 5 米，难以作为高句丽王的宫殿。丸都山城作为临时王都，其宫殿遗址由 4 个台基组成，长度在 82—89 米，总宽度在 45 米左右。规模相差太悬殊了。在五女山城发掘探方的出土文物登记表和线图、图版中，都没有发现砖瓦等建筑材料。《三国史记·高句丽本纪》记载，邹牟王四年（公元前 34 年）"秋七月，营作城郭宫室"。所谓"宫室"建筑一定要用砖瓦的。正如《旧唐书·高丽传》记载，"其所居必依山谷，皆以茅草葺舍；惟佛寺、神庙及王宫、官府乃用瓦"。五女山城既不符合"其所居必依山谷"，建筑基址又不见砖瓦，也就不可能是宫殿建筑。

第五，文献记载的高句丽都纥升骨城，并未肯定其为山城。《魏书·高句丽传》载："朱蒙遂至普述水，遇见三人，其一人著麻衣，一人著纳衣，一人著水藻衣，与朱蒙至纥升骨城，遂居焉，号曰高句丽，因以为氏焉。"

《北史·高丽传》载："朱蒙遂至普述水，遇见三人，一著麻衣，一著纳衣，一著水藻衣，与朱蒙至纥升骨城，遂居焉。号曰高句丽，因以高为氏。"

《翰苑·蕃夷部·高句丽》有"灵河演贶，照日影以含胎；伏鳖摛祥，叩骨城而开壤"。注引《后魏书》曰：骨城即"朱蒙至纥升骨城"。

《通典·东夷·高句丽》载："朱蒙弃夫余东南走，渡普述水，至纥升骨城，遂居焉。号曰句丽，以高为氏。"

《通志》《文献通考》等亦有类似记载。晚出文献明显存在因袭的成分。"至普述水"与卒本（忽本）附近的沸流水相似，而"渡普述水"则与淹滤水、奄利大水相近。或释今之富尔江，或谓今之浑江，二者在桓仁县东北相汇合，均可说通。只是文献中的纥升骨城并未指明是山城。从"朱蒙至纥升骨城，遂居焉"的记载看，朱蒙未至之前纥升骨城已然存在，此城应该是汉玄菟郡高句丽县境内的一座古城。而五女山城作为山上之城，则是朱蒙到来后建的，显然与纥升骨城无涉。

第六，从高句丽后两座都城的情况看，都是由一座平原城和一座作为军事卫城的山城组成的，这既是一般规律，也是高句丽都城的特点。都国内城时的军事卫城是丸都山城，都平壤城时的军事卫城是大城山城，而且十分明确，都城都是以平原城之名来命名的。按照这一规律，桓仁的五女山城顶多是高句丽第一座都城的军事卫城，而另一座平原城才应该是纥升骨城。

以上六点都可以证明，五女山城只能是军事性质的城堡，不适合作高句丽的王都，当然也就不应该是纥升骨城了。

学者之所以将五女山城比定为纥升骨城，大约是出于对好太王碑一段文字的误读和误释。前引碑文"然后造渡于沸流谷忽本西城山上而建都焉"。一种断句为"然后造渡，于沸流谷忽本西城，山上而建都焉"[1]，认为高句丽最初都城是在山上，名曰纥升骨城。另一种断句为"然后造渡。于沸流谷忽本西，城山上而建都焉"[2]。与之相近似的断句还有"然后造渡，于沸流谷，忽本西，城山上，而建都焉"[3]。一般解释为，朱蒙在沸流谷忽本之西，筑城山上，建立国都。那么，山上筑的城就一定是国都吗？了解高句丽都城历史的人都不会轻易相信并肯定的。

《三国史记·地理志》载："自朱蒙立都纥升骨城，历四十年。儒留王二十二年（公元3年）移都国内城。"《高句丽本纪》则更明确记为："二十二年（公元3年）冬十月，（儒留）王迁都于国内，筑尉那岩城。"

考古发掘证明，高句丽迁都的国内城在今吉林省集安市区西部，略呈方形，最初测得石砌墙垣

---

① 李殿福、孙玉良：《高句丽的都城》，《博物馆研究》1990年第1期。
② 王健群：《好太王碑研究》，长春：吉林人民出版社，1984年，第202页；耿铁华：《好太王碑新考》，长春：吉林人民出版社，1994年，第326页。
③ 刘恋：《访高句丽早期遗址五女山城》，《朝鲜史通讯》1981年第3期。

周长 2686 米。迁都之前，这里便存在国内城土垣。为了加强军事防卫能力，高句丽迁都此地同时筑尉那岩城，即后来称为丸都城的一座山城，在平原城国内城北 2.5 千米的群山中。石砌墙垣筑在山脊上，周长 6947 米。城内有较大的平缓山坡地，有宫殿建筑遗址、戍卒驻地遗址，还有瞭望台、饮马池、山泉等。水源充足，耕地面积大，活动空间广阔。就是这样一座地势险要、易守难攻、交通便利的山城，也只是在战乱年代曾一度作为都城。[①] 而高句丽王公贵族长时期是以平原城国内城为王都，并在此生活起居，处理国家事务的。

迁都国内，筑尉那岩城，应该是高句丽人沿用其 40 年前的方式，利用汉代城垣为都，增修山城以加强防御。因此，我们认为，高句丽人初至忽本，都纥升骨城，应该是一座平原城。"城山上而建都焉"指的是在山上修筑起防御性质的山城，使纥升骨城更加安全、稳定。

无论从地理位置、自然环境、交通状况、历史文献记载，还是从考古发掘的遗迹看，五女山城都不适合作为高句丽早期都城，当然亦不应该是纥升骨城。五女山城充当一座军事瞭望或防卫性质的山城则更为适合一些。

三、下古城子遗址

前面的讨论已经明确，高句丽第一座都城纥升骨城应在卒本的平原上。卒本即忽本，卒本川即忽本川，实为一地，在川谷之中，也就是沸流水冲击而成的平川。一般认为，沸流水即今富尔江与浑江交界处，桓仁县城附近，这里有一片较大的冲积平原。高句丽人来到之后，"欲都焉，而未遑作宫室，但结庐于沸流水上居之"。未言筑城，说明这里原来应该有一座平原城。

多年的考古调查与发掘证明，桓仁县城附近的浑江边下古城子村有一座古城。位于桓仁县城西六道河子乡下古城子村，村内即为城址，现屋舍鳞次，住满农户。下古城子村，就得名于该处的一座古城址。城址东南距桓仁县城 3000 米 [②]，北距六道河子乡 3000 米。地处浑江西岸的平原上，西部 2000 米山岗连绵，西南稍远处有岭，名叫挂牌岭。浑江由北流来，经由城址东部向南流去。城西有一条小河，是附近台西沟流泻出来的山水，在城南 1.2 千米处注入浑江。站在城里，隔江可望桓仁县城。沿浑江溯流而上 10 千米左右，可达五女山城。本溪至桓仁公路距城址北部约 1000 米，西部约 1000 米处也有通向宽甸的一条公路。这里水源充足，交通便利，自古以来就是人们极其理想的居住地。城址高出浑江水面约 5 米，高出周围地面约 1 米。多年来，辽宁省博物馆、吉林大学历史系、桓仁县文管所等单位曾多次组织文物考古工作者对下古城子遗址进行调查、实测和探掘，历次测得的城垣长度及各次公布数字见下表（表 10.1）。

---

① 《三国史记》卷十六《高句丽·山上王本纪》载：山上王十三年（公元 209 年）"冬十月,王移都于丸都"。《三国史记》卷十七《高句丽·东川王本纪》载：至东川王二十一年（公元 247 年）"王以丸都城经乱不可复都",又迁回平原城。汉城：韩国民族文化推进会,1982 年,第 131、133 页。

② 《桓仁满族自治县文物志》,桓仁:桓仁满族自治县文物志编纂委员会,1990 年,第 33 页;魏存成《高句丽考古》记"下古城子古城位于桓仁县城西 4 公里的浑江对岸"。长春:吉林大学出版社,1994 年,第 14 页。

表 10.1　历年来测量公布的下古城子墙垣长度表 　　　　　　　　　　　　单位：米

测量与公布者	东墙	南墙	西墙	北墙	发表著录
1978 年测量		188.6	161.9	241.5	
魏存成公布		近 200	160 余	近 250	《高句丽初中期都城》
苏长青公布		188.6	162	241.5	《高句丽早期平原城——下古城子》
1987 年测量	226	212	264	237	《桓仁满族自治县文物志》
梁志龙公布	226	212	264	237	《桓仁地区高句丽城址概述》

表 10.1 所列数字，实际上是两次测得的结果。前一次是 1978 年吉林大学历史系魏存成、李春圃老师带领学生学习参观时，在桓仁县文化局苏长青同志配合下共同测得。后一次是 1987 年春季文物普查时，梁志龙、王俊辉等同志测得。地表上墙垣遗迹不甚清楚，特别是两面墙基转角接合部位推断不同，造成测量上的差异。

1998 年 11 月 2—13 日，辽宁省文物考古研究所、本溪市博物馆、桓仁县文管所对下古城子古城进行调查测绘，并在西墙北段开掘一条探沟进行解剖，进一步了解到了城墙的结构及其建筑年代：

下古城子城址现存西、南、北三面城墙，东墙因遭浑江冲刷久已不存，现今北墙与南墙北段保存较好，留有 1—2 米高的土塄，西墙不显，几与城内地势相平，其他段落约略可见稍高的迹象。城为土筑，平面呈长方形。北墙存长 240 米，基本呈直线延展，方向 111°，东段外高 1 米左右，内与现地面大致相平，西段渐高，西北角为现存城墙的最高点，外高 2 米余，内高出现地面约 1 米。西墙长 170 米，呈直线延展，方向 26°，北段外高 1—2 米，内稍高于地表，整段城墙向南渐低，至南端仅可看出土塄残迹，墙外为水壕，壕宽约 10 米，多段干涸，仅深处有水，已被辟作养鱼池，最初可能为筑城挖土时掘出，后被作为护城河使用。南墙存长 205 米，呈直线延展，方向 297°，基本上已被夷平，仅在局部段落可以辨出土塄残迹。根据南墙与北墙东段走势，推测东墙长度应在 200 米左右。该城现存三面城墙总长 618 米，推测原来周长应在 800 米左右。

城内出土和采集石器有石器 5 件（石纺轮 1 件、石刀 3 件、石镞 1 件）、陶罐 12 件、陶盆 4 件、陶器盖 1 件、陶器底 5 件、陶甑底 2 件、陶器耳 13 件、陶纺轮 3 件、铁器 1 件。另外还采集到一些辽金时期的遗物，有板瓦、勾滴、兽面纹瓦当、残陶器等。

城内出土遗物较为复杂，打制石镐、石网坠、石矛、石镞等，属于青铜时代到西汉时期的遗物，应该是高句丽建国前和建国初期的器物。大量的夹细砂灰陶、红褐陶片、桥状横耳、甑底、器口及

---

① 此表根据魏存成：《高句丽考古》，长春：吉林大学出版社，1994 年，第 41 页图表整理而成。
② 辽宁省文物考古研究所编著：《五女山城——1996—1999、2003 年桓仁五女山城遗址考古发掘报告》，北京：文物出版社，2004 年，第 305 页。

兽面纹瓦当则是典型的高句丽文物。环首铁刀和各种类型的铁镞属于汉代和高句丽时期的器物。[①]

从城墙夯筑基址和出土遗物看，青铜时代以来，这里一直有人居住。土城应建于汉武帝设四郡（公元前108年）前后。高句丽人居于此，可能以此作为都城达40年，一直到迁都国内城之前。高句丽灭亡以后，直至辽金时期人们仍在这里居住。

诸多文献记载"朱蒙至纥升骨城，遂居焉"，说明这里原有一座城名纥升骨。而下古城子遗址恰恰是桓仁县城附近最早的一座古城，高句丽人已在城内外居住。邹牟渡奄利水来到这里，理应先到人们聚居区内才好落脚以图发展，这里地处忽本川谷平原的西部，江河交汇，环境、地势、物产均适合建国立都的要求。因此，无论邹牟是因逃难，还是婚姻关系而来，以下古城子作都城都是顺理成章的事。为了加强军事瞭望和防御，在地势高峻的五女山上修筑石城，正是好太王碑文"于沸流谷忽本西，城山上而建都焉"的本意。

将下古城子古城作为高句丽建国后第一座平原城纥升骨城，基于如下理由。

第一，根据《三国史记·高句丽本纪》记载，高句丽王朱蒙到达卒本川，"未遑作宫室，但结庐于沸流水上居之。国号高句丽，因以高为氏"。朱蒙建国"三年（公元前35年）春三月，黄龙见于鹘岭。秋七月，庆云见鹘岭南，其色青赤"。琉璃明王"三年（公元前17年）秋七月，作离宫与鹘川"。据考证，鹘岭应为桓仁县城东北的五女山，鹘川即是卒本川（忽本川）[②]。证明桓仁县城附近就是高句丽纥升骨城所在地卒本（忽本），亦可说明第一座都城是平原城。高句丽都城是以平原城命名的，如国内城、平壤城，而山城则是作为军事卫城起拱卫王都的作用。下古城子古城位于浑江边，与五女山城相距10多千米，符合高句丽都城的格局。

第二，下古城子城垣经过发掘，断面的夯土层呈弧形拱起，而非平行筑成。城墙内外两壁夯砸较为坚实，这种情况与集安国内城时期墙垣下面的战国至汉代土垣的构筑方法相同。国内城土垣"断面呈弓形，土质为泥沙黄褐土，从其坚硬程度看，似经过人工打夯，但不见夯窝"[③]。城内出土多件方唇折沿陶罐，肩腹交接处有对称竖桥状耳。是五女山城发掘中第三期文化的典型器物，年代相当于两汉之际。在城墙底部叠压处也发现这种陶罐，因此推断下古城子古城的年代应为高句丽建国初期或更早些。也许高句丽人利用了汉代的土城，作为自己的开国都城。

第三，下古城子古城附近曾分布着许多高句丽时期的古墓。其中下古城子村北1.5千米处就有100余座高句丽时期的墓葬，其中有积石墓、石板墓，年代为高句丽早中期。另外在距离下古城子古城3000—10 000米的桓仁水库淹没区，曾经发现多处高句丽墓群，共有古墓750多座。当时清理了高力墓子村、连江村的高句丽古墓44座，出土了一批高句丽早期文物，说明这批墓葬是高句丽建国前后时期的古墓。[④]

第四，学者在研究高句丽都城附近的墓葬时，发现都城附近应该有高句丽王陵或高句丽贵族壁

①　《桓仁满族自治县文物志》，桓仁：桓仁满族自治县文物志编纂委员会，1990年，第34—35页。
②　李殿福、孙玉良：《高句丽的都城》，《博物馆研究》1990年第1期。
③　集安县文物保管所：《集安高句丽国内城的调查与试掘》，《文物》1984年第1期。
④　陈大为：《桓仁县考古调查发掘简报》，《考古》1960年第1期。

画墓葬。辽宁省文物考古研究所、本溪市博物馆和桓仁县文管所在桓仁县城西南龙岗山上发现有 7 座高句丽古墓，古墓之间距离 5—20 米。处在中心的 4 号墓规模较大，东西长 17 米，南北宽 16 米，高约 0.8 米，是一座有坛积石石圹墓。墓中曾出土陶器、铜器、铁器和料珠串饰等文物。有的学者认为此墓是高句丽朱蒙王的陵墓。另外 1991 年秋冬之际，辽宁省文物考古研究所和本溪市博物馆对米仓沟的将军墓进行考古发掘，墓室内发现了高句丽时期的壁画，有侧视莲花、变形蛙纹，同时出土釉陶器 4 件，其中四耳釉陶壶 3 件，釉陶灶 1 件。[①] 进一步证明了桓仁作为高句丽都城的历史地位。

第五，桓仁下古城子古城作为高句丽都城，应该是高句丽始祖庙所在地。前面所引《三国史记·高句丽本纪》记载了新大王、故国川王、东川王、中川王、故国原王、荣留王时期都先后到卒本祭祀始祖庙。卒本即是高句丽第一座都城所在地——桓仁。甚至在高句丽长寿王迁都平壤之后也有类似记载。安臧王"三年夏四月，王幸卒本，祀始祖庙。五月，王至自卒本"。平原王"二年春二月，王幸卒本，祀始祖庙。三月，王至自卒本"。荣留王"二年夏四月，王幸卒本，祀始祖庙。五月，王至自卒本"。

下古城子作为高句丽王都纥升骨城遗址，无论从地理位置、自然环境、高句丽建国初期的发展，还是从考古调查的遗迹和资料看，都是较为适合的，而且以平原城为王都，以建造山城作为卫城，奠定了高句丽都城建设的基本格局。

高句丽国家历时 705 年，都城有三座：纥升骨城（公元前 37—3 年）、国内城（公元 3—427 年）、平壤城（公元 427—668 年）。其平原上的王都附近都有一座山城作为军事卫城：五女山城、丸都山城、大城山城。愈到中后期，平原城与卫城的规模愈大。现将三座都城相关资料列表比较如下（表 10.2）。

表 10.2　高句丽都城及军事卫城比较表　　　　　　　　　　　单位：米

都城	周长	军事卫城	周长	二城相距	位置
纥升骨城	939	五女山城	4754	10 000	辽宁桓仁
国内城	2741	丸都山城	6947	2500	吉林集安
平壤城	23 000	大城山城	7218	6000—7000	朝鲜平壤

从表 10.2 中的情况可以看到，高句丽都城及军事卫城间关系与格局是从第一座都城建立时确立的，都城之名都是以平原城来命名的。那么纥升骨城当然不会是山城，而只能是平原上的古城了。就目前桓仁附近的平原城，可以作为纥升骨城的，只有下古城子古城了。

五女山城墙垣全长 4754 米，其中天然城墙 4189 米，人工修筑的墙垣长 565 米。与丸都山城、大城山城相近的是，五女山城城内均有水池、水井或泉水，还有瞭望台和大小不等的建筑遗址。丸都山

---

① 辛占山：《桓仁米仓沟高句丽"将军墓"》，《东北亚文明的考古研究》1993 年。

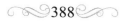

城与大城山城地势及构造相似，属于簸箕型山城。城垣建在山顶上，军队及物资屯驻在城内平缓的山坡地带，而五女山城则与其相反，属于山顶型山城，侧面呈"凸"字形。城墙修在山腰，军队活动在山顶平台上，因山势过高，上下不便，生活不便，不会驻兵太多，大多数军队还应驻在断崖之下或东部墙垣内的山坡上。登上五女山城最高的平台，桓仁县城附近的平原尽在一望之中，从辽东或玄菟故地而来的车马与行人历历在目。因此，五女山上的平台最适于军事瞭望。当年的高句丽王公贵族是会充分利用这种地形地貌的特点与优势，以发挥其对平原上国都纥升骨城的保卫作用的。

第二节　国内城

一、迁都国内城

高句丽迁都国内城，《三国史记》记载得十分明确。

《三国史记·地理志》："自朱蒙立都纥升骨城，历四十年，儒留王二十二年（公元 3 年）移都国内城……都国内历四百二十五年，长寿王十五年（公元 427 年）移都平壤。"

《三国史记·琉璃明王本纪》记载较详："（儒留王——琉璃王）二十一年春三月，郊豕逸，王命掌牲薛支逐之。至国内尉那岩得之，拘于国内人家养之。返见王曰：'臣逐豕至国内尉那岩，见其山水深险，地宜五谷，又多麋鹿鱼鳖之产，王若移都，则不唯民利之无穷，又可免兵革之患也。'……九月，王如国内观地势。""二十二年冬十月，王迁都于国内，筑尉那岩城。"

山上王"十三年（公元 209 年）冬十月，王移都于丸都"[1]。

东川王"二十一年（公元 247 年）春二月，王以丸都城经乱，不可复都，筑平壤城，移民及庙社"[2]。

故国原王"十二年（公元 342 年）秋八月，移居丸都城""十三年（公元 343 年）秋七月，移居平壤东黄城。"[3]

这里出现了国内城、尉那岩城、丸都城、平壤城、平壤东黄城。其中国内城、丸都城又多见于中国正史，只是没有记录其迁都的时间与原因。作为都城则是真实可信的。

《三国志·高句丽传》记载："高句丽在辽东之东千里，南与朝鲜、秽貊，东与沃沮，北与夫余接。都于丸都之下，方可二千里，户三万。多大山深谷，无原泽。"

《三国志·毌丘俭传》记载：正始五年（公元 244 年）"俭以高句丽数侵叛，督诸军步骑万人

---

① 《三国史记》卷十六《高句丽·山上王本纪》，汉城：韩国民族文化推进会，1982 年，第 131 页。
② 《三国史记》卷十七《高句丽·东川王本纪》，汉城：韩国民族文化推进会，1982 年，第 133 页。
③ 《三国史记》卷十八《高句丽·故国原王本纪》，汉城：韩国民族文化推进会，1982 年，第 138 页。

出玄菟，从诸道讨之。句丽王宫将步骑二万人，进军沸流水上，大战梁口，宫连破走。俭遂束马县车，以登丸都，屠句丽所都，斩获首虏以千数。……六年，复征之，宫遂奔买沟。俭遣玄菟太守王颀追之，过沃沮千有余里，至肃慎氏南界，刻石纪功，刊丸都之山，铭不耐之城"。

《周书·高丽传》载：高句丽"治平壤城（按，此平壤城系公元 427 年长寿王所迁至朝鲜半岛之平壤城），其城东西六里，南临浿水……其外有国内城及汉城，亦别都也"。

《隋书·高丽传》《新唐书·高丽传》亦载：高句丽"都于平壤城，亦曰长安城，东西六里，随山屈曲，南临浿水。复有国内城、汉城，并其都会之所，其国中呼为三京"。

唐贞观十九年（公元 645 年）五月，李勣率军进攻辽东城，高句丽发新城、国内城步骑 4 万前往救援。乾封元年（公元 666 年），盖苏文死，其子泉男生代为莫离支，有弟男建、男产相怨，男生退据国内城，遣子献诚入唐求救，盖苏文弟亦请割地降唐。[①]

以上史书所记之国内域、丸都城与《三国史记》所记相同，而平壤城出现的时间与地理位置则略有不同。要弄清各城的地理位置和相互关系，首先要搞清国内城的位置。

关于国内城的位置，史书记载不多，且存有歧义。

《三国志·毌丘俭传》记毌丘俭征高句丽，高句丽王败走，"遣玄菟太守王颀追之，过沃沮千有余里，至肃慎氏南界，刻石纪功，刊丸都之山，铭不耐之城。"

《翰苑·蕃夷部·高句丽》："王颀逐北，铭勋不耐之城。"注引《高丽记》曰："不耐城，今名国内城，在国东北六百七十里，本汉不而县也。《汉书·地理志》：不而县属乐浪东部都尉治处。后汉省。"

《三国史记·地理志》记载"儒留王二十二年移都国内城"时，也作了注，即"或云尉那岩城，或云不而城"。

高句丽都城从纥升骨城迁到国内城，国内城就成了高句丽的第二座都城。1935 年 10 月，金毓黻先生到辑安考察国内城、丸都山城、小板岔岭、好太王碑和高句丽古墓。[②]1941 年 9 月在三台东北大学出版了《东北通史》上编，论及"辑安县城旧名通沟，即丸都及国内城之所在也。辑安县城东门外有古宫殿遗址，当为国内城之所在，其城西北十五里有城子山，上有古城，当为丸都之所在"。也正是毌丘俭征高句丽"束马县车，以登丸都"之地。[③]1944 年劳榦先生经多方考证，认为国内城在集安城内，丸都城则是城北山上的古城。[④]多年以来集安作为高句丽第二座都城所在地，基本已成定论。此后国内外学者出版的学术著作与论文大都采用国内城、丸都城在中国吉林集安的说法。

① 《旧唐书》卷一百九十九上《高丽传》，北京：中华书局，1975 年，第 5327 页；《新唐书》卷二百二十《高丽传》，北京：中华书局，1975 年，第 6196 页。
② 金毓黻：《静晤室日记》第五卷，沈阳：辽沈书社，1993 年，第 3693—3699 页。
③ 金毓黻：《东北通史》上编，台北：洪氏出版社，1976 年，第 138、178—188 页。
④ 劳榦：《跋高句丽大兄冉牟墓志兼论高句丽都城之位置》，《"中央研究院"历史语言研究所集刊》第 11 辑，1944 年 9 月。

中国出版的著作主要有：

王健群：《好太王碑研究》，长春：吉林人民出版社，1984 年。

魏存成：《高句丽考古》，长春：吉林大学出版社，1994 年。

耿铁华：《好太王碑新考》，长春：吉林人民出版社，1994 年。

刘子敏：《高句丽历史研究》，延吉：延边大学出版社，1996 年。

朴真奭：《高句丽好太王碑研究》，延吉：延边大学出版社，1999 年。

魏存成：《高句丽遗迹》，北京：文物出版社，2002 年。

王绵厚：《高句丽古城研究》，北京：文物出版社，2002 年。

耿铁华：《中国高句丽史》，长春：吉林人民出版社，2002 年。

高福顺、姜维公、戚畅《〈高丽记〉研究》，长春：吉林文史出版社，2003 年。

马大正等：《古代中国高句丽历史续论》，北京：中国社会科学出版社，2003 年。

孙文范、孙玉良：《高句丽历史知识》，长春：吉林文史出版社，2003 年。

朴灿奎：《高句丽史研究》，哈尔滨：黑龙江朝鲜民族出版社，2003 年。

吉林省文物考古研究所、集安市博物馆编著：《集安高句丽王陵——1990 ～ 2003 年集安高句丽王陵调查报告》，北京：文物出版社，2004 年。

吉林省文物考古研究所、集安市博物馆编著：《国内城——2000 ～ 2003 年集安城内城与民主遗址试掘报告》，北京：文物出版社，2004 年。

吉林省文物考古研究所、集安市博物馆编著：《丸都山城——2001 ～ 2003 年集安丸都山城调查试掘报告》，北京：文物出版社，2004 年。

耿铁华：《高句丽考古研究》，长春：吉林文史出版社，2004 年。

李殿福：《高句丽民族文化研究》，长春：吉林文史出版社，2005 年。

耿铁华、崔明：《中国高句丽王城王陵及贵族墓葬》，长春：吉林文史出版社，2008 年。

耿铁华：《高句丽古墓壁画研究》，长春：吉林大学出版社，2008 年。

孙玉良、孙文范：《简明高句丽史》，长春：吉林人民出版社，2008 年。

杨秀祖：《高句丽军队与战争研究》，长春：吉林大学出版社，2010 年。

张博泉：《夫余与高句丽论集》，长春：吉林文史出版社，2011 年。

耿铁华、李乐营：《高句丽研究史》，长春：吉林大学出版社，2012 年。

朝鲜出版的著作有：

朝鲜社会科学院历史研究所：《朝鲜通史》，平壤：社会科学出版社，1962 年、1968 年。

朴时亨：《广开土王陵碑》，平壤：社会科学出版社，1966 年。

朱荣宪：《高句丽文化》，平壤：社会科学出版社，1975 年。

朝鲜社会科学院历史研究所：《朝鲜全史》，平壤：科学百科辞典出版社，1979 年。

孙永钟：《高句丽史》，平壤：科学百科辞典出版社，1990 年。

朴晋煜：《朝鲜考古学全书（中世篇·高句丽）》，平壤：科学百科辞典出版社，1991 年。

孙永钟：《高句丽史之诸问题》，平壤：新书苑，2000 年。

孙永钟：《朝鲜断代史（高句丽史）》，平壤：科学百科辞典出版社，2008 年。

韩国出版的著作主要有：

李亨求、朴鲁姬：《广开土大王陵碑新研究》，汉城：同和出版公社，1985 年。

延世大学国学研究院：《高句丽史研究》，汉城：延世大学出版部，1987 年。

李殿福、孙玉良：《高句丽简史》，汉城：韩国三省出版社，1990 年。

朴性凤：《高句丽南进经营史之研究》，汉城：白山资料院，1995 年。

徐炳国：《高句丽帝国史》，汉城：慧眼出版社，1997 年。

申莹植、徐日范：《高句丽山城与海洋防御体制研究》，汉城：白山资料院，2000 年。

姜永寿：《大高句丽史》，汉城：大房出版社，2004 年。

徐炳国：《大帝国高句丽史》，汉城：韩国学术情报出版社，2004 年。

林起焕：《高句丽王陵研究》，首尔：东北亚历史财团，2009 年。

企划编辑委员会：《高句丽遗迹——都城和城郭》，首尔：东北亚历史财团，2009 年。

金乐起：《高句丽的东北方疆域与勿吉靺鞨》，首尔：景仁文化社，2013 年。

日本出版的著作有：

李进熙：《广开土王陵碑研究》，东京：吉川弘文馆，1972 年。

寺田隆信、井上秀雄：《好太王碑探访记》，东京：读卖新闻社，1985 年。

读卖电视：《好太王碑与集安壁画古墓》，东京：读卖新闻社，1988 年。

李殿福：《高句丽渤海的考古与历史》，东京：学生社，1991 年。

杉山信三、小笠原好彦：《高句丽都城遗迹与古墓》，东京：同朋舍，1992 年。

东潮、田中俊明：《高句丽的历史与遗迹》，东京：中央公论社，1997 年。

白琦昭一郎：《广开土大王碑研究》，东京：吉川弘文馆，2004 年。

还有数百篇论文论述集安国内城、丸都山城是高句丽第二座都城，在此基础上，第 28 届世界遗产大会正式将"中国高句丽王城、王陵及贵族墓葬"列入《世界遗产名录》。纥升骨城的军事卫城五女山城，国内城及其军事卫城丸都山城均在其中。

同时我们也注意到少数不同意见的存在。王健群先生在 1987 年发表了一篇题为"玄菟郡的西迁与高句丽的发展"的文章。他先是否认高句丽第一座都城在桓仁，并提出其第一座都城在朝鲜咸镜北道咸兴的看法。他否定国内城在集安的一个理由是：国内即不耐，尉那岩是防卫城，因而推断都城应在朝鲜"东部近海地区""有人考订在永兴一带，似有道理"。另一个理由是：儒留王说自己"僻在海隅"就是在海边之意。[①] 王健群先生的女儿王则在韩国的一次学术会议上发表了《集安

---

① 王健群：《玄菟郡的西迁和高句丽的发展》，《社会科学战线》1987 年第 2 期。

古城应是丸都城》的论文，认为国内城在朝鲜东北，而集安市区古城不是国内城，而是丸都城。[①]2004年春季，孙进己、冯永谦先生发表文章否定国内城和尉那岩城在集安，并对丸都山城、平壤城与黄城的位置提出自己的看法。[②]

国内外学者对王健群等先生的意见多不赞同，认为这些看法既缺乏古代文献资料的证明，又缺乏现代考古学成果的证实。当夫余军队征讨高句丽时，儒留王曾对臣下说过"寡人僻在海隅"，本指偏僻之地，并非实指海边。如"寡人不才"之类，乃谦辞。方起东先生讲过："高句丽之地接近辽东，或指辽海之隅"，亦为一说。

李殿福、孙玉良二位先生曾著文批评过王健群先生的论说，他们认为：

> 高句丽第二代王，琉璃明王二十二年（公元3年），把国都从纥升骨城迁至国内城，从此国内城变为高句丽的第二个都城。这是大家所公认的，并且一般都认为集安市区的石城旧址是国内城，如今城墙断壁尚在。可是最近又有新说，认为国内城不在集安，原因是集安地区不存在2世纪以前的遗迹、遗物，又据"国内"即是"不耐"，而主张位居朝鲜半岛北部的即汉代岭东七县之一的不耐城，是高句丽的第二个都城的国内城。我们不同意这种看法，仍然坚持集安市区的石城旧址是国内城。原因也很简单，因为集安市附近有2世纪以前（包括2世纪）的遗迹、遗物。比如集安市区的古城址，经近年的发掘证明，在石砌城墙里面包含汉代的夯土墙，就是一佐证。近年在城里又出土汉代的大板瓦，以及在粮库遗址内出土过汉代的白玉耳杯，此耳杯经玉石专家鉴定是新疆和田玉石的核心琢制而成，以及在集安一带出土的汉代铁铧、铁锸、铁镰刀等农业生产工具和战国及两汉时代的货币等，不都是2世纪以前的遗迹、遗物吗？绝对说没有，肯定是不妥的。[③]

至于国内与不耐，王健群先生认为，"国内，据后人考证，即不耐，为岭东七县之一。原为东部都尉治所，当有故城，即国内城。又增筑尉那岩城，是傍山的卫星防卫城"[④]。并因此认为高句丽第二座都城国内城不在中国集安，而在朝鲜永兴一带。李殿福、孙玉良二位先生则认为，"岭东七县之一东部都尉治所，是不耐城，但不是国内城。因为不耐和国内是二地，是一东一西"[⑤]。他们认为，把不耐城称为国内城是错误的，错误的根源在于《高丽记》。唐张楚金撰写《翰苑》一书，有唐人雍公叡注，在"王颀逐北，铭勋不耐之城"一语下注引《高丽记》曰："不耐城，今名国内城，在国东北六百七十里，本汉不而县也。"国内外学者对国内城与不耐城的讨论大体上遵循上述两种看法。其实还应考虑另外一种意见：汉不而县侨置——或国内城初建之时名不耐城，汉武帝以

① 王则：《集安古城应是丸都城》，《古代东亚细亚的再发现》1994年6月。
② 孙进己、冯永谦：《高句丽国内城定点与建成时间论辩——兼考尉那岩城、丸都城、平壤城与黄城诸城址》，《东北史研究》2004年第2期。
③ 李殿福、孙玉良：《高句丽的都城》，《博物馆研究》1990年第1期。
④ 王健群：《玄菟郡的西迁和高句丽的发展》，《社会科学战线》1987年第2期。
⑤ 李殿福、孙玉良：《高句丽的都城》，《博物馆研究》1990年第1期。

后侨置单单大岭以东；或为东汉光武之年弃岭东之地，将不耐城侨置鸭绿江右岸。金毓黻先生早在70多年前已经发现这种情况："《三国史记》谓国内城一云不耐，汉乐浪东部都尉所属七县，有不耐，在今朝鲜咸镜南道。其后或移不耐于鸭绿江流域，高丽国内城去丸都非甚远。"[1]

金毓黻先生的推论是很有见地的。

其一，国内、不耐、不而，乃一音之转，似不应怀疑。国内城即不耐城，来自不而县。或东或西，本在一地。迁去徙来，亦应在一地。况且集安国内城石墙之中本有土垣，年代应在战国——高句丽建国之前。[2] 也许此土城原称不耐城、不而城。

其二，《翰苑》注引的《高丽记》，应该是唐代职方郎中陈大德贞观十五年（公元641年）出使高句丽的考察报告书，原名《奉使高丽记》。[3] 据《唐六典》记载，"职方郎中、员外郎，掌天下之地图及城隍、镇戍、烽候之数，辨其邦国都鄙之远迩及四夷之归化者。凡地图，委州府三年一造，与版籍偕上省。其外夷，每有番官到京，委鸿胪讯其人本国山川风土，为图以奏焉。副上于省。其五方之区域，都鄙之废置，疆场之争讼者，举而正之"。陈大德可谓都鄙地理图籍的专家，其报告的高句丽都城变迁、山川地理、风土人情都是在极严肃认真的态度下，据实写成的，真实性与可信程度是不容怀疑的，特别是这样一位学者型官员，身处高句丽末世，亲历高句丽城乡山川，他记下的"不耐城，今名国内城，在国东北六百七十里，本汉不耐县"，其可信程度不会低于《后汉书》《三国志》，更比高句丽灭国后几百年、上千年后人们据传闻而写的东西要真实许多。

其三，毋丘俭纪功碑在集安城西17千米板岔岭西北天沟山坡发现（光绪三十年，1904年），与丸都山城相距亦17千米左右。此一石可谓"刊丸都之山，铭不耐之城"。证明丸都山城与国内城不远，不耐城即国内城。《三国志·高句丽传》载"高句丽在辽东之东千里，南与朝鲜、秽貊，东与沃沮，北与夫余接。都于丸都之下，方可二千里，户三万……"《新唐书·地理志》载"自鸭绿江口舟行百余里，乃小舫溯流东北三十里至泊汋口，得渤海之境。又溯流五百里，至丸都县城，故高丽王都"。《通典》记，"鸭绿水，水源出东北靺鞨白山，水色似鸭头，故俗名之，去辽东五百里，经国内城南，又西与一水合，即盐难水也"。证明国内城与丸都城均在鸭绿江右岸，今集安市区及北郊。

国内城遗址位于鸭绿江右岸，通沟平原西部。城东6000米为龙山，北1000米为禹山，西隔通沟河为七星山，城南500米即鸭绿江。

1958年以来吉林省和辑安县的文物部门多次对国内城进行保护调查与发掘。

1961年3月4日，辑安洞沟古墓群（包括好太王碑）被国务院公布为全国第一批重点文物保护单位。4月20日，国内城、丸都山城、霸王朝山城被列入吉林省重点文物保护单位（图10.3）。

---

① 金毓黻：《东北通史》上编，台北：洪氏出版社，1976年，第237—238页。

② 集安县文物保管所：《集安高句丽国内城址的调查与试掘》，《文物》1984年第1期。

③ 明学、中澍：《一份更为可信的高句丽史料——关于〈翰苑·蕃夷部〉注引〈高丽记〉佚文》，《学术研究丛刊》1986年第5期。

图 10.3　国内城与丸都山城位置示意图

资料来源：金旭东：《丸都山城——因战争兴废的防御性都城》，《中国文化遗产》2004 年夏季号

　　1962 年 4 月 15 日，吉林省博物馆和辑安县文管所组成文物普查队，对全县文物进行普查，调查新石器时代遗址 4 处，古墓群 32 处，古城址 4 处，古遗址 1 处，并对它们进行测绘、著录。6 月对丸都山城进行为期一周的调查与实测，测得城墙周长 6951 米。

　　1963 年 9 月，中朝联合考古队在辑安进行考古调查。

　　1975 年 5—7 月，集安县文管所对国内城进行调查、测绘，并对几段城墙进行解剖探掘。在 1984 年发表的考古调查报告中公布了城墙的基本状况："城略呈方形，方向 155°，长度为东墙 554.7，西墙 664.6，南墙 751.5，北墙 715.2 米，城周边总长 2686 米。南城墙西段保护较好，一般高约 3—4 米；东段残高约 2—3 米。东城墙因已建起许多房屋，城址大部分毁坏，只有少部分还可断断续续地看出墙基。北城墙墙基保存较好，仅东段一小部分和西北角一段墙基破坏严重，墙垣残高 1 至 2 米。1975 年曾简单地复修了北墙。西城墙以原西城门为界，北段保护较好，残垣高约 2 至 4 米；南段破坏严重，城墙已基本毁掉。国内城现存残垣宽 7 至 10 米。"[1] 先后开了 10 条探沟：南墙 5 条（T1—T5）、东墙 1 条（T6）、北墙 2 条（T7—T8）、西墙 2 条（T9—T10）。揭露面积 960 平方米，进一步弄清了城墙的结构。同时发现石墙内土垣建筑年代较早，从出土遗物看，土垣应筑于高句丽建国前。[2] 因此，儒留王二十二年"迁都国内，筑尉那岩城"，而不筑国内城。

　　《三国史记》载，故国原王"十二年（公元 342 年）春二月修葺丸都城，又筑国内城"（是指

①　集安县文物保管所：《集安高句丽国内城址的调查与试掘》，《文物》1984 年第 1 期。

②　集安县文物保管所：《集安高句丽国内城址的调查与试掘》，《文物》1984 年第 1 期。

在土墙外加修石墙）。后来，又进行过维修，直至民国年间。民国二年重修三座门，东曰"辑文门"，西曰"安武门"，南曰"襟江门"，其余门封堵。①

国内城中发现多处高句丽遗迹，今市政府附近为宫殿遗址，曾出土成排础石。彩印厂附近出土瓦、瓦当、鎏金铜佛和一些陶片，可能是寺庙遗址。邮政局、浴池一带出土础石和"太宁四年瓦当"，瓦当为黑灰色，卷云纹，直径12.5厘米，上有铭文"太宁四年太岁□□闰月六日己巳造吉保子宜孙"20字，应是东晋明帝太宁四年（公元326年）闰月六日，高句丽美川王二十七年的制品。②

南城门内曾经发现铁器制造作坊，城东北还发现多处建筑遗址、居住址和灶房等。城内多次发现筒瓦、文字瓦当、莲花纹瓦当、兽面纹瓦当。出土铁器有铁锅、铁刀、铁镞、铁剪、铁锤、铁砧，石器有环状石器和石斧，陶器有陶罐、陶釜、陶甑等。③

城东北的梨树园子南遗址，1958年是一座粮库，平整晒粮场地时，出土白玉耳杯1件、鎏金箭头20枚、鎏金器盖1件、鎏金挂钩1件。1990年前后，建筑施工中出土许多件莲花纹、兽面纹、忍冬纹瓦当，还有大量瓦砾和多件础石。证明这里应是高句丽时期的一处重要建筑遗址。④

2000年5—11月，吉林省文物考古研究所与集安市文管所配合集安市基本建设，对高句丽国内城中的蔬菜商场、开发公司、人大宿舍、粮食局、教育局、国税局、审计局、中医院等单位的建筑工地进行考古发掘，发掘面积为1439平方米。另外，还发现了高句丽时期的建筑墙体与遗迹，出土了一批瓷器、陶器、釉陶器、铜器、铁器、石器、砖瓦、瓦当等文物。⑤

2001年4—10月，吉林省文物考古研究所与集安市文管所配合基本建设，对集安国内城的电影公司、东市场、第二小学、民政局、计量局、百货大楼、第一幼儿园、实验小学等地点的建筑工地进行考古发掘，发掘面积为1400平方米，另外，还发现了高句丽时期的石砌遗迹，出土了一批陶器、釉陶器、鎏金器、铜器、铁器、石器、砖瓦、文字瓦当、莲花纹瓦当、兽面纹瓦当等文物。⑥

2003年，为了高句丽王城、王陵及贵族墓葬申报世界遗产，同时配合城市建设，吉林省文物考古研究所与集安市文管所，对集安国内城和城内相关建筑遗址进行了清理发掘，对国内城城墙进行了调查测绘、局部清理发掘。绘制了2003年版国内城西、北城墙平面轮廓图。重新测得北城墙长730米，西城墙长702米。另外，发现了高句丽时期的城门遗址、排水遗迹、宫殿建筑遗迹，出土了一批高句丽时期的珍贵文物。⑦

---

① 《集安县文物志》，长春：吉林省文物志编委会，1984年，第62页。

② 耿铁华：《高句丽瓦当》，长春：吉林大学出版社，2014年，第18、30页。

③ 赵书勤：《集安发现一处高句丽时期的小手工业作坊遗址》，《博物馆研究》1997年第3期。

④ 《集安县文物志》，长春：吉林省文物志编委会，1984年，第45—46页。

⑤ 吉林省文物考古研究所、集安市博物馆编著：《国内城——2000—2003年集安国内城与民主遗址试掘报告》，北京：文物出版社，2004年，第53—85页。

⑥ 吉林省文物考古研究所、集安市博物馆编著：《国内城——2000—2003年集安国内城与民主遗址试掘报告》，北京：文物出版社，2004年，第86—157页。

⑦ 吉林省文物考古研究所、集安市博物馆编著：《国内城——2000—2003年集安国内城与民主遗址试掘报告》，北京：文物出版社2004年6月。

此次测量后，得到了国内城墙垣一组新的数据：北城墙长为 730 米、西城墙长为 702 米。[①] 不知为何，当时没有测量或没有公布南城墙和东城墙长度。同年，吉林省文物考古研究所所长宋玉彬先生在文章中公布了国内城墙垣的长度：东城墙长 558 米、西城墙长 699 米、南城墙长 749 米、北城墙长 735 米，周长 2741 米。[②] 此数据与吉林省文物考古研究所公布的数字有所不同。现将历次测得国内城墙垣数据比较如下表（表 10.3）。

表 10.3　历年测量公布国内城墙垣长度比较表　　　　　　　　　　单位：米

测量与公布者	东墙	西墙	南墙	北墙	周长	发表著录
1975 年测量	554.70	664.60	751.50	715.20	2686	《集安高句丽国内城址的调查与试掘》
2004 年公布		702		730		《国内城——2000—2003 年集安国内城与民主遗址试掘报告》
宋玉彬公布	558	699	749	735	2741	《国内城——历时最长的平原王城》

国内城东城墙大部分于"文化大革命"期间被放弃，允许建筑民房，南部转角可见墙基残段。南城墙西面一段保存较好，高度有 3—4 米。西城墙北段尚存，高 2—4 米。北城墙下部和墙基大体完整，高 1—2.5 米。墙垣四角原来建有角楼，墙外相隔一定距离修筑马面，北墙外发现 8 个，东墙、南墙、西墙外各发现两个，共有 14 个马面基址（图 10.4）。据《集安县文物志》记载，原有 6 座城门，东、西各两座，南、北各一座，均有瓮门。2003 年在北城墙西角清理出一处门址。在西城墙现存的一处马面南 31.6 米处外墙基部，又发现一处高句丽时期的马面残迹。同时，确认西城墙西侧的石砌排水涵洞属于一条南北走向的石砌墙体的内部设施。根据该墙体的构筑方式及出土遗物的特点可以认定，这道与现存国内城西城墙平行的墙基为高句丽时期的城墙遗迹，表明高句丽时期曾对国内城西墙进行过一次整体东移。2000—2003 年，对国内城范围中蔬菜商场、开发公司、粮食局宿舍、市中医院、教委宿舍、人大宿舍、电影公司、百货大楼、第二小学、实验小学、门球场、体育场等地点进行过多次发掘，发掘面积 5000 平方米，发掘地点涵盖各区域，基本掌握了城内文化堆积的分布特点、性质、内涵，古代文化堆积以高句丽遗存为主。体育场地点清理出 4 处建筑基址，出土花纹砖、板瓦、筒瓦、瓦当等各类建筑饰件（图 10.5）。体育场东，原市委市政府大院在以往修建、改建施工中曾发现古代建筑遗迹，出土成排大型柱础石、砖瓦、瓦当、大型碑座等高句丽时期的遗物。这里应该是高句丽王宫遗址，现已开辟成集安高句丽考古遗址公园。

城墙外的一些建筑遗址中也曾出土一批高句丽铁锅、铁砧、铁锸、铁熨斗、带钩、铁马镫、铁镞、陶瓮、陶甑、陶罐、陶盆、四耳陶壶、陶盘、陶器盖、砖瓦、瓦当等文物。

---

① 吉林省文物考古研究所、集安市博物馆编著：《国内城——2000—2003 年集安国内城与民主遗址试掘报告》，北京：文物出版社 2004 年 6 月，第 181 页。

② 宋玉彬：《国内城——历时最长的平原王城》，《中国文化遗产》2004 年夏季号。

图 10.4　国内城东西城墙及马面

资料来源：吉林省文物考古研究所、集安市博物馆编著：

《国内城——2000—2003 年集安国内城与民主遗址试掘报告》，图版一、十二

图 10.5　建筑遗址及础石

资料来源：吉林省文物考古研究所、集安市博物馆编著：

《国内城——2000—2003 年集安国内城与民主遗址试掘报告》，图版十八、二十七

　　国内城东墙外商贸街、民族商店、老财政局一带，曾发现成组的建筑基址，出土一大批础石、板瓦、筒瓦、莲花纹瓦当、兽面纹瓦当和铁器、陶器等高句丽文物。北城墙外的梨树园子南在建筑施工中也发现了大型建筑遗址，大型柱础石南北排列，30 多厘米厚的瓦砾层残存大量筒瓦、板瓦、莲花纹、兽面纹、忍冬纹瓦当。1958 年这里曾出土一批鎏金铜箭头和白玉耳杯等珍贵文物。说明这里原为高句丽官署建筑。

国内城东胜利村、民主村也都有高句丽时期的建筑遗址发现。民主村清理发掘了三组大型院落式建筑基址，出土了残砖断瓦，其中菱形纹砖为高句丽贵族常用的建筑材料，开元通宝铜钱则为遗址断代提供了参考。建筑遗址东面立有两座石柱，它们之间的地层关系相同，属于同一建筑群体，类似门柱或石阙，代表建筑物主人的不寻常身份。[①]

二、筑尉那岩城

尉那岩城筑于儒留王二十二年（公元 3 年）。《三国史记》记载：儒留王"二十一年春二月，郊豕逸，王命掌牲薛支逐之，至国内尉那岩得之，拘于国内人家养之。返见王曰：'臣逐豕到国内尉那岩，见其山水深险，地宜五谷，又多麋鹿鱼鳖之产。王若移都，则不唯民利无穷，又可免兵革之患也。'""二十二年（公元 3 年）冬十月，王迁都于国内，筑尉那岩城。"可知尉那岩和国内两地密切相关，距离不远。尉那岩应指山而言，筑城则为山城，这一推断符合高句丽人都城以平原城与一座军事卫城相拱卫的格局。

关于尉那岩城的状况，《三国史记》也有记载：

> （大武神王）十一年，秋七月，汉辽东太守，将兵来伐。……入尉那岩城，固守数旬，汉兵围不解。王以力尽兵疲，谓豆智曰："势不能守，为之奈何？"豆智曰："汉人谓我岩石之地，无水泉，是以长围，以待吾人之困。宜取池中鲤鱼，包以水草，兼旨酒若干，致犒汉军。"王从之，贻书曰："寡人愚昧，获罪于上国，致令将军帅百万之军，暴露弊境。无以将厚意，辄用薄物，致供于左右。"于是，汉将谓城内有水，不可猝拔。乃报曰："我皇帝不以臣驽，下令出师，问大王之罪。及境踰旬，未得要领，今闻来旨，言顺且恭，敢不藉口以报皇帝。"遂引退。

大武神王十一年是东汉光武帝建武四年，即公元 28 年。辽东军队来伐高句丽，大武神王与大臣退守尉那岩城，此城乃"岩石之地"。从以上这段记载可知：第一，尉那岩城是座山城，城内有水泉，易于固守。第二，高句丽王平时不在此城居住，只有在战争危急时刻才退入山城固守。第三，山城距离国内城不太远。符合这种条件的只有国内城北 2.5 千米的山城子山城。国内城附近方圆 40 千米之内再未见有其他山城。

山城子山城位于集安市区西北，通沟河右岸的山上，最高处海拔 652 米。山形北高南低，呈簸箕形，域垣在山上，平面接近四边形。山城墙垣沿山势走向逐段垒筑。1962 年测得东墙 1716 米、西墙 2440 米、南墙 1786 米、北墙 1009 米，周长 6951 米。[②]目前东墙南段、西墙北段和北墙保存较好，

---

① 吉林省文物考古研究所、集安市博物馆编著：《国内城——2000—2003 年集安国内城与民主遗址试掘报告》，北京：文物出版社，2004 年，第 181 页。

② 2003 年测得丸都山城墙垣周长 6947 米。

一般高 5 米左右，墙顶部外侧修筑女墙，高 0.78—1.3 米、宽 0.73—1 米，内有石柱洞。西北角有一平台，大体呈圆形，直径 8 米。全城有门址五处，南门一，东北各二。北门外修有 7—9 级台阶，有小路通往山下。南门开于正中低洼处，并修有瓮城，一条小河从城内流出。南门内 200 米台地上，有石筑瞭望台，下有石砌水池。北侧台地上有兵营建筑遗址，成排不规则的础石，分为三排，约 20 个，南北长 26 米、东西宽 8 米。瞭望台东北山坡下有一处大型宫殿遗址，南北宽 95.5 米、东西进深 76 米，作三层台阶，阶高各 1 米左右，有的以石条砌成，分布数十个础石。地表面有大量板瓦、筒瓦（方格纹、布纹、菱纹），以红色为多，并发现忍冬纹、莲花纹、兽面纹瓦当。从进深与格局看，还保存着秦汉时期的建筑风格。

三、修建丸都城

与丸都城修建并移都相关的记载主要有：

《三国史记·高句丽本纪》：故国川王十九年（公元 197 年）男武去世，在王后于氏的劝说下，山上王继位。其兄发歧为兄而不得立，乃投奔公孙度，借兵讨山上王，结果兵败自杀。山上王"二年（公元 198 年）春二月，筑丸都城"。

《后汉书·袁绍、刘表传》记，公孙度"因东击高句丽，西攻乌桓，威行海畔"。

《三国志·二公孙传》记，公孙度"东伐高句丽，西击乌桓，威行海外"。

《三国志·高句丽传》记，"伯固死，有二子，长子拔奇、小子伊夷模。拔奇不肖，国人便共立伊夷模为王。自伯固时，数寇辽东，又受亡胡五百余家。建安中（公元 196—220 年）公孙康出军击之，破其国，焚烧邑落。拔奇怨为兄而不得立，与涓奴加各将下户三万余口诣康降，还住沸流水。降胡亦叛伊夷模，伊夷模更作新国。今日所在是也"。

对上述文献记载的解释学界存在以下几种不同意见。

第一，金毓黻先生认为："公孙康之世，曾击高句丽。破之，其王遂移都于丸都山。……按《三国史记·高句丽本纪》山上王十三年，有自'国内城移都丸都城'之语，自必国内城为公孙康所残破，难于居处，故于丸都之地，别建国都。山上王十三年，当汉献帝建安十四年。由此可将《魏志》'建安中公孙康出师击之'一语，证明为建安十四年，惟国内城在山下，丸都在山上，二地相距至迩，余已于前章略说明之。虽不敢谓为定论，然《魏志》之伊夷模，《三国史记》则称之为山上王，即因其作新都于山上故也。"[1]

此解释依据第四条文献，没有说明公孙康出兵与伊夷模和拔奇之间王位争夺的关系。从出兵在建安十四年的说法看，应该是否定公孙康出兵与伊夷模和拔奇之间争夺王位有关系。

第二，顾铭学先生认为，公孙度出兵时间在公元 197 年。这一年公孙度"破坏了国内城，山上

---

[1] 金毓黻：《东北通史》上编，台北：洪氏出版社，1976 年，第 159—160 页。

王从即位的第二年（公元 198 年）才有必要修建丸都。过了几年，修建好了，才搬进去"。他引用了上面第一、第二、第三条文献，而且把公孙康出兵也记在公孙度账上。[①]

第三，孙玉良、李殿福二位先生认为，公孙氏出兵是两次，一次是公元 197 年，公孙度出兵，结果大败；另一次是公元 209 年，公孙康出兵，一度攻陷高句丽王都国内城，迫使山上王入居丸都城固守。[②]对于丸都城是何时修建的问题，李殿福先生在《高句丽丸都山城》一文中认为是在山上王二年（公元 198 年）。[③]

第四，魏存成先生认为："公孙氏出兵还是一次，时间在 197 年，此时公孙度在位，但出兵的是公孙康。因为在上引文献中虽然几次出现公孙度同高句丽发生战争，但都没有明确记公孙度亲自出兵，而亲自出兵的应是公孙康，时间在建安中，即 196—220 年期间，正好包括 197 年在内，而这时公孙康并未继位。公孙康继位是在建安九年，即 204 年。公孙康出兵，'破其国，焚烧邑落'，于是第二年山上王只好修筑丸都，到 209 年则'移都于丸都'。"[④]

考古调查与文献证明，魏存成先生的意见近是。公元 197 年山上王即位，公孙康出兵，焚烧国内城，公元 198 年山上王修建丸都城，公元 209 年移都丸都。

关于丸都城的位置，史书有如下记载。

《三国志·高句丽传》载："高句丽在辽东之东千里，南与朝鲜、秽貊，东与沃沮，北与夫余接。都于丸都之下，方可二千里，户三万。多大山深谷，无原泽。"地理位置与形势十分清楚。

《新唐书·地理志》载："自鸭绿江口舟行百余里，乃小舫溯流东北三十里至泊汋口，得渤海之境。又溯流五百里，至丸都县城，故高丽王都。"按照文献给出的距离推算，"丸都县城"正好在今集安市郊。

另《三国志·毌丘俭传》载："刊丸都之山，铭不耐之城。"若不耐城即国内城，则丸都之山即国内城北之山，丸都城亦即国内城北山城子山城。一般认为，丸都山城建于儒留王二十二年（公元 3 年），当时名尉那岩城。山上王二年继续加修城墙，建筑宫殿。山上王十三年，移都于此。

尉那岩音变为"丸"，以此为都，则加都成为丸都。我们今天看到的丸都山城，文献上也曾记作尉那岩城，当地居民也称之为山城子山城。

公元 209 年丸都城作为都城出现在史书上。

公元 244 年（曹魏正始五年，东川王十八年）幽州刺史毌丘俭征高句丽，"束马县车，以登丸都，屠句丽所都"。[⑤]

故国原王十二年（公元 342 年）春二月，"修葺丸都城，又筑国内城。""秋八月，移居丸都。"[⑥]

① 顾铭学：《〈魏志·高句丽传〉考释》，《学术研究丛刊》1981 年第 1、2 期。
② 孙玉良、李殿福：《高句丽同中原王朝的关系》，《博物馆研究》1990 年第 3 期。
③ 李殿福：《高句丽丸都山城》，《文物》1982 年第 6 期。
④ 魏存成：《高句丽考古》，长春：吉林大学出版社，1994 年，第 18 页。
⑤ 《三国志》卷二十八《毌丘俭传》，北京：中华书局，1959 年，第 762 页。
⑥ 《三国史记》卷十八《高句丽·故国原王本纪》，汉城：韩国民族文化推进会，1982 年，第 138 页。

十一月，燕王慕容皝率兵攻下丸都城。"发钊（故国原王）父乙弗利（美川王）墓，载其尸，收其府库累世之宝，虏男女五万余口，烧其宫室，毁丸都城而还。"[①]

自此以后，不再修葺，亦难以为都了。作为军事卫城，其战略位置还是很重要的。

四、丸都山城调查清理

丸都山城，原称尉那岩城，初建于公元 3 年。在集安国内城北 2.5 千米的山上，中心地理坐标为东经 125° 45′—126° 30′，北纬 40° 52′—41° 35′。丸都山城属于簸箕型山城，城垣修建在山脊之上，以险要断崖山势陡峭之处为自然墙垣。城垣随山势起伏错落，外临峡谷绝壁，形成不规则的四边形石城，最高处海拔 652 米。

城内地势由北向南倾斜，东、西、北三面地势较高，南面较低，高差约 440 米。整个山城形状如簸箕，南门外通沟河自东向西绕过山脚，成为天然屏障。河两岸狭长的冲积阶地上分布着高句丽时期的各类墓葬。山城南面为禹山，西南为七星山，西面山峦峡谷与麻线乡小板岔岭相隔。光绪末年乡民修路时，在小板岔岭西北天沟发现了毌丘俭纪功碑残石。[②]进一步证实了丸都山城的相关史事。山城东面 0.5 千米为山城子村，有一条乡路沿通沟河北岸通过。

丸都山城北部地势较高，均为山陵、沟谷，海拔 349—652 米。北部山坡下主要的两条沟谷呈南北走向。东部为张家沟，西部为刁家沟，二者在城南小溪处交汇。张家沟坡度略缓，至北端分为两支，左侧称"黑瞎子沟"，右侧称"大潦荒子沟"。黑瞎子沟通往北墙中段，大潦荒子沟通往城墙东北角，沟内均无遗迹发现。刁家沟坡面较缓，到北部亦分为两支，左侧的卧子沟通向西墙，右侧的盘道沟通向城墙西南角。2002 年 5 月考古调查时，为便于了解、掌握遗存的分布情况，将整个南部台地分为四大区。西大坡为一区，东大坡以自然冲沟为界分为三大区，南墙附近台地为二区，宫殿址周围为三区，瞭望台及"饮马湾"附近为四区。一区和二区内有 20 多座高句丽墓葬，三区内有 10 多座高句丽墓葬和宫殿遗址，四区内有戍卒居住址和瞭望台（图 10.6）。

图 10.6　丸都山城内遗址

资料来源：吉林省文物考古研究所、集安市博物馆编著：
《丸都山城——2001—2003 年集安丸都山城调查试掘报告》，图版四

1962 年吉林省博物馆考古队对丸都山城作了实地勘测，测得城墙周长 6951 米，

---

① 《晋书》卷一百九《慕容皝载记》，北京：中华书局，1974 年，第 2822 页。
② 毌丘俭纪功碑残石的发现时间说法不一，有光绪三十年（1904 年）、光绪三十一年（1905 年）、光绪三十二年（1906 年）几种。

2001—2003 年，根据吉林省高句丽、渤海"十五"研究规划，吉林省文物考古研究所在集安市博物馆的协助下，对丸都山城进行了全面的测绘、调查和试掘。测得山城周长 6947 米，并先后清理发掘了宫殿遗址、瞭望台、蓄水池、1 号门址（南瓮门）、2 号门址、3 号门址，获取了翔实的科学数据和一批珍贵的文物。

图 10.7　1 号门址

资料来源：吉林省文物考古研究所、集安市博物馆编著：
《丸都山城——2001—2003 年集安丸都山城调查试掘报告》，图版五

　　1 号门址位于南墙正中曲折内凹处，门外为平坦的通沟河谷，是通往丸都山城的重要通道，也是山城防御体系的核心与重点。门址地处丸都山城的最低点，海拔 207 米，现有小溪缓缓流过，经过门道注入通沟河。两侧山岗上筑有角台，为瓮门的两端，内门跨越河沟，石砌墙垣呈半圆形，大部分墙基保存完好。外侧瓮门依据两侧山崖形成，连接处的石砌墙垣及门道基址已经损毁。谷口宽 93.7 米。清理过程中，出土一批绳纹和方格纹瓦、莲花纹、兽面纹、忍冬文瓦当、特殊建筑构件、铁矛、铁凿、铁锁链、铁钉等（图 10.7）。

　　2 号门址位于山城南墙的西段，主体部分建于山脚下的台地上，西侧为较缓的山坡，东南是 28 米高的断崖。崖边有一条小路沿通沟河右岸通往万宝汀墓区。2002 年 5 月—2003 年 10 月，进行了两次发掘，发现门道和东西两侧墙体、瓮城等，出土各类文物 951 件，其中有带刻画文字和符号的筒瓦、板瓦，莲花纹、兽面纹瓦当，铁车辖、铁镦、铁镢、铁钉、铁片和陶器残片（图 10.8）。

图 10.8　2 号门址

3号门址位于丸都山城西墙南端，距西南角约245米。门址修筑在地势相对平缓的低洼处，海拔371米。有山间小路与2号门址相通。门址外临陡峭的山谷，北高南低，由块石垒砌而成。门道为生土，略加修整较为平整，长5.25米、宽3.6米。两侧墙壁用楔形石修筑，平整坚固，两端转角修成圆弧形。另外，还出土了一批板瓦和筒瓦残片（图10.9）。

图10.9 3号门址

资料来源：吉林省文物考古研究所、集安市博物馆编著：
《丸都山城——2001—2003年集安丸都山城调查试掘报告》，图版三十一

同时在北城墙发现4号、5号门址，东城墙发现6号、7号门址。地表上发现大量红色的瓦砾残片。

城墙的构筑，充分利用了自然地理形势，体现出高句丽山城的建筑特点。城东南角以陡峭的岩壁为城墙（部分岩壁经人工修凿），缺口处以石条垒砌。其余几面城墙也有用此种方式砌筑的段落。在山脊平坦的地方，则用花岗岩石垒砌城垣。城墙的内部主要用两头呈尖状的梭形石交错摆放而成，梭形石间的空隙以碎石填充。侧面则采用楔形石（俗称"牛尾石"）插入尖状条石间，形成内外墙面。石材工整，尖状梭形石一般长约60厘米、宽约25厘米、厚15—25厘米。楔形石一般长20—50厘米、宽29—40厘米、厚10—27厘米。城墙修筑时从底部开始逐层向上内收，使外侧面略向内倾。由于山势起伏，为求城垣绵亘一贯，山脊凹伏愈大的地方，筑墙愈高。整个城墙以东墙南段、西墙北段和北墙西段保存较好。尤以北墙构筑坚固、险峻，有些墙段高达5米左右。城墙顶部外缘均有高1米左右的女墙。

丸都山城内东南部缓坡台地上有宫殿遗址，依山势而建，东高西低，落差近13米。四周以块石垒砌宫墙，现仅存基础。宫殿周长332米，受地势所限，平面形状并不规则，东、西两墙较为平直，南北墙呈斜边状。整座宫殿址及附属设施面积8260.75平方米。遗址坐东向西，方位角234°，由西向东依次分布着四层人工修筑的台基，台基呈长方形，西、南、北三面作块石垒砌护坡。受地势影响，每处台基的宽度不尽一致，2号台基略宽，1号台基最窄。在1—4号台基上均修筑

不同规格的建筑，共有 11 座（组）。在 1 号台基与 2 号台基之间有一长方形广场。广场北侧修筑有进深和面阔均为 2 间的建筑，相类似单体建筑在 2 号、4 号台基的北部也有发现。从现存迹象看，宫殿址有宫门 2 处，均位于西宫墙上。1 号门址（正门）位于宫墙的中部，与 3 号台基所存石筑踏步处于同一条轴线上，结合 2 号台基残留的石筑踏步的迹象推测，宫殿的正门与各台基的踏步构成整座宫殿址的中轴线。2 号宫门址位于正门北 17 米，位置与 6 号建筑的门道相对应。遗址内还发现人工排水和自然排水设施。遗址出土铁钉、钩形器（寄生）、铁环、铁链、铁钉履、铁挂件、铁构件、铁镞、车马具、仪仗器等 333 件铁器。24 件鎏金铜饰件及大量的板瓦、筒瓦、瓦当和当钩。瓦当有莲花纹、兽面纹、忍冬纹三种。瓦件上有刻画文字与符号，文字有"小兄""大甩""九""鸟""井"等。

　　山城内现有两处山泉，一处在城西北角，另一处在城东。两处泉水形成小溪流向南门，南门以北 100 米还筑有一处人工蓄水池，约 50—60 平方米的圆形洼地，俗称"饮马湾"或"莲花池"。向西北坡地上行 30 米左右有一处石砌的瞭望台，俗称"点将台"。瞭望台的主体建筑为一圆角长方形石筑高台，长 6.7 米、宽 4.5 米、残高 4.5 米。外壁选用楔形石叠砌而成，部分楔形石外侧边缘处可见人工凿刻的凸棱，用以防止上层砌石滑落；转角处使用厚 0.3 米的扇形石，使外侧圆滑、美观。内部使用梭形石及石板穿插垒砌，其中空隙以碎石填充。瞭望台的北壁修筑有石质阶梯（图 10.10）。瞭望台北侧 15 米有一片平缓的坡地，在长 16 米、宽 9 米的范围内分布着 3 排 18 个石块构成的础石，学者推测这里应该是戍卒居住的遗址。

图 10.10　瞭望台

资料来源：吉林省文物考古研究所、集安市博物馆编著：
《丸都山城——2001—2003 年集安丸都山城调查试掘报告》，图版九十九

　　在城墙、门址、遗址、水池、瞭望台等处都发现了大量的红色筒瓦、板瓦及瓦当。瓦当为高边轮，以兽面纹为主，间有一定数量的莲花纹瓦当及少量的忍冬纹瓦当。城内还发现各种兵器、马具

和生活用具。①

高句丽时期，曾经有两次将丸都山城改作都城。"建安中，公孙康出军击之，破其国，焚烧邑落。"②公孙康军队曾攻破国内城及其邑落，难以维持。山上王即位后便开始"筑丸都城"，经过十多年，修补了城垣，建起了宫殿。十三年（公元209年）"冬十月，王移都于丸都"。以此为都城36年。故国原王十二年（公元342年）"春二月，修葺丸都城，又筑国内城。秋八月，移居丸都城"。当年十月，燕王慕容皝兵分两路征讨高句丽，北路遭到高句丽军队抵抗，南路长驱直入，攻下丸都。"发美川王墓，载其尸，收其府库累世之宝，虏男女五万余口，烧其宫室，毁丸都城而还。"③丸都山城被毁弃，一时难以恢复。高句丽迁都平壤之后，有的贵族势力之家甚至将坟墓埋在丸都城内，至今城内宫殿遗址南侧仍有几座高句丽封土墓。

丸都山城初名尉那岩城，原本是作为国内城军事守备城而修建的，平时储备军资器械、马匹粮草。当外兵侵入，战事紧张之时，高句丽王便率群臣贵族退守丸都城。尉那岩城也曾经过多次征战，成为都城以后，在确保政权稳固，抵御外来侵扰中发挥了重要作用。长寿王即位之后，高句丽向中原发展受到阻碍，只好向朝鲜半岛南部发展，政治、经济、文化中心逐渐向南转移。长寿王十五年（公元427年）高句丽都城由国内城迁往朝鲜半岛平壤城以后，丸都山城日趋衰落。

五、平壤城与平壤东黄城

这里说的平壤城，不是指朝鲜半岛原乐浪郡治所在和后期高句丽都城的平壤城，而是指高句丽都国内、丸都时期的平壤城。

《三国史记》中第一次出现平壤城的名称是在东川王二十一年（公元247年）春二月。当时，丸都城刚被毌丘俭军队毁坏，"王以丸都经乱，不可复都，筑平壤城，移民及庙社"。美川三十三年（公元302年）"秋九月，王率兵侵玄菟郡，虏获八千人，移之平壤"。④

学者大都以为这里的平壤城是指国内城。

我们认为，平壤，即平整的土地，平壤城最初应是平原城之意，亦即平地之城，是与山城相对而言。

还有一说，认为国内城也曾有过"平壤"之名，或许是史家之误称。

须知，高句丽攻占乐浪郡是在美川王十四年（公元313年）。高句丽王始封乐浪郡公，也是在以后的故国原王二十五年（公元353年）。在公元313年以前提到的平壤城，都应是指国内城。

慕容皝征高句丽"烧其宫室，毁丸都城"之后的第二年（公元343年）秋七月，故国原王"移居平壤东黄城，城在今西京东木觅山中"。平壤东黄城，可能在今集安国内城东北梨树园子遗址、

① 吉林省文物考古研究所、集安市博物馆编著：《丸都山城——2001—2003年集安丸都山城调查试掘报告》，北京：文物出版社，2004年，第16—46、86—153、158—168页。
② 《三国志》卷三十《高句丽传》，北京：中华书局，1959年，第845页。
③ 《三国史记》卷十八《高句丽·故国原王本纪》，汉城：韩国民族文化推进会，1982年，第138—139页。
④ 《三国史记》卷十七《高句丽·东川王本纪》《美川王本纪》，汉城：韩国民族文化推进会，1982年，第133、137页。

东台子遗址至长川遗址一带，这里邻近禹山、龙山等绵延不断的山岗，森林茂密，东南有鸭绿江从山下流过，江边有几处较大的冲积平原，适于居住。也有的认为在乐浪郡治，今平壤附近。从时间上看，改国原王十三年，高句丽都城还在国内城，王移居，只是居，不会离都城太远。既然国内城为平壤城，东黄城可在其东面寻找，只是木觅山不知今为何山。

第三节　平壤城

一、平壤城即长安城

《三国史记·长寿王本纪》记载，"十五年（公元 427 年）移都平壤"。《地理志四》记载，高句丽"都国内，历四百二十五年。长寿王十五年移都平壤，历一百五十六年。平原王二十八年，移都长安城，历八十三年，宝藏王二十七年而灭。平壤城似今西京，而浿水则大同江是也。何以知之？《唐书》云，平壤城，汉乐浪郡也。随山屈缭为郛，南涯浿水。又志云，登州东北海行，南傍海壖，过浿江口、椒岛，得新罗西北。又隋炀帝东征诏曰：沧海道军，舟舻千里，高帆电逝，巨舰云飞，横绝浿江，遥造平壤。以此言之，今大同江为浿水明矣，则西京之为平壤，亦可知矣"。[1]

十分明确，长寿王迁都的平壤，乃是汉乐浪郡治，大同江边的平壤，在今朝鲜民主主义人民共和国首都平壤市区之内。

好太王时期，高句丽占据了辽东，可以继续发展自己的实力。好太王死后，长寿王统治下的高句丽仍然是发展、繁荣的趋势，那么，迁都平壤说明其统治中心开始向南方转移，这是由长寿王南下政策决定的。高句丽占据辽东以后，局势稳定，北魏短时期内还难以对辽东有所作为。高句丽也不可能再向西南发展。此时新罗、百济不断向北部高句丽边境进犯，高句丽南迁平壤就是要进一步解决同新罗、百济的争夺，加强南部疆域的防御力量，同时抓住时机，向南发展。另外，集安国内城一带的通沟平原面积较小，农业经济发展受到一定限制。而平壤附近的大同江流域，平原宽阔，水资源丰富，利于扩大农业生产，发展经济。且靠近大海，气候宜人，交通便利。长寿王迁都还有一种心理因素，那就是高句丽人建国以来居于玄菟郡内，臣属玄菟、辽东及中原政权，经常往来朝贡，自以为是中华民族之一员，辽东自然是其大本营，其敌对之国不在辽东，而在朝鲜半岛南端。全力镇抚、威慑新罗、百济，使之臣服，防止倭人乘机进入半岛就成了长寿王向南发展的重要国策。

长寿王十五年（公元 427 年），率领群臣百姓顺利移都平壤，安置王公贵族和黎民百姓，恢

---

① 　《三国史记》卷十八《高句丽·长寿王本纪》，卷三十七《地理志四》，汉城：韩国民族文化推进会，1982 年，第 142、321 页。

复统治秩序，整个局势平和、稳定。同时，不断遣使入魏，奉表贡献方物，并请国讳。"世祖嘉其诚款，诏下帝系名讳于其国。遣员外散骑侍郎李敖拜琏为都督辽海诸军事、征东将军、领护东夷中郎将、辽东郡开国公、高句丽王。敖至其所居平壤城，访其方事。"[1]《三国史记》亦记载了魏世祖派李敖去平壤册封长寿王琏之事，时在长寿王二十三年，即公元 435 年，长寿王迁都平壤刚刚八年。

后来发生的重要事件有，阳原王"八年（公元 552 年）筑长安城"。平原王"二十八年（公元 586 年）移都长安城"。[2]

平壤城与长安城关系如何，《三国史记》作者交代得不甚清楚。而中原史家则有较明确的记载：

《北史·高丽传》记载，高句丽"其王好修宫室，都平壤城，亦曰长安城，东西六里，随山屈曲，南临浿水。城内唯积仓储器备寇，贼至日，方入固守。王则别为宅于其侧，不常居之"。

《隋书·高丽传》亦出现长安城之名——"其国东西二千里，南北千余里，都于平壤城，亦曰长安城，东西六里，随山屈曲，南临浿水"。

《新唐书·高丽传》记载，"其君居平壤城，亦谓长安城，汉乐浪郡也。去京师五千里而赢，随山屈缭为郭，南涯浿水，王筑宫其左"。

从以上文献记载看，平壤城又名长安城，在浿水边，应该是一座平原城。而随山屈由，城内唯积仓储器备寇，贼至日方入固守，则应指守备之用的北城。

《北史·高丽传》"王则别为宅于其侧"，可能因袭《周书·高丽传》的记载，高句丽"其地东至新罗，西渡辽水，二千里；南接百济，北邻靺鞨，千余里。治平壤城。其城东西六里，南临浿水。城内唯积仓储器备寇，贼至日方入固守。王则别为宅于其侧，不常居之"。

"王则别为宅于其侧"，说明平壤城旁边还有一宅。这一宅是宫殿，还是平原城？学者一致认为：平壤城，又名长安城——是平原城。根据高句丽都城格局，还应有一座山城。

至于王则别为宅，日本学者关野贞很早就提出是平原城，即清岩里土城。[3]时至今日，田村晃一仍坚持这一看法。[4]朝鲜社会科学院编著的《朝鲜考古学概要》曾重点介绍了安鹤宫发掘情况和建筑遗迹的布局。安鹤宫坐落在平壤市大城山麓，先后进行了 10 余次发掘，宫城总面积 314458 平方米，内有 52 座房址。共有 5 个建筑群，以南北中轴线为中心对称分布，南宫、中宫、北宫通过中轴线，东北有东宫，西北有西宫。另有水池、假山和庭园，建筑规模巨大而豪华。[5]安鹤宫应该是高句丽王别为之宅，供高句丽王及后妃居住、休憩与享乐的地方。这也反映出高句丽后期统治阶级贪图享乐，逐步走向腐朽、衰败的情况。

① 《魏书》卷一百《高句丽传》，北京：中华书局，1974 年，第 2214—2215 页。
② 《三国史记》卷十九《高句丽·阳原王本纪》《高句丽·平原王本纪》，汉城：韩国民族文化推进会，1982 年，第 148、149 页。
③ ［日］关野贞：《关于高句丽的平壤城及长安城》，《朝鲜的建筑与艺术》，东京：岩波书店，1941 年。
④ ［日］田村晃一：《高句丽山城——大城山城》，《考古学杂志》1976 年 4 月。
⑤ 朝鲜社会科学院考古研究所编，李云铎译：《朝鲜考古学概要》，顾铭学、方起东校，哈尔滨：黑龙江省文物出版编辑室，1983 年，第 196 页。

二、平壤市内古城

经多年来的考古调查与发掘，在今日平壤市内发现一座规模很大的古城。城垣北面靠锦绣山的最高峰得胜台和清流壁的绝壁，东、南两面靠着大同江（浿水），西、西北靠近普通江，是利用山、水和城墙围起来的一座平原城。城北侧在山坡上，朝鲜学者称之为平山城。这里的自然地理条件十分优越，与史书记载相符，应该是高句丽平壤城，即后来的长安城之所在。

平壤城的平面不规则，近似于三角形，城垣周长23千米，面积达185万平方米。城墙结构和筑法根据各段自然地势、地理环境不同而有所变化。以石砌为主，有的混以少许黏土，加以夯打，还有的在石头中横垫圆木。

由于城外有江水环绕，绝大部分无护城河，只是从万寿台南端经过七星门到乙密台和牡丹峰之间，城墙内外两侧挖出堑壕，加强防御，内壕宽10米，距城墙约3米，外壕宽5米，距城墙28—30米。

平壤城的城墙大体可分为四个部分。从大东门下面的大同江边，向西北经过南山岗，到万寿台西北端，构成了内城城垣。由此向北，联结牡丹峰最高峰，构成北城。从内城南面砌筑了横贯现今大同桥到安山的中城墙，北面为中城，南面为外城。外部城墙是沿着大同江与普通江岸修筑而成，有的地方只保留着墙基。城墙是依自然地势和地质条件，以多种方式砌筑。主要材料为石条、石块和黄土。

平壤城城墙的砌筑方法有以下四种。

第一　万寿台岗的一部分和七星门附近，城墙的基础由岩石地面构成，将其铲平，修整之后，然后在上面用工整的石条砌筑城墙。

第二，乙密台到七星门一带坡度较大的一段，将倾斜面垂直下挖宽约6米，修整地面后，以黏土和碎石混合夯打，厚约80厘米，其上再铺一层大石块。如此加固城墙基础，不仅可以避免城墙自上而下的重压造成的损伤，也可以避免地势倾斜，山水冲刷造成的危害。

第三，外城一带和普通江附近，地基是由黏土构成的平原地形，垂直下挖宽约5米、深3—3.5米的基槽，再用大石块铺成地基，经过夯打之后，在其上面砌筑城墙。

第四，在苍光山下或西门街低洼地带筑墙，下面铺大石块，上面垫以去掉树皮的、一围粗的圆木，平整之后，在其上面砌筑城墙石。

以上几种砌筑方法，主要是根据地势、地形和基础的土石质地不同而采取的加固地基的方法。其他山城或宫城的墙垣一般也采取这几种方法砌筑。

平壤城原有16座城门，外面城墙四周有12座城门，内城与中城间有2座城门，中城与外城之间有2座城门。经过维修，保存最好的城门有4座：第一座城门为普通门。第二座城门为正阳门。第三座城门在牡丹峰山麓牡丹峰剧场正面阶梯东南侧附近，地面铺着方形花岗岩板石，其上有门轴孔、门址石、被火烧的门和高句丽瓦残片等。门槛上有方便车轮通过而凿出的豁口。门址清晰地表明了高句丽时期城门的构造和形制。第四座门是现今的七星门。七星门是一座典型的瓮城门，这里曾发现过两个柱础石，以此为基础向上砌石，稍内收，经过维修后颇为雄伟壮观。这座瓮城表明，平壤长安城的其他城角可能还有瓮城和角楼（图版十）。

平壤城内地势北高南低，依次分隔为：北城、内城、中城和外城。

北城面积最小，丘陵起伏，不适合居住，应该是为防御而建，有储备兵器、粮草的巨大建筑。地势较高，距防卫城较近。而内城、中城、外城山环水绕，也具有一定的自然防御能力。内城紧靠北城，面积稍大，是王宫所在地，内有宫殿一类建筑，高句丽王室贵族居住生活区域，供高句丽三处理国家军政事务的地方。中城在内城南，以墙垣隔成三角形，面积较大，是官衙所在。高句丽贵族、大臣在这里处理国家及都城的各类事务，是高句丽国家办事机构集中的地方。外城处在最南面，面积最大，是一般居民的居住区域。历年来的调查资料表明，平川洞一带，南北东西交叉道路的每一个角，都立有标明方位的立石，并在道路上铺河卵石，大路宽13米。里坊边长达170米，里坊内的十字形道路宽5米，把里坊分成四个小区，每个里坊大约为345平方米。[1] 里坊内出土大量高句丽砖瓦、瓦当、础石等建筑材料。

平壤城曾发现多处高句丽时期的建筑遗址，外城保存着的高句丽时期城市里坊遗迹，表明高句丽后期都城的规模和井然有序的城市区划。

在外城和内城曾先后发现有文字的城墙刻石：

（1）1766年发现，发现地点、现存地点均不明，《海东金石苑》著录。

己丑年五月廿八日
始役西向十一里小兄
相夫若伴利造作

（2）1829年发现于外城乌滩洞，现存于韩国梨花女子大学博物馆，《海东金石苑》及《三韩金石录》著录。

己酉年
□月廿一日
自此下向
东十二里
物苟小兄
俳须百头
作节矣（图10.11）

图10.11 平壤城墙石刻拓片

资料来源：［日］东潮、田中俊明：《高句丽的历史与遗迹》，第226页

① 朝鲜社会科学院考古研究所编，李云铎译：《朝鲜考古学概要》，顾铭学、方起东校，哈尔滨：黑龙江文物出版编辑室，1983年，第190—191页。

（3）1829 年发现于外城乌滩洞，现存地点不详，《三韩金石录》著录。

己丑年三月廿一日自此下
向□十二里内中百头上
位使尔丈作节矣[①]

（4）1913 年发现于内城东壁，现存于平壤中央历史博物馆。
丙戌
二月中
汉城下
后卩小
兄文达
节自此
西北行
涉之（图 10.12）

图 10.12　平壤城墙石刻

资料来源：[日] 东潮、田中俊明：《高句丽的历史与遗迹》，图版第 7 页

（5）1964 年在内城南壁发现，现存于朝鲜人民大学习堂，《考古民俗》1967 年第 2 期著录。
圭娄盖切小
兄加群自
此东回十
里廿四尺

---

① 《三韩金石录》释文作"……向□下二里……"，今据拓本校改。

治（图 10.13）^①

图 10.13　平壤城墙石刻

资料来源：［日］东潮、田中俊明：《高句丽的历史与遗迹》，图版第 7 页

　　以上城墙刻石十分珍贵，铭文中的"小兄""上位使"均为高句丽地方官吏，在这里负责长安城城墙的修建工程。从平原王二十八年（公元 586 年）移都长安城看，重点修建工程应在此前后。那么，城墙刻石上的干支纪年可推断为：

丙戌年——公元 566 年
己丑年——公元 569 年
己酉年——公元 589 年

　　仅据干支纪年刻石记载，城墙修建就进行了 24 年左右，可见城墙建筑工程延续时间之长，修筑段线之广，工程之浩大。

　　另据《平壤续志》记载，1714 年维修北城时，在旧城墙垣下也曾发现刻石，铭文记载长安城修筑用了 42 年的时间。日本学者东潮、田中俊明推断，长安城自公元 552 年始建，至公元 593 年完工。^②公元 552 年是阳原王八年，决定修建，制定计划，开始动工，至公元 566 年（平原王八年，丙戌）内城、中城墙垣大体完成。公元 589 年（平原王三十一年，己酉）外城、北城墙垣相继完成。最后的修整及附属建筑一直延续到公元 593 年（婴阳王四年，癸丑）以后。

三、大城山城

　　大城山城有的译为大圣山城，位于今平壤市东北 6000—7000 米处大同江北岸的山地上。大城山，隋唐时期称为"鲁阳山"。《通典》记载"平壤城东北有鲁阳山，鲁城在其上"。今大城山东侧尚有"鲁

---

①　《考古民俗》释文作"……自此东回上里四尺治"，今据拓本校改。
②　［日］东潮、田中俊明：《高句丽的历史与遗迹》，东京：中央公论社，1995 年，第 227—230 页。

山洞"地名。可知，大城山是当年高句丽在鲁山上修筑山城后的称谓，山以城为名。^①城墙从西面海拔 274 米的乙支峰向北修筑，经过长寿峰、国士峰和北将台的山顶，顺着山坡向下经过动物园的峡谷，再沿着山坡向上修筑，绕过朱雀峰，横穿苏文峰，沿着山脊回到乙支峰（图 10.14）。山城平面呈不规则的多边形，全城周长 7218 米。城墙多用砂岩加工成四角锥形的石块垒筑，外壁逐层内收为小阶梯式，这也是高句丽山城墙垣的主要特征之一。筑石以 1.5—1.6 米为间隔，其间有一条宽 15—20 厘米的缝隙。墙垣厚度地表上为 3.3 米，越往下越宽厚，城墙外壁以下由于有较大倾斜度，难以立足，防御性能强，没有护城壕沟，城墙内地势平缓，发现有壕沟的迹象。朱雀峰西南斜坡上的城墙为双层。内城墙在地表上已看不见，离山脊 4—6 米处被城墙倒塌的石堆所覆盖，宽约 10 米。深入地下 1.5 米可以找到 2—3 层用石块堆砌的石墙。石墙背面有一道用石块和黏土混合砌筑的城墙，这是一种阶梯式城墙（图 10.15）。^②

图 10.14　大城山城苏文峰顶亭台

图 10.15　大城山城墙垣

大城山城经过调查与发掘，发现了三处城门址。南门址位于西南城墙的峡谷中间，为横跨山谷的山城内地势最低处。门址与城墙呈直角方向处发现长约 20 米的长方形筑石土台，与集安关马山城的东门相似，应该是城门建筑基础。有两道城墙，两侧山峰和城墙控制城门，类似瓮城，易守难攻。城门附近发现 8 块础石和柱洞，柱洞口径 18—25 厘米，可能当年城门上曾有较大的建筑。北门位于国士峰，东门位于长寿峰侧，门址基础和墙壁基本清楚，在苏文峰附近还发现 3 处马面，最大的长 12 米、宽 10.3 米、高 3.3 米。城内比较低平，类似丸都山城，属于簸箕型山城。面积大约在 2.7 平方千米，城内有多处水塘、水井和仓库遗址。在乙支峰上和苏文峰西南发现有角楼一类的建筑遗址，长寿峰和北将台附近发现瞭望台遗址。城内发现的粮仓遗址，有炭化米和木炭，粮食种类有粟（小米）、高粱、小麦等。城内其他建筑遗址有 20 余处，分布着红色筒瓦和瓦砾，还出土了一批莲花纹瓦当。^③

① 王绵厚：《高句丽古城研究》，北京：文物出版社，2002 年，第 60 页。
② ［日］田村晃一：《高句丽山城——大圣山城》，《东北亚历史与考古信息》1996 年第 2 期；王绵厚：《高句丽古城研究》，北京：文物出版社，2002 年，第 60 页。
③ 魏存成：《高句丽遗迹》，北京：文物出版社，2002 年，第 54 页；王绵厚：《高句丽古城研究》，北京：文物出版社，2002 年，第 60—62 页；《大城山的高句丽遗迹》，平壤：金日成综合大学出版社，1973 年，第 40—45 页。

原报告认为，大城山城的修筑年代为4世纪末至5世纪初，与文献记载是基本相符的。

高句丽长寿王十五年（公元427年）迁都平壤，并没有筑城的记载，说明原已有城，包括平壤城和大城山城。

《资治通鉴》记载，建兴元年（公元313年），"辽东张统据乐浪、带方二郡，与高句丽王乙弗利（美川王）相攻，连年不解。乐浪王遵说统帅其民千余家归廆，廆为之置乐浪郡，以统为太守，遵参军事"[1]。

《三国史记》美川王"十四年（公元313年）冬十月，侵乐浪郡，虏获男女二千余口"。说明公元313年冬十月之前，乐浪郡仍在张统手中。而且，乐浪还治平壤一带，这里原有城池。高句丽人占据平壤则是公元313年以后的事。

高句丽人有建筑山城的习惯，占据平壤之后，为了加强防御，在山上筑城是合乎情理的。因此，朝鲜学者对大城山城调查发掘后，推断出的建筑年代是可信的。大城山城作为平壤城的军事卫城，使高句丽都城的格局更加完善。

四、清岩里土城与安鹤宫遗址

1. 清岩里土城

清岩里土城位于今平壤市区东北与大城山城之间，大同江北岸锦绣山东面的山坡上。大同江支流合拿江从其东北流过，是一座围绕大同江右岸山坡边缘建成的山城。城东南墙内最高处是海拔62米的酒岩山，从酒岩山向西，城垣建在大同江北岸的崖壁上，西面直至锦绣山东端。东北面随着山势在合拿江西岸向西转，经过梅山里进入西部的丘陵地带，建成半月形不甚规则山城，城垣周长2700米。大部分为土筑，一少部分为石筑或土石混筑。1899年，李朝学者曾在城内西端立了一块碑，铭刻"皇宫基址"。20世纪20年代，日本学者关野贞曾在城内发现了双辐线分隔单瓣莲花纹瓦当，与集安将军坟出土的莲花纹瓦当很相似，后来又在城内发现了公元498年创立的金刚寺遗址，前塔后殿及各处房址，反映出早期佛教寺庙的建筑特点。[2]

清岩里土城东北方4000米就是大城山，并有城门相对，两城之间关系很密切。西南方2000米便是平壤城的北城，相互联系以大同江水、陆沟通，成为平壤城与大城山城之间的一处重要城址。

一直以来，学者都认为清岩里土城处在平壤城与大城山城之间，应该是二者的军事卫城或附属城。关野贞则认为，清岩土城是大城山城的"宅宫"。王绵厚先生首先提出，清岩里土城应是文献中的"平壤东黄城"。其主要根据如下。

其一，据《三国史记》卷十八：故国原王十三年（公元343年）"秋七月，移居平壤东黄城"。这时的"平壤"应指十年前，即故国原王四年（公元334年）新"增筑的平壤城"，亦即大同江畔的平壤城。当时"长安城"（大城山城）尚未修筑，故黄城应即今平壤旧城东北的清岩旦土城。

---

[1] 《资治通鉴》卷八十八《晋纪十·愍帝建兴元年》，北京：中华书局，1956年，2799页。

[2] ［日］东潮、田中俊明：《高句丽的历史与遗迹》，东京：中央公论社，1995年，第214—216页。

其二，再据《三国史记》安臧王十一年（公元529年）注记："黄城在今西京东木觅山上"，该条注记为王氏高丽时代，当时的"西京"正指今平壤市区古城。从"黄城在今西京（平壤）东木觅山上"看，此黄城亦应指今平壤旧城东北的清岩里土城。

其三，从上述提及的该城址内出土文物看，其莲花纹瓦当不晚于4世纪晚期，与集安将军坟等出土的早期高句丽瓦当相同，形制明显早于其东北现存的大城山城和安鹤宫出土遗物。这与"黄城"出现在公元343年，即前引《三国史记》卷十八，故国原王十三年（公元343年）"秋七月，移居平壤东黄城"的文献记载是吻合的，证明在长寿王正式迁都"平壤"近一个世纪以前，故国原王曾经暂居"黄城"，作为临时的"离宫"所在。

其四，今清岩里土城的遗迹和遗物既早于大城山城遗址和安鹤宫遗址，又地处大同江岸平壤旧城和大城山城之间，相距均数里。其城址规模适中（周长2700米），又有建筑遗址。从其地形、地貌看，与从高句丽故国原王开始在正式迁都"平壤"之前于公元343年先"移居"的临时都城"黄城"相当，应即后来平壤"三城一宫"之一的"黄城"。20世纪20年代，关野贞等在清岩里土城已发现的寺庙址十分重要，它很可能与高句丽后期都城的"庙堂"有关。而王城中设立庙堂或寺院，正是高句丽后期仿汉制的都城规矩之一。①

2. 安鹤宫遗址

安鹤宫在大城山城南700多米的山坡上，高句丽人利用苏文峰以南斜坡台地，依地势安排建筑了安鹤宫。平面近似平行四边形，南墙和北墙东西向，东墙和西墙向东北倾斜3.5°。其中东墙长622米，西墙长623米，南墙长617米，北墙长618米，宫城墙垣周长2480米。墙垣中间用夯土筑成，外面以条石垒砌，逐层内收，墙高4米。城墙四面中间都设有宫门，东、西、北面各一座，南面三门为一组，中门宽大，原来有宽七间、进深二间的城楼建筑，两侧各有一座稍小的掖门，应该是仿照中原都城格局而建的（图10.16）。

图10.16　安鹤宫复原建筑

朝鲜考古工作者对安鹤宫址进行了10多次全面调查与发掘，在总建筑面积31 458平方米的宫城内，发现了52座房址。宫殿遗址基本以通过南城墙中门（南门）的南北中轴线，东西建筑对称布局。地势从北向南缓慢倾斜，宫城内，中间和西部较高，东部一带略低。安鹤宫内部，按地势起伏高低分布着五个建筑群。从南面起，依次为第一建筑群的南宫址，第二、第三建筑群的中宫址和北宫址。

---

① 王绵厚：《高句丽古城研究》，北京：文物出版社，2002年，第62—64页。

这三个建筑群的正房均处在中轴线上。南宫向东延出一大间，北宫向西延伸出三个开间。中心建筑群以外的东北角有东宫址，西北角有西宫址。

以南宫区为主的中宫、北宫、东宫、西宫等五个区域，由大型回廊围绕连接，既是一个整体，又相对独立。每个相对独立的小区，又都有自己的中心宫殿址，由几个宫殿和回廊构成。回廊上到处有门址。南宫址是通过宫城南门进入城内，再穿过宽阔的庭院首先进入的宫址。中央有回廊围绕的宫殿，左右还各有回廊相连的小宫殿。南宫东西总长 280 米，是五区中最宽的。南宫区中央宫殿址的土台呈长方形，因为左右附设 24 米的耳室，形成两端突出的长方形。

第一宫殿是正面十一间、侧面五间的长方形建筑。两侧耳室都有修建的痕迹。柱础石均已无存，只留下柱础基址石，由较大块碎石混合黏土砌成圆形凸起。回廊为双排（复廊），南北 114.5 米、东西 85 米，有柱础基址石。左右建筑的柱础排列也大体相同。

第一宫殿的西侧宫前面有假山，是利用原来岩石隆起处建造起来的。

中宫位于与南宫相同的中轴线上，也是由中央宫殿和左右两宫殿构成，绕以回廊的宫殿也呈长方形。安鹤宫内建筑以中央的宫殿最大，其平面组合也与其他宫殿有所不同，即以大型前殿和小型后殿相连接。东西长 90.5 米，南北最大宽度达 33 米。

北宫址连接中宫址，是在中轴线上相连成排的两个宫址。左右有绕以回廊的房屋。建筑物向西扩展，延伸到西宫，使中宫、南宫通过北宫呈折尺状相互连接。东西并列的三条长回廊所形成的空间，与南北并列的回廊交错，划分成许多方形的空间，其内配置有建筑物。

从整体布局看，南宫应该是国家举行仪式的宫殿，中宫、北宫和西宫是高句丽王及其后宫日常生活的内殿、寝殿和偏殿。北部和西部建筑物规模都比较小，可能同建筑物的实用功能相关。①

中轴线东侧宫墙外有一条小河贯穿南北，增加了许多灵气。东边的低洼地带，也修建了两处独立建筑。城的东南有一方形水池。城内东、西、北还有几处水池，北宫后面和南宫西面还有带假山的庭园。整个庭院均衡协调，错落有致。

安鹤宫的建筑规模宏大，结构谨严，绝非一般平民所居，应是高句丽王议政、居住之所，可能就是《周书》所记"王则别为宅于其侧"的"宅"。

五、高句丽都城的特点

高句丽都城三置两迁，从纥升骨城、国内城到平壤城，处在鸭绿江南北今中国、朝鲜两国境内。从地理位置、自然环境、建设格局及发展演变方面，都存在明显的特点。

首先，从地理位置和自然环境看，三座都城有许多相似之处。纥升骨城与国内城几乎处在同一纬度上，经度相差不足一度。平壤城较前两座都城纬度向南低了两度，经度恰在前两座都城之间，属于暖温带与中温带交界处，积温为 3200—3600℃，适合落叶阔叶林和针阔混交林生长，小麦、水稻、

---

① 朝鲜社会科学院考古研究所编，李云铎译：《朝鲜考古学概要》，顾铭学、方起东校，哈尔滨：黑龙江文物出版编辑室，1983 年，第 196—197 页。

大豆、玉米、高粱等主粮和多种蔬菜均能很好地生长。

三座都城均处在长白山南麓，纥升骨城所处的桓仁县，国内城所在的集安市属山区，多大山深谷，少原泽，森林覆盖面积大，自然资源丰富。平壤城则处在近海平原地区，北部虽有大城山，海拔只有 270 米左右，地理位置与气候条件更为优越些。

三座都城所在之地都有江河流过，城北都有一座或几座山。纥升骨城旁有浑江，北有富尔江、五女山。国内城南有鸭绿江，西有通沟河，北有禹山、丸都山。平壤城东、南有大同江，西有普通江，北有大城山。依山傍水的都城形势大体相同，也反映出高句丽人在日常生活中对自然山水的依恋之情。

其次，从都城的建设格局看，高句丽都城都是由一座平原城和一座军事卫城组成，而且都城之名都是以平原城命名。纥升骨城应是桓仁县城西南的下古城子古城，或以为县城东南水库淹没区一带的平原城，其北面有一座山城作为军事卫城，今名五女山城。过去日本学者曾以五女山城作为高句丽第一座都城，有的学者因袭了这一说法。就五女山城的地势，山顶为城，海拔 806.32 米，孤峰平台，面积狭小，山路险峻，气候恶劣，供给困难等条件推断，其难为都城。作为军事瞭望、守卫之用还可以。国内城处在集安市区西侧，史有其名，至今沿用，石砌墙垣已经过考古探查证实。城北 2.5 千米群山之间有丸都山城遗址，石砌墙垣在山顶，宫殿及戍兵居舍、瞭望台、水池均在山间平缓坡地上，适于居住和屯驻兵马、粮草。山上王之时亦曾作为都城。平壤城在今朝鲜平壤市区内，部分城墙和城门经过维修，七星门、大同门、普通门及城楼修缮尤为壮观。城北 6000—7000 米的大城山上有一座大城山城，遗迹、遗物很多，山城南门及城楼亦经过修复。

高句丽人以平原城和山城相结合建设都城，这种都城的特点和风格颇为独到，与高句丽人的性格特点、生活习俗及自然环境不无关系。高句丽人 "性凶急，喜寇钞"，善于骑射，习战斗，好狩猎。出于战争防御目的，在平原城附近建造山城，以为攻守之备。平时储备粮草、军资器械，战时退守其中。同时，都城的军事卫城也是向外辐射，沿河流、道路所筑山城的战略防御中心。高句丽王公贵族日常生活在平原城，生活用品、饮食供应较为方便。且有后妃离宫在风光秀丽的川谷之中，便于往还。儒留王三年（公元前 17 年），"作离宫于鹘川"，安置王妃松氏。松氏死后，更娶二女，一名禾姬，鹘川人之女；一名雉姬，汉人之女。于凉谷造东西二官，分别安置。[①] 鹘川与忽本川、卒本川音近，应在桓仁县城附近的川谷之中，凉谷亦应相距不远。随着社会的发展，高句丽都平壤时，王则别宅而居，像安鹤宫那样宏伟的花园式建筑，既证明了高句丽社会生产力的进步，又证明了高句丽王族贪图享乐的情况。

再从都城的发展演变看，规模越来越大，建筑布局越来越合理。纥升骨城以下古城子古城遗址为例，其城垣遗迹的周长不过 939 米左右。[②] 城内原应有两条十字交叉的街道，采集到遗物有高句丽时

---

① 《三国史记》卷十三《高句丽·琉璃明王本纪》，汉城：韩国民族文化推进会，1982 年，第 113 页。
② 1978 年，吉林大学魏存成先生及历史系 76 级学生测得西、北、南三面墙垣的长度。1984 年，苏长青先生亦测得西、北、南三面墙垣的长度。与前一次测得的长度小有出入。1987 年春季文物复查时，重新测四面墙垣的长度：东墙 226 米、西墙 264 米、北墙 237 米、南墙 212 米。这是距今较近一次有组织的测量，合计周长 939 米，也是最长的一个数字。

期的环首铁刀、铁镞和各种陶片，也曾出土过兽面纹瓦当。建筑遗址不清楚。北面的军事卫城五女山城，城垣以石条垒砌，在半山腰。现存城墙最高处有 6 米，只有南墙 424 米（其中人工修筑 154 米），东墙 1847 米（其中人工修筑 382 米），西、北两侧则以天然峭壁为墙垣，未见人工修筑墙垣。

集安国内城，北墙基本完好，西墙北段、南墙西段亦较好，四角犹存，石筑墙垣周长 2741 米，较纥升骨城规模大了许多。城内东西向两条街道，南北向一道街道，相互交叉。今集安高句丽考古遗址公园一带为王宫建筑遗址，出土一批础石和瓦砾、陶片，西南为寺庙遗址，出土砖、瓦、瓦当和鎏金铜佛。南门内有铁器加工作坊遗址，东部出土文字瓦当和各种陶器、瓦砾等，亦应为官府或王公贵族生活起居的建筑遗址。东城以外、以北曾发现大型建筑基址，出土大量筒瓦、板瓦、各种瓦当、础石、鎏金铜器和白玉耳杯等文物。国内城北 2.5 千米的丸都山城，城垣建在山峰上，周长 6947 米，还有瓮城、门址、女墙、柱洞等。城内的宫殿遗址布满础石、瓦砾和各种瓦当。戍兵居住址、瞭望台及水池都保存较好。城内也有几座高句丽古墓，应是山城毁弃后埋葬的。

平壤城规模最大，城墙周长达 23 千米，分为北城、内城、中城、外城四个城区。仿照北魏平城与洛阳城的样式，建立起较为规整的里坊式街区。城郭的建筑、城门的设置、城楼的规模也都是高句丽建筑史上前所未有的。城北的大城山城，城墙周长 7218 米，也是规模最大的军事卫城。城南有略呈方形的安鹤宫，南宫、中宫、北宫三组建筑位于中轴线上，侧殿、回廊、庭院、假山、水池，布局十分合理。在平壤城与大城山城之间，还有清岩里土城，城内发现的大型建筑遗址为金刚寺，前塔后殿，以塔为中心，体现出早期佛教建筑的特点。平壤城、大城山城、清岩里土城及安鹤宫遗址均出土一批高句丽文物，其中以各式高句丽瓦当最富特点。充分表现出高句丽后期都城规模宏大、建筑布局合理、建筑技术高超等特点。

另外，三座都城附近保存下来的重要遗迹也有许多共同特点。一是三座都城附近都发现高句丽墓群。纥升骨城附近的上古城子墓群、高力墓子墓群、米仓沟墓群等，原有古墓 280 多座。国内城附近的洞沟古墓群、长川古墓群，原有古墓 11 400 多座，1996 年调查时尚存 8000 多座。平壤附近有大城山古墓群、植物园古墓群、高山洞古墓群、土浦里古墓群、湖南里古墓群等，原有古墓数百座。这些高句丽古墓有积石墓和封土墓两大类，形制、规模、年代各不相同，是研究高句丽社会生活和丧葬习俗的重要实物资料。二是三座都城附近都发现了高句丽壁画墓。桓仁纥升骨城附近发现了米仓沟将军墓，内绘彩色莲花及云纹王字图案。集安国内城附近则发现角觝墓、舞踊墓、三室墓、马槽墓、龟甲墓、莲花墓、麻线 1 号墓、长川 1 号墓、长川 2 号墓、四神墓、五盔坟 4 号墓、五盔坟 5 号墓等 36 座壁画墓。平壤城及其附近地区则发现了安岳 3 号墓、德兴里壁画墓、铠马墓、和盛洞墓、湖南里四神墓、真坡里 1 号墓、高山洞 1 号墓、平壤站前二室墓、玉桃里墓、江西大墓、江西中墓等 89 座壁画墓。壁画的内容可分为社会风俗、四神图和各种图案纹样为主的三部分，虽有构图、造型、设色、技法等方面的年代和地域差异，但总体风格、主题、内涵、布局、结构大体上是相同的。其文化渊源出自汉晋中原的古墓壁画也是相当明显的。

高句丽都城的上述特点，是高句丽社会政治、经济、思想文化发展的集中体现，也是北方边郡地区民族生活习惯、心理、性格、思想意识的反映。其发展演变，也正是高句丽民族、国家及北方社会发展、进步的结果。

第四节　高句丽山城

高句丽人长期居住在"多大山深谷"的东北山区，充分利用自然环境和资源，构建带有军事防御性质的山城。随着统治区域的扩大，高句丽把石筑山城的做法逐渐推广到辽东地区、玄菟地区、乐浪地区.同时高句丽山城也利用和改造了汉魏以来的古城，修葺加固，使之成为高句丽的军事城堡。

一、山城的分布

高句丽山城是以都城为中心，沿着交通道路或河流山谷，呈辐射状向外分布。主要集中在中国辽宁、吉林两省的东部地区和朝鲜半岛北部。许多高句丽山城经过文物考古工作者的辛勤努力，调查与发掘二作取得了较大的成果。山城的形制、结构、年代基本清楚，高句丽山城的性质得到认同，公布和发表了一批调查、发掘报告或学术论文。也有少部分山城，对于其是否为高句丽山城，学界还存在一定的分歧。主要原因在于高句丽山城的界定方面。经过调查或发掘，山城形制、结构、遗迹、遗物可提供较准确的年代，确为高句丽人建造并使用过的山城，应该属于高句丽山城，这一点是没有疑义的。问题较多的是，某些战国至秦汉时期的山城、半山城，也发现了高句丽时期的遗迹和遗物，证明了高句丽人确实使用过这类山城。然而由于山城的地理位置、形制结构，出土遗物的种类、数量和比例，学者在区分汉城与高句丽城方面还存在分歧。另外，东北地区的东部，还存在相当数量的渤海时期的山城和辽金时期的古城，特别是渤海时期的山城，形制、结构与高句丽山城极为相似，渤海早期的陶器、铁器及建筑用瓦等文物与高句丽晚期遗物有许多相同或相近的地方，往往使人难以分辨。只是凭着调查，未经过正式发掘古城遗址，更容易混淆。

一般说来，高句丽山城的确认可遵循如下几方面原则。

其一，古代文献、史籍和考古发现的文字资料上有记载的高句丽山城。或者，史书、文献虽未记录其名，却记载了高句丽时期在这里进行统治、发生战争等重要历史事件，而恰恰在这一地区发现了山城，应该属于高句丽山城。这就要求对高句丽建国后不同时期的活动区域、活动范围有较为清晰的认识。

其二，根据调查发现的山城形制、结构、年代进行分析。高句丽山城多由长方形石条或楔形石垒砌，亦有用土石混筑的情况。以石条垒砌的山城多半分布在辽宁、吉林两省东部山区，土石混筑的山城则多见于稍偏西一点的半山区。城墙高矮依自然山势的陡峭、险峻程度而异，走向则多依山脊的自然走向随山屈曲，平面为四边形、多边形或不规则形。有城门、角台、角楼或瓮门、马面一类附属建筑。城内多有兵营、瞭望台、水池、仓库等遗迹。

其三，高句丽山城出土文物主要有陶器、铁器、鎏金器和建筑饰件等。高句丽陶器中最为典型的是四耳陶壶，侈口展沿、鼓腹、平底，肩部有两两相对的四个桥状横耳。其他如大口罐、鼓腹罐、杯、钵、釜、甑、盆、瓮等亦常见。铁器主要为兵器，如铁矛、环首刀、铁剑、铁镞、匕首、铁甲片一类。铁镞是最富特色的，有 20 多种类型，主要为矛形、柳叶形、铲形、鱼尾形、连杆形、锥形、蛇头形、双叉形、三棱形、镂孔铲形、葫芦形等。鎏金器则多为马具、马饰、甲片、钉鞋。马具如鞍桥、马镫、带卡、带扣、节约、梅花饰、桃形饰等。亦有少量冠饰、服饰、金饰件出土。

由于山城内有兵营、仓库等建筑，中晚期山城多出土瓦和瓦当。高句丽瓦分筒瓦、板瓦两种。纹饰为席纹、斜方格纹。也有少量汉代瓦作绳纹，年代较早。有的瓦件上还刻有文字或图案、符号。高句丽瓦当多为红色高浮雕，纹饰主要为莲花、兽面和忍冬三大类，其中莲花纹的瓦当数量较多，纹饰变化也最为繁复。辽宁、吉林和朝鲜半岛的莲花纹瓦当各具自己的特色。以上三方面应相互结合，统筹分析研究，才好得出较为准确的结论。

目前，进行高句丽山城综合研究的中国学者主要有方起东、陈大为、李健才、李殿福、辛占山、王绵厚、魏存成、崔玉宽、徐家国、孙力、梁志龙、李晓钟、周向永、柳岚、张福有、孙仁杰、迟勇、董峰、赵俊杰、王禹浪、王文轶等。[①] 外国学者主要有朝鲜的蔡熙国，韩国的申滢植、徐吉洙、李成制、崔钟泽，日本的东潮、田中俊明等。[②] 他们对于中国和朝鲜境内高句丽山城的数量看法也存在分歧，这种不同的看法和统计数字短时间内尚难统一。这里，中国境内的山城，依据魏存成先生《高句丽遗迹》"山城"一章的统计表分区域进行简要介绍。朝鲜境内的山城，则依据东潮、田中俊明先生《高句丽的历史与遗迹》"高句丽的山城"一章进行简要介绍。

① 方起东：《吉林辑安高句丽霸王朝山城》，《考古》1962 年第 11 期；陈大为：《辽宁高句丽山城初探》，《中国考古学会第五次年会论文集》，北京：文物出版社，1988 年；李健才：《东北地区中部的边岗和延边长城》，《辽海文物学刊》1987 年第 1 期；李殿福：《高句丽九都山城》，《文物》1982 年第 6 期；辛占山：《辽宁境内高句丽城址的考察》，《辽海文物学刊》1994 年第 2 期；王绵厚：《鸭绿江右岸高句丽山城综合研究》，《辽海文物学刊》1994 年第 2 期；陈大为：《辽宁高句丽山城再探》，《北方文物》1995 年第 3 期；魏存成：《高句丽遗迹》，北京：文物出版社，2002 年；王绵厚：《高句丽古城研究》，北京：文物出版社，2002 年；崔玉宽：《凤凰山山城调查简报》，《辽海文物学刊》1994 年第 2 期；徐家国、孙力：《辽宁抚顺高尔山城发掘简报》，《辽海文物学刊》1987 年第 2 期；梁志龙：《桓仁地区高句丽城址概述》，《博物馆研究》1992 年第 1 期；李晓钟、刘长江、伦峻岩：《沈阳石台子高句丽山城试掘报告》，《辽海文物学刊》1993 年第 1 期；周向永、吴长山：《西丰城子山山城》，《辽海文物学刊》1993 年第 2 期；柳岚：《高句丽古城研究》，《博物馆研究》2000 年第 1 期；张福有、孙仁杰、迟勇：《高句丽古城考鉴》，长春：吉林文史出版社，2016 年；董峰：《东北地区高句丽山城的分类及年代》，《博物馆研究》1995 年第 3 期；赵俊杰：《再论高句丽山城城墙内侧柱洞的功能》，《考古与文物》2012 年第 1 期；王禹浪、王文轶：《辽东半岛高句丽山城概述》，哈尔滨：哈尔滨出版社，2008 年。

② ［朝］蔡熙国：《高句丽城郭研究》，《高句丽历史研究》，平壤：朝鲜金日成综合大学出版社，1985 年；［韩］申滢植：《高句丽山城和海洋防御体系研究》，汉城：韩国白山资料室，2000 年；［韩］徐吉洙：《高句丽筑城法研究》，首尔：韩国学研文化社，2009 年；［韩］李成制：《高句丽城照片资料集：中国吉林省东部》，首尔：韩国东北亚历史财团，2010 年；［韩］崔钟泽：《峨嵯山堡垒与高句丽南进经营》，首尔：西京文化社，2013 年；［日］东潮、田中俊明：《高句丽的历史与遗迹》，东京：中央公论社，1995 年。

1. 中国辽宁省内的高句丽山城

辽宁省内的高句丽山城皆在辽河以东的半山区和山区，共计 68 座。

桓仁县：高俭地山城、城墙砬子山城、瓦房沟山城、马鞍山山城、愁虚山城。

新宾县：黑沟山城、转水湖山城、五龙山城、太子城山城、杉松山城。

清原满族自治县：英额门山城（山城子山城）、南山子山城。

本溪市：崮寨山城、边牛山城、下堡山城、李家堡山城。

抚顺市：高尔山城（新城）、南章党山城、马和寺山城、城子沟山城、西山城。

西丰县：城子山山城、天德城子山山城、张家堡山城。

开原市：龙潭寺山城、古城子山城、马家寨山城。

铁岭市：催阵堡山城、青龙山山城。

沈阳市：石台子山城、塔山山城。

辽阳市：石城山山城（岩州城山城）。

海城市：英城子山城。

营口市：马圈子山城。

盖州市：青石岭山城、奋东山城、赤山山城、城子沟山城（破台子山城）、孙家窝堡山域、高力城山城、烟筒山山城。

瓦房店市：龙潭山山城（得利寺山城）、岗崮山城、高力城山城、马圈子山城。

大连市普兰店区：高力城山城、吴姑山城（巍霸山城）、老白山山城。

大连市金州区：大金山山城。

庄河市：城山山城、旋山山山城。

岫岩县：马圈子山城、娘娘城山城、清凉山城、老城沟山城、松树沟山城、老城山山城、二道岭山城、罔碾子山城、闹沟山城、南沟山城、古城山山城、刘家堡山城、小茨山城。

凤城市：凤凰山山城（乌骨城）、山城沟山城。

宽甸县：虎山山城、高力城山城（灌水山城）。[①]

2. 中国吉林省内的高句丽山城

吉林省内的高句丽山城，主要分布在辉发河流域至第二松花江流域的辽源、吉林以东地区，已公开发表报告或诸家认同的高句丽山城共计 31 座。

集安市：霸王朝山城、关马山城、大川哨卡。

通化市：自安山城。

通化县：南台山城、太平沟门山城、建设山城、依木树山城、英戈布山城。

---

① 魏存成：《高句丽遗迹》，北京：文物出版社，2002 年，第 70—87 页。其中瓦房店市"岗崮山城"，陈大为、王绵厚、孙仁杰等均记为"岚崮山城"。

白山市：东马古城（东马鹿泡子古城址）、夹皮沟古城、桦皮甸子古城。

柳河县：罗通山城、钓鱼台古城。

辉南县：辉发城、钓鱼台古城。

磐石市：锅盔山山城（纸房沟坝城）、大马宗岭山城、城子沟坝城。

抚松县：大方顶子山城。

辽源市：龙首山城、工农山城、城子山山城。

吉林市：龙潭山城、东团山城、三道岭子山城。

蛟河市：横道子南山山城、小碇子山城、东山山城。

图们市：城子山山城。

珲春市：萨其城。[①]

另外，临江市的临城哨卡应该是高句丽山城。珲春市亭岩山城、城墙碇子山城也应该是高句丽时期修筑，渤海时仍在使用的古城遗址。还有几座山城，是否为高句丽山城，须待进一步调查发掘之后方能做出准确结论。

对于中国境内的高句丽山城，学者的看法还存在一定的分歧，再加上有的山城只是经过调查、考察，还没有经过正式的考古发掘，只是一般的认定，因此是否为高句丽山城的判断也不一致，统计数量上也不相同。根据学者在论文和著作中公布的山城数量（其中多次公布的数量取最多的一次）统计比较如表 10.4。

表 10.4　高句丽山城公布数量比较表

单位：座

山城	陈大为	王绵厚	魏存成	王禹浪等	冯永谦	孙仁杰等
辽宁省	67	60	68	83	72	65
吉林省		36	31	76	53	51
合计	67	96	99	159	125	116

3. 朝鲜境内的高句丽山城

朝鲜境内的高句丽山城，学者著录的情况也不尽相同。根据东潮、田中俊明的《高句丽的历史与遗迹》一书介绍，共有 26 座。

平安北道：白马山城、乞网山城、龙骨山城、通州城（东林山城）、凌寒山城、笼吾里山城、铁瓮城。

平安南道：慈母山城（青龙城）、安州城、纥骨山城。

南浦市：黄龙山城。

黄海北道：黄州城、鹤鹤山城、大岘山城、太白山城（城隍山城）。

---

① 魏存成：《高句丽遗迹》，北京：文物出版社，2002 年，第 88—97 页。

黄海南道：九月山城、丰川城、长寿山城、首阳山城（雉壤山城）、姊妹山城、瓮津山城、白川山城（雉岳山城）、凤势山城（飞凤山城）。

咸镜北道：云头山城。

咸镜南道：加应山城、居山城。[①]

4. 韩国境内的高句丽山城

20 世纪 90 年代以来，韩国学者在汉江流域调查发掘了一批高句丽晚期的山城和堡垒。这些堡垒的墙垣修筑方式与高句丽山城的构筑方式大体相同，只是规模稍小些，有的墙垣周长不足 300 米，属于小型山城。目前已发现 20 余座。主要有：南城谷山城、忘忧山堡垒群、龙马山堡垒群、峨嵯山堡垒群、红莲峰堡垒群、九宜洞堡垒群、甑峰堡垒群等。[②]学界公认这些山城或堡垒都是公元 475—553 年高句丽占领汉城期间修筑的。[③]此时正是高句丽第 20 代长寿王至第 24 代阳原王时期。

根据学者初步认定，中国境内和朝鲜、韩国境内的高句丽山城共 140 多座，大体上分布在以下几个地区。

一是以桓仁、集安为中心的浑江流域、鸭绿江中游及太子河、浑河上游，辉发河流域和第二松花江、鸭绿江的上游地区，包括桓仁、集安、通化、白山、新宾、本溪、抚顺、清原、柳河、辉南、磐石、抚松等县市，这是高句丽建国初期至好太王、长寿王时期，国都中心地区及外部重点活动区域。

二是自辽东半岛南端开始，北经今大连市金州区（原金县）、大连市普兰店区（原新金县）、瓦房店市（原复县）、盖州市（原盖县）、营口市、海城市、辽阳市、沈阳市、抚顺市、铁岭市、开原市到西丰县、辽源市一线，这是高句丽占据辽东以后形成的西部重要防线。作为高句丽后期的防线，辽东半岛东部沿海庄河市、岫岩县的一些山城，也发挥着重要的作用。

三是自辽东到平壤沿线，这是高句丽迁都平壤后通往内地中原的重要道路。《新唐书·地理志》所记营州道中，安东都护府"东南至平壤城八百里""南至鸭绿江北泊汋城七百里"，就是这条道路。沿途经过中国的凤城、丹东和朝鲜的平安北道、平安南道等地。

四是平壤以南的地区，包括今南浦市、黄海北道、黄海南道等。该地区的山城在控制大同江口，以及保卫都城平壤和高句丽向南发展策略的实施中，起到很重要的作用。

五是高句丽北方，今吉林市东北至图们江流域和朝鲜半岛东北部一带。吉林市曾经是夫余政权的中心所在地，好太王时期高句丽的势力到达了这一地区。图们江流域以及朝鲜半岛东北部一带是汉魏时期沃沮、韩秽的活动地区，它们曾先后受卫氏朝鲜和汉四郡管辖。随着高句丽向东、向北发

---

① ［日］东潮、田中俊明：《高句丽的历史与遗迹》，东京：中央公论社，1995 年，第 391—402 页。

② 赵俊杰：《再论高句丽山城城墙内侧柱洞的功能》，《考古与文物》2012 年第 1 期。

③ ［韩］崔钟泽：《从考古学看高句丽在汉江流域的进出与百济》，《百济研究》1998 年第 28 辑；［韩］白种伍：《高句丽遗迹的宝库——京畿道》，《京畿道博物馆》，2005 年。《三国史记》记载："（长寿王）六十三年（公元 475 年）秋九月，王帅兵三万，侵百济，陷王所都汉城，杀其王扶余庆，虏男女八千而归。"见《三国史记》卷十八《高句丽·长寿王本纪》，汉城：韩民族文化推进会，1982 年，第 143—144 页。

展，这一地区逐渐被高句丽占领，成为较为稳定的统治地区，因此，这一带军事防御性的山城较西部、南部地区相对少一些。

六是韩国境内的高句丽山城，主要分布在汉江、临津江流域的山岗上。这里原来是百济都城汉城管辖地区。《三国史记》记载：长寿王"六十三年（公元 475 年）秋九月，王帅兵三万，侵百济，陷王所都汉城，杀其王扶余庆，虏男女八千而归"[1]。高句丽占领汉城以后，百济迁都到夫余邑。高句丽为了加强军事防御，在汉城附近的山上修建山城堡垒，依山势走向建筑城垣，形制不甚规则，有多边形、圆形、长圆形等。边缘砌筑城墙，周长都不超过 300 米，高处可达 5—6 米。在山势较平缓处有阶梯通道和门址。城垣闭合，内部又砌筑墙垣分成若干居住建筑和活动空间，有仓库储存军资器械和粮食。韩国学者称之为"堡垒"，确实具有军事堡垒的性质。这些山城或堡垒出土了一批铁兵器，如铁刀、铁矛、铁斧、铁镞、车马具、盔甲、甲片等。还出土了一批生产工具，如铁犁、铁锄、铁镰、铁刀、铁釜、铁壶、铁錾、铁钉等。出土陶器有四耳陶壶、陶瓮、陶罐、陶釜、陶碗、陶盘、陶杯等。有的陶器上还有刻画文字"庚子""后部都"等。[2]

二、山城的类型与结构

关于高句丽山城的类型，学者有一些不同的看法。

王绵厚先生将鸭绿江右岸的高句丽山城建置分期大体上分为早、中、晚三个阶段。第一阶段（早期）即从高句丽立国，到开始进拓辽沈边郡，建立"国北新城"为止。经考证，"新城"始建年代应在公元 266—276 年的十年间。第二阶段（中期）应从高句丽建立"国北新城"以后，到长寿王十五年（公元 427 年）从"国内城"迁都平壤。第三阶段（晚期）应从长寿王十五年迁都平壤后，到高句丽荣留王十四年，即唐太宗贞观二年（公元 628 年）高句丽在辽东修筑"高丽长城"为止。[3]

陈大为先生将辽宁的高句丽山城按照规模大小分为三种类型：大型山城周长 2000 米左右，有 27 座。多分布在辽河东岸山区与平原的交界地带，比较典型的有今瓦房店市的龙潭山城和岚崮山城，盖州市的高力城山城，海城市的英城子山城，沈阳市陈相屯的塔山山城，抚顺市郊的高尔山城，铁岭市的催阵堡山城，开原市的威远堡山城等。中型山城周长 1000—2000 米，有 23 座，多分布在辽河东岸较大的支流之间，离辽河岸边较远。比较典型的有碧流河畔的赤山山城和城山山城、英那河边的旋城山山城、大洋河边的三山山山城和娘娘城山城等。小型山城周长 200—1000 米，有 37 座。小型山城多分布在大中型山城周围。[4]

柳岚从考古学上将高句丽山城的构筑类型分为早、中、晚三期，每期又可分为大、中、小山城之别。早期山城，大型山城周长在 2000 米以上，著名的有五女山城、丸都山城。中型山城周长在 1000 米

① 《三国史记》卷十八《高句丽·长寿王本纪》，汉城：韩国民族文化推进会，1982 年，第 143—144 页。
② ［韩］崔钟泽：《峨嵯山堡垒与高句丽南进经营》，首尔：西京文化社，2013 年。
③ 王绵厚：《鸭绿江右岸高句丽山城研究》，《辽海文物学刊》1994 年第 2 期。
④ 陈大为：《辽宁高句丽山城初探》，《中国考古学会第五次年会论文集》，北京：文物出版社，1988 年。

左右，有辽宁新宾县的黑沟山城和转水湖山城，吉林省霸王朝山城等。小型山城周长在几百米之内，如吉林省通化县建设山城。中期山城大型的有著名的龙潭山城、罗通山城、城山子山城。晚期山城如辽源市的龙首山城，周长1200米。[①]

魏存成先生认为："高句丽山城大都修在依山傍水之处，城墙的走向和城内的布局很难像在平地那样能预先有一个统一的规划。但为达到以防御为主、攻守兼备的作用，其在山势和地形的选择方面又形成了几种大致相同的类型，即簸箕型、山顶型、'筑断为城'型和左右城、内外城型四种。"[②]

以上各位先生的论述，有的是按年代分期，有的是按大小规模分类。只有魏存成先生按照山城的构成形制进行分类，较为客观准确。采用魏存成先生的分类方法，将高句丽山城分为簸箕型、山顶型、"筑断为城"型三种类型。而将左右城、内外城或单城、双城型，根据其与山势的关系和构筑方式，分别归入簸箕型、山顶型、"筑断为城"型的三种类型之内。

1. 簸箕型山城

簸箕型，顾名思义，城墙围出的城形状类似簸箕，三面高一面低。有学者称之为抱谷式山城、包谷式山城、栲栳峰式山城。

此类山城一般处在群山环抱之中，四面山岭中有一面较低矮，形成出入口，另外三面山势较高，内部形成倾斜向出口的缓坡地带。依山脊走向砌筑墙垣，陡峭之处以断崖险峰为天然城墙，平缓山脊筑墙连接。这样以人工城墙和天然城墙相连接，围成合璧，形状呈不规则四边形、多边形或长圆形等不同样式。但是，总有一面较为低平，便于出入，在此修筑城门或瓮城，可以起到"一夫当关，万夫莫开"的作用。城内有纵深的谷地或开阔的坡地，适于建筑宫室、兵营、仓库，储备军资器械和粮草等物资。

簸箕型山城所需的自然条件应是群山环抱，至少是三面为山岭，因此一般规模都比较大，周长多在1000米以上。最典型的要数国内城的军事卫城——丸都山城和平壤城的军事卫城——大城山城。两座卫城距离平原上的王都在2500—7000米，山脊上石筑墙垣周长六七千米，城内有宫殿、兵营、仓库、水池、瞭望台一类建筑遗址，形制大体相同。

这类山城在高句丽山城中约占半数以上，如集安的霸王朝山城、抚顺的高尔山城、金州的大黑山山城、海城的英城子山城、沈阳的石台子山城等均属簸箕型。集安的霸王朝山城，地处高句丽故都纥升骨城与国内城之间，旁依浑江，雄踞于群山之中，海拔最高处为862.8米。沿霸王朝村东北的溪谷上溯，地势渐高，可达山城南门，南门正处在簸箕口上。城墙从南门向东、向西垒筑，再折向北，顺山脊越筑越高，在最高处相向对折，形成四边形城垣，周长1260米。南北两处城门相距近500米（山坡路），相对高度之差有350米左右，两门之间有羊肠小道可通。以往调查时，在城内发现一口泉眼，采集到高句丽时期的铁车辖、铁饰件、铁铤、铁链、铜镞、铁带扣、石臼和少量

[①]　柳岚：《高句丽古城研究》，《博物馆研究》2000年第1期。
[②]　魏存成：《高句丽遗迹》，北京：文物出版社，2002年，第106页。

陶片。[①]2001 年，霸王朝山城中还发现了多处高句丽时期的建筑遗址，有兵舍、兵营遗址，也有规模较大的官衙一类建筑遗迹。[②]证明霸王朝山城曾是高句丽两都城之间的重要军事城堡。

金州大黑山山城是簸箕型山城中规模较大的，位于辽东半岛金州湾海畔的古今出海口，地理位置险要。山城处在群山环抱中，最高峰海拔 500 米（图 10.17）。

图 10.17　簸箕型山城——大黑山山城

城垣沿山脊陡壁用自然石块垒砌，周长约 5000 米，城墙宽 3.3 米、高 3—5 米。[③]石筑城墙，有普通城门和水门各一座。城内有水井两眼，曾采集到高句丽莲花纹瓦当残段，城内应有建筑遗址。大黑山山城应该就是史书记载的卑沙城。公元 645 年，唐朝军队水陆并进征高句丽，以张亮为"沧海道行军大总管，率舟师，自东莱渡海，袭卑沙城，破之，俘男女数千口"[④]。另据《册府元龟》记载，"张亮亚将程名振拔卑沙城。其城四面悬绝，唯西门有攻之势。名振督军夜袭之，副总管王文度先登，士卒继进，城中溃散，虏其男女八千口"。从大黑山山城向北，也有一些山城属簸箕型山城，还杂有一些其他类型的山城。

石台子山城位于沈阳市东北部的丘陵山地，距沈阳市区 30 千米。山城所处地理位置属长白山系的吉林哈达岭西麓辉山丘陵地带的西部边缘，海拔在 100—280 米。地形平均坡度 15° 左右，山势大致呈东北—西南走向。辉山丘陵之中有棋盘山、辉山、大洋什山等几座有名的山峰。棋盘山在石台子山城之南，直线距离 5 千米，海拔 280.2 米。辉山位于山城的西南，与山城直线距离约 4.3 千米，海拔 262.3 米。大洋什山位于山城的北侧，直线距离约为 1.2 千米，海拔 215.3 米。蒲河从石台子山城东南侧流过，经山城东北侧向西南流入辽河平原。山城的东、南面有较为开阔平坦的河谷（图 10.18）。

① 方起东:《吉林辑安高句丽霸王朝山城》,《考古》1962 年第 11 期;《集安县文物志》,长春:吉林省文物志编委会, 1984 年, 第 70—71 页。
② 耿铁华:《访高句丽霸王朝山城》,《学问》2002 年第 2 期。
③ 王绵厚:《高句丽古城研究》,北京:文物出版社, 2002 年, 第 87 页。
④ 《旧唐书》卷六十九《张亮传》,北京:中华书局, 1975 年, 第 2516 页。

图 10.18　石台子山城鸟瞰

资料来源：辽宁省文物考古研究所、沈阳市文物考古研究所编著：《石台子山城》，彩版 2

石台子山城修筑在山势环抱、形势较为独立的山丘上，山势西高东低，平面呈不规则四边形，南北略长，有四个相对的制高点。西北部为最高，海拔 164.4 米；西南部制高点海拔 163 米，俗称"点将台"处；东北侧制高点海拔 139.7 米；地势稍平坦，东南侧制高点海拔 128.2 米，地势较平坦。城内有南北两处较平坦的台地，台地间有一条低凹的谷地，谷口向东，至蒲河。河谷最低处至西北侧制高点相对高度约 70 米，从山势而言呈"簸箕"形，或谓"栲栳峰"。因山城的东、南面临河谷处断崖兀立，又俗称"石碴子"。石台子山城北靠大洋什山，东南依临蒲河谷地，西凭棋盘山主峰，南面辉山，并坐落在辉山丘陵之内，依蒲河右畔，在山城选址上既据势守险又有可供生活的谷地和水源。[①]

1997 年 5 月，沈阳市文物考古部门进行了首次考古发掘，确认了石台子山城城墙、马面、门址、涵洞、排水设施等遗迹的基本情况，对山城形式、结构有了初步的认识（图 10.19）。石台子山城墙体全部使用石材构筑，实测周长 1361.42 米，基础宽度在 4.7—6.1 米，最宽处为 7.2 米。共有 4 座门址，9 个马面，5 个排水涵洞。[②]

2005 年 5 月至 2006 年 10 月，又进行了两次发掘。共发掘瞭望台和建筑址 45 处，窖穴灰坑 190 个，高句丽墓葬 64 座。出土石器、陶器、铜器、铁器、骨角器、钱币等各时期遗物 1100 多件，以高句丽时期遗物为主。

① 辽宁省文物考古研究所、沈阳市文物考古研究所编著：《石台子山城（上）》，北京：文物出版社，2012 年，第 1—2 页。

② 李晓钟、佟峻岩、刘焕民，等：《辽宁沈阳市石台子高句丽山城第一次发掘简报》，《考古》1998 年第 10 期。辽宁省文物考古研究所、沈阳市文物考古研究所编著：《石台子山城（上）》，北京：文物出版社，2012 年，第 15—17、23 页。

图 10.19　石台子山城城墙与马面

资料来源：辽宁省文物考古研究所、沈阳市文物考古研究所编著：《石台子山城》，彩版十三、三十三

2. 山顶型山城

如果说簸箕型山城是城垣建在山顶上，城在山凹中的话，那么，山顶型山城则是城垣与城均在山顶上，或城垣在山腰城在山顶，侧视呈凸字形。城垣内的中心地带地势较高，较平坦。四周多为悬崖陡壁，或一面、两面稍缓，四面修筑城垣或稍缓处修筑城垣。山下多有江河流过，形成较险要有利的地形。高句丽初期都城的卫城——桓仁五女山城便是最典型的山顶型山城，因此也较为特殊。城墙只有两面，以石条垒筑于半山腰，南墙 424 米（其中人工修筑 154 米），东墙 1847 米（其中人工修筑 382 米），现存城墙最高处有 6 米，西、北两侧为天然峭壁，未见人工修筑墙垣。山顶平台略呈长方形，面积不大，城顶平台高于墙垣 180 多米。山上有戍兵居舍和仓库等建筑遗址，有水池、瞭望台，出土了高句丽至辽金时期的石器、铁器、陶器等大批遗物（图 10.20）。

图 10.20　山顶型山城——五女山城

资料来源：辽宁省文物考古研究所编著：《五女山城——1996—1999、2003 年桓仁五女山城调查发掘报告》，图版四

大多数山顶型山城规模都不大，因为城墙与城都在山顶，这就要求山顶上有较大的平台或稍平缓之地。其中较大的应该是宽甸虎山山城。据发掘记载，"在山顶上和山下靠山根的平地中，均有建筑遗迹和遗物。而且在虎山上的背面顶部边缘，当揭去茂密草树的土层下部，发现有保存状况不尽相同的用楔形石构成的石筑城墙。山上的石墙随山势屈曲走向，现存墙体虽间有残断，但仍环山半周，其长达 600 余米，有的地段城墙还相当完整，如第 6 段山城墙体宽 3.5 米、存高 1.75 米。第 7 段城墙仍很明显。不仅据此可以了解虎山山城的结构，而且根据石材的特征，可以明确知为高句丽山城。经过探掘，在虎山顶上，除北面边缘发现有城墙外，在山上的南面边缘没有城墙，就是说，在虎山顶上没有建成完整的山城……不能在山上修筑环绕山顶一周的城墙，故其南面城墙必须修在南面山下平地上"。这样就会形成部分城墙在山顶，部分城墙在山下的类似山顶型山城。根据《旧唐书》《新唐书》《道里记》《册府元龟》《三国史记》等记载，冯永谦认为虎山山城就是高句丽的泊汋城。[①] 类似山顶型山城还有清原南山子山城，周长有 1000 多米。余下小城，周长皆不足千米，有的只有百多米。大都属于军事哨卡一类性质，如集安的大川哨卡，位于清河镇东北 2 千米大川村北的山崖上，山下南面有清河流过。哨卡所处的山崖相对高度 20 多米，墙垣用石材垒砌而成，平面略呈圆形，周长 153 米，墙基宽 4 米、残高约 1 米。哨卡控扼在关马山城西北，相距约 7.5 千米，是高句丽北道上的重要军事防御据点。

3."筑断为城"型山城

"筑断为城"型山城是指在高山峡谷中，以石条垒筑城墙连接两面峭壁，以两道或三道人工筑墙截断峡谷通道而成。所谓"筑断"，一是以石筑墙截断峡谷，使之为城；另一说则是以石墙连接断崖，以为城壁，这也就是文献记载高句丽人"筑断为城"之原意（图版十六）。

据《翰苑》注引《高丽记》云："焉骨山在国西北，夷言屋山，在平壤西北七百里。东西二岭，壁立千仞，自足至巅，皆是苍石，远望巉岩，状类荆门三峡。其上别无草木，唯生青松，擢干云表。高丽于南北峡口筑断为城，此即夷藩枢要之所也。"焉骨山，亦作乌骨山、屋山，今名凤凰山，山中有城　与《高丽记》所述形势、建制相同。此城即高句丽的乌骨城，亦即凤城市的凤凰山山城。南、北二门正处在山口上，两侧群峰高耸，西面攒云峰与东面大顶子遥遥相对，恰合文献上"东西二岭，壁立千仞"之说，其城周长 15955 米，将近 16 千米，其间人工石垒城墙 7525 米。除南北峡口部分之外，城墙多筑在两侧山脊上，最高处可达 7 米左右（图版十六）。[②] 乌骨城由城门、城墙（可分为完整城墙、倒塌城墙）、天然屏障、附属设施等五个部分组成。人工城墙 86 段（包括城门），天然屏障 87 段。城内发现高句丽时期的陶片和绳纹、布纹瓦片。还发现几件莲花纹瓦当，较完整者直径 15 厘米、厚 5 厘米，花纹线条规整，火候较高。[③]

凤凰山山城处在辽东至平壤的交通要道上，是高句丽后期一座重要军事城堡。隋大业十八年（公

---

① 冯永谦：《高句丽泊汋城址的发现与考证》，《北方史地研究》1997 年第 1 期。
② 崔玉宽、张庆贺：《乌骨城考》，《丹东史志》1986 年第 4 期。
③ 崔玉宽：《凤凰山山城调查简报》，《辽海文物学刊》1994 年第 2 期。

元 618 年），隋炀帝亲率大军征高句丽，于仲文"率军指乐浪道，军次乌骨城。仲文简赢马驴数千，置于军后。既而率众东过，高丽出兵掩袭辎重，仲文回击，大破之"[1]。唐贞观十九年（公元 645 年），唐太宗征高句丽，与李勣等商议攻伐战略，唐太宗主张攻建安，李勣主张先攻安市，然未攻下。高句丽降将高延寿、高惠贞建议，"乌骨城耨萨已耄，朝攻而夕可下。乌骨拔，则平壤举矣"[2]。群臣以为张亮军在卑沙城，召之可至，若合力取乌骨城，然后渡鸭绿江，可直逼平壤。足见乌骨城在军事上的地位是相当重要的。由于长孙无忌反对，没能进攻乌骨城，使唐军此次征伐留下了遗憾。

"筑断为城"型山城数量不是很多，但作用却不可忽略。集安市西北 50 多千米的关马山城，凭借着西、东南、东北三面的高山，人工垒砌三道石墙，"筑断为城"，成功地控扼着高句丽都城国内城、丸都城向北的交通要道。东晋咸康八年（公元 342 年），慕容皝亲率大军攻下高句丽南道诸关卡，直下丸都。高句丽王钊却凭借其弟率军在关马山城打败慕容氏北路军队，取得胜利，挽回整个战役的败局。

当然，高句丽山城分类上也可以按照城垣构成的数量分为单城型、双城型和多城型。其中以单城型数量居大多数，而双城型和多城型的山城毕竟数量太少。双城型山城以柳河罗通山城为典型，东西二城中间共用一墙，两城作肺叶状，城垣周长达 7.5 千米。多城型山城则以抚顺高尔山城最典型，整体由东城、西城、南卫城、北卫城及东南角三个环形小城组成，外城墙总长约 4000 米。[3] 此系高句丽西部重镇新城遗址，始筑于公元 335 年（东晋咸康元年），这里曾多次发生争夺性的战争。

至于以山城平面图形作为分类标准，由于以往多为简易测量，没能运用航拍或计算机处理，图形均存在较大误差。另外，绝大多数山城只是经过一般性调查和测量，没有进行正式考古发掘，其成果只能作为参考。待正式发掘报告公布以后，才可以取得综合性研究成果。

高句丽山城墙垣的构筑材料，主要是由石条或楔形石垒砌成内外墙壁，中间填以各种形状的石块。石材的大小规格有所不同。现将有关山城石材的规格比较如下（单位：厘米）[4]：

丸都山城石条	长 40—90	宽 20—50	高 10—30
五女山城石条	长 50	宽 40	高 20
霸王朝山城石条	长 20—51	宽 29—42	高 13—26
黑沟山城石条	长 35—90	宽 30—83	高 16—25
大城山城石条	长 45	宽 36	高 26
太白山城石条	长 50	宽 25	高 20
鸺鹠山城石条	长 38	宽 31	高 16

垒筑时大头朝外，小头朝内，逐层垒砌，逐层内收，稍向内倾，防止倒塌。内部以扁条石勾压

① 《隋书》卷六十《于仲文传》，北京：中华书局，1973 年，第 1455 页。

② 《新唐书》卷二百二十《高丽传》，北京：中华书局，1975 年，第 6193 页。

③ 徐家国、孙力：《辽宁抚顺高尔山城发掘简报》，《辽海文物学刊》1987 第 2 期。关于高尔山城的结构和布局尚存在不同看法，还有认为是东、西两城或整体一城，其余卫城为附属建筑等说法。

④ 李殿福：《高句丽山城研究》，孙进己、孙海主编：《高句丽渤海研究集成·高句丽卷》（三），哈尔滨：哈尔滨出版社，1997 年，第 160 页。

咬合，以大小石块填充，十分牢固。集安、桓仁、新宾等地的山城大都采用这种垒砌方式。

土石混筑的城垣可分为三种情况。一种是内外墙壁以石条垒砌，中间以土或土石混合物填实，如柳河罗通山城、铁岭催阵堡山城等。另一种是先以石块垒城墙，石料不规整，墙面也不平整，只好在外面、上面覆较黏性的土堆实加固，如抚顺高尔山城、朝鲜凤势山城等。还有一种则是用土石混合物夯筑而成，如吉林龙潭山城、开原龙潭寺山城、马家寨山城等。

山城墙垣上还筑有城楼、角台、平台、将台、瞭望台、哨台及女墙、柱洞等。稍晚些时间有的山城墙垣外侧还筑有马面。一座山城可开设几座城门，有的还有瓮门和水门。

高句丽山城内，一般都有兵营、仓库一类的建筑遗址，有些还有官衙或宫殿等较大的建筑遗址，主要是供将士们居住用。山城里不管驻兵多少，都有水源，有的是自然山泉、水池，有的则是人工水井。水井多数是用楔形石砌成，也有少数是用木材呈"井"字形层层码起来的。为了便于守卫和瞭望，城内高处往往垒砌起石台，称为瞭望台，使山城的守望作用更为凸显。

以高句丽三座都城为中心，向外修筑的山城，形成了高句丽在辽东、玄菟、乐浪地区的军事防线，在不同的历史时期，在高句丽扩张和防御战争中发挥了不小的作用。同时，这些山城在高句丽对外交往、联系和经济、文化活动中，还起到了交通驿站的作用。

三、千里长城

唐朝初年，高句丽荣留王建武吸取了隋末征战的教训，一方面遣使入唐称臣纳贡，主动修好；另一方面在西部地区修筑长城，做好防御准备。经过十多年的时间，在辽河以东修成了一道贯穿南北的千里长城。

关于高句丽的千里长城，《旧唐书·高丽传》记载，贞观五年（公元631年），"诏遣广州都督府司马长孙师往收瘗隋时战亡骸骨，毁高丽所立京观。建武惧伐其国，乃筑长城，东北自扶余城，西南至海，千有余里"。《新唐书·高丽传》记载，"太宗已禽突厥颉利，建武遣使者贺，并上封域图。帝诏广州司马长孙师临瘗隋士战骴，毁高丽所立京观。建武惧，乃筑长城千里，东北首扶余，西南属之海"。《三国史记·高句丽本纪》对此事也有记载，"（荣留王）十四年（公元631年），唐遣广州司马长孙师，临瘗隋战士骸骨祭之，毁当时所立京观。春二月，王动众筑长城，东北自扶余城，东南至海，千有余里，凡一十六年毕功"。其间，荣留王二十五年（公元642年），"王命西部大人盖苏文监长城之役"，说明此时长城的修筑并未间歇中断。

一直到宝藏王五年（公元646年），这道千里长城才算最后完成。然而，它并未能挽救高句丽国家灭亡的历史命运。20年后，唐朝军队渡过辽河，突破了高句丽千里长城的防线，直逼平壤。在唐朝军队的进攻之下，宝藏王出降，高句丽灭国。

据《奉天通志》卷74记载，怀德县（今公主岭市）边岗一带有古塞遗址，南逾东辽河与梨树县境内的老边岗相衔接，斜亘70余里。《怀德县志》记载："此边在四区戥子街西南入境，至五区

大青山南入长春界，斜亘境内 70 余里。凡境内诸屯以边岗、小边名者均如此。"

1971 年 10 月，吉林省博物馆与中央民族学院、吉林师范大学、怀德县文化部门曾进行过联合调查，取得了很好的进展。[1]1983 年怀德县文物复查队进行了复查。《怀德县文物志》明确记载"此边在本县境内横跨秦家屯、双榆树、四道岗、育林等四乡，经平安堡、老城堡、榆树堡、东黄花甸子、陈家窝堡、边岗屯、八岔沟子西、梁家炉、姜德屯、过岗四队、幸福村后东北向直入农安县境，全长 50 余华里。边岗为土筑成，由于年代较久，现在大部已为耕地或辟作乡道，残存的地段也凸凹不平。此边岗自秦家屯乡戥子街村入境处，因早已成为大车道，遗迹已不甚明显，有的地段尚高于地表。榆树堡至边岗屯一线是遗迹较为明显的地段。其中又以三皇庙村东和黄花甸子北保存较好。三皇庙村东边岗基宽约 6 米，顶宽约 3 米，高约 1 米，一条乡道跨岗而过。据当地群众讲述，40 年前，此岗超过屋脊，有 5 米余高。东黄花甸子向北，与陈家窝堡过岗屯中间，有 2 华里保存较好的地段，岗基宽约 6 米，顶宽约 3 米，高约 2 米，如一条长龙伏地而卧。现在，这条边岗已是一条笔直的乡道，在乡道旁和岗边露出的断层中，可以清楚地看到修筑边坝夯层的痕迹"[2]。

1987 年王健群先生发表《高句丽千里长城》一文，他认为"根据史料和调查分析，这条长城并不是筑在边境城堡之外的防御线，而是用它把各个边境城堡连接起来，连同边境城堡一起组成一道防御线。在这道防御线上，过去的边境城堡是主要的防御据点，至于所谓长城，不过是用以阻拦唐军兵马前进而已"。唐军两次进攻都是在高句丽修筑长城之后，文献中却没有提及这条长城。"根据我们对高句丽长城遗迹的调查，在这 50 余里的一段上，并无城门、角楼、墩台及其他常设守军的一类设施，想象不出是什么长期固守的防线，只能是连接边防城堡的辅助设施，用以阻拦唐军的东进而已。高句丽的西部前沿军事重镇，明确见于记载的有扶余、新城、玄菟、辽东、沙卑、盖牟、安市、建安诸城，成南北一线排列。……这些城正好是按东北、西南方向排列着。农安在北，盖平在南，在营口东侧，临近渤海湾。高句丽修筑千里长城把这些地方连接起来，变成以边境军事重镇为主要据点的西部防卫线，用它来抵御唐朝军队的进攻。"[3] 其主旨就是高句丽长城不是独立存在的建筑，而是修筑一道城墙将高句丽西部重要城堡连接起来，组成一道军事防御线，北起吉林农安，南到辽宁盖平。后来有些研究者也赞成这一说法。

1987 年，李健才先生根据东北中部的松辽平原，以老边岗、边岗、小边、土龙等命名的地名和村庄可以连成一线，残留的土垣、土岗就是高句丽的长城遗迹。"从东北往西南有吉林省农安县境内的龙王乡、西北 20 里的边岗和边岗乡境内的三岗……在怀德县境内有双城堡镇境内的边岗、四道岗乡的四道岗和小边、秦家屯东南 15 里的边岗。在梨树县境内有河山乡东南 10 里的土龙村、三合乡西南 20 里的三道岗子、金山乡东南 18 里的王家岗子。由此再往西南进入辽宁省。在辽宁省境内有些老边的地名，多是因靠近明代边墙而命名，是否和东北西南走向的边岗这一长城遗迹重合在

① 中央民族学院现为中央民族大学，吉林师范大学现为东北师范大学。
② 《怀德县文物志》，长春：吉林省文物志编委会，1985 年，第 106 页。
③ 王健群：《高句丽千里长城》，《博物馆研究》1987 年第 3 期。

一起，还难以断定。在辽宁省境内，以边岗、老边命名的地名，有开原县三家子乡南 15 里的西老边、新民县东北辽河东岸的三道岗子、沈阳市郊西北的老边、海城县西北浑河东岸的三道岗，由此再往西南进入营口县北部的二道边和营口市郊区的老边村、老边站。把这些边岗、老边、小边、土龙等地名连成一线，就不难看出它的基本走向……这一边岗，东北从农安起，西南到营口海滨止。"根据已发表的考古调查材料，在辽河东岸老边岗的东部附近，又有西南、东北排列成行的高句丽（高丽）山城……大黑山山城、龙潭山城（复县）、高丽城、英城子山城、岩州城、塔山山城、高尔山城、催镇堡山城、威远堡山城、城子山山城、龙潭山城（吉林）……把以上这些高句丽（高丽）山城连成一线，很明显是一条由西南到东北走向的高句丽（高丽）西部的边防城。在这些山城的西部附近，就是西南——东北走向的边岗，即长城遗迹。这些边岗当是上述高句丽山城西部的第一道防线。"①

1989 年陈大为先生发表《辽宁境内高句丽遗迹》一文，指出"大型山城多分布在辽河以东不甚远的沿河一线，即在山区与平原的交接地带，中型山城多在辽河以东较远的较大河流的孔道中，位居第二线。至于小型山城，则多分布在大中型山城的周围，时代已当晋唐，它们似当中原战乱，在高句丽占据辽东之后，从东晋到唐初的二百年时间内形成的，应属山城的完善阶段。直到贞观五年（公元 631 年）'发其国，举筑长城，东北自扶余城，西南至海，千有余里'这一全国行动，才最后形成了高句丽山城的现有体系。从而在高句丽西界的前沿边界上，最终形成了一条南北长达千余里的山城联防线。""若干大型山城，如扶余、新城、盖牟、乌骨、建安、安市、卑沙等，皆见诸史籍，并多数分布在东北西南向的平原与山区交接地带的一条线上，它们是千里防线中的重要城堡。"②

1991 年冯永谦先生发表《东北古代长城考辨》一文，认为李健才先生的推论是接近实际的。辽宁地区有些叫"岗"的或"边"的，一些是在明长城线上，有的其实也不是长城，如新民县的三道岗子，是因自然沙岗而得名，但这无关大局。他说的北起吉林省境内，虽仅有一小段边岗遗址，南到千里之外的营口，只有"老边"等两个地名，据以推断是高句丽千里长城的走向。对于高句丽千里长城的认识，还是在写《辽宁古长城》这本书时，即写了高句丽长城，就是因为明朝在辽河流域修筑本朝长城，沿用了高句丽长城。在往年一次调查明长城时，更加感受到了高句丽长城的存在。在对明长城的全线调查时，发现从三汊关转向东胜堡即今海城市西北的开河城村后，长城一直北上，经鞍山至辽阳、辽中、沈阳、铁岭、开原、昌图等市县的西境，再到开原镇北关今开原市东北镇北堡前的这一大段，基本是南北走向的明辽河流域长城，这也正是高句丽长城的经行线路。此段南面进入营口市后，有二道边、高坎、老边、后岗子等村，距海滨已较近了，北面从开原镇北堡北去，经昌图县境和吉林省梨树县、公主岭市，就到农安县了。这一发现，就使高句丽长城比较具体了，不似以前无法判断其经行线路，因明辽东长城的走向，征诸文献是清楚的，遗迹至今仍大部分存在，经考古调查也都被发现，在此情况下，我们对高句丽长城的地理分布，就了如指掌了。高句丽长城被辽东长城沿用的线段，北从今开原镇北堡起，南到海城西四台子止，这一段达 500 余里，其南北

---

①　李健才：《东北地区中部的边岗和延边长城》，《辽海文物学刊》1987 年第 1 期。
②　陈大为：《辽宁境内高句丽遗迹》，《辽海文物学刊》1989 年 1 期。

两端长城由于当时所处形势未曾沿用。①

　　1994 年梁振晶发表《高句丽千里长城考》一文，进一步论证高句丽千里长城就是山城联防线，"如建长城亦不能在辽河东岸，距山城基地太远，不利退守。更何况战线从无必在边界上之理，而凭险固守才是上策。史载高句丽千里山城南以安市城为主，北以新城为主，皆险关难渡，交通要隘，为隋、唐攻伐高句丽的必争之地，故高句丽倾其全力在沿线修筑千里山城联防线，这是可能的，也是合理的，决不会也没有能力再兴师动众，在辽河东岸平原地带修筑一条既不利防守、又劳民伤财的千里长城"②。

　　2002 年春，冯永谦先生与营口市博物馆崔艳茹对高句丽西南至海一段进行了实地调查，发表了《高句丽千里长城建置辨》《高句丽千里长城西南至海段调查报告》③，总结了高句丽千里长城的研究成果。"认为高句丽千里长城在今辽、吉二省，并确曾筑有长城，而所谓'东北首扶余（城）'之长城起点，既非扶余国的扶余城，也非高句丽的扶余城，而是起于早已灭亡的扶余国故也，其起点所在即今吉林省德惠市老边岗屯第二松花江南岸，南到今辽宁省营口市后岗子屯渤海岸边，长城在辽河东岸，长达一千余里。高句丽长城的中间线段，后为明代万里长城的辽东镇长城所沿用，但又未能留下沿用的记载，因此世人只知此地为明长城，遂掩盖了高句丽长城的存在。"

　　2008 年 5 月至 2009 年 4 月，张福有、孙仁杰、迟勇对吉林、辽宁两省的老边岗城墙基（即高句丽千里长城）进行调查，初步测得：吉林省段德惠市 63 千米、农安县 75 千米，公主岭市 52 千米、梨树县 55 千米、四平市 13 千米，计 258 千米。辽宁省段昌图县 35 千米、被明长城沿用 255 千米，牛庄镇至营口前岗子 39 千米，计 329 千米。经过吉林和辽宁两省的老边岗城墙基总长为 587 千米。④

　　经过多年调查研究，高句丽后期修筑的千里长城遗迹存在，其起始、走向基本清楚，证明历史文献的记载是真实的，只是在千里长城起点夫余（扶余）的理解上还有所不同。王健群先生认为是在农安县，李健才先生认为是在吉林市，冯永谦先生认为在德惠市。对于千里长城的性质，一种说法是以王健群、陈大为先生为代表的"边境城堡一起组成一道防御线""南北长达千余里的山城联防线"。另一种说法是以李健才、冯永谦先生为代表的"东北西南走向的千余里的边岗"。其实，两种说法都不否认高句丽曾修筑了一条从夫余至渤海边的土筑墙垣，形成了高句丽后期，西部边境具有战略性质的防御体系。这一防御体系，既离不开土筑墙垣，或者说长城的实体，也离不开附近的山城与城堡。总之，文献记载和考古调查的成果，都可以证明高句丽千里长城曾经存在的历史事实。

---

①　冯永谦：《东北古代长城考辨》，《东北亚历史与文化》，沈阳：辽沈书社，1991 年。
②　梁振晶：《高句丽千里长城考》，《辽海文物学刊》1994 年第 2 期。
③　冯永谦、崔艳茹：《高句丽千里长城建置辨》，《社会科学战线》2002 年第 1 期；冯永谦、崔艳茹：《高句丽千里长城西南至海段调查报告》，《辽宁长城》2002 年 4 期。
④　张福有、孙仁杰、迟勇：《高句丽千里长城》，长春：吉林人民出版社，2010 年，第 270 页。

第十一章

高句丽与新罗、百济、倭的关系

新罗、百济是朝鲜半岛南部的两个古代国家。韩国境内保存着其都城遗迹和文物。倭则是日本列岛上的古代国家。高句丽建国以后，特别是在公元4、5世纪以后，高句丽确定了向半岛南方发展的战略，就不断同新罗、百济和倭发生交往乃至战争，这也正是高句丽国家对外关系的重要方面。

第一节　高句丽与新罗

一、新罗建国及其文化

每一个民族和国家都有古老的传说，这是在文字记录之前世代相传的口述历史，也包含对祖先的尊崇与美化。新罗建国的历史，也是在传说中展开的。

据《三国史记》记载：

> 始祖，姓朴氏，讳赫居世。前汉孝宣帝五凤元年，甲子，四月丙辰（一曰正月十五日）即位，号居西干，时年十三。国号徐那伐。先是，朝鲜遗民，分居山谷之间，为六村：一曰阏川杨山村，二曰突山高墟村，三曰觜山珍支村（或云干珍村），四曰茂山大树村，五曰金山加利村，六曰明活山高耶村，是为辰韩六部。高墟村长苏伐公望杨山麓，萝井傍林间有马跪而嘶，则往观之，忽不见马，只有大卵。剖之，有婴儿出焉，则收而养之。及年十余岁，岐嶷然夙成。六部人以其生神异，推尊之，至是立为君焉。辰人谓瓠为朴，以初大卵如瓠，故以朴为姓。居西干，辰言王。（或云呼贵人之称）[①]

《三国遗事》记载尤为详尽：

> 辰韩之地，古有六村。一曰，阏川杨山村南今昙严寺。长曰谒平，初降于瓢岩峰，是为及梁部李氏祖。弩礼王九年置，名及梁部。本朝太祖天福五年庚子改名中兴部。波潜东山彼上东村属焉。二曰，突山高墟村。长曰苏伐都利，初降于兄山，是为沙梁部，郑氏祖。今曰南山部，仇良伐、麻等乌、道北、回德等南村属焉。三曰，茂山大树村。长曰俱礼马，初降于伊山，是为渐梁，又牟梁部，孙氏之祖。今云长福部，朴谷村等西村属焉。四曰，觜山珍支村。长曰智伯虎，初降于花山，是为本彼部，崔氏祖。今曰通仙部，柴巴等东南村属焉。

---

① 《三国史记》卷一《新罗·始祖赫居世居西干本纪》，汉城：韩国民族文化推进会，1982年，第9页。

致远乃本彼部人也，今皇龙寺南味吞寺南有古墟，云是崔侯古宅也，殆明矣。五曰，金山加利村。长曰祇沱，初降于明活山，是为汉歧部，又作韩歧部，裴氏祖。今云加德部，上下西知乃儿等东村属焉。六曰，明活山高耶村。长曰虎珍，初降于金刚山，是为习比部，薛氏祖。今临川部勿伊村、仍仇弥村、阔谷等东北村属焉。按上文，此六部之祖似皆从天而降。弩礼王九年始改六部名，又赐六姓。今俗中兴部为母，长福部为父，临川部为子，加德部为女，其实未详。前汉地节元年壬子（公元前 69 年）三月朔，六部祖各率弟子，俱会于阏川岸上，议曰："我辈上无君主临理蒸民，民皆放逸，自从所欲，盍觅有德人，为之君主，立邦设都乎？"于是乘高南望，杨山下萝井傍，异气如电光垂地，有一白马跪拜之状。寻捡之，有一紫卵。马见人长嘶上天。剖其卵得童男，形仪端美，惊异之。浴于东泉，身生光彩，鸟兽率舞，天地振动，日月清明。因名赫居世王，位号曰居瑟邯（或作居西干）。时人争贺曰：今天子已降，宜觅有德女君配之。是日，沙梁里阏英井边，有鸡龙现，而左肋诞生童女，姿容殊丽。然而唇似鸡嘴，将浴于月城北川，其嘴拨落，因名其曰拨川。营宫室于南山西麓，奉养二圣儿。男以卵生，卵如瓠，乡人以瓠为朴，故因姓朴，女以所出井名名之。二圣年至十三岁，以五凤元年甲子（公元前 57 年），男立为王，仍以女为后。国号徐罗伐，又徐伐，或云斯罗，又斯卢。初王生于鸡井，故或云鸡林国，以其鸡龙现瑞也。一说脱解王时得金阏智，而鸡鸣于林中，乃改国号为鸡林。后世遂定新罗之号。[①]

《东国史略》和《东国通鉴》中也有类似的记载。这些记载都是通过传说述说了新罗建国的历史。事情发生在辰韩故地，六村之间，地点明确。山间马嘶，忽不见马，有一大卵，剖出婴儿。这种卵生传说与夫余、高句丽开国之王"卵生降世"的传说有异曲同工之妙，都是从殷商"天命玄鸟，降而生商"的传说衍化而来，可见殷商文化对东北和东北亚诸民族、国家的影响是相当深的。另外，六部祖各率弟子在阏川岸上聚会，讨论立国之事，具有部落联盟长老会议的性质，正是国家建立之前的社会组织状况。西汉宣帝五凤元年甲子——公元前 57 年，新罗建国，时间也是明确的。这一古老的传说，经过后人整理，完整地记录下新罗建国的历史事实，应该是可信的。这些记载，也成为后人传承与研究的史料依据。

以往的世界古代史研究对于东亚诸国历史的关注是不够的。主要由于"欧洲中心说"的影响，在许多世界历史研究著作和教材中，基本是以公元 476 年西罗马帝国灭亡，来划分世界上古史和中世纪史的发展阶段，试图将古代各国奴隶制向封建制转化的时间整齐划一。代表性的著作是周一良、吴于廑主编的《世界通史》。[②] 有关东亚诸国的内容过于简略，甚至对于国家建立的时间记录得都很模糊。直到 1980 年以后，这种情况才有所改观。

"公元前一世纪中叶，在反对乐浪的斗争中，高句丽兴起于半岛北部。此时，半岛南部的辰国

---

① （高丽）僧一然著，孙文范等校勘：《三国遗事》卷一《新罗始祖赫居世王》，长春：吉林文史出版社，2003 年，第 39—41 页。

② 周一良、吴于廑主编：《世界通史》，北京：人民出版社，1962 年。

已走向解体。境内众小国中的百济和新罗日渐强盛，兼并邻国，到公元初分别占有半岛西南部和东南部之地，与高句丽形成三足鼎立之势，达六百余年，史称'三国时代'……公元前后，朝鲜人已知用铁。辰韩地方出产的铁供应整个半岛，并远运日本。铁还被用作交换媒介。农产品以稻米为主，也有五谷杂粮。半岛南部土地比较平坦，更宜农耕。朝鲜人很早就知道植桑养蚕，能织造缣布。"[1]将高句丽、百济、新罗的建国时间明确为公元前1世纪中叶，与《三国史记》《三国遗事》等文献记载保持一致。那就是：

新罗建国于西汉宣帝五凤元年，即公元前57年。

高句丽建国于西汉元帝建昭二年，即公元前37年。

百济建国于西汉成帝鸿嘉三年，即公元前18年。

同时，也注意到，学者对于新罗、高句丽、百济建国的历史地位、传说性质、自然环境等问题存在不同的看法和认识。对于新罗建国的时间，还存在另一种不同的意见。

1986年6月，延边大学朴文一、姜孟山、朴真奭、金光洙等先生指出："新罗国的中心地区是现在的庆州。庆州地区是韩族早就定居的地方，有着悠久的历史。该地区原有六个村庄，六村贵族是建立新罗国的骨干。据传说，六村村长共推朴赫居世为居西干，建立了小国。公元二世纪初，以六村为中心的封建势力开始扩张，向北开辟了尚州以北的鸟岭地区，西渡洛东江上游，扩张新的领土。公元二世纪前半期，新罗已经建成封建国家。"[2]

很显然，这一看法同《三国史记》《三国遗事》等史书的记载是相悖的。对此，姜孟山先生认为，《三国史记》《三国遗事》是以新罗为中心编纂的，编者有意把新罗建国年代提到高句丽、百济之前。他们"关于新罗建国的年代似属虚构"。于是，提出两点理由之后，得出自己的结论：

其一，众所周知，《三国史记》和《三国遗事》这两部史书都是以新罗为中心而编纂的，故编写者们想尽方法把新罗建国年代提到百济和高句丽之前；把新罗建国年代巧妙地排在甲子年正是很好的证明，因为干支的第一年毕竟能带来一些神秘色彩。而靠近百济、高句丽建国年代之前的头一个甲子年，正是公元前57年，于是可能就选定了这一年。

其二，不论从地理特点，还是从文化发展的阶段来看，作为斯罗建国之地的庆州地区，是三国中最为落后的地方。如上所述，新罗建国是由具有铁器文化的北部移民来完成的。从地理环境来看，作为新罗中心的庆州地区是先进的移民迁入定居最晚的地区。新罗有南北走向的太白山脉，还有东南走向的小白山脉；在秋风岭附近还有作为南北全罗道交界的芦岭山脉。如此的地理环境，要使南下汉江流域的移民来到庆州地区，并进行集团性迁徙，是需要相当时日的。因此，从社会发展的程度来看，三国的建国时间，其先后顺序应按高句丽、百济、新罗这样排列视为合理。

那么，新罗的建国时期应定于何时？当然，这不能按照任何主观臆断。我们认为，新罗

---

① 朱寰：《世界中古史》，长春：吉林人民出版社，1981年，第354页。

② 朴文一、姜孟山、朴真奭，等：《朝鲜简史》，延吉：延边大学出版社，1998年，第52—53页。

的建国时期应该是公元二世纪或其中叶。因为，一般认为百济建国和辰国灭亡是在公元一世纪中叶。新罗作为百济建国之后而建立的国家，当然要在公元一世纪中叶以后再经若干时间方能建国。再则，《三国史记》和《三国遗事》中，反映新罗初期历史的记载有许多矛盾之处，尤其在新罗与周边国家的关系上，常把新罗的纪年提前半个世纪或一个世纪。由此我们认为新罗建国时间应为公元二世纪初或中叶。①

以上两种意见，一种是基于古代文献的记载并引证了多年来的考古发掘材料进行论证，另一种是基于对文献的分析推测而得出的推论。事实上，中外学者大多数还是依照《三国史记》和《三国遗事》的记载，以西汉宣帝五凤元年（公元前 57 年）作为新罗建国之始。日本学者东潮、田中俊明在著作《韩国古代遗迹》"新罗篇"中解释了新罗建国的传说，阐明新罗国家自公元前 57 年建立至公元 935 年灭亡，立国 992 年的历程。②

新罗建都庆州，传 56 代王。在庆州地区保存着大量的新罗文化遗迹。

图 11.1　新罗月城遗址

资料来源：韩国国立中央博物馆，新罗室图 18

新罗王宫在月城，月城遗址在国立庆州博物馆北面不远。《三国史记》记载，婆娑尼师今"二十二年（公元 101 年）春二月，筑城名月城。秋七月，王移居月城"（图 11.1）。

月城以其圆形微弯形似新月而得名，土石混筑城垣，东西长约 900 米、南北宽约 260 米、城墙高 10—20 米。城内地势平坦，残存大量础石。《三国史记》《三国遗事》所记的宫殿之名有朝元殿、崇礼殿、瑞兰殿、评议殿、内黄殿、同礼殿等，月城之内的宫殿遗址，究竟是文献记载的哪几座宫殿尚难确认。月城之外还发现了雁鸭池和一批建筑遗址。

月城以北亦发现了王宫遗迹，以此为中轴线向东、向西为贵族百姓居住的里坊，形成若干个棋盘形街区。《三国遗事》记载，"新罗全盛时，京中十七万八千九百三十六户，一千三百六十坊，五十五里，三十五金入宅"。由宫殿、寺庙、里坊组成方城。城外有多座山城，都堂山土城、南山土城、南山新城、明活山城、西兄山城等。

庆州盆地和附近的山坡上分布着新罗时期的古墓群。主要有公元 4 世纪的九政洞古墓群、月城

① 　姜孟山主编：《朝鲜通史》第一卷，延边大学出版社，1992 年，第 142—143 页。
② 　[日] 东潮、田中俊明：《韩国古代遗迹》新罗篇，东京：中央公论社，1988 年，第 1—14 页。

路古墓群；公元 5 世纪的皇南洞古墓群、金尺里古墓群；公元 6 世纪的天马冢、金铃冢、壶杆冢、银铃冢等；公元 7 世纪的东川洞古墓群、忠孝洞古墓群、西岳洞古墓群；公元 8 世纪的龙河古墓群、金庾信墓、传圣德王陵、传闵哀王陵、传元圣王陵等（图 11.2）。

图 11.2　庆州新罗墓群

资料来源：韩国国立中央博物馆，新罗室图 19

其中皇南大冢北坟 1973 年已发掘，墓室内出土各种遗物 35 648 件，此外封土内还出土 12 件。其中装饰金玉 34 550 件，有金冠、金带、耳饰、指环、玉项饰等；武器 135 件，有环首刀等；马具 758 件；容器 192 件，有金银碗、铜鐎斗、铜熨斗等；其他文物 13 件（图 11.3）。

南坟也经过发掘，出土大量陶器、金银器、铜器、铁器等，最精美的是一对玉虫装饰的鎏金鞍桥。[①]

天马冢 1973 年发掘，墓室已成为展示馆对外开放。东西长 60 米、南北宽 51.5 米、高 12.7 米，圆形封土墓；内有木椁、木棺；出土遗物 12 000 多件，

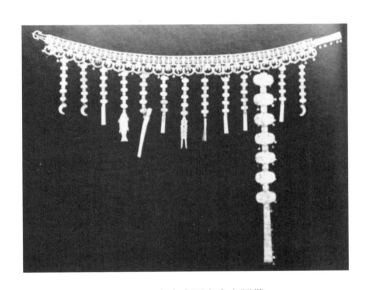

图 11.3　皇南大冢出土金腰带

资料来源：韩国国立中央博物馆，新罗室图 10

---

① ［日］东朝、田中俊明：《韩国古代遗迹》新罗篇，东京：中央公论社，1988 年，第 60—65 页。

有著名的白桦制障泥，上面绘天马图案（图 11.4）。另外还有金冠、陶器、铁器、玉石器等遗物。

图 11.4　天马冢障泥图案

资料来源：韩国国立庆州博物馆，图 185

庆州市路西洞的金冠冢向人们展示了一个黄金的世界。1921 年偶然发现。封土丘直径约 46 米、高约 12 米，周长 144 米左右，以出土豪华金冠而闻名。此外，还有金带饰、金耳饰、金银钏、金指环、金容器、鎏金鞋、鎏金环首刀、青铜器、铁器等（图 11.5）。[①]

图 11.5　义城塔里和金冠冢出土金冠

资料来源：韩国国立中央博物馆，新罗室图 8、9

[①]　［日］东潮、田中俊明：《韩国古代遗迹》新罗篇，东京：中央公论社，1988 年，第 65—70 页。

庆州城西北 6000 米处，还发现了新罗时期的壁画墓。

於宿知述干墓是 1971 年由梨花女子大学博物馆发掘，圆丘形，直径 16 米，片袖式横穴石室墓，东西长 3 米、南北宽 2.5 米。石门阴刻铭文："乙卯年於宿知述干。"被葬者於宿知，知是敬语尾，述干是地方官位，乙卯年有公元 535、595、655 年三个年代较接近，推断此墓的年代以公元 595 年较为合适。墓室壁、藻井、石扉上绘画着女性人物、莲花等，剥落较为严重。壁画中的人物及莲花明显受到了高句丽壁画的影响。

顺天壁画墓是 1985 年大邱大学调查时发现，与於宿知述干墓的结构基本相同。壁画为山岳、凤凰、莲花、怪云、力士等。年代为公元 579—599 年。

公元 8 世纪，在唐朝十二生肖雕塑的影响下，新罗王陵和一些大臣墓葬中也出现十二生肖的雕刻和塑像，如圣德王陵、元圣王陵、金庚信墓、高元圭墓等。十二生肖的形象均为兽首人身，兽首为鼠、牛、虎、兔、龙、蛇、马、羊、猴、鸡、狗、猪，多为站立，着铠甲，手持兵器，十分生动。充分反映了新罗文化与中国传统文化具有深厚的渊源关系。[①]

庆州一带保存较多的新罗建筑物或建筑遗址是佛教寺庙或造像，这与新罗法兴王尊崇佛教、笃信佛法密切相关。公元 6 世纪前半叶，新罗都城一带大兴佛教，广建佛寺。现已发现的寺庙遗址已达 50 多处。其中规模较大的有皇龙寺、芬皇寺、兴轮寺、灵庙寺、天柱寺、奉德寺、四天王寺、感恩寺、佛国寺等。

皇龙寺是庆州中心地区最大的寺院，位于月城东，南北 284 米、东西 288 米，占地 8 万多平方米。寺庙遗址发现多处础石和塔基，可知该寺庙是由山门、九层塔、金堂、讲堂，以及钟鼓楼、藏经楼、偏殿、回廊等组成的庞大建筑群。从公元 553 年兴建，历时 17 年，至公元 569 年建成。1976—1983 年调查发掘，出土了一批鎏金佛像、佛头、金银器皿、陶器和建筑饰件，并制成复原模型陈列于韩国国立中央博物馆。

芬皇寺在皇龙寺北，据《三国史记》记载，建成于善德王三年（公元 634 年）。现存一座三层密檐四门砖塔和一批建筑遗物。石塔舍利函内发现鎏金镂空饰件和铁铗等遗物。

吐含山佛国寺在庆州市区东南。一般认为是法兴王时期（公元 530 年前后）创建的，真兴王时期遭到重创，李朝时期重建。其伽蓝配置呈折尺状分布，主要建筑有大雄宝殿、无说殿、观音殿、毗卢殿、极乐殿，还有多宝塔、释迦塔等（图 11.6）。

图 11.6　佛国寺多宝塔

① ［日］东潮、田中俊明：《韩国古代遗迹》新罗篇，东京：中央公论社，1988 年，第 114—119 页。

石窟庵在佛国寺东北山上，创建于公元751年，庵内主室有一尊东向释迦佛像，周围石壁雕刻十一尊菩萨像。佛像高大庄严，精美绝伦。1974年经过维修，增建防水、防潮保护设施，对外开放，供游人礼拜、观赏。①

二、高句丽与新罗的关系

高句丽大朱留王时期（公元18—44年），发展国力，稳定统治，利用乙豆智的计策，成功地抵御了辽东军队的进攻，并与之修好。公元32年（东汉建武八年、大朱留王十五年）遣使如汉朝贡，光武帝复其王号。②

大朱留王二十年（公元37年）向南进军攻打乐浪，高句丽军队势力逐渐进入乐浪一带，于是便与新罗、百济北部临近，双方势力消长，形成了复杂的关系。③

由于高句丽诸王忙于向辽东扩张，加之距离新罗较远，无暇顾及，在大朱留王至山上王200多年的时间里，史书中不见有高句丽与新罗交往的记载。直至东川王时期，由于受到曹魏幽州刺史毌丘俭率军征伐，高句丽遭到重创，暂时停止对辽东的进犯。

据《三国史记》记载：

> （东川王）二十年（应为十八年）秋八月，魏遣幽州刺史毌丘俭将万人，出玄菟来侵。王将步骑二万人，逆战于沸流水上，败之，斩首三千余级。又引兵再战于梁貊之谷，又败之，斩获三千余人。王谓诸将曰："魏之大兵，反不如我之小兵。毌丘俭者，魏之名将，今日命在我掌握之中乎。"乃领铁骑五千，进而击之。俭为方阵，决死而战，我军大溃，死者一万八千余人。王以一千余骑，奔鸭绿原。冬十月，俭攻陷丸都城，屠之。乃遣将军王颀追王。王奔南沃沮，至于竹岭，军士分散殆尽……

由《三国志·高句丽传》《三国志·毌丘俭传》可知，正始五年（公元244年）因东川王屡犯辽东西安平，毌丘俭出征，攻下丸都。东川王暂时放弃进攻辽东，转而向南侵犯新罗北部边境。

东川王十九年（公元245年）出师侵新罗北边。

公元248年，新罗看到高句丽向南发展的势头，一时难以与之抗争，便派遣使臣与之结好。④此后100多年间，高句丽与新罗一直友好相处。

---

① ［日］东潮、田中俊明：《韩国古代遗迹》新罗篇，东京：中央公论社，1988年，第139—208页。

② 《三国史记》卷十四《高句丽·大武神王本纪》，汉城：韩国民族文化推进会，1982年，第120页。

③ 《三国史记》卷十四《高句丽·大武神王本纪》"二十年，王袭乐浪，灭之"。汉城：韩国民族文化推进会，1982年，第120页；《三国史记》卷一《新罗·儒礼尼师今本纪》"十四年，高句丽王无恤，袭乐浪灭之。其国人三千来投，分居六部"。汉城：韩国民族文化推进会，1982年，第12页。

④ 《三国史记》卷十七《高句丽·东川王本纪》，汉城：韩国民族文化推进会，1982年，第132页；《三国史记》卷二《新罗·助贲尼师今本纪》《新罗·沾解尼师今本纪》，汉城：韩国民族文化推进会，1982年，第21—22页。

故国壤王九年春，高句丽派遣使臣与新罗修好，新罗王遣侄子实圣为质。[①]

好太王统治时期（公元391—412年），高句丽与新罗一直保持友好关系。据好太王碑记载，新罗、百济一直对高句丽臣属、纳贡。好太王碑第一面第8—9行："百残、新罗，旧是属民，由来朝贡。而倭以辛卯年来渡，每破百残，□□新罗，以为臣民。以六年丙申，王躬率水军、讨伐残国。"[②] 辛卯年是公元391年，好太王即位之年；旧是属民，由来朝贡，大约要上溯到东川王。由于倭寇渡海，迫使新罗、百济一度臣服，对高句丽产生威胁，于是在六年丙申——公元396年，好太王亲率水军向百济进军。

好太王抵抗倭寇进犯新罗、百济的战争中，与新罗保持着友好，随时支持新罗，新罗也常常派遣使臣，报王信息。"九年己亥，百残违誓，与倭和通。王巡下平壤，而新罗遣使白王云，倭人满其国境，溃破城池，以奴客为民，归王请命。太王恩慈，称其忠诚，特遣使还，告以密计。十年庚子，教遣步骑五万，往救新罗。从南居城至新罗城，倭满其中，官军方至，倭贼退。"[③] 在好太王的大力支持、援助下，打退倭寇，新罗国家得到稳定，与好太王及高句丽国家友好相处，继续称臣、纳贡。

这一时期，高句丽与新罗的友好关系，史书也有记载：

故国壤王九年春（公元392年）遣使新罗修好，新罗王遣侄实圣为质。[④]

奈勿尼师今三十七年（公元392年）春正月，高句丽遣使。王以高句丽强盛，送伊餐大西知子实圣为质。

奈勿尼师今四十六年（公元401年）秋七月，高句丽质子实圣还。[⑤]

实圣尼师今十一年（公元412年）以奈勿王子卜好质于高句丽。[⑥]

《三国史记·高句丽本纪》与《三国史记·新罗本纪》同时记载新罗奈勿王派侄子实圣到高句丽为质子将近十年，实圣王执政时，又派奈勿王子卜好到高句丽为质子六年。古代国家为表示友好与信任，相互交换质子，符合礼制。在好太王统治时期，只见新罗向高句丽派质子，而不见高句丽向新罗派质子，说明新罗需要依赖高句丽的力量抵御倭寇的侵略和百济的侵扰。

长寿王初期，新罗仍向高句丽称臣朝贡。长寿王十二年（公元424年）春二月，新罗遣使修聘，王慰之特厚。

长寿王十五年迁都平壤，国家中心南移，新罗感到了高句丽向南发展对自己的威胁。长寿王三十八年新罗人袭杀高句丽边将，引起长寿王的震怒，将要率大军前往征讨，新罗王闻之，派遣使

① 《三国史记》卷十八《高句丽·故国壤王本纪》，汉城：韩国民族文化推进会，1982年，第140页。
② 耿铁华：《好太王碑新考》，长春：吉林人民出版社，1994年，第86页。
③ 耿铁华：《好太王碑新考》，长春：吉林人民出版社，1994年，第87—88页。
④ 依据《三国史记》，故国壤王九年也是好太王元年。若依好太王碑记载，则应该是好太王二年。汉城：韩国民族文化推进会，1982年，第140页。
⑤ 《三国史记》卷三《新罗·奈勿尼师今本纪》，汉城：韩国民族文化推进会，1982年，第27页。
⑥ 《三国史记》卷三《新罗·实圣尼师今本纪》，汉城：韩国民族文化推进会，1982年，第28页。

臣向高句丽谢罪，方得到原谅。十多年以后，高句丽出于发展的需要，开始向新罗边境用兵。

《三国史记》记载：

> 长寿王四十二年（公元454年）遣兵侵新罗北边。
>
> 长寿王五十六年（公元468年）春二月，王以靺鞨兵一万，攻取新罗悉直州城。
>
> 长寿王七十七年（公元489年）秋九月，遣兵侵新罗北边，陷孤山城。①

致使长寿王时期高句丽与新罗关系出现问题的一个重要原因，是高句丽人参与了新罗王家族的争端：

> 讷祇麻立干元年（公元417年）讷祇麻立干立，奈勿王子也。母保反夫人，味邹王女也；妃，实圣王之女。奈勿王三十七年（公元392年）以实圣质于高句丽，及实圣还为王，怨奈勿质己于外国，欲害其子以报怨。遣人招在高句丽时相知人，因密告："见讷祇则杀之。"遂令讷祇往，逆于中路。丽人见讷祇，形神爽雅，有君子之风，遂告曰："尔国王使我害君，今见君，不忍贼害。"乃归。讷祇怨之，反弑王自立。
>
> 二年（公元418年）春正月，王弟卜好自高句丽与堤上奈麻还来。②

新罗派王子为质于高句丽，在高句丽期间生活肯定不如在自己国内自由如意，因此都怀有怨恨之心。实圣王为报复奈勿王让自己为质于高句丽，欲使高句丽人加害其子，却被高句丽人告密，遭到讷祇的怨恨，杀了实圣王自立为王。次年，令王弟从高句丽返回。此事使得讷祇王对高句丽产生疑虑和戒备。在其统治的后期，高句丽果然出兵侵扰新罗北部边境，迫使新罗开始向百济求援。《三国史记·新罗本纪》记载：

> 讷祇麻立干三十四年（公元450年）秋七月，高句丽边将，猎于悉直之原，何瑟罗城主三直出兵掩杀之。丽王闻之怒，使来告曰："孤与大王，修好至欢也，今出兵杀我边将，是何义耶？"乃兴师，侵我西边，王卑辞谢之，乃归。
>
> 三十八年（公元454年）秋八月，高句丽侵北边。
>
> 三十九年（公元455年）冬十月，高句丽侵百济，王遣兵救之。
>
> 慈悲麻立干十一年（公元468年）春，高句丽与靺鞨袭北边悉直城。秋九月，征何瑟罗人年十五已上，筑城于泥河。
>
> 十七年（公元474年）秋七月，高句丽王巨连亲率兵，攻百济。百济王庆，遣子文周求援，

---

① 《三国史记》卷十八《高句丽·长寿王本纪》，汉城：韩国民族文化推进会，1982年，第143—144页。

② 《三国史记》卷三《新罗·讷祇麻立干本纪》，汉城：韩国民族文化推进会，1982年，第28—29页。

王出兵救之，未至，百济已陷，庆亦被害。①

　　高句丽边将狩猎于悉直之原，新罗城主出兵掩杀，这是引起双方冲突的节点。高句丽向南发展的策略，也许正需要这样一个事由。于是，高句丽不断主动入侵新罗和百济的北部边境。当高句丽长寿王进攻百济时，百济王向新罗求援，新罗王出兵援救。高句丽不断向新罗、百济用兵，导致新罗和百济的联合，共同应对高句丽的威胁。

　　文咨明王、安藏王、安原王期间，亦有新罗、百济侵犯高句丽北边，双方交战之事，往往是新罗、百济相联合，但战争规模不太大，时间不长。

　　　文咨明王三年（公元 494 年）春二月，扶余王及妻孥以国来降。秋七月，我军与新罗人战于萨水之原。罗人败，保犬牙城，我兵围之，百济遣兵三千援新罗，我兵引退。
　　　五年（公元 496 年）秋七月，遣兵攻新罗牛山城，新罗兵出击泥河上，我军败北。
　　　六年（公元 497 年）秋八月，遣兵攻新罗牛山城，取之。②

　　《三国史记·新罗本纪》对于此期间与高句丽的冲突记载更为详尽，不仅有连续几年战事不断的记录，还有新罗向百济请求援兵，与百济联合共同和高句丽作战的记载：

　　　炤知麻立干三年（公元 481 年）春三月，高句丽与靺鞨入北边，取狐鸣等七城，又进军於弥秩夫。我军与百济、加耶援兵，分道御之。贼败退，追击破之泥河西，斩首千余级。
　　　六年（公元 484 年）秋七月，高句丽侵北边，我军与百济，合击于母山城下，大破之。
　　　十一年（公元 489 年）秋九月，高句丽袭北边至戈岘。冬十月，陷狐山城。
　　　十六年（公元 494 年）秋七月，将军实竹等，与高句丽战萨水之原，不克，退保犬牙城，高句丽兵围之，百济王牟大遣兵三千，救解围。
　　　十七年（公元 495 年）秋八月，高句丽围百济雉壤城，百济请救。王命将军德智率兵以救之，高句丽众溃。百济王遣使来谢。
　　　十八年（公元 496 年）秋七月，高句丽来攻牛山城，将军实竹出击泥河上破之。
　　　十九年（公元 497 年）秋八月，高句丽攻陷牛山城。③
　　　法兴王十五年（公元 528 年）肇行佛法。初讷祇王时，沙门墨胡子自高句丽至一善郡，郡人毛礼于家中作窟室安置。④

① 《三国史记》卷三《新罗·讷祇麻立干本纪》《新罗·慈悲麻立干本纪》，汉城：韩国民族文化推进会，1982 年，第 29—30 页。
② 《三国史记》卷十九《高句丽·文咨明王本纪》，汉城：韩国民族文化推进会，1982 年，第 145 页。
③ 《三国史记》卷三《新罗·炤知麻立干本纪》，汉城：韩国民族文化推进会，1982 年，第 30—32 页。
④ 《三国史记》卷四《新罗·法兴王麻立干本纪》，汉城：韩国民族文化推进会，1982 年，第 34 页。

阳原王、平原王、婴阳王、荣留王、宝藏王时期，高句丽与新罗相互侵夺。新罗还乘隋、唐征高句丽时，侵夺高句丽土地、城池。最后，新罗请求唐朝出兵，灭掉了高句丽。

婴阳王十四年（公元 603 年）王遣将军高胜，攻新罗北汉山城，罗王率兵，过汉水，城中鼓噪相应，胜以彼众我寡，恐不克而退。

十九年（公元 608 年）春二月，命将袭新罗北境，虏获八千人。夏四月，拔新罗牛鸣山城。①

荣留王十二年（公元 629 年）秋八月，新罗将军金庾信，来侵东边，破娘臂城。

二十一年（公元 638 年）冬十月，侵新罗北边七重城。新罗将军阏川逆之，战于七重城外，我兵败衄。②

宝藏王二年（公元 643 年）秋九月，新罗遣使于唐，言：百济攻取我四十余城，复与高句丽连兵，谋绝入朝之路。乞兵救援。③

《三国史记·新罗本纪》对于此期间与高句丽的冲突也有更为详尽的记载：

真兴王九年（公元 548 年）春二月，高句丽与秽人攻百济独山城，百济请救。王遣将军朱玲领劲卒三千击之，杀获甚众。

十一年（公元 550 年）春正月，百济拔高句丽道萨城。三月，高句丽陷百济金岘城。王乘两国兵疲，命伊餐异斯夫出兵击之，取二城，增筑，留甲士一千戍之。④

真平王二十五年（公元 603 年）秋八月，高句丽侵北汉山城，王亲率兵一万以拒之。

三十年（公元 608 年）王患高句丽屡侵封场，欲请隋兵以征高句丽，命圆光修乞师表，光曰："求自存而灭他，非沙门之行也，贫道在大王之土地，食大王之水草，敢不惟命是从！"乃述以闻。二月，高句丽侵北境，虏获八千人。四月，高句丽拔牛鸣山城。

四十七年（公元 625 年）冬十一月，遣使大唐朝贡。因讼高句丽塞路，使不得朝，且数侵入。

四十八年（公元 626 年）秋七月，遣使大唐朝贡。唐高祖遣朱子奢来，诏谕与高句丽连和。

五十一年（公元 629 年）秋八月，王遣大将军龙春、舒玄，副将军庾信，侵高句丽娘臂城。丽人出城列阵，军势甚盛，我军望之惧，殊无斗心。庾信曰："吾闻振领而裘正，提纲而网张。吾其为纲领乎！"乃跨马拔剑，向敌阵直前，三入三出，每入或斩将或搴旗。诸军乘胜，鼓噪进击，斩杀五千余级，其城乃降。⑤

善德王七年（公元 638 年）冬十月，高句丽侵北边七重城，百姓惊扰入山谷。王命大将军阏川安集之。十一月，阏川与高句丽兵战于七重城外，克之，杀虏甚众。

① 《三国史记》卷二十《高句丽·婴阳王本纪》，汉城：韩国民族文化推进会，1982 年，第 151 页。
② 《三国史记》卷二十《高句丽·荣留王本纪》，汉城：韩国民族文化推进会，1982 年，第 156—157 页。
③ 《三国史记》卷二十一《高句丽·宝藏王本纪》，汉城：韩国民族文化推进会，1982 年，第 158 页。
④ 《三国史记》卷四《新罗·真兴王麻本纪》，汉城：韩国民族文化推进会，1982 年，第 35—36 页。
⑤ 《三国史记》卷四《新罗·真平王麻本纪》，汉城：韩国民族文化推进会，1982 年，第 39—41 页。

十四年（公元 645 年）春正月，遣使大唐贡献方物。庾信自伐百济还，未见王，百济大军复来寇边。王命庾信拒之，遂不至家，往伐破之，斩首二千级。……夏五月，太宗亲征高句丽，王发兵三万以助之。百济乘虚，袭取国西七城。[①]

武烈王二年（公元 655 年）春正月，高句丽与百济、靺鞨连兵，侵轶我北境，取三十三城。王遣使入唐求援。三月，唐遣营州都督程名振、左右卫中郎将苏定方发兵击高句丽。[②]

七年（公元 660 年）十一月一日，高句丽侵攻七重城，军主匹夫死之。五日，王行渡鸡滩，攻王兴寺岑城，七日乃克，斩首七百人。

文武王元年（公元 661 年）六月，入唐宿卫仁问、儒敦等至，告王："皇帝已遣苏定方，领水陆三十五道兵伐高句丽，遂命王举兵相应。虽在服，重违皇帝敕命。"[③]

高句丽晚期，国力渐衰，仍然发兵侵扰新罗，截断新罗入隋唐朝贡聘问之路。新罗不断向隋唐王朝请求出兵，同时与百济相互救援，抵御高句丽的侵扰。高句丽对新罗的军事行动逐渐走向被动。最终，在新罗的协助下，唐朝军队于总章元年（公元 668 年）攻下高句丽都城平壤。宝藏率大臣出降，高句丽灭国。唐在平壤设安东都护府对其进行管辖。随着新罗与唐朝关系日益密切，安东都护府迁移到鸭绿江以西。新罗逐渐统一了朝鲜半岛。

第二节　高句丽与百济

一、百济建国及其文化

百济国家建立传说的文献记载有多种。

一种为始祖温祚说。据《三国史记》卷二十三记载：

百济始祖温祚王，其父邹牟，或云朱蒙。自北扶余逃难至卒本扶余，扶余王无子，只有三女子，见朱蒙，知非常人，以第二女妻之。未几，扶余王薨，朱蒙嗣位。生二子，长曰沸流，次曰温祚。及朱蒙在北扶余所生子来为太子。沸流、温祚恐为太子所不容，遂与乌干、马黎等十臣南行，百姓从之者多。遂至汉山，登负儿岳，望可居之地，沸流欲居于海滨。十臣谏曰："惟此河南之地，北带汉水，东据高岳，南望沃泽，西阻大海。其天险地利，难得之势，作都于斯，不亦宜乎？"沸流不听，分其民，归弥邹忽以居之。温祚都河南慰礼城，以十臣为辅翼，国

---

① 《三国史记》卷四《新罗·善德王麻本纪》，汉城：韩国民族文化推进会，1982 年，第 42—44 页。
② 《三国史记》卷五《新罗·太宗武烈王本纪》，汉城：韩国民族文化推进会，1982 年，第 47—50 页。
③ 《三国史记》卷六《新罗·文武王麻本纪》，汉城：韩国民族文化推进会，1982 年，第 52 页。

号十济，是前汉成帝鸿嘉三年（公元前18年）也。沸流以弥邹土湿水咸，不得安居，归见慰礼，都邑鼎定，人民安泰，遂惭悔而死，其臣民皆归于慰礼。后以来时百姓乐从，改号百济。其世系与高句丽同出扶余，故以扶余为氏。①

另一种为始祖沸流说。据《三国史记》卷二十三记载：

始祖沸流王，其父优台，北扶余王解扶娄庶孙。母召西奴，卒本人延施勃之女，始归于优台，生子二人，长曰沸流，次曰温祚。优台死，寡居于卒本。后朱蒙不容于扶余，以前汉建昭二年（公元前37年）春二月，南奔至卒本立都，号高句丽，娶召西奴为妃。其于开基创业，颇有内助，故朱蒙宠接之特厚，待沸流等如己子。及朱蒙在扶余所生礼氏子孺留来，立之为太子，以至嗣位焉。于是，沸流谓弟温祚曰："始，大王避扶余之难，逃归至此，我母氏倾家财，助成邦业，其勤劳多矣。及大王厌世，国家属于孺留，吾等徒在此，郁郁如疣赘，不如奉母氏，南游卜地，别立国都。"遂与弟率党类，渡浿带二水，至弥邹忽以居之。②

还有一种为始祖仇台说。据《隋书》卷八十一和《北史》卷九十四记载：

百济之先，出自高丽国。其国王有一侍婢，忽怀孕，王欲杀之。婢云："有物状如鸡子，来感于我，故有娠也。"王舍之。后遂生一男，弃之厕溷，久而不死，以为神，命养之，名曰东明。及长，高丽王忌之，东明惧，逃至淹水，夫余人共奉之。东明之后，有仇台者，笃于仁信，始立其国于带方故地。汉辽东太守公孙度以女妻之，渐以昌盛，为东夷强国。初以百家济海，因号百济。③

百济之国，盖马韩之属也，出自索离国。其王出行，其侍儿于后妊娠，王还，欲杀之。侍儿曰："前见天上有气如大鸡子来降，感，故有娠。"王舍之。后生男，王置之豕牢，豕以口气嘘之，不死；后徙于马阑，亦如之。王以为神，命养之，名曰东明。及长，善射，王忌其猛，复欲杀之。东明乃奔走，南至淹滞水，以弓击水，鱼鳖皆为桥，东明乘之得度，至夫余而王焉。东明之后有仇台，笃于仁信，始立国于带方故地。汉辽东太守公孙度以女妻之，遂为东夷强国。初以百家济，因号百济。④

上面三种说法，百济始祖都与高句丽具有血缘关系。前两种对百济的始祖的说法不同，一曰温祚，一曰沸流，二人为兄弟，都是高句丽王朱蒙（邹牟）的儿子。第三种说法，百济始祖名曰仇台，或出自高丽，或出自索离。"索离"《梁书·高句骊传》作"橐离"，《三国志·夫余传》注引《魏略》

① 《三国史记》卷二十三《百济·始祖温祚王本纪》，汉城：韩国民族文化推进会，1982年，第172—173页。
② 《三国史记》卷二十三《百济·始祖温祚王本纪》注引，汉城：韩国民族文化推进会，1982年，第173页。
③ 《隋书》卷八十一《百济传》，北京：中华书局，1973年，第1817—1818页。
④ 《北史》卷九十四《百济传》，北京：中华书局，1974年，第3118页。

作"高离"，殿本作"橐离"，《隋书·百济传》作"高丽"。按"橐"音"高"，"索"当是"橐"之讹。"橐离"即"高丽""高句丽"也。仇台本是东明的后代。《三国史记·高句丽本纪》记载：高句丽"始祖东明圣王，姓高氏，讳朱蒙。一云邹牟，一云众解"。由此可知，百济始祖仇台也是高句丽王朱蒙（邹牟）的后代。说到底，百济应该是高句丽王直系血亲建立的国家。

至于百济始祖王是温祚、沸流，还是仇台，目前多数学者倾向于始祖温祚说。正如《三国史记·百济本纪》所记载的那样：百济的始祖王名为温祚，其父亲是邹牟或云朱蒙，从北夫余来到卒本（忽本）。说是逃难，实际上是由于婚姻关系。高句丽族与夫余族世代通婚，卒本部落首领的第二个女儿嫁给了朱蒙，朱蒙代行部落首领之职位，于西汉元帝建昭二年（公元前37年）立国称王。朱蒙生了两个儿子，长子沸流，次子温祚。朱蒙在北夫余时还有一个儿子名类利或云儒留，得知其父为高句丽王，前来投奔，并被立为太子。沸流、温祚感到无继位的机会，于是与乌干、马黎等十位近臣南行，一些百姓也跟随前往。到了汉山、汉水一带，沸流与温祚分两地居住，沸流所居之地弥邹靠近海边，低洼潮湿，不利于发展。温祚居慰礼城，有十臣辅佐，国号十济，当时为西汉成帝鸿嘉三年（公元前18年）。沸流治国无方，惭愧而死，百姓皆归于温祚，因百姓乐从，改国号为百济。

由于高句丽王邹牟出自夫余，也有文献记载百济王出自夫余。

百济是高句丽王后代南下，联合江汉流域马韩诸部人建立的。从公元前18年到公元660年，共历678年，传31代王。

到公元3世纪，百济完全占据了朝鲜半岛西南地区，其农业生产发展及社会进步较快。

百济初都慰礼城（今韩国汉江南岸广州一带），后迁汉山城（今韩国广州市）。公元475年，汉山城被长寿王攻破，百济迁都熊津（今韩国公州市）。公元538年，再迁都至泗沘（一名所夫里，今韩国忠清南道扶余），直至灭亡。

百济故都公州、扶余均在忠清南道的锦江畔，其地理环境、山川河流、宫殿、山城的布局特点与高句丽故都集安十分相似，这也许就是百济与高句丽之间血脉相通、文化习俗相连的一种体现。

公州附近主要城址有罗城、公山城、月城山城等。还发现了临流阁、王宫、将台、城门等建筑遗址。扶余则有罗城、扶苏山城、锦城山城、青山城、浮山城等。王城一带的建筑遗址有王宫、莲池、半月楼、窋粮仓等。

百济时期的寺庙有大通寺、水源寺、西穴寺、南穴寺、舟尾寺、东穴寺、定林寺、军守里寺、扶苏山西腹寺、王兴寺、金刚寺、无量寺、乌含寺、天王寺等。其中，定林寺是扶余邑平坦地区的一座规模较大的寺庙，由中门、佛塔、金堂、讲堂、回廊等建筑构成。百济时期的五层石塔保存完好，塔后5.62米高的石佛造像则是高句丽时代的遗存。[①]

公州和扶余一带还保存着许多百济古墓。主要有宋山里古墓群（图11.7）、武宁王陵古墓群、陵山里古墓群、陵山里东古墓群等。其中最为典型的墓葬是武宁王陵和几座壁画古墓。

---

① ［日］末潮、田中俊明:《韩国古代遗迹》百济、伽耶篇，东京:中央公论社，1989年，第103—110、138—155页。

图 11.7　宋山里百济古墓群

资料来源：韩国国立公州博物馆图录，图 25

　　武宁王陵位于公州郡宋山里，为封土砖室墓。1971 年进行发掘。此墓南北向，由墓道、甬道、墓室构成。墓内置木棺两座，男在东，女在西，头南足北，仰身直肢。出土文物有精美的金冠，大量金器、银器、玉器、玻璃制成的装饰品及青铜器、铁器、陶瓷器物（图 11.8）。

图 11.8　武宁王陵出土金器、玉器

资料来源：韩国国立公州博物馆图录，图 7、12、13

此外，还出土两方珍贵的墓志，汉字六朝书体。其一为武宁王墓志，铭文为：

> 宁东大将军百济斯
> 麻王年六十二岁癸
> 卯年五月丙戌朔七
> 日壬辰崩到乙巳年八月
> 癸酉朔十二日甲申安厝
> 登冠大墓立志如左（图11.9）①

图11.9　武宁王墓志

资料来源：韩国国立公州博物馆图录，图2

其二为百济国王大妃墓志，前面为墓志，背面刻有"买地券"。

> 丙午年十二月百济国王大妃寿
> 　　终居丧在酉地己酉年二月癸
> 　　未朔十二日甲午改葬还大墓
> 　　立志如左
> 钱一万文　　右一件
> 　　乙巳年八月十二日宁东大将军
> 　　百济斯麻王以前件钱讼土王
> 土伯土父母上下众官二千石
> 买申地为墓故立卷为明从律令（图11.10）②

图11.10　百济国王妃买地券

资料来源：韩国国立公州博物馆图录，图3

武宁王在位23年（公元501—523年），正值百济中兴之时，与南朝梁通好，"宁东大将军"系梁朝皇帝对武宁王的封号，与《梁书·东夷传》记载相吻合。

宋山里6号墓是一座壁画墓，位于宋山里古墓群山坡下面，砖室长4米、宽2.5米，墓室四面砖壁上绘有朱雀、玄武、青龙、白虎四神图。砖室结构、砌筑及壁画明显受到梁朝的影响，其年代约当公元502—538年（图11.11）。③

---

① 《中国大百科全书·考古学》，北京：中国大百科全书出版社，1986年，第553页。
② ［日］东潮、田中俊明：《韩国古代遗迹》百济、伽耶篇，东京：中央公论社，1989年，第95页。
③ ［日］东潮、田中俊明：《韩国古代遗迹》百济、伽耶篇，东京：中央公论社，1989年，第87—93页。

图 11.11 宋山里 6 号墓壁画

资料来源：韩国国立公州博物馆图录，图 24

东下冢是扶余陵山里古墓群中唯一的一座壁画墓，墓室四壁由石板立砌而成，上面绘朱雀、玄武、青龙、白虎，现存青龙、白虎最清晰。藻井绘有八瓣莲花纹与流云唐草纹。[1]莲花纹与集安长川 2 号高句丽墓莲花相似，流云纹则与朝鲜真坡里 1 号墓高句丽壁画相似。可见，百济壁画从内容到表现形式受高句丽壁画的影响是相当深的。

二、高句丽与百济的关系

从百济建国传说看，百济同高句丽王族之间存在血缘关系。建国初期的一段时间内，百济忙于向西南方向发展，而高句丽正热心向西北的玄菟、辽东扩张，双方之间几乎没有什么交往。只是在大朱留王"二年（公元 19 年）春正月，百济民一千户来投"[2]。《百济本纪》记载更详细些，温祚王"三十七年（公元 19 年）春三月，雹大如鸡子，鸟雀遇者死。夏四月，旱，至六月乃雨。汉水东北部落饥荒，亡入高句丽者一千余户，浿带之间，空无居人"[3]。由于雹灾、旱灾造成百济北部地区饥荒，百姓难以为生，于是结伙向北逃亡，至高句丽南界，这里人烟稀少，便于开发。有 1000 户，人口将近 5000 人，对于高句丽南部荒地垦殖，发展农业生产是有利的。

到公元 3 世纪，高句丽向朝鲜半岛发展，首先与新罗交涉且次数日渐增多。

东川王十九年（公元 245 年）冬十月，高句丽出师侵新罗。东川王二十二年春二月，新罗遣使和好。直至长寿王迁都平壤之前的 180 年间，高句丽与新罗一直很友好。双方之间的交往，促成高

---

[1] ［日］东潮、田中俊明：《韩国古代遗迹》百济、伽耶篇，东京：中央公论社，1989 年，第 125 页。

[2] 《三国史记》卷十四《高句丽·大武神王本纪》，汉城：韩国民族文化推进会，1982 年，第 117 页。

[3] 《三国史记》卷二十三《百济·温祚王本纪》，汉城：韩国民族文化推进会，1982 年，第 175 页。

句丽与朝鲜半岛南部使驿相通，往来频繁，军事进攻的路线已经打通。美川王十四年（公元313年），高句丽乘着西晋末年统治衰落，对朝鲜半岛中部管理薄弱，派兵侵入乐浪郡，虏获男女两千余口。十五年侵入带方郡。[①]东汉以来一直由中央政权管辖的乐浪、带方地区被高句丽占领，成为高句丽南进的军事据点。

高句丽与百济第一次兵戎相见是在故国原王时期。

《三国史记·高句丽本纪》记载：

> 故国原王三十九年（公元369年）秋九月，王以兵二万，南伐百济，战于雉壤，败绩。
>
> 四十一年（公元371年）冬十月，百济王率兵三万，来攻平壤城，王出师拒之，为流矢所中。是月二十三日薨。[②]

《三国史记·百济本纪》也记载了这两次战事：

> 近肖古王二十四年（公元369年）秋九月，高句丽王斯由帅步骑二万，来屯雉壤，分兵侵夺民户。王遣太子，以兵径至雉壤，急击破之，获五千余级，其虏获分赐将士。
>
> 二十六年（公元371年）高句丽举兵来。王闻之，伏兵于浿河上，俟其至，急击之，高句丽兵败北。冬，王与太子帅精兵三万，侵高句丽，攻平壤城，丽王斯由力战拒之，中流矢死，王引军退。[③]

很明显，战事是由高句丽故国原王率兵攻百济雉壤城而引起的，结果被百济战败。故国原王心有不甘，再次率兵进攻百济，欲报前仇。百济早有准备，击败高句丽军队。百济王与太子乘胜入侵高句丽，进攻平壤城，故国原王为流矢射中，不久便死亡。自此，高句丽与百济结下怨仇，双方战事不断。

《三国史记·高句丽本纪》记载：

> 小兽林王六年（公元376年）冬十一月，侵百济北鄙。
>
> 七年（公元377年）冬十月，百济将兵三万，来侵平壤城。十一月，南伐百济。[④]
>
> 故国壤王三年（公元386年）秋八月，王发兵，南伐百济。
>
> 六年（公元389年）秋九月，百济来侵，掠南鄙部落而归。
>
> 七年（公元390年）秋九月，百济遣达率真嘉谟攻破都押城，虏二百人以归。[⑤]

① 《三国史记》卷十七《高句丽·美川王本纪》，汉城：韩国民族文化推进会，1982年，第137页。
② 《三国史记》卷十八《高句丽·故国原王本纪》，汉城：韩国民族文化推进会，1982年，第139页。
③ 《三国史记》卷二十四《百济·近肖古王本纪》，汉城：韩国民族文化推进会，1982年，第182页。
④ 《三国史记》卷十八《高句丽·小兽林王本纪》，汉城：韩国民族文化推进会，1982年，第140页。
⑤ 《三国史记》卷十八《高句丽·故国壤王本纪》，汉城：韩国民族文化推进会，1982年，第140页。

广开土王元年（公元 392 年）秋七月，南伐百济拔十城。冬十月，攻陷百济关弥城。其城四面峭绝，海水环绕，王分军七道，攻击二十日，乃拔。

二年（公元 393 年）秋八月，百济侵南边，命将拒之。

三年（公元 394 年）秋七月，百济来侵。王率精骑五千，逆击败之，余寇夜走。八月，筑国南七城，以备百济之寇。

四年（公元 395 年）秋八月，王与百济战于浿水之上，大败之，虏获八千余级。[①]

从公元 376 年至 395 年近 20 年间，双方相互侵扰，互有胜负：小兽林王时期，南侵百济 2 次，百济来侵 1 次；故国壤王时期，南侵百济 1 次，百济来侵 2 次；广开土王时期，南侵百济 1 次，百济来侵 2 次。

总计高句丽入侵百济 4 次，百济入侵高句丽 5 次。

《三国史记·百济本纪》也从另一个角度更详细地记载了其与高句丽之间的几次战事：

近肖古王三十年（公元 375 年）秋七月，高句丽来攻北鄙水谷城，陷之。王遣将拒之，不克。王又将大举兵报之，以年荒不果。[②]

近仇首王元年（公元 375 年），近仇首王，近肖古王之子。先是，高句丽国冈王斯由亲来侵，近肖古王遣太子拒之。至半乞壤将战。高句丽人斯纪，本百济人，误伤国马蹄，惧罪奔于彼。至是，还来，告太子曰："彼师虽多，皆备数疑兵而已。其骁勇，唯赤旗，若先破之，其余不攻自溃。"太子从之，进击，大败之，追奔逐北，至于水谷城之西北。

二年（公元 376 年）冬十一月，高句丽来侵北鄙。

三年（公元 377 年）冬十月，王将兵三万，侵高句丽平壤城。十一月，高句丽来侵。[③]

辰斯王二年（公元 386 年）秋八月，高句丽来侵。

五年（公元 389 年）秋九月，王遣兵侵掠高句丽南鄙。

六年（公元 390 年）秋九月，王命达率真嘉谟伐高句丽，拔都坤城，虏得二百人。

八年（公元 392 年）秋七月，高句丽王谈德帅兵四万，来攻北鄙，陷石岘等十余城。王闻谈德能用兵，不得出拒。汉水北诸部落多没焉。冬十月，高句丽攻拔关弥城。[④]

阿莘王二年（公元 393 年）秋八月，王谓武曰："关弥城者，我北鄙之襟要也。今为高句丽所有。此寡人之所痛惜，而卿之所宜用心而雪耻也。"遂谋将兵一万，伐高句丽南鄙。武身先士卒，以冒矢石，意复石岘等五城，先围关弥城，丽人婴城固守。武以粮道不继，引而归。

三年（公元 394 年）秋七月，与高句丽战于水谷城下，败绩。

① 《三国史记》卷十八《高句丽·广开土王本纪》，汉城：韩国民族文化推进会，1982 年，第 141 页。
② 《三国史记》卷二十四《百济·近肖古王本纪》，汉城：韩国民族文化推进会，1982 年，第 183 页。
③ 《三国史记》卷二十四《百济·近仇首王本纪》，汉城：韩国民族文化推进会，1982 年，第 183 页。
④ 《三国史记》卷二十五《百济·辰斯王本纪》，汉城：韩国民族文化推进会，1982 年，第 184—185 页。

四年（公元 395 年）秋八月，王命左将真武等伐高句丽。丽王谈德亲帅兵七千，阵于浿水之上，拒战。我军大败，死者八千人。冬十一月，王欲报浿水之役，亲帅兵七千人，过汉水，次于青木岭下。会大雪，士卒多冻死。回军至汉山城，劳军士。

七年（公元 398 年）秋八月，王将伐高句丽，出师至汉山北栅。其夜大星落，营中有声。王深恶之，乃止。

八年（公元 399 年）秋八月，王欲侵高句丽，大征兵马，民苦于役，多奔新罗，户口衰减。[①]

从公元 375 年至 399 年的 24 年间，高句丽与百济双方的战事有：

高句丽入侵百济 8 次；百济入侵高句丽 6 次，欲侵未成行 2 次。较之《三国史记·高句丽本纪》所记"高句丽入侵百济 4 次，百济入侵高句丽 5 次"，分别多出 4 次和 3 次，特别是高句丽侵扰百济的次数。《三国史记·百济本纪》记载得可能更为准确些。另外，好太王碑文中记录好太王（广开土王）与百济之间的战事既不见于《三国史记·高句丽本纪》，也不见于《三国史记·百济本纪》，其内容应该更为准确可信：

六年（公元 396 年）丙申，王躬率水军，讨伐残国……于是得五十八城，村七百……

八年（公元 398 年）戊戌，教遣偏师，观帛慎土谷（地名，靠近百济边境，汉水一带），因便抄得莫斯罗城，加太罗谷（百济地名，汉水一带）男女三百余人。

九年（公元 399 年）己亥，百残违誓，与倭和通。王巡下平壤……

十四年（公元 404 年）甲辰，而倭不轨，侵入带方界，□□□□□石城□。连船……

十七年（公元 407 年）丁未，教遣步骑五万□□□□□□□□。王师□□合战，斩杀荡尽。所获铠甲一万余领，军资器械不可称数。[②]

从中可以看出，仅好太王统治时期，就攻下百济城 64 座，村庄 1400 个，取得对百济战争的重大胜利。好太王之世占据了辽东，长寿王以辽东为大后方，长寿王十五年（公元 427 年），迁都平壤，重点与新罗修好，防止百济进犯，逐渐向南发展。60 多年间，双方相安无事。当新罗与高句丽争夺土地又起战争之时，百济也趁机北侵，双方之间战事再起。

《三国史记·高句丽本纪》记载：

长寿王五十七年（公元 469 年）秋八月，百济兵侵入南鄙。

六十三年（公元 475 年）秋九月，王帅兵三万，侵百济，陷王所都汉城，杀其王扶余庆，虏男女八千而归。[③]

---

① 《三国史记》卷二十五《百济·阿莘王本纪》，汉城：韩国民族文化推进会，1982 年，第 185 页。

② 耿铁华：《好太王碑新考》，长春：吉林人民出版社，1994 年，第 86—88 页。

③ 《三国史记》卷十八《高句丽·长寿王本纪》，汉城：韩国民族文化推进会，1982 年，第 143—144 页。

《三国史记·百济本纪》则将与高句丽之间关系的缘由记录得颇为详细：

盖卤王十五年（公元469年）秋八月，遣将侵高句丽南鄙。

十八年（公元472年）遣使朝魏。上表曰："臣立国东极，豺狼隔路，虽世承灵化，莫由奉藩。"又云："臣与高句丽，源出扶余，先世之时，笃崇旧款。其祖钊，轻废邻好，亲率士众，凌践臣境。臣祖须整旅电迈，应机驰击，矢石暂交，枭斩钊首。自尔已来，莫敢南顾。自冯氏数终，余烬奔窜，丑类渐盛。遂见凌逼，构怨连祸，三十余载，财殚力竭，转自孱蹙。若天慈曲矜，远及无外，速遣一将，来救臣国，当奉送鄙女，执□后宫，并遣子弟，牧圉外厩，尺壤匹夫，不敢自有。"又云："今琏有罪，国自鱼肉，大臣强族，戮杀无已，罪盈恶积，民庶崩离，是灭之期，假手之秋也。"……显祖以其僻远冒险朝献，礼遇尤厚。遣使者邵安，与其使俱还。诏曰："得表闻之，无恙其善。卿在东隅，处五服之外，不远山海，归诚魏阙，欣嘉至意，用戢于怀。朕承万世之业，君临四海，统御群生。今宇内清一，八表归义，襁负而至者，不可称数。风俗之和，士马之盛，皆余礼等，亲所闻见。卿与高句丽不穆，屡致凌犯，苟能顺义，守之以仁，亦何忧于寇仇也？前所遣使，浮海以抚荒外之国，从来积年，往而不返，存亡达否，未能审悉。卿所送鞍，比校旧乘，非中国之物。不可以疑似之事，以生必然之过，经略权要，以具别旨。"

又诏曰："知高句丽阻疆，侵轶卿土，修先君之旧怨，弃息民之大德。兵交累载，难结荒边，使兼申胥之诚，国有楚越之急。乃应展义扶微，乘机电举。但以高句丽称藩先朝，供职日久。于彼，虽有自昔之衅于国，未有犯令之愆。卿使命始通，便求致伐，寻讨事会，理亦未周。故往年遣礼等至平壤，欲验其由状，然高句丽奏请频烦，辞理俱诣，行人不能抑其请，司法无以成其责，故听其所启，诏礼等还。若今复违旨，则过各益露，后虽自陈，无所逃罪，然后兴师讨之，于义为得。九夷之国，世居海外，道畅则奉藩，惠戢则保境。故羁縻著于前典，楛贡旷于岁时。卿备陈强弱之形，具列往代之迹，俗殊事异，拟况乖衷。洪规大略，其致犹在。今中夏平一，宇内无虞。每欲陵威东极，悬旌域表，拯荒黎于偏方，舒皇风于远服。良由高句丽即叙，未及卜征。今若不从诏旨，则卿之来谋，载协朕意，元戎启行，将不云远。便可豫率同兴，其以待事，时遣报使，速究彼情。师举之日，卿为乡导之首，大捷之后，又受元功之赏，不亦善乎？所献锦布海物，虽不悉达，明卿至心。今赐杂物如别。"

又诏琏护送安等。安等至高句丽，琏称昔与余庆有仇，不令东过，安等于是皆还，乃下诏切责之。后使安等，从东莱浮海，赐余庆玺书，褒其诚节。安等至海滨，遇风飘荡，竟不达而还。

王以丽人屡犯边鄙，上表乞师于魏，不从。王怨之，遂绝朝贡。

二十一年（公元475年）秋九月，丽王巨琏帅兵三万，来围王都汉城。王闭城门不能出战。丽人分兵为四道，夹攻，又乘风纵火，焚烧城门。人心危惧，或有欲出降者。王窘不知所图，领数十骑，出门西走。丽人追而害之。

先是，高句丽长寿王，阴谋百济，求可以间谍于彼者。时浮屠道琳应募曰："愚僧既不能知道，思有以报国恩。愿大王不以臣不肖，指使之，期不辱命。"王悦，密使谍百济。于是，道琳佯逃罪，奔入百济。时百济王近盖娄好博，道琳诣王门，告曰："臣少而学棋，颇入妙，愿有闻于左右。"王召入对棋，果国手也。遂尊之为上客，甚亲昵之，恨相见之晚。道琳一日侍坐，从容曰："臣异国人也，上不我疏外，恩私甚渥，而惟一技之是效，未尝有分毫之益。今愿献一言，不知上意如何耳。"

王曰："第言之，若有利于国，此所望于师也。"道琳曰："大王之国，四方皆山丘河海，是天设之险，非人为之形也。是以四邻之国，莫敢有觎心，但愿奉事之不暇。则王当以崇高之势，富有之业，竦人之视听，而城郭不葺，宫室不修。先王之骸骨，权攒于露地，百姓之屋庐，屡坏于河流，臣窃为大王不取也。"王曰："诺！吾将为之。"于是，尽发国人，烝土筑城，即于其内，作宫室楼阁台榭，无不壮丽。又取大石于郁里河，作椁以葬父骨，缘河树堰，自蛇城之东，至崇山之北。是以仓庾虚竭，人民穷困，邦之阽杌，甚于累卵。于是，道琳逃还以告之。长寿王喜，将伐之，乃授兵于帅臣。近盖娄闻之，谓子文周曰："予愚而不明，信用奸人之言，以至于此。民残而兵弱，虽有危事，谁肯为我力战？吾当死于社稷，汝在此俱死，无益也。避难以续国系焉？"文周乃与木协满致、祖弥桀取南行焉。至是，高句丽对卢齐于、再曾桀娄、古尔万年等帅兵，来攻北城，七日而拔之，移攻南城，城中危恐，王出逃。丽将桀娄等见王下马拜己，向王面三唾之，乃数其罪，缚送于阿旦城下戕之。桀娄、万年，本国人也，获罪逃窜高句丽。[①]

公元 5 世纪末到 6 世纪末，新罗与百济为了共同利益，相互联系，共同抵抗高句丽南进。从文咨明王开始，经安臧、安原、阳原、平原诸王，主要是高句丽南侵百济，百济虽也曾回师北上，侵扰高句丽南边，但次数愈来愈少，往往被高句丽兵击退。

《三国史记·高句丽本纪》记载：

文咨明王三年（公元 494 年）春二月，扶余王及妻孥以国来降。秋七月，我军与新罗人战于萨水之原。罗人败，保犬牙城，我兵围之，百济遣兵三千援新罗，我兵引退。

四年（公元 495 年）秋八月，遣兵围百济雉壤城，百济请救于新罗，罗王命将军德智率兵来援，我军退还。

十二年（公元 503 年）冬十一月，百济遣达率优永，率兵五千，来侵水谷城。

十六年（公元 507 年）冬十月，王遣将高老与鞨鞨谋，欲攻百济汉城，进屯于横岳下，百济出师逆战，乃退。

① 《三国史记》卷二十五《百济·盖卤王本纪》，汉城：韩国民族文化推进会，1982 年，第 187—190 页。

二十一年（公元512年）秋九月，侵百济，陷加弗、圆山二城，虏获男女一千余口。①

安藏王五年（公元523年）秋八月，遣兵侵百济。

十一年（公元529年）冬十月，王与百济战于五谷，克之，杀获二千余级。②

安原王十年（公元540年）秋九月，百济围牛山城，王遣精骑五千，击走之。③

阳原王四年（公元548年）春正月，以涉兵六千，攻百济独山城，新罗将军朱珍来援，故不克而退。

六年（公元550年）春正月，百济来侵，陷道萨城。三月，攻百济金岘城，新罗人乘间取二城。

十年（公元554年）冬，攻百济熊川城，不克。④

从公元494年至554年的60年间，高句丽与百济之间的争战共有10次，其中，高句丽侵扰百济7次，百济侵扰高句丽2次，高句丽侵扰新罗，百济出兵救援1次。同样，在高句丽侵扰百济时，新罗也出兵救援，或乘间攻取高句丽城。

高句丽与百济的王族有深厚的血缘关系，最初还隔着乐浪和带方，4世纪以后，高句丽占领了乐浪和带方，高句丽与百济成为近邻。高句丽与百济本可以友好相处，却因相互侵扰，扩张土地，不断发生争战，特别是高句丽故国原王被百济军队流矢射中死亡，加深了双方的仇视。直至长寿王攻下汉城，追杀了百济盖卤王，才算报了一箭之仇。然而，双方的争夺战事依旧不断。公元598年（高句丽婴阳王九年，百济威德王四十五年）秋九月，威德王派长史王辩那到隋朝贡献，听说隋朝要征伐高句丽，百济主动要求为隋军开道。隋文帝下诏曰："往岁，高句丽不供职贡，无人臣礼，故命将讨之。高元君臣，恐惧畏服归罪，朕已赦之，不可致伐。"隋朝暂缓对高句丽用兵，却厚待百济使者，令其顺利归还。高句丽婴阳王得知此事，派兵侵掠百济国境。⑤

公元607年（高句丽婴阳王十八年，百济武王八年），春三月，百济王派遣杵率燕文进入隋朝贡。又派遣佐平王孝邻入贡，再一次请求隋朝出兵讨高句丽。隋炀帝允许，密令百济监视高句丽的动静。夏五月，高句丽出兵攻打百济松山城，没能攻下，转而袭取石头城，虏获百济男女三千而归。⑥

公元626年（高句丽荣留王九年，百济武王二十七年）百济王派遣使臣入唐献明光铠，并状告高句丽阻塞道路，阻止百济来唐朝贡。唐高祖派遣散骑常侍朱子奢来百济和高句丽，进行调停，使之消除怨恨。唐王朝的使臣朱子奢分别陈述利害，促进了双方的和解。⑦公元643年（高句丽宝藏王二年，百济义慈王三年）冬十一月，义慈王与高句丽和亲，两国重归于好。出于共同利益，高句丽与百济联合，以阻塞新罗入唐朝贡之路，遂发兵攻进新罗党项城。新罗王德曼派遣使臣入唐请求

① 《三国史记》卷十九《高句丽·文咨明王本纪》，汉城：韩国民族文化推进会，1982年，第145—146页。
② 《三国史记》卷十九《高句丽·安藏王本纪》，汉城：韩国民族文化推进会，1982年，第147页。
③ 《三国史记》卷十九《高句丽·安原王本纪》，汉城：韩国民族文化推进会，1982年，第148页。
④ 《三国史记》卷十九《高句丽·阳原王本纪》，汉城：韩国民族文化推进会，1982年，第148页。
⑤ 《三国史记》卷二十七《百济·威德王本纪》，汉城：韩国民族文化推进会，1982年，第197页。
⑥ 《三国史记》卷二十七《百济·武王本纪》，汉城：韩国民族文化推进会，1982年，第197页。
⑦ 《三国史记》卷二十七《百济·武王本纪》，汉城：韩国民族文化推进会，1982年，第198页。

救兵，百济与高句丽方才罢兵。①

公元655年（高句丽宝藏王十四年，百济义慈王十五年）秋八月，百济、高句丽与靺鞨联手攻下新罗30余城。新罗王金春秋不得不派使臣入唐，上表称："百济与高句丽、靺鞨侵我北界，没三十余城。"请求出兵救援。②此时是唐高宗永徽六年，中原史家多有记载：

《新唐书·百济传》：永徽六年（公元655年），新罗诉百济、高丽、靺鞨，取北境三十城。

《新唐书·新罗传》：永徽六年，百济、高丽、靺鞨，共伐取其三十城。使者来请救，帝命苏定方讨之。春秋为嵎夷道行军总管，遂平百济。

《资治通鉴·唐纪·高宗上》：永徽六年正月，高丽与百济、靺鞨连兵，侵新罗北境，取三十三城。新罗王春秋遣使求援。二月乙丑，遣营州都督程名振、左卫中郎将苏定方发兵击高丽。夏五月壬午，名振等渡辽水，高丽见其兵少，开门渡贵端水逆战。名振等奋击，大破之，杀获千余人，焚其外郭及村落而还。

自此以后，百济与新罗绝交，与高句丽联合，一面阻断新罗入唐朝贡道路，一面侵扰新罗北部边境。新罗则不断向唐朝请求援助，最后导致百济灭亡。

唐高宗显庆四年（公元659年）三月，以左骁卫大将军郕国公契苾何力为行军大总管，前往辽东经略。十一月癸亥，以邢国公苏定方为神丘道总管，率兵前往辽东。③薛仁贵、梁建方、契苾何力遇见高丽大将温沙多门，交战于横山，薛仁贵纵马驰入敌阵，所射皆应弦仆倒。又战于石城，遇见百济有善射者，射杀唐军十余人，薛仁贵震怒，单骑突击，敌弓矢俱废，生擒而还。④

唐高宗显庆五年三月，百济依靠高句丽军队的支援，数次侵掠新罗。新罗王金春秋向唐朝上表求救。辛亥，唐朝以左武卫大将军苏定方为神丘道行军大总管，率左骁卫将军刘伯英等，水陆大军十万人，东伐百济。同时以新罗王金春秋为嵎夷道行军总管，率领新罗军队与之会合。

八月，苏定方率唐军自成山渡海，百济依据熊津江口与唐军抗拒，苏定方军进击，大破之。百济死者数千人，其余溃败逃走。苏定方水陆齐进，直趋百济都城。未至二十余里，百济倾全力举国迎战，唐军大破之，杀死万余人。一直追入其外城，百济王义慈与太子隆逃往北部边境。苏定方率军进围其城。义慈王的次子泰自立为王，率百济余众婴城固守。太子隆的儿子文思曰："王与太子皆在，而叔据拥兵自王，借使能却唐兵，我父子必不全矣。"于是率领左右从人出城投降，百姓也都跟从出城，泰也无法制止。苏定方命令军士登上城楼竖起大唐旗帜。百济新王泰被迫开门请降。之后，义慈王、太子隆和诸城主全部向唐军投降。百济原有5部，分别统辖37部、200城、76万户，

① 《三国史记》卷二十八《百济·义慈王本纪》，汉城：韩国民族文化推进会，1982年，第200页。
② 《三国史记》卷二十八《百济·义慈王本纪》，汉城：韩国民族文化推进会，1982年，第201页。
③ 《旧唐书》卷四《高宗本纪上》，北京：中华书局，1975年，第80页。
④ 《新唐书》卷一百十一《薛仁贵传》，北京：中华书局，1975年，第4140页。

全部归顺唐朝，唐设立都督府管理，由归降的酋长担任都督刺史。至此百济灭亡。①

纵观高句丽与百济关系，战争多于友好交往。战争，主要是掠夺土地、人口，属于封建兼并的性质。在最后生死存亡之际，双方还是联合起来，但终究没能抵抗了唐王朝和新罗军队的强大攻势。

第三节　高句丽与倭

一、日本列岛上的古代国家

倭、倭奴国、倭国，是古文献中对历史上日本的称谓。

倭，《说文解字》注为："顺儿，从人委声。"最早见于《诗经·小雅·四牡》："四牡骓骓，周道倭迟。"② 本意并非指民族或国家。《毛传》："倭迟，历远之貌。"朱熹《集传》："倭迟，回远之貌。"唐诗有云："不逢眼中人，调苦车逶迟。"③ 其实都是形容道路弯曲，绵延不绝的样子。亦即后来的"逶迤""逶蛇"。

倭字作为民族或国名，最早出现在王充的《论衡》中：

> 使畅草生于周之时，天下太平，（倭）人来献畅草。畅草亦草野之物也，与彼桑谷何异？如以夷狄献之则为吉，使畅草生于周家，肯谓之善乎！夫畅草可以炽酿，芬香畅达者，将祭灌畅降神。设自生于周朝，与嘉禾、朱草、蓂荚之类不殊矣。然则桑亦食蚕，蚕为丝，丝为帛，帛为衣。衣以入宗庙为朝服，与畅无异。④

> 夫金之性，物也，用远方贡之为美，铸以为鼎，用象百物之奇，安能入山泽不逢恶物，辟除神奸乎？周时天下太平，越裳献白雉，倭人贡鬯草。食白雉，服鬯草，不能除凶。金鼎之器，安能辟奸？⑤

> 武王伐纣，庸、蜀之夷佐战牧野。成王之时，越常献雉，倭人贡畅。幽、厉衰微，戎狄攻周，

---

① 《新唐书》卷三《高宗本纪》，北京：中华书局，1975年，第60页。
② 《诗经·小雅·四牡》："四牡骓骓，周道倭迟。岂不怀归？王事靡盬，我心伤悲。四牡骓骓，啴啴骆马。岂不怀归？王事靡盬，不遑启处。翩翩者雏，载飞载下，集于苞栩。王事靡盬，不遑将父。翩翩者雏，载飞载止，集于苞杞。王事靡盬，不遑将母。驾彼四骆，载骤骎骎。岂不怀归？是用作歌，将母来谂。"
③ （唐）独孤及：《癸卯岁赴南丰道中闻京师失守寄权士繇韩幼深》。
④ 《论衡》卷五《异虚篇》，上海：上海人民出版社，1974年，第72页。
⑤ 《论衡》卷八《儒增篇》，上海：上海人民出版社，1974年，第127页。

平王东走，以避其难。至汉，四夷朝贡。[①]

王充生活在光武帝建武至章帝建初年间，上文所记之事可以追溯到武王伐纣的西周初年，当时倭人来献鬯草，以为吉祥贺礼。此倭人是王充根据资料的记载，还是根据传闻进行的记录，尚须研究。但是，至少在王充生活的东汉时代，已经同倭人有了交往。

1784年（清乾隆四十九年，日本天明四年）春天，日本志贺岛上有一位农民，名叫甚兵卫，在田里挖水渠，清理卵石时发现一枚纯金方印，被藩主黑田齐隆用买去收藏。经专家考证，该方印是东汉光武帝赐给倭奴国王的金印。金印为正方形，边长2.3厘米、高2.2厘米、底座厚约0.9厘米，重108.7克。含金量高达95.1%。[②]阴刻汉字篆书"汉委奴国王"。制作非常精美，蛇纽，饰鳞状鱼子纹。印文笔划饱满，方圆有致，虚实相间，古朴浑厚，为典型汉印佳品（图11.12）。

图11.12　汉委奴国王金印

据《后汉书·东夷·倭传》记载："倭在韩东南大海中，依山岛为居，凡百余国。自武帝灭朝鲜，使驿通于汉者三十许国，国皆称王，世世传统。其大倭王居邪马台国。乐浪郡徼，去其国万二千里，去其西北界拘邪韩国七千余里。其地大较在会稽东冶之东，与朱崖、儋耳相近，故其法俗多同……建武中元二年，倭奴国奉贡朝贺，使人自称大夫，倭国之极南界也。光武赐以印绶。安帝永初元年，倭国王帅升等，献生口百六十人，愿请见。桓、灵间，倭国大乱，更相攻伐，历年无主。"据此可知，倭奴国在汉武帝时期，与中原使驿相通，往来频繁，直至东汉、魏晋以降。"汉委奴国王"金印就是东汉光武帝中元二年（公元57年）赐予倭奴国王的印绶。

倭国史事最早见于《汉书·地理志》的记载：

玄菟、乐浪，武帝时置，皆朝鲜、涉貉、句骊蛮夷。殷道衰，箕子去之朝鲜，教其民以礼义，田蚕织作。乐浪朝鲜民犯禁八条：相杀以当时偿杀；相伤以谷偿；相盗者男没入为其家奴，女子为婢，欲自偿者，人五十万。虽免为民，俗犹羞之，嫁取无所雠，是以其民终不相盗，

---

① 《论衡》卷十九《恢国篇》，上海：上海人民出版社，1974年，第302页。
② 郭沫若：《中国史稿》（第二册），北京：人民出版社，1979年，第389页。一说金印边长2.8厘米，厚0.8厘米。现为日本国宝级文物，陈列在福冈市美术馆。

无门户之闭，妇人贞信不淫辟。其田民饮食以笾豆，都邑颇放效吏及内郡贾人，往往以杯器食。郡初取吏于辽东，吏见民无闭藏，及贾人往者，夜则为盗，俗稍微薄。异于三方之外，故孔子悼道不行，设浮于海，欲居九夷，有以也！夫乐浪海中有倭人，分为百余国，以岁时来献见云。

此后，《三国志》率先为其作《倭人传》，之后的史书《后汉书》《宋书》《南齐书》《梁书》《晋书》《南史》《北史》《隋书》《旧唐书》也有《倭传》《倭人传》或《倭国传》。

史书记载了倭国的地理位置、自然环境、风俗习惯等。《三国志》记录的海岛诸国尤为详尽：倭人国在带方郡东南的大海之中，依山岛为国邑。旧时有百余国，汉时有朝见者，今使译所通三十国。从带方郡到达倭国，循海岸水行，经过韩国，向南东，到其北岸狗邪韩国，渡海到对马国、瀚海国、末卢国、伊都国、奴国、不弥国、投马国、邪马台国，女王之所都。自女王国以北，有斯马国、已百支国、伊邪国、都支国、弥奴国、好古都国、不呼国、姐奴国、对苏国、苏奴国、呼邑国、华奴苏奴国、鬼国、为吾国、鬼奴国、邪马国、躬臣国、巴利国、支惟国、乌奴国、奴国，此女王境界所尽。其南有狗奴国，男子为王，不属女王。

《后汉书》记载，其土地适于种植禾稻、桑麻，养蚕织布。出产白珠、青玉、丹土。气候温暖，冬夏食生菜。没有牛、马、虎、豹、羊、鹊。兵器有矛、盾、木弓、竹矢，或以骨为镞。男子皆黥面文身，以其文左右大小来区别尊卑等级。其男子衣裳皆为横幅，结束相连。女人被发屈紒，衣如单被，贯头而着之，并以丹朱坌身，如中国之用傅粉。有城栅屋室，父母兄弟异处，唯会同男女无别。饮食以手，而用笾豆。俗皆徒跣，以蹲踞为恭敬。人性嗜酒。多寿考，至百余岁者甚众。

史书中明确记载的编年史事有：

建武中元二年（公元57年），倭奴国奉贡朝贺，使人自称大夫，倭国之极南界也。光武赐以印绶。安帝永初元年（公元107年），倭国王帅升等献生口百六十人，愿请见。

桓、灵间（公元184年），倭国大乱，更相攻伐，历年无主。有一女子名曰卑弥呼，年长不嫁，事鬼神道，能以妖惑众，于是共立为王。侍婢千人，少有见者，唯有男子一人给饮食，传辞语。居处宫室楼观城栅，皆持兵守卫。法俗严峻。①

景初二年（公元238年）六月，倭女王遣大夫难升米等诣郡，求诣天子朝献，太守刘夏遣吏将送诣京都。其年十二月，诏书报倭女王曰："制诏亲魏倭王卑弥呼：带方太守刘夏遣使送汝大夫难升米、次使都市牛利奉汝所献男生口四人、女生口六人、班布二匹二丈，以到。汝所在逾远，乃遣使贡献，是汝之忠孝，我甚哀汝。今以汝为亲魏倭王，假金印紫绶，装封付带方太守假授汝。其绥抚种人，勉为孝顺。汝来使难升米、牛利涉远，道路勤劳，今以难升米为率善中郎将，牛利为率善校尉，假银印青绶，引见劳赐遣还。今以绛地交龙锦五匹、绛地绉粟罽十张、蒨绛五十匹、绀青五十匹，答汝所献贡直。又特赐汝绀地句文锦三匹、细

① 《后汉书》卷八十五《东夷·倭传》，北京：中华书局，1965年，第2821页。

班华罽五张、白绢五十四、金八两、五尺刀二口、铜镜百枚、真珠、铅丹各五十斤，皆装封付难升米、牛利还到录受。悉可以示汝国中人，使知国家哀汝，故郑重赐汝好物也。"①

魏景初三年（公元239年），公孙渊诛后，卑弥呼始遣使朝贡，魏以为亲魏王，假金印紫绶。②

正始元年（公元240年），太守弓遵遣建中校尉梯儁等奉诏书印绶诣倭国，拜假倭王，并赍诏赐金、帛、锦罽、刀、镜、采物，倭王因使上表答谢恩诏。其四年（公元243年），倭王复遣使大夫伊声耆、掖邪狗等八人，上献生口、倭锦、绛青缣、绵衣、帛布、丹木、犿、短弓矢。掖邪狗等壹拜率善中郎将印绶。其六年（公元245年），诏赐倭难升米黄幢，付郡假授。其八年（公元247年），太守王颀到官。倭女王卑弥呼与狗奴国男王卑弥弓呼素不和，遣倭载斯、乌越等诣郡说相攻击状。遣塞曹掾史张政等因赍诏书、黄幢，拜假难升米为檄告喻之。卑弥呼以死，大作冢，径百余步，徇葬者奴婢百余人。更立男王，国中不服，更相诛杀，当时杀千余人。复立卑弥呼宗女壹与，年十三为王，国中遂定。政等以檄告喻壹与，壹与遣倭大夫率善中郎将掖邪狗等二十人送政等还，因诣台，献上男女生口三十人，贡白珠五千，孔青大勾珠二枚，异文杂锦二十四。③

晋安帝时（公元397—418年），有倭王赞。赞死，立弟弥。弥死，立子济。济死，立子兴。兴死，立弟武。④

高祖永初二年（公元421年），诏曰："倭赞万里修贡，远诚宜甄，可赐除授。"太祖元嘉二年（公元425年），赞又遣司马曹达奉表献方物。赞死，弟珍立，遣使贡献。自称使持节、都督倭、百济、新罗、任那、秦韩、慕韩六国诸军事、安东大将军、倭国王。表求除正，诏除安东将军、倭国王。珍又求除正倭隋等十三人平西、征虏、冠军、辅国将军号，诏并听。二十年（公元443年），倭国王济遣使奉献，复以为安东将军、倭国王。二十八年（公元451年），加使持节、都督倭、新罗、任那、加罗、秦韩、慕韩六国诸军事，安东将军如故。并徐所上二十三人军、郡。济死，世子兴遣使贡献。世祖大明六年（公元462年），诏曰："倭王世子兴，奕世载忠，作藩外海，禀化宁境，恭修贡职。新嗣边业，宜授爵号，可安东将军、倭国王。"兴死，弟武立，自称使持节、都督倭、百济、新罗、任那、加罗、秦韩、慕韩七国诸军事、安东大将军、倭国王。顺帝升明二年（公元478年），遣使上表曰："封国偏远，作藩于外，自昔祖祢，躬擐甲胄，跋涉山川，不遑宁处。东征毛人五十五国，西服众夷六十六国，渡平海北九十五国，王道融泰，廓土遐畿，累叶朝宗，不愆于岁。臣虽下愚，忝胤先绪，驱率所统，归崇天极，道遥百济，装治船舫，而句骊无道，图欲见吞，掠抄边隶，虔刘不已，每致稽滞，以失良风。虽曰进路，或通或不。臣亡考济，实忿寇仇，壅塞天路，控弦百万，义声感激，方欲大举，奄丧父兄，使垂成之功，不获一篑。居在谅暗，不动兵甲，是以偃息未捷。至今欲练甲治兵，申父兄之志，义士虎贲，文武效功，白刃交前，亦所不顾。若以帝德覆载，摧

① 《三国志》卷三十《东夷·倭人传》，北京：中华书局，1959年，第857页。
② 《梁书》卷五十四《东夷·倭传》，北京：中华书局，1973年，第807页。
③ 《三国志》卷三十《东夷·倭人传》，北京：中华书局，1959年，第857—858页。
④ 《梁书》卷五十四《东夷·倭传》，北京：中华书局，1973年，第807页。

此强敌，克靖方难，无替前功。窃自假开府仪同三司，其余咸假授，以劝忠节。"诏除武使持节、都督倭、新罗、任那、加罗、秦韩、慕韩六国诸军事、安东大将军、倭王。①

齐建元中（公元479年），除武持节、督倭、新罗、任那、伽罗、秦韩、慕韩六国诸军事、镇东大将军。高祖即位，进武号征东将军。②

大业三年（公元607年），其王多利思北孤遣使朝贡。使者曰："闻海西菩萨天子重兴佛法，故遣朝拜，兼沙门数十人来学佛法。"其国书曰"日出处天子至书日没处天子无恙"云云。帝览之不悦，谓鸿胪卿曰："蛮夷书有无礼者，勿复以闻。"明年，上遣文林郎裴清使于倭国。度百济，行至竹岛，南望躭罗国，经都斯麻国，迥在大海中。又东至一支国，又至竹斯国，又东至秦王国，其人同于华夏，以为夷洲，疑不能明也。又经十余国，达于海岸。自竹斯国以东，皆附庸于倭。倭王遣小德阿辈台，从数百人，设仪仗，鸣鼓角来迎。后十日，又遣大礼哥多毗，从二百余骑郊劳。既至彼都，其王与清相见，大悦，曰："我闻海西有大隋，礼义之国，故遣朝贡。我夷人僻在海隅，不闻礼义，是以稽留境内，不即相见。今故清道饰馆，以待大使，冀闻大国惟新之化。"清答曰："皇帝德并二仪，泽流四海，以王慕化，故遣行人来此宣谕。"既而引清就馆。其后清遣人谓其王曰："朝命既达，请即戒途。"于是设宴享以遣清，复令使者随清来贡方物。③

贞观五年（公元629年），遣使献方物。太宗矜其道远，敕所司无令岁贡，又遣新罗刺史高表仁持节往抚之。表仁无绥远之才，与王子争礼，不宣朝命而还。至二十二年（公元648年），又附新罗奉表，以通起居。④

以上正史记载，自公元57年至648年将近600年间，倭国不断派遣使臣到中原王朝朝贡，贡献方物，请求册封，加强了与中原的联系。中原皇帝册封其为倭奴国王，持节都督倭、百济、新罗、任那、加罗、秦韩、慕韩七国诸军事，安东大将军、倭国王。赏赐金银、锦罽、白绢、珍珠、刀、铜镜等物品。既有派遣僧侣前来学习佛法，勤修职贡，献男女生口，也有控告"句骊无道，图欲见吞，掠抄边隶，虔刘不已"等罪状，请惩罚高句丽。

隋朝以前，倭国王一直奉中原皇帝为天子，自称臣下，唯中原皇帝诏书册命是听。中原史书将《倭人传》《倭国传》放置在《东夷传》的《高句丽传》《夫余传》《新罗传》《百济传》之后。隋大业年间，倭国使臣带来国书，竟然以天子自称："日出处天子至书日没处天子无恙。"引起隋炀帝大不满。其实，倭国人不愿被称为"倭""倭人"，主要不在于称谓，而在于地位。倭人不满隋唐大国的天子地位，自己也想称天子，而且暗中帮助百济、高句丽对抗隋唐军队的征讨，特别是白江口之战惨败之后，不再称倭，而称日本。《旧唐书·东夷传》中开始分别列了《倭国传》《日本传》，《新唐书》

① 《宋书》卷九十七《东夷·倭国传》，北京：中华书局，1974年，第2394—2396页。
② 《梁书》卷五十四《东夷·倭传》，北京：中华书局，1973年，第807页。
③ 《隋书》卷八十一《东夷·倭国传》，北京：中华书局，1973年，第1827—1828页。
④ 《旧唐书》卷一百九十九上《东夷·倭国传》，北京：中华书局，1975年，第5340页。

以后史书则用《日本传》取代了《倭人传》或《倭国传》。

关于白江口之战，史书多有记载。唐高宗显庆五年（公元 660 年）八月，唐朝派苏定方为行军大总管，率兵自成山渡海征伐百济，百济据熊津江口抗拒之，连连败退。最后百济义慈王、太子隆和大臣出降，百济灭亡。以其地置熊津等五都督府。苏定方领军凯旋，唐将刘仁愿驻守熊津。百济僧人道琛、故将鬼室福信据周留城，迎故王子丰于倭国而立之。高宗龙朔元年（公元 661 年）道琛与鬼室福信引兵围刘仁愿于府城，带方州刺史刘仁轨发新罗兵前往救援，大破百济残兵，杀溺万余人。福信遣使入倭国求援，倭国天皇应允出兵。

八月，苏定方率唐朝大军进围高句丽平壤城。倭国天智天皇派遣军队渡海救援百济。龙朔二年六月，倭军将领率二万七千人进攻新罗，切断唐军与新罗之间的交通要道。百济鬼室福信乘苏定方率军北进之机进攻刘仁愿、刘仁轨。唐高宗得知倭国出兵，诏命孙仁师率七千人救援熊津，一举击败百济和倭军。不久，百济王扶余丰遣使向倭国求援，倭国水师进发百济。

龙朔三年八月，倭国水陆援军与百济王子扶余忠胜、忠志及倭军留守军队汇聚白江口。此时，唐军分为两路迎敌。陆路由大将刘仁愿、孙仁师及新罗文武王率军进攻周留，三面围困。水路由大将刘仁轨、杜爽及扶余隆率军自熊津江前往白江口。倭军与百济水军四万五千人，战船一千多艘，唐军与新罗水师一万七千人，战船一百七十艘。双方多次交战

由于唐朝水军是艨艟巨舰，利于攻守，而倭军多是舢板小船，难于攻坚。几经接战，倭与百济水军节节败退。唐军船高舰厚，发射火箭，倭军舰船纷纷燃烧，顿时慌乱，士兵弃船跳海，舰船相撞，即刻沉没，死伤无数。唐朝和新罗水军取得白江口大捷。

倭国残兵退回本土之后，朝鲜半岛南部平定，高句丽丧失百济与倭的援助，总章元年（公元 668 年）平壤被唐朝军队一举攻破，高句丽灭亡。

二、新罗、百济与倭的关系

新罗、百济地处朝鲜半岛南端，与倭国相对近些，相互之间的交流要早些。

据《三国史记·新罗本纪》记载，新罗赫居世居西干八年（公元前 50 年）倭人将要发兵进犯新罗东边，听闻新罗始祖有神德，有所准备，于是乃归还。南解次次雄十一年（公元 14 年）倭人派遣兵舰百余艘，掠夺新罗海边民户，新罗发六部劲兵前往抵抗。这应该是倭人对新罗东部沿海地区的劫掠。从此以后，倭人断断续续派兵侵扰，大体经历了三个阶段。

第一阶段，倭人对新罗边境侵扰间隔的时间长些，一个王在位时可以遇到一两次倭国来侵，有时相隔十几年、二三十年，有时也会讲和，友好相处，过一段时间再来侵扰。

脱解尼师今三年（公元 59 年）夏五月，与倭国结好交聘。

十七年（公元73年）倭人侵木出岛，王遣角干羽乌御之，不克，羽乌死之。①

祗摩尼师今十年（公元121年）夏四月，倭人侵东边。

十二年（公元123年）春三月，与倭国讲和。②

阿达罗尼师今二十年（公元173年）夏五月，倭女王卑弥乎遣使来聘。③

伐休尼师今十年（公元193年）六月，倭人大饥，来求食者千余人。④

奈解尼师今十三年（公元208年）夏四月，倭人犯境，遣伊伐餐利音将兵拒之。⑤

助贲尼师今三年（公元232年）夏四月，倭人猝至，围金城。王亲出战，贼溃走，遣轻骑追击之，杀获一千余级。

四年（公元233年）夏五月，倭兵寇东边。秋七月，伊餐干老与倭人战沙道，乘风纵火焚舟，贼赴水死尽。⑥

沾解尼师今三年（公元249年）夏四月，倭人杀舒弗邯于老。⑦

从公元59年至249年的190年间，经历新罗7位王。倭人与新罗交涉10次，平均19年交涉1次：倭兵寇掠新罗边境、边城，杀人越货6次，都是倭人主动前来，得手3次，遭到新罗抵抗3次（败退2次）。交聘、讲和3次，饥民来投1次，千余人。

第二阶段，倭人入侵次数增多，有时一王在位期间可以遇到三五次倭人的骚扰，有时还要多些，新罗边鄙逐渐习惯，也有所准备。由于担心百济乘机入侵，新罗一直未能主动出击。

儒礼尼师今四年（公元287年）夏四月，倭人袭一礼部，纵火烧之，虏人一千而去。

六年（公元289年）夏五月，闻倭兵至，理舟楫，缮甲兵。

九年（公元292年）夏六月，倭兵攻陷沙道城，命一吉餐大谷领兵救，完之。

十一年（公元294年）夏，倭兵来攻长峰城，不克。

十二年（公元295年）春，王谓臣下曰："倭人屡犯我城邑，百姓不得安居。吾欲与百济谋，一时浮海，入击其国，如何？"舒弗邯弘权对曰："吾人不习水战，冒险远征，恐有不测之危。况百济多诈，常有吞噬我国之心，亦恐难与同谋。"王曰："善。"⑧

基临尼师今三年（公元300年）春正月，与倭国交聘。⑨

讫解尼师今三年（公元312年）春三月，倭国王遣使，为子求婚，以阿餐急利女送之。

① 《三国史记》卷一《新罗·脱解尼师今本纪》，汉城：韩国民族文化推进会，1982年，第13—14页。
② 《三国史记》卷一《新罗·祗摩尼师今本纪》，汉城：韩国民族文化推进会，1982年，第16页。
③ 《三国史记》卷二《新罗·阿达罗尼师今本纪》，汉城：韩国民族文化推进会，1982年，第18页。
④ 《三国史记》卷二《新罗·伐休尼师今本纪》，汉城：韩国民族文化推进会，1982年，第19页。
⑤ 《三国史记》卷二《新罗·奈解尼师今本纪》，汉城：韩国民族文化推进会，1982年，第20页。
⑥ 《三国史记》卷二《新罗·助贲尼师今本纪》，汉城：韩国民族文化推进会，1982年，第21页。
⑦ 《三国史记》卷二《新罗·沾解尼师今本纪》，汉城：韩国民族文化推进会，1982年，第22页。
⑧ 《三国史记》卷二《新罗·儒礼尼师今本纪》，汉城：韩国民族文化推进会，1982年，第23—24页。
⑨ 《三国史记》卷二《新罗·基临尼师今本纪》，汉城：韩国民族文化推进会，1982年，第24页。

三十五年（公元344）春二月，倭国遣使请婚，辞以女既出嫁。

三十六年（公元345年）春二月，倭王移书绝交。

三十七年（公元346年）倭兵猝至风岛，抄掠边户，又进围金城急攻。王欲出兵相战，伊伐飡康世曰："贼远至，其锋不可当，不若缓之，待其师老。"王然之，闭门不出。贼食尽将退，命康世率劲骑追击，走之。[①]

奈勿尼师今九年（公元364年）夏四月，倭兵大至，王闻之，恐不可敌，造草偶人数千，衣衣持兵，列立吐含山下，伏勇士一千于斧岘东原。倭人恃众直进，伏发击其不意，倭人大败走，追击杀之几尽。

三十八年（公元393年）夏五月，倭人来围金城，五日不解，将士皆请出战。王曰："今贼弃身深入，在于死地，锋不可当。"乃闭城门，贼无功而退。王先遣勇骑二百，遮其归路。又遣步卒一千，追于独山，夹击大败之，杀获甚众。[②]

实圣尼师今元年（公元402年）三月，与倭国通好，以奈勿王子未斯欣为质。

四年（公元405年）夏四月，倭兵来攻明活城，不克而归。王率骑兵，要之独山之南，再战破之，杀获三百余级。

六年（公元407年）春三月，倭人侵东边。夏六月，又侵南边，夺掠一百人。

七年（公元408年）春二月，王闻倭人于对马岛置营，贮以兵革资粮，以谋袭我，我欲先其未发，拣精兵击破兵储。舒弗邯未斯品曰："臣闻：兵凶器，战危事。况涉巨浸以伐人，万一失利，则悔不可追，不若依险设关，来则御之，使不得侵猾，便则出而禽之，此所谓致人而不致于人，策之上也。"王从之。

十四年（公元415年）秋八月，与倭人战于风岛，克之。[③]

从公元287年至415年的128年间，经历新罗5位王，新罗与倭交涉达15次，平均8年多交涉1次：倭兵寇掠新罗边境、边城，杀人越货10次，都是倭人主动前来，得手2次，遭到新罗抵抗8次（败退6次）。交聘、求婚、通好纳质、绝交等5次。还有2次新罗君臣商讨是否主动出击，最后还是采取以逸待劳的方式，做好准备，迎击其寇入侵，而且在倭兵入侵时，新罗多次取得胜利，使倭人得手的次数大大减少。

《三国史记·新罗本纪》记载入侵新罗的倭人，有的来自沿海诸岛，有的来自本土。由于当时的条件，倭国的船舰和士兵从本土向朝鲜半岛进发时，需要中途休整或补给。新罗实圣尼师今七年（公元408年）"倭人于对马岛置营，贮以兵革资粮，以谋袭我"的记录颇为重要。对马岛在今日本与韩国之间的朝鲜海峡东端，属于日本长崎县管辖。由上下两岛及附近小岛组成，主岛南北长82千米，东西长18千米，面积为696.1平方千米，距离朝鲜半岛南端最近处大约有50千米，天气晴朗时可以从对马岛的高山上望见釜山。历史上，这里是倭寇入侵朝鲜半岛的中间站和补给据点。高句丽好太王时期，倭寇军队入

① 《三国史记》卷二《新罗·讫解尼师今本纪》，汉城：韩国民族文化推进会，1982年，第24—25页。

② 《三国史记》卷三《新罗·奈勿尼师今本纪》，汉城：韩国民族文化推进会，1982年，第26—27页。

③ 《三国史记》卷三《新罗·实圣尼师今本纪》，汉城：韩国民族文化推进会，1982年，第27—28页。

侵新罗、胁迫百济的船舰补给都应该在这里进行。历史文献与碑刻的记载证实了这一点。

第三阶段，倭人入侵的次数比前一时期有所增多，一位新罗王在位时最多可遇到倭人的三五次侵扰，规模似乎有缩小的趋势。新罗王与大臣商议是否主动出击，大臣反对，王率兵出击，结果落败。

> 讷祇麻立干十五年（公元 431 年）夏四月，倭兵来侵东边，围明活城，无功而退。
>
> 二十四年（公元 440 年）倭人侵南边，掠取生口而去。夏六月，又侵东边。
>
> 二十八年（公元 444 年）夏四月，倭兵围金城十日，粮尽乃归。王欲出兵追之，左右曰："兵家之说曰：'穷寇勿追。'王其舍之。"不听，率数千余骑，追至于独山之东合战，为贼所败，将士死者过半。王苍黄弃马上山，贼围之数重。忽昏雾，不辨咫尺，贼谓有阴助，收兵退归。①
>
> 慈悲麻立干二年（公元 459 年）夏四月，倭人以兵船百余，袭东边，进围月城，四面矢石如雨。王城守，贼将退，出兵击败之，追北至海口，贼溺死者过半。
>
> 五年（公元 462 年）夏五月，倭人袭破活开城，虏人一千而去。
>
> 六年（公元 463 年）春二月，倭人侵焰良城，不克而去。王命伐智、德智领兵伏候于路，要击，大败之。王以倭人屡侵疆，缘边筑二城。
>
> 十九年（公元 476 年）夏六月，倭人侵东边。王命将军德智击败之，杀虏二百余人。
>
> 二十年（公元 477 年）夏五月，倭人举兵五道来侵，竟无功而还。②
>
> 炤知麻立干八年（公元 486 年）夏四月，倭人犯边。
>
> 十九年（公元 497 年）夏四月，倭人犯边。
>
> 二十二年（公元 500 年）春三月，倭人攻陷长峰镇。③

从公元 431 年至 500 年将近 70 年的时间里，经历新罗 3 位王，新罗与倭交涉达 12 次，平均不到 6 年交涉 1 次：倭兵寇掠新罗边境、边城，杀人越货 12 次（其中有一年 2 次），都是倭人主动前来，得手 4 次，无结果 3 次，遭到新罗击败 5 次。此期间不见有交聘、通好的记录。还有 1 次新罗君臣商讨是否主动出击，最后新罗讷祇麻立干率数千骑兵出击，被倭兵击败，围困在山上。后来趁着天降大雾得以逃脱。

百济与倭国的交往记录不是很多，而且开始时间也比较晚。《三国史记·百济本纪》只记载了百济 4 位王期间与倭国的交往。

> 阿莘王六年（公元 397）夏五月，王与倭国结好，以太子腆支为质。
>
> 十一年（公元 402）五月，遣使倭国求大珠。
>
> 十二年（公元 403）春二月，倭国使者至，王迎劳之，特厚。④

① 《三国史记》卷三《新罗·讷祇麻立干本纪》，汉城：韩国民族文化推进会，1982 年，第 28—29 页。
② 《三国史记》卷三《新罗·慈悲麻立干本纪》，汉城：韩国民族文化推进会，1982 年，第 29—30 页。
③ 《三国史记》卷三《新罗·炤知麻立干本纪》，汉城：韩国民族文化推进会，1982 年，第 31—32 页。
④ 《三国史记》卷二十五《百济·阿莘王本纪》，汉城：韩国民族文化推进会，1982 年，第 185—186 页。

膑支王五年（公元409）倭国遣使，送夜明珠，王优礼待之。
一四年（公元418）夏，遣使倭国，送白绵十匹。①
毗有王二年（公元428）春二月，倭国使至，从者五十人。②
义慈王十三年（公元653）秋八月，王与倭国通好。③

百济与倭国从公元397年有交往记录，至653年期间的256年中，有4位百济王与倭国交往7次，都是相互派遣使臣结好、通好、纳质、交换礼品。其中百济主动派遣使臣前往倭国结好、纳质、送礼品4次，倭国主动派遣使臣前往百济通好、送礼品3次。

《三国史记·百济本纪》记载的百济与倭国关系，次数虽然不多，却与好太王碑记载的"百残违誓与倭和通"是一致的。

三、高句丽与倭的关系

高句丽与倭的交往稍晚于其同新罗的交往。据《日本书纪》载，高句丽山上王三年（公元199年），曾多次派遣使臣出使日本列岛。美川王二十五年（公元324年）高句丽还将自己制造的铁盾献给日本，颇受当时日本武士的喜爱。

高句丽现存文字资料中，好太王碑是记录高句丽与倭关系最详尽的资料。好太王碑文中，多次出现倭人、倭贼、倭寇借助百济内应，侵扰新罗的记录。由于学者对于碑文隶定的不同，释文中出现的倭字数量也有所不同。

罗振玉的释文出现倭字9次，其中：倭6次、倭人1次、倭贼1次、倭寇1次。④
金毓黻的释文出现倭字12次，其中：倭9次、倭人1次、倭贼1次、倭寇1次。⑤
水谷悌二郎的释文出现倭字9次，其中：倭6次、倭人1次、倭贼1次、倭寇1次。⑥
朴时亨的释文出现倭字9次，其中：倭6次、倭人1次、倭贼1次、倭寇1次。⑦
王健群释文出现倭字11次，其中倭7次、倭人1次、倭贼1、倭寇1次、残倭1次。⑧
李亨求的释文出现倭字8次，其中：倭2次、倭贼2次、倭寇3次、残倭1次。⑨
武田幸男的释文出现倭字9次，其中：倭6次、倭人1次、倭贼1次、倭寇1次。⑩

① 《三国史记》卷二十五《百济·膑支王本纪》，汉城：韩国民族文化推进会，1982年，第186页。
② 《三国史记》卷二十五《百济·毗有王本纪》，汉城：韩国民族文化推进会，1982年，第187页。
③ 《三国史记》卷二十八《百济·义慈王本纪》，汉城：韩国民族文化推进会，1982年，第201页。
④ 罗振玉：《高句丽好太王碑释文》，《神州国光集》1909年第9集。
⑤ 金毓黻：《高句丽好太王碑》，《辽东文献征略》1925年。
⑥ ［日］水谷悌二郎《好太王碑考》，日本《书品》1959年6月第100号。
⑦ ［朝］朴时亨：《广开土王陵碑》，平壤：朝鲜社会科学出版社，1966年。
⑧ 王健群：《好太王碑研究》，长春：吉林人民出版社，1984年。
⑨ ［韩］李亨求、朴鲁姬：《广开土大王陵碑新研究》，汉城：同和出版公社，1986年。
⑩ ［日］武田幸男：《广开土王碑原石拓本集成》，东京：东京大学出版会，1988年。

林基中的释文出现倭字 9 次，其中：倭 6 次、倭人 1 次、倭贼 1 次、倭寇 1 次。[①]

朴真奭的释文出现倭字 8 次，其中：倭 5 次、倭人 1 次、倭贼 1 次、倭寇 1 次。[②]

我们的最新的释文中，倭字出现 13 次，其中：倭 9 次，倭人 1 次，倭贼 1 次，倭寇 1 次，殄倭 1 次。[③]

若依照以上出现的倭字看，主要表现为四次重要的历史事件：

1. 百残、新罗，旧是属民，由来朝贡。而倭以辛卯年来渡，每破百残，□□新罗，以为臣民。以六年丙申，王躬率水军，讨伐残国。

2. 九年己亥，百残违誓，与倭和通。王巡下平壤。而新罗遣使白王云：倭人满其国境，溃破城池，以奴客为民。归王请命，太王恩慈，称其忠诚，特遣使还，告以密计。

3. 十年庚子，教遣步骑五万，往救新罗。从男居城至新罗城，倭满其中。官军方至，倭贼退。自倭背急追至任那加罗从拔城，城即归服……

4. 十四年甲辰，而倭不轨，侵入带方界。□□□□□石城□连船□□□□躬率□□□平壤□□□锋相遇，王幢要截荡刺，倭寇溃败，斩煞无数（王幢，古代作仪仗使用的以羽毛为饰的旗帜，《汉书·王莽传》有"帅持幢，称五帝之使"）。

前两次是倭侵扰新罗、百济，新罗求救于高句丽，百济投靠了倭，导致高句丽攻打百齐。后两次是高句丽与倭作战，救新罗，或维护地方的管理权、领有权，都取得重大胜利。

长寿王以后，高句丽与倭国保持了友好的交往与联系。

公元 5 世纪和 6 世纪，开始有成批的高句丽人移居日本列岛，把高句丽及中原文化带到日本。其中有些人长期居留日本，为高句丽与日本文化交流做出重要贡献。他们的后人至今在日本居住——称日本的高句丽人。

日本用明天皇的第二位皇子圣德太子（公元 574—622 年），也称上宫皇子，公元 593 年立为皇太子，高句丽僧惠慈，曾任过他的太师，在日本居留 20 年。

婴阳王二十一年（公元 610 年），高句丽僧昙征东渡日本，传授佛法，还把五经，纸、墨及制造水车的技术带到日本。日本使用了水车，对其农业生产发展起到了促进作用。

高句丽与新罗、百济、倭的相互交往与征战中，促进了东亚诸国的经济文化交流。

应当指出，高句丽是中原经济文化成果传入朝鲜半岛与日本列岛的重要纽带，中原及北方的先进经济、文化、思想与先进的生产工具、生产技术，通过高句丽传入朝鲜半岛，再传入日本列岛。例如，孔孟儒家思想、诸子哲学思想、汉魏文史书籍；青铜铸造工艺、鎏金工艺、铁器加工等技术；石室墓、砖室墓及各种用物，铜镜、马具、环首刀、铠甲等，都对日本列岛产

① ［韩］林基中：《广开土王碑原石初期拓本集成》，汉城：东国大学出版部，1995 年。

② 朴真奭：《高句丽好太王碑》，延吉：延边大学出版社，1999 年。

③ 耿铁华：《好太王碑新考》，长春：吉林人民出版社，1994 年；耿铁华、李乐营：《好太王碑拓本研究》 长春：吉林大学出版社，2017 年，第 104 页。

生了重要的影响。（图 11.13）

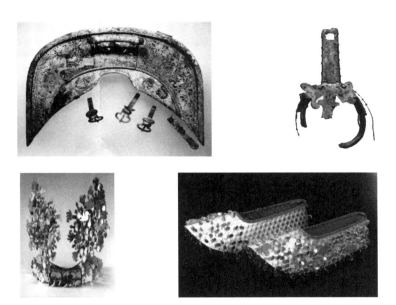

图 11.13　日本藤之木古坟出土文物

资料来源：日本"藤之木古坟及其时代展"图版，第 16、25、62、64 页

第十二章　高句丽文化

　　勤劳、勇敢的高句丽人在漫长的历史中，在中原先进经济文化的影响下，不断促进社会经济的发展和进步，同时也创造了具有民族特色的文化。他们在科技、教育、宗教、文学、艺术等方面取得了很大的成就，成为东北亚古代文化艺术宝库中的重要成果。高句丽人以其灿烂的古代文化影响着东北亚的古族古国，为这一地区文化发展、文明传播，起到了重要的作用。

第一节　科学技术

一、天文历法

　　高句丽人对于天上的日月星辰，有着深刻的认识。由于他们日出而作，日入而息，对于日月的方位、形象都有记录，这在高句丽古墓壁画中表现得十分清楚。安岳3号墓、角觚墓、舞踊墓、德兴里墓、双楹墓、长川1号墓，德花里1号墓、2号墓，五盔坟4号墓、5号墓壁画中，都绘有太阳和月亮。太阳绘在东方，月亮绘在西方，二者方向关系明了。太阳内有三足乌，月亮内有蟾蜍、玉兔。五盔坟4、5号墓藻井壁画的伏羲、女娲手上捧的太阳、月亮也是这样的形象。长川1号墓后室藻井顶部不仅绘有日、月，日轮内有三足乌，月轮内则有玉兔、蟾蜍，旁边还绘北斗七星。这些墓中将藻井皆视为天上，而绘有日月星辰。

　　日中有乌之说始见于《楚辞·天问》："羿焉彃日？乌焉解羽？"王逸注引《淮南子》言："尧时十日并出，草木焦枯。尧命羿仰射十日，中其九日。日中九乌皆死，堕其羽翼，故留其一日也。"《春秋元命苞》云："阳成于三，故日中有三足乌也，阳精也。"一曰"竣乌，竣犹蹲也"。《楚辞·天问》还有"夜光何德，死则又育？厥利维何，而顾兔在腹？"，王逸注谓"月中有兔，何所贪利，居月之腹而顾望乎？"刘向《五经通义》曰："月中有兔与蟾蜍何？月阴也，蟾蜍阳也，而与兔并生，阴击阳也。"后世则有灵蟾春药，蟾宫折桂之说。

　　据《三国志·高句丽传》载：高句丽人祀灵星，又称天田星，火星，在东南方，主农业生产。《三国史记》载"琉璃明王十三年春正月，萤惑守心星"[①]即指火星。萤惑，是指火星隐现不定，令人迷惑故也。《吕氏春秋·制乐》云"萤惑在心"。高诱注"萤惑，五星之一，火之精也"。也有谓"天之法星所居，灾眚吉凶尤著"。可见高句丽人对于日月星辰的认识是相当深刻的，不仅明确各目所在位置，还对其象征意义与人类生产生活关系有足够的认识，集中表现在一些古墓壁画中。

---

① 《三国史记》卷十三《高句丽·琉璃明王本纪》，汉城：韩国民族文化推进会，1982年，第114页。

目前在中国境内发现 38 座高句丽壁画墓，朝鲜境内发现 89 座壁画墓，总共 127 座壁画墓。[①] 其中，绘有日月星辰和四神的高句丽壁画墓有 26 座（表 12.1）。[②]

表 12.1　高句丽日月星辰与四神壁画墓

中国集安	朝鲜平壤一带
9 座	17 座
角觝墓，舞踊墓，下解放 31 号墓，三室墓，长川 1 号墓，环纹墓，四神墓，五盔坟 4 号墓、5 号墓	安岳 3 号墓，德兴里古墓，药水里古墓，东岩里古墓，安岳 1 号墓，伏狮里古墓，星墓，天王地神墓，大安里 1 号墓，双楹墓，德花里 1 号墓、2 号墓，铠马墓，真坡里 4 号墓，牛山里 1 号墓、2 号墓，江西大墓

这些壁画墓中，根据墨书文字年代明确的是公元 357 年的安岳 3 号墓，公元 408 年的德兴里古墓，这也是判定高句丽壁画年代的标准墓葬。其他墓葬的年代则根据墓葬的结构，出土的各类文物（特别是陶器）以及壁画的题材、内容、技法等综合考察判断。由于认知上的差异，学者对于高句丽壁画墓的年代判定分歧也比较大。[③]

如果将高句丽古墓壁画分为三期，那么，第一期（早期）的年代大体上是 4 世纪中叶到 5 世纪中叶；第二期（中期）大体在 5 世纪中叶到 6 世纪中叶；第三期（晚期）大体在 6 世纪中叶到 7 世纪中叶。每期在一百年左右。壁画内容则是从社会生活为主向以四神为主转化，中间过渡时期是社会生活与四神交会，同时出现一些莲花、云纹、王字、环纹、龟甲图案。至于日月星辰的图像，从早期壁画中就开始出现，一直到晚期壁画墓中依然存在。

第一期绘有日月星象图的壁画墓有：安岳 3 号墓、角觝墓、舞踊墓、德兴里古墓、药水里古墓、下解放 31 号墓等。

这一时期，是中原壁画及其形象图传入高句丽的重要时期。壁画中突出了太阳和月亮，配以各种星辰，有的将牵牛星和织女星绘成牛郎和织女的人物形象。还出现了四神图与阴阳五行方位星云相结合的情况。年代最早的安岳 3 号墓前室藻井盖顶石上画着太阳和月亮，彩色圆环中有金乌和蟾蜍。德兴里古墓前室藻井的东西两侧也出现了太阳和月亮。在同一时期的角觝墓和舞踊墓中不仅出现了标准完美的太阳和月亮（图 12.1），还出现了星图（图 12.2）。充分体现了高句丽人对于天文、星象的认识水平。

---

① 耿铁华：《高句丽壁画研究》，长春：吉林大学出版社，2017 年，第 7—10 页。

② ［韩］东北亚历史财团编：《高句丽的文化与思想》，香港：社会科学出版社有限公司，2010 年，第 223 页。

③ 李殿福：《集安高句丽墓研究》，《考古学报》1980 年第 2 期；方起东、刘萱堂：《集安下解放第 31 号高句丽壁画墓》，《北方文物》2002 年第 3 期；魏存成：《高句丽遗迹》，北京：文物出版社，2002 年，第 199—203 页；［日］东潮、田中俊明：《高句丽的历史与遗迹》，东京：中央公论社，1995 年，第 249—251 页。

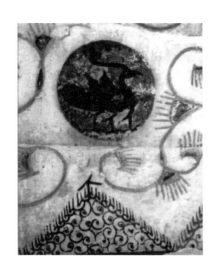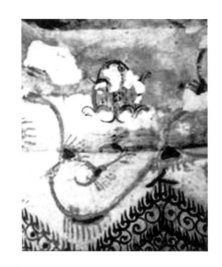

图 12.1　角觝墓日月图

资料来源：耿铁华：《高句丽壁画研究》，第 154 页图

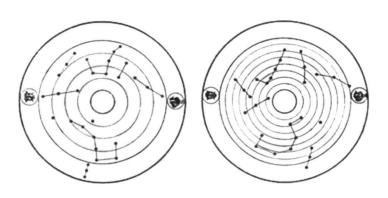

图 12.2　角觝墓、舞踊墓藻井日月星象图

资料来源：耿铁华：《高句丽壁画研究》，第 155 页图

有学者注意到，高句丽壁画星象图最早出现在朝鲜的安岳和平壤地区，集安国内城一带稍晚了一些，或许有一定道理。从目前发现的高句丽壁画墓看，不仅是星象图案，而且整个社会生活内容的壁画，都是先出现在安岳地区。这恰恰说明，原带方、乐浪地区接受汉代文化影响更广泛、更深刻一些。无论是集安，还是平壤、安岳，高句丽壁画墓的形制与绘画内容，都是两汉、魏晋以来古墓壁画通过辽东传过来的。

高句丽壁画中的日月图像和星辰的位置，其绘画技法和认识都已经表现得很成熟，绝非首创可以做到，而是从中原两汉、魏晋时期的画像砖、画像石和墓室壁画中移植而来。战国早期曾侯乙墓的彩绘漆箱上就绘有二十八星宿图形和文字。[①] 长沙马王堆汉墓出土的帛画上面彩色圆环中画着金

---

① 　随县擂鼓墩一号墓考古发掘队：《湖北随县曾侯乙墓发掘简报》，《文物》1979 年第 7 期。

乌与蟾蜍，典型的汉式太阳和月亮。[1]汉画像砖、画像石墓中大量的星象图、四神图[2]对于后来中国、朝鲜半岛、日本的古代壁画产生了重大影响。

第二期绘有日月星象图的壁画墓有：星墓，天王地神墓，环纹墓，三室墓，长川1号墓，东岩里古墓，伏狮里古墓，大安里1号墓，安岳1号墓，双楹墓，德花里1号墓、2号墓，铠马墓，真坡里4号墓等。

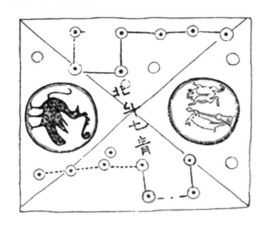

图 12.3　长川 1 号墓日月星辰图

资料来源：耿铁华：《高句丽壁画研究》，第 156 页图

柄指南，时序为夏；斗柄指西，时序为秋；斗柄指北，时序为冬。道教称之为七元解厄星君，居北斗七宫，即：天枢宫贪狼星君、天璇宫巨门星君、天玑宫禄存星君、天权宫文曲星君、玉衡宫廉贞星君、开阳宫武曲星君、瑶光宫破军星君。

南斗六星是由天府星、天梁星、天机星、天同星、天相星、七杀星组成。在南部夜空中也排列成斗形。天文学也称斗一、斗二、斗三、斗四、斗五、斗六。与北斗相对应。

在长川1号墓中，北斗的七颗主星，以圆环中加黑点表示。斗柄上有一颗主星为北极星。南斗也绘成

这一时期中，绘有日月星辰图形的壁画古墓数量增多，在中原魏晋宗教思想的影响下，墓室与藻井明显地表现出人间与天上两种境界。四神象征着二十八星宿，与北斗七星、北极星交相呼应。如果说增加了高句丽的影响因素，那就是长川1号墓后室藻井盖顶石上的太阳、月亮和南斗、北斗，以及旁边的墨书汉字"北斗七青"（图 12.3）。

北斗七星是由七颗星组成，在北部夜空中像酒斗，天枢、天璇、天玑、天权组成斗身，古时称为魁；玉衡、开阳、瑶光组成斗柄，古时称为杓。斗柄指东，时序为春；斗

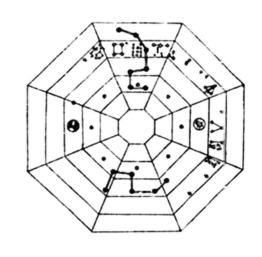

图 12.4　德花里 2 号墓日月星辰图

资料来源：耿铁华：《高句丽壁画研究》，第 156 页图

①　湖南省博物馆编、中国科学院考古研究所编：《长沙马王堆一号汉墓》，北京：文物出版社，1973 年。
②　重庆市博物馆编：《重庆市博物馆藏四川汉画像砖选集》，北京：文物出版社，1957 年；李发林：《山东汉画像石研究》，济南：齐鲁书社，1982 年；吴曾德：《汉代画像石》，北京：文物出版社，1984 年；韩玉祥主编：《南阳汉代天文画像石研究》，北京：民族出版社，1995 年；高文编著：《四川汉代石棺画像集》，北京：人民美术出版社，1998 年；信立祥：《汉代画像石综合研究》，北京：文物出版社，2000 年；罗二虎：《汉代画像石棺》，成都：巴蜀书社，2002 年；黄雅峰：《汉画像石画像砖艺术研究》，北京：中国社会科学出版社，2011 年。

七颗主星，或是为了对称，或认为南斗也有七颗星。而在德花里 2 号墓中，南斗也呈斗形，但是，很明显是由六颗主星组成，表明高句丽人经过观察，对其认识更加深化、更加科学（图 12.4）。

第三期绘有日月星象图的壁画墓有：牛山里 1 号墓、2 号墓，四神墓，江西大墓，五盔坟 4 号墓、5 号墓等。

高句丽晚期壁画内容的最大特点就是从民间社会生活走向神仙灵怪世界。四神图与天文星象结合，四神的形象更加完整、高大。早期高句丽壁画中已经出现朱雀和青龙的形象，后来增加了白虎，玄武出现得最晚。早期到中期，四神的形象不完整，时常缺少玄武，位置也不明显，或居于墓室一隅，或居于藻井，形象偏小。最后占据了整个墓室四壁，技法严谨，图像威严灵动。说明高句丽人对于四神与二十八星宿的认识不断深化，进一步确立了四神、日月、四宿的三重天文标志体系（表 12.2）。[①]

表 12.2　高句丽壁画中的三重天文标志体系

方位	一重：四神／黄龙	二重：日月	三重：四宿／五宿星座
东	青龙	日像	心房六星：东双三星、天蝎座（Sco）
西	白虎	月像	参伐六星：西双三星、猎户座（Ori）
南	朱雀		南斗六星：射手座（Sgr）
北	玄武		北斗七星：大熊座（UMa）
中	黄龙		北极三星：小熊座（UMi）

高句丽人对于天象的认识，还表现在对日食、月食、彗星的观察记录方面。据后人整理的《三国史记·高句丽本纪》记载，高句丽明确记载日食记录 11 次，观测荧星、流星、行星的记录达 19 次之多。[②]

儒留王十三年（公元前 7 年）"春正月，荧惑守心星"[③]，这是高句丽观察火星的最早记录。闵中王三年（公元 46 年）"冬十一月，星孛于南，二十日而灭"[④]，则是高句丽人对彗星的首次观察记录。太祖大王六十二年（公元 114 年）、六十四年、七十二年连续三次记录了"日有食之"的情况。[⑤]

高句丽人在认识天象和天体运行规律的基础上，还进一步认识到春夏秋冬的变化和年、月的时限。在中原历法的影响下，运用干支纪年、纪日、纪时。

好太王碑文中记有"倭以辛卯年来渡，每破百残、□□新罗""永乐五年，岁在乙未""六年丙申""八

---

① ［韩］金一权：《高句丽的天文自然观与上天思想》，［韩］东北亚历史财团编：《高句丽的文化与思想》，香港：社会科学出版社有限公司，2010 年，第 241 页。
② 王和群、滕红梅：《高句丽自然灾害初探》，《通化师范学院学报》2001 年第 3 期。
③ 《三国史记》卷十三《高句丽·琉璃明王本纪》，汉城：韩国民族文化推进会，1982 年，第 114 页。
④ 《三国史记》卷十四《高句丽·闵中王本纪》，汉城：韩国民族文化推进会，1982 年，第 121 页。
⑤ 《三国史记》卷十五《高句丽·太祖大王本纪》，汉城：韩国民族文化推进会，1982 年，第 123 页。

年戊戌""九年己亥""十年庚子""十四年甲辰""十七年丁未""廿年庚戌"等记录，特别是好太王死后，"以甲寅年九月廿九日乙酉迁就山陵"[①]的一段文字，连时辰用的都是干支。

集安出土高句丽的卷云纹文字瓦当上也有纪年文字"戊戌""己丑""丁巳""乙卯""己巳""癸酉"等多种。[②]

平壤城墙石刻上也有干支纪年，"己丑年五月廿八日""己酉年三月廿一日""己丑年三月二十一日""丙戌二月中"等。[③]

1979年4月8日韩国发现的中原高句丽碑文中，也在使用干支纪年纪时，如"十二月廿三日甲寅""辛酉年"等。[④]

2012年7月29日集安麻线河边发现的集安高句丽碑，碑文中也有干支纪年，"自戊口定律"[⑤]，由于有一字不是很清楚，学者推断为"庚戌""戊子""戊午""戊申"，根据这四种推断，判断的立碑时间也有所不同，但是都在高句丽故国壤王到长寿王期间（公元388—418年）。[⑥]

高句丽建国初期，已推算出一年为365.25天，大约在公元4世纪开始使用更精确一些的数字，一年为365.246天，每月29.53天。[⑦]这一数字与汉刘歆《三统历》一年365又1539分之335日，一月为29又81分之43日有一点差距。与南朝数学家祖冲之《大明历》规定的一年为365.24281481天也有一点差距。这也恰好可以证明，高句丽人是凭借着自己的观察、认识和计算得来的。

二、对自然灾害的认识

高句丽建国不久，便有史官记载历史，经修改，成书100卷，名为《留记》。还有官修《旧三国史》《高丽记》等，今大多佚失，在《三国史记·高句丽本纪》中还保留着一部分史料。其中对于自然灾害的记载很多，一方面是出于人们生产生活的需要，另一方面则是对自然现象的认识——发现规律，趋利避害。

儒留王二十一年（公元2年）就有地震发生，这应该是北方长白山区有关地震灾害的最早记录。[⑧]此外，京都地震、丸都地震等记录多达几十次，这些对于研究长白山区地震规律是颇为重要的资料。

另外，对于发生在高句丽都城及统治区域内的自然灾害也有明确记录与说明。雨、雪、风、霜、冰雹、水旱、蝗虫等灾害的发生，都关系到农业生产和人民生活。

① 耿铁华：《好太王碑新考》，长春：吉林人民出版社，1994年，第283—322页。
② 耿铁华：《高句丽瓦当》，长春：吉林大学出版社，2014年，第26—28页。
③ ［日］东潮、田中俊明：《高句丽的历史与遗迹》，东京：中央公论社，1995年，第227页。
④ 耿铁华：《冉牟墓志与中原高句丽碑》，《高句丽研究》第10辑，韩国学研文化社，2000年。
⑤ 集安市博物馆编著：《集安高句丽碑》，长春：吉林大学出版社，2013年，第10页。
⑥ 耿铁华：《高句丽碑刻中的法律条文》，中国政法大学法律古籍整理研究所：《中国古代法律文献研究》（第11辑），北京：社会科学文献出版社，2017年。
⑦ 姜孟山：《朝鲜通史》第一卷，延吉：延边大学出版社，1992年，第123页。
⑧ "二十一年，秋八月，地震。"《三国史记》卷十三《高句丽·琉璃明王本纪》，汉城：韩国民族文化推进会，982年，第114页。

据《三国史记》记载，自儒留王二十一年至平原王二十三年（公元 581 年）的 579 年间，共有
56 个年份发生了自然灾害，共计发生各种自然灾害 74 次／年（灾害发生的次数以年计算），平均
每 10 年发生 1.28 次自然灾害。灾害类型与年次如下：

旱灾	12 次／年	风灾	4 次／年
震灾	19 次／年	雹灾	6 次／年
霜灾	8 次／年	雪灾	6 次／年
蝗灾	7 次／年	疫灾	3 次／年
水灾	6 次／年	其他灾害	3 次／年
合计：	74 次／年 [1]		

《三国史记》关于高句丽自然灾害的记载有以下几个特征。

第一，就地区而言，高句丽对京畿地区灾害记录明显多于其他地区。京畿地区在国家政治、经
济、军事中所处的重要位置是显而易见的，高句丽对这一地区的稳定发展较为关注，因此对这一地
区的记载最为详尽。京畿地区发生 70 次／年的自然灾害，占自然灾害总数的 95%。而其他地区只
有 4 次／年记载，占自然灾害总数的 5%。对京畿以外地区的自然灾害疏于记录也是高句丽自然灾
害记载偏少的一个原因。

第二，高句丽的自然灾害主要有水灾、旱灾、风灾、雹灾、霜灾、雪灾、蝗灾、疫灾、震灾九
种，其中以旱灾和震灾为主，占自然灾害总数的 42%。将以上九种自然灾害划分为三类：气候灾害、
地质灾害、生物灾害。气候灾害包括水灾、旱灾、风灾、雪灾、霜灾、雹灾六种自然灾害，共发生
42 次／年，占自然灾害总数的 56.8%。地质灾害主要指震灾，共发生 19 次／年，占自然灾害总数
的 25.7%。生物灾害主要包括蝗灾、疫灾，共发生 10 次／年，占自然灾害总数的 13.5%。可见，自
然灾害以气候灾害为主。

第三，从影响程度看，分为一般自然灾害、较重自然灾害、严重自然灾害。把史书载有"发仓
赈给"的列为较重的自然灾害，共发生 12 次／年，占自然灾害总数的 16.2%，其中属于气候灾害 9
次／年，生物灾害 2 次／年，地质灾害 1 次／年，也是以气候灾害为主。把史书载有"民饥，人相
食"列为严重的自然灾害，共发生 3 次／年，分别在烽上王九年（公元 300 年）、小兽林王八年（公
元 378 年）、故国壤王六年（公元 389 年），而且都发生在连续出现自然灾害的年份。

第四，灾害呈现出灾害期和无灾期交替出现的特点。一个重灾害期一般持续 3 年，共发生 5 次。
其间的无灾期一般持续 20 年。但在平原王二十三年（公元 581 年）以后，自然灾害呈明显下降趋势，
从隋朝开始，气候进入了温暖期，气候灾害明显减少，直接导致自然灾害数量的减少。另外从公元 581

---

[1]　王利群、滕红梅：《高句丽自然灾害初探》，《通化师范学院学报》2001 年第 3 期。

年开始，高句丽与中原的关系比较紧张，文献多记载交往与战争，而对自然灾害的记载可能会有些忽视。[①]

可以肯定，文献对高句丽自然灾害的记载会有一定的偏颇，失载也不在少数。但同样可以肯定，这些记录对高句丽自然灾害的总体把握并没有多大的失误。这说明高句丽国家机构及相关部门对于自然灾害的认识是相当深刻的，因为自然灾害对高句丽社会稳定、经济发展都会产生重大的影响。烽上王九年（公元 300 年）"春正月，地震。自二月至秋七月不雨，年饥，民相食"。国君非但不体恤百姓，还"发国内男女年十五以上，修理宫室。民乏于食，困于役，因之以流亡"。国相仓助利认为，"天灾荐至，年谷不登，黎民失所，壮者流离四方，老幼转乎沟壑，此诚畏天子民，恐惧修省之时也"[②]。自然灾害造成民不聊生，流民增多，给社会稳定带来不利影响，有时也会导致外族乘机入侵，危及疆土。小兽林王七年（公元 377 年）"冬十月，无雪，雷，民疫。百济将兵三万来侵平壤城"。八年"旱，民饥相食。秋九月，契丹犯北边，陷八部落"[③]。故国壤王六年（公元 389 年）春，"饥，人相食，王发食赈给。秋九月，百济来侵，掠南鄙部落而归"[④]。当然，高句丽对自然灾害的认识还只限于其危害所造成的后果，还是被动的记录，有时也表现出极大的无奈。在当时社会环境和条件下，不可能有主动地预防自然灾害侵袭的能力和措施，更不可能掌握自然灾害发生的规律，也就不可能有效地趋利避害，为社会生产和生活服务。

三、医学与自然科学的应用

高句丽人居住的长白山区，山深林密，气候适宜，人烟稀少，有丰富的动植物资源，盛产各种中草药。一千多年以后，居住在这里的人民仍然熟悉和利用这些中草药驱散邪秽，消除瘟疫，治疗疾病，留下了许多珍贵的记录。

《怀仁县志》记载，怀仁地区的中草药有：人参、鹿茸、五味子、细辛、白附子、黄精、赤芍、苍耳子、蒲公英、木通、艾、车前、菟丝子、甘草、五加皮、龙胆草、知母、远志、黄芩、柴胡、防风、升麻、独活、益母草、蒿木、苦参、苍术、紫薇、地骨皮、牵牛、马鞭草、桔梗、白蒺藜、透骨草、茵陈、熊胆、牛黄、牛蒡子、黄柏、赤雹、贯众、罂粟等。[⑤]

《辑安县志》记载，辑安地区的中草药有：人参、细辛、党参、冬青、苍术、百合、灵仙、艾叶、覆盆子、木通、黄芪、车前子、桔梗、防风、半夏、元胡、天南星、柴胡、地丁、苏叶、蒲公英、益母草、五味子、天麻、白芍、龙胆草、贝母等数百种。[⑥]

《通化县志》记载，浑江流域的中草药有：人参、五味子、菟丝子、牛蒡子、蛇床子、地肤子、莱菔子、蓖麻子、苍耳子、五加皮、桑白皮、沙参、苦参、地骨皮、益母草、桑寄生、白茅根、老鹳嘴、

---

① 王利群、滕红梅：《高句丽自然灾害初探》，《通化师范学院学报》2001 年第 3 期。
② 《三国史记》卷十七《高句丽·烽上王本纪》，汉城：韩国民族文化推进会，1982 年，第 136 页。
③ 《三国史记》卷十八《高句丽·小兽林王本纪》，汉城：韩国民族文化推进会，1982 年，第 140 页。
④ 《三国史记》卷十八《高句丽·故国壤王本纪》，汉城：韩国民族文化推进会，1982 年，第 140 页。
⑤ 马俊显、刘熙春：《怀仁县志》卷十一《物产》，铅印本，1934 年。
⑥ 刘天成、张拱垣：《辑安县志》卷四《杂志·物产》，石印本，1931 年。

郁李仁、薏苡仁、猪芽草、细辛、黄精、玉竹、芍药、艾蒿、百合、地丁、黄芩、桔梗、茴香、香附、苍术、远志、贯众、荆芥、皂荚、薄荷、柴胡、赤雹、茵陈、青蒿、芦根、牵牛、蒺藜、木贼等。[①]

高句丽人很早就生活在这一地区，他们利用这些中草药来治疗各种常见疾病。《千金要方》中曾记载高句丽治疗慢性胃炎、胃痛的处方，其中有大黄、天雄、苦参、细辛、狼牙、龙胆、芍药、附子等十多味中药，在用法和用量上也都比较讲究。高句丽人还留下了著名的中医处方《老师方》，也曾派遣名医德来去倭国行医，对于日本的医学发展提供帮助，产生影响。[②]

1992 年 6 月 3 日，集安市国内城东北城墙外，文化广场花坛西侧施工中，在距地表 1.2 米左右高句丽文化层中出土了一件完整的陶臼，浅红色细泥陶，敛口、鼓腹、厚壁、平底，器形与现代药臼和蒜臼基本相同。由于器壁、器底较厚，出土时完好无损。口缘饰一周压印三角纹，器身外饰折线纹。高 12 厘米、口径 6 厘米、腹径 11 厘米、底径 9 厘米。年代不会早于公元 5 世纪，约为好太王至长寿王时期。这件陶臼的出土，不但增加了一种新的器形，而且解决了一个长期以来困扰学术界的问题——高句丽人遇到疾病或战争负伤如何医治的问题。高句丽人善骑射，喜寇钞，经常狩猎，军队多而强壮，战事不断，出现疾病与创伤是不可避免的。高句丽境内多大山深谷，中草药丰富，使用这些草药需进一步加工处理。这种陶臼正是高句丽人加工中草药用的一种工具。[③]

高句丽出产人参、貂皮，曾为贡献之物。《建康实录·南齐·高丽传》记载，高句丽"国有银山，采为货，并人参、貂皮"。《名医别录》云，高句丽人作《人参赞》："三桠五叶，背阳向阴，欲来求我，假树相寻。"《柳边纪略》亦记载，高句丽人作《人参赞》云，"三桠五叶，背阳向阴，欲来求我，椴树相寻"。一作"椵树"，一作"椵树"，均可解说，或因字形相近而混用。杨升庵注引《药艻赋》曰，"人参三桠，来自高句丽之国，桃枝九折，出于巂昆明之陬"。这些史料，一方面证实高句丽所居之长白山区出产人参，早已引起医家的注意，并记入了医药之典籍。另一方面说明高句丽人十分了解人参生长的环境、形态及特点，知道到什么地方去采参。高句丽用人参入药，或作为礼品进贡中原应该是可信的。

高句丽人除了利用人参、草药治病，其针灸技术也颇值得称道。《酉阳杂俎》医部记载，高句丽人善用针，能将一寸多长的头发截成十余段，再用针将它们一一穿起来。虽不无夸张之嫌，却是医用针灸术娴熟、精当之证。高句丽文物中确实有金针发现，还有尖细的银簪面世，若制成针灸之金针、银针，技术上应该没什么问题。

关于自然科学的理论，高句丽人也许不会有很深刻的认识，但在建筑、冶金和日常生活实践中，却运用了许多数学、物理学、化学方面的知识，而且运用得相当熟练、相当精确。

高句丽人善于利用石材修筑城垣，无论是都城，还是山城，都能因地制宜，根据原有土城和山

① 李春雨、刘天成：《通化县志》卷一《土地志·物产》，印刷局铅印本，1927 年。
② 朴真奭、姜孟山、朴文一，等：《朝鲜简史》，延吉：延边大学出版社，1998 年，第 73 页。
③ 耿铁华：《集安市新出土的几件高句丽文物》，《博物馆研究》1998 年第 2 期。

势走向，合理设计安排。这种巧妙的安排与设计，充分运用了地质学、地理学、建筑学等多方面的知识。在石料选择、石材加工上，都有一番苦心。以长方形条石或楔形石、梭形石垒砌，层层内收，在结构、力学方面都表现出少有的聪明和才智。至今保持完好的高句丽王陵——将军坟，其设计上的合理性几乎达到最佳状态，这是多年来实践中总结出来的最优方案。以这种方坛阶梯石室墓而言，若规模过大，可能导致自然倾颓，浪费人力、物力。若规模过小，既有失王者风范，又没有充分发挥人力、物力和资源的最大潜能。要想找出既可充分利用人力、物力、材料的极致，又使陵墓宏伟、坚固，千秋永在的最优方案是不容易的。这正是数学上寻找某个函数极值（极大或极小）的较快、较精确的计算方法，也就是人们常说的优选法。高句丽人在1600多年前的建筑实践中，已经在运用这种方法了。

在将军坟的建造过程中，用了1100多块修凿工整的长方形大石条，这些石条从开采到加工，都严格按照图纸进行。大的可达10余吨，小的也有100—200千克，上面靠外缘需要有8—10厘米高、10—12厘米宽的凸起，防止上层石条外移。有的大石条边角处补上的小块都方正得体、严丝合缝。以上这些若没有精确的测量与计算是难以完成的。墓室的构筑与四面护坟石的设置，都充分利用了工程力学的原理。墓道采用加长、加宽顶石，藻井采用平行叠涩，这同五盔坟藻井采用抹角叠涩做法的原理都是一样的。在当时没有运输和起重设备的情况下，将石料从采石场运来，按图纸加工，再一层一层地垒砌起来，运用的全是铺设滚木、建造斜坡再利用滚木牵引的土办法。然而，其中却包含自然科学知识和技术的综合运用。

另外，高句丽人在采矿、金属冶炼、工具制造，特别是鎏金工艺上，都显现出高超的科学技术水平和天才的创造力，这也是高句丽国家在东北亚诸多古国中，经济、文化领先发展的一个极为重要的方面。

第二节　思想、教育、宗教

一、信仰儒家思想

孔子（公元前551—前479年）是儒家学派的创始人，是中国古代伟大的思想家和教育家。他的思想、言论对中国各朝代、各民族、各地区都产生了极为重要的影响。

以孔子为代表的儒家思想的核心是"仁"和"礼"，"仁者爱人"是其处理人与人关系的最高行为准则和道德规范。"爱人"则要"己所不欲，勿施于人""己欲立而立人，己欲达而达人"。要求统治者要从"爱人"的角度推行"仁政"，实行德治，反对暴力残虐。同时指出"克己复礼为仁"。要人们克制自己，恢复"礼治"，也就是要维护周礼，维护统治阶级的统治秩序。主张"正名"，各按名分，各司职守，维护"君君，臣臣，父父，子子"的纲常伦理，防止天下大乱。

战国至秦汉之际，随着中原移民进入东北，孔子的儒家思想在东北边远地区得到了广泛传播。汉武帝时期，"罢黜百家，独尊儒术"，利用董仲舒对传统的儒家思想进行改造，以儒家学说为基础，以阴阳五行为框架，兼取黄老及诸子思想精华，建立起具有神学倾向的新儒学体系。主张君权神授，"天不变道亦不变""天人感应"等。将孔子"君君，臣臣，父父，子子"的正名说，发展为"君为臣纲，父为子纲，夫为妇纲"和"仁、义、礼、智、信"三纲五常的伦理思想，并成为维护封建等级制度的基本思想，同时也成为千百年来，人们在社会生活中一直遵循的思想道德准则。

汉武帝设辽东四郡之后，儒家思想进一步传入汉四郡，也传入高句丽人生活的玄菟郡高句丽县。这种推测是完全有根据的。

1990年2月至1992年11月，朝鲜平壤乐浪区贞柏洞364号古墓出土了多枚竹简和木简。2006年，朝鲜学者孙永钟发表论文公开了这一重要的考古发现。[①] 出土竹简为抄写的儒家经典《论语》，木简为3枚以"乐浪郡初元四年县别户口集簿"为标题的文书。初元四年为西汉元帝刘奭的年号，即公元前45年。《论语》竹简有第11卷《先进篇》31枚，第12卷《颜渊》篇8枚。2009年5月，日本早稻田大学文学部李成市教授公布了这39枚竹简的黑白照片，汉字隶书的字迹较为清晰。竹简形制规整，书体为汉隶。其形制、书体和书式与中国河北省定州汉墓出土的《论语》册书竹简十分相似。[②]

公元前45年，是汉武帝设置玄菟、乐浪、临屯、真番之后的63年，高句丽建国前8年。汉朝政权十分关注四郡的户籍，乐浪县的户口按年登记在册，因为户口数量关系赋税和徭役，影响国家和地方的收益、民众的生活。以此推之，各郡县都会有户籍记录，高句丽县也不例外。与户籍木简同出的《论语》简册则充分证明，汉元帝时期，儒家典籍和儒家思想已经传入四郡各县地方。因此，高句丽建国之后，儒家的纲常伦理，忠孝之道便成为高句丽封建国家的统治思想，也成为人们的行为准则。

儒留王二十七年（公元8年）"春正月，王太子解明在古都，有力而好勇。黄龙国王闻之，遣使以强弓为赠。解明对其使者，挽而折之曰：'非予有力，弓自不劲耳。'黄龙王惭。王闻之怒，告黄龙曰：'解明为子不孝，请为寡人诛之。'三月，黄龙王遣使请太子相见。……太子曰：'天之不欲杀我，黄龙王其如我何！'遂行。黄龙王始谋杀之，及见不敢加害，礼送之"。

儒留王二十八年（公元9年）"春三月，王遣人谓解明曰：'吾迁都欲安民以固邦业，汝不我随，而恃刚力，结怨于邻国，为子之道其若是乎！'乃赐剑使自裁。太子即欲自杀，或止之曰：'大王长子已卒，太子正当为后，今使者一至而自杀，安知其非诈乎！'太子曰：'向

① ［朝］孙永钟：《乐浪郡南部地域的位置——以"乐浪县初元四年户口多少□□"的统计资料为中心》，朝鲜《历史科学》2006年第198辑；［朝］孙永钟：《辽东地区西汉郡县的位置与其变迁（1）》，朝鲜《历史科学》2006年第199辑。

② 戴卫红：《韩国木简研究》，桂林：广西师范大学出版社，2017年，第41—42页。

黄龙王以强弓遗之，我恐其轻我国家，故挽折而报之，不意见责于父王。今父王以我为不孝，赐剑自裁，父之命其可逃乎！'乃往砺津东原，以枪插地，走马触之而死"。①

王子解明因与黄龙王结怨忤怒了父王，父王命黄龙王杀之，解明蔑视黄龙王，更引起父王之不满，派人谴责而赐剑自裁，解明为全孝道而自杀。既遵"君为臣纲"，又遵"父为子纲"。君命不可违，只好自裁，以全忠孝之名。

大朱留王十五年（公元32年），王次妃之子好童，颜容美丽，智袭乐浪有功，王甚爱之。元妃恐其夺嫡为太子，向王进谗言，诬陷好童无礼，欲乱，王疑欲罪之。有问好童为何不解释一下。好童说，我若释之，是显母之恶，贻王之忧，可谓孝乎？乃伏剑而死。②也是为了全忠孝之名。可见忠、孝、礼、义等儒家思想对高句丽王族影响已是相当深的。

高句丽贵族大臣深知治国需仁政，臣子要忠君的儒家治国修身之道，不断向高句丽王进言，治国恤民，爱护百姓，以维护高句丽的王权。

烽上王末年，发生地震，半年无雨，天旱造成粮谷不登，饥民流离失所，甚至人相食。国王却发国内男女十五岁以上者服劳役，修筑宫室。国相仓助利极力劝谏说："君不恤民，非仁也，臣不谏君，非忠也。臣既承乏国相，不敢不言，岂敢干誉乎？"③

另外，在高句丽日常生活中，儒家思想也成为行为的准则，如婚丧嫁娶等方面，逐渐从本民族固有的方式转向儒家礼仪的约束。《礼记·昏义》记载"昏礼者，将合二姓之好，上以事宗庙而下以继后世也，故君子重之。是以昏礼纳采、问名、纳吉、纳征、请期，皆主人筵几于庙，而拜迎于门外。入，揖让而升，听命于庙，所以敬慎重正昏礼也"。这是儒家礼仪对婚姻程序的要求，不同文献对高句丽的婚姻的记载各有不同。《三国志》载"其俗作婚姻，言语已定，女家作小屋于大屋后，名婿屋，婿暮至女家户外，自名跪拜，乞得就女宿，如是者再三，女父母乃听使就小屋中宿，傍顿钱帛，至生子已长大，乃将妇归家"④。可以看出其中"言语已定""傍顿钱帛"等方面，已经具有"纳采、问名、纳吉"等特点，以示对婚姻的重视。至于《周书》《北史》的记载，"婚娶之礼，略无财币，若受财者，谓之卖婢，俗甚耻之"⑤。"有婚嫁，取男女相悦即为之。男家送猪酒而已，无财聘之礼；或有受财者，人共耻之，以为卖婢。"⑥一方面是"略无财币"，另一方面则是"送猪酒"，只不过是以实物为聘礼而已，并非没有聘礼。

古人"事死如生"，重视丧葬之礼，孔子弟子宰我问："三年之丧，期已久矣。君子三年不为礼，

① 《三国史记》卷十三《高句丽·琉璃明王本纪》，汉城：韩国民族文化推进会，1982年，第115页。
② 《三国史记》卷十四《高句丽·大武神王本纪》，汉城：韩国民族文化推进会，1982年，第120页。
③ 《三国史记》卷十七《高句丽·烽上王本纪》，汉城：韩国民族文化推进会，1982年，第136页。
④ 《三国志》卷三十《高句丽传》，北京：中华书局，1959年，第844页。
⑤ 《周书》卷四十九《高丽传》，北京：中华书局，1971年，第885页。
⑥ 《北史》卷九十四《高丽传》，北京：中华书局，1974年，第3116页。

礼必坏。三年不为乐，乐必崩"。孔子答曰："夫三年居丧，乃天下之通丧也。"[①] 荀子也认为"三年之丧，哭之不文也，清庙之歌，一倡而三叹也"。"礼者，谨于治生死者也。生，人之始也；死，人之终也。终始俱善，人道毕矣。故君子敬始而慎终，终始如一，是君子之道，礼仪之文也。'[②] 高句丽人对丧葬的重视程度可以从成人、结婚开始。

　　《三国志》记载：男女已嫁娶，便稍作送终之衣。厚葬，金银财币，尽于送死，积石为封，列种松柏。

　　《后汉书》记载：其昏姻皆就妇家，生子长大，然后将还，便稍营送终之具。金银财币尽于厚葬，积石为封，亦种松柏。

　　《梁书》记载：已嫁娶，便稍作送终之衣。其死葬，有椁无棺。好厚葬，金银财币尽于送死。积石为封，列植松柏。

　　《周书》记载：父母及夫丧，其服制同于华夏。兄弟则限以三月。

　　《南史》记载：已嫁娶便稍作送终之衣。其死葬，有椁无棺。好厚葬，金银财币尽于送死。积石为封，列植松柏。兄死妻嫂。

　　《北史》记载：死者，殡在屋内，经三年，择吉日而葬。居父母及夫丧，服皆三年，兄弟三月。初终哭泣，葬则鼓舞作乐以送之。埋讫，取死者生时服玩车马置墓侧，会葬者争取而去。

　　以上记载，概括了高句丽人丧葬活动的几个方面。首先是后事准备，时间是从嫁娶成家之后，准备送终之衣物，选择墓地、葬具，准备时间较长。国王则从即位时起选择葬地，修建陵墓。其次是死后要殡在屋内，经过三年才能择吉日下葬，对于父母及丈夫治丧，皆守孝三年，兄弟则三个月，符合儒家服丧三年的规定。再次是高句丽人厚葬，金银财币尽于送死，还要留一些生前用过的服玩、车马放置在墓旁，供参加葬礼的人留作纪念。高句丽族人的墓葬为积石墓，所谓"积石为封""有椁无棺"，在墓葬周围列种松柏。对于高句丽贵族与国王，其丧葬礼仪更为复杂些，墓葬的规模宏大，有陵园、陵寝、祭祀、陪葬墓、墓碑、守墓烟户居舍等建筑，有大量的金器、鎏金器、铜器、铁器、陶器等随葬品。多年来的考古调查与发掘已经证实了高句丽人的丧葬制度。

　　儒家思想最初是在高句丽王公贵族中传播，后来才逐步传入下层民众，主要是用儒家思想、儒家经典办教育的结果。

二、教育与体育

　　高句丽建国之始，便处在汉玄菟郡管辖区域之内，受汉文化教育影响之深是可以想见的。高句丽第二代儒留王所作《黄鸟歌》："翩翩黄鸟，雌雄相依，念我之独，谁其与归。"与《诗经》和某

---

① 《论语正义》卷二十《阳货》《诸子集成》，中华书局，1986年，第380—382页。
② 《荀子集解》卷十三《礼论》，《诸子集成》，北京：中华书局，1986年，第235、238页。

些汉魏四言诗的风格极为相近，可知高句丽的王公贵族受到汉文化教育的程度之深。当然，最初这种教育只能是较少数王室贵族的特权，教材是儒家典籍，并在汉官或汉人学子的指导下进行。普遍的学校教育则出现稍晚些。

《三国史记》载，小兽林王"二年夏六月。秦王苻坚遣使及浮屠顺道，送佛像经文。王遣使回谢，以贡方物。立太学，教育子弟"①。这是高句丽建立太学进行教育活动的最早记录，时间在东晋简文帝咸安二年（公元 372 年）。

张楚金《翰苑·蕃夷部·高句丽》"官崇九等"注引《高丽记》记载，高句丽"又有国子博士、大学士、舍人、通事、典客，皆以小兄以上为之"。国子博士之设，说明高句丽在灭国之前已经有了高等级的教育机构。

高句丽好太王到长寿王时期，是高句丽国家体制发展完善的重要时期，在太学之外，增设更加贵族化的国子学是完全可能的。即是说，在好太王、长寿王统治下的公元 4 世纪末至 5 世纪初，高句丽国内太学和国子学并行。

太学是中国古代设于京城的贵族学校。汉武帝元朔五年（公元前 124 年）始置太学，立五经博士、子弟 50 人。东汉时期，太学大发展，质帝时太学生达 3 万人。② 国子学亦为武帝初期所设。所谓国子是指王太子、王子、诸侯公卿大夫子弟，国子学的学员身份比太学要高些。中国古代直至明清，学校是以国子学、太学并行或单行，并无统一之规定。

高句丽的国子学与太学都是按照中原王朝的样式进行设置的，或来自前秦，或仿自东晋，都在高句丽都城设立国学院，仿照中原建筑，使用中原的儒学教材和教学方法，招收的学生自然是高句丽王公贵族子弟。

国子学与太学使用的教材大都是儒家经典："书籍有五经、三史、三国志、晋阳秋。'③ 五经是儒家最基本的经典：《诗经》《尚书》《周礼》《易经》《春秋》。三史则是指《史记》《汉书》《东观汉记》，不久《后汉书》取代了《东观汉记》。加上《三国志》，正好是"前四史"。《晋阳秋》原为《晋春秋》，东晋孙盛所撰。据《隋书·经籍志》载，该书共 32 卷，记载西晋至东晋哀帝间之史事。书成后，引起桓温不满，孙盛将此书藏于辽东慕容俦处。慕容氏与高句丽邻近，战事、交往不断，或由此原因得以传入高句丽。

高句丽国子学和太学的建立，使得贵族子弟受到了儒学教育，培养出了一批高句丽贵族官吏，为高句丽国家效力。这种学校教育自然也会对民间产生一定影响，于是民间也出现了私学，即文献记载的扃堂。

《旧唐书·高丽传》记载：高句丽"俗爱书籍，至于衡门厮养之家，各于街衢造大屋，谓之扃堂。

① 《三国史记》卷十八《高句丽·小兽林王本纪》，汉城：韩国民族文化推进会，1982 年，第 140 页。
② 《汉书》卷六《武帝本纪》，北京：中华书局，1962 年，第 159 页；《后汉书》卷六十七《党锢列传》，北京：中华书局，1965 年，第 2186 页。
③ 《周书》卷四十九《高丽传》，北京：中华书局，1971 年，第 885 页；《北史》卷九十四《高丽传》，北京：中华书局，1974 年，第 3116 页。

子弟未婚之前，昼夜于此读书、习射。其书有五经及《史记》《汉书》，范晔《后汉书》，《三国志》，孙盛《晋春秋》，《玉篇》《字统》《字林》，又有《文选》，尤爱重之"。《新唐书·高丽传》亦载：高句丽"人喜学，至穷里厮家，亦相矜勉。衢侧悉构严屋，号扃堂，子弟未婚者曹处，诵经习射"。

高句丽平民百姓也喜欢学习，爱读书。各于城邑、乡间大道旁构建大屋，称为扃堂，实际上是一种私学。平民百姓的子弟，未婚时在此学习，学习的内容不仅有经学，还有史学、文选。值得称道的是，还要习射，这既是一种体育课程，又是一种实用技术。可见平民的私学比起国学还有更为实际与灵活之处。

高句丽教育从最初的贵族家学，发展到贵族子弟的国家学校——国子学、太学，进一步扩大到平民的私学——扃堂，使高句丽的学校教育不断发展和普及。一方面，为高句丽培养了自己的人才，有利于高句丽社会的发展和进步。另一方面，加强了汉学典籍、史学、文学在高句丽的传播，加快了高句丽民族的汉化，对于中原王朝加强对辽东地区的管理，加强中原与高句丽政治、经济、文化的联系起到了十分重要的作用。

高句丽民族的体育活动有弈棋、投壶、蹴鞠、角抵等。

长寿王六十三年（公元 475 年）"九月，王帅兵三万，侵百济，陷王所都汉城，杀其王扶余庆，虏男女八千而归"[1]。长寿王之所以取得如此胜利，主要是利用了百济王喜欢弈棋，派出善于弈棋的道琳作为间谍，通过交流棋艺迷惑百济王，献出劳民伤财之计，破坏了百济的防御能力，使高句丽仅以三万兵力便攻下百济王都，斩杀了百济王。《三国史记·百济本纪》记载得尤为详尽。

长寿王利用百济盖卤王（扶余庆）癖好弈棋，派出间谍为内应，取得胜利，一方面说明，长寿王善用计谋，攻敌不备；另一方面则说明，弈棋的活动在高句丽、百济、新罗广泛流行，从王公贵族到民间百姓，不乏弈棋高手。

角抵也是具有民族特色的体育活动之一。角抵，亦作"角觝"。在秦汉时，是一种技艺表演。《汉书·武帝纪》记载：元封三年（公元前 108 年）春，"作角抵戏，三百里内皆观"。元封六年（公元前 105 年）夏，"京师民观角抵于上林平乐馆"。武帝在招待四方来客时，也作"角抵之戏以观视之"[2]。颜师古注引应劭曰："角者，角技也；抵者，相抵触也。"大约同现代的摔跤相似。宋代称为"相扑"或称"争交"，实际上是一种体育活动。这种"摔跤"式的体育活动，在高句丽时期是非常盛行的，高句丽壁画中也多有描绘，如舞踊墓藻井壁画、角觝墓墓室东壁画、长川 1 号壁画墓前室北壁的百戏图中都有角抵的场面。其中，角觝墓墓室东壁的角抵图场面最大。在晴朗的天气里，空中飘着白云，一棵茂盛的梧桐树下，两位力士在进行角抵。一人高鼻深目，胡须上翘，一人蓄短髭，各自将头置于对方肩上，双手攀住对方的腰带，赤裸着上身，只穿短裤，头系巾结，聚精用力较量着。左方一位头戴折风，须发皆白的老人拄杖而立，在一旁观赏或裁判胜负。长川 1 号墓的形象与此相同，唯画面较角觝墓小。其形象是，两人正在扑向对方，头戴巾结，上身赤裸，均

---

① 《三国史记》卷十八《高句丽·长寿王本纪》，汉城：韩国民族文化推进会，1982 年，第 143—144 页。
② 《汉书》卷九十六下《西域传·车师后国》，北京：中华书局，1962 年，第 3928 页。

穿短裤，并且赤足。所有的"摔跤"图，都是身穿短裤，光臂露腿，跣足，二者扭抱角抵。此类形象在壁画中屡见不鲜，说明这种活动是深受高句丽民族喜爱的。从壁画所画的角抵图样来看，与今天的相扑和柔道很相似。角抵活动，虽然来源于中原，高句丽人却普遍喜欢，大力推广，甚至还传到了日本列岛，日本的相扑，大约就是从高句丽传过去的。

作为体育活动的另一种形式出现于壁画中的，是狩猎、出行与杂技，尤其是狩猎，有关高句丽各代王进行狩猎活动的记载也不少。据《三国史记》载，高句丽28代王中，有15代王的史事中记载田猎活动34次。其中以儒留王、太祖大王、次大王、闵中王、中川王时的狩猎活动较多。

琉璃明王三年（公元前17年）王田于箕山，七日不返。

二十二年十二月，王田于质山阴，五日不返。大辅陕父谏曰："王新移都邑，民不安堵。宜孜孜焉，刑政之是恤，而不念此，驰骋田猎，久而不返，若不改过自新，臣恐政荒民散，先王之业坠地。"王闻之，震怒，罢陕父，俾司官园。陕父愤，去之南韩。

二十四年秋九月，王田于箕山之野，得异人，两腋有羽。登之朝，赐姓羽氏，俾尚王女。[1]

大武神王三年（公元20年）秋九月，王田骨句川，得神马。[2]

闵中王三年（公元46年）秋七月，王东狩，获白獐。

四年夏四月，王田于闵中原。秋七月，又田，见石窟。顾谓左右曰："吾死，必葬于此，不须更作陵墓。"[3]

大祖大王十年（公元62年）秋八月，东猎，得白鹿。

四十六年春三月，王东巡栅城，至栅城西罽山，获白鹿。

八十年秋七月，遂成猎于倭山，与左右宴。

八十六年春三月，遂成猎于质阳，七日不归，戏乐无度。

九十四年秋七月，遂成猎于倭山之下。[4]

故国川王十六年（公元194年）冬十月，王畋于质阳。[5]

山上王三年（公元199年）秋九月，王畋于质阳。[6]

中川王十二年（公元259年）冬十二月，王畋于杜讷之谷。

十五年秋七月，王猎箕丘，获白獐。[7]

西川王十九年（公元288年）秋八月，王东狩，获白鹿。[8]

① 《三国史记》卷十三《高句丽·琉璃王本纪》，汉城：韩国民族文化推进会，1982年，第113—114页。
② 《三国史记》卷十四《高句丽·大武神王本纪》，汉城：韩国民族文化推进会，1982年，第117页。
③ 《三国史记》卷十四《高句丽·闵中王本纪》，汉城：韩国民族文化推进会，1982年，第121页。
④ 《三国史记》卷十五《高句丽·太祖大王本纪》，汉城：韩国民族文化推进会，1982年，第122—124页。
⑤ 《三国史记》卷十六《高句丽·故国川本纪》，汉城：韩国民族文化推进会，1982年，第129页。
⑥ 《三国史记》卷十六《高句丽·山上王本纪》，汉城：韩国民族文化推进会，1982年，第130页。
⑦ 《三国史记》卷十七《高句丽·中川王本纪》，汉城：韩国民族文化推进会，1982年，第134页。
⑧ 《三国史记》卷十七《高句丽·西川王本纪》，汉城：韩国民族文化推进会，1982年，第135页。

长寿王二年（公元414年）冬十月，王畋于蛇川之原，获白獐。[①]

……

高句丽人狩猎活动由来已久，最初是为了获取肉食和皮毛，经济目的大些。后来狩猎成了高句丽王公贵族娱乐、训练骑射的一种军事活动或体育活动。

高句丽壁画中有许多山林逐猎的画面，如舞踊墓、德兴里墓、药水里墓、三室墓、通沟12号墓、禹山下1041号墓、王字墓、麻线1号墓、八清里墓、长川1号墓等。其中长川1号墓前室北壁下半部分是相当精彩的山林逐猎场面。壁画中，从右边藏有黑熊的大树起，经中部出现几棵小树，到左边以数条曲折赭色宽带描绘的山峦之间，是一个猎区。高句丽王公、贵族的狩猎场是很大的，有的甚至可以达到数百平方千米。在围猎图中，向左驰逐的骑马猎手为3个纵队，每队3人，共计9人；向右进行包抄的，也有3个骑马猎手。绘画者在有限的画面中画出几个猎手作为代表，实际上高句丽王公贵族会猎时，往往要投入成百上千的兵力。前述第一纵队的第一名猎手，居最前者，是整个猎队中画得最大的，这个人头戴"折风"，身着束腰红襦，左胯佩弓囊，身后露着一束箭杆，骑在一匹白马上，正弯弓搭箭，追逐一只老虎。[②]在逐猎手和包抄猎手之间，是仓皇奔突的数只野兽，而在实际的高句丽王公贵族狩猎或会猎中，被围捕的野兽可能是相当多的。通过狩猎活动，提高了人们的骑射水平，磨炼了人们的勇气和意志，锻炼了人们的体魄，也可以说狩猎是一种高句丽人喜闻乐见的大众体育活动。

在大规模狩猎过程中，发展出一种比赛骑射的体育活动——马射戏。德兴里壁画墓后室西壁绘着马射戏图和仓廪图。马射戏图绘在左侧，上下左右用黑线分隔成相对独立的画面。以远近关系分作两层，下层为近景，竖立着一排5个箭靶，靶子为方形，下面为立柱，两位射手一前一后拉开距离，骑马奔驰，回身射靶。上面一层中间3人是裁判和记录，墨书题记"射戏事记人"。两侧各有一位骑马的射手准备上场进行比赛。[③]这一组壁画非常有价值，不仅生动地描绘了高句丽最早的骑马射箭比赛场面，也记录了最早的竞技体育项目。

三、祭祀活动

"国之大事，在祀与戎。"古代的王朝和政权都把祭祀和战争当成国家的头等大事来对待，决不容许有半点马虎与差错。从殷商至隋唐，乃至明清时期，无一例外。就连周边的少数民族政权也受到中原王朝的影响，对祭祀活动尊崇有加。北方高句丽人的祭祀活动则是其中最具有代表性的。

从建国之初到亡国的705年间，高句丽王公贵族和黎民百姓，都十分重视祭祀活动。根据历史文献的记载和考古发掘资料，以及高句丽壁画的描绘可以看出，高句丽的祭祀活动是相当繁杂的。

---

① 《三国史记》卷十八《高句丽·长寿王本纪》，汉城：韩国民族文化推进会，1982年，第142页。

② 吉林省文物工作队、集安县文物保管所：《集安长川一号壁画墓》，《东北考古与历史》1982年第1辑。

③ ［日］平山郁夫、早乙女雅博：《高句丽壁画古坟》，东京：共同通信社，2005年，第136页。

祭祀作为社会意识形态，与宗教活动既有某些相似的地方，又有各不相同的形式与内容；高句丽的祭祀活动同中原的祭祀活动既有相同之处，又有自己的民族特色，这是高句丽人思想意识和社会活动的一个重要方面。

高句丽人的祭祀活动频繁，名目也很多，综合起来看，主要有以下几种：

1. 祭天

《三国志》记载，高句丽"以十月祭天，国中大会，名曰东盟。其公会，衣服皆锦绣，金银以自饰。大加主簿头着帻，如帻而无余，其小加着折风，形如弁"①。《后汉书》记载，高句丽"好祠鬼神、社稷、零星，以十月祭天大会，名曰'东盟'"②。《魏书》记载，高句丽"常以十月祭天，国中大会"③。《三国史记》也记载，高句丽诸王"常以三月三日会猎乐浪之丘，获猪鹿，祭天及山川"④。

这些记载表明，高句丽祭天活动一般在春季和秋季，时间有三月、十月，其实一年四季之中高句丽人经常进行祭祀，祭祀的对象是上天、天帝、天神。高句丽王也称自己为"天帝之子"，因此他们祭天是非常虔诚的。高句丽王与大臣到郊外举行郊祀之礼，往往以猎获的猪或鹿为牺牲。据《三国史记》载，儒留王十九年（公元前1年）秋八月，王率群臣在郊外行祭天之礼，祭祀用的猪突然跑掉，王派讬利和斯卑去追寻，此二人在长屋泽中抓到，却用刀伤了猪腿。王以"祭天之牲，岂可伤也"的罪名，处死讬利和斯卑。⑤

儒留王二十一年（公元2年）春三月，王率群臣郊外祭天，祭祀用猪又跑了，命掌牲薛支追之，直至国内尉那岩得之，养于国内人家。回报王以"山水深险，地宜五谷，又多麋鹿鱼鳖之产"，劝王移都。儒留王还亲自去往国内尉那岩一带观察地势，并在次年（公元3年）冬十月迁都国内城。

高句丽每年十月召开的"祭天大会，名曰'东盟'"。这是一种大规模的祭天活动，多部史书都有记载，影响不小。从参加大会的王公贵族的服装饰物看，高句丽国家对于这一活动也是很重视的。只是祭祀活动程序与相关内容文献记载得不够详尽。

2. 祭祀祖先

高句丽人十分虔诚地祭祀自己的祖先。《三国志·高句丽传》记载，高句丽五部，"涓奴部本国主，今虽不为王，适统大人，得称古雏加，亦得立宗庙，祠灵星、社稷"。涓奴部可以立宗庙，祭祀自己的祖先。《三国史记·祭祀志》更具体地记载高句丽祭祀始祖庙，《古记》云："东明王十四年秋八月，王母柳花薨于东夫余，其王金蛙以太后礼葬之，遂立神庙。"《周书·高句丽传》记载：高句丽"又有神庙二所：一曰夫余神，刻木作妇人之象；一曰登高神，云是其始祖庙夫余神之子。并置官司，遣人守护。盖河伯女与朱蒙云"。《北史·高丽传》也记载：高句丽"有神庙二所：一曰夫余神，

---

① 《三国志》卷三十《高句丽传》，北京：中华书局，1959年，第844页。
② 《后汉书》卷八十五《高句骊传》，北京：中华书局，1965年，第2813页。
③ 《魏书》卷一百《高句丽传》，北京：中华书局，1974年，第2215页。
④ 《三国史记》卷三十二《祭祀志》，汉城：韩国民族文化推进会，1982年，第292—293页。
⑤ 《三国史记》卷十三《高句丽·琉璃明王本纪》，汉城：韩国民族文化推进会，1982年，第114页。

刻木作妇人像；一曰高登神，云是其始祖夫余神之子。并置官司，遣人守护，盖河伯女、朱蒙云"。①

文献明确记载的高句丽神庙有两座，一座是夫余神，也就是祭祀朱蒙母亲河伯女郎神庙，另一座是高登神，是祭祀朱蒙的神庙。朱蒙即邹牟，好太王碑第一句就是，"惟昔始祖，邹牟王之创基也，出自北夫余，天帝之子，母河伯女郎"。说明高句丽人要祭祀的河伯女郎和邹牟是高句丽的始祖，与文献的记载是一致的。《三国史记·大武神王本纪》"三年春三月，立东明王庙"，说明始祖庙是在大武神王三年（公元20年）建立的，地点是在卒本的纥升骨城附近。高句丽王即位以后，都要到卒本祭祀始祖庙便是证明。另外，在夫余也建有一座太后庙，同样祭祀河伯女郎柳花。高句丽与夫余关系好时，也曾前往祭祀。

高句丽诸王即位后祭祀祖庙活动，史籍多有记载：

> 太祖大王六十九年（公元121年）冬十月，王幸扶余，祀太后庙。存问百姓穷困者，赐物有差……十一月，王至自扶余。②
>
> 新大王三年（公元167年）秋九月，王如卒本祀始祖庙。冬十月，王至自卒本。③
>
> 故国川王二年（公元180年）秋九月，王如卒本祀始祖庙。④
>
> 东川王二年（公元228年）春二月，王如卒本祀始祖庙，大赦。⑤
>
> 口川王十三年（公元260年）秋七月，王如卒本，祀始祖庙。⑥
>
> 故国原王二年（公元332年）春二月，王如卒本，祀始祖庙。巡问百姓老病，赈给。三月，至自卒本。⑦
>
> 安臧王三年（公元521年）夏四月，王幸卒本，祀始祖庙。五月，王至自卒本，所经州邑贫之者，赐谷人一斛。⑧
>
> 平原王二年（公元560年）春二月，王幸卒本，祀始祖庙。三月，王至自卒本，所经州郡，狱囚除二死皆原之。⑨
>
> 荣留王二年（公元619年）夏四月，王幸卒本，祀始祖庙。五月，王至自卒本。⑩

自太祖大王至荣留王将近500年间，《三国史记》中记载9代王前往夫余或卒本祭祀始祖庙，占高句丽23代王的32.14%，其中只有一位王到过夫余，8位王到了卒本，而且来回路程加上祭祀活动，

---

① 《周书》作"登高神"，《北史》《文献通考》作"高登神"。
② 《三国史记》卷十五《高句丽·太祖大王本纪》，汉城：韩国民族文化推进会，1982年，第123页。
③ 《三国史记》卷十六《高句丽·新大王本纪》，汉城：韩国民族文化推进会，1982年，第127页。
④ 《三国史记》卷十六《高句丽·故国川王本纪》，汉城：韩国民族文化推进会，1982年，第128页。
⑤ 《三国史记》卷十七《高句丽·东川王本纪》，汉城：韩国民族文化推进会，1982年，第132页。
⑥ 《三国史记》卷十七《高句丽·中川王本纪》，汉城：韩国民族文化推进会，1982年，第134页。
⑦ 《三国史记》卷十八《高句丽·故国原王本纪》，汉城：韩国民族文化推进会，1982年，第138页。
⑧ 《三国史记》卷十九《高句丽·安臧王本纪》，汉城：韩国民族文化推进会，1982年，第147页。
⑨ 《三国史记》卷十九《高句丽·平原王本纪》，汉城：韩国民族文化推进会，1982年，第149页。
⑩ 《三国史记》卷二十《高句丽·荣留王本纪》，汉城：韩国民族文化推进会，1982年，第156页。

时间都在一个月左右。在祭祀期间，高句丽王还访问贫困人家，慰问年老多病者，并给予赏赐或赈济，有时还赦免一些犯法服刑者。

3. 祭祀社稷

史书记载，高句丽人"好祠鬼神、社稷、零星……""祭鬼神，又祀灵星、社稷""祭鬼神，又祠零星、社稷""信佛法，敬鬼神，多淫祠"。[①] 社稷乃土谷之神，"人非土不立，非谷不食，土地广博，不可遍敬也。五谷众多，不可一一祭也。故封土立社，示有土尊。稷，五谷之长，故立稷而祭之也"[②]。《三国史记·高句丽本纪》记载东川王"二十一年春二月，王以丸都城经乱，不可复都，筑平壤城，移民及庙社"。说明高句丽不仅祭祀社稷，而且还有宗庙社稷的建筑。

1958年，吉林省博物馆对集安东台子遗址进行了清理发掘。东台子在国内城东0.5千米禹山下的坡地上，通集铁路在西北转弯处通过。台地是一片农田，地表上布满红色瓦砾。东西长约500米，南北宽150多米，高出平地8—10米。南部坡下有水泥管加工场，再向南为居民区。东部1000米左右是五盔坟、四盔坟等高句丽贵族墓地。

清理范围只是建筑遗址偏东的一小部分。包括建筑物的正房（Ⅰ室、Ⅱ室）和偏房（Ⅲ室、Ⅳ室）。正房Ⅰ室在东面，保存最好，平面为长方形，东西长15米，南北宽11米。墙基使用河卵石与黄土铺成，逐层夯实，上面排列加工精细的础石，多为方体圆面。外面有回廊，东、南、西、北四面有石块与河卵石砌成的柱础，西面的柱础稍小些，排列方正整齐。室中央有一块长方形的石基座，长0.8米、宽0.6米、高1米。北墙西角为地火龙入口，沿着北墙和东墙砌成，有方形烟筒基址，地火龙长22米、宽0.7米、高0.2米。上面覆盖石板，内部灰烬不多，烟火熏的颜色较浅，也许是不经常使用的结果。Ⅱ室与Ⅰ室并排在西侧，保存情况较好，平面近方形，东西长15米、南北宽14米。墙基与回廊础石结构与Ⅰ室相似，但规模稍小些，地面西南角稍缺损。Ⅱ室内有两条炕洞，炕面铺石板，长11米、宽2米，炕洞内灰烬较厚。室内有两个灶址，灶内有0.3米厚的红烧土和灰烬。Ⅲ室在Ⅱ室的北面，平面为方形，长宽各11米左右，北部略缺损。Ⅳ室在Ⅰ室的东南方，损毁较重，仅存东北一角。若整体建筑为长方形的话，残存建筑平面布局为折尺形，很有可能只是整体建筑西南面的部分。遗址出土一批高句丽时期的陶器、鎏金器、铁器、板瓦、筒瓦和瓦当。根据遗址的位置、建筑结构和出土遗物，原报告将其定为高句丽□期建筑遗址（图12.5）。[③]

关于东台子建筑遗址的性质，方起东先生认为："是高句丽举行祭祀和礼拜的场所，整个Ⅰ室当系祀奉地母的社址，而Ⅰ室中央那块长方形的巨石应是当年的社主。""东台子高句丽建筑遗址

---

① 《后汉书》卷八十五《高句骊传》，北京：中华书局，1965年，第2813页；《三国志》卷三十《高句丽传》，北京：中华书局，1959年，第843页；《梁书》卷五十四《高句骊传》，北京：中华书局，1973年，第801页；《北史》卷九十四《高句丽传》，北京：中华书局，1974年，第3116页。

② （清）陈立撰，吴则虞点校：《白虎通疏证》（全二册）卷三《社稷》，北京：中华书局，1994年，第83页。

③ 苏才：《吉林辑安高句丽建筑遗址的清理》，《考古》1961年第1期。

很可能正是故国壤王九年（公元 392 年）春三月兴修的王室社稷和宗庙。"①

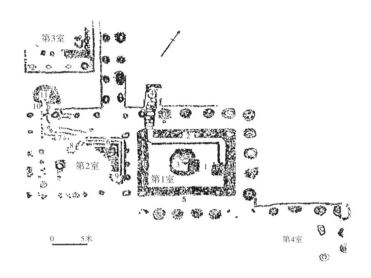

图 12.5　集安东台子遗址平面图

资料来源：耿铁华：《高句丽壁画研究》，第 153 页图

4. 祭祀山川洞穴

高句丽人祭祀山川洞穴亦见于史书记载，"常以三月三日会猎乐浪之丘，获猪鹿，以祭天及山川"。说的是高句丽王春天祭祀天帝的同时也祭祀山川，从时间上看应该是在春耕前，祈求农业丰收。其他季节也可以随时祭祀，祈求的内容也有所不同。

山上王七年（公元 203 年）春三月，因为没有子嗣，祈祷山川。当月十五日夜晚，梦见天帝对他讲：会让你的小后生个男孩，不要担忧。第二天，山上王对群臣讲了梦中情况：上天告诉我会有小后为我生儿子，可我并没有小后，这该如何解释呢？大臣巴素回答：天命不可测，大王就等待吧。

山上王十二年冬十一月，王率大臣在郊外祭祀，作为祭品的猪跑了。掌牲的人连忙追赶，追到了酒桶村，却抓不住。这时有一年轻女子，20 来岁，长得很漂亮，毫不费力抓住了猪，交给掌牲人。山上王听说以后，感到很惊奇。当夜微服来到女家，并让侍从入告之，家人知王来探访，不敢拒绝。酒宴之后，女子留宿山上王，被纳为小后。不久生下一个儿子，取名郊彘。高句丽人以此来证明祈祷山川的效验。②

高句丽祭祀山川的做法是有历史渊源的，朱蒙的祖父老夫余王没有子嗣，也是通过祭祀山川之后才得到金蛙的。据《三国史记》记载，夫余王解夫娄，老无子，祭山川求嗣。其所御马至鲲渊，见大石相对流泪。王怪之，使人转其石，有小儿金色蛙形。及其长，立为太子……及解夫娄薨，金

①　方起东：《集安东台子高句丽建筑遗址的性质和年代》，《东北历史与考古》1982 年第 1 辑。
②　《三国史记》卷十六《高句丽·山上王本纪》，汉城：韩国民族文化推进会，1982 年，第 130—131 页。

蛙嗣位。在太白山南优渤水，得到了河伯之女柳花，后来生下朱蒙，成为高句丽的始祖。[1] 此传说记录了高句丽人及其先祖有祭祀山川，祈求子嗣的民族习俗。

此外，遇到灾荒或瘟疫，高句丽王也会祭祀山川，祛除灾害，为百姓祈福。如《三国史记》记载：平原王"五年夏，大旱，王常减膳，祈祷山川"[2]。

除了祭祀山川，高句丽人还祭祀洞穴。文献记载，高句丽"其国东有大穴，号隧神，亦以十月迎而祭之""其国东有大穴，名隧穴，十月国中大会，迎隧神还于国东上祭之，置木隧于神坐"。[3]

1983 年 5 月，集安文物普查队在太王乡上解放村（又名"上羊鱼头"）的汆洞子沟里发现了高句丽时期的"国东大穴"。大穴就坐落在半山腰，正是国内城的东面（稍偏北），相距只有 17 千米。南距鸭绿江 400 米左右。附近山高林密，深邃幽静，从山坡向西北沿盘山小路上行，有一个高大宽敞的岩洞，洞口向东南，高 10 米、宽 25 米、深 20 米。洞口前有平台，面积约 600 平方米，可供百余人活动。从大岩洞西侧盘山路向上约 100 米，还有一溶岩洞，洞口南偏西 36°，东北有洞口相通。此洞进深 16 米、宽 20 米、高 6 米。洞底部平坦，洞顶呈弓形，似一座天桥，洞内可以容纳百余人，当地群众称之为"通天洞"。洞前有开阔地约 300 平方米，四面是群山、幽谷、奇峰异石。高句丽王迎隧神可能就在"通天洞"前。"隧穴""隧神"，是高句丽人把隧穴——相通若隧的洞穴——奉若神明加以崇拜，祭祀，称为"国东大穴"。根据大穴在国内城之东且是隧穴，交通方便、环境幽雅等特点，确认此"通天洞"即为高句丽时代的重要祭祀址"国东大穴"。[4]

5.祭祀日月星辰

古代人们对于日出日落，月上东山，星辰满天，充满了神秘感，进而对其产生崇拜并进行祭祀。高句丽人对于宇宙间的日月星辰，阴晴变化，也充满了崇拜、敬畏的心情，从而进行祭祀，祈求保护。《后汉书·高句骊传》记载，高句丽"好祠鬼神、社稷、零星"。《梁书·高句丽传》记载，高句丽"祭鬼神，又祠零星、社稷"。《旧唐书·高丽传》也记载，高句丽"多淫祠，事灵星神、日神、可汗神、箕子神"。

高句丽人对于日月星辰的崇拜和祭祀，在高句丽壁画中表现得十分明显。从公元 4 世纪中叶一直到 7 世纪中叶，壁画中都可以见到日月星辰的生动形象，这些应该与高句丽人对其的崇拜和祭祀密切相关。

早期壁画中的角觝墓、舞踊墓和德兴里墓，中期的双楹墓、长川 1 号墓，晚期的五盔坟 4、5 号墓和四神墓中都有日月星辰的形象。日神为彩色圆环，中间绘一只三足乌，月神在圆环中绘蟾蜍

① 《三国史记》卷十三《高句丽·东明王本纪》，汉城：韩国民族文化推进会，1982 年，第 111 页。
② 《三国史记》卷十九《高句丽·平原王本纪》，汉城：韩国民族文化推进会，1982 年，第 149 页。
③ 《后汉书》卷八十五《高句骊传》，北京：中华书局，1965 年，第 2813 页；《三国志》卷三十《高句丽传》，北京：中华书局，1959 年，第 844 页。
④ 《集安县文物志》，长春：吉林省文物志编委会，1984 年，第 52—53 页。

或玉兔的形象。这一点与中原民族对于三足乌、蟾蜍、玉兔的传说是一样的，其崇拜、敬畏的心情亦是相通的（图12.6）。

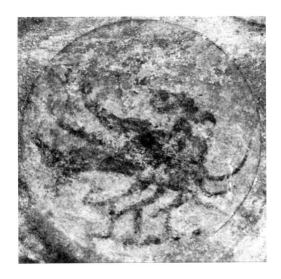

图12.6　双楹墓日月图

资料来源：耿铁华：《高句丽壁画研究》，第368页图

各种史书都有高句丽人"祀灵星""事灵星神"的记载。高句丽人因对日月星辰的阴晴圆缺、晦明晦暗及运行规律缺乏认识而产生敬畏，并出现崇拜。灵星，古时亦称天田星、龙星。人们认为灵星主稼穑，以象征传说中的后稷教人植百谷，故于东南方祭之，以祈求农业丰收。集安五盔坟4、5号墓藻井的东南方都绘有"牛首人身"的神农形象，旁有星辰，与祭祀灵星的方位、内容相同。

此外，高句丽壁画墓的藻井多绘有成组的星辰，由彩色的小圆环代表星星，小环间连接两条或三条线形成星座。长川1号墓后室盖顶石上绘两组像斗勺一样的星图，中间题字"北斗七青"。这些都应该是人们对星辰祭祀、崇拜的证明。

6. 祭祀伏羲、女娲

伏羲、女娲是中华民族最伟大的代表，是人类的始祖。许多文献典籍中都记载着他们的传说，"伏羲鳞身，女娲蛇躯"[①]。或谓伏羲、女娲"人首蛇身""人首鳞身"。中原人很早就将他们画于祠堂庙宇，汉代画像石、画像砖中更是多见。一方面是纪念崇拜，另一方面则对死者进行保护。高句丽壁画中伏羲、女娲的画像最精彩的要数五盔坟4、5号墓藻井了。伏羲人首鳞身，手捧日轮，女娲人首鳞身，手捧月轮，相对而舞，画面生动、形象（图12.7）。

五盔坟4号墓的伏羲、女娲分别绘在两块抹角石上，上面压着叠涩石，叠涩石下部绘着卷曲的龙。

伏羲、女娲两个人物中间和两侧绘菩提树和星云。左侧人物人首龙身，披发女相，着绿色尖领

---

① （东汉）王延寿：《鲁灵光殿赋》，（梁）萧统选，韩放主校点：《昭明文选》卷十一，北京：京华出版社，2000年。

羽衣，腰系褐色兜巾，双手捧白色圆月于头上，月中有蟾蜍；右侧人物亦人首龙身，束发男相，着褐色尖领羽衣，腰系绿色兜巾，双手捧褐色日轮于头上，日中有三足乌。同汉晋以来画像石、画像砖上的伏羲、女娲一样，都是这种人首龙身或人首蛇身半人半兽的形象。著名的汉武梁祠石室画像第一石上即画两个人首蛇身像，两尾相结，铭曰："伏戏仓精，初造王业。"[1]四川、河南、山东等地出土的汉画像中，以及新疆出土的帛画中，"人首蛇身"的形象很多，一男一女，或两尾相交，或两尾相向。五盔坟4号墓的伏羲、女娲两尾相离，头相向，人物形象更优雅大方。

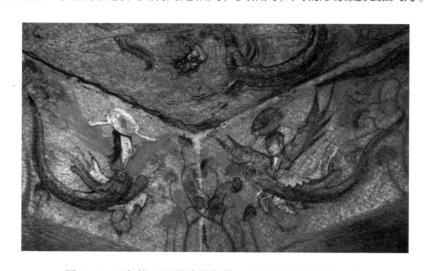

图12.7　五盔坟4号墓藻井伏羲、女娲图（图版四十一）

资料来源：耿铁华：《高句丽壁画研究》，第157页图

伏羲、女娲是中华民族最古老的神话人物之一。女娲造人的传说有二，其一见《风俗通》所记："俗说天地开辟，未有人民，女娲抟黄土作人。剧务，力不暇供，乃引绳于泥中，举以为人。故富贵者，黄土人，贫贱凡庸者，絚人也。"[2]其二见《淮南子·说林训》："黄帝生阴阳，上骈生耳目，桑林生臂手，此女娲所以七十化也。"高诱注云："黄帝，古天神也。始造人之时，化生阴阳。上骈，桑林皆神名。"这应该是以女娲为主之诸神造人的神话传说。女娲不仅造人，而且有拯救人类于水火的重大功绩。《淮南子·览冥训》记载："往古之时，四极废，九州裂，天不兼覆，地不周载，火爁炎而不灭，水浩洋而不息，猛兽食颛民，鸷鸟攫老弱。于是女娲炼五色石以补苍天，断鳌足以立四极，杀黑龙以济冀州，积芦灰以止淫水。"女娲造人、女娲补天、女娲拯救人类的美好传说自此传扬。女娲传说与伏羲相结合则稍晚些。《易·系辞传下》曰："古者包牺氏之王天下也，仰则观象于天，俯则观法于地，观鸟兽之文，与地之宜。近取诸身，远取诸物，于是始作八卦，以通神明之德，以类万物之情。"更有意思的是，传说伏羲、女娲兄妹结成婚姻，繁衍人类。《春秋世谱》云："华胥生男名伏羲，生女名女娲。"[3]这样他们就成了兄妹。集安高句丽壁画中的伏羲、女娲是"人

① 常任侠：《常任侠艺术考古论文选集》，北京：文物出版社，1984年，第2页。
② 《太平御览》卷七十八，北京：中华书局，1966年。
③ 《文献通考》卷一百八十二《经籍考九》，北京：中华书局，1984年。

首蛇身""人首龙身"或"人首鳞身"的形象，虽然他们手捧日月轮，但壁画表现的主题应该是伏羲、女娲造人的古老传说。高句丽人是把他们作为人类祖先来崇拜祭祀的。

7. 祭祀神灵仙人

高句丽"敬鬼神、多淫祠""祭鬼神""好祠鬼神"的记载相当多，其所指内容亦相当广泛。就高句丽壁画中我们能见到的这类神灵、仙人有：四灵——朱雀、玄武、青龙、白虎，托梁力士、怪兽、饕餮等，这些都属于死者的守护神。把他们绘在墓室内，以保护死者安享另一世界的快乐。还有一类仙人，飞天、伎乐仙人、驾鹤仙人、王子乔仙人等，他们也会给死者带来欢乐和保护。这种祭祀和崇拜，与汉晋以来中原人的思想是一致的。

四神，亦称四灵、四象。即青（苍）龙、白虎、朱雀、玄武。高句丽壁画墓中有40多座绘有四神图。由于年代和地域等因素，四神图的位置、组合、绘画技法各有不同。早期一般绘在藻井下部第一重顶石或抹角石上，形象较小。四神组合也不完全，有的缺一两种，或不见白虎、玄武图像。6世纪以后，高句丽壁画的四神图占据墓室整个壁面，而且四神构成完整，反映出高句丽人对四神认识与崇拜的演变过程（图12.8）。

朱雀

玄武

青龙

白虎

图 12.8 高句丽壁画四神图（摹本）

资料来源：［日］早乙女雅博：《高句丽壁画古坟》，第298—299页图

《三辅黄图》指出："苍龙、白虎、朱雀、玄武，天之四灵，以正四方。"正好与二一八宿分属于四方相合：东方苍龙七宿（角、亢、氐、房、心、尾、箕）；北方玄武七宿（斗、牛、女、虚、危、室、壁）；西方白虎七宿（奎、娄、胃、昴、毕、觜、参）；南方朱雀七宿（井、鬼、柳、星、张、翼、轸）。作为星象出现的四神既有其图形，成为天上神灵，又有方位，起着正四方的作用。由于其占据四方的特点，逐渐与阴阳五行学说结合起来，成为高句丽人崇拜与祭祀的神灵。

伎乐仙人是高句丽人日常生活当中的歌舞和乐队。主人死后，绘在墓葬的藻井上，则成为伴随墓主人升入仙界的歌舞队伍。他们演奏的乐器，如横笛、排箫、长角、琴、阮咸（琵琶）、腰鼓等都是高句丽人日常生活中的乐器。而演奏的人则是进入仙界的伎乐仙人。五盔坟4、5号墓藻井上绘的伎乐仙人是最为典型的，形象飘逸，姿态优美。五盔坟4号墓的伎乐仙人绘在第二宣顶石上，北面绘有三个伎乐仙人，右侧是一男子头戴莲花冠，眉目清秀，微带短髭，着白色内衣，合衽黄领缘赭石色长袍，右腿盘坐，左腿前伸置琴于膝上，右手拨弦，左手抚琴。中间为击腰鼓的伎乐仙人，眉目清秀，发束高髻，蓄短髭，着红领缘对衽黄色衣，双腿屈膝，腰鼓从颈部系于腰际，右手高扬，左手击打。左侧一人梳高髻，着白色对衽内衣，黄领缘合衽赭色袍服，双腿向后弯曲，石手托一钵状物，左手持一木棒，似在打击（图12.9）。[1]

图12.9　五盔坟4号墓伎乐仙人（线描）

资料来源：耿铁华：《高句丽壁画研究》，第211页图

飞天是佛教壁画和石刻当中飞舞在空中的神，梵语"提婆"，意译为飞天。《翻译名义集》一种说法为："提婆，此云天人教师。"飞翔在空中的"提婆"或神，古称"飞天"。还有一种说法是梵名"乾闼婆"和"紧那罗"的雌雄合一，亦名"香音神""天乐神"等，属佛教护法部中的"天龙八部"。职司奏乐、散花，并以香烟缭绕渲染说法气氛。《洛阳伽蓝记》核释中曾说："飞天伎乐者，诸天侍从也。"印度佛教中的飞天因其状似天乐之神，移入中原后，艺术家们加上了两根轻盈的飘带，从而产生出"天衣飞扬，满壁风动"的轻灵之气。无翼而飞，不依双翅和云彩，但被飘逸流动的线条（"飘带"）托举起来，一举挣脱了地心引力的沉滞性和肉身凡胎的凝滞感，飘然出世，飞向了佛境和仙界。[2]传入

---

[1]　吉林省博物馆：《吉林辑安五盔坟四号和五号墓清理略记》，《考古》1964年第2期。
[2]　易存国：《敦煌艺术美学——以壁画艺术为中心》，上海：上海人民出版社，2005年，第372页。

高句丽以后，壁画中多了一些衣带飘飞的飞天形象（图 12.10）。

高句丽壁画中绘有王子乔仙人，是孙作云先生最早提出，"安东省辑安县通沟地方三国两晋时代高句丽的诸王古坟中的壁画，其中有二图画羽人乘鹤飞升，颇可与以上所引诸书互相印证。又此图所画之仙人特画其履，而王子乔有丧履的故事，然则此仙人殆即王子乔乎？"指的是四神墓藻井西南第一重顶石上绘着两个驾鹤的仙

图 12.10　江西大墓藻井飞天

资料来源：耿铁华：《高句丽壁画研究》，第 217 页图

人，均朝向左侧，在云天中飞翔，两人均着羽衣，梳高髻，前面的仙人左手把持鹤颈，右手隐于鹤翅之下。后面的仙人右手持一矛状节，左手后扬，面向身后。四周绘有流云，更增加了几多仙气（图版三十八下）。

五盔坟 4 号墓藻井也有类似的驾鹤仙人。《文选》卷 21 中何敬宗的《游仙诗》及李善注引《列仙传》所云："王子乔者，周灵王太子晋也，好吹笙，作凤鸣，游伊洛之间，道士浮丘公接以上嵩高山，三十余年。后求之于山上，见柏良曰：'告我家，七月七日待我于缑氏山巅。'至时，果乘白鹤驻山头，望之不得到。举手谢时人，数日而去。亦立祠于缑氏山下及嵩高首焉。"其中，王子乔乘白鹤之说与壁画中驾鹤仙人的形象是相符的。

人面鸟身的仙人图像，在早期的墓葬中就已出现了。舞踊墓藻井有一幅人面鸟身图，绘在月轮的右侧。鸟身前部正面朝向墓室，红色双翅展开，黑色描出羽翼轮廓，黑色鸟爪，长长的修尾。鸟的头部是一副正视人面，蓄有长发，尾部修长。现在鸟身仍然非常清楚，人面部分则有些模糊不清。孙作云先生根据《通沟》一书中所载的舞踊墓壁画绘制了一幅人面鸟身仙人图（图 12.11）。孙先生将其称为"人首鸟身图"或"鸟人图"。[1] 从图中我们发现，人面部分非常清秀，头发高高束起，上面向后飘去。类似这样的人面鸟身图像在德兴里古墓中也有发现，前室北壁藻井中部墨书题记上方有一人面鸟身仙人，人面梳高髻，面朝向左方，双足开立，后部可见长长的三只尾羽。前室西壁藻井在持幡玉女的右侧有上下两个人首鸟身图像，上面的图像人面朝向右侧，面部清秀，头上梳着冠状发髻，双翅在背上，双足开立，后面有长长的三只尾羽，前面有墨书题字"千秋之像"。下面人首鸟身像与上面的图像形态相同，人面朝向左侧，尾羽稍短，前面墨书题字"万岁之像"。葛洪在《抱朴子·内篇》卷三《对俗篇》记载："千秋之鸟，万岁之禽，皆人面而鸟身，寿亦如其名。"说明这种人面鸟身是代表着长寿的仙人形象。

---

[1]　耿铁华：《高句丽壁画研究》，长春：吉林大学出版社，2017 年，第 221 页。

图 12.11　舞踊墓人面鸟身仙人（摹本）

资料来源：耿铁华：《高句丽壁画研究》，第 221 页图

　　高句丽古墓壁画中还绘有许多灵兽，包括龙、飞廉、天马、飞鱼、饕餮等。其中龙的形象多种多样，从早期四神中的龙，到晚期装饰的龙、托梁的龙、飞腾的龙，无不充满神泌感和崇拜感（图 12.12）。

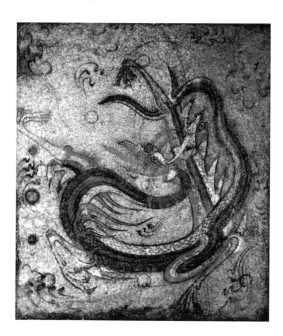

图 12.12　高句丽壁画中的龙与怪兽

资料来源：耿铁华：《高句丽壁画研究》，第 227、385 页图

8. 王陵祭祀

　　关于高句丽王陵祭祀，文献鲜有记载，却有大臣死后祭祀的记录。《三国史记》中亦记载了古墓祭祀的时间：大武神王五年（公元 22 年）"冬十月，怪由卒。初疾革，王亲临存问。怪由言：

'臣北溟徼贱之人，屡蒙厚恩。虽死犹生，不敢忘报。'王善其言，又以有大功劳，葬于北溟山阳，命有司以时祀之"[1]。由此可知，高句丽对于为国立功的将领和贵族大臣都要按时进行祭祀。那么，高句丽王陵更应该有按时进行的祭祀活动存在。2012 年 7 月 29 日新出土的集安高句丽碑，首次出现"以此河流，四时祭祀"的字样：

1　□□□□世必授天道自承元王始祖邹牟王之创基也
2　□□□子河伯之孙神灵祐护蔽荫开国辟土继胤相承
3　□□□□□□□烟户以此河流四时祭祀然而□脩长烟
4　□□□□烟户□□□□富足□转卖□□守墓者以铭
……[2]

无论从碑石上，还是从拓片上看，"以此河流，四时祭祀"八个字都比较清楚，完全可以辨识出来。说明高句丽王陵的守墓烟户职责除了"守墓洒扫"之外，还要"四时祭祀"。从碑文看，祭祀活动是定点的，也是定时的，字面没有明确的则是祭祀对象。

祭祀地点，已经很明确：就是"以此河流"——在这条河边。集安高句丽碑出土于集安市区西南3.5千米的麻线乡麻线河右岸的河滩边上。中心地理坐标为东经 126° 08′ 28″，北纬 41° 05′ 46″，海拔184 米。这里是守墓烟户居住地，祭祀活动要在河边举行。[3]

祭祀时间，也很明确：四时祭祀。一般说来，祭祀都是有时间的，古代要通过占卜进行择日。《三国史记》的"以时祀之"，与碑文的"四时祭祀"行文方式是基本相同的。表面上看，似乎就是指春夏秋冬四季，实际上在宗庙祭祀方面，四时祭祀的内容还是颇多内涵。根据甲骨卜辞记载，殷商时代已经出现了祭祀制度，周代称春祠、夏礿、秋尝、冬烝，即"四时祭"。经过两汉时期的实践与改革，每年春夏秋冬四季的孟月和腊月的一岁五祭和祫、禘等宗庙正祭之礼也逐渐稳定并确立起来，从而对高句丽宗庙祭祀产生重要影响。集安高句丽碑文的"四时祭祀"说明，至少在每年春夏秋冬的孟月，高句丽王公贵族都会带领守墓烟户在此河边举行祭祀活动，包括斋戒、敬献、奉供牺牲玉帛、赐胙等。

集安高句丽碑出土地麻线河两岸分布着许多高句丽时期的古墓，有些规模较大，保存较好。最近的要数碑东南 456 米的千秋墓，隔河相望，清晰可见。根据石碑与高句丽王陵的距离及其环境等方面的关系，碑文"四时祭祀"的王陵应该是千秋墓较为合适。千秋墓为巨型阶坛积石石室墓，西南 300 米左右的台地上，发现有小石条和河卵石砌成的残垣，推测为祭祀建筑遗址。清理过程当中还出土一批金器、鎏金器、铜器、铁器、玛瑙、石器、各种建筑饰件和构件。其中有多作文字砖，侧面有模印阳文"千秋万岁永固""保固乾坤相毕"，还有一些残瓦上有刻画文字"赵将军""胡将

①　《三国史记》卷十四《高句丽·大武神王本纪》，汉城：韩国民族文化推进会，1982 年，第 118 页。
②　集安市博物馆编著：《集安高句丽碑》，长春：吉林大学出版社，2013 年，第 11 页。
③　集安市博物馆编著：《集安高句丽碑》，长春：吉林大学出版社，2013 年，第 7 页。

军""永乐""长安"等字样。还有多件卷云纹瓦当、莲花纹瓦当。根据千秋墓的形制，可知其在高句丽王陵演进中具有承上启下的重要作用。过去曾有文章论及千秋墓、太王陵、将军坟三墓的年代问题，并提出千秋墓为高句丽第十八代王故国壤王陵墓之说。根据最新资料分析，此说可能性极大。千秋墓在高句丽王陵的演进和分期研究中，是考古现象丰富、清楚，年代比较准确，具有断代意义的重要陵墓。[1]

此外，2003年，吉林省考古研究所和集安市博物馆的考古工作者在集安清理了13座高句丽王陵。其中发现有祭祀遗迹的有9座，占已经清理王陵的69.23%。这9座墓葬是：麻线墓区第626号墓、西大墓、七星山墓区第871号墓、第211号墓、禹山墓区第2110号墓、第992号墓、临江墓、太王陵、将军坟。墓葬的旁边有陪葬墓，都有长方形的祭坛，另外，还出土了一批与王陵地位相符合的珍贵文物。说明高句丽王室贵族也在先王陵墓附近进行祭祀。

四、宗教信仰

高句丽同其他古代民族一样，信仰、崇拜、祭祀繁多。高句丽人祭祀天神和日月星辰、山川大地，都有一些原始宗教的味道，这种信奉主要是借助自然的和超自然的神灵，保佑民间的安定、百姓的生活，这也是高句丽人原始宗教的重要组成部分。随着高句丽社会的发展，其与中原交往日益密切，佛教和道教也先后从中原传入高句丽。

一般认为，佛教是西汉末年从印度传入中国的，汉晋之际佛教在中国盛行。佛教传入高句丽的时间稍晚些。《三国史记·高句丽本纪》记载：小兽林王"二年，夏六月，秦王符坚遣使及浮屠顺道，送佛像、经文。王遣使回谢，以贡方物。立太学，教育子弟。三年，始颁律令。四年，僧阿道来。五年，春二月，始创肖门寺，以置顺道。又创伊弗兰寺，以置阿道。此海东佛法之始"[2]。小兽林王二年为东晋简文帝咸安二年，即公元372年。根据《高僧传·宋伪魏长安释昙始传》记载："释昙始，关中人，自出家以后，多有异迹。晋孝武帝太元之末（公元396年）赍经律数十部，往辽东宣化，显授三乘，立以归戒，盖高句丽闻道之始也。"[3]释昙始前往辽东传授佛法，比符坚派遣顺道、阿道到高句丽都城传播佛法晚了20多年，高句丽传入佛法的开始还应以《三国史记》记载为准。

小兽林王二年（公元372年），国内城已经建立了肖门寺和伊弗兰寺两座寺庙，安置僧人顺道和阿道。好太王二年（公元392年）下令崇尚佛教，以求得福。次年，在平壤创建九座寺庙，振兴佛教。在国内城建立的两座寺庙——肖门寺和伊弗兰寺，由于年代久远，目前尚未发现寺庙原址，但是却发现了佛的造像。1985年8月，集安市印刷厂新建厂房施工中，在距地表1.4米的土层中挖

[1] 吉林省文物考古研究所、集安市博物馆编著：《集安高句丽王陵——1990—2003年集安高句丽王陵调查报告》，北京：文物出版社，2004年，第216—168页。

[2] 《三国史记》卷十八《高句丽·小兽林王本纪》，汉城：韩国民族文化推进会，1982年，第140页。

[3] 《高僧传·宋伪魏长安释昙始传》。

出一尊鎏金铜造像，同时出土的还有高句丽时代的红瓦及灰陶片。佛像为释迦牟尼坐像，无背光，无须弥座，除发髻为黑色未鎏金外，通体鎏金。下部原应有须弥座，惜已断掉。残高 7.0 厘米（图 12.13）。[①] 这里很可能是高句丽小兽林王时建造的寺庙遗址。

朝鲜学者在平壤先后发现并清理了高句丽寺庙遗址多处。1974 年在传东明王陵前 150 多米发现一处建筑遗址，并进行了清理发掘，发掘区域东西长 230 多米，南北宽 130 多米，出土了一批砖瓦、陶器及其残片。陶片上刻有铭文"定陵""陵寺"等。以此推断，此次挖掘的应该是高句丽时期的定陵寺（图 12.14）。在长方形

图 12.13　鎏金铜佛

资料来源：耿铁华：《高句丽壁画研究》，第 48 页图

发掘区域为，共有 5 个区域，中间为第 1 区域，东西两侧各有两个发掘区域。第 1 区域南墙中间为山门，句北是八角形建筑基址，很可能是一座佛塔的遗迹。两侧有偏殿址。北面依次为正殿、偏殿、后殿等几座建筑物。第 2 区域在第 1 区域的西侧，有圆形建筑址和殿堂一类的建筑址 3 处。靠近第 2 区域的为第 4 区域，只有一处方形建筑址。第 3 区域在第 1 区域的东面，只有一处圆形的建筑基址。向东是第 5 区域，北侧有 3 座建筑基址。建筑外围和区域之间有石墙间隔。整个建筑布局严谨，整齐宏伟。建筑年代约当 5 世纪末 6 世纪初。[②]

经过发掘的还有金刚寺遗址。中心有一座八角形的佛塔遗址，直径约 25 米，每边长 10.5 米。周围铺着 70 厘米宽的河卵石。佛塔南面 11 米左右为佛寺的山门遗址，山门为一座长方形建筑。佛塔两侧有偏殿，佛塔北面 15 米左右发现金堂遗址，平面呈长方形，东西长 32.5 米左右。金刚寺内共发现 5 座建筑遗址，配置很有规律。[③]

从以上两座寺庙遗址可以看出，高句丽寺庙大体的配置与中原佛教寺庙的结构相同。前面是山门，后面是佛塔，正中间为金堂或称大雄宝殿，最后是藏经楼。东西两侧为偏殿，是僧人住宿与接待宾客的建筑。

1945 年，朝鲜半岛南部忠清北道中原郡曾出土一尊"建兴五年"铭鎏金释迦佛造像的背光部分，佛像已失。背光后面刻有汉字铭文 5 行 38 字：

　　建兴五年岁在丙辰
　　佛弟子清信女上部

---

① 吉林省文物考古研究所、集安市博物馆、吉林省博物院编著：《集安出土高句丽文物集粹》，北京：科学出版社，2010 年，第 101 页。

② 耿铁华：《高句丽古墓壁画研究》，长春：吉林大学出版社，2008 年，第 136—137 页。

③ 朝鲜社会科学院考古研究所编，李云铎译：《朝鲜考古学概要》，顾铭学、方起东校，哈尔滨：黑龙江省文物出版编辑室，1983 年，第 199—201 页。

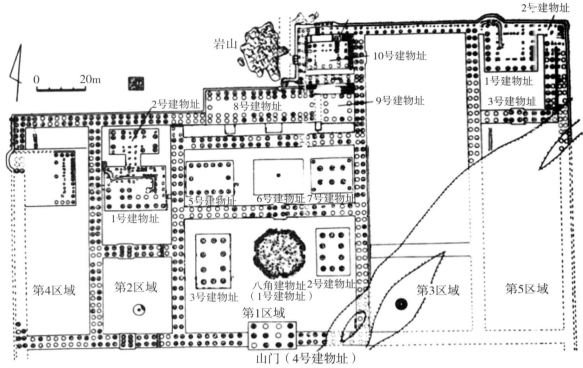

图 12.14　平壤定陵寺遗址平面图

资料来源：耿铁华：《高句丽壁画研究》，第 148 页图

儿奄造释迦像

愿生生世世值佛闻

法一切众生同此愿①

黄海南道古山里也出土一尊"景四年"铭鎏金佛造像，韩国国宝第 85 号。主佛和背光完好，通高 15.5 厘米。站立式佛像，头梳肉髻，身着通衣，双臂微屈，佛手作说法和吉祥印，跣足。左右有菩萨立像，火焰锦内的光背上有三尊化佛。背光后面有汉字铭文 8 行 64 字：

景四年在辛卯比丘道渴

共诸善知识那娄

贱奴阿王阿琚五人

共造无量寿像一躯

愿亡师父母生生中常

---

① 李殿福：《高句丽金铜、石雕佛造像及中原郡碑——兼谈高句骊易名高丽之始》，《博物馆研究》1991 年第 1 期。

值佛善知识等

遇弥勒所愿如是

愿共生一处见佛闻法 [①]

1963 年，韩国庆尚南道宜宁郡大义面下村里出土一尊高句丽时期的鎏金佛造像，韩国国宝第119 号。佛像正面站立在莲台之上，颔首宁目，身披通肩衣，双臂微屈，佛掌向外作说法印。身后为火焰纹背光，是北魏时期的佛像风格。佛像身高 9.1 厘米，从莲台至背光 16.2 厘米。最珍贵的是背光后面刻有汉字铭文共 4 行 47 字（图 12.15）：

图 12.15　鎏金铜佛

资料来源：耿铁华：《高句丽壁画研究》，第 149 页图

延嘉七年岁在己未高丽国乐良

东寺主敬弟子僧演师徒卅人共

造贤劫千佛流布第二十九回现岁

比丘扶颖所供养 [②]

以上三尊鎏金佛造像的铭文中都有纪年，"建兴五年""景四年""延嘉七年"，与中原纪年相似，却与中原各朝相关纪年不合，应该是高句丽使用的纪年。据考证，延嘉七年应该是公元 539 年（梁武帝大司五年，高句丽安原王九年），景四年应该是公元 571 年（北齐后主武平二年，高句丽平原

---

① 李殿福：《高句丽金铜、石雕佛造像及中原郡碑——兼谈高句骊易名高丽之始》，《博物馆研究》1991 年第 1 期。

② 耿铁华：《高句丽壁画研究》，长春：吉林大学出版社，2017 年，第 150 页。

王十三年），建兴五年应该与前两尊铜佛的年代相近，可能是公元 536 年（梁武帝大同二年，高句丽安原王六年）或公元 596 年（隋文帝开皇十六年，高句丽婴阳王七年）。①

高句丽壁画中也有关于佛教的文字和图像。与佛教相关的文字，在德兴里墓的前室北壁上方，墨书墓志右起竖书，共 14 行 154 个字。其中表明墓主人身份的文字为："（安平）郡信都县都乡口甘里，释加文佛弟子口口氏镇，仕位建威将军、口小大兄、左将军、龙骧将军、辽东太守、使持节东夷校尉、幽州刺史……"②墓主人慕容镇，应该是鲜卑人，流亡到高句丽出任小兄、大兄等官职。称为"释加文佛弟子"，说明其信奉佛教。慕容镇死于永乐十八年，也就是好太王十八年，东晋安帝义熙四年（公元 408 年），这同高句丽佛教传入的时间是相吻合的。

壁画图像中有大量的莲花图案和莲花化生图像。彩色莲花图案，有正视的，也有侧视的，有的作为主体，有的作为陪衬。莲花是佛教的象征花卉，纯真、洁净，净土宗有身坐莲台，足踏莲花，生于"极乐世界"者，故指莲花为净土。甚至将莲台分为九品，以示功行深浅。高句丽墓葬中绘莲花图案，可能墓主人生前信佛教，或与佛教密切相关。其中表现佛教内容最具代表性的图像在长川 1 号墓中。

长川 1 号墓是一座封土石室墓，前后两室。前室壁画十分精美。在藻井第二重顶石的东侧，绘有男女墓主人礼佛图像（图 12.16）。画面正中是释迦牟尼佛，拱手趺坐，须弥座左右蹲着护法狮子和老虎，张口吐舌。佛像面部丰腴，双目自然微睁，神态端庄。头顶肉髻，额上著毫相，口下蓄胡须。通肩法衣为白色，背光呈尖拱形，饰火焰纹，上部有绿底赭色条纹的帷帐环绕。佛像左侧，男女侍从手持华盖，后面两个侍女相随。旁边绘着双童子面莲花化生图。右侧，男女墓主一前一后，伏地跪拜。男主人著黑地红花襦，白底黑十字纹花裤，头梳顶髻。女主人拢发齐额，朱唇粉面，黑色披肩合衽白襈裙，腰系黑带，背挽花结。身后侍立二女仆。墓主人上方绘着两个飞天，衣带飘飞，形态优美，项后装饰佛光。以祥云和彩色莲花装布空间。向上第三、四重顶石，彩绘飞天、伎乐仙人和侧视莲花，渲染佛教气氛。两侧第二重顶石上面，分别绘四尊菩萨，足踏莲台，背着项光，手持法器，神采奕奕。四周绘有祥云，两侧绘莲花化生。第三、四重顶石上也绘有飞天。共有八尊菩萨图像，作为墓主人礼佛的陪衬，形成了完整的贵族参拜佛祖的画面。男女墓主人虔诚信佛、礼佛，希望死后归入净土，永远皈依佛门。年代相当于 5 世纪末。③

还有一处与佛教相关的壁画，绘在五盔坟 4 号墓西壁上。四面主壁分别绘四神图——朱雀、玄武、青龙、白虎，四神之间绘有忍冬火焰网状纹，网格中间绘有各种人物。白虎尾部下面的网状纹中绘有一位僧人，跪坐在莲台之上，身着浅黄色领缘驼色袈裟，捧着经书仔细吟诵，这是高句丽壁画中首次出现的僧人形象，十分珍贵。④

① 李殿福：《高句丽金铜、石雕佛造像及中原郡碑——兼谈高句骊易名高丽之始》，《博物馆研究》1991 年第 1 期。
② 刘永智：《幽州刺史墓考略》，《历史研究》1983 年第 2 期。
③ 吉林省文物工作队、集安县文物保管所：《集安长川一号壁画墓》，《东北历史与考古》1982 年第 1 辑。
④ 吉林省文物工作队：《吉林集安县五盔坟四号墓》，《考古学报》1984 年第 1 期。原报告认为，此人"顶束发髻，著白领缘赭色袍服，腰束白带，跪坐于莲台之上，右手持书置于目前，左手轻拂于膝上，正在凝神攻读"。后来几位专家在壁画前观察研究，才发现这是一位僧人的形象。

图 12.16　长川 1 号墓礼佛图

资料来源：吉林省文物考古研究所谷德平拍摄

关于高句丽僧人的活动，文献中也有记载。

长寿王迁都平壤之后，几次向新罗出兵，后又开始对百济用兵。招募间谍进入百济，僧人道琳应募，伪装逃罪，奔往百济。盖卤王喜好下棋，道琳投其所好，与之对弈，相见恨晚，对道琳言听计从，道琳鼓动百济王大修宫室城郭、楼台殿阁，耗尽百济的人力、物力，使其仓庾虚竭，国力匮乏。道琳逃还高句丽告之，长寿王大喜。

长寿王六十三年（百济盖卤王二十一年、公元 475 年）秋九月，长寿王率兵三万，分四路围困百济王都汉城，乘风纵火，焚烧城门，百济人心危惧，或有欲出降者。盖卤王带领数十骑，慌忙从西门逃走，被高句丽军队追杀。①

文咨明王三至八年（公元 494—498 年），高句丽僧朗到江南传习与研究佛法。此前他曾到过北燕之地，向鸠摩罗什再传弟子学习大乘经文教义，精通般若、华严等大乘佛教之典藏，还通晓僧肇系统的新三论学。后来，梁武帝在国内选拔僧诠等 10 位高僧跟随僧朗学习，僧诠再传于法朗、吉藏，使得三论经学日臻完善。②

平原王十八年（公元 576 年）高句丽僧人义渊前往北齐，师从法相学习佛教历史大纲和南道派地论宗的学风。《历代三宝记》有记录："句丽国大丞相王高德，乃深怀正信，崇重大德，欲以释风被之海曲，然莫测法教始末缘由，自西徂东年世帝代，故从彼国见录事条，遣僧义渊乘呗向邺，

① 《三国史记》卷二十五《百济·盖卤王本纪》，汉城：韩国民族文化推进会，1982 年，第 189—190 页。
② （梁）释慧皎撰，汤用彤校注，汤一玄整理：《高僧传》卷八，北京：中华书局，1992 年。

启发未闻。"①《续高僧传》中省略了一些内容，义渊奉丞相之命去北齐的邺城学习佛法，主要是解决佛陀生卒年代和相关历史疑难，很快就会回到高句丽复命。②

道教是中国的传统宗教，从汉代五斗米教发展而来，其经典为老子的《道德经》。关于道教传入高句丽的时间，《三国史记》记载要比佛教传入晚一些。荣留王"七年，春二月，王遣使如唐，请班历。遣刑部尚书沈叔安，策王为上柱国、辽东郡公、高句丽国王。命道士以天尊像及道法往，为之讲老子，王及国人听之"③。宝藏王"二年，三月，苏文告王曰：'三教譬如鼎足，阙一不可。今儒释并兴，而道教未盛，非所谓备天下之道术者也。伏请遣使于唐，求道教以训国人。'大王深然之，奉表陈请。太宗遣道士叔达等八人，兼赐老子《道德经》。王喜，取僧寺馆之"④。

荣留王七年是唐高祖武德七年（公元624年），宝藏王二年是唐太宗贞观十七年（公元643年），比小兽林王二年（公元372年）佛教传入要晚了250多年。从中原文化与高句丽文化相互交流情况看，《三国史记》记载的道教传入时间似乎晚了些。

小兽林王二年，佛教传入的同时，还"立太学，教育子弟"。太学的主要教材是儒家经典，《南齐书·高句丽传》记载，高句丽人"知读五经"。《周书·高句丽传》记载得更为明确，高句丽人的"书籍有五经、三史、三国志、晋阳秋"。《北史·高句丽传》也记载，高句丽"书有五经、三史、三国志、晋阳秋"。《旧唐书·高丽传》记载，高句丽"俗爱书籍，至于衡门厮养之家，各于街衢造大屋，谓之扃堂，子弟未婚之前，昼夜于此读书习射。其书有五经及《史记》《汉书》、范晔《后汉书》，《三国志》，孙盛《晋春秋》《玉篇》《字统》《字林》；又有《文选》，尤爱重之"。中原这些儒家经典和各类图书传入高句丽的时候，难保老子的《道德经》等书籍不会一起传入。据《高僧传》记载，东晋时期的高僧支道林曾经给高句丽的道人写信，称赞僧人竺法深精通佛教经典的情况。⑤ 支道林生于公元314年，死于366年，此时中原处在东晋和北朝时期，正是佛教和道教合流的重要时期。因此，作为僧人的支道林给高句丽道人写信是可能的。而支道林生活的年代要比佛教传入高句丽的小兽林王时期早几年。那么，道教传入高句丽的时间或许和佛教传入的时间差不太多。

从高句丽壁画中的图像看，如果说四神作为道教的方位神，那么它们出现在壁画中的时间应该是比较早的，从4世纪末的舞踊墓、辽东城墓中就已经出现了四神图，一直到6世纪末7世纪初的四神墓，五盔坟4、5号墓，江西大墓、江西中墓都有四神图像出现，早期的四神图，绘在墓室藻井上，而且四神图像不很完整。晚期的四神图绘在墓室的主壁上，四神图像完整，形象优美，高大壮观。

另外在五盔坟4号墓北壁左下角，还发现一个道士的形象，坐在莲台之上，左腿盘曲，右腿立起，身上穿着绿色的羽衣，披发低头在地上绘八卦图，卦象尚清楚。墓葬的年代应该在6世纪末7世纪初，这和《三国史记》记载的道教传入的情况大体上是一致的。

---

① 《续高僧传》，北京：中华书局，2014年；《海东高僧传》，东京：平凡社，2016年。
② ［韩］东北亚历史财团编：《高句丽的文化与思想》，香港：社会科学出版社有限公司，2010年，第94—95页。
③ 《三国史记》卷二十《高句丽·荣留王本纪》，汉城：韩国民族文化推进会，1982年，第156页。
④ 《三国史记》卷二十一《高句丽·宝藏王本纪》，汉城：韩国民族文化推进会，1982年，第158页。
⑤ 《高僧传·竺法深传》。

儒教是在儒家思想不断发展、儒学理论不断完善的基础上形成的。目前学术界对儒教的存在及其定义还存在某些分歧。何光沪先生认为，"所谓儒教非指儒学或儒家之整体，而是指殷周以来绵延三千年的中国原生宗教，即以天帝信仰为核心，包括上帝观念、天命体验、祭祀活动和相应制度，以儒生为社会中坚，以儒学中相关内容为理论表现的那么一种宗教体系"①。谢谦认为，"除佛道二教之外，中国还存在另外一种宗教现象，而且其历史比佛道二教还要悠久得多。这就是历代王朝列为国家祭典的郊庙制度。郊，是祭祀天神地祇的宗教仪式，因为分别在国都的南北郊举行，所以称为郊。庙即宗庙，是祭祀祖宗的所在，因此也代指祭祀祖宗的宗教仪式""儒教则是华夏民族的传统宗教即历代王朝的国家宗教"。②

其实，既然称儒教，就不可能离开儒家学派与儒家思想。儒家学派是由孔子在春秋末期创立的一个学术派别，经过其子弟和后学的整理与传播，成为先秦时期影响最大的一个学派，成为中国古代思想文化中最有影响、最有代表性的流派。这种学派和思想形成宗教是在统一的中央集权封建王朝出现以后，特别是汉武帝采纳董仲舒的建议"罢黜百家，独尊儒术"之后，儒学成为封建国家的统治思想，不断吸纳谶纬神学、阴阳五行、祥瑞灾异等思想意识，逐渐形成了以儒家经典为基础的封建社会的国家宗教。

李殿福先生认为"儒教产生于中国，影响整个亚洲，成为各国统治阶级用于巩固统治地位的思想基础。作为在西汉玄菟郡、乐浪郡以及辽东地区兴起的高句丽王国，从它形成、发展直至衰亡止，儒教思想一直是高句丽民族的主要哲学思想，把儒家的经典著作，如五经、三史等古籍，奉若神明，作为修身治国的教义来研习识读。高句丽的统治者，把儒教的忠孝仁义的道德观念，变为忠义纯正、礼让克己，臣对君、子对父有命必从，鼓吹上通王德、下保民心，来加强全国的统治"③。

《史记·游侠列传》："鲁人皆以儒教"，是以儒学思想教化鲁人。其他地区和民族也都是以儒学思想和儒学经典来教化弟子和臣民的，高句丽也不例外。《南齐书》《周书》《北史》都有关于高句丽用儒学经典教育子弟的记载。《旧唐书·高丽传》记载得尤为详细：高句丽衡门厮养之家，各于街衢造大屋，谓之扃堂，子弟未婚之前，昼夜于此读书、习射，学习儒家经典著作。以儒学为基础的教育从高句丽建国就开始并不断地完善。小兽林王二年（公元 372 年）"立太学，教育子弟"④。此后国家有了高级的贵族学校，儒学教育更加深入。高句丽贵族及平民百姓都遵从以儒家思想为基础的纲常伦理，奉行忠孝节义之举。儒留王二十八年（公元 9 年），王子解明与黄龙王结怨，惹怒了父王，赐剑使其自裁。⑤王子为全孝道而自杀，既遵"君为臣纲"，又遵"父为子纲"。大武神王之子好童也为全忠孝之名而自杀。⑥

① 何光沪：《中国文化的根与花——谈儒学的"返本"与"开新"》，任继愈主编：《儒教问题争论集》，北京：宗教文化出版社，2000 年。
② 谢谦：《儒教：中国历代王朝的国家宗教》，任继愈主编：《儒教问题争论集》，北京：宗教文化出版社，2000 年。
③ 李殿福：《高句丽民族的宗教信仰》，《北方民族》1990 年第 2 期。
④ 《三国史记》卷十八《高句丽·小兽林王本纪》，汉城：韩国民族文化推进会，1982 年，第 140 页。
⑤ 《三国史记》卷十三《高句丽·琉璃明王本纪》，汉城：韩国民族文化推进会，1982 年，第 115 页。
⑥ 《三国史记》卷十四《高句丽·大武神王本纪》，汉城：韩国民族文化推进会，1982 年，第 120 页。

宝藏王二年（公元643年）春二月，盖苏文告王曰："三教譬如鼎足，阙一不可。今儒释并兴，而道教未盛。伏请遣使于唐，求道教以训国人。"高句丽王深然之，遣使入唐，奉表陈请，太宗遣道士叔达等八人，兼赐老子《道德经》。王喜，取僧寺馆之。[①] 高句丽晚期"三教譬如鼎足，阙一不可"的认识应该是王公贵族三教合一思想的具体体现。

文献记载的高句丽宗教有儒教、佛教和道教，而且呈鼎足之势。从年代上看，以儒教作为国教，信奉时间早，延续时间长。佛教传入稍晚，道教更晚些。对于儒教的信奉更为普遍，几乎融入高句丽国家王公贵族、黎民百姓的政治生活和社会生活的各个方面。高句丽王即是儒教的最高代表，贵族大臣则是区域和部门儒教的代表，用儒教的经典和礼制来管理国家，已经成为高句丽政权的一个重要特点。其考古学方面的特点表现为，以平原城为中心，军事卫城（山城）为辅的都城建制格局的确立。以儒家礼制为基础的宗教祭祀活动——主要表现为祭祀所用的青铜器、玉器、陶器，祭祀用牲，军队出行的仪仗，王公贵族的服饰，丧葬活动的礼仪、墓制、随葬品等。

魏晋南北朝是中原各政权林立，分裂战乱的历史时期，在政权更迭、社会动荡不安的时代里，却出现了儒释道相互渗透、相互融合的趋势，也是促进儒教形成和发展的重要时期。宗教与君权密切结合以维护封建帝王的统治、魏蜀吴都以正统来维护自己的封建统治、西晋的统一更是强化了儒教为王权服务的特点。儒教信仰和崇拜的多元化、有序化表现出极大的兼容性和适应性，这就为儒教吸收佛教和道教的某些理论，强化儒教的宗教性质提供了有利的时机和条件。封建统治者牢牢地掌握着王权，扩大儒教的影响，以利于自己的统治。同时也不排斥利用佛教和道教来维护自己的统治。在加强封建帝王统治，维护地主阶级政治、经济利益方面，无论是儒教、佛教还是道教都是可以利用的。这就使儒教、佛教和道教的相互融合找到了契合点。到了南北朝时期，除了北魏拓跋焘，北周宇文邕曾因政治、经济方面的原因毁佛以外，无不大力提倡佛教。梁武帝萧衍甚至定佛教为国教。南北方诸国竞相建寺修塔，开凿石窟。不仅僧侣、贵族，就连皇帝都亲自讲经说法。道教经过梁陶弘景、北魏寇谦之的改造，完全成为地主阶级的宗教。拓跋焘则以"北方太平真君"的身份封道教为国教。虽然这一时期佛教与道教盛行，但是儒家思想仍然占据着重要的地位。尽管由于互争正统，以及僧俗地主政治、经济利益上的争夺，儒释道之间不断发生斗争，以致出现上面提到的毁佛现象，但在维护地主阶级统治的根本利益方面，儒释道是完全一致的。因此，南北方统治者都是用儒释道"三教合一"作为自己的统治思想。

由于高句丽建国前的70多年时间里一直生活在汉玄菟郡高句丽县境内，接触的汉代思想文化以及宗教祭祀方面的影响较多，他们作为汉代边远地区的民族，经历了两汉以来儒学宗教化的过程，在学习儒家经典的同时不断将其神化。两汉时期的各级政权也都不断用行政手段向高句丽等边远民族地区推行儒教及儒家文化。到了魏晋南北朝时期，中原出现了"三教合一"的局面，在这种政治思想的影响下，高句丽人信仰儒释道，"三教合一"，使之成为高句丽统治思想的重要组成部分。

---

① 《三国史记》卷二十一《高句丽·宝藏王本纪》，汉城：韩国民族文化推进会，1982年，第158页。

　　五盔坟4号墓壁画中，儒释道的形象出现在同一个墓室的四壁上，恰好反映了高句丽国家儒释道"三教合一"的情况。五盔坟4号墓壁画是公元6世纪末到7世纪初的作品。壁画的主体部分是四神，墓室南壁绘朱雀、北壁绘玄武、东壁绘青龙、西壁绘白虎。汉晋以来的壁画、画像石、画像砖以及铜镜、瓦当上都有四神的形象。后来为道教信奉，成为道家的方位神和吉祥神。与五盔坟4号墓同时的五盔文5号墓、四神墓以及更早一些的舞踊墓、三室墓、长川1号墓，也因壁画以匹神为主或藻井上出现四神图像而带有一些道教色彩。不仅如此，五盔坟4号墓四神图像的衬地网状纹中绘有独特的宗教人物图像，以此构成一幅儒道佛"三教合一"的形象画面。

　　4号墓四神衬地网状纹中的人物图像共10个，或坐或立于莲台之上，神态各异。其中大部分人物为儒者形象，头戴高高儒冠，身穿儒服，宽袍大袖，腰间束带，颜色各不相同。足蹬黑履，踏莲台，手执团扇。与高句丽壁画中的一般人物服装迥异。值得注意的是，西壁右上方一人跪坐在莲台上，原报告记此人"顶束发髻，著白领缘赭色袍服，腰束白带，跪坐于莲台之上，右手持书置于目前，左手轻拂于膝上，正在凝神攻读"[①]。细审原壁画，发现此人系光头，着浅黄色领缘驼色（赤多黑少）僧衣——袈裟，正在聚精会神地诵读佛经。这是高句丽壁画中目前仅一见的诵经和尚图像。北壁左下角绘有一人跣足坐于莲台上，左腿盘屈，右腿立起，披发低首，身着绿色羽衣，一只手在地上绘八卦图，俨然一个道士的形象（图12.17）。类似五盔坟4号墓这样集儒释道的形象于一室的情况，在高句丽壁画中虽不多见，却真实地再现了高句丽社会后期儒释道三教之间的关系。[②]中原正当南北朝时期，南北方统治者都是用儒释道"三位一体"作为自己的统治思想，五盔坟4号墓壁画中儒释道的形象同绘在一个墓室的四壁上，恰好反映了高句丽国家上层王公贵族的统治思想同中原诸国一样，也是儒释道"三位一体"的思想。

图12.17　五盔坟4号墓中的儒者、道士、僧人图像（线描）

资料来源：耿铁华：《高句丽壁画研究》，第151页图

---

① 吉林省文物工作队：《吉林集安县五盔坟四号墓》，《考古学报》1984年第2期。
② 吉林省博物馆：《吉林集安五盔坟四号和五号古墓清理略记》，《考古》1964年第2期。

第三节　文学艺术

一、文学

高句丽人的汉学水平很高，他们创作的诗文虽然不多，但反映了高句丽文学的形成与发展。现在我们能见到的有如下四首汉诗。

最早的一首是儒留王类利公元前17年之作。据《三国史记》载：琉璃王"三年冬十月，王妃松氏薨，王更娶二女以继室。一曰禾姬，鹘川之女也。一曰雉姬，汉人之女也。二女争宠不和。王于凉谷造东西二宫，各置之。后王田于箕山，七日不返。二女争斗，禾姬骂雉姬曰：'汝汉家婢妾，何无礼之甚乎！'雉姬惭恨，亡归。王闻之，策马追之。雉姬怒不还。王尝息树下，见黄鸟飞集，乃感而歌曰：翩翩黄鸟，雌雄相依，念我之独，谁其与归？"[①]

风格与《诗经》及汉魏四言诗相近。依、归，汉韵"脂"。这种四言诗从两汉一直流行到魏晋时期。达官贵人、文人学子，乃至百姓，都喜欢四言诗。如曹操《步出夏门行》："东临碣石，以观沧海。水何澹澹，山岛竦峙。树木丛生，百草丰茂。秋风萧瑟，洪波涌起。日月之行，若出其中；星汉灿烂，若出其里。幸甚至哉，歌以咏志。"《短歌行》："对酒当歌，人生几何？譬如朝露，去日苦多。慨当以慷，忧思难忘。何以解忧，唯有杜康……"

第二首诗，后人记为《人参赞》：

> 三桠五叶，背阳向阴，
> 欲来求我，椴树相寻。[②]

此应系采参人传唱之歌，民歌风颇浓。前两句描写人参生长过程中枝叶的形态，后两句则以拟人手法写出人参的自白：你若想找到我，就到椴树下面去寻吧。从语言风格上更接近大众化，年代或许要晚些。

第三首诗，乙支文德所作《遗于仲文》：

> 神策究天文，妙算穷地理，
> 战胜功既高，知足愿云止。

---

① 《三国史记》卷十三《高句丽·琉璃王本纪》，汉城：韩国民族文化推进会，1982年，第113页。
② （清）杨宾：《柳边纪略》卷三作"三桠五叶，背阳向阴，欲来求我，假树相寻"。沈阳：辽沈书社，1984年，第252页。

乙支文德，高句丽军事将领。《三国史记》有传："未详其世系，资沉执，有智数，兼解诗文。"①此诗为上声韵四纸，韵律还算接近整齐。记事为隋炀帝大业八年（公元 612 年）征高句丽战事，见诸《隋书·炀帝纪》《隋书·于仲文传》《隋书·宇文述传》《资治通鉴·隋纪·炀帝上》等史书。

　　辽东之役，仲文率军指乐浪道。军次乌骨城，仲文简羸马驴数千，置于军后。既而率众东过，高丽出兵掩袭辎重，仲文回击，大破之。至鸭绿水，高丽将乙支文德诈降，来入其营。仲文先奉密旨，若遇高元及文德者，必擒之。至是，文德来，仲文将执之。时尚书右丞刘士龙为慰抚使，固止之。仲文遂舍文德。寻悔，遣人绐文德曰："更有言议，可复来也。"文德不从，遂济。仲文选骑渡水追之，每战破贼。文德遗仲文诗曰："神策究天文，妙算穷地理。战胜功既高，知足愿云止。"仲文答书谕之，文德烧栅而遁。时宇文述以粮尽欲还，仲文议以精锐追文德，可以有功。述固止之，仲文怒曰："将军仗十万之众，不能破小贼，何颜以见帝！且仲文此行也，固无功矣。"述因厉声曰："何以知无功？"仲文曰："昔周亚夫之为将也，见天子，军容不变。此决在一人，所以功成名遂。今者人各其心，何以赴敌！"初，帝以仲文有计划，令诸军谘禀节度，故有此言。由是述等不得已而从之，遂行。东至萨水，宇文述以兵馁退归，师遂败绩。帝以属吏，诸将皆委罪于仲文。帝大怒，释诸将，独系仲文。仲文忧恚发病，困笃方出之，卒于家，时年六十八。②

第四首诗，僧人定法所作《咏孤石》：

迥石直生空，	格律为：仄仄仄平平
平湖四望通。	平平仄仄平
岩根恒洒浪，	平平平仄仄
树杪镇摇风。	仄仄仄平平
偃流还渍影，	平平平仄仄
浸霞更上红。	平平仄仄平
独拔群峰外，	仄仄平平仄
孤秀白云中。	仄仄仄平平

　　定法其人不见经传，高句丽有僧人应在 4 世纪末小兽林王以后。从诗的内容看，年代不会早于 6 世纪。似应在隋末唐初，用韵整齐：空、通、风、红、中皆为东韵。平仄也很讲究，接近五律风格。此诗若能串动一句，就是一首符合格律的五言律诗：

---

① 《三国史记》卷四十四《乙支文德传》，汉城：韩国民族文化推进会，1982 年，第 367 页。
② 《隋书》卷六十《于仲文传》，北京：中华书局，1973 年，第 1455 页。

迴石直生空，	格律为： 仄仄仄平平
平湖四望通。	平平仄仄平
岩根恒洒浪，	平平平仄仄
树杪镇摇风。	仄仄仄平平
独拔群峰外，	仄仄平平仄
浸霞更上红。	平平仄仄平
偃流还渍影，	平平平仄仄
孤秀白云中。	仄仄仄平平

内容是咏孤石之坚韧、挺拔、向上，内寓"方外""出世"之意。

高句丽留传下来的四首诗，作者有国王、采参人、将军、僧人，年代亦各不相同，风格上有情诗、战事诗、咏物寄情诗，颇具代表性。

二、语言文字①

高句丽民族实用汉字，早已有碑刻和墨书文字证实。至于高句丽的语言，国内外学者也已经有过研究。《朝鲜通史》依据古代文献的记载，认为高句丽、新罗、百济建国之前的各部落语言就有很多共同性。三国形成以后，这种共同性进一步增强，并在发展中日益显著。因此得出结论：高句丽、新罗、百济三国语言存在共同性，即同一性。②北京大学安炳浩先生等也认为："古代韩语绝不只是指统一朝鲜半岛后的新罗语，而应该包括统一前的高句丽、百济、新罗的语音、词汇、语法等各个方面……古代韩语也在不断发展和变化。"由于"资料有限而且都是用汉字所记，而汉字在古代韩语中被用来既表音又表意，所以想弄明白当时的正确发音存在着极大的困难"。③韩国和日本的一些民众认为，现代韩语是单一语言，从而认为三国语言包括高句丽语都是同一种语言。④

日本学者河野六郎教授不同意高句丽、新罗、百济语言的同一性，认为高句丽语言属于通古斯语族，不同于新罗、百济语言，新罗、百济语应当属于日本语系。⑤韩国李基文也认为，韩国语曾在一段时间分化为以高句丽和夫余为中心的"夫余系语言"和以三韩（后来的百济和新罗）为中心的"韩系语言"，当时二者的形象极为不同。⑥

① 徐德源先生在 2002 年版序言中指出，本书关于高句丽语言方面研究成果的不足。此节根据徐德源先生《求实集》中《高句丽族语言微识录》《汉字标记高句丽语语音地名字词汉译选释》和张士东《高句丽语研究》的成果加以整理补充，特此说明。

② ［朝］朝鲜民主主义人民共和国科学院历史研究所：《朝鲜通史》上卷（第一分册），吉林省延边朝鲜族自治州《朝鲜通史》翻译组译，长春：吉林人民出版社，1973 年，第 159 页。

③ 安炳浩、尚玉河：《韩语发展史》，北京：北京大学出版社，2009 年，第 24 页。

④ 张士东：《高句丽语研究》，长春：吉林大学出版社，2015 年，第 7 页。

⑤ ［日］河野六郎：《朝鲜方言学试考·"铁"语考论》，张士东：《高句丽语研究》，长春：吉林大学出版社，第 9 页。

⑥ ［韩］李翊燮、李相亿、蔡琬：《韩国语概论》，张光军、江波译，北京：世界图书出版公司北京公司，2008 年，第 251 页。

事实上，高句丽语言与夫余语言相同，早已见诸史书记载。《三国志·高句丽传》：东夷旧语以为夫余别种，言语诸事，多与夫余同，其性气、衣服有异。《后汉书·高句骊传》：东夷相传以为夫余别种，故言语法则多同。《三国志·高句丽传》：言语诸事，多与夫余同，其性气、衣服有异。

高句丽与夫余有着共同的祖先。无论主张高句丽出自秽貊、出自炎帝部落、出自殷商氏族、还是出自夫余族，它都应该是炎黄系统的各民族后裔，语言文字都应该属于华夏族—汉族系统。

《逸周书》记载，高句丽的先民参加了成周之会，与中原加强了联系。经过箕子朝鲜、卫氏朝鲜的经略与影响，特别是秦统一与楚汉之争大量移民的影响，高句丽民族汉化程度不断加深。到汉武帝元封三年（公元前108年），设玄菟、临屯、乐浪、真番四郡。高句丽人居住地设高句丽县，属玄菟郡管辖。汉朝中央的政令、法规及相关规定等一系列汉字文件直接送达到汉四郡。1990年，朝鲜平壤市乐浪区贞柏洞364号古墓出土的简牍《论语》39枚，"乐浪郡初元四年县别户口集簿"3枚，就是最好的证明。[①]

作为汉玄菟郡高句丽县管辖下汉朝子民，在汉语言文字的影响下，高句丽的民族语言会发生深刻的变化。过了70年，高句丽在玄菟郡高句丽县建立政权，成为汉朝边郡地方的封国，仍然在玄菟郡管理下，汉文化的影响进一步加深。高句丽子弟进入扃堂、太学学习文化知识与骑射技能，使用的教材有"五经、三史、三国志、晋阳秋"[②]。五经是儒家最基本的经典：《诗经》《尚书》《礼记》《易经》《春秋》。三史则是指《史记》《汉书》《东观汉记》，不久《后汉书》取代了《东观汉记》。加上《三国志》，正好是"前四史"。这些汉字书籍的使用与普及，极大地促进了高句丽语言的发展与变化。

一般认为，高句丽使用汉字的历史最晚也应该在汉武帝设四郡时期，也许要早到周秦之际。一方面使用汉字的本义、本音，另一方面用汉字的读音标注民族语言的原义。至于这两种情况所占的比例，随着高句丽社会发展进步以及其与中原王朝关系的加强，不断发展变化。高句丽使用汉字本义、本音的程度不断加强。

从高句丽人留下的诗词作品看，高句丽第二代儒留王作的《黄鸟歌》使用汉字音义的程度已经相当深了。僧人定法作的《咏孤石》，其对汉字音义的理解与使用已经接近了唐代律诗的水平。

再从高句丽的碑刻文字看，语言顺畅，文字内容清楚，表达意思明确。文字最长的好太王碑，全文达1775个字。其中所记录的高句丽建国传说、前三王的传承、好太王的统治、东征西讨的业绩、守墓烟户的摊派及其制度，内容是完整的、通畅的。高句丽贵族及其臣民都能够读懂和领会。诸如：

> 惟昔始祖，邹牟王之创基也。出自北夫余，天帝之子，母河伯女郎。剖卵降世，生而有圣德，□□□□□。命驾巡幸南下。路由夫余奄利大水，王临津言曰：我是皇天之子，母河伯女郎，邹牟王。为我连葭浮龟！应声即为连葭浮龟。然后造渡，于沸流谷忽本西，城山上而建都焉。

---

① 戴卫红：《韩国木简研究》，桂林：广西师范大学出版社，2017年，第41页。
② 《北史》卷九十四《高丽传》，北京：中华书局，1974年，第3116页。

恩泽洽于皇天，威武柛被四海，扫除不佞，庶宁其业，国富民殷，五谷丰熟。

其意思非常明了，诸多学者的考释也大体相同。将其作为高句丽语言文字的典范，应该没有什么问题的。

当然，碑文中也有部分汉字，虽然可以知道读音，其含义却难以理解，特别是一些地名。如：

攻取宁八城、臼模卢城、各模卢城、干氐利城、□□城、关弥城、牟卢城、弥沙城、古舍蔦城、阿旦城、古利城、□利城、杂珍城、奥利城、句牟城、古模耶罗城、莫□□□□城、□而耶罗城、瑑城、□利城、□□城、豆奴城、沸□□利城、弥邹城、也利城、大山韩城、扫加城、敦拔城、□□□城、娄卖城、散那城、那旦城、细城、牟娄城、于娄城、苏灰城、燕娄城、析支利城、岩门旨城……

廿年庚戌，东夫余旧是邹牟王属民，中叛不贡，王躬率往讨。军到余城，而余举国骇服。□□□□□□□□王恩普覆，于是旋还。又其慕化随官来者，味仇娄鸭卢、卑斯麻鸭卢、椯社娄鸭卢、肃斯舍鸭卢、□□□鸭卢。

其中，难以用汉字本义解释的地名，很多是用汉字标注的高句丽语读音。地名和人名，是最能顽固保留本民族语言的部分。因此，学者都从文献记载的高句丽地名入手，去寻找已经消失了的高句丽语言或汉字读音。

徐德源先生采用对照、比较的方法，从“高句丽地理篇”[①]中寻找判定了五类20个高句丽民族语言的语汇：

第一、自然地理类语汇6个：
1.“达”的汉译为山；
2.“波衣”的汉译为岘；
3.“买”的汉译为水或川；
4.“于”的汉译为泉；
5.“乙”的汉译为井；
6.“吞”“顿”或“旦”的汉译为谷（山谷）。
第二、人文地理类语汇1个：
7.“忽”的汉译为城或郡；
第三、动物类语汇3个：
8.“古斯”的汉译为獐；
9.“古衣”的汉译为鹄；

① 《三国史记》卷三十七《地理志》四，汉城：韩国民族文化推进会，1982年，第320—323页。

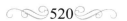

10."也尸"的汉译为犴。

第四、数词类语汇4个：

11."密"的汉译为三；

12."弓"的汉译为五；

13."难"的汉译为七；

14."德"的汉译为十。

第五、一般词汇6个：

15."于斯"的汉译为横；

16."伏斯"的汉译为深；

17."比烈"的汉译为浅；

18."也忽茨"的汉译为项；

19."于支"的汉译为翼；

20."松村活"的汉译为釜。[①]

　　在"高句丽地理篇"中计有164组高句丽地名名词（按：实际是165个地名，其中原著未计入汉山州）。从语汇构成上区分，这些高句丽地名以及对应的汉语地名大体上可分为三大类（一地多名者亦皆计入）：第一类是纯汉语地名，计有123个，占46.42%。第二类是高句丽语名与汉语治级名或汉语名与高句丽城（忽）名的复合地名，计有52个，占19.62%。第三类是纯高句丽地名，计有90个，占33.96%。

　　以上三个统计数字和百分比表明，在265个地名语汇中，汉语和含有汉语词原义的地名共175个，占总数的66.04%，即三分之二弱，而纯高句丽语的地名仅有90个，占总数的33.96%，即仅占三分之一强，前后二者的比例大约为2∶1。这就说明，汉语语汇和含有汉字原义的词汇在高句丽地名语言中占有明显的优势，甚至可以说是居于主导的地位。[②]表明"高句丽地理篇"显示的高句丽语词汇的双重性。另外，在中外历史文献的高句丽本传、本纪中，高句丽地名显示的高句丽语词汇也同样具有双重性。

　　中国正史《高句丽传》所见高句丽地名共计31个，朝鲜《三国史记·高句丽本纪》所见高句丽地名40个，合计71个。其中，纯汉语地名42个，占总数的59.15%；汉语和高句丽语复合的地名21个，占总数的29.58%；纯高句丽语地名只有8个，仅占总数的11.27%。[③]中国正史《高句丽传》，朝鲜《三国史记·高句丽本纪》《三国史记·地理志》中的地名，还有高句丽碑刻中的地名词语中，纯高句丽语汇的数量不多。正是这些纯高句丽语汇才是我们研究的主要内容。

① 　徐德源：《高句丽族语言微识录》，《求实集》，哈尔滨：黑龙江人民出版社，2012年，第252—254页。

② 　徐德源：《高句丽族语言微识录》，《求实集》，哈尔滨：黑龙江人民出版社，2012年，第260—262页。

③ 　徐德源：《高句丽族语言微识录》，《求实集》，哈尔滨：黑龙江人民出版社，2012年，第262页。

张士东将《三国史记》和中国史书所载的高句丽词语制成表格，如下（表 12.3、表 12.4）[①]：

表 12.3　《三国史记》中音义明确的高句丽词语表

序号	词义	读音	序号	词义	读音	序号	词义	语音
1	白	兮、鹄	38	驹	灭鸟	75	（相）似	位、兮
2	北	助利	39	驹城	巨黍	76	松	夫斯、扶苏、仇史
3	长	耶耶、夜牙、内米	40	开	冬比	77	蒜	买尸
4	城、峰	省、生、忽、火	41	客	加兮	78	唐	加火
5	池	内米	42	口、孔	古次、串、忽次、齐次	79	桃	波尸
6	赤	伏、非斤	43	狼、狌	也尸	80	特别	沙、麻
7	川、水	买、勿、米	44	犁	加尸	81	童、幢	仇
8	橡	伊火兮	45	栗	冬	82	土	今、息、薪
9	重	别	46	连	牙、只	83	兔	乌斯含
10	大	马、奈	47	辽东	乌列	84	王	皆
11	大豆	非	48	绿、青	伐力、耕	85	文	斤尸
12	的	衣、隐、乙、斯、次	49	溟	何瑟罗、何西良、河西	86	五	于次
13	堤	吐	50	母	也次	87	西	于押
14	丰	仇乙、屈、曲、且	51	木、杨、松	去、盼、乙、伊、斤	88	溪	呑、谷
15	峰、京	述尔、首泥、首乙	52	牛	首	89	蚬	于
16	夫余	非西	53	罘	只头耻，朔头，衣头	90	新	仇次、敦
17	釜	松村活	54	平、富	夫如	91	心	居尸
18	斧	于斯	55	七	难	92	熊	功
19	复旧土	多勿	56	岐	丁、冬斯	93	鸺鹠	租
20	根	斩	57	铅	乃勿	94	朽	寻尸
21	谷	旦、顿、呑、知	58	浅	波、比列	95	穴	甲比　甲、押
22	谷子	仍伐	59	清凉	沙热	96	翼	于支、伊文
23	海	波	60	穷	阿珍	97	牙	岂尸
24	黑	今勿、万	61	取	冬、于冬	98	岩、额、押、岳、岬、岭、岘、菅	波衣、巴衣、波兮、波害、知衣

---

① 张士东：《高句丽语研究》，长春：吉林大学出版社，2015 年，第 35—37 页。

续表

序号	词义	读音	序号	词义	读音	序号	词义	语音
25	横	于斯	62	泉	于乙	99	杨	要隐
26	鹄	古衣	63	壤、沙、土	奴、那、内、恼、乃、弩	100	银	召尸、折
27	槐	仍斤	64	入	伊	101	玉	古斯、皆次
28	荒	骨	65	若	兮	102	遇、逢	伯、平史
29	黄	骨乃	66	塞	于	103	圆	毛乙
30	江	屈、冬、休阴	67	三	密	104	雉	刀猎
31	节	芜子	68	僧	所勿、非勿	105	子	斯
32	（临）津	乌阿	69	山、高	达	106	子春	乙阿旦
33	金	休	70	闪	木	107	獐	古斯、古所
34	菁	加支	71	善	买	108	猪	乌斯、乌生
35	旌	仍（乃）	72	善射	朱蒙	109	竹	奈生
36	井	买	73	十	德	110	足	回
37	鹫岳	甘弥	74	首、头	次若、乌根乃			

表 12.4　中国史书所载高句丽语词表

词义	读音	词义	读音	词义	读音	词义	读音
善射	朱蒙	黄	桂娄	相似	位	南	潇
金	苏文	西	涓	冠	骨苏	黄	桂娄
小仓	柠京	城	沟溇	北	绝		
东	顺	兵部尚书兼中书令	莫离支	土	奴		

三、碑碣石刻

碑碣石刻是指雕凿、镌刻在石上的文字和图案，它既属文学范畴——碑文、文字、诗文，也属艺术范畴——书法、篆刻、美术。

1. 好太王碑

高句丽第十九代王广开土境平安好太王的墓碑，东晋安帝义熙十年（公元 414 年）立于高句丽都城国内城东、禹山下的东岗上，在今集安市太王开发区大碑村，西距市区 4000 米。

好太王碑是用一整块角砾凝灰岩稍加修凿而成，呈方柱形，高 6.39 米，幅宽 1.34—2.00 米。以最宽处计第一面 1.61 米，第二面 1.44 米，第三面 2.00 米，第四面 1.45 米，四面环刻汉字隶书碑文（图 12.18）。

图 12.18　好太王碑与拓片局部

清光绪三年（1877 年）桓仁建县，书启关月山在通沟深山蔓草中发现了好太王碑。当地农民初天富奉命火焚除苔。光绪六年，捶拓出完整拓本。先后有李龙（大龙、云从）、谈广庆、王少庐、亓丹山等人前来捶拓。好太王碑拓本传入京师，引起国内外学者的关注，由此引发了近百年来高句丽研究的热潮。目前，国内外已发现好太王碑拓本近百种（包括剪裁后装订本），学者根据拓本，做出不同的释文，著录发表的释文至少有 40 种，识读文字的数量也不相同。今释得碑文如下：

第一面

1.1 惟昔始祖邹牟王之创基也出自北夫余天帝之子母河伯女郎剖卵降世生而有圣德□□□□□命驾

1.2 巡幸南下路由夫余奄利大水王临津言曰我是皇天之子母河伯女郎邹牟王为我连葭浮龟应声即为

1.3 连葭浮龟然后造渡于沸流谷忽本西城山上而建都焉不乐世位因遣黄龙来下迎王王于忽本东罡履

1.4 龙首升天顾命世子儒留王以道兴治大朱留王绍承基业遝至十七世孙国罡上广开土境平安好太王

1.5 二九登祚号为永乐太王恩泽洽于皇天威武振被四海扫除不佞庶宁其业国富民殷五谷丰熟昊天不

1.6 吊卅有九宴驾弃国以甲寅年九月廿九日乙酉迁就山陵于是立碑铭记勋绩以示后世焉其辞曰

1.7 永乐五年岁在乙未王以碑丽不归□人躬率往讨过富山岂山至盐水上破其三部洛六七百营牛马群

1.8 羊不可称数于是旋驾因过襄平道东来□城力城北丰五备海游观土境田猎而还百残新罗旧是属民

1.9 由来朝贡而倭以辛卯年来渡每破百残□□新罗以为臣民以六年丙申王躬率水军讨伐残国军至□

1.10 道攻取宁八城臼模卢城各模卢城幹氐利城□□城关弥城牟卢城弥沙
城古舍蔦城阿旦城古利城□

1.11 利城杂珍城奥利城句牟城古模耶罗城莫□□□□城□而耶罗城瑑城□利城□□城豆奴城沸□□

第二面

2.1 利城弥邹城也利城大山韩城扫加城敦拔城□□□城娄卖城散那城那旦城细城牟娄城于娄城苏灰

2.2 城燕娄城析支利城岩门岂城林城□□□□□□□利城就邹城□拔城古牟娄成闰奴城贯奴坂彡穰

2.3 城曾拔城宗古卢城仇天城□□□□□其国城残不服义敢出百战王威赫怒渡阿利水遣刺追城残□

2.4 归穴就便围城而残主困逼献出男女生口一千人细布千四归王自誓从今以后永为奴客太三恩赦先

2.5 迷之愆录其后顺之诚于是得五十八城村七百将残主弟并大臣十人旋师还都八年戊戌教遣偏师观

2.6 帛慎土谷因便抄得莫斯罗城加太罗谷男女三百余人自此以来朝贡论事九年己亥百残违誓与倭和

2.7 通王巡下平壤而新罗遣使白王云倭人满其国境溃破城池以奴客为民归王请命太王恩慈弥其忠诚

2.8 特遣使还告以密计十年庚子教遣步骑五万往救新罗从男居城至新罗城倭满其中官军方至倭贼退

2.9 自倭背急追至任那加罗从拔城城即归服安罗人戍兵拔新罗城盐城倭满倭溃城内

2.10 十九尽拒随倭安罗人戍兵满罗城□□其为倭□□□□□言

中国
高句
丽史

第三面

　　3.1 □□□□□□□□□□□□□□□□□□□□□□□□□□□□□□□辞
□□□□□□□□□□残倭溃

　　3.2 □□罗城安罗人戍兵昔新罗寐锦未有身来朝贡□□□□广开土境好太王□□□□寐
锦□家仆句

　　3.3 □□□□朝贡十四年甲辰而倭不轨侵入带方界□□□□□石城□连船□□□王躬率
往讨从平壤。

　　3.4 □□□锋相遇王幢要截荡刺倭寇溃败斩煞无数十七年丁未教遣步骑五万
□□□□□□□□王师

　　3.5 □□合战斩杀荡尽所获铠甲一万余领军资器械不可称数还破沙沟城娄城□□城
□□□□□□

　　3.6 □城廿年庚戌东夫余旧是邹牟王属民中叛不贡王躬率往讨军到余城而余举国骇服
□□□□□□

　　3.7 □□王恩普覆于是旋还又其慕化随官来者味仇娄鸭卢卑斯麻鸭卢楯社娄鸭卢肃斯舍
鸭卢□□□

　　3.8 鸭卢凡所攻破城六十四村一千四百守墓人烟户卖句余民国烟二看烟三东海贾国烟三
看烟五敦城

　　3.9 民四家尽为看烟于城一家为看烟碑利城二家为国烟平壤城民国烟一看烟十訾连二家
为看烟俳娄

　　3.10 人国烟一看烟卌三梁谷二家为看烟梁城二家为看烟安夫连廿二家为看烟改谷三家为
看烟新城三

　　3.11 家为看烟南苏城一家为国烟新来韩秽沙水城国烟一看烟一牟娄城二家为看烟豆比鸭
岑韩五家为

　　3.12 看烟句牟客头二家为看烟求底韩一家为看烟舍茑城韩秽国烟三看烟廿一古模耶罗城
一家为看烟

　　3.13 炅古城国烟一看烟三客贤韩一家为看烟阿旦城杂珍城合十家为看烟巴奴城韩九家为
看烟臼模卢

　　3.14 城四家为看烟各模卢城二家为看烟牟水城三家为看烟干氐利城国烟一看烟三弥邹城
国烟一看烟

第四面

　　4.1 七也利城三家为看烟豆奴城国烟一看烟二奥利城国烟二看烟八须邹城国烟二看烟
五百

　　4.2 残南居韩国烟一看烟五大山韩城六家为看烟农卖城国烟一看烟七闰奴城国烟二看烟
廿二古牟娄

4.3 城国烟二看烟八璨城国烟一看烟八味城六家为看烟就咨城五家为看烟彡穰城廿四家为看烟散那

4.4 城一家为国烟那旦城一家为看烟句牟城一家为看烟于利城八家为看烟比利城三家为看烟细城三

4.5 家为看烟国罡上广开土境好太王存时教言祖王先王但教取远近旧民守墓洒扫吾虑旧民转当嬴劣

4.6 若吾万年之后安守墓者但取吾躬巡所略来韩秽令备洒扫言教如此是以如教令取韩秽二百廿家虑

4.7 其不知法则复取旧民一百十家合新旧守墓户国烟卅看烟三百都合三百卅家自上祖先王以来墓上

4.8 不安石碑致使守墓人烟户差错唯国罡上广开土境好太王尽为祖先王墓上立碑铭其烟户不令差错

4.9 又制守墓人自今以后不得更相转卖虽有富足之者亦不得擅买其有违令卖者刑之买人制令守墓之[①]

第一面 11 行，原有文字 449，现已识读 426 字；

第二面 10 行，原有文字 387，现已识读 363 字；

第三面 14 行，原有文字 574，现已识读 479 字；

第四面 9 行，原有文字 365，现已识读 365 字。

原有文字总计 1775 字，现已识读 1633 字。

碑文内容大体上可分以下三段。

第一段，第一面的 1 至 6 行，记叙高句丽建国的神话传说，前三王传承关系，"儒留王以道兴治，大朱留王绍承基业"。到十七世孙国罡上广开土境平安好太王之世，"恩泽洽于皇天，威武振被四海，扫除不佞，庶宁其业，国富民殷，五谷丰熟。昊天不吊，卅有九宴驾弃国（公元 391 年即位至 412 年死，在位 22 年）。以甲寅年（公元 414 年）九月廿九日乙酉，迁就山陵，于是立碑，铭记勋绩，以示后世焉！"这就将立碑的时间、地点、缘由交代得清清楚楚。

第二段，第一面第 7 行至第三面第 8 行，主要记载好太王一生亲率或派遣大军参与的重要军事活动、立下的赫赫战功。

永乐五年（公元 395 年），岁在乙未，王以碑丽不归□人，躬率往讨，过富山、岜山至盐水二。破其三部落六七百营，牛马群羊不可称数。

六年丙申，王躬率水军，讨伐残国。……于是得五十八城，村七百。此役的原因是：百残、新罗，旧是属民，由来朝贡。而倭以辛卯年来渡，每破百残，□□新罗，以为臣民。以六年丙申，王躬率水军往讨……

_____

① 耿铁华：《好太王碑新考》，长春：吉林人民出版社，1994 年，第 85—89 页。根据通化发现的新拓本，补充第三面第 1 行第 39—40 字"残倭"，第 3 行第 39 字"从"。

八年戊戌，教遣偏师，观帛慎土谷，因便抄得莫斯罗城加太罗谷男女三百余人。

九年己亥，百残违誓与倭和通，王巡下平壤。

十年庚子，教遣步骑五万，往救新罗。

十四年甲辰，而倭不轨，侵入带方界□□□□□石城□连船□□□王躬率往讨□。

十七年丁未，教遣步骑五万□□□□□□□。王师□□合战，斩杀荡尽，所获铠甲一万余领，军资器械，不可称数。

廿年庚戌，东扶余旧是邹牟王属民，中叛不贡。王躬率往讨，军到余城，而余举国骇服。

以上战事，好太王率高句丽军队，共夺得百济 64 座城，1400 个村子。若加上文献中记载的战事，好太王可谓戎马倥偬，百战不殆！

第三段，第三面第 8 行至第四面第 9 行。铭刻为好太王守墓烟户的来源与数量以及相关制度。其中包括新来韩秽国烟、看烟 220 家，旧民国烟、看烟 110 家，总计 330 家。

碑文铭刻好太王存时教言：自上祖先王以来，墓上不安石碑，致使守墓人烟户差错。唯国罡上广开土境平安好太王，尽为祖先王墓上立碑，铭其烟户，不令差错。又制守墓人，自今以后不得更相转卖。虽有富足之者，亦不得擅买，其有违令，卖者刑之，买人制令守墓之。不得买卖守墓烟户便成为一项制度镌刻在碑石上，令大众遵守。

好太王碑自光绪三年（1877 年）重新发现 140 多年来，中国、朝鲜、韩国、日本等国学者深入研究，发表了一批论文和著作，取得了许多成果，但也还有一些新的问题，有待进一步研究。那就是近年来，在中国、韩国、日本、美国大学、博物馆及私人手中收藏的好太王碑拓本陆续被发现，对于这些好太王碑拓本现存状况的著录，对其来源、流传以及捶拓年代的研究，学界还有不同的看法和意见。

2. 中原高句丽碑

1979 年 4 月 8 日，檀国大学博物馆学术调查团在韩国忠清北道中原郡可金面龙田里立石村发现了高句丽时代的石碑。过去一直立在这里，上面长满青苔，看不见文字，村民以为是无字碑，甚至顶礼膜拜，祈祷多子多孙，平安吉祥，因此保护得很好。直至调查时，才发现石碑上刻有文字，经过识读，认定是高句丽时期的重要碑刻，定名为中原高句丽碑（图版二十二）。

中原高句丽碑由一整块花岗岩石修凿而成，呈方柱形，通高 144 厘米、地上部分 135 厘米、宽 55—59 厘米、厚 37—38 厘米，字迹剥蚀较严重，大小在 3—5 厘米。碑石形状与好太王碑极为相似，只是形体要比好太王碑小许多。

中原高句丽碑的碑文为汉字隶书，四面环刻，右起竖书，前面文字为 10 行，每行 23 字；左侧面文字为 7 行，每行 23 字；后面文字为 9 行，每行 23 字；右侧面文字为 6 行，每行 23 字。估计原有文字在 730 字左右。经实际捶拓和辨识，韩国学者读出前面和左侧面的大部分文字，最多识出 279 个字，少的只读出 216 个字。[①] 经过一段努力，我们已经读出 368 字，占原有文字的一半以上。

---

① ［韩］李丙焘：《关于中原高句丽碑》；［韩］任昌淳：《中原高句丽古碑小考》，韩国《史学志——中原高句丽碑特辑号》，汉城：檀国大学文学会，1979 年。

已识读文字如下:

前面

高丽建兴四年

1 五月中高丽太王祖王命敕新罗寐锦世世为愿如兄如弟

2 上下相和安抚东夷之寐锦凭太子共前部大使者多分桓

3 奴主薄酋德佃类出安聆之告乃善对至跪官家太子其节

4 问塾上恭看节赐咸罗郡诸食丐赏赐寐锦之衣服建立处

5 用者赐之随遣诸夷赐奴客令节教诸位赐上下衣服教东

6 夷寐锦逮还来节教赐寐锦土内诸邑人贱客□□王国土

7 大位诸位上下衣服来受教跪赏之十二月廿三日甲寅东

8 夷寐锦上下至于伐城教来前部大使者多分桓奴主薄酋

9 德新罗境内募人三百新罗土内幢主下部拔位使者补奴

10 □流奴招抚凶斯盖卢共谋募人新罗土内众人践动遁□

左侧面

1 □□□中陈兵□伐城不获发村舍□□受取时便抄□□

2 □□□帅众□□邑部功德兴慰念□□□赐节人剌□□

3 □□□来赐□辛酉年恩德□十□□□□归太王国土□

4 □□□□□□□还□奴客卖句□□□节赐境安抚□

5 □□□□□梁□□□土有□辛酉年□新罗东夷寐锦土

6 □□□□□多分桓奴弥沙□斯色谷命古邹加共军至于

7 □□舍于□古牟娄城守事下部大兄躬率□□□□□

右侧面

1 □东夷寐锦赏赐□□前部大兄□□□□□孙继□□来

2 命□□□□□□□□利嗣东部小兄□归□□□□□□

3 □□领众□□宪治域节赐□□□□□□□□□□□

4 □□□□□□□□□□娄□□□□□□□□□□□□

5 □等自□□□□残合□□□□□□□□□□□□□□

6 □归乡□□弥沙□□□□□□□□□□□□□□□□[①]

中原高句丽碑的内容主要是同新罗关系的记事,从好太王到长寿王一直命敕新罗王,愿与之世

---

① 耿铁华:《冉牟墓志与中原高句丽碑》,韩国《高句丽研究》2000年第10辑。

世代代亲如兄弟，使上下融合，让新罗王代为管理东夷诸多小国的事务。高句丽通过新罗王管理朝鲜半岛南部事务，以实施其南下政策，进一步完成统一大业。

高句丽安抚新罗王、稳定边境的思想是由太子向新罗王及南方诸国诏告的。这里的太子指的应是尚未即位的文咨明王罗云。他奉祖父长寿王（碑文称为祖王）之命，率领前部大使者多分桓奴与主簿酋德等人，到达新罗北部与高句丽交界处办理此事并立碑为证。太子及随行人向新罗王及东夷诸小国之王赏赐衣服、用物，使之俱受节教。同时安抚当地民众、奴客、食丐等。

新罗王与东夷诸王还招募新罗境内 300 人在伐城一带帮助前部大使者多分桓奴与主簿酋德等安抚边境流民。

百济王看到高句丽与新罗友好交往，安抚边境，也想通过新罗下部拔位使者共谋在新罗境内招募 300 人参与其事，从而引起新罗边境骚动不安。于是高句丽陈兵伐城，稳定局势。左右侧面内容中还有军队活动及节制、赏赐等。可惜剥蚀较多，难以卒读。

根据碑文内容和碑上相关的纪年文字推断，中原高句丽碑应建在长寿王六十三年（公元 475 年）前后为宜，不会超过长寿王辞世之年。

3. 集安高句丽碑

2012 年 7 月 29 日，集安麻线乡村农民马绍彬在麻线河西岸发现一块大石板，上面有文字，遂上报集安市博物馆。经过专家鉴定与研究，定名为集安高句丽碑。

集安高句丽碑是由一整块粉黄色花岗岩加工而成，碑体呈扁长方形，下部较上部略宽，下部较上部稍厚。正反两面及左右两侧经过加工，平整规则，碑首部分与碑身连为一体，碑首呈"圭"形，没有圆穿，是两汉以来中原流行的较为典型的圭形碑。右上角稍有缺损，底部两角呈漫圆形，下部中间有榫头，原本应该有碑座，现已不知所在。石碑现存高度 173 厘米，宽 60.6—66.5 厘米，厚 12.5—21 厘米，下部榫头高 15—19.5 厘米，宽 42 厘米，厚 21 厘米。重量为 464.5 千克。石碑的正面阴刻碑文，汉字隶书，共 10 行，自右而左竖书，前 9 行每行为 22 字，最后一行为 20 字，原文共有 218 字，右上部由于残损而缺失 10 余字。因石碑长期处在河床之中，经河水冲刷、沙石磨损，造成部分碑文字迹模糊。背面仅有一行字，现已模糊，难以辨识。左侧有人工凿损痕迹，隐约可见笔画残痕，也可能是烟户头的名字等（图版二十四）。①

集安高句丽碑正面碑文如下：

1　□□□□世必授天道自承元王始祖邹牟王之创基也
2　□□□子河伯之孙神灵祐护蔽荫开国辟土继胤相承
3　□□□□□□烟户以此河流四时祭祀然而□备长烟
4　户□□□烟户□□□□富足者转卖韩秽守墓者以铭

---

① 耿铁华、董峰：《新发现的集安高句丽碑初步研究》，《社会科学战线》2013 年第 5 期。

5　　□□□□□唯国罡上太王□□□□王神□□舆东西

6　　□□□□□□追述先圣功勋弥高悠烈继古人之慷慨

7　　□□□□□□□□自戊□定律教遣发令其修复各于

8　　先王墓上立碑铭其烟户头廿人名以示后世自今以后

9　　守墓之民不得擅自更相转卖虽富足之者亦不得其买

10　　卖如有违令者后世继嗣并罚看其碑文与其罪过

　　集安高句丽碑的内容涉及高句丽起源和建国，"□□□□世，必授天道，自承元王，始祖邹牟王之创基也，□□□子，河伯之孙，神灵祐护蔽荫，开国辟土，继胤相承"。其中"□□□□世"，依据好太王碑可以推断为"唯太王之世"或"好太王之世"等。"□□□子"同冉牟墓志中的"河伯之孙，日月之子"大体相同。集安高句丽碑真实地记录和证明了高句丽起源建国的情况。

　　碑文中还出现了"国罡上太王"的字样，根据冉牟墓志"逮至国罡上太王"的句法和此碑文意确认"国罡上"的存在。可以看出碑文书写者对好太王时期社会稳定、疆土开阔的赞颂。

　　碑文第 3 行有"以此河流，四时祭祀"。这是高句丽考古资料中首次出现"祭祀"的字样，其含义和价值是深远的。高句丽人十分重视族人、亲人的丧葬，从建国初期就逐渐形成了本民族的丧葬习俗。高句丽王公贵族还建立起陵园和守墓制度。新出土的集安高句丽碑记载了守墓制度的相关内容。好太王碑文中明确了为好太王守墓的烟户有 330 家。守墓者称为烟户，而且将烟户分为国烟和看烟两种。看烟数量较多，由战争虏获来的韩秽担任。国烟为旧民烟户，其身份要比看烟高些。新出土的高句丽碑中多次出现守墓烟户的字样。国烟可能就是新碑中的"烟户头"。守墓烟户不仅要守墓洒扫，还要四时祭祀。

　　新出土的高句丽碑记载，戊□年公布了守墓烟户相关的法律条文。强调"自今以后，守墓之民，不得擅自更相转卖，虽富足之者，亦不得其买卖，如有违令者，后世继嗣并罚，看其碑文，与其罪过"。强调了不许买卖守墓烟户，就是富足之者也不得买卖。如果违背不仅买卖者被罚，还要连累其子孙。

　　碑文第 7 行第 9—13 字"自戊□定律"，"戊□"应该是碑文中出现的干支纪年，十分重要，可惜"戊'字下面的字磨蚀较重，不好辨识。从字形和字划看，与"子""午"和"申"都较为接近。与好太王在位时期相近的戊子年、戊午年和戊申年有：

　　戊子，故国壤王五年，公元 388 年。

　　戊申，好太王十八年，公元 408 年。

　　戊午，长寿王六年，公元 418 年。

　　根据碑文内容，联系到好太王碑的记载："自上祖先王以来，墓上不安石碑，致使守墓人烟户差错。唯国罡上广开土境好太王，尽为祖先王墓上立碑，铭其烟户，不令差错。"推测集安高句丽很可能是好太王十八年（公元 408 年）戊申，为其父故国壤王立的墓碑。故国壤王的陵墓即麻线千秋墓，碑在墓的西北 456 米，正是守墓烟户居住区。

4. 人像石刻

过去曾著录为画像石刻或人面石刻。

人像石刻位于集安市医院后山坡禹山 3319 号墓左后方。在花岗岩石上单线阴刻，画面长 104 厘米、宽 54 厘米，人像正面半身，头部折风冠断掉一半，仅剩菱形下部。人脸上宽下窄，略呈桃形，双眉弯弯，双目细长，扁圆形，右耳双边，左耳单边，耳垂下缀耳环，颈部直长。双臂为半圆形线刻成，简明大方。胸前双乳周围有圆点凿成花环，中间为双十字形。整个画面是一位半身捧花环的人，这样就与古墓有着密切关系，形成悼念祭拜的形象（图 12.19）。^①

图 12.19　人像石刻

资料来源：吉林省文物考古研究所谷德平拍摄

禹山 3319 号墓为方坛阶梯砖室墓。双耳室，曾出土丁巳纪年瓦当和多件青瓷盘口壶，此墓年代约为公元 4 世纪中叶。

5. 石柱、无字碑

石柱在集安火车站前 500 米的人家院内，两柱间相距 40 米，均为方锥形（图版二十八）。东侧石柱通高 3.25 米，地表上裸露部分高 2.15 米，地下埋藏 1.1 米，幅宽 34—64 厘米；西侧石柱通高 3.1 米，地表上裸露部分高 2.0 米，地下埋藏 1.1 米，幅宽 40—77 厘米。两个石柱内侧各有一个八角形础石，加工精细，与柱基相距 4—5 米，应当是与石柱有关的建筑遗迹。附近有高句丽建筑遗址，约为 5000 平方米。出土许多板瓦、筒瓦、菱纹砖。^②

---

① 《集安县文物志》，长春：吉林省文物志编委会，1984 年，第 93—94 页。
② 《集安县文物志》，长春：吉林省文物志编委会，1984 年，第 96 页；吉林省文物考古研究所、集安市博物馆编著：《国内城——2000—2003 年集安国内城与民主遗址试掘报告》，北京：文物出版社，2004 年，第 175—180 页。

根据这一对石柱的位置、距离和附近的建筑遗迹，推测可能是立在建筑群前面的石阙，类似后世出现的华表。

集安境内还发现四方无字碑，或称之为碣。

第一方无字碑立在山城下墓区第 1411 号墓前。此墓是一座封土石室双室墓，位于山城下墓区西北。著名的兄墓、弟墓、折天井墓和龟甲墓均在其东南 100—150 米范围之内。最初石碑在坟东北侧封土边缘，碑身倾斜，下部埋在土中。1993 年古墓维修时，将其立在墓道前。石碑系花岗岩质，呈上细下粗的八棱柱状，顶部为钝八棱锥形，锥底直径 48 厘米，高 14 厘米，柱体底部直径 85 厘米，通高 116 厘米，碑身无刻字痕迹（图版二十九）。[1]

第二方无字碑立在禹山墓区第 1080 号墓前。此墓是一座大型封土石室墓，在城区东太王乡禹山村路旁，西去约百米为饲养所，这里正当禹山南麓中部缓坡地带南缘，前隔大路，面临宽阔的平地，周围的墓葬规模都比较大。1976 年 7 月清理发掘时，在上部填土中发现一通倒置的石碑。碑的形状略如上圆下方的碣，由整块花岗岩琢成，通高 160 厘米。扁矮的底座平面呈长方形，正面宽 97 厘米，侧面宽 73 厘米，高 27 厘米。碑身下部长宽与底座同，只是四角被齐整地劈去，横截面呈截角方形。碑身八条棱线相当清楚。碑顶略圆收，但仍可隐约地看到碑身八条棱线的延长线，而且圆收部分与碑面之间也尚可看出转折的圆线，碑顶中央刻有一阴线的八边形，八角与碑身的八条棱线相对。碑面风化剥蚀较严重，泐痕甚多，虽经试拓，并未发现任何铭刻迹象（图版二十九）。[2]

第三方无字碑立在禹山墓区四盔坟 2、3 号墓之间。四盔坟在洞沟古墓群禹山墓区五盔坟 1、2 号墓北 40 米左右，东西排列，1、2、3 号墓之间距离均为 3 米，3、4 号墓之间距离为 6 米。在 2、3 号墓之间有一座无字石碑，为灰色花岗岩石质，下部为正方形，上部为圆弧方锥形，通高 110 厘米，底宽 80 厘米，下部高 50 厘米，上部高 60 厘米。下部一角残损。没有铭刻文字的痕迹（图版二十九）。[3]

第四方无字碑立在山城下墓区第 1305 号墓旁。2016 年发现。为圆角四棱柱状花岗岩石碑，顶部浑圆，一侧稍磨蚀。通高 78 厘米，地上部分为 58 厘米，地下部分有 20 厘米，宽 40 厘米，厚 32 厘米（图版二十九）。[4]

以上四座石碑皆无文字，很难对其性质做出准确判断。推测可能和高句丽王陵立的碑刻一样，用以标记守墓烟户。不见文字的原因，或许是书而未刻，墨迹泯灭；也可能原本就无文字，只是作为墓葬的标记而已。

从好太王碑、中原高句丽碑、集安高句丽碑以及一些石刻、砖铭上，还可以领略到高句丽人书法艺术的风格。当然，最能代表高句丽人书法水平和风格的莫过于好太王碑了。对于好太王碑文的字体众说不一，有谓之八分书，有谓之汉隶，有谓之隶楷之间，有谓之篆隶楷兼有，还有谓之真书。

① 《集安县文物志》，长春：吉林省文物志编委会，1984 年，第 94—95 页。
② 《集安县文物志》，长春：吉林省文物志编委会，1984 年，第 94—95 页。
③ 集安市博物馆档案资料。
④ 耿铁华：《集安高句丽碑研究》，长春：吉林大学出版社，2017 年，第 97 页。

从分析来看，碑文笔画多是以方笔入手，没有粗细变化，状若画沙，平直刚劲；在字体的结体上多是平肩齐首，大小一致；明显不同于篆书的圆曲，也少有真书的笔画变化，所以断之为隶书是正确的。只是此隶书没有明显的蚕头燕尾，亦未明显八分，定为古汉隶体较为恰当。

在审美方面，好太王碑亦是值得称道的。首先是以界格分布，避免因石碑粗糙高大而带来虚空的感觉，并且体现了一种整齐的美感。其次是字的大小，虽多相同，但字与字之间，特别是相同字之间在笔画的长短、方向、字的繁简形态等方面尽可能求得变化。在风格上，清代阮元曾著有《南北书派论》，将魏晋南北朝时的书法用之于"南帖"和"北碑"二派。而好太王碑所显露出的古朴、凝重、粗放、雄浑则富有"北碑"的神态，得到方家的赞誉。

6. 其他刻石

另外，在历年考古调查与发掘中，在平壤高句丽城墙上有几处石条刻有汉字，在集安一批高句丽墓葬的阶坛石上也发现刻有文字或图案，内容较为简洁。经整理如下表（表12.5）：

表 12.5 高句丽刻石[①]

刻石	年代	发现地	类别	书体	备考
"大吉"刻石	329 年前后	集安西大墓	刻石	楷书	隶书笔意
"囗上"刻石	4 世纪末	平壤大城山城国士峰南侧城墙	刻石		
大和十三年石佛像	489 年	东亚大学收藏	刻石		
笼吾里山城刻石	495 年	平安北道泰川郡龙上里笼吾里山城	摩崖	楷书	行书笔意
平壤城刻石"丙戌"	556 年	平壤市中区域庆尚洞	刻石	楷书	
平壤城刻石"卦娄盖部"	566 年	平壤市中区域南门洞	刻石	楷书	
平壤城刻石"己丑年三月"	569 年	平壤市大同桥乌滩江边	刻石	正书	
平壤城刻石"己丑年五月"	569 年	平壤市	刻石	隶书	1967 年发现
平壤城刻石"己酉年"	589 年	平壤市大同桥乌滩江边	刻石	隶书	正书

四、墨书文字

高句丽壁画墓中有一些带有墨书墓志和题记，篇幅长短不一。其中最有代表性的是冉牟墓志、安岳 3 号墓和德兴里墓的墨书题记。内容涉及的历史资料弥足珍贵，其书法艺术的风格特点羽显，具有重要的史料价值与艺术价值。

1. 冉牟墓志

冉牟墓为截尖方锥形封土石室墓，周长 70 米，封土高 4 米，方向 235 度。墓内有前后二室，中有甬道相通。墓道、甬道、前后二室在同一中轴线上。前室正壁梁枋上有墨书墓志，正文 79 行，

---

① ［韩］东北亚历史财团编：《高句丽的文化与思想》，香港：社会科学出版社有限公司，2010 年，第 94—95 页。

每行 10 字，纵横间以界格，另有题首 2 行。全文 800 多字。惜漫漶甚多，可辨识者 430 字左右。墓志为汉字，从右至左竖行隶书（图 12.20）。有汉简书法风格，工整流畅。冉牟墓志是仅次于好太王碑的高句丽时代长文。①

图 12.20　冉牟墓志局部

资料来源：耿铁华：《高句丽壁画研究》，第 268 页图

释文如下：

大使者牟头娄　　　　奴客
文
1　河泊之孙日月之子邹牟
2　圣王元出北夫余天下四
3　方知此国郡最圣德□□
4　治此郡之嗣治乃好太圣
5　王奴客祖先于□□北夫
6　余随圣王来奴客因基业
7　之故造圣王猷□□奴客
8　世遭官恩恩育满国罡上
9　圣太王之世随□□□宜
10　祀倪傧□□□□□民
11　非灵被□□□□□□
12　叛逆绥顺之益□□大兄

---

① 耿铁华：《高句丽考古研究》，长春：吉林文史出版社，2004 年，第 309—322 页。1938 年日本池内宏、梅原末治在《通沟》一书中著录为"牟头娄冢"，1940 年劳榦先生在《跋高句丽大兄冉牟墓志兼及高句丽都城之位置》一文中为之正名。

13　冉牟在世民无困扰□能

14　遣招旧部恩赐衣之□□

15　狗鸡鹅□采□□□□□

16　塈农桑□□□□□□□

17　悦□释鞍□□□□□□

18　恩德恒昌□□□□□□

19　官客止于□□□□□冉

20　牟令乡灵经转□□□下

21　慕容鲜卑韩秽使人喻知

22　河泊之孙日月之子所生

23　之地来自北夫余大兄冉

24　牟推□□公义乡□无穷

25　处省□□□□□□□□

26　牟娄□□弘□□□□□

27　命遣□□黄龙□□□□

28　□之□□忠义世守□□

29　□□□□□存□□□□

30　□□□□□造世人□□

31　之盛□□□苑罡□□□

32　关岳望□□为□□□□

33　□□残命□间□□□□

34　□三日□□□□□□□

35　北夫余冉牟□□□□□

36　□河泊日月之孙□□□

37　□□在祖大兄冉牟寿尽

38　□□于彼丧亡终日祖父

39　□□大兄慈惠大兄□明

40　□世遭官恩恩赐祖之□

41　道城民谷民并馈前王恩

42　育如此逮至国罡上太王

43　圣地好太圣王缘祖父屡

44　忝恩教奴客牟头娄凭冉

45　牟教遣令北夫余守事河

46　泊之孙日月之子圣王□

47　□马帜昊天不吊奄便薨

48　殂老奴客在远襄助知若

49　遇不幸日月不□明肇□

50　灵□□□朝神□□□□

51　□□□□苑阙似□□□

52　知老奴客在远之□职归

53　还□酸教之□葵□□□

54　滋润太隧踊跃□□□□

55　使人教老奴客□□□□

56　官恩缘牟头娄□□□□

57　孰致洒赘涕零□□□□

58　窥极言教一心□□□□

59　□□□兄难孰归□□述

60　□□□□于□□□□□

61　□□□意不□□□□□

62　□三人相□□□□□□

63　尝聚好太王圣地□□□

64　然所依如若朝拜□勤□

65　知之献□之法□□□□

66　可知之□如几□□□□

67　□□□朔月平旦□□□

68　□□□池海□□□□□

69　□□□□□□□□□□

70　□□□□□□□□□□

71　□□□□□□□□□□

72　□□□□□□□□□□

73　□□□□□□□□□□

74　□□□□□□□□□□

75　□□□□□□□□□□

76　□□□□□□□□□□

77　□□□□□□□□□□

78　□□□□□□□□□□

墓志叙述了高句丽大兄冉牟的先祖随高句丽邹牟王从北夫余来到高句丽都城（忽本纥升骨）建立基业。到了好太王之世，冉牟家族的官爵传于冉牟本人，官居第三级大兄。冉牟在好太王绥靖叛逆之时建立了功业，招抚旧部北方的夫余人，安抚西方的慕容鲜卑人和南方的韩秽人，使国人安居，发展农业，使民无困扰。大兄冉牟不仅建立了许多功业，他的人格也是值得颂扬的。他推行公义，使人受益无穷，为人忠义，福造世人。他的盛名，山岳为之仰望。奴客牟头娄不忘自己家族世代受到大兄冉牟先祖之恩，凭着大兄冉牟的推荐，让奴客担任北夫余守事。大兄的恩德胜似父母，令人感激涕零。每当太阳要露出地平线之时，奴客朝向蓝天大海，向大兄拜祭。作为墓志，以上内容清楚，层次分明，毫无混乱之处，十分清楚地表达了大使者牟头娄代表本家与自身，对冉牟家族特别是对冉牟本人无限感激赞颂之情。

墓志书写的时间是在好太王死后不久，故与好太王碑是同时代的，字体与隶书体不尽相同。在笔画上，隶书的横画或呈明显的波磔，即明显的蚕头燕尾，或无波磔，只是简单的一横，且它的基本走向却都是水平的；而冉牟墓志的横画多露锋入笔而藏锋收笔，既无一波三折之形，亦无蚕头燕尾之态，而且，基本走向是自左向右上仰斜。隶书的撇捺是左右相悖的，呈明显的"人"字形，笔直画均是粗细相同，对应相称的；而冉牟墓志的撇捺粗细不同，不是严格的对称之势。在结字上，隶书一般是平肩齐首，整齐方正，大小划一的；而冉牟墓志则好似信手拈来，或大或小，或收或放，各尽字的真态。另外，隶书一般都是尚扁尚圆的，而墓志则是长方形态。因此墓志不是隶书体，而应是楷书体，当然也不是那种完全的正楷，因为在墓志当中有许多字的笔画不是自为起止的，而是连接起来的，带有行书的韵味。整体看来，墓志的楷书体式是占主要地位的，确而言之，冉牟墓志应属行楷书。冉牟墓志在字的笔画、形态上也注意到变化，富于参差的对比，而界格分布的整而齐则又产生了明显的"乱"而有序的效果。另外，墓志文字的娟秀、流畅、飞动则体现一种南帖的韵致。[2]

2. 安岳 3 号墓墨书文字

1949 年 4 月，朝鲜民主主义人民共和国黄海南道安岳郡五局里发现了一座高句丽壁画墓，定名安岳 3 号墓。这是一座封土石室墓，墓葬结构颇具特点，由墓道、前室、中室、后室和回廊构成。中室有两个侧室，西侧室入口南侧侍从人物"帐下督"的头上有一组墨书文字。文字写在墓壁上，纵向成行，横向文字多少不等，不成列，共 7 行 68 字。现已辨识出 66 字（图 12.21）。

① 耿铁华：《高句丽考古研究》，长春：吉林文史出版社，2004 年，第 319—322 页。
② 李乐营：《高句丽的书法》，杨春吉、耿铁华主编：《高句丽历史与文化研究》，长春：吉林文史出版社，1997 年，第 331—332 页。

图 12.21 安岳 3 号墓墨书文字

资料来源：耿铁华：《高句丽壁画研究》，第 254 页图

原文如下：

> 永和十三年十月戊子朔廿六日
>
> 癸丑使持节都督诸军事
>
> 平东将军护抚夷校尉乐浪
>
> 相昌黎玄菟带方太守都
>
> 乡侯幽州辽东平郭
>
> 都乡敬上里冬寿字
>
> □安年六十九薨官[1]

安岳 3 号墓的安葬者是冬寿，冬寿，亦记作佟寿、佟焘。辽东人，曾经担任过燕征虏将军慕容仁的司马，后为燕王慕容皝的司马。在慕容皝讨慕容仁的战斗中兵败，降于慕容仁。咸康二年（公元 336 年）慕容皝大破慕容仁，斩杀其部下，冬寿东奔高句丽，成为高句丽的属官。墓志中所记载"永和十三年十月，戊子朔，廿六日癸丑"正是冬寿死亡之年，即公元 357 年，冬寿终年 69 岁。以此推断，冬寿当生于晋太康九年（公元 288 年），出生地为幽州辽东郡平郭县都乡敬上里。

3．德兴里墓墨书文字

1976 年 12 月 8 日，朝鲜民主主义人民共和国考古工作者在南浦市江西区德兴里发现了一座壁画古墓，此墓由前后两室组成。前后室及藻井绘有精美的壁画，并有各种墨书题记和墓志。其中最

---

[1] 耿铁华：《高句丽壁画研究》，长春：吉林大学出版社，2017 年，第 253 页。

长的墨书墓志在前室北壁甬道上方，右起竖书，共 14 行 154 字（图 12.22）。

图 12.22　德兴里墓墨书文字

资料来源：耿铁华：《高句丽壁画研究》，第 259 页图

墨书文字如下：

□□郡信都县都乡□甘里 /
释加文佛弟子□□氏镇仕
位建威将军国小大兄左将军
龙骧将军辽东太守使持
节东夷校尉幽州刺史镇
年七十七薨官以永乐十八年
太岁在戊申十二月辛丑朔廿五日
乙酉成迁移玉柩周公相地
孔子择日武王选时岁使一
良葬送之后荣及七世子孙
番昌仕宦日迁位至侯王
造藏万功日煞牛羊酒肉米粲
不可尽扫旦食盐豉食一椋记
之后世富寿无疆 ①

墓志铭首先介绍了墓主人□□氏镇，应该是复姓。这一时期的复姓主要有司马、公孙、慕容、

① 耿铁华：《高句丽壁画研究》，长春：吉林大学出版社，2017 年，第 259—260 页。

宇文、鲜于等。生前所担任的官职为建威将军、国小大兄、左将军、龙骧将军、辽东太守、使持节、东夷校尉、幽州刺史。其中国小大兄与高句丽职官有某些联系，而其他均非高句丽职官。其中建威将军、左将军、龙骧将军、东夷校尉属武职，辽东太守、幽州刺史则为文职。刘永智先生和安志敏先生都指出，《晋书·慕容德载记》中的慕容镇，虽与墓志主人名字相同，但却不是一个人。《晋书·慕容德载记》中的慕容镇曾担任过南燕的尚书令、录尚书、车骑将军、开府仪同三司、都督中外诸军事的显官，似未任过幽州刺史。他们还推断，墓主人所任的幽州刺史为后燕所设。其实魏晋以来一直有幽州刺史的设置，前燕和后燕时期也设置了幽州刺史，东晋时期保持幽州刺史为其管辖。因此，墓主人担任的幽州刺史不应当是后燕的幽州刺史，而应当是东晋的幽州刺史。

这位□□镇活了 77 岁，永乐十八年去世。永乐十八年如果是高句丽广开土境平安好太王的年号，应该是东晋安帝义熙四年（公元 408 年），以此推断□□镇生于东晋咸和六年（公元 331 年），比安岳 3 号墓主人冬寿稍晚些，同样接受了东晋皇帝封赐的官职。这两个墓葬当中所描绘的内容有许多相同之处，特别是男主人的服装、冠饰、车马仪仗，也均为东晋时期。□□镇何时、为何投奔高句丽，文献缺乏记载，难以知其详。

前室西壁还绘有十三郡太守像，分上下两排，每人前面均有文字说明（图 12.23）。

上部由前往后依次为：

奋威将军燕郡太守来朝时

范阳内史来论州时

渔阳太守来论州时

上谷太守来朝贺时

广宁太守来朝贺时

代郡内史来朝贺时

下部依次为：

北平太守来论州时

辽西太……

昌黎太守来论州时

辽东太守来朝贺时

玄菟太守……

乐浪太守……

……

图 12.23　十三郡太守线描图

资料来源：耿铁华：《高句丽壁画研究》，第 261 页图

下部最后一名太守的说明已全部脱落，据前后文可知其为带方太守。上下两部第一名太守之前各绘一人跪地，向幽州刺史禀报各郡太守的到来。上部书："六郡太守来朝时通使史"；下部书："诸郡太守通事吏。"整个画面有三行竖书的说明。其文为：

此十三郡属幽州部县七十五州

治广蓟今治燕国去洛阳
二千三百里都尉一部并十三郡^①

五、壁画艺术

光绪三年（1877年），怀仁设治，书启关月山公余访诸野，在通沟发现了好太王碑，"仅拓数字，分赠同好"。光绪十五年，京师拓工李云从到通沟捶拓好太王碑，得到好太王陵文字砖，同时发现有的古墓中，"壁上现龙凤，彩色如新"^②。这应该是高句丽古墓壁画发现的最早记录。

20世纪初，日本、法国学者先后到通沟进行实地考察。1935年9月至10月初，日本学者池内宏、梅原末治、三上次男等人，对通沟一带的高句丽文物遗迹进行调查、著录、测绘、拍照。先后出版了《通沟》上下卷，巨制鸿篇，印刷精美。其中著录的高句丽壁画古墓有：角觝墓、舞踊墓、马槽墓、三室墓、四神墓，五盔坟4号墓、5号墓，龟甲墓、美人墓、散莲花墓、环纹墓、冉牟墓等。

20世纪中期以来，中国和朝鲜文物考古工作者，先后在本国境内清理和发掘出一批高句丽壁画古墓，使已发现的高句丽壁画古墓增加到127座。其中：

中国境内38座：

抚顺市1座　　　　施家墓群1号墓（FSM1号墓）

桓仁县1座　　　　米仓沟将军墓（HMM1号墓）

集安市36座

禹山墓区　　　　1. 角觝墓（JYM0457号墓）

2. 舞踊墓（JYM0458号墓）

3. 马槽墓（JYM1894号墓）

4. 三室墓（JYM2231号墓）

5. 散莲花墓（JYM1896号墓）

6. 四神墓（JYM2113号墓）

7. 五盔坟4号墓（JYM2104号墓）

8. 五盔坟5号墓（JYM2105号墓）

9. JYM1041号墓

10. JYM3319号墓

11. JYM2174号墓

万宝汀墓区　　　12. JWM0645号墓

13. JWM0709号墓

14. JWM1022号墓

① 耿铁华：《高句丽壁画研究》，长春：吉林大学出版社，2017年，第260—261页。
② 罗振玉：《好太王陵砖跋》，收入《唐风楼金石文字跋尾》，1908年。

15.JWM1368 号墓

山城下墓区　16. 龟甲墓（JSM1304 号墓）

17. 美人墓（JSM1296 号墓）

18. 折天井墓（JSM1298 号墓）

19. 王字墓（JSM0332 号墓）

20. 莲花墓（JSM0983 号墓）

21.JSM0365 号墓

22.JSM0491 号墓

23.JSM0725 号墓

24.JSM0798 号墓

25.JSM1020 号墓

26.JSM1305 号墓

27.JSM1405 号墓

28.JSM1407 号墓

29.JSM1408 号墓

麻线墓区　30. 麻线 1 号墓（JMM0001 号墓）

下解放墓区　31. 冉牟墓（JXM0001 号墓）

32. 下解放 31 号墓（JXM0031 号墓）

33. 环纹墓（JXM0033 号墓）

长川墓区　34. 长川 1 号墓（JCM0001 号墓）

35. 长川 2 号墓（JCM0002 号墓）

36. 长川 4 号墓（JCM0004 号墓）[1]

朝鲜境内 89 座：

平安南道 14 座；

平壤市附近 27 座；

南浦市附近 22 座；

黄海南道 11 座；

黄海北道 3 座；

新发现的壁画墓 12 座。[2]

高句丽壁画古墓分布的区域性特点十分明显，大体上集中在桓仁、集安、平壤一带，这恰恰是高句丽都城所在地区，迁都以后，作为重要都会，是高句丽王与王公贵族长期生活居住的地方。这

---

① 耿铁华：《高句丽壁画研究》，长春：吉林大学出版社，2017 年，第 10—11 页。

② 耿铁华：《高句丽壁画研究》，长春：吉林大学出版社，2017 年，第 11—12 页。

些壁画古墓中，封土石室墓居多，占 90% 以上，而方坛阶梯石室墓的数量相对少些，只有集安禹山墓区和山城下墓区的几座。

高句丽古墓壁画的内容颇为丰富，大体上可分为以下三大类。

第一类，以社会生活为主要内容的壁画。

此类壁画数量最多，年代也较早，延续时间较长，大约从公元 4 世纪到 6 世纪中叶，主要墓葬有角骶墓、舞踊墓、三室墓、马槽墓、禹山墓区第 1041 号墓、麻线 1 号墓、长川 1 号墓、安岳 2 号墓、安岳 3 号墓、台城里 1 号墓、德兴里古墓、保山里古墓、药水里古墓等。壁画所表现的生活场景有以下几种：

1. 居家宴饮

表现高句丽贵族居家宴饮的古墓壁画较多，如角骶墓、舞踊墓、安岳 3 号墓、JYM1041 号墓、麻线 1 号墓、德兴里古墓、东岩里古墓、马槽墓、药水里古墓、水山里古墓、长川 1 号墓、三室墓、安岳 1 号墓、双楹墓等。墓主人居家宴饮图，以角骶墓、舞踊墓较为典型。两座墓的居家宴饮图位置相同，都绘在墓室东壁，通壁绘一个大屋宇，赭色一斗三升斗拱，上承粗大的梁枋，梁枋上有卷云纹组成的三角形屋脊装饰。梁枋下面有一窄梁横于两斗拱之间，上悬通壁长的帷幔，束于两侧。室内有 6 人，居中男子为墓主人，头戴折风冠，身着对衽短衣，系腰，下穿肥裤，袖手端坐于木几之上，左侧 2 女性面向主人端坐木几上，身着长裙，近主人者左手挥动，似与之交谈的样子。两位女性应是墓主人的妻妾。左右各置 3 个几案，案上器皿中盛食品，供男女主人享用，男主人面前有一个比例较小的侍者，垂首跪着听候主人吩咐。男主人身后有两人持物侍立，比例亦较小。这是 4 世纪中叶高句丽的贵族家庭生活的情况。另外几幅宴饮的画面大抵如此，居室之中，夫妻 2 人或夫妻妾 3 人并坐几上，旁有男女侍从侍奉进食（图 12.24）。在宴饮图右侧壁面绘有厨房，厨师在为主人准备膳食，人物、饮器皆形象逼真，井然有序。

图 12.24　舞踊墓夫妻宴饮图

资料来源：吉林省文物考古研究所谷德平拍摄

集安高句丽古墓壁画中几幅宴饮图都绘在墓室的东壁，这些墓大都偏向西，东壁是主壁，而且都是夫妻妾居家宴饮，从中可以窥见高句丽贵族家庭结构和饮食生活的某些特点：多妻制以及妻妾同室饮食等。另外，几幅居家宴饮图中人物大小比例及位置是按照主人生前的意志安排的，一般是主人居中，正襟危坐，图像高大，靠近主人的是妻子，图像小于主人，妾在妻子侧，图像小于妻子，最小的是侍立于主人周围的男女侍从，他们是贵族家庭中的下人。这种安排，说明高句丽贵族之间，甚至在家庭中等级制度和等级观念都是相当森严的。

平壤地区高句丽古墓壁画中墓主人夫妻的图像大小比例相同，而且是盛装并坐，侍从人物则形象稍小些。如药水里古墓北壁藻井上绘有墓主人并坐图像，旁边有侍从人物，用简单的线条画出帷幔，似处在厅堂之内。帷幔之外绘有玄武图。安岳3号墓和德兴里古墓的墓主人都单独绘在墓室的一壁上，夫人则绘在另一壁上，形象端庄华丽。从主人及夫人的图像看似乎不是宴饮图，可以称为居家图。但是在另外的墓壁上都绘有厨房图，下人在为主人准备餐饮。厨房内的情况和集安高句丽古墓壁画中的厨房情况大体上相同，有准备肉、鱼、主食等场面，也有准备饮料的，还有灶膛生火的人物等。基本上反映了高句丽贵族日常饮食生活的情况。

2. 歌舞

高句丽古墓壁画中所描绘的歌舞场面较多，大都是高句丽贵族享乐生活的写实之作，既有多人结队而成的群歌群舞，也有少数人，甚至一人的独舞。这些歌舞场面不仅证明了高句丽民族喜歌舞的文献记载，同时也保留了民族歌舞的形象。以歌舞命名的舞踊墓南壁大型歌舞图是公元4世纪末高句丽群舞的动人场面。

户外空场上，在7名站立一排的男女歌手伴唱声中，4位穿长袖花衣，肥筒花裤的男子和2位穿长袖对襟襦裙的女子婆娑起舞。3男子中间穿插2女子，整齐地排成一行，侧前方，一男子朝向舞队起舞，很像是领舞。舞姿优美而有秩序，展臂后举，长袖飘垂，舞蹈的韵律显现出这是一支训练有素的队伍。舞队上方残存1人双脚，原报告中这是一个演奏阮咸的男子。舞队下方男女7人，手足无动作，从面部表情上看应该是为舞者伴唱的队伍。这样，歌舞队中有领舞1人，群舞5人，伴奏1人，伴唱7人，共14人。欣赏歌曲的却只有1人，他就是壁画左下部端坐马上，神情严肃，傲慢自负的贵族男子，马前还有一只蹲伏的狗（图版三十六）。他是这里的主人，拥有这样整齐而训练有素的歌舞队。

类似这样的歌舞场面，马槽墓南室西壁、麻线1号墓墓室南壁、长川1号墓前室南壁及北壁上部都可以看到。歌舞的队列、舞姿、伴奏、伴唱，甚至男女歌舞者的服饰等都基本相同。其中以长川1号墓前室南壁的歌舞场面更大些，南壁上部墓主人夫妇坐凉亭内的虎皮椅上，欣赏歌舞，上排为10多人组成的歌队和侍女，下面有10余人组成的舞队。舞队部分剥落较重，可见到前面有一人面向队伍做领舞，后面一排舞者，穿长裙的舞者剥落较重，只有部分裙裾隐约可见，后面的舞者前2位穿黑点花纹上衣，花纹长裤，向后甩手，从头形看应为女子。后面3人头戴折风，像是在准备

上场。整个画面歌舞人达 20 余人，观赏者只是墓主人夫妇而已。

朝鲜平壤一带的高句丽古墓壁画中歌舞的场面不是很多，我们见到的安岳 3 号墓壁画歌舞的场面和风格与集安地区的壁画略有不同。整个壁面只有 4 个人物，3 人在伴奏，其中 1 人在弹琴，1 人在弹奏阮咸，1 人在吹箫。舞蹈者只有 1 个人，他的舞姿颇具特色，脸部朝向乐队和伴唱者，双手前拱，双脚交叉作舞动状。

集安地区目前发现的高句丽古墓壁画数量不如平壤地区的多，表现歌舞场面的画面却超过了平壤地区。集安的舞踊墓、麻线 1 号墓、马槽墓、长川 1 号墓中都有歌舞场面。其中以舞踊墓和长川 1 号墓规模最大。高句丽的舞蹈有自己的表演风格、舞蹈语汇和特定的舞姿与动作。一般可见有男子独舞、男子双人舞、男女双人舞、男女群舞。像长川 1 号墓那种 30 多人共舞的画面是不多见的。最初是一两件弹拨乐器伴奏，后来乐件增多，而且有伴唱者。这些歌舞场面比平壤地区更为典型，更具有高句丽民族的特色。

3. 角觚百戏

高句丽古墓壁画中不止一次出现角觚的形象，一般都是 2 人相持角力，作摔跤状。角觚是中国古代一项传统的竞技兼娱乐活动。角觚活动起源较早，相传"蚩尤氏有头角，与黄帝斗，以角觚人"。因而冀州民众头戴牛角相抵，称"蚩尤戏"，这大约是中原地区最早的角觚运动。《汉书》记载，汉武帝时期曾作"角觚戏"。应劭注曰："角者，角技也。觚者相抵触也。"这种解释较其他解释更有道理。从高句丽古墓壁画看，角觚是一种属于摔跤、相扑性质的运动，也可以说是早期军营中的竞技活动。高句丽王公贵族在接待宾客时，经常以观赏角觚作为娱乐或游戏。这应该是从中原传来的。舞踊墓藻井、安岳 3 号墓中室东侧室入口南侧、长川 1 号墓前室北壁左上角等都绘有角觚图。只是画面较小，处在不甚主要的部位，仅占壁画的一小部分。安岳 3 号墓中的两位角觚者各穿一条短裤，上身赤膊，四肢舞动，正在做准备活动。与安岳 3 号墓相同的是，舞踊墓藻井上的角觚者也是仅着短裤，赤膊上身，正在准备较力，双方的姿势略有不同。

场面较大的应该是角觚墓墓室东壁的角觚图：晴朗的天空中飘着云朵，正中一株高大的梧桐树下，两位力士在进行角觚，其中一人高鼻深目，胡须上翘，另一人蓄短髭。各自将头置于对方的肩上，手攀对方腰际，上身赤裸，下身着短裤，头系巾结，双双用力。右方有一须发皆白的老人拄杖而立，短衣肥裤，腰系巾带，在观赏助威或者充当胜负的裁判。树上的鸟儿，树下的二兽似乎为精彩的角觚所吸引。这是高句丽壁画中最大的一幅角觚图，其他墓葬中的角觚画面都比较小，说明此墓主人生前很喜欢角觚之戏，也说明角觚在高句丽社会中是颇受欢迎的一种运动，特别是高句丽贵族喜欢歌舞、角觚已经成为一种时尚（图 12.25）。

图 12.25 角觝墓角觝图

资料来源：吉林省文物考古研究所谷德平拍摄

高句丽古墓壁画中的百戏图绘在长川 1 号墓前室北壁的上半部分，与歌舞场面相交错（图12.26）。百戏是围绕墓主人与宾客在树下欣赏猴戏为中心展开的。一株大树结实累累，鸾鸟依枝飞。一只身着黄色的小猴，头戴白色假面从赭色树干上向下倒爬，颈项上还系着锁链。树根上蹲一只小猴，亦着黄色，头戴白色熊假面，向主人拱手。树下一男一女两位戏猴者，男子跪在树干右侧，女子站在右侧。墓主人坐在树的左侧观看，身旁伏着一只黄犬，后立男女侍从持伞捧巾伺候。宾客坐于树的右侧，面向主人，后立侍从。墓主人左侧是两组歌舞场面，百戏表演穿插绘在左右。歌舞画面上部有一组车戏，一穿襦裙女子执曲盖车的双辕，前面一女子手挂长棍，回首反顾，车后紧跟一人暗中掩车，双腿蹬直向后用力，戏谑拉车者。车戏之左有二人追逐戏耍，二人角觝。宾客身后一人在表演传统的跳丸，表演者将手中的木

图 12.26 长川 1 号墓歌舞百戏狩猎图

资料来源：吉林省文物考古研究所谷德平拍摄

制小圆球连续抛于空中，然后接在手中再掷，并变幻各种动作。壁画中表演者一球在手，5 球在空，另一手际漫漶不清，似应还有一球，则为跳 7 丸。历代跳丸表演或 3 丸 5 丸，能跳 7 丸者，技艺较高。跳丸者之后有一人挥舞手中的棍棒，一方座上置一轮，正在进行舞轮表演，表演者头部扬起，双腿微屈，神情自若。各种表演画面间绘以人物、马匹、莲花饰物，使整个歌舞百戏图和谐自然，清新活泼。主人与宾客一起观赏歌舞百戏的壁画，生活气息浓烈。歌舞百戏的下半部分还绘有大规模的山林逐猎图。这是高句丽贵族闲适、安逸、享乐生活的一个极好的写照。

水山里古墓墓室西壁上端绘有墓主人出行图，行列的前边有三人在进行百戏表演，一人踩高跷，手拿道具似在进行幻术表演。一人抛起 6 个圆球，也在跳 7 丸。还有一人抬头望着斜前方旋转的轮子在进行舞轮表演。场面虽不如长川 1 号墓那样宏大，但画面也非常清晰和逼真。

4. 狩猎

高句丽作为北方民族，聚居之地多大山深谷，野生动物资源极为丰富，狩猎不仅仅是一种娱乐活动，而且是一种重要的生产手段。史籍中关于高句丽王率群臣外出田猎的记载是很多的。琉璃明王"二十二年（公元 3 年）冬十月，王迁都于国内，筑尉那岩城。十二月，王田于质山阴，五日不返"[1]。刚刚迁都不到两个月，百姓还没有安居，朝政还没有稳定，高句丽王却率领亲信随从驰驱田猎，久而不返。不仅琉璃明王如此，高句丽诸王都喜好田猎，乃至田猎之风在高句丽王公贵族中间大盛。大武神王三年（公元 20 年）"秋九月，王田骨句川，得神马"。闵中王三年（公元 46 年）"秋七月，王东狩，获白獐"。太祖大王时田猎活动增多，十年（公元 62 年）"秋八月，东猎得白鹿"。八十年"秋七月，遂成猎于倭山"。八十六年"春三月，遂成猎于质阳，七日不归，戏乐无度。秋七月，又猎箕丘，五日乃返"。次大王三年（公元 148 年）"秋七月，王田于平儒原，白狐随而鸣，王射之不中"。中川王十五年（公元 262 年）"秋七月，猎箕丘，获白獐"。西川王七年（公元 276 年）"夏四月，王如新城，猎获白鹿"[2]。就连威名赫赫的好太王，在征战之中还不忘田猎，以至在好太王碑中也刻下了"游观土境，田猎而还"的字样。

在高句丽壁画中，田猎的内容也是相当丰富的。据初步统计，高句丽的古墓壁画中现存较好的有 10 多座墓中绘狩猎图：德兴里古墓、舞踊墓、麻线 1 号墓、JYM1041 号墓、王字墓、龛神墓、马槽墓、药水里古墓、长川 1 号墓、三室墓、安岳 1 号墓、东岩里古墓、大安里 1 号墓、玉兆里古墓、梅山里四神墓等都绘有大小不等的狩猎场面。其中舞踊墓西壁梁枋下的大型狩猎图最为精彩。画面占据整个墓壁，高山和树木将狩猎场面有序地分开。上部绘一策马回首张弓的武士，正在瞄准一对奔鹿。下面山前，两个猎人驰马张弓，正在追逐一虎一鹿，逐虎骑士马前有一相随的猎狗。左端中部绘有一策马缓驰的武士，手执弓矢，腰带箭囊，头戴羽翎进入狩猎场。在山树之右面，有上、

---

① 《三国史记》卷十三《高句丽·琉璃明王本纪》，汉城：韩国民族文化推进会，1982 年，第 114 页。

② 《三国史记》卷十四《高句丽·大武神王本纪》《高句丽·闵中王本纪》，卷十五《高句丽·太祖大王本纪》《高句丽·次大王本纪》，卷十七《高句丽·中川王本纪》《高句丽·西川王本纪》，汉城：韩国民族文化推进会，1982 年，第 117、121、122—125、134—135 页。

下两乘牛车，下部已漫漶不清，上部牛车有篷盖，驭者牵牛立在一侧（图 12.27）。[①]

图 12.27　舞踊墓狩猎图

资料来源：吉林省文物考古研究所谷德平拍摄

与墓主人接待宾客观看歌舞绘在一起的狩猎图，在长川 1 号墓前室北壁上。狩猎图上部是歌舞和百戏，下部是山林逐猎——这是有 20 多人参加的一场大规模的山林逐猎，画面上赭色由折条纹组成山峦，中间绘林木，山林之中，猎手们在大显身手。一部分是向左驰逐的猎队，一部分是向右包抄的猎手，中间是惊慌逃遁的野兽。其中有虎、鹿、獐、熊、狐、獾、兔、貂、雉和各种鸟类。猎手们有的徒步、有的骑马、有的携犬、有的驾鹰，画面上虎奔猪逃，一对野鹿惊恐万状，一只黑熊吓得躲进了旁边的树洞中。

平壤一带的壁画中最有特点的狩猎图绘在药水里古墓前室西壁上。壁画的上方绘有山林，10 多位猎手隐藏在山林之中，山下面则是骑马射猎的场面，猎手骑在马上张弓搭箭，从两个方向围猎逃窜的野兽，野猪、鹿、虎、兔仓皇逃遁。下面有马队，旁边空白处绘有云气纹来烘托射猎的气氛。整个画面形象、生动、逼真，气氛极为热烈，充分表现了高句丽贵族在国家政治、经济发展时期的生活情趣和精神面貌。

5. 出行

高句丽贵族外出郊游、参拜神佛、宴会宾朋等活动，主要是乘马或驾车。一般情况下，贵族男子是骑马的。安岳 3 号墓、德兴里古墓、三室墓、马槽墓、药水里古墓、高山洞 7 号墓中均绘有大规模的出行图。

安岳 3 号墓墓室回廊东壁绘有大规模的墓主人出行图。以中间墓主人车盖为中心，前面 3 排为乐

[①]　《集安县文物志》，长春：吉林省文物志编委会，1984 年，第 134 页。

队侍从，左右各2排刀斧弓箭手，外侧前导有持长矛盾牌的步兵，后面有甲马骑士护卫，后面有并排持节仗、撑阳伞的侍从马队。百余人的队伍整齐而有秩序，乐队、步兵、骑兵、侍从，服装、靴帽各不相同，所持兵器、节仗等也各具特点。队伍庞大、场面庄严，规格较高。从仪仗、车马和服饰看，具有中原魏晋的风格，墓主人冬寿是从中原来到高句丽的，这一点壁画中的墨书题记记得很清楚。

三室墓一室南壁上部绘有完整的出行图。一行11人向前行进。第1人为引导的男侍，第2人为男主人，头戴黄色折风，眉目清秀，嘴唇有短须。上穿合衽黑边短袄，外套黑色短褂，束腰，下穿肥裤。第3人为女主人，头裹黄巾，身着黄色加边褶裙，腰束长带，双手合于胸前，裙裾飘逸。第4人为一男孩。第5人为一男子，头戴折风，衣饰与男主人相似。第6人为女子，披发长裙。第7、8两人为持阳伞的男女侍从。第9人为女子，身高仅次于男女主人，可能是男主人之妾。第10、11人则为仆从（图12.28）。

图 12.28 三室墓出行图

资料来源：吉林省文物考古研究所谷德平拍摄

药水里古墓前室东壁的出行图应该是规模最大的。整个画面分上、中、下三列，中列墓主人乘牛车，后面还有一辆车应是女主人的，后面跟随4个侍女。主人的牛车前有鼓乐仪仗，为主人拉马者，骑马撑伞盖者多人。上下两列为骑马和步行队伍，有骑马执旗幡的，步行执兵器的，还有整齐的铠马队伍。画面上的人物有70多人，场面宏大，队伍齐整，说明主人的身份地位是相当高的。由于人物较多，人物表情、服饰等就显得不够细致。

马槽墓南室南壁、北壁壁画中的这种人挽双辕曲盖车，南北两壁画面大体相同，南壁保存较好，车辇为红色曲盖，墨色车轮颇高，较壁画中的牛车精巧高雅，更适于贵族女子乘坐。前面两男仆挽车辕，车后可辨有5人，皆为女性。其中2人扶车，1人撑遮阳伞，后面手中捧物者为随从，这是高贵的女主人乘车出行的场面。

6. 拜佛

高句丽壁画中反映宗教内容的画面不是很多，有的是莲花和莲花化生等。长川1号墓的佛教内容较为突出的是前室东壁藻井上绘一幅夫妻拜佛图。正中的佛祖趺坐在束腰的须弥座上，座中绘一博山炉，左右蹲护法狮和老虎子。右侧夫妻2人俯伏在地，虔诚跪拜，身后立男女侍从。上部画飞天，流云。左侧两男女持阳伞侍立，身后侍从捧巾。旁绘双童子面莲花化生，四周饰以莲花，与南北两侧的菩萨群像组成一组佛教内容的场景（图 12.29）。

图 12.29　长川 1 号墓礼佛线描图

资料来源：耿铁华：《高句丽壁画研究》，第 16 页图

7. 生产

高句丽壁画中表现生产内容画面不多。根据角觝墓、舞踊墓、安岳 1 号墓、安岳 3 号墓、德兴里古墓、麻线 1 号墓、马槽墓、保山里壁画墓中马厩、牛棚、犁牛和牛挽车画面的情况推断，高句丽已经使用了牛耕。生产工具的改革使农业生产进一步发展，粮食产量有了较大的提高，富足之家有余粮入仓存储。麻线 1 号墓南侧室南壁绘一座四阿顶的仓廪，这一干栏式建筑领脊有两朵飘浮的云，象征仓廪之高，储粮之多。仓顶下面有 4 根赭色楹柱，横向交加木板，组成栅栏，中间有两块盾牌状饰物，底部则由 6 根赭色柱子支起，离开地面，以防粮食潮湿霉变（图 12.30）。

图 12.30　麻线 1 号墓仓廪图

资料来源：耿铁华：《高句丽壁画研究》，第 174 页图

德兴里古墓墓室西壁上也发现了类似的仓廪，其下部每侧有 3 根柱子支撑，形成干栏式建筑，顶部为四阿式，正面和侧面开有小窗。整体结构上与麻线 1 号墓的仓廪图差不多，细节上各有不同风格。画面上正视图旁边有一个侧视图，一人顺着梯子爬上仓廪。今集安、通化、桓仁一书的农家，几乎每家都有这种木结构干栏式的仓房，当地人称之为"苞米楼子"。高句丽"家家自有小仓，名之为桴京"[①]，指的可能就是这类建筑。不过壁画中的仓廪较高大，非一般农户家的小仓可比。此外，洞沟古墓群禹山墓区的积石墓中曾出土过陶仓，东台子遗址也曾出土过陶仓的残部。[②] 壁画中这样高大的仓廪建筑只能属于少数贵族所有，仓中的粮食则由下户供给，间接地表现了高句丽贵族对农民的经济剥削。这与史书记载高句丽"国中大家不佃作，坐食万余口，下户远担米粮鱼盐供给之"[③] 是相符合的。

在高句丽古墓壁画中还多次出现鱼的形象，舞踊墓壁画厨房内，厨师将鱼放在案板上，准备为墓主人烹制。安岳 1 号墓藻井上画有飞鱼，德兴里古墓中也画有飞鱼。三室墓藻井绘有鹳鸟捕鱼，画面形象、生动。这些鱼或捕鱼的形象，也可以反映出高句丽人渔猎生产的某些情况。

角觝墓、舞踊墓、安岳 3 号墓、德兴里古墓、马槽墓等墓室主壁皆绘夫妻居家宴饮的画面。通壁绘屋宇，夫、妻、妾对坐，几案之上摆着各种食物。相邻的壁面绘着厨房，正在准备食品菜肴，侍女手捧器皿为主人送食物。其中，安岳 3 号墓前室东侧室所画的厨房颇具特色。东侧室东壁绘厨房，锅上灶下和旁边有 3 人在准备饭菜，旁边一个房间里 4 个大钩子挂着猪、狗一类的肉食品，相邻的北壁是一座桔槔式水井，井旁有 2 人在盆罐前洗米或洗菜。厨房里的情况反映了贵族的饮食生活，既与农业经济相关，也与渔猎生产有联系。

8. 战争

高句丽古墓壁画中绘有战争壁画的高句丽古墓并不算多，主要有麻线 1 号墓、安岳 3 号墓、德兴里古墓、马槽墓、三室墓、长川 1 号墓，大体上都是 4 世纪中叶到 6 世纪一百多年间的作品。它们形象、直观地反映了高句丽军队与战争的情况，内容包括攻城、马战、斩俘及军队出行等方面。这部分壁画的军事主题突出，画面简洁，战争气氛强烈。

三室墓第一室北壁上绘有表现高句丽军队攻城略地的画面。画面左侧是一座颇具规模的古城，城垣高大曲折，有城门、城楼和角楼，城内可见屋宇和人物。城外是一片开阔地，右侧有两个骑马将军催马激战。两将军头戴兜鍪，身披铠甲。前者头上是铁铸整个头盔。后者则为双角式甲片头盔。前面的将军右手持枪，左手策马，向城门奔去，侧身回首注视后面追来的将军，面露惊恐，似为敌方将领。战马奔跑相当快，以致将军背后的缨球长旗（寄生）随风飘舞。后面的将军紧追不舍，跃马抡刀砍杀，大有获胜之势。两匹战马一红一黑，身披铁甲，首尾相及，一场激烈的马上厮杀

---

① 《三国志》卷三十《高句丽传》，北京：中华书局，1959 年，第 843—844 页。

② 耿铁华、林志德：《集安高句丽陶器的初步研究》，《文物》1984 年第 1 期。

③ 《三国志》卷三十《高句丽传》，北京：中华书局，1959 年，第 843 页。

被描绘得淋漓尽致。画面上部，城墙脚下，两个步卒拉开弓箭步，相对扑打，未分胜负。城墙上一名守军扶墙向外窥视战斗情况。那两个在墙脚下扑打的步卒，也许代表着两个将军率领的两支队伍在争斗。这种以一代万的绘画笔法，实在是高超得很。整个画面的气氛及胜负的趋势十分明显：前面持枪策马逃向城门的，应是敌方守城主将，城上窥视者见己方将军失利，面露惊慌，而后面跃马抡刀追杀的将军，则应该是墓主人。画中描绘的正是他生前跟随高句丽王攻城略地的军旅生涯的一个侧面。壁画的下半部分剥蚀不清。我们视觉所及的高句丽军队攻城的画面中共绘 6 人，城内 1 人，城上 1 人，城外扑打士卒 2 人，骑马交战将军 2 人，却给人以千军万马城下争战的感觉（图 12.31）。

图 12.31　三室墓攻城图

资料来源：吉林省文物考古研究所谷德平拍摄

　　三室墓第二室西壁绘着一位全副武装的起起武夫，身披铠甲，头戴兜鍪，上有一双角状装饰。上身铁甲护前胸后背，两臂袍服，便于挥舞兵器。领缘披肩高高翘起。左手握一柄横挂腰际的环首刀，右手执长刀，足下蹬一双钉鞋——与集安出土的几件鎏金铜鞋相同，而不同于一般士兵用的分为前后两半的铁钉掌。将军面朝北向站立，双目圆睁，正视前方，胡须翘起，张口露齿作呼喊状，英姿勃勃，威风凛凛。从他身上的甲胄、手中的兵器、足蹬的钉履看，绝不是一般的士兵。再从其气质、面容以及头盔上双角状装饰，手中执着的长刀看，则与第一室攻城图中乘胜追杀的将军相似。如若不是墓主人的形象，亦是同主人身份相仿佛的贵族武士。从三室墓的形制、结构、壁画的布局及内容分析，攻城图所反映的应当是 5 世纪初期，即好太王统治之下的高句丽军队攻城略地的情景。

　　与攻城图年代相近的另一幅战争画面，绘在马槽墓（通沟 12 号墓）北墓室左壁二，由骑士出战和斩俘两部分组成。画面中部绘一骑马武士，手持长矛，头戴兜鍪，身披铠甲，纵马驰骋。

战马亦披铠甲，戴面甲，马背后部的寄生像一缨球长旗在飘荡。马前有 3 人，形象莫辩，只残存一马上寄生。或许是前锋将士，也许是逃窜的敌兵。后部绘一武士，身着甲胄，足蹬钉履，神采俊武，形象与骑马武士相同。武士右手高举佩刀，正要斩杀跪伏着的披甲俘虏。武士左手牵一匹战马，此马只保存前半身，配有鞍鞯，未着铠甲，与前面骑士乘坐的铠马不同。举刀斩俘武士的左脚踏着一柄环首刀，右脚下横着一支长矛，这是被斩杀者丢下的兵器。画面上所见的两位高句丽将军，头戴的兜鍪比攻城图中将军的兜鍪更精致一些，衣甲亦更完整，不仅胸背有甲，而且肩肘部亦着甲。整个画面表现了出战、胜利、斩杀俘虏的全部过程，真实地再现了高句丽军队参加战斗的情景。

关于战争和军旅生活题材的壁画还有几幅，但多已剥蚀脱落，不甚清晰。安岳 3 号墓和德兴里壁画墓是 4 世纪中叶到 5 世纪初的壁画墓，壁画中虽没有战斗的场面，却有军队出行的情况，可以使我们了解到高句丽军队的组成及装备情况。

9. 其他

高句丽壁画的社会生活内容很多，除了上面的画面之外，还有城楼、宫殿、亭阁、马厩、水井、力士、卫兵、侍女、牛马鸡狗、花草树木、日月星辰、神仙传说等。

第二类，以四神为主要内容的壁画。

四神即朱雀、玄武、青龙、白虎。四神的形象在中原汉代建筑、瓦当及画像石、画像砖中多见，高句丽壁画中亦多见，最早出现在以社会风俗为主的壁画墓的藻井上，形象小，而且往往不全。到了公元 6 世纪末 7 世纪初，四神形象完整、高大，占据整个壁画的中心位置，形成了以四神为主体的壁画古墓。主要有四神墓、五盔坟 4 号墓、五盔坟 5 号墓、大安里 1 号墓、真坡里 1 号墓、梅山里四神墓、江西大墓、江西中墓等（图 12.32）。

以五盔坟 5 号墓为例，墓室南壁中部为甬道中穿，两侧壁面各绘一朱雀，朝向甬道。戴胜修尾，足踏莲台，振火红双翼，引颈长鸣，应为一雄一雌。北壁玄武，龟蛇缠绕，龟身向西，赭背无甲，蛇身五彩，蛇头与龟首相对，盘结之状十分生动。东壁青龙，昂首张口吐舌，奔腾向南，黄背赭腹，红、绿、茶三色身躯，墨色斜方格为鳞，四爪蹬开，龙尾后翘。西壁白虎，与青龙对称，亦南向腾跃，通体白色，墨线勾出虎纹。双眼圆睁，张牙舞爪。四神背后衬以火焰网状纹，四角绘怪兽托龙顶梁。4 号墓在网状纹中还绘有一些僧人、道士和供养人物，其余则基本相同。

藻井部分，绘有伏羲、女娲、牛头人、冶铁制轮人、帝王仙人、伎乐人、驾鹤人、羽人，以及日月星辰等。在四神墓藻井第二重顶石上绘有书写人物图，前面放置方形几案，上面放着文稿。一人跣足跪在后面，披发羽衣，神态自然，左手拿着纸张，右手持笔抄写。前面小几上放置墨盒，背景为流云（图 12.33）。

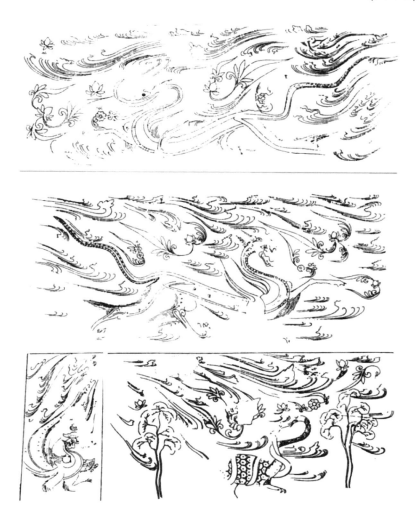

图 12.32　真坡里 1 号墓四神线描图

资料来源：耿铁华：《高句丽壁画研究》，第 236 页图

图 12.33　书写人物

资料来源：吉林省文物考古研究所谷德平拍摄

第三类，以装饰图案为主要内容的壁画。

这类壁画应该是高句丽壁画从社会生活为主向以四神为主转化过程中的过渡性内容，时间约为公元 5 世纪中叶至 6 世纪中叶。

1. 莲花图案

莲花墓、散莲花墓、长川 2 号墓、米仓沟将军墓中均绘有这类图案。莲花以正视莲花、侧视莲花居多，也有少量的缠枝莲花纹样。正视莲花图案以长川 2 号墓为代表。东、南、北三壁每面由 81 朵莲花组成，西壁因甬道中穿，莲花数量较少。莲花等距离排列，上下花朵交错，横竖成行。莲花为盛开正视形象，花蕊蓝色，内层花瓣红线勾勒，点缀以红丝黑点，外层反露黑色花瓣（图 12.34）。这种正视莲花图案在长川 1 号墓后室四壁及藻井上亦有发现。

图 12.34　长川 2 号墓莲花图案

资料来源：吉林省文物考古研究所谷德平拍摄

侧视莲花图案则以桓仁将军墓为典型。墓室四壁绘的莲花图案别具特色，每朵莲花都为侧视，为 9 个花瓣，有 5 瓣用红色线条勾勒而成，另 4 瓣用墨线在每两瓣花中间又画出尖状的花瓣，黑红相间，错落有致。每朵莲花下部用墨线勾勒出"工"字形花托，形成完整的个体。东壁有莲花 5 行，每行 11 朵，共 55 朵。南北两壁各为 5 行，每行 12 朵，共绘 60 朵。西壁为甬道中分，也绘有几朵莲花。

2. 云纹王字

王字墓、长川 2 号墓、米仓沟将军墓中都绘有王字与云纹组成的连续图案。米仓沟将军墓的叠涩梁下部和两侧耳室的流云王字图案，分别以墨色、赭色两种颜色绘成。流云呈弧形，两端向内弯曲，在弧外侧加饰 5 个等距离的乳突。流云弧内加绘王字。流云弧形正反交错排列，王字不变，图案既有变化又很整齐。

3. 彩色环纹

此类图案仅见于集安洞沟古墓群的环纹墓中。墓室四壁与藻井交接处绘梁枋，四壁各绘 20 余个彩色圆环，排列整齐，大小均匀。直径 18.5 厘米。外缘为粗墨线，内有数重暗红、浅蓝、黄、蓝、紫色圆环。简洁明快，富丽高雅（图 12.35）。

图 12.35　环纹墓壁画

资料来源：吉林省文物考古研究所谷德平拍摄

4. 龟甲纹

集安的龟甲墓中绘有此类花纹，以彩色绘成龟甲状六边形，龟甲中还绘有动物、莲花等图案。因剥蚀较重，难以描绘其全貌，只有龟甲状纹饰较清楚。

高句丽壁画的艺术风格与技巧也因其年代与绘画的内容而有所不同。

以社会生活为主要内容的壁画，年代早，墓室用白灰抹平然后作画。往往先以红色细线起稿，设色后重勒浓墨线，色彩比较简单，也比较明快。除墨色外，土红色保存比较好。线条很清楚，月笔是属于"无法"阶段，即大胆泼辣，恣肆奔放，富于变化却没有严格规律的约束。舞踊墓藻井的壁上有几幅速写人物，画家非常善于抓住人物的基本形象，画得很精彩。北面顶上画男女二人绕树对弹四弦琴，高挑着弹琴的手指非常富于表现力，袖管飘舞，表现出音乐的节奏感，甚至连高挽着的发髻，似乎也在随着节拍而跳动着。笔墨是那么简洁，却又特别生动，和嘉峪关出土的魏晋时代画像砖在笔法上如出一辙。再如，本来要把不断运动变化着的自然现象，如云气之类，凭借单纯的墨线去表现是不容易奏效的，而聪明的高句丽画工，取其凌空浮动的特点，运用各种轻重缓急、粗细强弱、刚柔虚实的线条，把云气概括为条带状、流水状，虽与自然形态相去甚远，却相当成功地体现出了它那萦回缭绕的基本特性。简单说来，就是通过丰富的想象，抓住对象的特征和动势，并给以夸张而突出的描写，用笔概括简练，泼辣粗放，粗细变化颇大，增强了对象的运动感——这些都可以看得出是高句丽强悍的民族性格在绘画艺术上反映出来的风格。[①]

年代较晚的壁画，内容以四神为主，墓室用修凿平整的花岗岩石为四壁，壁画直接绘在石壁上，色彩效果很鲜丽，属于工笔重彩，这对于表现神仙世界是适宜的。朱砂、土红、石黄、粉黄、白粉

---

① 陈兆复：《高句丽壁画艺术》，《中国画研究》1982 年第 2 期。

以及石绿是主要的颜色，朱砂在画面上很突出，其次是石绿。色彩比起早期壁画来要丰富得多，特别是有关间色的应用，如壁画上经常使用一种茶褐色，对画面色彩的调和起着很好的作用。总之，这时高句丽壁画在用色上的发展，一方面是着色渐趋浓重；另一方面是大量间色的应用，同时还在于巧妙地利用石面的底色使画面形成独特的色调。这些色彩是直接画在石板上的，颜色异常坚固，像是长在石头上似的，虽然墓室特别阴湿，水珠不断从四壁流下来，但色彩仍旧异常艳丽。画面几乎不断地在用水冲洗着，很多线条被冲洗掉了，如抹角石上画的飞仙伎乐等，除较粗的外轮廓，其余较细的衣纹和脸部五官的细线条都脱落了。网纹图案中小人物的五官和衣纹的线条也大都脱落，形成没骨的色块排列，虽然亦别具一种风格，但究竟已非原来面目了。长年累月的冲洗，使许多线条以至墨块、色块大都洇开，虽然色彩仍然很鲜明，但也有些朦胧的效果——因之朦胧和混沌就成为现存壁画的一个特色。[①]

六、音乐舞蹈

高句丽是一个能歌善舞的民族。《三国志·高句丽传》记载："国中邑落，暮夜男女群聚，相就歌戏。"

公元5世纪，高句丽乐舞传到刘宋，称为"高句丽乐""高丽伎"。

隋朝时，宫廷国伎"七部伎"就有"高丽伎"，唐代宫廷"十部伎"中也有"高丽伎"。

《隋书·音乐志》载："高丽歌曲有《芝栖》，舞曲有《歌芝栖》，乐器有弹筝、卧箜篌、竖箜篌、琵琶、五弦、笛、笙、箫、小筚篥、桃皮筚篥、腰鼓、齐鼓、担鼓、贝等十四种为一部，二十八人。"

《旧唐书·音乐志》载："高丽乐，工人紫罗帽，饰以鸟羽，黄大袖，紫罗带，大口裤，赤皮靴，五色绦绳。舞者四人，椎髻于后，以绛抹额，饰以金珰。二人黄裙襦，赤黄裤。极长其袖，乌皮靴，双双并立而舞。乐用弹筝一、抬筝一、卧箜篌一、竖箜篌一、琵琶一、义觜笛一、笙一、箫一、小筚篥一、大筚篥一、桃皮筚篥一、腰鼓一、齐鼓一、担鼓一、贝一。武太后时尚二十五曲，今惟习一曲，衣服亦寝衰败，失其本风。"

《新唐书·礼乐志》载："高丽伎，有弹筝、搊筝、凤首箜篌、卧箜篌、竖箜篌。琵琶，以蛇反为槽，厚寸余，有鳞甲，楸木为面，象牙为杆拨，画国王形。又有五弦、义觜笛、笙、葫芦笙、箫、小筚篥、桃皮筚篥、腰鼓、齐鼓、担鼓、龟头鼓、铁版、贝、大觱篥。胡旋舞，舞者立毯上，旋转如风。"

《通典·乐》曰："高丽乐，工人紫罗帽，饰以鸟羽，黄大袖，紫罗带，大口裤，赤皮靴，五色绦绳。舞者四人，椎髻于后，以绛抹额，饰以金珰。二人黄裙襦，赤黄裤。极长其袖，乌皮靴，双双并立而舞。乐用弹筝一、搊筝一、卧箜篌一、竖箜篌一、琵琶一、五弦琵琶一、义觜笛一、笙一、横笛一、箫一、小筚篥一、大筚篥一、桃皮筚篥一、腰鼓一、齐鼓一、担鼓一、贝一。大唐武太后时尚二十五曲，今惟能一曲，衣服亦寝衰败，失其本风。"

---

① 陈兆复：《高句丽壁画艺术》，《中国画研究》1982年第2期。

目前，高句丽壁画中，公元4世纪初的乐器有琴、阮咸、角、埙等；公元5世纪以后的高句丽壁画中，还出现了竖琴、长笛、排箫、大角、小角、双口角、横笛、腰鼓、担鼓、齐鼓、建鼓、担钟、铙、铁板、击磬等20余种乐器，与文献记载大体相同。依据相关史料分析，高句丽音乐的特点：一是音乐旋律上多数保持单向或改头换面的简单结构。在节奏节拍上，表现为即兴的不规整性。二是演唱旋律上自由抒发，优美动情。三是叙述性的音乐，一般以配合情节舞蹈为主。四是舞蹈性的音乐，多为跳进或级进相结合，波浪式进行，一般都比较规范，不是即兴展开。另外，文献记载中表明，在公元4、5世纪时，高句丽多用一件弹拨乐器作为伴奏群舞的音响。主要是歌唱，还没有什么乐队。而到公元6、7世纪时，则逐渐拥有门类较齐全的乐队，既有弹拨乐器，又有吹奏乐器和打击乐器，而且同种或音乐相似的乐器往往还有大小和类型的区别，意味着可以演奏相当宽的音域，能容纳和处理比较细腻的各种音色变换和音响的大幅度对比，具有相当强的表现力（图12.36）。

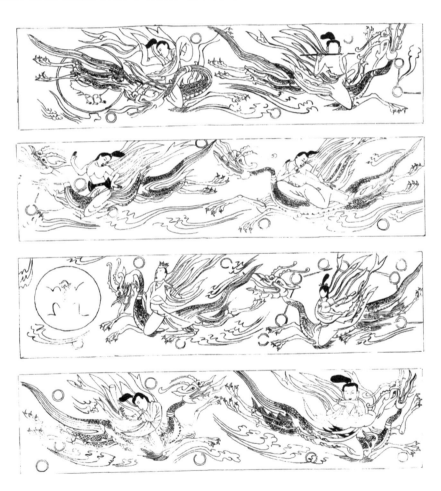

图 12.36　高句丽壁画中的伎乐人（临摹）

资料来源：董长富临摹

　　关于高句丽的舞蹈，唐朝大诗人李白留下了极为形象的诗句：

　　　金花折风帽，白马小迟回。
　　　翩翩舞广袖，似鸟海东来。①

　　这是一首描写高句丽社会生活情景的诗，前两句写高句丽人服饰衣帽和善于骑马的情况，后两句则介绍了高句丽"其民喜歌舞"的社会风俗。"翩翩舞广袖"指出了高句丽善作长袖之舞。

　　在高句丽壁画中有许多长袖舞的画面。最早的歌舞图绘在舞踊墓墓室南壁上，是一个群舞的场面：贵族的庭院中，一队排列整齐的舞蹈者刚刚起舞，旁边还有站成一排的7位男女伴唱。据最早的著录，还有一男子弹阮咸为之伴奏②，今已剥落，只可见其双脚。舞蹈者共6人，5人一排，面向前方，双臂向后舒展，长袖垂垂。一人面向队友，动作相同。与队伍相对者为男子，队伍中第一人是男子，接着为2女子，最后为2男子。男子着长袖花衣，肥筒花裤。女子则穿长袖对襟襦裙。根据舞队的表演及变化可知，表演者共6人，原为一队，2男2女2男这样间错排列。第一位男子回转身来，说明舞队将回转舞成圆形，动势十分明显。或以为此男舞在领队示范亦未可知。画面上的舞人动作相同，协调整齐，极富韵律，节奏感强烈，是一支训练有素的队伍。歌舞队前有一位骑在马上的男子，带着他的爱犬在欣赏演出。毫无疑问，这里描绘的是一个高句丽贵族家庭的歌舞队正在为主人表演。

　　壁画描绘的是当时的社会风俗，其中长袖舞队已经多年演练，有熟练的动作、默契的配合、浑然一体的伴奏和伴唱。说明公元4世纪，高句丽贵族家庭已有经过训练的歌舞队，并有演出长袖舞的群舞节目。以此推测，长袖舞作为高句丽王公贵族的宫廷舞，形成时间可能要早到建国初年。

　　公元5世纪，高句丽的舞蹈出现了一些变化。麻线1号墓墓室南壁东侧绘的是男子双人舞的图像。③两位男子向对起舞，均戴折风帽，着素色合衽长袖衣，一穿绿色肥筒裤，另一穿橘红色缀黑点的肥筒花裤。左侧男子躬身向前，双臂向前"扔手"，长袖飘忽，臀部微微提起，双脚平行移动。右侧男子与之对应，上身自左向右回转，前倾，双臂在胸前平行摆动，长袖左右摆开，双脚作碎步。两位男性舞者彼此照应，以双臂动作舞动长袖，配合着各有特点的身姿，营造欢快、融合的气氛。

　　通沟12号墓南室西壁绘有两组长袖舞的形象。左侧一组应是男女双人舞，女子形象已漫漶不清，隐约可见一身着长裙的人影。④男子形象则十分清晰，上身着黑花红袄，下穿青色肥筒裤。左臂侧平伸展，右臂抬至与胸平齐，向内扣肘。左腿直立，右腿抬起，足尖点地。含胸提臀，腰肢摆动。一条长袖舞于胸前，另一条长袖飘于一侧，舞姿优雅，动作娴熟。相应的女舞形象若较完好，我们则会看到一组男女双双舞长袖的动人场面。右侧是一组男子独舞图。舞者身着黄地黑花短袄，下穿

①　《李白集校注》卷六《高句丽》。
②　[日]池内宏、梅原末治：《通沟》卷下，东京："日满文化协会"，1940年，第9页。
③　吉林省博物馆辑安考古队：《吉林辑安麻线沟一号壁画墓》，《考古》1964年第10期。
④　王承礼、韩淑华：《吉林辑安通沟第十二号高句丽壁画墓》，《考古》1964年第2期。

青地黑花肥筒裤。双臂向前平伸，长袖自然下垂，动中寓静。左腿直立，右腿向后弯曲，呈跳跃落地状。旁边有一人抚琴为之伴奏。[①]琴声悠悠，舞蹈翩翩，充分体现了长袖舞的韵律。

值得注意的是，这一时期壁画中的长袖舞腿部动作有了较明显的变化，一改过去那种"平移""碎步"，而出现了"抬腿""吸腿"和跳跃性动作。这样更加强了动作的幅度、节奏，增加了欢快、热烈的情绪。

公元 5 世纪到 6 世纪初的长川 1 号墓壁画既绘有大型群舞场面，又有双人舞和独舞的小场景，气氛浓重。

群舞绘于前室南壁，虽已有局部剥落，仍可看到至少有 21 人表演歌舞，歌队可见 13 人，舞队有 8 人。估计整个歌舞队有 30 人左右，规模是不小的。男子均穿短袄肥筒裤，有戴折风帽，有饰鸟羽。女子穿过襟长裙，有披发，亦有戴帽的。舞蹈动作与舞踊墓群舞大体相同，领舞者动作幅度更大些。观众则仅限于坐在八角亭中的贵族夫妇。

双人舞与独舞绘在前室北壁中部。独舞表演者是一位穿着花衣花裤、头戴折风的男子，他上身微向前倾，右臂向外舒展，左臂回扣于胸前，长袖飘动。左脚足尖点地微微提起，好似在进行一个新的动作，呈现出一种怡然自得的安详神态。旁边一位女子抚琴伴奏。双人舞正在准备登场，一男一女相对而立，男子右手下垂，长袖及膝，左手拈一枝莲花苞。女子雍容拱手，长袖搭于臂上，左右各装饰一朵莲花，花茎弯转着联结在胸前。女子身后，有一女子持琴侍立（图 12.37）。[②]

图 12.37　长川 1 号墓乐舞

资料来源：吉林省文物考古研究所谷德平拍摄

这一时期长袖舞作为群舞，场面和规模更加宏大，舞队和伴歌人数增加，组织训练更加严格和繁复。在双人舞与独舞并存发展的情况下，长袖舞开始出现分支——持道具的莲花舞。

高句丽乐舞，就其舞蹈风格、样式、表演形式及名称可能有多种，这里我们只是根据文献和壁画介绍长袖舞。关于长袖舞的定名，首先是由于这种舞蹈的表现形式和手法，集中体现在长长的衣

---

① 王承礼、韩淑华：《吉林辑安通沟第十二号高句丽壁画墓》，《考古》1964 年第 2 期。
② 吉林省文物工作队、集安县文物保管所：《集安长川一号壁画墓》，《东北考古与历史》1982 年第 1 辑。

袖上。高句丽壁画中所见到的各个时期的舞蹈，无论群舞、双人舞还是独舞，不论是男子还是女子，表演者全部舞动长袖。借助长袖的飘舞翻飞，组成特定的高句丽舞蹈语汇，表达舞蹈者的感情。与文献记载的高句丽舞人"极长其袖"是完全一致的。这种舞蹈传到中原，作为隋唐宫廷舞，虽经改造也还是保留了长袖的特色。大诗人李白观看了高句丽舞后写道"翩翩舞广袖，似鸟海东来"，广则未必广矣，"极长其袖"却一直保留着。

两汉时期中原就流行着一种长袖舞。刘歆在《西京杂记》中记载，汉高祖刘邦的戚夫人不仅"善鼓瑟击筑"，而且是"善为翘袖折腰"的舞蹈家。"翘袖折腰"应是对一种舞姿的形容，从字面看，"翘袖折腰"是舞动长袖和曲扭腰肢。长沙出土的楚国漆器彩绘上，舞伎皆为长袖细腰。[①] 长袖细腰是楚地舞蹈的特征。一次，刘邦要戚夫人跳楚舞，他为之伴唱楚歌。[②] 可知汉代这种"翘袖折腰"的舞蹈曾受到楚舞的影响。其实，以长袖的飘动增加舞姿的妩媚，是中国传统舞蹈的特点。《韩非子·五蠹》中引用民谚说："长袖善舞，多钱善贾。"战国期间，各国就流行着这种长袖舞，到汉代已成为相当普遍的一种舞蹈。南阳出土的汉画像石、画像砖中，有许多高髻大衣，腰如束素，两条特长的衣袖随着舞人飘绕缠绵，翩翩多姿的图像。[③] 四川彭县（今彭州市）出土了一件"长袖舞"的画像砖，上有一男一女双人舞，均冠带长袖，长服曳地者为女子，短衣肥裤者为男子。两人袖长两三尺，相对而舞，齐眉扬袖，姿态优雅闲适。成都市郊出土的"宴饮观舞"画像砖则有长袖独舞的形象，长袖转折垂悬，下可拂地。[④]

汉代的长袖舞，舞姿优美，变化多样，流传广泛，对周边各少数民族的歌舞产生较大的影响。西汉元封三年（公元前 108 年），汉武帝在鸭绿江两岸设四郡加强管理，高句丽人聚居地区属玄菟郡高句丽县。汉文化对边远地区的影响进一步加强，汉朝皇帝曾"赐鼓吹技人"给高句丽。[⑤] 中原长袖舞的传入，与高句丽民间乐舞的结合，对于高句丽民族长袖舞的形成和发展，有重要的促进作用。

当然，作为高句丽民族的舞蹈，绝不是简单地照搬汉人的长袖舞，而是具有其自身的民族风格和特点的。

第一，长袖舞的特点是"极长其袖"。然而高句丽舞人的衣袖下垂及膝，显著特点是窄袖，不似中原那样既长且宽的袖子。李白诗中"翩翩舞广袖"则是高句丽长袖经盛唐宫廷改造的结果。把高句丽壁画与汉代画像石、画像砖中长袖舞相互比较，就十分清楚了。高句丽舞人的衣袖固然很长，但这不是专门的舞蹈服装。我们所见的 6 幅高句丽长袖舞壁画，除长川 1 号墓前室北壁男女双人舞手持道具，略加化妆之外，其余各幅均着常装，不作特殊修饰。

只需对高句丽壁画认真观察就可以发现："壁画上高句丽人衣袖一般都相当长，无论安坐或站立的人往往长袖拖垂，只是狩猎或劳作的人才将衣袖挽起，露出手臂。因此，歌舞者的长袖无非表

① 商承祚编著：《长沙出土楚漆器图录》，上海：上海出版公司，1955 年。
② 《史记》卷五十五《留侯世家》，北京：中华书局，1959 年，第 2047 页。
③ 南阳汉代画象石编委会编：《南阳汉代画像石》，北京：文物出版社，1985 年，图 477、485、489、491。
④ 刘志远、余德章、刘文杰编著：《四川汉代画像砖与汉代绘画》，北京：文物出版社，1983 年，图 74、95。
⑤ 《后汉书》卷八十五《高句骊传》，北京：中华书局，1965 年，第 2813 页。

明高句丽人唱歌跳舞的时候通常习惯将袖口放开而已。"①

第二，高句丽舞蹈有自己的表演风格，有自己的舞蹈语汇和特定的舞姿、动作。高句丽壁画中的舞蹈一般有男子独舞、男子双人舞、男女双人舞、男女群舞。不见有女子独舞和女子双人舞，这点应该值得注意。汉画像中不见如长川1号墓中那种30多人的歌舞场面，而且舞蹈者无论男女均着常服演出，均"极长其袖"。由于舞服长袖，表现力极强的部位在于双臂舞动双袖，产生飘然宛转、流畅绵长、优美生动的效果，同时组成高句丽所特有的舞蹈语言。壁画中的舞蹈者，双臂几乎全做平行动作，有的向前平伸，有的向后扬举，有的两臂平伸进而为一臂向内弯曲"扣肘"，动势十分明显。这些是舞蹈者手臂最主要、最基本的动作。在此基础上编排演练，变化无穷。手的动作，因裹在袖中，显露机会不多，但为了自如地控制长袖的舞动，还应借助手腕有力地"扣""扬""翻""冒"等。至于双脚的动作，最初只是平移碎步，后逐渐发展为抬腿、吸腿及跳跃性动作，以增强节奏和气氛。

第三，高句丽舞蹈在发展过程中形成两种形式和风格，即宫廷舞和民间舞。所谓宫廷舞，主要指高句丽王族及中原南北朝、隋唐宫廷中的"高丽伎"。由宫廷乐队伴奏，盛装男女长袖队舞，表演程式、舞姿、动作，均经过训练。而民间舞则流行于高句丽下层民众之中，史书记载，"其民喜歌舞，国中邑落，暮夜男女群聚，相就歌戏"②。或田间地头，或山城树林，或邑落之中，相聚歌舞，形式更活泼、自由。民间舞源于生活，不断革新，生命力极强，流传广泛久远。我们在高句丽壁画中见到的舞蹈，较接近家庭舞的形式，同时保留着较多民间舞自由、活泼的风格。这是高句丽贵族家庭的舞蹈队，表演者大都来自民间的下户儿女，接受民间舞蹈的影响较深，感情也极丰富。他们是两种不同形式和风格舞蹈的继承者和传播者。

第四，高句丽长袖舞的伴奏，最初只用一两件弹拨乐器，如阮咸、琴或弹筝。隋唐之际的宫廷舞队才配有完备的乐队伴奏，主要乐件有：弹筝、箜篌、琵琶、五弦、笛、笙、箫、筚篥、腰鼓、齐鼓、担鼓、贝等十多种。见于记载的歌曲有《芝栖》，舞曲有《歌芝栖》等，大都失传。至于文献中记载的乐器，在高句丽壁画中还可见到部分形象，其中有弹筝、箜篌、五弦、箫、阮咸、角、腰鼓、贝等数种。

第四节　民族风俗

高句丽民俗大体上可分为物质生活方面和精神文化生活方面两大类。物质生活方面如衣、食、住、行，主要受地理环境、气候条件、自然资源、生产力水平的影响。而精神文化生活方面，诸如祭祀、婚姻、丧葬、歌舞等，除受社会物质生产、经济基础的制约外，还受到意识形态等上层建筑的影响。还有一些风俗习惯，既包含物质生活方面的内容，又包含精神文化方面的内容，不可截然分开。至于祭祀、歌舞等，在前一节里已经做了说明，这里不再重复。而对于尚未涉及的方面略做介绍。

---

① 方起东：《集安高句丽壁画中的舞乐》，《文物》1980年第7期。
② 《三国志》卷三十《高句丽传》，北京：中华书局，1959年，第843页。

一、节食习俗

《三国志·东夷传》载，高句丽"其俗节食"；同时指出，高句丽所居之地"多大山深谷，无原泽。随山谷以为居，食涧水。无良田，虽力佃作，不足以实口腹""土田薄瘠，蚕农不足以自供，故其人节饮食"。[①]考古调查证明，高句丽人聚居的浑江、鸭绿江流域属长白山区，确实多大山深谷，然而并非无原泽，只不过原泽较少，土地贫瘠，可开垦的耕地不是很多。因此，高句丽人的农业生产从开始出现时就不甚发达。土地面积较少，产量低，给粮食生产的发展带来一定的限制。人们不得不依靠捕鱼、狩猎来补充食物的不足。利用多大山深谷，野兽和鱼类资源丰富的条件，发展渔猎经济，使高句丽社会经济结构出现农业和渔猎并重的特点。即便如此，高句丽人的食物来源也是很有限的，于是高句丽人就在长期的社会生活中形成了"节食"的习俗。

高句丽建国后农业生产有了较快的发展。铁工具的传入和制造，并大量用于农业生产，加之推广了牛耕，使耕地扩大，粮食产量有所提高，少数富足之家有粮食储存。麻线1号墓南侧室南壁绘一座四阿顶的仓廪，德兴里古墓壁画中也发现了类似的仓廪图，与今东北长白山地区农家的仓廪基本相同。洞沟古墓群禹山墓区的积石墓中还出土过陶仓，东台子遗址也曾出土过陶仓的残部。这都是高句丽人储粮备荒的极好证明。高句丽少数"大家不佃作，坐食万余口，下户远担米粮鱼盐供给之"[②]。高句丽的下户是生产劳动者，约占全国人口的80%，他们不仅把生产粮食的大部分交给"大家"，还要向"大家"提供鱼盐之类。高句丽壁画中有十几幅山林逐猎的画面，其中长川1号墓前室山林逐猎图的规模最大，应是墓主人生前狩猎的情况。可以想象，下户打到的猎物、捕到的鱼虾，也要先供给"大家"，到头来下户自己留用的粮食、肉类只是很少一部分，只能节食，以维持生活。

二、饮酒习俗

高句丽人喜欢饮酒，性格豪放凶急，是一个颇具特色的北方民族。史书记载，"其人洁清自喜，善藏酿"[③]。所谓"藏酿"应当与酿酒饮酒有关系。随着社会生产力的进步，高句丽人酿酒和饮酒的活动逐渐扩大，无论是王公贵族，还是平民百姓，都喜欢饮酒。这从高句丽壁画和出土文物中可以得到证实。

集安洞沟古墓群中有几座壁画墓中绘有夫妻宴饮的画面。角觚墓的墓室北壁梁枋之下绘着长长的帷幔，形成一个贵族家庭的厅堂。正中为男主人端坐几上，右侧一妻一妾跪坐于毡罽之上。每人面前放一食几，上面有壶、钵、耳杯之类饮食器具，这是贵族与妻妾居家宴饮的场景。从画面上的

---

① 《北史》卷九十四《高句丽传》，北京：中华书局，1974年，第3115页。
② 《三国志》卷三十《高句丽传》，北京：中华书局，1959年，第843页。
③ 《三国志》卷三十《高句丽传》，北京：中华书局，1959年，第844页。

酒具可以知道，贵族与妻妾平时在家中饮酒的情况。与角羝墓年代相近的舞踊墓北壁也绘了一幅夫妻妾居家宴饮图。与角羝墓宴饮图稍不同的是，妻妾居男主人之左，与男主人相向坐于木几上。面前的食几有多个，上面分别放着食物、饮料和各种器具。靠近右侧的东壁绘有厨房，仆人在准备饭菜，侍女端着饮食向主人室内走去。由于年代久远，加之战乱与自然界的风雨剥蚀，角羝墓和舞踊墓的壁画局部剥落较重。《通沟》一书所附壁画照片中，夫妻妾居家宴饮的场面保存还较完整，特别是舞踊墓夫妻二人之间几上的饮食器具十分清楚。每人身前3个几，一个几上放着豆，内盛食物，一个几上放着壶，内盛酒水，靠近夫妻身边的一个几上备有5个器具，一个大钵，一个小钵，两个小杯，另一个似耳杯。小杯或耳杯，无疑是饮酒器了。

安岳3号墓东侧室北、东两壁绘有井台与厨房，有的在准备食物，也有的在准备饮料。药水里古墓前室东壁也有厨房的画面，与墓主人生前饮食活动密切相关。

以上几幅壁画反映的只是高句丽贵族家庭饮酒的情况，从场面上看规模不大，只限于夫妻妾之间，从气氛上看尚欠热烈，不似文献中群臣宴饮那样欢畅，而且文献中饮酒活动的年代要早于壁画许多年。试举几例如下：

> 大武神王五年（公元22年）春二月，王进军于扶余国南，其地多泥涂，王使择平地为营，解鞍休卒，无恐惧之态……王既至国，乃会群臣饮。
>
> 十一年（公元28年）秋七月，汉辽东太守，将兵来伐。王会群臣，问战守之计。豆智曰："汉人谓我岩石之地，无水泉，是以长围以待吾人之困。宜取池中鲤鱼，包以水草，兼旨酒若干，致犒汉军。"王从之……汉将谓城内有水，不可猝拔，遂引退。[①]
>
> 太祖大王四十六年（公元98年）春三月，王东巡栅城，至栅城西罽山，获白鹿。及至栅城，与群臣宴饮，赐栅城守吏物段有差，遂纪功于岩，乃还。[②]

高句丽建国初年，国王宴会群臣，规模不小，而且用鲤鱼美酒犒劳汉军，使其退兵。说明高句丽人不又饮酒，而且会利用酒进行军事交往。

高句丽出土文物是相当丰富的。作为高句丽都城遗址的中国辽宁省桓仁县、吉林省集安市，朝鲜平壤市及其附近地区，都有高句丽文物出土。其中不乏大量的酒器和酒具，如铜壶、铜鍑、铜盒、铜壶杆、陶壶、陶罐、陶钵、陶杯、陶耳杯等。

1958年8月，集安国内城北一处高句丽建筑遗址出土一批珍贵的文物。其中一件白玉耳杯，洁白晶莹，制作精良，是用和田玉精心磨制而成。杯口呈长椭圆形，长边两侧各附一微微翘起的耳（或称"羽"）。杯口长13厘米、宽9.5厘米。杯底为长方形四角抹圆假圈足。杯高3.2厘米。形制、大小与河北满城汉墓出土的料耳杯极相似[③]，应为汉代宫中用物。可能是高句丽建国不久，汉朝皇

---

① 《三国史记》卷十四《高句丽·大武神王本纪》，汉城：韩国民族文化推进会，1982年，第119页。
② 《三国史记》卷十五《高句丽·太祖大王本纪》，汉城：韩国民族文化推进会，1982年，第122页。
③ 《集安县文物志》，长春：吉林省文物志编委会，1984年，第176—177页。

帝赏赐之物。

耳杯亦称做杯，或羽觞，汉简称为小具杯。出现于周代，盛行于战国至秦汉，多用于盛酒饮用，即所谓的酒杯。这种制作精良，质料上乘的酒具出土于高句丽建筑遗址中，说明高句丽贵族官吏（亦可能是王族）饮酒习俗已被中原知晓，才有赏赐酒杯之举。

一般说来，高句丽壁画墓大都分布在都城附近，都是高句丽王公贵胄的墓葬。这些墓葬出土一批随葬的釉陶，证明了墓主人身份的高贵。其中有釉陶制成的酒具，说明贵族饮酒风气是很盛的。

1975 年 8 月，集安市博物馆对三室墓进行壁画保护时，在墓室内清理出一批釉陶器。计有：釉陶钵 5 件，形制相同，大小有别。釉陶耳杯 1 件，四耳釉陶壶 1 件，釉陶灶 1 件。[①] 这种炊具、食具、酒具共出的器物组合，反映出高句丽贵族的饮食特点——餐必饮酒。

1984—1985 年，集安洞沟古墓群禹山墓区高句丽古墓清理发掘中，也出土了类似的釉陶器组合。在一座方坛阶梯类石圹墓 JYM3501 号墓中，出土釉陶器 6 件，釉陶釜、四耳釉陶壶、釉陶甑、釉陶盆、釉陶钵、釉耳杯各一件。[②]

至于零散出土酒具的情况较多。不仅有贵族墓葬，也有平民墓葬，进一步证实高句丽人饮酒是一种极为普遍的社会活动，并逐渐成为风俗习惯。对于一般百姓的饮酒活动，史书记载较少，只是"有婚嫁，取男女相悦即为之，男家送猪酒而已"[③]。男家送猪酒给女家以备婚宴饮用，这应该是高句丽平民百姓饮酒的一种情况——婚宴喜庆。其他时候，如欢庆丰收、田猎归来、生儿育女，当然也要宴饮一番了。

至于王公大臣则时常有饮宴活动，或大王宴群臣，或臣下之间宴饮。大朱留王兵伐夫会，归后召群臣宴饮，存慰百姓。太祖大王东巡栅城，与群臣宴饮。高句丽王用酒宴款待征服地区的臣民，并对守官赏赐财物，使他们安居自守，勿生事端，以维护对边远地区的统治。

从饮酒习俗看，高句丽人更接近商人。殷人好酒，殷末王公大臣整日酗酒作乐。帝辛本人，更是"好酒淫乐""以酒为池，悬肉为林，使男女裸相逐其间，为长夜之饮"。[④] 周灭商后，认真总结殷代风气奢华，酗酒乱德的教训，周公明令戒酒，作《酒诰》以改变酗酒风习。"文王诰教小子有正有事：无彝酒。越庶国：饮惟祀，德将无醉。"平时不要饮酒，少饮酒，只有在祭祀时才可以饮酒。

高句丽人的饮酒活动虽然没有达到酒池肉林、狂饮无度的境地，但也是比较普遍和盛行的。这一点确实具有殷商人的传统。至少可以这样认为，商人在入主中原前后，其民族特点和风俗习惯，对北方各民族的影响是十分深远的。

① 集安县文物保管所、吉林省文物工作队：《吉林集安洞沟三室墓清理记》，《考古与文物》1981 年第 3 期。
② 吉林省文物考古研究所、集安市文物保管所：《集安洞沟古墓群禹山墓区集锡公路墓葬发掘》，耿铁华、孙仁杰编：《集安博物馆高句丽研究文集》，延吉：延边大学出版社，1993 年。
③ 《北史》卷九十四《高句丽传》，北京：中华书局，1974 年，第 3116 页。
④ 《史记》卷三《殷本纪》，北京：中华书局，1959 年，第 105 页。

三、婚姻习俗

高句丽建国后的一段时间里，婚姻和家庭还保留着原始部落的习俗。据文献记载：其俗作婚姻，言语已定，女家作小屋于大屋后，名婿屋。婿暮至女家户外，自名跪拜，乞得就女宿，如是者再三。女父母乃听使就小屋中宿。傍顿钱帛。至生子已长大，乃将妇归家。[①]这里，男子暮至女家，进入婿屋，就女而宿，是妻方居住的一大特征，与对偶婚有关。所谓对偶婚，是一对男女在或长或短的时间内比较固定地偶居，也可以轻易离开，男女平等。"这时妇女不仅是其丈夫的主妻，她也是他的伴侣，是为他安排伙食的主妇……他们共同照料子女。"[②]共同生产，共同消费，但世系仍按母系计算。"对偶婚给家庭添加了一个新的因素。除了生身的母亲以外，它又确立了确实的生身父亲，而且这个生身的父亲，大概比今天的许多'父亲'还要确实一些。"[③]对偶婚较群夫群妻的族外婚进了一步，与一夫一妻制还有一段距离，可以说是群婚向一夫一妻制过渡的中间环节。

上面引证的高句丽婚姻记录，虽然保留着对偶婚的某些特征，却又具备一夫一妻制的一些特点。其一，男女双方结成婚姻需要有约定——"言语已定"。这种口头的婚约，到后来才成为文书的婚约。婚约，无论是言语还是文字，都是关于男女婚姻的契约，这种婚姻契约的出现，说明婚姻稳定性增强，女子在婚姻中主动性的削弱。同时，契约关系的出现，又为婚姻中介入"媒妁"参与男女婚姻提供了条件。其二，高句丽男女之间的婚姻需得到女方父母的同意。男子暮至女家门外，跪拜通报姓名，征得女方父母同意，即是男子向女子父母求婚之始。这样，女子在婚姻中的主动性又被父母之命而削弱了一部分。当然，最初可能只是一种礼节性的程序，后来则变为具有决定性的"父母之命，媒妁之言"了。女子在婚姻中的地位就逐渐成为依附、附属，主动性丧失殆尽。其三．高句丽男子到女家宿，要"傍顿钱帛"，要向女方纳钱和物，即后来出现的彩礼。婚姻中出现了买卖的因素。随着买卖因素的增长，女人在婚姻中只能被动得像商品一样。人格的丧失，使得女子成了婚姻的牺牲品。这是一切剥削制度下，一夫一妻制婚姻的特点。

高句丽社会虽然已经进入文明时代，但是，婚姻生活中的原始特征还保留着。比如或年女子家，在大屋之后作小屋，名婿屋。男子就在婿屋中与女子同宿。高句丽男子在女方家居住，当女人生下孩子长大，男子就可以把女子带回自己家，这种"不落夫家"的情况在我国其他一些民族婚姻历史上也常见。这些具有原始婚姻特点的习俗，作为一种风俗，越来越失去约束力。高句丽平民的家庭情况，缺乏更具体的材料。《三国志·高句丽传》记载："男女已嫁娶，便稍作送终之衣。厚葬，金银财币，尽于送死，积石为封，列种松柏。"[④]近年来，吉林省集安市、辽宁省桓仁县调查并发掘

---

① 《三国志》卷三十《高句丽传》，北京：中华书局，1959年，第844页。
② ［美］路易斯·亨利·摩尔根：《古代社会》下册，杨东莼、马雍、马巨译，北京：商务印书馆，1977年，第459页。
③ ［德］恩格斯：《家庭、私有制和国家的起源》，［德］马克思、恩格斯：《马克思恩格斯选集》第4卷，中共中央马克思恩格斯列宁斯大林著作编译局译，人民出版社，1972年。
④ 《三国志》卷三十《高句丽传》，北京：中华书局，1959年，第844页。

了一批高句丽时期的古墓，证明文献记载的"厚葬""积石为封"确实存在。集安洞沟古墓群部分墓区发掘中，也出现一些多室的积石墓和串墓，虽然遭到不同程度的破坏，遗迹、遗物仍可看出是夫妻合葬，只是缺少完整的骨骼和未经扰乱的墓室及随葬品。因此，对高句丽平民家庭的经济生活尚难做出具体的说明。

至于高句丽人的贞洁观念，应该说是比较淡薄的。高句丽人在婚前、婚后性生活方面约束不甚严格，大抵是原始群婚遗留下的影响。因此，史家记载，高句丽"其俗淫"，并列举实例，"伊夷模无子，淫灌奴部，生子名位宫"①。就是这位伊夷模，听到酒桶村有色美而艳的女子，夜晚到那女子家，使其怀孕。王公贵族依仗权势，淫诱女子的事情很多。男女双方并不隐讳，当然也无所谓羞耻。

高句丽的下层百姓也有自己的娱乐生活、交往和求偶方式。文献记载，"其民喜歌舞，国中邑落，暮夜男女群聚，相就歌戏"②。这种习俗与婚恋密切相关，《北史·高丽传》则记载稍详，高句丽"风俗尚淫，不以为愧，俗多游女，夫无常人，夜则男女群聚而戏，无有贵贱之节。有婚嫁，取男女相悦即为之"。一方面，高句丽人在暮夜时男女群聚，相就歌戏，不分贵贱。男女相悦，即可以在一起过夜发生性关系。对女子来讲，则是"夫无常人"，这同我国历史上西南地区古代民族风俗有相同之处。另一方面，高句丽未婚男女也能通过歌戏，互相了解，互相依恋，最终成为夫妻，建立较稳定的一夫一妻制家庭，组成高句丽社会的基础细胞。

在高句丽国家存在的漫长岁月里，人们的婚姻和家庭也逐渐发生一些变化。早期的婚姻中带有浓厚的原始色彩，对偶婚家庭较普遍。随着社会进步，一夫一妻制家庭逐渐增多和稳定。然而，在一些富人和王公贵族中，却自始至终存在着一夫多妻的情况。恩格斯对一夫多妻制有过精辟的论述："一夫多妻制，显然是奴隶制度的产物，只有占据特殊地位的人物才能办到。"③ 从原始社会末期出现一夫多妻，到家长制奴隶社会已相当普遍，而且一直延续到封建社会和资本主义社会。富有者和王公贵族大都三妻四妾，甚至随意占有女仆。

文献记载，高句丽王族普遍多妻。

> 琉璃明王三年（公元前17年）"冬十月，王妃松氏薨。王更娶二女以继室，一曰禾姬，鹘川之女也，一曰雉姬，汉人之女也。二女争宠不和，王于凉谷造东西二宫，各置之"。④
> 大武神王十五年（公元32年）夏四月，王子好童，游于沃沮。好童，王之次妃曷思王孙女所生也。颜容美丽，王甚爱之，故名好童。元妃恐夺嫡为太子，乃谗于王……好童乃伏剑而死。⑤

① 《三国志》卷三十《高句丽传》，北京：中华书局，1959年，第845页。
② 《三国志》卷三十《高句丽传》，北京：中华书局，1959年，第843页。
③ ［德］恩格斯：《家庭、私有制和国家的起源》，［德］马克思、恩格斯：《马克思恩格斯选集》第4卷，中共中央马克思恩格斯列宁斯大林著作编译局译，北京：人民出版社，1972年。
④ 《三国史记》卷十三《高句丽·琉璃明王本纪》，汉城：韩国民族文化推进会，1982年，第113页。
⑤ 《三国史记》卷十四《高句丽·大武神王本纪》，汉城：韩国民族文化推进会，1982年，第120页。

山上王因于氏得位，不复更娶，立于氏为后。十三年（公元209年）秋九月，酒桶女生男。乃名其子曰郊彘，立其母为小后。[1]

东川王十九年（公元245年）春三月，东海人献美女，王纳之后宫。[2]

中川王立椽氏为王后。四年（公元251年）夏四月，贯那夫人颜色佳丽，发长九尺，王爱之。将立以为小后。王后椽氏恐其专宠，乃谗言于王。[3]

从上述记载中可以看出，高句丽王的后宫有王后、小后、元妃、次妃、夫人等居住，还可以选纳美女进入后宫。后妃之间，往往因争宠，或因立子嗣等问题相互争斗，使高句丽王后宫之内充满矛盾和斗争。

目前保存最好的高句丽王陵，应属第20代王长寿王的陵墓，俗称"将军坟"，是典型的方坛阶梯石室墓。墓室石砌而成，室内并置两座棺床，为长寿王与王后停放棺椁。将军坟后面原有一排陪坟，型制与将军坟相同，规模则小许多。墓室内仅可容一座棺木，应该是长寿王妃子们的墓葬。

不仅高句丽王多妻，一些贵族也是多妻的。集安的高句丽古墓壁画中，形象地描绘了这样的内容。年代较早的角觚墓和舞踊墓，约当公元4世纪，主壁均绘夫、妻、妾居家宴饮图。主人居中，形象高六，一妻一妾居旁，形象小于主人。室内外男女侍从多人。年代稍晚一些，约当5世纪的作品，也有贵族多妻的生活场景。最典型要数三室墓第一室南壁的出行图。一行11人向左行进，有主人、妻、妾、孩子以及男女侍从，是高句丽贵族家庭成员外出活动的形象写照。到晚期，高句丽壁画主题发生变化，不再以社会生活为主，代之以四神为主了。五盔坟4、5号墓都是晚期的作品，年代在公元6世纪末7世纪初。壁画中见不到夫妻妾的活动画面。墓室中的棺床则为3个或4个，说明是贵族夫妻妾的合葬墓。

高句丽贵族墓葬及壁画表明了这样的事实：从高句丽建国（早期壁画中反映的生活比墓葬早一些），一直到灭亡，高句丽贵族多妻的现象是较为普遍的存在。

高句丽贵族占有妻妾，还可凭借权势占有侍女，更有甚者抢夺民间女子。大朱留王时，六臣仇都、逸苟、焚求，"此三人为沸流部长，恣贪鄙，夺人妻妾，牛马财货，恣其所欲。有不与者，即鞭之，人皆忿死"[4]。一方面说明高句丽贵族夺人妻妾，另一方面证明平民百姓也有妻妾。平民中多妻，一般是由于妻子不孕，缺乏子嗣，又娶一妾。这种家庭虽然以男子为中心，但男女地位较贵族家庭平等些，诸妻子之间也不似贵族家庭那样充满矛盾。

① 《三国史记》卷十六《高句丽·山上本王纪》，汉城：韩国民族文化推进会，1982年，第130—131页。
② 《三国史记》卷十七《高句丽·东川王本纪》，汉城：韩国民族文化推进会，1982年，第132页。
③ 《三国史记》卷十七《高句丽·中川王本纪》，汉城：韩国民族文化推进会，1982年，第134页。
④ 《三国史记》卷十四《高句丽·大武神王本纪》，汉城：韩国民族文化推进会，1982年，第119页。

四、丧葬习俗

高句丽丧葬习俗很早就已形成，只是考古发掘资料较少，很难推测高句丽先民的丧葬情况。据《三国志·高句丽传》记载，高句丽建国后的丧葬习俗是，"男女已嫁娶，便稍作送终之衣。厚葬，金银财币，尽于送死，积石为封，列种松柏"。结合近年来高句丽考古发现的资料，我们对高句丽丧葬习俗有了更明确的认识。这个民族长期居住在多大山深谷的东北地区，丧葬习俗具有自己民族的特点。

其一，高句丽族男女成年婚嫁之后，便开始准备送终的衣物。这一方面说明高句丽民族重视丧葬，准备较早；另一方面也反映这个民族平均寿命不长，在人们意识中，婚嫁之后是人生走向衰老的一个重要的转折期。

其二，高句丽民族有死后停尸的习俗。即"死者殡在屋内，经三年，择吉日而葬。居父母及夫丧，服皆三年，兄弟三月"[①]。根据死亡者的身份、地位等确定下葬的日期，如高句丽第十九代王好太王，晋安帝义熙八年（公元412年）"宴驾弃国""甲寅年（义熙十年——公元414年）九月廿九日乙酉，迁就山陵"。人死之初，亲人哭泣，待到送葬时，则"鼓舞作乐以送之"。[②]

其三，火葬习俗。近年来考古调查和发掘中，发现一批高句丽古墓经过火烧，墓室附近尤为严重，出土大量烧熔石块、砖瓦及木炭块等。据此判断，高句丽存在火葬的习俗。至于什么人火葬，火葬方法、步骤如何，尚待进一步研究。

其四，二次葬习俗。集安高句丽古墓中有一些积石墓墓圹很小，竟到不足以容尸的程度，有可能体现着一种二次葬的风俗。[③]

其五，厚葬习俗。男女婚嫁后便开始准备随葬衣物，死后"金银财币，尽于送死"。考古发掘证明，高句丽古墓中大都随葬金银器、鎏金器、铜器、铁器、玉石器、陶器，诸如装饰物、生活用具、生产工具、兵器、车马器等。除墓室内随葬，"埋讫，取死者生时服玩车马置于墓侧，会葬者争取而去"[④]。许多古墓周边积石中曾出土各种文物，应是当年"置于墓侧"的遗留物。

其六，积石为封。高句丽居地多大山深谷，以积石蔽尸渐成习惯，形成"积石为封"的风俗。1983年调查统计，集安境内有高句丽时期古墓群75处，原有古墓12 358座，经清理发掘，尚存9022座[⑤]，分布在较宽阔的山间盆地或山坡附近。其中最集中的是市区周围的洞沟古墓群，已被列为国家级重点文物保护单位。2005年5月，集安市文物局组织全局业务人员并请总装测绘队，对洞沟古墓群进行了重新测绘、著录和拍摄，形成一套较大比例的洞沟古墓群分布图，重新测量古墓尺寸，新增补了长川古墓群、石庙子墓群，纠正了1977年复查时的误差，并对七星山墓区通沟

---

① 《北史》卷九十四《高句丽传》，北京：中华书局，1974年，第3116页。
② 《北史》卷九十四《高句丽传》，北京：中华书局，1974年，第3116页。
③ 方起东、林至德：《集安高句丽考古的新收获》，《文物》1984年第1期。
④ 《北史》卷九十四《高句丽传》，北京：中华书局，1974年，第3116页。
⑤ 《集安县文物志》，长春：吉林省文物志编委会，1984年，第313—321页。

村 9 组后山片古墓重新排号并增补了被漏测的古墓等。此次调查统计洞沟古墓群总数为 11 494 座。其中：

长川古墓群	120 座
下解放牧区	52 座
禹山下墓区	3680 座
山城下墓区	1881 座
万宝汀墓区	1547 座
七星山墓区	1638 座
麻线沟墓区	2576 座

此次调查现存墓葬总数为 7608 座，被注销墓 574 座，新增加墓葬数为 542 座。[1]高句丽古墓大多数为石墓，少部分为土墓，土墓出现较石墓稍晚。石墓、土墓两类都各有不同的类型。最早出现的石墓为积石墓，这是名副其实的"积石为封"，石圹构筑简单，其年代上限可早到高句丽建国以前。之后，积石墓逐渐演进为方坛积石墓，最后发展成方坛阶梯积石墓或石室墓。保存较好的大型方坛阶梯石室墓——"将军坟"，被誉为"东方金字塔"，是高句丽积石墓向完善发展的典型。这种大型方坛阶梯石室墓应该是高句丽王的陵墓，这类墓出土大量砖、瓦、瓦当，有的带有文字，推测原来墓上应有寝殿一类建筑。土墓中有封土或土石混封的圹室墓、石室墓、石室壁画墓等。高句丽古墓主要是"积石为封"，土墓的出现，过去一般认为只是年代上的先后，其实应该是民族或部族等族属方面的差异所致。至于年代上的先后则是非主要的因素。

以上，将高句丽民族风俗做了一个简单的概述，这些大抵上都是高句丽建国后的情况，无论是文献记载，还是出土文物，乃至高句丽壁画中描绘的，主要是迁都国内城以后的风俗习惯。具体说来是公元 1—6 世纪，这是高句丽民俗不断丰富、发展的时期。形成时期则要上溯到纪元前的原始时代。生产力低下的野蛮时代，高句丽先民对于日月星辰、风雨雷电等自然现象的变化，以及部落、氏族成员生老病死等事情的发生，既不可抗拒，又难以理解，因此，产生万物有灵的观念。基于对这些现象的征服幻想和恐惧心理，产生出崇拜、宗教和原始的民族风俗，这种民族风俗以社会生产力和物质文化为基础，同时也受精神的和心理的条件制约。其表现不管是物质生活方面或精神文化方面，都带着本民族浓厚的色彩。

随着高句丽社会的进步，与中原和北方各民族的接触、交往日益频繁，其本民族的风俗习惯也不断得到改造，摒除落后的习俗，接受先进的影响，特别是精神文化方面，表现尤为突出。这是高句丽民族发展的一个重要时期，也是高句丽民族风俗形成的重要时期，大约在高句丽建国前至建国初期，相当于汉武帝至汉平帝时期。

汉平帝元始三年（公元 3 年），高句丽国家从纥升骨城迁都国内城，这里成为高句丽政治、经济、文化的中心长达 425 年，是高句丽社会发展历史中最重要的时期。这一时期高句丽民俗中，节

---

① 孙仁杰、迟勇：《集安高句丽墓葬》，香港：亚洲出版社，2007 年，第 4—5 页。

食、饮酒、婚姻、丧葬等方面，既保留了自己民族的风格和特点，也吸收了一些中原民族的民俗文化的影响，诸如饮酒、婚丧嫁娶之类。民族风俗是在长期社会历史发展过程中形成和变化的。当社会物质生活条件、社会制度发生变化时，也随之相应地变化，甚至消失。民族风俗作为一种文化现象，与某些文化活动也是密切相关的。同样，一些文化活动也是从民族风俗活动中产生出来的。比如高句丽人多祭祀的风俗，喜歌舞的风俗，逐渐发展成宗教祭祀活动和宫廷乐舞，从此产生了超越时空的影响，这也正是高句丽人对人类文明的巨大贡献！

附录　参考书目

一、中国资料

1. 古代文献

1）二十五史

（西汉）司马迁撰，（宋）裴骃集解，（唐）司马贞索隐，（唐）张守节正义：《史记》，北京：中华书局，1959年。

（东汉）班固撰，（唐）颜师古注：《汉书》，北京：中华书局，1962年。

（晋）陈寿撰，（宋）裴松之注：《三国志》，北京：中华书局，1959年。

（南朝宋）范晔撰，（唐）李贤等注：《后汉书》，北京：中华书局，1965年。

（梁）沈约撰：《宋书》，北京：中华书局，1974年。

（梁）萧子显撰：《南齐书》，北京：中华书局，1972年。

（北齐）魏收撰：《魏书》，北京：中华书局，1974年。

（唐）姚思廉撰：《梁书》，北京：中华书局，1973年。

（唐）令狐德棻等撰：《周书》，北京：中华书局，1971年。

（唐）魏徵、令狐德棻撰：《隋书》，北京：中华书局，1973年。

（唐）李延寿撰：《北史》，北京：中华书局，1974年。

（唐）李延寿撰：《南史》，北京：中华书局，1975年。

（后晋）刘昫等撰：《旧唐书》，北京：中华书局，1975年。

（宋）欧阳修、宋祁撰：《新唐书》，北京：中华书局，1975年。

赵尔巽等撰：《清史稿》，北京：中华书局，1977年。

2）其他文献

（春秋）左丘明撰，刘利、纪凌云译注：《左传》，北京：中华书局，2007年。

（战国）佚名：《逸周书》，《四库备要》本，上海报经堂线装本。

（战国）佚名：《山海经》，杭州：浙江古籍出版社，2010年。

（东汉）王充撰：《论衡》，《四库备要》本，上海报经堂线装本。

（梁）释慧皎撰，汤用彤注，汤一玄整理：《高僧传》，北京：中华书局，1992年。

（梁）萧统：《文选》，北京：中华书局，1997年。

（唐）道宣撰，郭绍林点校：《续高僧传》，北京：中华书局，2014 年。

（唐）杜佑撰，王文锦、王永兴、刘俊文，等点校：《通典》，北京：中华书局，1988 年。

（唐）徐坚等著：《初学记》，北京：中华书局，1962 年。

（唐）张楚金撰，张中澍、张建宇校译：《翰苑·蕃夷部》，长春：吉林文史出版社，2015 年。

（宋）李昉撰：《太平御览》，北京：中华书局，2000 年。

（宋）李昉等编：《文苑英华》，北京：中华书局，1966 年。

（宋）司马光编著，（元）胡三省音注：《资治通鉴》，北京：中华书局，1956 年。

（宋）王钦若等编：《册府元龟》，北京：中华书局，1960 年。

（宋）郑樵撰，王树民点校：《通志二十略》，北京：中华书局，1995 年。

（元）马端临撰：《文献通考》，北京：中华书局，2006 年。

（清）陈立撰，吴则虞点校：《白虎通疏证》（全二册），北京：中华书局，1994 年。

（清）董浩等编：《全唐文》，北京：中华书局，1983 年。

（清）刘喜海编著：《海东金石苑》，嘉业堂校训本，1922 年。

（清）阮元校刻：《十三经注疏》，北京：中华书局，1980 年。

（清）杨宾：《柳边纪略》，奉天铅字本，1933 年。

（清）瞿中溶撰：《集古官印考证》，东方学会铅字本，1927 年。

2. 现当代著作

《怀德县文物志》，长春：吉林省文物志编委会，1985 年。

《桓仁满族自治县文物志》，桓仁：桓仁满族自治县文物志编纂委员会，1990 年。

《浑江市文物志》，长春：吉林省文物志编委会，1984 年。

《集安县文物志》，长春：吉林省文物志编委会，1984 年。

《柳河县文物志》，长春：吉林省文物志编委会，1987 年。

《通化市文物志》，长春：吉林省文物志编委会，1986 年。

《通化县文物志》，长春：吉林省文物志编委会，1986 年。

《世界上古史纲》编写组编：《世界上古史纲》，北京：人民出版社，1979 年。

《中国大百科全书·考古学》，北京：中国大百科全书出版社，1986 年。

安炳浩、尚玉河：《韩语发展史》，北京：北京大学出版社，2009 年。

北京大学历史系《论衡》注释小组：《论衡注释》，北京：中华书局，1979 年。

曹德全：《高句丽史探微》，香港：中华国际出版社，2002 年。

常任侠：《常任侠艺术考古论文选集》，北京：文物出版社，1984 年。

陈子展：《诗经直解》，上海：复旦大学出版社，1983 年。

程俊英：《诗经译注》，上海：上海古籍出版社，1985 年。

程妮娜：《古代东北民族朝贡制度史》，北京：中华书局，2016年。

程妮娜等：《汉唐东北亚封贡体制》，北京：中国社会科学出版社，2014年。

重庆市博物馆编：《重庆市博物馆藏四川汉画像砖选集》，北京：文物出版社，1957年。

戴卫红：《韩国木简研究》，桂林：广西师范大学出版社，2017年。

付百臣主编：《高句丽研究文集》，香港：亚洲出版社，2009年。

高福顺：《高句丽中央官制研究》，长春：吉林大学出版社，2015年。

高福顺、姜维公、戚畅：《〈高丽记〉研究》，长春：吉林文史出版社，2003年。

高福顺、苗威、刘子敏编著：《中国学者高句丽研究史》，长春：吉林文史出版社，2011年。

高文：《四川汉代石棺画像集》，北京：人民美术出版社，1998年。

耿铁华：《好太王碑新考》，长春：吉林人民出版社，1994年。

耿铁华：《中国高句丽史》，长春：吉林人民出版社，2002年。

耿铁华：《好太王碑一千五百八十年祭》，北京：中国社会科学出版社，2003年。

耿铁华：《高句丽考古研究》，长春：吉林文史出版社，2004年。

耿铁华：《高句丽史论稿》，长春：吉林人民出版社，2005年。

耿铁华：《高句丽史简编》，长春：吉林文史出版社，2006年。

耿铁华：《高句丽古墓壁画研究》，长春：吉林大学出版社，2008年。

耿铁华：《高句丽瓦当》，长春：吉林大学出版社，2014年。

耿铁华：《高句丽壁画研究》，长春：吉林大学出版社，2017年。

耿铁华：《集安高句丽碑研究》，长春：吉林大学出版社，2017年。

耿铁华主编：《高句丽好太王碑》，长春：吉林大学出版社，2012年。

耿铁华、崔明主编：《中国高句丽王城王陵及贵族墓葬》，长春：吉林文史出版社，2008年。

耿铁华、李乐营：《好太王碑拓本研究》，长春：吉林大学出版社，2017年。

耿铁华、李乐营编著：《高句丽研究史》，长春：吉林大学出版社，2012年。

耿铁华、李乐营主编：《高句丽研究文献目录》，长春：吉林大学出版社，2013年。

耿铁华、倪军民主编：《高句丽历史与文化》，长春：吉林文史出版社，2000年。

耿铁华、孙仁杰编：《集安博博物馆高句丽研究文集》，延吉：延边大学出版社，1993年。

耿铁华、尹国有：《高句丽瓦当研究》，长春：吉林人民出版社，2001年。

郭沫若：《中国史稿》，北京：人民出版社，1979年。

国家文物局主编：《中国文物地图集·吉林分册》，北京：中国地图出版社，1993年。

国学整理社：《诸子集成》，北京：中华书局，2002年。

韩玉祥：《南阳汉代天文画像石研究》，北京：民族出版社，1995年。

湖南省博物馆、中国科学院考古研究所编：《长沙马王堆一号汉墓》，北京：文物出版社，1973年。

黄怀远、田旭东、张懋镕撰：《逸周书汇校集注》，上海：上海古籍出版社，2007年。

黄雅峰：《汉画像石画像砖艺术研究》，北京：中国社会科学出版社，2011年。

吉林省文物考古研究所编著：《吉林集安高句丽墓葬报告集》，北京：科学出版社，2009年。

吉林省文物考古研究所、集安市博物馆编著：《洞沟古墓群——1997年调查测绘报告》，北京：科学出版社，2002年。

吉林省文物考古研究所、集安市博物馆编著：《国内城——2000—2003年集安国内城与民主遗址试掘报告》，北京：文物出版社，2004年。

吉林省文物考古研究所、集安市博物馆编著：《集安高句丽王陵——1990—2003年集安高句丽王陵调查报告》，北京：文物出版社，2004年。

吉林省文物考古研究所、集安市博物馆编著：《丸都山城——2001—2003年集安丸都山城调查试掘报告》，北京：文物出版社，2004年。

吉林省文物考古研究所、集安市博物馆、吉林省博物馆编著：《集安出土高句丽文物集粹》，北京：科学出版社，2010年。

集安市博物馆编著：《集安高句丽碑》，长春：吉林大学出版社，2013年。

翦伯赞：《秦汉史》，北京：北京大学出版社，1983年。

姜孟山：《高句丽的足迹》，延吉：延边人民出版社，1982年。

姜孟山：《朝鲜通史》，延吉：延边大学出版社，1992年。

姜孟山、朴真奭主编：《中国境内高句丽遗迹研究》，汉城：芸河出版社，1995年。

姜维恭：《高句丽历史研究初编》，长春：吉林人民出版社，2005年。

姜维东、郑春颖、高娜编著：《正史〈高句丽传〉校注》，长春：吉林人民出版社，2005年。

姜维公主编：《高句丽历史论文提要》，长春：吉林文史出版社，2008年。

姜维公主编：《中国东北民族史》，长春：吉林文史出版社，2014年。

金旭东主编：《田野考古集粹》，北京：文物出版社，2008年。

金毓黻：《辽东文献征略》，辽阳铅印本，1927年。

金毓黻：《东北通史》上编，台北：洪氏出版社，1976年。

金毓黻：《静晤室日记》，沈阳：辽沈书社，1993年。

李春祥：《高句丽与东北民族疆域研究》，长春：吉林文史出版社，2006年。

李春雨、刘天成：《通化县志》，印刷局铅印本，1927年。

李殿福：《高句丽渤海的考古与历史》，东京：学生社，1991年。

李殿福：《高句丽民族文化研究》，长春：吉林文史出版社，2004年。

李殿福：《高句丽民族文化研究》，长春：吉林文史出版社，2005年。

李殿福编著：《中国的高句丽遗迹》，汉城：学研文化社，1994年。

李殿福、孙玉良：《高句丽简史》，汉城：韩国三省出版社，1990年。

李发林：《山东汉画像石研究》，济南：齐鲁书社，1982年。

李国强、李宗勋主编：《高句丽史新研究》，延吉：延边大学出版社，2006 年。

李健才：《东北史地考略》，长春：吉林文史出版社，1986 年。

李乐营、李淑英主编：《中国高句丽学者与研究综述》，长春：吉林文史出版社，2006 年。

李乐营、章永林主编：《高句丽研究论文选》，长春：东北师范大学出版社，2015 年。

厉声、朴文一主编：《高句丽历史问题研究论文集》，延吉：延边大学出版社，2005 年。

梁志龙：《沸流集》，沈阳：辽宁人民出版社，2015 年。

辽宁省文物考古研究所编著：《五女山城——1996～1999、2003 年桓仁五女山城调查发掘报告》，北京：文物出版社，2004 年。

辽宁省文物考古研究所、沈阳市文物考古研究所编著：《石台子山城》，北京：文物出版社，2012 年。

刘节：《古史考存》，北京：人民出版社，1958 年。

刘天成、苏显扬：《辑安县志》，石印本，1931 年。

刘伟：《高句丽与东北亚诸国关系研究》，长春：东北师范大学出版社，2016 年。

刘志远、余德章、刘文杰：《四川汉代画像砖与汉代社会》，北京：文物出版社，1983 年。

刘子敏：《高句丽历史研究》，延吉：延边大学出版社，1996 年。

刘子敏、苗威编著：《中国正史〈高句丽传〉详注及研究》，香港：亚洲出版社，2006 年。

罗二虎：《汉代画像石棺》，成都：巴蜀书社，2002 年。

罗福颐编：《故宫博物院藏古玺印选》，北京：文物出版社，1982 年。

吕正理：《东亚大历史》，北京：群言出版社，2015 年。

马大正、金熙正主编：《高句丽渤海历史问题研究论文集》，延吉：延边大学出版社，2004 年。

马大正、李大龙、耿铁华，等：《古代中国高句丽历史续论》，北京：中国社会科学出版社，2003 年。

马大正、杨保隆、李大龙，等：《古代中国高句丽历史丛论》，哈尔滨：黑龙江教育出版社，2000 年。

马煐显、刘熙春：《怀仁县志》，铅印本，1934 年。

马彦、华阳主编：《国内外高句丽研究论文论著目录》，香港：亚洲出版社，2009 年。

苗威：《高句丽移民研究》，长春：吉林大学出版社，2011 年。

南阳汉代画象石编委会编：《南阳汉代画像石》，北京：文物出版社，1985 年。

朴灿奎：《〈三国志·高句丽传〉研究》，长春：吉林人民出版社，2000 年。

朴灿奎主编：《高句丽史研究》，哈尔滨：黑龙江朝鲜民族出版社，2003 年。

朴灿奎主编：《平壤地区高句丽都城遗迹》，香港：亚洲出版社，2015 年。

朴灿奎、郑京日主编：《玉桃里——朝鲜南浦市龙冈郡玉桃里一带历史遗迹》，香港：亚洲出版社，2011 年。

朴文一、姜孟山、朴真奭等：《朝鲜简史》，延吉：延边大学出版社，1998 年。

朴真奭：《好太王碑与古代朝日关系研究》，延吉：延边大学出版社，1993 年。

朴真奭：《高句丽好太王碑研究》，延吉：延边大学出版社，1999年。

朴真奭编著：《好太王碑拓本研究》，哈尔滨：黑龙江朝鲜民族出版社，2001年。

朴真奭、姜孟山主编：《高句丽遗迹和遗物研究》（朝鲜文），延吉：东北朝鲜民族教育出版社，1994年。

商承祚编著：《长沙出土楚漆器图录》，上海：上海出版公司，1955年。

睡虎地秦墓竹简整理小组编：《睡虎地秦墓竹简》，北京：文物出版社，1978年。

宋兆麟、黎家芸、杜耀西：《中国原始社会史》，北京：文物出版社，1983年。

孙进己、孙海主编：《高句丽渤海研究集成》，哈尔滨：哈尔滨出版社，1997年。

孙仁杰、迟勇：《集安高句丽墓葬》，香港：亚洲出版社，2007年。

孙炜冉：《高句丽史杂言》，长春：吉林大学出版社，2017年。

孙文范、孙玉良主编：《高句丽历史知识》，长春：吉林文史出版社，2003年。

孙玉良、孙文范主编：《简明高句丽史》，长春：吉林人民出版社，2008年。

谭其骧：《〈中国历史地图集〉释文汇编·东北卷》，北京：中央民族学院出版社，1988年。

佟达：《高尔山》，沈阳：辽宁民族出版社，2003年。

佟冬主编：《中国东北史》，长春：吉林文史出版社，1998年。

王承礼、李健才编著：《吉林省历史概要》，长春：吉林省博物馆，1964年。

王国维：《观堂集林》，北京：中华书局，1961年。

王国维：《王国维遗书》，上海：上海书店出版社，1983年。

王健群：《好太王碑研究》，长春：吉林人民出版社，1984年。

王绵厚：《高句丽古城研究》，北京：文物出版社，2002年。

王绵厚：《高句丽与秽貊研究》，哈尔滨：哈尔滨出版社，2004年。

王禹浪、王宏北编著：《高句丽渤海古城址研究汇编》，哈尔滨：哈尔滨出版社，1994年。

王禹浪、王文轶主编：《辽东半岛地区的高句丽山城》，哈尔滨：哈尔滨出版社，2008年。

王玉哲：《中华远古史》，上海：上海人民出版社，2000年。

王云刚：《高句丽王城王陵及贵族墓葬》，上海：上海世界图书出版公司，2008年。

王仲殊：《汉代考古学概说》，北京：中华书局，1984年。

魏存成：《高句丽考古》，长春：吉林大学出版社，1994年。

魏存成：《高句丽遗迹》，北京：文物出版社，2002年。

魏存成：《高句丽渤海考古论集》，北京：科学出版社，2015年。

吴曾德：《汉代画像石》，北京：文物出版社，1984年。

吴存浩：《中国婚俗》，济南：山东人民出版社，1986年。

信立祥：《汉代画像石综合研究》，北京：文物出版社，2000年。

徐德源：《高句丽历史与文化论丛》，沈阳：德一堂书坊，2011年。

徐德源：《求实集》，哈尔滨：黑龙江人民出版社，2012 年。

延边博物馆编写组编：《延边文物简编》，延吉：延边人民出版社，1988 年。

杨春吉、耿铁华主编：《高句丽历史与文化研究》，长春：吉林文史出版社，1997 年。

杨春吉、耿铁华主编：《高句丽归属问题研究》，长春：吉林文史出版社，2000 年。

杨春吉、耿铁华、倪军民主编：《高句丽史籍汇要》，长春：吉林人民出版社，1998 年。

杨春吉、秦升阳主编：《高句丽历史知识问答》，长春：吉林人民出版社，2003 年。

杨军：《高句丽民族与国家的形成和演变》，北京：中国社会科学出版社，2006 年。

杨军：《高句丽与拓跋鲜卑国家起源比较研究》，长春：吉林文史出版社，2011 年。

杨军、高福顺、姜维公：《高句丽官制研究》，长春：吉林大学出版社，2014 年。

杨秀祖：《高句丽军队与战争》，长春：吉林大学出版社，2010 年。

易存国：《敦煌艺术美学——以壁画艺术为中心》，上海：上海人民美术出版社，2005 年。

尹铉哲主编：《高句丽渤海国史研究文献目录》，延吉：延边大学出版社，2016 年。

尹铉哲主编：《高句丽史研究文献目录》（朝鲜、韩国、日本部分），延吉：延边大学出版社，2016 年。

张碧波：《中国东北疆域研究》，哈尔滨：黑龙江人民出版社，2006 年。

张碧波：《中华史学视野中的高句丽》，香港：天马出版有限公司，2011 年。

张博泉：《东北地方史稿》，长春：吉林大学出版社，1985 年。

张博泉：《夫余与高句丽论集》，长春：吉林文史出版社，2011 年。

张博泉、苏金源、董玉瑛：《东北历代疆域史》，长春：吉林人民出版社，1981 年。

张福有、孙仁杰、迟勇：《高句丽王陵通考》，香港：亚洲出版社，2007 年。

张福有、孙仁杰、迟勇：《高句丽千里长城》，长春：吉林人民出版社，2010 年。

张福有、孙仁杰、迟勇：《高句丽古城考鉴》，长春：吉林文史出版社，2016 年。

张福有编著：《集安麻线高句丽碑》，北京：文物出版社，2014 年。

张士东：《高句丽语研究》，长春：吉林大学出版社，2015 年。

张维华：《汉史论集》，济南：齐鲁书社，1980 年。

郑春颖：《高句丽服饰研究》，北京：中国社会科学出版社，2015 年。

郑永振：《高句丽渤海靺鞨墓葬比较研究》，延吉：延边大学出版社，2003 年。

中央民族学院研究部主编：《历代各族传记汇编》，北京：中华书局，1958 年。

周一良、吴于廑主编：《世界通史》，北京：人民出版社，1962 年。

朱寰：《世界中古史》，长春：吉林人民出版社，1981 年。

祝立业主编：《近十年高句丽碑志研究新收获》，北京：中国社会科学出版社，2016 年。

二、外国资料

1. 古代文献

金富轼：《三国史记》，正德影印本。

李奎报：《东国李相国集》，正德影印本。

僧一然：《三国遗事》，正德影印本。

觉训：《海东高僧传》，大正藏影印本。

无名氏：《东国史略》，四库全书影印本。

徐居正：《东国通鉴》，汉城：朝鲜光文会，1911年。

2. 现当代著作

1）朝鲜

蔡锡国：《高句丽历史研究——迁都平壤与高句丽的强盛》，平壤：白山资料院，1999年。

蔡熙国：《高句丽历史研究》，平壤：朝鲜金日成综合大学出版，1985年。

朝鲜科学院考古学与民俗学研究所：《德兴里高句丽壁画墓》，平壤：科学百科辞典出版社，1981年。

朝鲜科学院历史研究所：《朝鲜通史》，平壤：科学百科辞典出版社，1979年。

朝鲜社会科学院考古研究所：《朝鲜考古学概要》，哈尔滨：黑龙江文物出版编辑室，1983年。

朝鲜社会科学院历史研究所：《朝鲜全史》，延吉：延边大学出版社，1988年。

朝鲜社科院考古所编：《朝鲜考古学概要》，平壤：社会科学出版社，1975年。

金日成综合大学编：《东明王陵及其附近高句丽遗迹》，平壤：金日成综合大学出版社，1976年。

李基雄：《高句丽的文明——以壁画墓为中心》，平壤：朝鲜文化保存社，2007年。

李趾麟、姜仁淑：《高句丽历史研究》，平壤：社会科学出版社，1976年。

朴时亨：《广开土王陵碑》，平壤：社会科学出版社，1966年。

孙永钟：《高句丽史》，平壤：科学百科辞典出版社，1999年。

朱荣宪：《高句丽文化》，平壤：社会科学出版社，1966年。

2）韩国

白山学会编著：《高句丽史研究》，汉城：白山资料院，1995年。

白山学会编著：《高句丽文化探索》，首尔：白山资料院，2005年。

崔梦龙、白种伍：《高句丽和中原文化》，首尔：朱流星，2014年。

崔钟泽：《峨嵯山堡垒与高句丽南进经营》，首尔：西京文化社，2013年。

东北亚历史财团编著：《高句丽的文化与思想》，香港：社会科学出版公司，2010年。

东北亚历史财团编著：《日本所藏的高句丽遗物》Ⅰ—Ⅳ，首尔：东北亚历史财团，2011年。

高句丽研究财团编：《朝鲜最近的高句丽史研究》，汉城：高句丽研究财团，2004 年。

高句丽研究财团编：《高句丽史研究论著目录》，汉城：高句丽研究财团，2004 年。

高句丽研究财团编：《中国最近高句丽史研究动向》，汉城：高句丽研究财团，2004 年。

高句丽研究财团编：《重新看高句丽史》，汉城：高句丽研究财团，2004 年。

高句丽研究会编著：《中原高句丽碑研究》，汉城：高句丽研究会，1995 年。

国立文化财研究所编：《峨嵯山堡垒发掘调查报告书》首尔：国立文化财研究所，2009 年。

姜仁求主编：《高句丽简史》，汉城：韩国三省出版社，1990 年。

姜舞鹤：《广开土大王》，汉城：正音社，1983 年。

姜贤淑、朴善姬：《高句丽文化比较研究》，首尔：高句丽研究财团，2005 年。

金贤淑：《高句丽的领域支配方式研究》，首尔：侍奉之人（社），2005 年。

金勇俊：《高句丽壁画墓研究》，汉城：烈华堂，2001 年。

孔锡龟：《高句丽领域扩张史研究》，汉城：西京文化社，1998 年。

李成制编：《高句丽城照片资料集：中国吉林省东部》，首尔：韩国东北亚历史财团，2010 年。

李道学：《高句丽广开土王陵碑文研究》，首尔：西京文化社，2006 年。

李亨求、朴鲁姬：《广开土大王陵碑新研究》，汉城：同和出版公社，1986 年。

李仁哲编著：《东北工程和高句丽史》，首尔：白山资料院，2010 年。

李贞子：《古代中国正史的高句丽认识》，首尔：西京文化社，2008 年。

李钟旭：《高句丽史》，首尔：金英社，2005 年。

林基中：《广开土王碑原石初期拓本集成》，汉城：东国大学出版部，1995 年。

林起焕：《高句丽政治史研究》，汉城：韩娜莱出版社，2004 年。

卢泰敦：《高句丽史研究》，汉城：四季出版社，1999 年。

朴性凤：《高句丽的南进发展及其历史意义》，首尔：景仁文化社，2015 年。

全虎兑：《高句丽古墓壁画的世界》，汉城：首尔大学出版部，2004 年。

全虎兑：《高句丽古墓壁画读记》，首尔：首尔大学出版部，2008 年。

申滢植：《高句丽山城和海洋防御体系研究》，汉城：白山资料院，2000 年。

申滢植：《高句丽史》，汉城：梨花女子大学出版部，2003 年。

檀国大学史学会编著：《史学志——中原高句丽碑特辑号》，汉城：檀国大学史学会，1979 年。

吴中哲编著：《高句丽本纪新注释》，汉城：龟尾书馆，2000 年。

徐炳国：《高句丽帝国史》，汉城：慧眼出版社，1997 年。

徐炳国：《大高句丽帝国史》，汉城：韩国学术情报部，2004 年。

徐永大编著：《高句丽的思想和文化》，首尔：高句丽研究财团，2005 年。

延世大学编著：《高句丽史研究》，汉城：延世大学出版部，1987 年。

余昊奎：《高句丽初期政治史研究》，首尔：新书苑，2014 年。

郑仙女：《高句丽佛教史研究》，首尔：西京文化社，2006年。

3）日本

白崎昭一郎：《广开土大王碑文研究》，东京：吉川弘文馆，2004年。

池内宏、梅原末治：《通沟》，东京："日满文化协会"，1938、1940年。

东北大学学者访中团编著：《访高句丽的故地》，东京：宁东社，1981年。

东潮、田中俊明：《韩国古代遗迹》新罗篇，东京：中央公论社，1988年。

东潮、田中俊明：《韩国古代遗迹》百济·伽倻篇，东京：中央公论社，1989年。

东潮、田中俊明：《高句丽的历史与遗迹》，东京：中央公论社，1995年。

高岛鸣凤：《新罗、高句丽、百济三国纪》，东京：丛文社，2000年。

关野贞：《朝鲜的建筑与艺术》，东京：岩波书店，1941年。

李进熙：《广开土王陵碑研究》，东京：吉川弘文馆，1972年。

门田诚一：《高句丽壁画古墓与东亚》，东京：思文阁出版社，2011年。

末松保和：《高句丽与朝鲜古代史》，东京：吉川弘文馆，1996年。

奈良县立橿原考古所：《藤之木古坟及其时代展》，东京：大冢巧艺社，1989年。

鸟居龙藏：《鸟居龙藏全集》，东京：朝日新闻社，1976年。

平山郁夫、早乙女雅博编：《高句丽壁画古坟》，东京：共同通讯社，2005年。

全浩天：《前方后圆古墓的源流》，东京：未来社，1991年。

三上次男：《高句丽与渤海》，东京：吉川弘文馆，1990年。

上田正昭：《高句丽与日本古代文化》，东京：讲谈社，1987年。

水谷悌二郎：《好太王碑考》，东京：开明书院，1977年。

寺田隆信、井上秀雄编著：《好太王碑探访记》，东京：日本电视出版协会，1985年。

武田幸男：《高句丽史与东亚》，东京：岩波书店，1989年。

武田幸男编著：《广开土王碑原石拓本集成》，东京：东京大学出版会，1988年。

西川宏：《高句丽渤海的考古与历史》，东京：学生社，1991年。

小林惠子：《广开土王与倭五王》，东京：文艺春秋社，1995年。

佐伯有清：《广开土王碑研究史》，东京：吉川弘文馆，1974年。

2002 年版后记

从事高句丽历史与考古研究 20 多年，总算有一部《中国高句丽史》书稿完成了，欣喜之情是难以言表的。

说来很有意思，我是学历史的，以往撰写或发表的著述大多却属于考古方面，诸如《好太王碑新考》《高句丽瓦当研究》《好太王碑一千五百八十年祭》《高句丽壁画研究》《高句丽冉牟墓研究》《高句丽兵器研究》《高句丽釉陶器的类型与分期》等。这应该得益于多年的考古调查与发掘的实践，同时也要感谢我的各位导师和朋友们。

提起我的导师们，他们大都是在各自研究领域内有颇多建树的专家学者，先秦史专家徐喜辰教授、万九河教授，秦汉史专家陈连庆教授，古文字学家孙常叙教授，考古学家张忠培教授。他们讲授先秦政治、先秦经济、先秦考古、群经诸子、甲骨金文，侃侃然、循循然，让我和庄福林、胡方恕二位师兄随时享受着经史之盛筵，感受着学者的风范。1978—1981 年，我在东北师范大学历史系先秦史专业读研究生，转眼 20 多年过去了，每当翻开导师们讲课的记录和讲义稿，都受到极大的鼓舞和鞭策，使我在高句丽历史与考古研究中不敢有所松懈，更不敢有悖于导师的教诲。

朋友们给我的帮助也是令人难忘的。读研究生时，我曾混迹于大学青年教师居住的新三舍 522 室，室友史宁中、李南岗、王中忱，还有我屋的常客尚侠等当时在数学、文学诸方面均属佼佼者，他们的刻苦精神和研究成果令我钦佩。我从他们那里得到许多帮助和启示，使我在后来的学习与研究中获益良多。

至于历史与考古方面的朋友既有国内的，也有国外的；既有年老的，也有年轻的；既有学术观点相近的，也有学术观点不同的。他们与我交流资料信息、交流研究成果与研究动态，提供了许多国内外研究著作和杂志，使我在边鄙之地能够及时地掌握国内外高句丽历史与考古研究的动态与趋势，使我的研究工作至少可以与国内外学者同步……

1998 年，我开始在大学讲授高句丽史课程。听课者有研究生、本科生、函授生，还有系内外的中青年教师。我从教的学校地处长白山脚下，这里是汉玄菟郡的中心地区，也是高句丽人生存活动的重要地区，城外就有高句丽遗址和山城。距离高句丽故都桓仁和集安都只有百公里左右。我充分利用这种地缘优势，把课堂教学与研讨同实地考察有机地结合起来，且收到了良好的效果。不少学生的毕业论文选择了高句丽历史与考古方面的题目，有的论文被选为优秀论文收入《文集》，有的还在学报和其他刊物发表。在研讨式教学活动中，学生们提出了一些颇为深刻与前卫的问题，促使我不断地深入研究与思考，不断地接受国内外考古研究的信息和成果，不断地修改和完善自己的

讲义。

2001年10月，我的高句丽讲义稿打印，征求意见并进行修改，至2002年8月全部改定。《中国高句丽史》一书采用章节体，以适应高等院校历史教学和学生学习的需要，共12章40节，内容包括高句丽民族早期历史和高句丽国家的历史，重点是高句丽建国后的政治、经济、军事、疆域、思想、文化的发展演变。在撰写和修改中，努力遵循以下原则。

第一，坚持历史唯物主义，实事求是地阐明高句丽民族和国家历史发生、发展与消亡的全过程。客观、准确、辩证地运用历史文献和考古材料，有分析、有比较、有研究。以新世纪开拓、创新的视角审视古代地方民族政权在区域政治、经济、文化发展中的地位、作用，以及对后来东北亚地区经济、文化交流、民族与国家关系的影响。探索古代民族、国家生存活动的一般规律，与今日诸多民族、国家的区别与联系。总结经验、教训，为将来地区的、国际的友好交往、和平稳定、共同发展提供有益的借鉴。

第二，从历史记载、文化渊源、生活地域、设治管理、封国地位等诸多方面，阐明高句丽是中国东北地区的古代民族，高句丽国家是汉玄菟郡内的一个民族政权，其地位相当于汉代边郡封国。尽管后来占据了辽东、玄菟、乐浪诸郡的广大地区，但其作为中央政权的地方封国地位没有改变。中原诸政权册封高句丽统治者为都督辽海诸军事、征东将军、领护东夷中郎将、辽东郡开国公、高句丽王。就是要高句丽以中原王朝臣子的身份来管理辽海地区军政事务，对东夷小国有保护、征伐之权，这种权力是中原皇帝赐予的。因此，我在撰写高句丽不同发展阶段的历史时，一直将其放在中原王朝更迭、社会发展演变的大环境之中进行叙述。我清楚地看到，高句丽既是两汉郡国并行制度下的地方政权，又是东北诸多民族融合、势力消长的一支不可忽视的民族力量。高句丽民族及其政权的发展、变化，从来也没有离开过中华大一统的管理、协调的影响。高句丽政权产生于西汉末年，灭亡于唐朝初年，认可其方国出现的是汉元帝，灭其国的是唐高宗，封建帝王对地方封国之君的予夺之权表现得淋漓尽致。

第三，本书在撰写中融会、吸收了高句丽历史与考古学界以往的研究成果，采纳了学术界研究中形成的通说，对于分歧意见尽可能地进行客观介绍与说明。诸如高句丽民族起源、建国、政治制度、军事扩张、疆域变化、都城迁徙、思想文化等方面的研究，大多得益于金毓黻、佟冬、张博泉、姜孟山、李健才、徐德源、张碧波、张璇如、顾铭学、马大正、孙进己、孙玉良、刘子敏、方起东、李殿福、刘厚生、魏存成、王绵厚等先生的著述。其他国内外学者的研究成果也都在引用时一一注明。

如果说本书中有一些与以往学术界的研究有所不同，或谓之创新之处，主要有如下几点。

1. 关于高句丽民族起源问题

以往学者多持秽貊说、夫余说、高夷说、炎帝说。我仍坚持高句丽起源于商人的说法。此意见是10年前我在《集安高句丽历史与好太王碑》一文中提出来的，主要是从历史文化传承及相关考古资料的比较上提出的。同时，在理论上讨论了古代民族起源与民族融合的区别与联系，进一步澄清学术界在古代民族源与流问题上存在的某些混乱。古文献记载秽、貊、秽貊由民族之称变为北方民族集合性称谓的情况，正好说明古代史家狭隘的民族观。我们若将这种集合性称谓当成其中某一民族之源，不恰恰陷入了狭隘的思维方式之中吗？

2. 高句丽国家历史的分期

国内外学者在著述高句丽历史与文化时，大都按照高句丽都城迁置情况分成三个历史时期，即都纥升骨城时期，公元前 37 年至公元 3 年；都国内城时期，公元 3 年至 427 年；都平壤城时期，公元 427 年至 668 年。我在过去的著述和给学生讲课时，也曾采用三期分法。也有部分学者以公元427 年长寿王迁都作为高句丽前后两期的分界，并认为高句丽前期社会是奴隶制性质，后期社会是封建制性质。

此次修改定稿的《中国高句丽史》则分为四期：两汉时期、魏晋时期、南北朝时期、隋唐时期。这种分法的优越之处在于，客观地将高句丽国家阶段性的发展纳入中华民族历史发展阶段的轨道之中。既可以了解高句丽政权发展、演变的阶段性、地方性、民族性，又可以发现中华民族历史发展、王朝更迭对高句丽社会进步的影响与制约。更加清楚地了解到高句丽成为两汉边郡封国之后，在不同朝代的管理、帮助及政策之下，政权巩固，对外兼并、扩张，改革发展，社会稳定、都城南迁、衰落、战争、走向灭亡的全过程。

3. 关于高句丽的社会性质

截止目前，对于高句丽社会性质的看法有奴隶社会说、封建社会说、前奴隶制后封建制社会说、半奴隶半封建社会说四种。本书主张封建社会说。本书的主张与以往封建社会说不同之处在于，将高句丽作为西汉行政管辖下的一个民族区域来讨论问题，其建国后属于西汉地方政权管理下的地方封国，具有明显的地方性、依附性和非独立性。汉武帝设四郡，以高句丽县管理高句丽人，则高句丽人是汉政权下的编户齐民，高句丽令主其名籍。汉的封建政治、经济、思想、文化一直统治、灌输并影响着高句丽人的政治生活和经济生活。高句丽人的社会性质在未建立封国之时就已是封建制了。

当然，我们也注意到，高句丽国家经过公元 4 世纪的改革，在好太王与长寿王期间已发展成为中国北方一个强大的军事封建王国，其封建社会具有地方的和民族的特色。

4. 关于高句丽的经济类型

多年的考古调查与发掘，使我对高句丽人的居住区域、都城附近的地理状况、自然环境、物产资源及出土遗迹、遗物有了较为深刻的认识，在一些高句丽社会生产和经济生活的论文中不断探讨高句丽社会的经济类型与特点，逐渐形成以农业为主兼营渔猎的综合经济类型。从生产工具中农业用具的比例，以及历史文献、古墓壁画的内容，可以得出高句丽的经济类型是以农业为主的结论。根据长白山区大山深谷、河流纵横、动植物资源丰富等情况，参照史籍、文物，可以知道高句丽渔猎经济发展的状况。这种综合经济类型的形成，既有殷商历史的渊源、文化的渊源，也有高句丽人生活地域的环境、资源因素，还有高句丽民族性格、民族风俗的影响。

5. 关于高句丽社会的改革

早在集安洞沟古墓群禹山墓区集锡公路古墓的考古发掘中，我们就已经注意到两晋之际，高句丽墓葬的形制、葬具、葬俗方面发生了明显的变化。后来，在整理发掘资料，对陶器、铁器、金器、鎏金器分类时，逐渐清楚地看到，公元 4 世纪，高句丽文物遗迹中的新变化：方坛阶梯类墓葬出现，墓室扩大，壁画出现，金器、鎏金器出现，釉陶器出现，瓦当出现……1996 年清理 JYM3319 号墓时，又发现砖室、耳室，出土一批青瓷器。另外，《三国史记》记载小兽林王时期立太学、颁律令、兴佛教、建佛寺等，思想文化领域内的新变化也出现了。这正是高句丽社会改革的结果。我曾同孙仁杰先生交流过这一看法，他颇有同感并举出一些葬俗改革的实例。因此，在《中国高句丽史》中专辟一节从政治、经济、思想文化三方面来阐述两晋之际高句丽的社会改革。

6. 关于纥升骨城

百余年前，日本学者曾提出：桓仁县（当时称怀仁）的五女山城是高句丽建国的第一座都城——纥升骨城。后来，国内外学者均从此说，我们也多次引用。直至几次亲临五女山调查，饱尝攀登之苦，才开始对此说法产生了疑问。1993 年以来，我先后陪同方起东、李亨求、赵由典、铃木一郎等先生前往桓仁县考察、参观，进一步取得五女山城并非纥升骨城的证据。2001 年发表了《高句丽纥升骨城新考》一文，引证大量的文献资料与考古资料，肯定辽宁省桓仁县城附近作为高句丽第一座都城的历史地位，同时指出五女山城不宜作都城的四点证据：山势险峻，交通不便；孤立无援，供给困难；空间狭小，条件恶劣；纥升骨原已有城，应在平原上，而非山城。从高句丽都城的格局上看，均为一座平原城和一座军事卫城构建，并以平原城之名为都城之名。如国内城、平壤城。五女山城只能是一座军事性质的城堡，不能称为纥升骨城，这一点是可以肯定的。至于纥升骨城，应该是平原城下古城子古城。

另外，在隋唐征高句丽的性质、结局，高句丽灭国时的人口数量、流向，高句丽军队组成、武器装备、商业货币、水陆交通、高句丽思想、教育、祭祀、壁画、碑刻、乐舞、风俗等诸多方面也有一些独立的、与众不同的意见和看法。力争在每一章节中体现自己的研究成果，有些还进行必要的考证与研究，以增加一定的深度和厚重，更趋翔实与确凿。本书在叙述中尊重原史考证，引用考古原标注较多，故有用数字不统一处，特此说明。

本书作为哲学社会科学研究重点课题，曾得到吉林省哲学社会科学规划基金办公室、吉林省社会科学院、吉林大学、东北师范大学、延边大学、通化师范学院的领导与专家的支持和帮助。徐德源、张碧波、刘厚生、魏存成、王绵厚诸位先生对此研究项目提出了宝贵的评审意见，使之顺利通过结项，令我十分感动。

徐德源先生作为著名史学家、高句丽历史研究的资深学者，在一些重要问题的研究与决笔上，观点鲜明，影响深远，一直受到学界的尊重和拥戴。先生与我的老师朱寰教授、赵德贵教授有同窗之谊，我常以师叔呼之。在一些学术活动及会议上相处融洽欢愉。75 岁的老人在南行考察之余为本书作序，热情肯定、奖誉使我大受鼓舞，愿在今后研究中努力践行先生之期望，不辜负先生及诸位学者、朋友的重托。

本书在修改、出版过程中，还得到吉林人民出版社、东北师范大学历史系、长春师范学院历史系、通化师范学院历史系和长春人民印业有限公司诸多朋友的支持和帮助，特别是陈余齐、李德山、高福顺、李乐营、李淑英、孙金花、杨志红等的帮助，更应该得到感谢。

仅以此书献给我的老师和朋友们！

耿铁华

2002 年 10 月

图 版 一

五女山城西侧

五女山城西侧峭壁

图 版 二

五女山城东墙

五女山城 2 号建筑址

图 版 三

丸都山城全景

丸都山城俯瞰

丸都山城与国内城示意图

图 版 四

丸都山城南门

丸都山城南门东墙

丸都山城南门西墙

图 版 五

丸都山城西南门

丸都山城 3 号门址北段城墙

图 版 六

丸都山城西北角

丸都山城瞭望台

图 版 七

饮马湾发掘

丸都山城宫殿遗址

图 版 八

国内城西墙

国内城建筑遗址

图 版 九

国内城马面基址

图　版　十

朝鲜平壤城七星门

平壤城城墙

图版十一

平壤城乙密台下

图版十二

安鹤宫复原建筑

定陵寺

图版十三

朝鲜大城山城墙垣

大城山城女墙

图版十四

韩国峨嵯山城发掘

首尔郊外的高句丽山城

图版十五

自安山城北墙

自安山城北墙涵洞清理

图版十六

凤凰山山城北门

凤凰山山城东墙

凤凰山山城南门

图版十七

盖州高丽城山城

盖州高丽城山城夯土墙

图版十八

1905 年

1939 年

1976 年

2006 年

好太王碑历史照片

图版十九

好太王碑 2017 年

图版二十

北京大学藏好太王碑拓本第 1、2 面

图版二十一

第 4 面

第 3 面

北京大学藏好太王碑拓本第 3、4 面

忠州高句丽碑

图版二十三

忠州高句丽碑拓片

集安高句丽碑

图版二十五

集安博物馆展厅中的集安高句丽碑

图版二十六

集安高句丽碑周荣顺拓本

集安高句丽碑江化国、李光夫拓本

集安民主村石柱

图版二十九

JYM1080

JSM1411

JSM1305

JYM2108

集安高句丽墓前的无字碑

图版三十

好太王碑与太王陵

太王陵

将军坟

图版三十二

将军坟 1 号陪坟

高句丽贵族墓地

安岳 3 号墓男主人

图版三十四

安岳 3 号墓女主人

图版三十五

角觝墓角觝图

舞踊墓狩猎图

图版三十六

舞踊墓侍女图

舞踊墓歌舞图

图版三十七

角骶墓阳乌

角骶墓蟾蜍

图版三十八

三室墓交战图

四神墓王子乔仙人

图版三十九

长川 1 号墓歌舞图

图版四十

五盔坟 4 号墓伏羲

五盔坟 4 号墓女娲

五盔坟 4 号墓蟠龙

图版四十二

四神墓朱雀

图版四十三

四神墓玄武

江西中墓朱雀

图版四十五

玉璧

玉耳杯

高句丽玉器

高句丽玛瑙珠

图版四十六

高句丽金饰

高句丽金饰

图版四十七

鎏金束发

鎏金天马

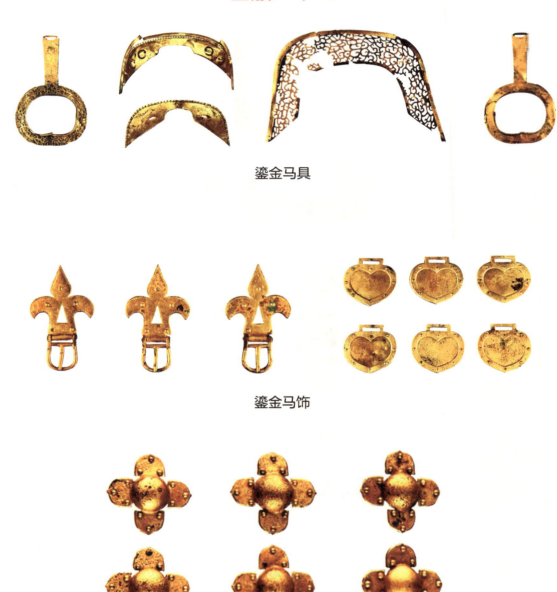

鎏金马具

鎏金马饰

鎏金节约

图版四十九

鎏金铜佛

鎏金铜佛

图版五十一

高句丽铜器

铜镜、铁镜

图版五十二

高句丽铁器

铁盔甲

图版五十三

四耳陶壶

图版五十四

陶仓

陶罐

图版五十五

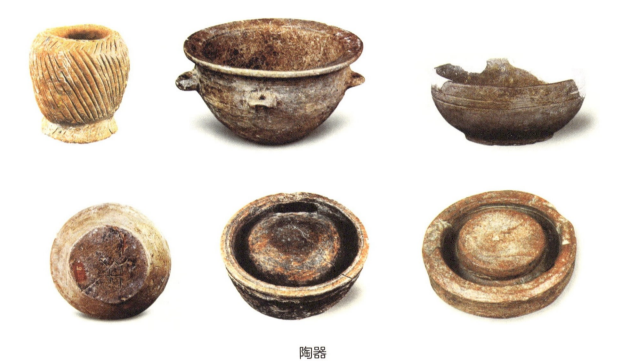

陶器

釉陶壶釉陶奁

图版五十六

卷云纹瓦当

莲花纹瓦当

兽面纹瓦当

忍冬纹瓦当

图版六十

其他纹饰瓦当